of Samosata Lucian

Ausgewählte Schriften des Lucian

of Samosata Lucian

Ausgewählte Schriften des Lucian

ISBN/EAN: 9783744663281

Hergestellt in Europa, USA, Kanada, Australien, Japan

Cover: Foto ©ninafisch / pixelio.de

Weitere Bücher finden Sie auf **www.hansebooks.com**

AUSGEWÄHLTE
SCHRIFTEN DES LUCIAN.

FÜR DEN SCHULGEBRAUCH

ERKLÄRT

VON

Dr. KARL JACOBITZ.

ERSTES BÄNDCHEN:

TRAUM. TIMON. PROMETHEUS. CHARON.

LEIPZIG,

DRUCK UND VERLAG VON B. G. TEUBNER.

1862.

Vorwort.

Nicht ungern habe ich die Bearbeitung der zur Lectüre für
Schüler geeigneten Schriften des Lucian übernommen, zumal da
ich in früherer Zeit selbst mehrere derselben im Kreise junger
Leute mit Vergnügen gelesen und erklärt. Denn dass sich dieser
Schriftsteller mit nicht wenigen seiner Geistesproducte für junge
Leute sowohl in öffentlichen Lehrstunden als zur Privatlectüre
eigne, steht wohl ausser allem Zweifel. Beweis dafür sind ja
auch die mehrfachen in neuerer Zeit von Schulleuten besorgten
Ausgaben einzelner Schriften desselben. Inhalt und Form lassen in
keiner Hinsicht etwas zu wünschen übrig und sind von der Be-
schaffenheit, dass ein jugendliches Gemüth, welches nur irgend
Sinn für Anmuth und Schönheit hat, davon angesprochen und
gefesselt werden muss. Auch von Seiten der Sprache verdient
Lucian, der sich die vorzüglichsten Schriftsteller aus der Blüthe-
zeit des classischen Alterthums zum Muster genommen und die-
selben mehrfach auf eine wahrhaft geistreiche Weise nicht bloss
nachgeahmt sondern wirklich nachgebildet hat, durchaus keine
Zurückweisung, obschon er, wie ganz natürlich, in Folge des
Zeitalters, dem er angehört, so manche Form und so manche
Ausdrucksweise hat einfliessen lassen, die dem classischen Alter-
thum fremd sind.

Was nun das vorliegende erste Bändchen selbst anbetrifft,
so ist dasselbe zumeist für das Bedürfniss solcher Schüler be-
stimmt, welche die Formenlehre gehörig inne haben und auch
mit den ersten Hauptregeln der Syntax einigermassen vertraut
sind. Daher habe ich denn auch gerade solche Schriften in
dasselbe aufgenommen, welche sich ihres Inhalts wegen für einen
solchen Leserkreis am meisten eignen und in Bezug auf das Ver-
ständniss fast gar keine oder nur geringe Schwierigkeiten haben.
In den Anmerkungen ist vornehmlich das Grammatische, selbst
solches, was einem guten Schüler schon bekannt sein soll, be-
rücksichtigt worden, und für diejenigen, welche eine Regel in
ihrem Zusammenhange kennen lernen oder sich dieselbe wieder
gehörig in das Gedächtniss zurückrufen wollen, auf K. G. Krü-
ger's griechische Sprachlehre für Schulen verwiesen worden,
was in den späteren Bändchen seltner, wenigstens nicht in dem

Umfange geschehen wird. Desgleichen habe ich es für unumgänglich nothwendig erachtet, die Sprachweise des Lucian selbst und das ihm vorzugsweise Eigenthümliche in's Auge zu fassen, wobei namentlich auf das von der attischen Ausdrucksweise Abweichende, wovon sich so vieles trotz mehrfacher Bemühungen in neuerer Zeit durchaus nicht heraus escamotiren lässt, aufmerksam gemacht worden ist. Wie sollte auch ein Schriftsteller, der einer schon so späten Zeit angehört, trotz seines tiefen Studiums der Alten, von der fehlerhaften und minder reinen Sprechweise seiner Zeit so ganz und gar unberührt geblieben sein?

Noch zu erwähnen ist die Kritik, und rücksichtlich dieser zu bemerken, dass ich dieselbe, als dem Zweck einer solchen Ausgabe zuwider, mit äusserst geringen Ausnahmen fast durchweg ausgeschlossen, wohl aber Alles berücksichtigt habe, was die neuere Zeit in dieser Hinsicht zu Tage gefördert hat*). Leider lässt sich nur davon, von einigen Kleinbesserungen abgesehen, oft nicht viel Gutes sagen. Es ist doch wahrlich, gelind gesagt, höchst lächerlich, einem alten Schriftsteller das Pensum wie einem Schulknaben — und wie oft zum Nachtheil des Sinnes! — corrigiren zu wollen.

Ueber das Leben des Lucian wird in einem der nachfolgenden Bändchen, so weit es für einen Schüler erforderlich ist, gesprochen werden.

Leipzig, im März 1862.

Dr. Karl Jacobitz.

---

*) Von Conjecturen, die mir so ziemlich sicher zu stehen schienen, habe ich die meisten aufgenommen oder beibehalten, wie Somn. c. 13 σὺ τούς und τῶν λίθων. c. 14 ἴπριε. c. 17 ὡς ἐδόκει αὐτῷ καίεσθαι ἡ πατρῴα οἰκία, wo ich von keiner Urban'schen Conjectur etwas gewusst, ferner Tim. c. 21 das Cobetsche φοράδην für φορηδόν, und so noch andere. Noch muss ich hier Herrn Fritzsche's Ausgabe des Somnium, der Schrift de conscribenda historia und des Gallus erwähnen, um zu bemerken, dass von dem, was in Bezug auf meine vor 25 Jahren erschienene grössere Ausgabe daselbst gesagt ist, fast kein Wort, und wenn es noch so arrogant klingt, auf Wahrheit beruht. Jedoch darüber mich näher auszusprechen werde ich vielleicht, obschon die Sache von keinem nur irgend bedeutenden Belang ist, nächstens bessere Gelegenheit finden. Wiewohl περισσὰ πράσσειν οὐκ ἔχει νοῦν οὐδένα.

I.

DER TRAUM.

Diese kleine Schrift, die uns einige Blicke in die Jugend-
jahre des Verfassers werfen lässt, hat Lucian keineswegs in sei-
ner Jugend, sondern in bereits reiferen Jahren, als er nach
vielen Reisen in seine Vaterstadt Samosäta in Syrien mit einem
schon berühmt gewordenen Namen und in guten Vermögensum-
ständen zurückkehrte, verfasst, wahrscheinlich um nach Art
der damaligen Sophisten und Rhetoren mit ihr aufzutreten und
sich damit seinen Mitbürgern, die ihn in dürftigen Umständen
hatten aufwachsen sehen, zu empfehlen, und ihnen zu zeigen,
dass seine ursprünglich ärmlichen Verhältnisse ihn keineswegs an
seiner geistigen Ausbildung gehindert haben, zugleich aber auch,
um junge mit gehörigen Geistesgaben ausgestattete Leute, denen
alle äusseren Mittel fehlen, zu ermuntern, dieselbe Bahn zu be-
treten. Es wird daher von ihm in höchst einfacher, anmuthiger
Form, welche zwischen Wahrheit und Dichtung die Mitte hält,
erzählt, wie er von seinem Vater seiner Verhältnisse wegen zum
Bildhauer bestimmt gewesen und zu diesem Zwecke seinem Oheim
mütterlicher Seite, einem Steinmetzen, in die Lehre gegeben wor-
den sei; wie er aber nach kurzer Zeit, als ihn letzterer einer Un-
vorsichtigkeit wegen gezüchtigt, wieder nach Hause gelaufen, wo
er gleich in der ersten Nacht einen Traum gehabt, in dem ihm
zwei Frauengestalten erschienen seien, die eine die Bildhauerkunst,
die andere die wissenschaftliche Bildung vorstellend, und eine jede
von beiden mit allen möglichen Ueberredungskünsten ihn für sich
zu gewinnen sich bemüht habe. Endlich von der Wahrheit des-
sen, was die letztere vorgebracht, überzeugt, habe er sie nicht
einmal ausreden lassen und sich ihr ohne weiteres ergeben. Nun
habe diese zum Danke ihn auf einen mit Flügelrossen bespann-
ten Wagen steigen lassen, ihn auf demselben durch die Lüfte ge-
führt und ihm von da herab Städte, Völker und Reiche gezeigt,
während er selbst wie Triptolemos Etwas auf die Erde herabge-
streut, weswegen die Menschen zu ihm heraufgeblickt und ihn
allenthalben mit Segenswünschen begleitet hätten. Auf die Erde

endlich von ihr zurückgebracht sei er nicht mehr in seiner früheren
ärmlichen Gestalt erschienen.

Schliesslich fügt er noch eine Entschuldigung hinzu, dass er
einen Traum erzählt, und beruft sich hierbei auf das Beispiel des
Xenophon. Ebenso wie dieser habe er dabei einen nützlichen
Zweck vor Augen gehabt, nämlich den, dass Jünglinge von guten
Geistesanlagen, wenn auch in bedrängten Verhältnissen lebend,
sich nicht niedrigen und gemeinen Beschäftigungen hingeben, son-
dern sich unbeirrt den Wissenschaften widmen mögen.

I.

ΠΕΡΙ ΤΟΥ ΕΝΥΠΝΙΟΥ ΗΤΟΙ *ΒΙΟΣ ΛΟΥΚΙΑΝΟΥ.*

1. *Ἄρτι μὲν ἐπεπαύμην εἰς τὰ διδασκαλεῖα φοιτῶν ἤδη τὴν* 1
ἡλικίαν πρόσηβος ὤν, ὁ δὲ πατὴρ ἐσκοπεῖτο μετὰ τῶν φίλων,
ὅ τι καὶ διδάξαιτό με. τοῖς πλείστοις οὖν ἔδοξε παιδεία μὲν καὶ
πόνου πολλοῦ καὶ χρόνου μακροῦ καὶ δαπάνης οὐ μικρᾶς καὶ
τύχης δεῖσθαι λαμπρᾶς, τὰ δ' ἡμέτερα μικρά τε εἶναι καὶ τα-
χεῖάν τινα τὴν ἐπικουρίαν ἀπαιτεῖν· εἰ δέ τινα τέχνην τῶν βα-
ναύσων ἐκμάθοιμι τούτων, τὸ μὲν πρῶτον εὐθὺς ἂν αὐτὸς ἔχειν
τὰ ἀρκοῦντα παρὰ τῆς τέχνης καὶ μηκέτ' οἰκόσιτος εἶναι τηλι-
κοῦτος ὤν, οὐκ εἰς μακρὰν δὲ καὶ τὸν πατέρα εὐφρανεῖν ἀπο-
φέρων ἀεὶ τὸ γιγνόμενον. 2. δευτέρας οὖν σκέψεως ἀρχὴ πρού- 2

1. *ἄρτι μὲν ἐπεπαύμην* ..
ὁ δέ, eben hatte ich auf-
gehört.. als. Eine Verbindungs-
weise, die in der Art erst bei
Späteren vorkommt. Die Griechen
coordiniren oft Nebenangaben mit
dem Hauptsatze. Vgl. c. 3 zu Anf.
— *φοιτῶν*. Das Partic. bei *παύε-*
σθαι durch den Infin. wiederzuge-
ben. — *τὴν ἡλικίαν πρόσηβος ὤν*,
dem reifen Jugendalter na-
he. Dasselbe unten c. 16 *ἀντίπαις*.
— *ὅ τι καί*, was eben, was nur,
quid tandem. — *παιδεία*, wissen-
schaftliche Bildung, *huma-*
nitas. — *παιδεία μέν*. Was ent-
spricht dem im Folgenden? — *τύ-*
χης, vom Vermögen, Vermögens-
zuständen. — *ταχεῖάν τινα τὴν*
ἐπικουρίαν, d. i. *τὴν ἐπικουρίαν*,
ἢ ταχεῖά τίς ἐστιν. Eine Verbin-
dungsweise, die bei Luc. häufig
vorkommt. Char. 11: *δεινήν τινα*
λέγεις τῶν ἀνθρώπων τὴν ἀβελτε-
ρίαν. ib. 15: *ὁρῶ ποικίλην τινὰ*
τὴν διατριβήν. ib. c. 4. Pisc. 20: *πο-*
λυμισῆ τινα μέτει τὴν τέχνην. Jup.
conf. 19 u. s. *τὶς* bei Adj. u. Pron. zur
Bezeichnung, dass dieselben nicht
in ihrem vollen Sinne aufzufassen
seien, etwas, einigermassen,
ziemlich, *quidam*. Vgl. 4 u. s.
— *τούτων*, diese gewöhnli-
chen. Ebenso im Latein. *hic*.
ἔχειν u. die folg. Inf. abhängig
vom obigen *ἔδοξε*, aber mit ver-
änderter Person. Warum erst
ἔχειν und *εἶναι* mit *ἄν*, und dann
das Fut. *εὐφρανεῖν*? — *οἰκόσι-*
τος, zu Hause oder an der
Eltern Tische essend, sich
den Unterhalt noch nicht
selbst verdienend.— *οὐκ εἰς*
μακράν, in kurzer Zeit, in
kurzem, eine oft vorkommende
Formel. Vgl. unten 10. II, 55.
III, 20. — *ἀεί*, jedesmal. — *τὸ*
γιγνόμενον, den Verdienst.

1*

τέθη, τίς ἀρίστη τῶν τεχνῶν καὶ ῥᾴστη ἐκμαθεῖν καὶ ἀνδρὶ
ἐλευθέρῳ πρέπουσα καὶ πρόχειρον ἔχουσα τὴν χορηγίαν καὶ
διαρκῆ τὸν πόρον. ἄλλου τοίνυν ἄλλην ἐπαινοῦντος, ὡς ἕκα-
στος γνώμης ἢ ἐμπειρίας εἶχεν, ὁ πατὴρ εἰς τὸν θεῖον ἀπιδών,
— παρῆν γὰρ ὁ πρὸς μητρὸς θεῖος, ἄριστος ἑρμογλύφος εἶναι
δοκῶν — „οὐ θέμις,“ εἶπεν, „ἄλλην τέχνην ἐπικρατεῖν σοῦ
παρόντος, ἀλλὰ τοῦτον ἄγε“ — δείξας ἐμέ — „καὶ δίδασκε
παραλαβὼν λίθων ἐργάτην ἀγαθὸν εἶναι καὶ συναρμοστὴν
καὶ ἑρμογλυφέα· δύναται γὰρ καὶ τοῦτο φύσεώς γε, ὡς οἶ-
σθα, τυχὼν δεξιᾶς“ ἐτεκμαίρετο δὲ ταῖς ἐκ τοῦ κηροῦ παι-
διαῖς· ὁπότε γὰρ ἀφεθείην ὑπὸ τῶν διδασκάλων, ἀποξέων ἂν
τὸν κηρὸν ἢ βόας ἢ ἵππους ἢ καὶ νὴ Δί' ἀνθρώπους ἀνέπλατ-
τον, εἰκότως, ὡς ἐδόκουν τῷ πατρί· ἐφ' οἷς παρὰ μὲν τῶν
διδασκάλων πληγὰς ἐλάμβανον, τότε δὲ ἔπαινος ἐς τὴν εὐ-
φυίαν καὶ ταῦτα ἦν, καὶ χρηστὰς εἶχον ἐπ' ἐμοὶ τὰς ἐλπίδας,
ὡς ἐν βραχεῖ μαθήσομαι τὴν τέχνην, ἀπ' ἐκείνης γε τῆς πλα-
3 στικῆς. 3. ἅμα τε οὖν ἐπιτήδειος ἐδόκει ἡμέρα τέχνης ἐνάρχε-

Toxar. 18: καὶ τὸ γιγνόμενον
ἐκ τούτου ἀποφέρων ἔτρεφε τὸν
Δεινίαν u. s.
2. ῥᾴστη ἐκμαθεῖν. Ueber die-
sen Infin. bei Adj. s. Kr. Gr. §.55,
3, 7. — πρόχειρον ἔχουσα τὴν
χορηγίαν, d. i. kein schweres
Lehrgeld kostend. χορηγία
bedeutet eigentl. die Kosten zur
Ausrüstung eines Chores, dann
überh. den wozu nöthigen Kosten-
aufwand. — πόρον, Auskom-
men, Erwerb durch Be-
treibung des Handwerks.—
ἄλλου .. ἄλλην ἐπαινοῦντος. Eben-
so im Latein. wiederzugeben, s.
Zumpt §. 712. — ὡς ἕκ. γνώμης
ἢ ἐμπ. εἶχεν, je nachdem ein
Jeder Kenntniss oder Er-
fahrung hatte. ἔχειν mit Ad-
verbien in der Bed. sich ver-
halten, sich befinden, hat
oft einen Genetiv zur näheren
Bestimmung bei sich. Toxar. 44:
ὡς τις ἢ γένους ἢ πλούτου ἢ δυ-
νάμεως ἔχει. Jup. tr. 7: ὡς ἂν
ὕλης ἢ τέχνης ἔχοι u. s. — ἑρμο-
γλύφος. 'Das griech. W. ἑρμ. be-
deutet eigentl. einen Hermen-

schnitzer; es scheint aber zu
Luc. Zeiten überh. für Bildhauer
oder Bildner gebraucht worden zu
sein. Luc. Oheim war ein Stein-
metz, der sich gelegentlich auch
mit Bildhauerei abgab, wie in
Städten von so mittelmässigem
Rang als Samosata, auch heutzu-
tage gewöhnlich ist.' Wieland.
— εἶναι nach vorangehendem δί-
δασκε würde ein Attiker nicht hin-
zugefügt haben. — καὶ τοῦτο,
und zwar, zumal. Richtiger
wäre καὶ ταῦτα, und vielleicht ist
so zu schreiben. δύναται steht
absolut. — τοῦ κηροῦ. Der Arti-
kel, weil das Wachs, womit die
Schreibtafeln überzogen waren, zu
verstehen ist.—ὁπότε, so oft als,
daher mit Optativ; iterativer Op-
tativ. Ebenso c. 6. — ἂν .. ἀνέ-
πλαττον, pflegte zu formen.
Vgl. unten c. 6. Necyom. 7. 12.
Tox. 31. Pisc. 11 u. s. — βόας,
die attische Form wäre βοῦς. —
εἰκότως, recht natürlich, na-
turgetreu. — ἀπ' ἐκείνης, in
Folge, wegen.
3. ἅμα τε .. καί, sobald als

σθαι, κἀγὼ παρεδεδόμην τῷ θείῳ μὰ τὸν Δί' οὐ σφόδρα τῷ
πράγματι ἀχθόμενος, ἀλλά μοι καὶ παιδιάν τινα οὐκ ἀτερπῆ
ἐδόκει ἔχειν καὶ πρὸς τοὺς ἡλικιώτας ἐπίδειξιν, εἰ φαινοίμην
θεούς τε γλύφων καὶ ἀγαλμάτιά τινα μικρὰ κατασκευάζων
ἐμαυτῷ τε κἀκείνοις οἷς προηρούμην. καὶ τό γε πρῶτον ἐκεῖνο
καὶ σύνηθες τοῖς ἀρχομένοις ἐγίγνετο· ἐγκοπέα γάρ τινά μοι
δοὺς ὁ θεῖος ἐκέλευσεν ἠρέμα καθικέσθαι πλακὸς ἐν μέσῳ κει-
μένης ἐπειπὼν τὸ κοινὸν „ἀρχὴ δέ τοι ἥμισυ παντός.“ σκλη-
ρότερον δὲ κατενεγκόντος ὑπ' ἀπειρίας, κατεάγη μὲν ἡ πλάξ,
ὁ δὲ ἀγανακτήσας σκυτάλην τινὰ πλησίον κειμένην λαβὼν οὐ
πράως οὐδὲ προτρεπτικῶς μου κατήρξατο, ὥστε δάκρυά μοι
τὰ προοίμια τῆς τέχνης. 4. ἀποδρὰς οὖν ἐκεῖθεν ἐπὶ τὴν οἰ- 4
κίαν ἀφικνοῦμαι συνεχὲς ἀναλύζων καὶ δακρύων τοὺς ὀφθαλ-
μοὺς ὑπόπλεως, καὶ διηγοῦμαι τὴν σκυτάλην, καὶ τοὺς μώ-
λωπας ἐδείκνυον· καὶ κατηγόρουν πολλήν τινα ὠμότητα προσ-
θείς, ὅτι ὑπὸ φθόνου ταῦτα ἔδρασε, μὴ αὐτὸν ὑπερβάλωμαι
κατὰ τὴν τέχνην. ἀγανακτησαμένης δὲ τῆς μητρὸς καὶ πολλὰ
τῷ ἀδελφῷ λοιδορησαμένης, ἐπεὶ νὺξ ἐπῆλθε, κατέδαρθον ἔτι
ἔνδακρυς καὶ τὴν νύχθ' ὅλην ἐννοῶν. 5. μέχρι μὲν δὴ τού- 5
των γελάσιμα καὶ μειρακιώδη τὰ εἰρημένα· τὰ μετὰ ταῦτα
δὲ οὐκέτι εὐκαταφρόνητα, ὦ ἄνδρες, ἀκούσεσθε, ἀλλὰ

.. so, kaum .. als. Tim. 20:
ἄμα γοῦν ἔπεσεν ἡ ὕσπληγξ, κἀ-
γὼ ἤδη ἀνακηρύττομαι νενικηκώς.
Philops. 24: ἄμα γοῦν ἔγωγε ἅ-
παντα ἀκριβῶς ἑώρακα, καὶ τὸ χά-
σμα συνέμυεν. — παρεδεδόμην.
Warum das Plusquamperf. u. nicht
παρεδιδόμην? — ἐπίδειξιν, Gele-
genheit sich zu zeigen. —
φαινοίμην .. γλύφων, s. zu IV,
12. — οἷς προηρούμην, Assimi-
lation; s. Kr. Gr. §. 51, 10. —
καθικέσθαι, abstossen. — ἀρ-
χὴ δέ τοι ἥμισυ παντός, Horat.
epist. 1, 2, 40: dimidium facti qui
coepit habet. Frisch gewagt
ist halb gewonnen. Luc. Her-
mot. 3. führt diese Sentenz auf
Hesiodos, Jamblich. auf Pythago-
ras, Polyb. im Allgemeinen auf
die Alten zurück. — κατενεγκόν-
τος, sc. ἐμοῦ. Vgl. c. 17. Hermot.
22. Tox. 25 u. ö. Kr. Gr. §. 47,
4, 3. Welches Wort ist das Ob-

ject? — μου κατήρξατο, weihte
mich ein.
4. διηγοῦμαι τὴν σκυτάλην. Be-
achte die Kürze der Sprache des
gewöhnlichen Lebens. — πολλήν
τινα, s. zu 1. — μὴ .. ὑπερβάλω-
μαι, weil er befürchtete, ich
möchte. Der Begriff des Fürch-
tens liegt mit im Vorhergehenden,
wie häufig. Uebrigens steht hier
der Conjunct. nach einem histor.
Tempus nach einer bei Luc. häu-
fig vorkommenden Verbindung.
Vgl. c. 18. So auch umgekehrt
der Optat. nach einem Haupttem-
pus, II, 54 z. E. III, 1. 19 u. ö.
— ἀγανακτησαμένης. Eine nur
hier vorkommende Medialform, die
aber nicht zu ändern ist. Nach
dem gewöhnlichen Sprachgebrauch
müsste es ἀγανακτησάσης heissen.
— τὴν νύχθ' ὅλην ἐννοῶν, die
ganze Nacht hindurch nach-
denkend. καταδαρθάνω ist in

καὶ πάνυ φιληκόων ἀκροατῶν δεόμενα· ἵνα γὰρ καθ' Ὅμη-
ρον εἴπω

θεῖός μοι ἐνύπνιον ἦλθεν ὄνειρος
ἀμβροσίην διὰ νύκτα

ἐναργὴς οὕτως, ὥστε μηδὲν ἀπολείπεσθαι τῆς ἀληθείας· ἔτι
γοῦν καὶ μετὰ τοσοῦτον χρόνον τά τε σχήματά μοι τῶν φανέν-
των ἐν τοῖς ὀφθαλμοῖς παραμένει καὶ ἡ φωνὴ τῶν ἀκουσθέν-
των ἔναυλος· οὕτω σαφῆ πάντα ἦν. 6. δύο γυναῖκες λαβόμε-
ναι ταῖν χεροῖν εἷλκόν με πρὸς ἑαυτὴν ἑκατέρα μάλα βιαίως
καὶ καρτερῶς· μικροῦ γοῦν με διεσπάσαντο πρὸς ἀλλήλας φι-
λοτιμούμεναι· καὶ γὰρ ἄρτι μὲν ἂν ἡ ἑτέρα ἐπεκράτει καὶ
παρὰ μικρὸν ὅλον εἶχέ με, ἄρτι δ' ἂν αὖθις ὑπὸ τῆς ἑτέρας εἰ-
χόμην. ἐβόων δὲ πρὸς ἀλλήλας ἑκατέρα, ἡ μέν, ὡς αὐτῆς ὄντα
με κεκτῆσθαι βούλοιτο, ἡ δέ, ὡς μάτην τῶν ἀλλοτρίων ἀντι-
ποιοῖτο. ἦν δὲ ἡ μὲν ἐργατικὴ καὶ ἀνδρικὴ καὶ αὐχμηρὰ τὴν
κόμην, τὼ χεῖρε τύλων ἀνάπλεως, διεζωσμένη τὴν ἐσθῆτα,
τιτάνου καταγέμουσα, οἷος ἦν ὁ θεῖος, ὁπότε ξέοι τοὺς λί-
θους· ἡ ἑτέρα δὲ μάλα εὐπρόσωπος καὶ τὸ σχῆμα εὐπρεπὴς
καὶ κόσμιος τὴν ἀναβολήν. τέλος δ' οὖν ἐφιᾶσί μοι δικάζειν,
ὁποτέρα βουλοίμην συνεῖναι αὐτῶν. προτέρα δὲ ἡ σκληρὰ
ἐκείνη καὶ ἀνδρώδης ἔλεξεν. 7. „ἐγώ, φίλε παῖ, Ἑρμογλυ-
φικὴ τέχνη εἰμί, ἣν χθὲς ἤρξω μανθάνειν, οἰκεία τέ σοι καὶ
συγγενὴς οἴκοθεν· ὅ τε γὰρ πάππος σου" — εἰποῦσα τοὔνομα

---

der Bedeutung von *κατακλίνομαι*
zu nehmen.

5. *καὶ πάνυ*, gar sehr. —
θεῖός μοι κτέ., Worte des Aga-
memnon Il. 2, 56 f. — *ἡ φωνὴ
τῶν ἀκουσθέντων ἔναυλος*, die
Stimme des Gehörten klingt
mir noch in den Ohren.

6. *δύο γυναῖκες*. Eine Nach-
ahmung der bekannten Erzäh-
lung des Prodikos von Herakles auf
dem Scheidewege; vgl. Xen. mem.
2, 1, 21 ff. — *ταῖν χεροῖν*. Rich-
tiger wäre *τοῖν χ.*, s. Kr. Gr. §.
56, 1, 3. Bei Luc. indess ist diese
Verbindung nicht selten; vgl.
unten 13. — *μικροῦ*, um ein
Kleines, beinahe; vollständig
μικροῦ δεῖν, wie unten 16. Nigr.
34 u. s. Gleichbedeutend das folg.

παρὰ μικρόν. Ebenso *ὀλίγου* und
ὀλίγου δεῖν. — *αὐτῆς ὄντα*, ihr
angehörend. — *τῶν ἀλλοτρίων*,
fremdes Gut. — *αὐχμηρά*,
struppig. — *διεζωσμένη τὴν
ἐσθῆτα*, d. i. mit von den
Schultern gezogenem.gür-
telartig um die Lenden her-
umgeschlungenen Gewande,
um so die Arme zur Arbeit frei
zu haben. Ebenso De conscr. hist.
3: *διαζωσάμενος τὸ τριβώνιον* —
ὁπότε ξέοι, s. oben zu c. 2. —
τέλος, zuletzt.

7. *ἤρξω μανθάνειν*. Warum
nicht *ἤρξω μανθάνων*? s. Kr. Gr.
§. 56, 5, 1. — *οἰκεία τέ σοι καὶ
συγγενὴς οἴκοθεν*, befreundet
dir oder vertraut mit dir
und verwandt von Hause

τοῦ μητροπάτορος — „λιθοξόος ἦν καὶ τὼ θείω ἀμφοτέρω
καὶ μάλα εὐδοκιμεῖτον δι' ἡμᾶς. εἰ δ' ἐθέλεις λήρων μὲν καὶ
φληνάφων τῶν παρὰ ταύτης ἀπέχεσθαι," — δείξασα τὴν
ἑτέραν — „ἕπεσθαι δὲ καὶ συνοικεῖν ἐμοί, πρῶτα μὲν θρέψη
γεννικῶς καὶ τοὺς ὤμους ἕξεις καρτερούς, φθόνου δὲ παντὸς
ἀλλότριος ἔσῃ καὶ οὔποτε ἄπει ἐπὶ τὴν ἀλλοδαπήν, τὴν πα-
τρίδα καὶ τοὺς οἰκείους καταλιπών· οὐδὲ ἐπὶ λόγοις ἐπαινέ-
σονταί σε πάντες. 8. μὴ μυσαχθῇς δὲ τοῦ σχήματος τὸ εὐτελὲς 8
μηδὲ τῆς ἐσθῆτος τὸ πιναρόν· ἀπὸ γὰρ τοιούτων ὁρμώμενος
καὶ Φειδίας ἐκεῖνος ἔδειξε τὸν Δία καὶ Πολύκλειτος τὴν Ἥραν
εἰργάσατο καὶ Μύρων ἐπῃνέθη καὶ Πραξιτέλης ἐθαυμάσθη·
προσκυνοῦνται γοῦν οὗτοι μετὰ τῶν θεῶν. εἰ δὴ τούτων εἰς
γένοιο, πῶς μὲν οὐ κλεινὸς αὐτὸς παρὰ πᾶσιν ἀνθρώποις δό-
ξεις, ζηλωτὸν δὲ καὶ τὸν πατέρα ἀποδείξεις, περίβλεπτον δὲ
ἀποφανεῖς καὶ τὴν πατρίδα." ταῦτα καὶ ἔτι τούτων πλείονα,

---

aus. Ein Scholiast hätte zu οἴ-
κοθεν zur Erklärung μητρόθεν
hinzusetzen können. — καὶ μάλα,
gar sehr. — πρῶτα μέν mit ent-
sprechendem blossem δέ, wie oft
bei Xenophon u. A. Das gewöhn-
liche ist πρ. μέν .. ἔπειτα oder
εἶτα. — θρέψῃ γεννικῶς, von der-
ber, kräftiger Nahrung. — ἐπὶ τὴν
ἀλλοδαπήν, in's Ausland. —
οὐδὲ ἐπὶ λόγοις ἐπαινέσονταί σε
πάντες ist ironisch gesagt mit im
Stillen zu denkendem Gegensatz
ἀλλ' ἐπ' ἔργοις, und enthält ei-
nen verächtlichen Seitenblick auf
die daneben stehende Παιδεία.
Ebenso enthalten die kurz vor-
hergehenden Worte eine Anspie-
lung auf die Reisen der damaligen
Redekünstler.
8. τὸ εὐτελές und τὸ πιναρόν
statt der abstracten Substantiva
wie im Deutschen; vgl. Kr. §. 43,
4. Bei Luc. sehr häufig. Ebenso
wird auch das Neutr. der Partic. ge-
braucht, s. II, 1. — Φειδίας ἐκεῖνος,
jener berühmte Ph. aus Athen,
Sohn des Charmides, der, ein Zeit-
genosse des Perikles, sich beson-
ders berühmt machte durch seine
aus Elfenbein und Gold gearbei-
tete Statue des Zeus zu Olympia,

in der er nach Homer. Il. 1, 529 ff.
die Allmacht des Vaters der Göt-
ter und Menschen darzustellen
(ἔδειξε) suchte. — Πολύκλειτος,
ein sehr berühmter Bildner, ein
Schüler des Ageladas,
war in Sikyon geboren, hatte aber
in Argos, für das er das berühmte
Standbild der Hera, gleichsam ein
Gegenstück zum Zeus des Phei-
dias, verfertigte, das Bürgerrecht
erhalten. Er wird dem Pheid. an
die Seite, ja von Einigen sogar
über ihn gestellt. — Μύρων, eben-
falls Schüler des Ageladas, aus
Eleutherae in Böotien; sein be-
rühmtestes Kunstwerk war eine
Kuh aus Erz, die durch viele
Sinngedichte gefeiert wurde, und
zu Cicero's Zeit noch auf der
Agora zu Athen stand. — Πραξι-
τέλης aus Athen, berühmter Bild-
hauer und Erzgiesser, Ol. 104—
110., unter dessen Kunstwerken
die knidische Aphrodite besonders
hervorgehoben wird. — πῶς μὲν
οὐ κλεινός, sollte nach der ge-
naueren Wortstellung heissen πῶς
οὐ κλεινὸς μέν. Allein diese Stel-
lung der Partikel μέν ist nicht
gerade so selten, und mit Recht
sagt Schäfer zu irgend einer Stelle

διαπταίουσα καὶ βαρβαρίζουσα πάμπολλα, εἶπεν ἡ τέχνη, μάλα
δὴ σπουδῇ συνείρουσα καὶ πείθειν με πειρωμένη· ἀλλ᾽ οὐκέτι
μέμνημαι· τὰ πλεῖστα γάρ μου τὴν μνήμην ἤδη διέφυγεν. ἐπεὶ
9 δ᾽ οὖν ἐπαύσατο, ἄρχεται ἡ ἑτέρα ὧδέ πως· 9. „ἐγὼ δέ, ὦ τέ-
κνον, Παιδεία εἰμὶ ἤδη συνήθης σοι καὶ γνωρίμη, εἰ καὶ μη-
δέπω εἰς τέλος μου πεπείρασαι. ἡλίκα μὲν οὖν τἀγαθὰ ποριῇ
λιθοξόος γενόμενος, αὕτη προείρηκεν· οὐδὲν γὰρ ὅτι μὴ ἐρ-
γάτης ἔσῃ τῷ σώματι πονῶν κἀν τούτῳ τὴν ἅπασαν ἐλπίδα
τοῦ βίου τεθειμένος, ἀφανὴς μὲν αὐτὸς ὤν, ὀλίγα καὶ ἀγεννῆ
λαμβάνων, ταπεινὸς τὴν γνώμην, εὐτελὴς δὲ τὴν πρόοδον,
οὔτε φίλοις ἐπιδικάσιμος οὔτε ἐχθροῖς φοβερὸς οὔτε τοῖς πο-
λίταις ζηλωτός, ἀλλ᾽ αὐτὸ μόνον ἐργάτης καὶ τῶν ἐκ τοῦ πολ-
λοῦ δήμου εἷς, ἀεὶ τὸν προὔχοντα ὑποπτήσσων καὶ τὸν λέγειν
δυνάμενον θεραπεύων, λαγὼ βίον ζῶν καὶ τοῦ κρείττονος ἕρ-
μαιον ὤν· εἰ δὲ καὶ Φειδίας ἢ Πολύκλειτος γένοιο καὶ πολλὰ
θαυμαστὰ ἐξεργάσαιο, τὴν μὲν τέχνην ἅπαντες ἐπαινέσονται,
οὐκ ἔστι δὲ ὅστις τῶν ἰδόντων, εἰ νοῦν ἔχοι, εὔξαιτ᾽ ἂν ὅμοιός
σοι γενέσθαι· οἷος γὰρ ἂν ᾖς, βάναυσος καὶ χειρῶναξ καὶ ἀπο-
10 χειροβίωτος νομισθήσῃ. 10. ἢν δ᾽ ἐμοὶ πείθῃ, πρῶτον μέν σοι
πολλὰ ἐπιδείξω παλαιῶν ἀνδρῶν ἔργα, καὶ πράξεις θαυμαστὰς

des Demosthenes: persaepe posi-
tura particularum μέν et δέ non
exigitur ad amussim. Vgl. Dial.
deor. 20, 1 u. s. — μάλα δὴ σπου-
δῇ συνείρουσα, mit sehr gros-
sem Eifer Ein's an's Andere
reihend.

9. ἐγὼ δέ Gegensatz zu ἐγώ c. 7 zu
A., wo indess deswegen nicht ἐγὼ
μέν nöthig. — εἰς τέλος, d. i. voll-
kommen. — ἡλίκα .. τἀγαθά d. i.
ἡλίκα τἀγαθά ἐστιν, ἃ, wie oft bei
Luc. — οὐδὲν .. ὅτι μή, nichts
ausser od. als. Vgl. Dial. mer. 7,
3: οὐδὲ προσεῖ ἄλλον τινὰ ὅτι μὴ
μόνον Χαιρέαν. Icarom. 9: οὐδὲν
γὰρ ὅτι μὴ τοῖς κωμικοῖς δορυ-
φορήμασιν ἐοικότας αὐτοὺς εἰσά-
γουσιν. Kr. Gr. §. 65, 5, 11. —
τὴν ἅπασαν ἐλπίδα, s. zu IV, 10.
— ὀλίγα καὶ ἀγεννῆ λαμβάνων,
geringes und gemeines Ein-
kommen habend. — εὐτελὴς
τὴν πρόοδον, armselig im Auf-
zuge, d. i. ohne Begleiter oder

Clienten. — φίλοις ἐπιδικάσιμος,
der dieSache seinerFreun-
de vor Gericht zu verthei-
digen vermag, d. i. ihnen
nützlich. — αὐτὸ μόνον, nichts
anders als, eben nur, id i-
psum. Eine bei Luc. oft vorkom-
mende Formel. — τῶν ἐκ τοῦ π.
δ. εἷς, einer aus dem gros-
sen Haufen. Saturn. 2: τοῦ
πολλοῦ δήμου εἷς. Apol. 15. —
ἕρμαιον, Fund, Beute, Spiel-
ball. — πολλὰ θαυμαστά. Ge-
wöhnlich wird πολύς durch καί,
auch τὲ καί mit dem folg. Adj.
verbunden, Catapl. 11: πολλὰ καὶ
ἀγαθά u. ö. Dagegen Aristoph.
eccl. 435: τὰς μὲν γυναῖκας πόλλ᾽
ἀγαθὰ λέγων, σὲ δὲ πολλὰ κακά.
Demosth. 20, 112: καὶ παρ᾽ ἡμῖν
ἐπὶ τῶν προγόνων πόλλ᾽ ἀγαθ᾽
εἰργασμένοι τινὲς οὐδενὸς ἠξιοῦν-
το τοιούτου. — οἷος, was für
ein trefflicher Bildhauer.

10. πρῶτον μέν. Was entspricht

καὶ λόγους αὐτῶν ἀπαγγέλλουσα καὶ πάντων ὡς εἰπεῖν ἔμπει-
ρον ἀποφαίνουσα, καὶ τὴν ψυχήν, ὅπερ σου κυριώτατόν ἐστι,
κατακοσμήσω πολλοῖς καὶ ἀγαθοῖς κοσμήμασι, σωφροσύνῃ,
δικαιοσύνῃ, εὐσεβείᾳ, πρᾳότητι, ἐπιεικείᾳ, συνέσει, καρτε-
ρίᾳ, τῷ τῶν καλῶν ἔρωτι, τῇ πρὸς τὰ σεμνότατα ὁρμῇ· ταῦτα
γάρ ἐστιν ὁ τῆς ψυχῆς ἀκήρατος ὡς ἀληθῶς κόσμος. λήσει δέ
σε οὔτε παλαιὸν οὐδὲν οὔτε νῦν γενέσθαι δέον, ἀλλὰ καὶ τὰ
μέλλοντα προόψει μετ' ἐμοῦ, καὶ ὅλως ἅπαντα, ὁπόσα ἐστί,
τά τε θεῖα τά τ' ἀνθρώπινα, οὐκ εἰς μακρὰν σε διδάξομαι.
11. καὶ ὁ νῦν πένης, ὁ τοῦ δεῖνος, ὁ βουλευσάμενος περὶ ἀγεν- 11
νοῦς οὕτω τέχνης, μετ' ὀλίγον ἅπασι ζηλωτὸς καὶ ἐπίφθονος
ἔσῃ, τιμώμενος καὶ ἐπαινούμενος καὶ ἐπὶ τοῖς ἀρίστοις εὐδοκι-
μῶν καὶ ὑπὸ τῶν γένει καὶ πλούτῳ προὐχόντων ἀποβλεπόμε-
νος, ἐσθῆτα μὲν τοιαύτην ἀμπεχόμενος,'' — δείξασα τὴν ἑαυ-
τῆς· πάνυ δὲ λαμπρὰν ἐφόρει — ,,ἀρχῆς δὲ καὶ προεδρίας
ἀξιούμενος· κἂν ποι ἀποδημῇς, οὐδ' ἐπὶ τῆς ἀλλοδαπῆς ἀγνὼς
καὶ ἀφανὴς ἔσῃ· τοιαῦτά σοι περιθήσω τὰ γνωρίσματα, ὥστε
τῶν ὁρώντων ἕκαστος τὸν πλησίον κινήσας δείξει σε τῷ δα-
κτύλῳ ,,οὗτος ἐκεῖνος'' λέγων. 12. ἂν δέ τι σπουδῆς ἄξιον ἢ 12
τοὺς φίλους ἢ καὶ τὴν πόλιν ὅλην καταλαμβάνῃ, εἰς σὲ πάντες
ἀποβλέψονται· κἂν πού τι λέγων τύχῃς, κεχηνότες οἱ πολλοὶ
ἀκούσονται θαυμάζοντες καὶ εὐδαιμονίζοντές σε τῆς δυνάμεως

dem im Folgenden? — ὡς εἰπεῖν,
so zu sagen, beinahe, prope,
prope dixerim; Kr. Gr. §. 55, 1,
2. Vgl. Toxar. 4: ἅπασαν γὰρ
οὗτοι ἀκτὴν καὶ πάντα αἰγιαλὸν
ὡς εἰπεῖν διερευνησάμενοι. Alex.
2. Philops. 30. — ὡς ἀληθῶς, ὡς
verstärkt, eigtl. wie wahr, so
wahr wie, in Wahrheit. Nigr.
1. 7. Pisc. 84. 35. u. s. — καὶ
ὅλως, kurz, denique. II, 13. 55. III,
1. u. s. — διδάξομαι. Die Me-
dialform dieses Fut. für διδάξω
steht oft bei Luc., vgl. Vit. auct.
3. 22. Dial. mer. 4, 5. Chronosol.
12. u. s. Ja sogar der Aor. ἐδι-
δαξάμην Harmon. 1. Gall. 26.
Abdic. 24.

11. ὁ τοῦ δεῖνος. ὁ δεῖνα, der
und der, der bewusste, von
einem gewissen Menschen, den
man entweder nicht nennen kann

oder nicht nennen will. — ἀγεν-
νοῦς οὕτω, οὕτω nachgestellt, wie
oft. II, 25. III, 7. — ἐπὶ τοῖς
ἀρίστοις, neutrum; Pro laps. 16:
ἐπὶ τοῖς ἀρίστοις γνωρίζεσθαι. —
ἀποβλεπόμενος, mit Achtung
und Bewunderung ange-
blickt. Ebenso Nigr. 13. Icar.
21. — προεδρίας, Vorsitz im
Theater und bei Festlich-
keiten. — τοιαῦτα . . τὰ γνωρί-
σματα d. i. τοιαῦτα τὰ γνωρίσματά
ἐστιν, ἃ u. s. w. — οὗτος ἐκεῖ-
νος, Harmon. 2: καὶ εἴ κού γε
φανείη μόνον, ἐδείκνυτο ἂν τῷ
δακτύλῳ, οὗτος ἐκεῖνος Ἡρόδοτός
ἐστιν. Pers. sat. 1, 28: at pul-
chrum digito monstrari et dicier
Hic est.

12. τῆς εὐποτμίας, glückli-
ches Loos, näml. einen solchen
Sohn zu haben. εὐπαιδίας wäre

τῶν λόγων καὶ τὸν πατέρα τῆς εὐποτμίας· ὃ δὲ λέγουσιν, ὡς
ἄρα καὶ ἀθάνατοί τινες γίγνονται ἐξ ἀνθρώπων, τοῦτό σοι πε-
ριποιήσω· καὶ γὰρ ἢν αὐτὸς ἐκ τοῦ βίου ἀπέλθῃς, οὔποτε
παύσῃ συνὼν τοῖς πεπαιδευμένοις καὶ προσομιλῶν τοῖς ἀρί-
στοις. ὁρᾷς τὸν Δημοσθένην ἐκεῖνον, τίνος υἱὸν ὄντα ἐγὼ
ἡλίκον ἐποίησα; ὁρᾷς τὸν Αἰσχίνην, ὃς τυμπανιστρίας υἱὸς
ἦν, ὅπως αὐτὸν δι᾽ ἐμὲ Φίλιππος ἐθεράπευσεν; ὁ δὲ Σωκρά-
της καὶ αὐτὸς ὑπὸ τῇ ἑρμογλυφικῇ ταύτῃ τραφεὶς ἐπειδὴ τά-
χιστα συνῆκε τοῦ κρείττονος καὶ δραπετεύσας παρ᾽ αὐτῆς ηὐ-
13 τομόλησεν ὡς ἐμέ, ἀκούεις ὡς παρὰ πάντων ᾄδεται. 13. ἀφεὶς
δὲ σὺ τοὺς τηλικούτους καὶ τοιούτους ἄνδρας καὶ πράξεις λαμ-
πρὰς καὶ λόγους σεμνοὺς καὶ σχῆμα εὐπρεπὲς καὶ τιμὴν καὶ
δόξαν, καὶ ἔπαινον καὶ προεδρίας καὶ δυνάμεις καὶ ἀρχὰς καὶ
τὸ ἐπὶ λόγοις εὐδοκιμεῖν καὶ τὸ ἐπὶ συνέσει εὐδαιμονίζεσθαι
χιτώνιόν τι πιναρὸν ἐνδύσῃ καὶ σχῆμα δουλοπρεπὲς ἀναλήψῃ
καὶ μοχλία καὶ γλυφεῖα καὶ κοπέας καὶ κολαπτῆρας ἐν ταῖν
χεροῖν ἕξεις κάτω νενευκὼς εἰς τὸ ἔργον, χαμαιπετὴς καὶ χα-
μαίζηλος καὶ πάντα τρόπον ταπεινός, ἀνακύπτων δὲ οὐδέποτε
οὐδὲ ἀνδρῶδες οὐδὲ ἐλεύθερον οὐδὲν ἐπινοῶν, ἀλλὰ τὰ μὲν

die eines Scholiasten würdige Er-
klärung. — ὃ δέ, was das aber
anbetrifft, dass, wie das La-
tein. quod. — ὡς ἄρα, dass
nämlich, dass ja, häufig bei
Anführung eines Ausspruchs oder
einer Meinung eines Andern. Vgl.
De sacrif. 14. Jup. conf. 9 u. s.
— οὔποτε παύσῃ u. s. w., durch
Hinterlassung von Schriftwerken.
— τίνος υἱὸν ὄντα ἐγὼ ἡλίκον
ἐποίησα. Nicht selten werden so
zwei Fragesätze im Griech. und
Lat. in einen vereinigt, quo patre
natum quantum reddiderim. De-
mosth. 4, 36: τίνα λαβόντα (αὐ-
τὸν) τί δεῖ ποιεῖν. Kr. Gr. §. 51,
17, 10. Des Demosthenes Vater
war Besitzer von zwei Säbel- u.
Messerfabriken. — Αἰσχίνην, Zeit-
genosse des Demosthenes u. als
Haupt der makedonischen Partei in
Athen der Gegner desselben, war,
wie ihm Demosth. de cor. 284.
vorwirft, der Sohn einer τυμπα-
νίστρια, Paukenschlägerin, mit

Namen Glaukothea. — Σωκράτης,
Sohn des Bildhauers Sophronis-
kos und der Phänarete, erlernte
und betrieb in der Jugend die
Kunst seines Vaters. — ἐπειδὴ
τάχιστα, sobald als; Catapl. 24
u. s. — συνῆκε τοῦ κρείττονος.
Anachars. 15: ἐπειδὰν πρῶτον
ἄρξωνται συνιέναι τοῦ βελτίονος.
Fugit. 3: εἰ καὶ μὴ σφόδρα ξυνίε-
σαν ὧν λέγοιμι. — ὡς ἐμέ, ὡς =
πρός vor persönlichen Begriffen.
Vgl. Nigr. 2. 28 u. ö. Warum
ist εἰς ἐμέ hier sprachwidrig, s.
Kr. Gr. 2 Th. §. 68, 21, 3.
13. προεδρίας καὶ δυνάμεις. Ue-
ber solche Plur. Kr. Gr. §. 44, 3, 2.
— μοχλία. Ein seltenes, ausser
hier nur noch bei com. anon. Mein.
IV, 684. vorkommendes Wort. E-
benso γλυφεῖον, Grabstichel,
nur hier. — κάτω νενευκώς ..
ἀνακύπτων δὲ οὐδέποτε. 'Sämmt-
liche Ausdrücke vom Bildhauer im
eigentlichen, aber zugleich auch
im uneigentlichen Sinne.' Geist.

ἔργα ὅπως εὔρυθμα καὶ εὐσχήμονα ἔσται σοι προνοῶν, ὅπως
δὲ αὐτὸς εὔρυθμος καὶ κόσμιος ἔσῃ, ἥκιστα πεφροντικώς, ἀλλ᾽
ἀτιμότερον ποιῶν σεαυτὸν [τῶν] λίθων."

14. Ταῦτα ἔτι λεγούσης αὐτῆς οὐ περιμείνας ἐγὼ τὸ τέλος 14
τῶν λόγων ἀναστὰς ἀπεφηνάμην, καὶ τὴν ἄμορφον ἐκείνην
καὶ ἐργατικὴν ἀπολιπὼν μετέβαινον πρὸς τὴν Παιδείαν μάλα
γεγηθώς, καὶ μάλιστα ἐπεί μοι εἰς νοῦν ἦλθεν ἡ σκυτάλη, καὶ
ὅτι πληγὰς οὐκ ὀλίγας εὐθὺς ἀρχομένῳ μοι χθὲς ἐνετρίψατο.
ἡ δὲ ἀπολειφθεῖσα τὸ μὲν πρῶτον ἠγανάκτει καὶ τὼ χεῖρε συν-
εκρότει καὶ τοὺς ὀδόντας ἔπριε· τέλος δέ, ὥσπερ τὴν Νιόβην
ἀκούομεν, ἐπεπήγει καὶ εἰς λίθον μετεβέβλητο. εἰ δὲ παρά-
δοξα ἔπαθε, μὴ ἀπιστήσητε· θαυματοποιοὶ γὰρ οἱ ὄνειροι.
15. ἡ ἑτέρα δὲ πρός με ἀπιδοῦσα, „τοιγαροῦν ἀμείψομαί σε," 15
ἔφη, „τῆσδε τῆς δικαιοσύνης, ὅτι καλῶς τὴν δίκην ἐδίκασας,
καὶ ἐλθὲ ἤδη, ἐπίβηθι τούτου τοῦ ὀχήματος," — δείξασά τι
ὄχημα ὑποπτέρων ἵππων τινῶν τῷ Πηγάσῳ ἐοικότων — „ὅπως
εἰδῇς, οἷα καὶ ἡλίκα μὴ ἀκολουθήσας ἐμοὶ ἀγνοήσειν ἔμελ-
λες." ἐπεὶ δὲ ἀνῆλθον, ἡ μὲν ἤλαυνε καὶ ὑφηνιόχει, ἀρθεὶς
δὲ εἰς ὕψος ἐγὼ ἐπεσκόπουν ἀπὸ τῆς ἕω ἀρξάμενος ἄχρι πρὸς

— τῶν λίθων, als die Steine,
die du bearbeitest. Sokrates
bei Diog. Laert. 2, 33: ἔλεγε θαυ-
μάζειν τῶν τὰς λιθίνους εἰκόνας
κατασκευαζομένων τοῦ μὲν λίθου
προνοεῖν, ὡς ὁμοιότατος ἔσται,
αὐτῶν δ᾽ ἀμελεῖν, ὡς μὴ ὁμοίους
τῷ λίθῳ φαίνεσθαι.

14. ἀπεφηνάμην, ich erklärte
mich. Vit. auct. 27: μὰ Δί᾽, ἀλλ᾽
ἤδη γε ἀπεφηνάμην. Hermot. 53
u. s. — εὐθὺς ἀρχομένῳ, gleich
beim Anfange. Jud. voc. 4. u. s.
— ἐνετρίψατο, hatte aufzäh-
len lassen, näml. ἡ ἄμορφος
καὶ ἐργατική. — τοὺς ὀδόντας
ἔπριε, knirschte mit den Zäh-
nen. Dial. meretr. 12, 2: πρίεις
τοὺς ὀδόντας. — τὴν Νιόβην,
Hom. Il. 24, 602 ff. Ovid. Met.
6, 146 — 312. Niobe, die Tochter
des phrygischen oder lydischen
Königs Tantalos, Gemahlin des
Amphion, war stolz auf den Reich-
thum ihrer Kinder und überhob
sich desselben gegen die Leto.

Deshalb tödtete der Leto Sohn,
Apollon, ihre sieben Söhne mit
seinen Pfeilen, und die sieben
Töchter Artemis, Niobe selbst
aber ward in einen Felsen auf
dem lydischen Berge Sipylos ver-
wandelt. — ἀκούομεν, näml. πε-
πηγέναι.

15. πρός με, s. zu II, 13. — ἀμεί-
ψομαί σε τῆσδε τῆς δικαιοσύνης,
ich will dich belohnen für.
— τι ὄχημα ὑποπτέρων ἵππων
τινῶν, eine Art Wagen, be-
spannt mit einer Art geflü-
gelter Rosse. Herodot. 7, 40:
ἐπ᾽ ἄρματος ἵππων Νισαίων. Ap-
pian. Mithr. 70: λευκῶν ἵππων
ἅρμα. — τῷ Πηγάσῳ, jenes ge-
flügelte Götterross. — μὴ ἀκολου-
θήσας. Warum hier μή und nicht
οὐκ? — ἀγνοήσειν ἔμελλες, dir
hätte unbekannt bleiben
müssen. Vgl. Prom. 15. Ebenso
im Lat. der Indicativus, s. Zumpt
§. 498. — ἄχρι πρός, ebenso wie
μέχρι πρός, häufig bei Luc. vor-

τὰ ἑσπέρια πόλεις καὶ ἔθνη καὶ δήμους, καθάπερ ὁ Τριπτόλεμος ἀποσπείρων τι ἐς τὴν γῆν. οὐκέτι μέντοι μέμνημαι, ὅ τι τὸ σπειρόμενον [ἐκεῖνο] ἦν, πλὴν τοῦτο μόνον, ὅτι κάτωθεν ἀφορῶντες ἄνθρωποι ἐπήνουν καὶ μετ' εὐφημίας καθ' οὓς
16 γενοίμην τῇ πτήσει, παρέπεμπον. 16. δείξασα δέ μοι τὰ τοσαῦτα κἀμὲ τοῖς ἐπαινοῦσιν ἐκείνοις ἐπανήγαγεν αὖθις οὐκέτι τὴν ἐσθῆτα ἐκείνην ἐνδεδυκότα, ἣν εἶχον ἀφιπτάμενος, ἀλλ' ἐμοὶ ἐδόκουν εὐπάρυφός τις ἐπανήκειν. καταλαβοῦσα οὖν καὶ τὸν πατέρα ἑστῶτα καὶ περιμένοντα ἐδείκνυεν αὐτῷ ἐκείνην τὴν ἐσθῆτα κἀμέ, οἷος ἥκοιμι, καί τι καὶ ὑπέμνησεν, οἷα μικροῦ δεῖν περὶ ἐμοῦ ἐβουλεύσατο. ταῦτα μέμνημαι ἰδὼν ἀντίπαις ἔτι ὤν, ἐμοὶ δοκεῖν, ἐκταραχθεὶς πρὸς τὸν τῶν πληγῶν φόβον.

17 17. Μεταξὺ δὲ λέγοντος, „Ἡράκλεις," ἔφη τις, „ὡς μακρὸν τὸ ἐνύπνιον καὶ δικανικόν." εἶτ' ἄλλος ὑπέκρουσε, „Χειμερινὸς ὄνειρος, ὅτε μήκισταί εἰσιν αἱ νύκτες, ἢ τάχα που τριέσπερος, ὥσπερ ὁ Ἡρακλῆς, καὶ αὐτός ἐστι. τί δ' οὖν ἐπῆλθεν αὐτῷ ληρῆσαι ταῦτα πρὸς ἡμᾶς καὶ μνησθῆναι παιδικῆς

kommende Formel. — τὰ ἑσπέρια, = τὴν ἑσπέραν. Ebenso Dial. mort. 12, 6: μικρὰ τὰ ἑσπέρια δόξας ἐπὶ τὴν ἕω ὥρμησα. Hermot. 25: ἢ μὲν γὰρ ἐπὶ τὰ ἑσπέρια, ἢ δὲ ἐπὶ τὴν ἕω φέρειν ἔοικεν. Vgl. IV, 5. — Τριπτόλεμος, Sohn des Keleos, Königs von Eleusis, und der Metaneira, erhielt von der Demeter, weil diese bei ihren Irrfahrten nach der von Pluton geraubten Tochter Persephone von seinen Eltern gastlich aufgenommen worden war, einen mit Drachen bespannten Wagen, auf dem er über die Erde hinfahren sollte, um die Menschen den Ackerbau zu lehren. Vgl. Ovid. Fast. 4, 507 ff. — καθ' οὓς γενοίμην, zu denen ich gelangte. Iterativer Optativ.
16. τὰ τοσαῦτα, Kr. Gr. §. 50, 4, 6. — καί τι καὶ ὑπέμνησεν, und gab ihm auch eine kleine, leise Erinnerung. Eunuch. 9: καί τι καὶ ἐτόλμα προστιθέναι ὁ Βαγώας τοιοῦτον. Conv. 20: καί τι καὶ γελοῖον διη-

γήσατο. u. s. Dieses καί τις καί ist eine bei Thukydides häufige Verbindung. Kr. Gr. §. 69, 32, 20. — μικροῦ δεῖν, s. oben zu c. 5. — ἀντίπαις, s. oben zu c. 1. — ἐμοὶ δοκεῖν, nach meiner Meinung, oft so bei Luc. parenthetisch. Necyom. 10. Char. 11. Ver. hist. 1, 7. 31 u. ö. Vgl. Kr. Gr. §. 55, 1, 3. — πρὸς τὸν φόβον, in Rücksicht oder Bezug auf, wegen, zufolge. Toxar. 53: τοῦ δὲ πρὸς τὸ ἀνέλπιστον τοῦ θεάματος καταπλαγέντος. Pisc. 24: φιλοσοφία πρὸς τοὺς λόγους ἐπικλασθεῖσα. u. ö.
17. μεταξὺ δὲ λέγοντος, näml. ἐμοῦ, mitten in od. während meiner Rede. Vgl. II, 18, III, 8. IV, 6. Pisc. 6. De merc. cond. 29. 35 u. ö. — δικανικόν, in eigentlicher Bedeutung (prozessartig), in Bezug auf die beiden Frauen, und in übertragener (langweilig); vgl. Prom. 4. — τάχα που, ebenso Catapl. 4. Pseudol. 28. auch που τάχα Dial. deor. 6, 5. Jup. trag. 44. Pseudol. 24.

νυκτὸς καὶ ὀνείρων παλαιῶν καὶ γεγηρακότων; ἕωλος γὰρ ἡ
ψυχρολογία· μὴ ὀνείρων ὑποκριτάς τινας ἡμᾶς ὑπείληφεν;"
Οὔκ, ὠγαθέ· οὐδὲ γὰρ ὁ Ξενοφῶν ποτε διηγούμενος τὸ ἐνύ-
πνιον, ὡς ἐδόκει αὐτῷ καίεσθαι ἡ πατρῷα οἰκία καὶ τὰ ἄλλα,
— ἴστε γὰρ — οὐχ ὑπόκρισιν τὴν ὄψιν οὐδ' ὡς φλυαρεῖν
ἐγνωκὼς αὐτὰ διεξῄει, καὶ ταῦτα ἐν πολέμῳ καὶ ἀπογνώσει
πραγμάτων, περιεστώτων πολεμίων, ἀλλά τι καὶ χρήσιμον εἶ-
χεν ἡ διήγησις. 18. καὶ τοίνυν κἀγὼ τοῦτον τὸν ὄνειρον ὑμῖν 18
διηγησάμην ἐκείνου ἕνεκα, ὅπως οἱ νέοι πρὸς τὰ βελτίω τρέ-
πωνται καὶ παιδείας ἔχωνται, καὶ μάλιστα, εἴ τις αὐτῶν ὑπὸ
πενίας ἐθελοκακεῖ καὶ πρὸς τὰ ἥττω ἀποκλίνει φύσιν οὐκ
ἀγεννῆ διαφθείρων. ἐπιρρωσθήσεται εὖ οἶδ' ὅτι κἀκεῖνος
ἀκούσας τοῦ μύθου, ἱκανὸν ἑαυτῷ παράδειγμα ἐμὲ προστη-
σάμενος, ἐννοῶν οἷος μὲν ὢν πρὸς τὰ κάλλιστα ὥρμησα καὶ
παιδείας ἐπεθύμησα μηδὲν ἀποδειλιάσας πρὸς τὴν πενίαν τὴν
τότε, οἷος δὲ πρὸς ὑμᾶς ἐπανελήλυθα, εἰ καὶ μηδὲν ἄλλο, οὐ-
δενὸς γοῦν τῶν λιθογλύφων ἀδοξότερος.

— παιδικῆς, in doppelsinniger Be-
deutung. — μή, doch nicht, in
directen Fragesätzen mit Indicat.,
wo man gewöhnl. eine verneinende
Antwort erwartet; Dial. deor. 10,
1. Dial. meretr. 5, 3. Adv. indoct.
19. Tyranic. 10. — ὀνείρων ὑπο-
κριτάς τινας, eine Art Traum-
deuter; vgl. 15. — ὁ Ξενοφῶν,
Xenoph. anab. 3, 1, 11: ἐπεὶ δ'ἀ-
πορία ἦν, ἐλυπεῖτο μὲν σὺν τοῖς
ἄλλοις καὶ οὐκ ἐδύνατο καθεύδειν.
μικρὸν δ'ὕπνου λαχὼν εἶδεν ὄναρ.
ἐδόξεν αὐτῷ βροντῆς γενομένης
σκηπτὸς πεσεῖν εἰς τὴν πατρῴαν
οἰκίαν καὶ ἐκ τούτου λάμπεσθαι
πᾶσα. — καίεσθαι ἡ πατρῷα οἰ-
κία habe ich nach Schmieders u.
meiner Besserung beibehalten für
das handschriftliche καὶ ἐν τῇ πα-
τρῴα οἰκία — οὐχ ὑπόκρ. Die
Negation ist des Zwischensatzes
und des Nachdrucks wegen wie-
derholt. Ebenso Aeschin. or. 3,

194: ἀλλ' οὐχὶ ὁ Κέφαλος, ὁ πα-
λαιὸς ἐκεῖνος, ὁ δοκῶν δημωτικώ-
τατος γεγονέναι, οὐχ οὕτως. Xen.
anab. 3, 2, 25. Demosth. or. 9, 31.
Vgl. Kr. Gr. §. 67, 11, 3. — ὑπό-
κρισιν, als Gegenstand der
Deutung, in Bezug auf die
obige Frage: μὴ ὀν. ὑποκριτάς
τινας ὑπείληφεν; — καὶ ταῦτα,
praesertim. — ἐν ἀπογνώσει πραγ-
μάτων, in verzweifelter Lage.
18. ὅπως τρέπωνται, s. zu c. 4.
— παιδείας ἔχωνται. ἔχεσθαί τι-
νος, sich einer Sache be-
fleissigen. — εὖ οἶδ' ὅτι, ganz
gewiss, ohne Zweifel, pa-
renthetisch oft so eingeschoben;
vgl. IV, 1: ξεναγήσεις γὰρ εὖ οἶδ'
ὅτι με ξυμπερινοστών u. ö.; auch
οἶδ' ὅτι allein, Hermot. 30. Kr.
Gr. §. 69, 48, 2. — οἷος μέν ..
οἷος δέ, eindringliche Wiederho-
lung, Anaphora.

TIMON ODER DER MENSCHENFEIND.

Dieser dramatische Dialog gehört zu den vorzüglichsten Erzeugnissen des Lucian und ist von ihm während seines Aufenthaltes in Athen geschrieben worden. Es ist derselbe, wie bereits Wieland bemerkt hat, ein Originalwerk in Erfindung, Composition, Zweck und Ausführung. Es lag Lucian, dem vermöge seiner Geistesrichtung nichts mehr beschäftigte als die Fehler und Gebrechen seiner Zeit zu geisseln und alle Ausartungen derselben in jeder Beziehung auf's schonungsloseste aufzudecken, bei seiner grossen Bekanntschaft und Vertrautheit, ja Wahlverwandtschaft mit der alten Komödie nichts näher als diesen schon von den alten Komikern mehrfach erwähnten und mit ihrem Witz gegeisselten Menschenfeind Timon als ein geeignetes Sujet für seine Satire sich zurecht zu machen und zu benutzen.

Leider sind der Nachrichten über ihn nur so gar wenige vorhanden, dass sich etwas Genaueres über ihn und sein Leben nicht sagen lässt. Dass er ein Athenäer und der Sohn eines gewissen Echekratides aus dem Demos Kollytos gewesen sei, erfahren wir aus Lucian selbst; desgleichen wissen wir, dass er zur Zeit des peloponnesischen Krieges als Zeitgenosse des Pericles, Alkibiades und Aristophanes gelebt. Schade, dass ein Stück des Antiphanes, eines Dichters der mittleren attischen Komödie, das den Titel Τίμων führt, verloren gegangen ist. Sicher würden wir, wenn dasselbe erhalten worden wäre, genauer über ihn unterrichtet sein. Was für ein Leben er geführt, geht aus den Worten des Komikers Phrynichos hervor. In einem Stücke desselben nämlich, Μονότροπος betitelt, sagt dieser Μονότροπος selbst:

ζῶ δὲ Τίμωνος βίον,
ἄγαμον, ἄδουλον, ὀξύθυμον, ἀπρόσοδον,
ἀγέλαστον, ἀδιάλεκτον, ἰδιογνώμονα.

Dass er ein sehr wohlhabender, ja reicher Mann gewesen, der es bei seinem Reichthum nicht an Freigebigkeit habe fehlen lassen, aber durch seine Freigebigkeit gegen Schmarotzer an den Bettelstab gebracht worden sei und für sein übel angebrachtes Wohlthun den schnödesten Undank erfahren, der ihn bis zum Hasse gegen das ganze Menschengeschlecht gebracht, wird in unserem Dialoge in Uebereinstimmung mit Plutarch. vit. Anton. c. 69 f. berichtet. Vielleicht ist daran etwas Wahres; indess hatte wahrscheinlich dieser sein Hass auch in der Sittenverderbniss der damaligen Zeit seinen Grund, von der uns gleichzeitige Schriftsteller so viele Belege geben. Eine Ausnahme machte er nur mit dem jungen Alkibiades, mit dem er umging, weil er in diesem den Verderber seiner ihm verhassten Mitbürger sah, und mit dem ihm gleich gesinnten Apemantos.

Dass Lucian nun diesen Menschenfeind Timon sich für seine Zwecke zurecht gemacht habe, ergiebt sich ausser Anderem schon daraus, dass er, nachdem sein Reichthum durch übel angebrachte Gutherzigkeit und Leichtsinn verloren gegangen, durch Zufall auf einmal wieder zu grossem Vermögen gelangt, und dieses nach langem Widerstreben endlich deswegen annimmt, um nun seine Verachtung gegen seine Mitmenschen, und unter diesen vorzugsweise gegen seine früheren Schmeichler, desto besser und recht augenfällig an den Tag legen zu können. Es kam dem Lucian darauf an, ihn in seiner Dichtung so zu benutzen, dass er die gleichzeitigen Rhetoren und Philosophen, ihre Schmarotzerei und ihr ganzes Thun und Treiben, nebst den Göttern so recht in ihrer Blösse darstellen konnte, um so den Betrogenen und sich noch betrügen Lassenden gehörig die Augen zu öffnen.

Der Verlauf des dramatischen Dialogs ist in der Kürze folgender: Timon durch Freigebigkeit und Verschwendung an den Bettelstab gebracht gräbt unter Verwünschungen gegen Zeus, der sich jetzt gar nicht mehr in seiner alten Herrlichkeit und Macht zeige, weit entfernt von Athen am Meeresstrande um kärglichen Tagelohn ein Stück steiniges Land. Zeus hört im Olympos sein Schreien und fragt den Hermes, wer der Schreier sei. Dieser gibt ihm darüber genauen Bericht, und Zeus in Folge desselben voll Mitleid mit ihm, dass er, der einst so reiche, sich jetzt in so drückender Armuth befinde, entsendet den Hermes, um den Plutos zu holen und so den Timon wieder reich machen zu lassen. Plutos erscheint nun mit dem Hermes, zeigt aber durchaus keine Bereitwilligkeit, wieder zu Timon zu gehen, nachdem er früher von ihm so schlecht behandelt worden sei. Endlich aber lässt er sich doch bestimmen, dem Befehle des Zeus nachzukommen, und geht mit Hermes ab. Im Gespräch mit einander fällt es dem Hermes plötzlich ein, dass sie ja den Thesauros nicht bei sich haben; Plutos erwiedert, derselbe werde auf seinen Ruf zur gehörigen Zeit schon erscheinen. Endlich treffen sie bei Timon ein, der fleissig darauf losarbeitet und mit seiner Lage durchaus zufrieden von ihnen ganz und gar nichts wissen will, zuletzt sich aber doch herbeilässt, den Plutos aufzunehmen und den beim Graben gefundenen Schatz aufzuheben, da er gegen den Willen

der Götter doch nichts vermöge. Im Besitze des Schatzes be-
schliesst er trotzdem in seiner Einsamkeit zu verharren, allen Um-
gang mit der übrigen Welt zu meiden und dieser seine Verach-
tung in jeder Beziehung zu beweisen. Während er hierbei den
Wunsch hegt, dass seine undankbaren ehemaligen Freunde erführen, wie reich er wieder geworden sei, findet sich auch schon
eine Schaar von Schmeichlern, Heuchlern und Schmarotzern wieder bei ihm ein, um sich gegenseitig in Schmeichelei und Heuchelei zu überbieten, unter ihnen der Redner Demeas und der
Philosoph Thrasykles, die aber sämmtlich mit Hohn, Schlägen
und von einem Felsen herab mit Steinwürfen abgefertigt werden.

II.

ΤΙΜΩΝ Η ΜΙΣΑΝΘΡΩΠΟΣ.

ΤΙΜΩΝ, ΖΕΥΣ, ΕΡΜΗΣ, ΠΛΟΥΤΟΣ, ΠΕΝΙΑ, ΓΝΑΘΩΝΙΔΗΣ,
ΦΙΛΙΑΔΗΣ, ΔΗΜΕΑΣ, ΘΡΑΣΥΚΛΗΣ.

---

1. *ΤΙΜ.* Ὦ Ζεῦ φίλιε καὶ ξένιε καὶ ἑταιρεῖε καὶ ἐφέστιε 1
καὶ ἀστεροπητὰ καὶ ὅρκιε καὶ νεφεληγερέτα καὶ ἐρίγδουπε καὶ
εἴ τί σε ἄλλο οἱ ἐμβρόντητοι ποιηταὶ καλοῦσι, καὶ μάλιστα ὅταν
ἀπορῶσι πρὸς τὰ μέτρα, — τότε γὰρ αὐτοῖς πολυώνυμος γι-
νόμενος ὑπερείδεις τὸ πίπτον τοῦ μέτρου καὶ ἀναπληροῖς τὸ
κεχηνὸς τοῦ ῥυθμοῦ — ποῦ σοι νῦν ἡ ἐρισμάραγος ἀστραπὴ
καὶ ἡ βαρύβρομος βροντὴ καὶ ὁ αἰθαλόεις καὶ ἀργήεις καὶ
σμερδαλέος κεραυνός; ἅπαντα γὰρ ταῦτα λῆρος ἤδη ἀναπέ-
φηνε καὶ καπνὸς ἀτεχνῶς ποιητικὸς ἔξω τοῦ πατάγου τῶν ὀνο-
μάτων. τὸ δὲ ἀοίδιμόν σοι καὶ ἐκηβόλον ὅπλον καὶ πρόχειρον
οὐκ οἶδ᾿ ὅπως τελέως ἀπέσβη καὶ ψυχρόν ἐστι μηδὲ ὀλίγον
σπινθῆρα ὀργῆς κατὰ τῶν ἀδικούντων διαφυλάττον. 2. θᾶτ- 2
τον γοῦν τῶν ἐπιορκεῖν τις ἐπιχειρούντων ἕωλον θρυαλλίδα
φοβηθείη ἂν ἢ τὴν τοῦ πανδαμάτορος κεραυνοῦ φλόγα· οὕτω
δαλόν τινα ἐπανατείνεσθαι δοκεῖς αὐτοῖς, ὡς πῦρ μὲν ἢ κα-
πνὸν ἀπ᾿ αὐτοῦ μὴ δεδιέναι, μόνον δὲ τοῦτο οἴεσθαι ἀπολαύ-
ειν τοῦ τραύματος, ὅτι ἀναπλησθήσονται τῆς ἀσβόλου. ὥστε

---

1. ἑταιρεῖε, Schützer der
Genossenschaften oder Ver-
brüderungen. Diesen Beina-
men hat Zeus nicht selten. Es sind
diese Beiwörter sämmtlich aus Ho-
meros und andern Dichtern ent-
lehnt, um diese mit zu verspotten.
— ἐφέστιε, Schützer des Heer-
des und Hauses. — καὶ εἴ τί σε
ἄλλο .. καλοῦσι, und wie dich
sonst noch benennen. Vgl.
Bacch. 2: τοῦτο καλεῖσθαι αὐτῶν
τὸν δεσπότην. Conviv. 19. Ver.

hist. 1, 36 u. ö. Kr. Gr. §. 46, 13.
— ἐμβρόντητοι, attoniti, doppel-
sinnig. — τὸ πίπτον, den Ein-
sturz. — τὸ κεχηνός, die Lük-
ke. Vgl. hiermit Aristoph. ran.
1178. — ἀτεχνῶς, ganz und gar,
durchaus. — ἔξω, ausgenom-
men, so oft bei Luc.
2. ἕωλον, halb verloschen.
— πανδαμάτορος, auch ein poe-
tisches Wort. — ἀπολαύειν, man
könnte den Infin. fut. ἀπολαύσειν
erwarten; aber wir möchten diese

ἤδη διὰ ταῦτά σοι καὶ ὁ Σαλμωνεὺς ἀντιβροντᾶν ἐτόλμα, οὐ
πάνυ τι ἀπίθανος ὤν, πρὸς οὕτω ψυχρὸν τὴν ὀργὴν Δία θερ-
μουργὸς ἀνὴρ μεγαλαυχούμενος. πῶς γάρ; ὅπου γε καθάπερ
ὑπὸ μανδραγόρα καθεύδεις, ὃς οὔτε τῶν ἐπιορκούντων ἀκούεις
οὔτε τοὺς ἀδικοῦντας ἐπισκοπεῖς, λημᾷς δὲ καὶ ἀμβλυώττεις
πρὸς τὰ γινόμενα καὶ τὰ ὦτα ἐκκεκώφησαι καθάπερ οἱ παρη-
3 βηκότες· 3. ἐπεὶ νέος γε ἔτι καὶ ὀξύθυμος ὢν καὶ ἀκμαῖος τὴν
ὀργὴν πολλὰ κατὰ τῶν ἀδίκων καὶ βιαίων ἐποίεις καὶ οὐδέ-
ποτε ἦγες τότε πρὸς αὐτοὺς ἐκεχειρίαν, ἀλλ᾽ ἀεὶ ἐνεργὸς πάν-
τως ὁ κεραυνὸς ἦν καὶ ἡ αἰγὶς ἐπεσείετο καὶ ἡ βροντὴ ἐπατα-
γεῖτο καὶ ἡ ἀστραπὴ συνεχὲς ὥσπερ εἰς ἀκροβολισμὸν προηκον-
τίζετο· οἱ σεισμοὶ δὲ κοσκινηδὸν καὶ ἡ χιὼν σωρηδὸν καὶ ἡ
χάλαζα πετρηδόν· καὶ ἵνα σοι φορτικῶς διαλέγωμαι, ὑετοί τε
ῥαγδαῖοι καὶ βίαιοι, ποταμὸς ἑκάστη σταγών· ὥστε τηλικαύτη
ἐν ἀκαρεῖ χρόνου ναυαγία ἐπὶ τοῦ Δευκαλίωνος ἐγένετο, ὡς
ὑποβρυχίων ἁπάντων καταδεδυκότων μόγις ἕν τι κιβώτιον
περισωθῆναι προσοκεῖλαν τῷ Λυκωρεῖ ζώπυρόν τι τοῦ ἀνθρω-
πίνου σπέρματος διαφυλάττον εἰς ἐπιγονὴν κακίας μείζονος.

Form nicht hineinkorrigiren. ἀπο-
λαύειν hier wie oft im übeln Sinne.
Vgl. Nigr. 30. — ὁ Σαλμωνεύς,
jener Salm.; Sohn des Aeolos
und der Enarete, verlangte für
den Zeus gehalten zu werden, in-
dem er Donner und Blitz nach-
ahmte und Opfer forderte, wofür
ihn jener mit einem Blitz in den
Tartaros hinabschleuderte. Virg.
Aen. 5, 585—594. — οὐ πάνυ τι,
ganz und gar nicht, eine bei
Luc. sehr gewöhnliche Formel. τί
ist Accusat. der Beziehung. —
ἀπίθανος, unglaublich, von
einer Person, der man keinen
Glauben schenkt. — ψυχρὸν τὴν
ὀργήν, vgl. c. 3: ἀκμαῖος τὴν ὀρ-
γήν. — πῶς γάρ; wir: denn
wie sollte das nicht so sein?
wie wäre das anders mög-
lich? — ὅπου γε, da ja, quum
quidem. — ὑπὸ μανδραγόρα, in
Folge genossenen Alrauns.
Sprichwörtliche Redensart.
3. ἐπεί, im Deutschen: denn.
— ἐπαταγεῖτο, dröhnte, rollte.
Später Gebrauch; bei Aristoph.
nub. 380 das Activum: ὥσπερ
βροντὴ τὸ ζωμίδιον παταγεῖ. Bei
Luc. dea Syr. 50 das Act. in
trans. Bedeutung. — οἱ σεισμοὶ
κοσκινηδόν, die Erderschüt-
terungen waren so häufig,
wie wenn man ein Sieb
schüttelt. Die Advv. κοσκ.,
σωρ. und πετρ. haben einen ko-
mischen Anstrich; vgl. De conscr.
hist. 19: δράκοντες ἑλικηδὸν καὶ
βοστρυχηδόν. — φορτικῶς, derb.
— ὑετοί τε κτέ. Diese Worte sind
jedenfalls aus einem Dichter, viel-
leicht einem tragischen, entlehnt;
daher die Partikel τέ. — ἐν ἀκα-
ρεῖ χρόνου, im Augenblick, im
Nu; ἐν ἀκαρεῖ τοῦ χρόνου unten
c. 23. IV, 14. Epist. Sat. 35. ἐν
ἀκαρεῖ allein Scyth. 8. De morte
Peregr. 21. Jap. conf. 8. ἐν ἀκα-
ρεῖ χρόνῳ Aristoph. Pl. 244. —
ἐπὶ τοῦ Δ., zur Zeit des D. —
ἕν τι, irgend ein, una aliqua
cymbula. — προσοκεῖλαν, hier intr.
anlandend, anfahrend. —
τῷ Λυκωρεῖ. Λυκωρεύς ein
Hauptgipfel des Parnasses.

4. τοιγάρτοι ἀκόλουθα τῆς ῥαθυμίας τἀπίχειρα κομίζῃ παρ' 4
αὐτῶν, οὔτε θύοντος ἔτι σοί τινος οὔτε στεφανοῦντος, εἰ μή
τις ἄρα πάρεργον Ὀλυμπίων, καὶ οὗτος οὐ πάνυ ἀναγκαῖα
ποιεῖν δοκῶν, ἀλλ' εἰς ἔθος τι ἀρχαῖον συντελῶν· καὶ μετ'
ὀλίγον Κρόνον σε, ὦ θεῶν γενναιότατε, ἀποφανοῦσι παρω-
σάμενοι τῆς τιμῆς. ἐῶ λέγειν, ποσάκις ἤδη σου τὸν νεὼν σε-
συλήκασιν· οἱ δὲ καὶ αὐτῷ σοι τὰς χεῖρας Ὀλυμπίασιν ἐπιβε-
βλήκασι, καὶ σὺ ὁ ὑψιβρεμέτης ὤκνησας ἢ ἀναστῆσαι τοὺς κύ-
νας ἢ τοὺς γείτονας ἐπικαλέσασθαι, ὡς βοηδρομήσαντες αὐτοὺς
συλλάβοιεν ἔτι συσκευαζομένους πρὸς τὴν φυγήν· ἀλλ' ὁ γεν-
ναῖος καὶ Γιγαντολέτωρ καὶ Τιτανοκράτωρ ἐκάθησο τοὺς πλο-
κάμους περικειρόμενος ὑπ' αὐτῶν, δεκάπηχυν κεραυνὸν ἔχων
ἐν τῇ δεξιᾷ. ταῦτα τοίνυν, ὦ θαυμάσιε, πηνίκα παύσεται οὕ-
τως ἀμελῶς παρορώμενα; ἢ πότε κολάσεις τὴν τοσαύτην ἀδι-
κίαν; πόσοι Φαέθοντες ἢ Δευκαλίωνες ἱκανοὶ πρὸς οὕτως
ὑπέραντλον ὕβριν τοῦ βίου; 5. ἵνα γὰρ τὰ κοινὰ ἐάσας τἀμὰ 5
εἴπω, τοσούτους Ἀθηναίων εἰς ὕψος ἄρας καὶ πλουσίους ἐκ
πενεστάτων ἀποφήνας καὶ πᾶσι τοῖς δεομένοις ἐπικουρήσας,
μᾶλλον δὲ ἀθρόον εἰς εὐεργεσίαν τῶν φίλων ἐκχέας τὸν πλοῦ-

4. τοιγάρτοι, dieses schliesst an
das Ende des §. 2 an. — στεφα-
νοῦντος, nämlich σὲ — εἰ μὴ ἄρα,
wenn nicht etwa. Ebenso εἰ
μή τις ἄρα Pseudol. 3. vgl. IV,
11. Parasit. 1. — πάρεργον Ὀλυμ-
πίων, d. i. als Zugabe bei den
olymp. Spielen; näml. θύει ἢ
στεφανοί. Vgl. De sacrif. 11. He-
rod. 6. — εἰς ἔθος τι ἀρχαῖον,
nach einem alten Brauche.
Catapl. 20. Ebenso ἐς τἀρχαῖον
Aristoph. nub. 593. ἐς τὸ ἀρχαῖον
Luc. Saturn. 9. — Κρόνον, der
von seinem Sohne Zeus der Herr-
schaft beraubt wurde; 'sie werden
einen zweiten Kr. aus dir machen.'
— οἱ δέ, manche aber, ohne
vorhergehendes οἱ μέν. — τοὺς
κύνας, welche den Tempel bewa-
chen. — ἀλλ', ja. — τοὺς πλοκ.
περικειρόμενος, dir rings die
Haare abscheeren lassend;
diese waren von Gold. Vgl. Jup.
trag. 25. — κολάσεις. Diese acti-
ve Futurform findet sich schon

in der alten Zeit. — πόσοι Φαέ-
θοντες, d. i. wie viele Verbren-
nungen durch den Blitzstrahl.
Phaethon, der Sohn des Helios und
der Klymene, verlangte von sei-
nem Vater zum Beweis, dass er
sein Sohn sei, einen Tag den
Sonnenwagen zu lenken. Trotz
aller Vorstellungen dagegen musste
derselbe, der ihm gelobt hatte das
zu gewähren, was er verlange,
sich dazu verstehen. Phaethon
konnte aber die Sonnenrosse nicht
bändigen, und setzte in Folge
dessen die Erde in grosse Gefahr.
Zeus sah sich daher genöthigt den
Phaethon durch einen Blitzstrahl
zu tödten. — ὑπέραντλον, eigtl.
von einem Schiffe, das so von ein-
dringendem Wasser voll ist, dass
kein Ausschöpfen mehr hilft; hier
übertragen: bodenlos. — τοῦ
βίου, der Lebenden, Men-
schen. Vit. auct. 8.
5. μᾶλλον δέ, oder vielmehr,
imo, atque adeo (Zumpt. §. 737.).

τον, ἐπειδὴ πένης διὰ ταῦτα ἐγενόμην, οὐκέτι οὐδὲ γνωρίζο-
μαι πρὸς αὐτῶν οὐδὲ προσβλέπουσιν οἱ τέως ὑποπτήσσοντες
καὶ προσκυνοῦντες κἀκ τοῦ ἐμοῦ νεύματος ἀπηρτημένοι, ἀλλ'
ἤν που καὶ ὁδῷ βαδίζων ἐντύχω τινὶ αὐτῶν, ὥσπερ τινὰ στή-
λην παλαιοῦ νεκροῦ ὑπτίαν ὑπὸ τοῦ χρόνου ἀνατετραμμένην
παρέρχονται μηδὲ ἀναγνόντες, οἱ δὲ καὶ πόρρωθεν ἰδόντες
ἑτέραν ἐκτρέπονται δυσάντητον καὶ ἀποτρόπαιον θέαμα ὄψε-
σθαι ὑπολαμβάνοντες τὸν οὐ πρὸ πολλοῦ σωτῆρα καὶ εὐεργέ-
την αὐτῶν γεγενημένον.   6. ὥστε ὑπὸ τῶν κακῶν ἐπὶ ταύτην
τὴν ἐσχατιὰν τραπόμενος ἐναψάμενος διφθέραν ἐργάζομαι τὴν
γῆν ὑπόμισθος ὀβολῶν τεττάρων, τῇ ἐρημίᾳ καὶ τῇ δικέλλῃ
προσφιλοσοφῶν. ἐνταῦθα τοῦτο γοῦν μοι δοκῶ κερδανεῖν,
μηκέτι ὄψεσθαι πολλοὺς παρὰ τὴν ἀξίαν εὖ πράττοντας· ἀνια-
ρότατον γὰρ τοῦτό γε. ἤδη ποτὲ οὖν, ὦ Κρόνου καὶ Ῥέας υἱέ,
τὸν βαθὺν τοῦτον ὕπνον ἀποσεισάμενος καὶ νήδυμον — ὑπὲρ
τὸν Ἐπιμενίδην γὰρ κεκοίμησαι — καὶ ἀναρριπίσας τὸν κε-
ραυνὸν ἢ ἐκ τῆς Οἴτης ἐναυσάμενος μεγάλην ποιήσας τὴν
φλόγα, ἐπιδείξαιό τινα χολὴν ἀνδρώδους καὶ νεανικοῦ Διός,
εἰ μὴ ἀληθῆ ἐστι τὰ ὑπὸ Κρητῶν περὶ σοῦ καὶ τῆς ἐκεῖ ταφῆς
μυθολογούμενα.

Eine ἐπιδιόρθωσις oder ἐπανόρ-
θωσις. Vgl. c. 40. — οὐκέτι οὐδέ,
Ver. hist. 1, 6: καὶ οὐκέτ' οὐδὲ
στεῖλαι τὴν ὀθόνην δυνατὸν ἦν.
— ὁδῷ βαδίζων, d. i. unter-
wegs. Eine bei Luc. gewöhnl.
Redensart. καί auch, obschon es
nicht oft der Fall ist. — ὑπτίαν
.. ἀνατετραμμένην, s. v. a. ἀνα-
τετραμμένην ὥστε ὑπτίαν εἶναι.
IV, 3: ὁπόταν τὸ πνεῦμα καται-
γίσαν πλαγίᾳ τῇ ὀθόνῃ ἐμπέσῃ.
Das Adjectiv drückt erst die Fol-
ge der Handlung aus (proleptisch);
Kr. Gr. §. 57, 4, 2. — ἑτέραν,
näml. ὁδόν.

6. ὑπόμισθος ὀβολῶν τεττάρων,
um einen Tagelohn von vier
Obolen. — μηκέτι ὄψεσθαι κτέ.,
Epexegese zum vorhergehenden
τοῦτο. — παρὰ τὴν ἀξίαν, ge-
gen ihr Verdienst, praeter
meritum; vgl. Prom. 2. — τοῦτον,
hinzeigend. So οὗτος oft zwischen
dem Artikel und seinem Nomen,

wenn auf den Artikel noch ein
Attribut folgt. Kr. Gr. §. 50, 11, 20.
51, 7, 7. Vgl. c. 35. 48. III, 4. 18.
IV, 24. — ὑπὲρ τὸν Ἐπιμενίδην,
d. i. länger als Epimenides. —
Vom Epimenides, einem Dichter
und Seher aus Kreta, erzählt man,
dass er, als er ermüdet sich in ei-
ner Höhle niedergelegt hatte, in
einen Schlaf von 40, nach Andern
von 50 oder 57 Jahren gefallen
sei. — Οἴτης, Gebirge des südli-
chen Thessalien, wo Herakles ver-
mittelst eines Scheiterhaufens sich
verbrannt hatte. Zur Vertheidi-
gung des handschriftlichen Οἴτης,
wofür man Αἴτνης vorgeschlagen,
lässt sich vielleicht anführen Soph.
Trach. 436:

μή, πρός σε τοῦ κατ' ἄκρον
  Οἰταῖον νάπος
Διὸς καταστράπτοντος, ἐκ-
  κλέψῃς λόγον.

— ἐπιδείξαιο, gemilderter Impera-
tiv; s. Kr. Gr. §. 54, 3, 1. — τὰ

7. *ΖΕΥΣ. Τίς οὗτός ἐστιν, ὦ Ἑρμῆ, ὁ κεκραγὼς ἐκ τῆς* 7
Ἀττικῆς παρὰ τὸν Ὑμηττὸν ἐν τῇ ὑπωρείᾳ, πιναρὸς ὅλος καὶ
αὐχμῶν καὶ ὑποδίφθερος; σκάπτει δὲ οἶμαι ἐπικεκυφώς· λά-
λος ἄνθρωπος καὶ θρασύς. ἢ που φιλόσοφός ἐστιν· οὐ γὰρ
ἂν οὕτως ἀσεβεῖς τοὺς λόγους διεξῄει καθ' ἡμῶν.

ΕΡΜ. Τί φής, ὦ πάτερ; ἀγνοεῖς Τίμωνα τὸν Ἐχεκρατί-
δου τὸν Κολλυτέα; οὗτός ἐστιν ὁ πολλάκις ἡμᾶς καθ' ἱερῶν
τελείων ἑστιάσας, ὁ νεόπλουτος, ὁ τὰς ὅλας ἑκατόμβας, παρ'
ᾧ λαμπρῶς ἑορτάζειν εἰώθειμεν τὰ Διάσια.

ΖΕΥΣ. Φεῦ τῆς ἀλλαγῆς· ὁ καλὸς ἐκεῖνος, ὁ πλούσιος,
περὶ ὃν οἱ τοσοῦτοι φίλοι; τί παθὼν τοιοῦτός ἐστιν; αὐχμη-
ρός, ἄθλιος καὶ σκαπανεὺς καὶ μισθωτός, ὡς ἔοικεν, οὕτω
βαρεῖαν καταφέρων τὴν δίκελλαν.

8. *ΕΡΜ. Οὑτωσὶ μὲν εἰπεῖν, χρηστότης ἐπέτριψεν αὐτὸν* 8
καὶ φιλανθρωπία καὶ ὁ πρὸς τοὺς δεομένους ἅπαντας οἶκτος,
ὡς δὲ ἀληθεῖ λόγῳ, ἄνοια καὶ εὐήθεια καὶ ἀκρισία περὶ τῶν
φίλων, ὃς οὐ συνίει κόραξι καὶ λύκοις χαριζόμενος, ἀλλ' ὑπὸ
γυπῶν τοσούτων ὁ κακοδαίμων κειρόμενος τὸ ἧπαρ φίλους εἶ-
ναι αὐτοὺς καὶ ἑταίρους ᾤετο, ὑπ' εὐνοίας τῆς πρὸς αὐτὸν χαί-

---

... *μυθολογούμενα.* Nach einer
Sage der Kreter lag Zeus in der
Nähe der Stadt Knosos begraben.
Vgl. Jup. tr. 45. De sacrif. 10.

7. *ΖΕΥΣ*, im Olymp zu denken.
— *Ὑμηττόν*, Gebirge in Attika.
— *ἦ που*, sicherlich wol. Be-
achte die Ironie. — *οὐ γὰρ ἂν*
πέ., näml. *εἰ μὴ φιλόσοφος ἦν.*
Vgl. c. 24. — *οὕτως ἀσ. τοὺς λό-*
γους διεξῄει, d. i. *οὐ γὰρ ἂν οἱ*
λόγοι, οὓς διέξεισι, οὕτως ἀσεβεῖς
ἦσαν. — Κολλυτέα. Κολλυτός war
ein Demos der Phyle Aegeïs. —
καθ' ἱερῶν τελείων ἑστιάσας, der
mit vollkommenen Opfern
uns bewirthet hat. Eine Re-
deweise, die so nicht wieder vor-
kommt; vgl. hiermit Philops. 21:
ἀγανακτεῖ, ἢν μὴ ἐφ' ἱερῶν τε-
λείων ἑστιαθῇ. Sonst sagt man
καθ' ἱερῶν ὀμόσαι, καθ' ἑκατόμ-
βης εὔχεσθαι. ἱερὰ τέλεια ent-
sprechend dem homerischen *τελή-*
εσσαι ἑκατόμβαι. — *ὁ νεόπλουτος,*
der eben noch reiche. Sonst

bedeutet das Wort: 'der eben erst
reich geworden.' — *ὁ τὰς ὅλας*
ἑκατόμβας, der mit den gan-
zen Hekatomben. Eine ellip-
tische, aber erst bei Spätern vor-
kommende Ausdrucksweise; ebenso
IV, 14: *ὁ τὸ διάδημα.* Dial. mort.
10. 4: *ὁ δὲ τὴν πορφυρίδα οὑτοσὶ*
καὶ τὸ διάδημα und sonst sehr
oft. — *τὰ Διάσια,* ein grosses
Fest zu Athen, das dem *Ζεὺς μει-*
λίχιος zu Ehren im Monat Anthe-
sterion gefeiert wurde. — *φεῦ*
τῆς ἀλλαγῆς, häufiger Genetiv des
Ausrufs bei Interjectionen; vgl.
c. 45. 48.

8. *οὑτωσὶ μὲν εἰπεῖν,* so zu
sagen, wenn man so sagen
wollte, man könnte sagen,
Gegens. *ὡς δὲ ἀληθεῖ λόγῳ,* näml.
εἰπεῖν, s. Kr. Gr. §. 55, 1, 2. 3.
Ebenso *οὑτωσὶ μὲν ἁπλῶς ἀκοῦ-*
σαι Abdicat. 26. — *ὃς οὐ συνίει*
.. *χαριζόμενος,* der nicht ein-
sah, dass er; vgl. Prom. 6. —
τὸ ἧπαρ. Auf welche Fabel wird

ροντας τῇ βορᾷ· οἱ δὲ τὰ ὀστᾶ γυμνώσαντες ἀκριβῶς καὶ πε-
ριτραγόντες, εἰ δέ τις καὶ μυελὸς ἐνῆν, ἐκμυζήσαντες καὶ
τοῦτον εὖ μάλα ἐπιμελῶς, ᾤχοντο αὖον αὐτὸν καὶ τὰς ῥίζας
ὑποτετμημένον ἀπολιπόντες, οὐδὲ γνωρίζοντες ἔτι οὐδὲ προσ-
βλέποντες — πόθεν γάρ; — ἢ ἐπικουροῦντες ἢ ἐπιδιδόντες
ἐν τῷ μέρει. διὰ ταῦτα δικελλίτης καὶ διφθερίας, ὡς ὁρᾷς,
ἀπολιπὼν ὑπ' αἰσχύνης τὸ ἄστυ μισθοῦ γεωργεῖ μελαγχολῶν
τοῖς κακοῖς, ὅτι οἱ πλουτοῦντες παρ' αὐτοῦ μάλα ὑπεροπτικῶς
παρέρχονται οὐδὲ τοὔνομα, εἰ Τίμων καλοῖτο, εἰδότες.

9. ΖΕΥΣ. Καὶ μὴν οὐ παροπτέος ἀνὴρ οὐδὲ ἀμελητέος·
εἰκότως γὰρ ἠγανάκτει δυστυχῶν· ἐπεὶ καὶ ὅμοια ποιήσομεν
τοῖς καταράτοις κόλαξιν ἐκείνοις ἐπιλελησμένοι ἀνδρὸς τοσαῦτα
μηρία ταύρων τε καὶ αἰγῶν πιότατα καύσαντος ἡμῖν ἐπὶ τῶν
βωμῶν· ἔτι γοῦν ἐν ταῖς ῥισὶ τὴν κνῖσαν αὐτῶν ἔχω. πλὴν
ὑπ' ἀσχολίας τε καὶ θορύβου πολλοῦ τῶν ἐπιορκούντων καὶ
βιαζομένων καὶ ἁρπαζόντων, ἔτι δὲ καὶ φόβου τοῦ παρὰ τῶν
ἱεροσυλούντων — πολλοὶ γὰρ οὗτοι καὶ δυσφύλακτοι καὶ οὐδὲ
ἐπ' ὀλίγον καταμύσαι ἡμῖν ἐφιᾶσι — πολὺν ἤδη χρόνον οὐδὲ
ἀπέβλεψα ἐς τὴν Ἀττικήν, καὶ μάλιστα ἐξ οὗ φιλοσοφία καὶ
λόγων ἔριδες ἐπεπόλασαν αὐτοῖς· μαχομένων γὰρ πρὸς ἀλλή-
λους καὶ κεκραγότων οὐδὲ ἐπακούειν ἔστι τῶν εὐχῶν· ὥστε ἢ
ἐπιβυσάμενον χρὴ τὰ ὦτα καθῆσθαι ἢ ἐπιτριβῆναι πρὸς αὐ-

hier angespielt? — πόθεν γάρ;
Nachdrückliche Verneinung. wo-
her sollte das kommen? wie
wäre das möglich? Vgl. III,
12. Pseudol. 2. 13. — ἐν τῷ μέρει,
an ihrer Reihe, ihrerseits,
d. i. hier: die Reihe wäre an ihnen
gewesen zu helfen. — μισθοῦ,
für Tagelohn. — μελαγχολῶν
τοῖς κακοῖς, Gift und Galle
über sein Unglück speiend.
— εἰ, ob.

9. καὶ μήν, at vero, atqui. —
ἠγανάκτει δυστυχῶν. Dial. mort.
27, 3: ἠγανάκτει πεζὸς βαδίζων.
IV, 2. u. ö. — ἐπεί, sonst, alio-
qui, schliesst an ἀμελητέος an;
Dial. mort. 10, 7: ὥστε ἀπόδυθι
αὐτάς, ἐπεὶ καταδύσεις τὸ σκά-
φος τὸν ἕτερον πόδα ὑπερθεὶς
μόνον. Vgl. De conscr. hist. 38.

44. Jup. tr. 43. Rhet. praec. 3. —
πλήν, indess, jedoch; ebenso
c. 10 z. E.; gewöhnlicher bei
Luc. πλὴν ἀλλά. — φόβον, hängt
noch von ὑπό ab. φόβος ὁ παρὰ τῶν
ἱεροσυλούντων, Furcht, welche von
den Tempelräubern ausgeht, welche
die T. einflössen. Gewöhnlicher
in dieser Verbindung ist ἀπό, auch
ἐκ. — ἐπ' ὀλίγον, auf kurze
Zeit. Gewöhnlicher πρὸς ὀλίγον.
— ἐξ οὗ, seitdem. — λόγων
ἔριδες, Wortzänkereien. —
αὐτοῖς, zu beziehen auf ἐς τὴν
Ἀττικήν. Synesis. Gerade so Ni-
grin. z. A. — ἐπιπολάζειν, oben-
aufschwimmen, überhand
nehmen. — μαχομένων, näml.
αὐτῶν. — πρὸς αὐτῶν, s. zu c.
25. — ἀρετήν τινα, virtutem ne-
scio quam, verächtlich. Es wird
damit auf die Stoiker angespielt.

τῶν, ἀρετήν τινα καὶ ἀσώματα καὶ λήρους μεγάλῃ τῇ φωνῇ
ξυνειρόντων. διὰ ταῦτά τοι καὶ τοῦτον ἀμεληθῆναι ξυνέβη
πρὸς ἡμῶν οὐ φαῦλον ὄντα. 10. ὅμως δὲ τὸν Πλοῦτον, ὦ 10
Ἑρμῆ, παραλαβὼν ἄπιθι παρ' αὐτὸν κατὰ τάχος· ἀγέτω δὲ ὁ
Πλοῦτος καὶ τὸν Θησαυρὸν μεθ' αὑτοῦ καὶ μενέτωσαν ἄμφω
παρὰ τῷ Τίμωνι μηδὲ ἀπαλλαττέσθωσαν οὕτω ῥᾳδίως, κἂν
ὅτι μάλιστα ὑπὸ χρηστότητος αὖθις ἐκδιώκῃ αὐτοὺς τῆς οἰκίας.
περὶ δὲ τῶν κολάκων ἐκείνων καὶ τῆς ἀχαριστίας, ἣν ἐπεδεί-
ξαντο πρὸς αὐτόν, καὶ αὖθις μὲν σκέψομαι καὶ δίκην δώσου-
σιν, ἐπειδὰν τὸν κεραυνὸν ἐπισκευάσω· κατεαγμέναι γὰρ αὐ-
τοῦ καὶ ἀπεστομωμέναι εἰσὶ δύο ἀκτῖνες αἱ μέγισται, ὁπότε
φιλοτιμότερον ἠκόντισα πρῴην ἐπὶ τὸν σοφιστὴν Ἀναξαγόραν,
ὃς ἔπειθε τοὺς ὁμιλητὰς μηδὲ ὅλως εἶναί τινας ἡμᾶς τοὺς
θεούς. ἀλλ' ἐκείνου μὲν διήμαρτον, — ὑπερέσχε γὰρ αὐτοῦ
τὴν χεῖρα Περικλῆς — ὁ δὲ κεραυνὸς εἰς τὸ Ἀνάκειον παρα-
σκήψας ἐκεῖνό τε κατέφλεξε καὶ αὐτὸς ὀλίγου δεῖν συνετρίβη
περὶ τῇ πέτρᾳ. πλὴν ἱκανὴ ἐν τοσούτῳ καὶ αὕτη τιμωρία
ἔσται αὐτοῖς[, εἰ] ὑπερπλουτοῦντα τὸν Τίμωνα ὁρῶσιν.

11. *ΕΡΜ.* Οἷον ἦν τὸ μέγα κεκραγέναι καὶ ὀχληρὸν εἶναι 11
καὶ θρασύν. οὐ τοῖς δικαιολογοῦσι μόνοις, ἀλλὰ καὶ τοῖς εὐ-

— ἀσώματα, Atome. — καὶ λή-
ρους, καὶ denique, ut verbo dicam.
Vit. auct. 11: οὐ γάρ σοι δεήσει
παιδείας καὶ λόγων καὶ λήρων.
ξυνείρειν τι, in Einem fort
schwatzen über etwas.
10. κατὰ τάχος, in Eile, ei-
lig. So κατά häufig zur Umschrei-
bung des Adverbiums, c. 57. κα-
τὰ σπουδήν c. 18. — ὅτι μάλιστα.
ὅτι, ὡς, ἦ und οἷος mit dem Su-
perl. das Lat. quam. — αὖθις
μέν, später. Gegens. zu Ende
des c. in den Worten πλὴν ἱκανὴ
κτέ. — ἐπισκευάσω. Welches Tem-
pus ist im Latein. entsprechend?
— κατεαγμέναι. Bei einem att.
Schriftsteller würde es heissen
κατεάγασι. — φιλοτιμότερον, näml.
als es recht war. — Ἀναξαγόραν.
Dieser berühmte Philosoph, gebo-
ren zu Klazomenae, lebte lange
Zeit in Athen, wo er des Atheis-
mus angeklagt nur durch Ver-
wendung des Perikles davon kam.
— ἔπειθε, zu bereden ver-

suchte. — ὑπερέσχε αὐτοῦ τὴν
χεῖρα. Diese Redensart wird ge-
wöhnlich von den Göttern ge-
braucht und hier passend auf den
Perikles, den allgewaltigen Staats-
mann seiner Zeit, angewendet. —
Ἀνάκειον. Der Tempel der Dios-
kuren (Ἄνακες). Wahrscheinlich
wird hier auf eine wirkliche Be-
gebenheit angespielt. — ὀλίγου
δεῖν. S. zu I, 6. — περὶ τῇ πέ-
τρᾳ, an dem Felsen. So sonst
nicht in att. Prosa. — ἐν τοσού-
τῳ, inzwischen. IV, 14. Pisc.
21. Alex. 51. Conviv. 15 u. ö. —
ἱκανὴ . . αὕτη τιμωρία. Welches
Wort ist hier das Subject? Kr.
Gr. §. 61, 7. IV, 3: ἱκανὴν ταύ-
την κλίμακα ἕξειν οἰομένους. Dial.
deor. 5, 3: παιδεραστῶν οὗτοι λό-
γοι. u. ö.
11. οἷον ἦν, s. v. a. οἷον ἦν
ἀγαθόν. Navig. 44: οἷον δὲ κἀ-
κεῖνο ἦν, τοὺς πολεμοῦντας ἐπι-
σκοπεῖν. — τοῖς δικαιολογοῦσι,
den Advokaten, Sachwal-

χομένοις·τοῦτο χρήσιμον· ἰδού γέ τοι αὐτίκα μάλα πλούσιος
ἐκ πενεστάτου καταστήσεται ὁ Τίμων βοήσας καὶ παρρησιασά-
μενος ἐν τῇ εὐχῇ καὶ ἐπιστρέψας τὸν Δία· εἰ δὲ σιωπῇ ἔσκα-
πτεν ἐπικεκυφώς, ἔτι ἂν ἔσκαπτεν ἀμελούμενος.

ΠΛΟΥΤ. Ἀλλ' ἐγὼ οὐκ ἂν ἀπέλθοιμι, ὦ Ζεῦ, παρ' αὐτόν.

ΖΕΥΣ. Διὰ τί, ὦ ἄριστε Πλοῦτε, καὶ ταῦτα ἐμοῦ κελεύ-
σαντος;

12. 12. ΠΛΟΥΤ. Ὅτι νὴ Δία ὕβριζεν εἰς ἐμὲ καὶ ἐξεφόρει
καὶ ἐς πολλὰ κατεμέριζε καὶ ταῦτα πατρῷον αὐτῷ φίλον ὄντα,
καὶ μόνον οὐχὶ δικράνοις ἐξεώθει με τῆς οἰκίας καθάπερ οἱ τὸ
πῦρ ἐκ τῶν χειρῶν ἀπορριπτοῦντες. αὖθις οὖν ἀπέλθω παρα-
σίτοις καὶ κόλαξι καὶ ἑταίραις παραδοθησόμενος; ἐπ' ἐκεί-
νους, ὦ Ζεῦ, πέμπε με τοὺς αἰσθησομένους τῆς δωρεᾶς, τοὺς
περιέψοντας, οἷς τίμιος ἐγὼ καὶ περιπόθητος· οὗτοι δὲ οἱ λά-
ροι τῇ πενίᾳ ξυνέστωσαν, ἣν προτιμῶσιν ἡμῶν, καὶ διφθέραν
παρ' αὐτῆς λαβόντες καὶ δίκελλαν ἀγαπάτωσαν ἄθλιοι τέττα-
ρας ὀβολοὺς ἀποφέροντες, οἱ δεκαταλάντους δωρεὰς ἀμελητὶ
προϊέμενοι.

13. 13. ΖΕΥΣ. Οὐδὲν ἔτι τοιοῦτον ὁ Τίμων ἐργάσεται περὶ
σέ· πάνυ γὰρ αὐτὸν ἡ δίκελλα πεπαιδαγώγηκεν, εἰ μὴ παντά-
πασιν ἀνάλγητός ἐστι τὴν ὀσφῦν, ὡς χρῆν σε ἀντὶ τῆς πενίας
προαιρεῖσθαι. σὺ μέντοι πάνυ μεμψίμοιρος εἶναί μοι δοκεῖς,
ὃς νῦν μὲν τὸν Τίμωνα αἰτιᾷ, διότι σοι τὰς θύρας ἀναπετάσας
ἤφίει περινοστεῖν ἐλευθέρως οὔτε ἀποκλείων οὔτε ζηλοτυπῶν·
ἄλλοτε δὲ τοὐναντίον ἠγανάκτεις κατὰ τῶν πλουσίων κατακε-

tern. Sonst selten die active
Form; Apol. 12. — μόνοις, nicht
μόνον, des Gegensatzes wegen.
Ebenso Lys. 5, 3: οὐ γὰρ τούτοις
μόνοις εἰσὶ θεράποντες, ἀλλὰ καὶ
τοῖς ἄλλοις ἅπασιν. — ἰδού γέ
τοι, siehe wenigstens. Die-
selbe Formel Hermot. 51. 63. A-
nach. 33. Bis acc. 3. — κατα-
στήσεται. Char. 2: τοῦτο τὸ πρᾶγ-
μα πληγῶν αἴτιον καταστήσεταί
μοι. — βοήσας, dadurch dass
oder weil er. — ἐπιστρέψας τὸν
Δία, die Aufmerksamkeit des
Zeus auf sich gezogen hat.
— οὐκ ἂν ἀπέλθοιμι, ich möchte
nicht. — καὶ ταῦτα, und zwar.
Vgl. das folg. c. z. A.

12. ἐς πολλά, in viele Thei-
le. — μόνον οὐχί. tantum non,
beinahe. — δικράνοις ἐξεώθει,
vgl. Horat. epist. 1, 10, 24. Zwei
Vergleichungen in diesem Satze.
— ἀπέλθω, soll ich gehen,
zum Ausdruck des Unwillens. Vgl.
c. 45. — παραδοθησόμενος, um..
— λάροι, Gimpel, Dumm-
köpfe. — ἀγαπάτωσαν .. ἀπο-
φέροντες, mögen zufrieden
sein davonzutragen. Tox.
33: ἀλλ' οὐκ ἐκεῖνοί γε ἠγάπησαν
οὕτως ἀφιέμενοι. u. ὅ.

13. τοὐναντίον, im Gegentheil,
umgekehrt. — σημείων ἐπι-
βολαῖς, sigillis impressis. — πρός

κλείσθαι λέγων πρὸς αὐτῶν ὑπὸ μοχλοῖς καὶ κλεισὶ καὶ ση-
μείων ἐπιβολαῖς, ὡς μηδὲ παρακῦψαί σοι ἐς τὸ φῶς δυνατὸν
εἶναι. ταῦτα γοῦν ἀπωδύρου πρός με ἀποπνίγεσθαι λέγων ἐν
πολλῷ τῷ σκότῳ· καὶ διὰ τοῦτο ὠχρὸς ἡμῖν ἐφαίνου καὶ φρον-
τίδος ἀνάπλεως, συνεσπακὼς τοὺς δακτύλους πρὸς τὸ ἔθος
τῶν λογισμῶν καὶ ἀποδράσεσθαι ἀπειλῶν, εἰ καιροῦ λάβοιο,
παρ' αὐτῶν· καὶ ὅλως τὸ πρᾶγμα ὑπέρδεινον ἐδόκει σοι, ἐν
χαλκῷ ἢ σιδήρῳ τῷ θαλάμῳ καθάπερ τὴν Δανάην παρθενεύε-
σθαι ὑπ' ἀκριβέσι καὶ παμπονήροις παιδαγωγοῖς ἀνατρεφόμε-
νον, τῷ Τόκῳ καὶ τῷ Λογισμῷ. 14. ἄτοπα γοῦν ποιεῖν ἔφα- 14
σκες αὐτοὺς ἐρῶντας μὲν ἐς ὑπερβολήν, ἐξὸν δὲ ἀπολαύειν οὐ
τολμῶντας, οὐδὲ ἐπ' ἀδείας χρωμένους τῷ ἔρωτι κυρίους γε
ὄντας, ἀλλὰ φυλάττειν ἐγρηγορότας, ἐς τὸ σημεῖον καὶ τὸν
μοχλὸν ἀσκαρδαμυκτὶ βλέποντας, ἱκανὴν ἀπόλαυσιν οἰομένους
οὐ τὸ αὐτοὺς ἀπολαύειν ἔχειν, ἀλλὰ τὸ μηδενὶ μεταδιδόναι τῆς
ἀπολαύσεως, καθάπερ τὴν ἐν τῇ φάτνῃ κύνα μήτε αὐτὴν ἐσθί-
ουσαν τῶν κριθῶν μήτε τῷ ἵππῳ πεινῶντι ἐπιτρέπουσαν. καὶ
προσέτι γε καὶ κατεγέλας αὐτῶν φειδομένων καὶ φυλαττόντων
καὶ τὸ καινότατον αὐτοὺς ζηλοτυπούντων, ἀγνοούντων δὲ ὡς
κατάρατος οἰκέτης ἢ οἰκονόμος πεδότριψ ὑπεισιὼν λαθραίως
ἐμπαροινήσει τὸν κακοδαίμονα καὶ ἀνέραστον δεσπότην πρὸς

με, gegen mich, bei mir, zu
mir, nicht: zu mir; vgl. I, 15.
Nigr. 12. 14. Hermot. 19 u. ö.,
Kr. Gr. §. 25, 1. 2. — ἐν πολλῷ
τῷ σκότῳ. Hermot. 21: ἐν πολλῷ
τῷ συρφετῷ. IV, 15: ἐκ πολλοῦ
τοῦ βάθους. — πρὸς τὸ ἔθος, d. i.
in Folge deiner Gewohn-
heit. — καὶ ὅλως, s. zu I, 10. —
Δανάην. Diese wurde von ihrem
Vater Akrisios, einem Könige der
Argeier, weil ihm geweissagt wor-
den war, dass er durch einen Sohn
derselben umkommen würde, in
ein ehernes Zimmer unter der
Erde od., wie Horat. od. 3, 16. sagt,
in einen ehernen Thurm gesperrt.
14. ἐρῶντας, näml. σὲ, zu ergänzen
aus ἔφασκες. — ἐξόν, Accus. absol.
wie Genet. absol. zu übersetzen,
obschon es in ihrer Macht
steht. Ebenso ἐφειμένον Pisc. 25.
ἐπιτραπέν σοι III, 6. ἐνόν De morte

Peregr. 25. δέον c. 17. Pisc. 33
u. a. — ἐπ' ἀδείας, ohne Furcht,
in Ruhe; auch μετ' ἀδείας.
Ebenso ἐπ' ἐξουσίας, ἐφ' ἡσυχίας,
ἐπὶ σχολῆς. — τῷ ἔρωτι, Gegen-
stand ihrer Liebe. — φυλάτ-
τειν, Gegensatz οὐδὲ ἐπ' ἀδ. χρω-
μένους τῷ ἔρωτι, daher man φυλάτ-
τοντας erwartet. — Warum ist die
Construction verändert und der
Satz wieder an ἔφασκες ange-
knüpft? — τὸ verbinde mit ἔχειν;
ἀπολαύειν abhängig von ἔχειν.
— τὴν ἐν τῇ φάτνῃ κτέ. Adv.
indoct. 30: τὸ τῆς κυνὸς ποιεῖς
τῆς ἐν τῇ φάτνῃ κατακειμένης,
ἣ οὔτε αὐτὴ τῶν κριθῶν ἐσθίει
οὔτε τῷ ἵππῳ δυναμένῳ φαγεῖν
ἐπιτρέπει. — τὸ καινότατον, was
das Seltsamste ist; Nigr. 4.
21.; ebenso τὸ παραδοξότατον IV,
23. — πεδότριψ, einer der die
Fussfesseln abnutzt, von

ἀμαυρόν τι καὶ μικρόστομον λυχνίδιον καὶ διψαλέον θρυαλ-
λίδιον ἐπαγρυπνεῖν ἐάσας τοῖς τόκοις. πῶς οὖν οὐκ ἄδικα
ταῦτα, πάλαι μὲν ἐκεῖνα αἰτιᾶσθαι, νῦν δὲ τῷ Τίμωνι τὰ ἐναν-
τία ἐπικαλεῖν;

15 15. ΠΛΟΥΤ. Καὶ μὴν εἴ γε τἀληθὲς ἐξετάζοις, ἄμφω σοι
εὔλογα δόξω ποιεῖν· τοῦ τε γὰρ Τίμωνος τὸ πάνυ τοῦτο ἀνει-
μένον ἀμελὲς καὶ οὐκ εὐνοϊκὸν ὡς πρὸς ἐμὲ εἰκότως ἂν δοκοίη,
τούς τε αὖ κατάκλειστον θύραις ἐν σκότῳ φυλάττοντας, ὅπως
αὐτοῖς παχύτερος γενοίμην καὶ πιμελὴς καὶ ὑπέρογκος ἐπιμε-
λουμένους, οὔτε προσαπτομένους αὐτοὺς οὔτε ἐς τὸ φῶς προ-
άγοντας, ὡς μηδὲ ὀφθείην πρός τινος, ἀνοήτους ἐνόμιζον εἶ-
ναι καὶ ὑβριστάς, οὐδὲν ἀδικοῦντά με ὑπὸ τοσούτοις δεσμοῖς
κατασήποντας, οὐκ εἰδότας ὡς μετὰ μικρὸν ἀπίασιν ἄλλῳ τινὶ
16 τῶν εὐδαιμόνων με καταλιπόντες. 16. οὔτ' οὖν ἐκείνους οὔτε
τοὺς πάνυ προχείρους εἰς ἐμὲ τούτους ἐπαινῶ, ἀλλὰ τούς,
ὅπερ ἄριστόν ἐστι, μέτρον ἐπιθήσοντας τῷ πράγματι καὶ μήτε
ἀφεξομένους τὸ παράπαν μήτε προησομένους τὸ ὅλον. σκόπει
γάρ, ὦ Ζεῦ, πρὸς τοῦ Διός, εἴ τις νόμῳ γήμας γυναῖκα νέαν
καὶ καλὴν ἔπειτα μήτε φυλάττοι μήτε ζηλοτυποῖ τὸ παράπαν,
ἀφιεὶς καὶ βαδίζειν ἔνθα ἂν ἐθέλοι νύκτωρ καὶ μεθ' ἡμέραν
καὶ ξυνεῖναι τοῖς βουλομένοις, μᾶλλον δὲ αὐτὸς ἀπάγοι μοι-

nichtsnutzigen Sklaven. Vgl. Sa-
turn. 8. — ἐμπαροινήσει, sich
unverschämt betragen
wird, gegen dich, Plutos.

15. καὶ μήν, und doch, in-
dess, atqui; vgl. c. 35. 57. —
εἰ..ἐξετάζοις, im Falle dass du.
Vgl. c. 56: εἰ γάρ μοι πείθοιο,..
ἐμβαλεῖς. Toxar. 50: εἰ δέ μοι ὑπό-
σχοιο..., ἥξω u. ö. — τὸ πάνυ τοῦτο
ἀνειμένον, diese grenzenlose
Zügellosigkeit. — ὡς πρὸς
ἐμέ, wenigstens in Bezug
auf mich, wenigstens mir
gegenüber. Vgl. c. 42.

16. ἐκείνους, geht auf die eben
erwähnten Geizigen, τούτους auf
die dem Sprechenden jetzt näher
stehenden Verschwender in Bezug
auf Timon. Ebenso ille und hic
im Lateinischen. — πρόχειρος,
leichtsinnig, leichtfertig.
— τοὺς μέτρον ἐπιθήσοντας, d. i.

die Mass halten werden, wie sie
es schon gehalten haben. Im Deut-
schen gebrauchen wir in solcher
Verbindung das Praesens. — τὸ
ὅλον, überhaupt; so oft bei
Luc. — ὦ Ζεῦ, πρὸς τοῦ Διός,
komisch; ebenso Dial. mort. 16, 1:
οὐχ Ἡρακλῆς οὗτός ἐστιν; οὐ
μὲν οὖν ἄλλος, μὰ τὸν Ἡρακλέα.
— γήμας .. ἔπειτα. Oft stehen
so ἔπειτα und εἶτα nach dem Par-
ticipium, um die temporale Be-
deutung des Particip. zu verdeut-
lichen (Kr. Gr. §. 56, 10, 3).
Epist. Sat. 19: ἐχρῆν σε τὸ ἄνισον
τοῦτο ἀφελόντα .. ἔπειτα κελεύειν
ἑορτάζειν. — ἔνθα ἂν, ἄν könnte
auch fehlen. — μεθ' ἡμέραν, bei
Tage. c. 41. Nigr. 22. Bis acc.
16 u. ö. — τοῖς βουλομένοις, mit
allen, welche. Alexand. 5: ἐπόρ-
νευε καὶ συνὴν ἐπὶ μισθῷ τοῖς
βουλομένοις u. ö. Sonst ist der
Singular gewöhnlicher. — μοι-

χευθησομένην ἀνοίγων τὰς θύρας καὶ μαστροπεύων καὶ πάν-
τας ἐπ' αὐτὴν καλῶν, ἆρα ὁ τοιοῦτος ἐρᾶν δόξειεν ἄν; οὐ σύ
γε, ὦ Ζεῦ, τοῦτο φαίης ἂν ἐρασθεὶς πολλάκις. 17. εἰ δέ τις 17
ἔμπαλιν ἐλευθέραν γυναῖκα εἰς τὴν οἰκίαν νόμῳ παραλαβὼν
ἐπ' ἀρότῳ παίδων γνησίων, ὁ δὲ μήτε αὐτὸς προσάπτοιτο ἀκ-
μαίας καὶ καλῆς παρθένου μήτε ἄλλῳ προσβλέπειν ἐπιτρέποι,
ἄγονον δὲ καὶ στεῖραν κατακλείσας παρθενεύοι, καὶ ταῦτα
ἐρᾶν φάσκων καὶ δῆλος ὢν ἀπὸ τῆς χρόας καὶ τῆς σαρκὸς ἐκ-
τετηκυίας καὶ τῶν ὀφθαλμῶν ὑποδεδυκότων, ἔσθ' ὅπως ὁ
τοιοῦτος οὐ παραπαίειν δόξειεν ἄν, δέον παιδοποιεῖσθαι καὶ
ἀπολαύειν τοῦ γάμου, καταμαραίνων εὐπρόσωπον οὕτω καὶ
ἐπέραστον κόρην καθάπερ ἱέρειαν τῇ Θεσμοφόρῳ τρέφων διὰ
παντὸς τοῦ βίου; ταῦτα καὶ αὐτὸς ἀγανακτῶ πρὸς ἐνίων μὲν
ἀτίμως λακτιζόμενος καὶ λαφυσσόμενος καὶ ἐξαντλούμενος,
ὑπ' ἐνίων δὲ ὥσπερ στιγματίας δραπέτης πεπεδημένος.

    18. ΖΕΥΣ. Τί οὖν ἀγανακτεῖς κατ' αὐτῶν; διδόασι γὰρ 18
ἄμφω καλὴν τὴν δίκην, οἱ μὲν ὥσπερ ὁ Τάνταλος ἄποτοι καὶ

χευθησομένην, um sich hinzu-
geben.
    17. ἔμπαλιν, dagegen. Vgl.
c. 9. 29. Char. 1. Alex. 9 u. ö.
— ἐπ' ἀρότῳ παίδων γνησίων,
um rechtmässige Kinder
zu zeugen. Eine in den Ehe-
verträgen bei den Athenäern ge-
wöhnliche Formel. — ὁ δέ, der
aber, Wiederholung des Sub-
jects mit Nachdruck nach voran-
gehendem Partic.; vgl. Jup. conf.
11: οἱ ἄνθρωποι δέον τῇ Εἱμαρ-
μένῃ θύειν καὶ παρ' ἐκείνης αἰ-
τεῖν τἀγαθά, οἱ δὲ ἐφ' ἡμᾶς ἴασι.
Hermot. 28: ὃς δέον τὴν πελειάδα
κατατοξεῦσαι ὁ δὲ τὴν μήρινθον
ἔτεμεν. — στεῖραν. Vgl. Dial.
mort. 28, 2. Dichterisches Wort;
in Prosa erst bei Späteren. —
δῆλος ὤν, näml. ἐρᾶν. — τῆς σαρ-
κὸς ἐκτετηκυίας, d. i. Mager-
keit. — τῶν ὀφθαλμῶν ὑποδε-
δυκότων, hohle, in den Höh-
len liegende Augen. — ἔσθ'
ὅπως, ist es möglich, dass.
— ὁ τοιοῦτος, der welcher so
beschaffen ist, wie er eben
beschrieben worden. Vgl. c. 16.

23. 31 u. ö. — παραπαίειν, wahn-
sinnig sein, oft bei Luc. u. A.
— δέον, siehe oben zu 14. — κα-
θάπερ ἱέρειαν τῇ Θεσμοφόρῳ.
Unter Θεσμοφόρος, Gesetzge-
berin, ist die Demeter zu ver-
stehen, insofern sie durch Ein-
führung des Ackerbaues den Grund
zur bürgerlichen Gesellschaft und
somit zur Gesetzgebung legte.
Zu Ehren derselben wurden zu
Athen und anderwärts von den
Frauen alljährlich vom 9. Pyane-
psion an 5 Tage lang die Thes-
mophorien gefeiert. Mit der ἱέρεια
ist die jungfräuliche Tempelpri-
esterin hier und Dial. meretr. 7,
4 gemeint. S. Hermann's gottes-
dienstl. Alterth. §. 56, 26. —
ταῦτα, darüber. Demosth. 8, 55:
καίτοι ἔγωγ' ἀγανακτῶ καὶ αὐτὸ
τοῦτο. Kr. Gr. §. 48, 8, 1.
    18. ὥσπερ ὁ Τάνταλος. Tanta-
los, König von Phrygien, wurde
wegen eines Vergehens, das er
sich gegen die Götter hatte zu
Schulden kommen lassen, von letz-
teren in der Art bestraft, dass er
im Tartaros in einem See bis an

ἄγευστοι καὶ ξηροὶ τὸ στόμα, ἐπικεχηνότες μόνον τῷ χρυσίῳ, οἱ δὲ καθάπερ ὁ Φινεὺς ἀπὸ τῆς φάρυγγος τὴν τροφὴν ὑπὸ τῶν Ἀρπυιῶν ἀφαιρούμενοι. ἀλλ᾽ ἄπιθι ἤδη σωφρονεστέρῳ παρὰ πολὺ τῷ Τίμωνι ἐντευξόμενος.

ΠΛΟΥΤ. Ἐκεῖνος γάρ ποτε παύσεται ὥσπερ ἐκ κοφίνου τετρυπημένου, πρὶν ὅλως εἰσρυῆναί με, κατὰ σπουδὴν ἐξαντλῶν, φθάσαι βουλόμενος τὴν ἐπιρροήν, μὴ ὑπέραντλος εἰσπεσὼν ἐπικλύσω αὐτόν; ὥστε ἐς τὸν τῶν Δαναΐδων πίθον ὑδροφορήσειν μοι δοκῶ καὶ μάτην ἐπαντλήσειν, τοῦ κύτους μὴ στέγοντος, ἀλλὰ πρὶν εἰσρυῆναι, σχεδὸν ἐκχυθησομένου τοῦ ἐπιρρέοντος· οὕτως εὐρύτερον τὸ πρὸς τὴν ἔκχυσιν κεχηνὸς του πίθου καὶ ἀκώλυτος ἡ ἔξοδος.

19.   19. ΖΕΥΣ. Οὐκοῦν εἰ μὴ ἐμφράξεται τὸ κεχηνὸς τοῦτο καὶ ἐς τὸ ἅπαξ ἀναπεπταμένον, ἐκχυθέντος ἐν βραχεῖ σου ῥᾳδίως εὑρήσει τὴν διφθέραν αὖθις καὶ τὴν δίκελλαν ἐν τῇ τρυγὶ τοῦ πίθου. ἀλλ᾽ ἄπιτε ἤδη καὶ πλουτίζετε αὐτόν· σὺ δὲ μέμνησο, ὦ Ἑρμῆ, ἐπανιὼν πρὸς ἡμᾶς ἄγειν τοὺς Κύκλωπας ἐκ τῆς Αἴτνης, ὅπως τὸν κεραυνὸν ἀκονήσαντες ἐπισκευάσωσιν· ὡς ἤδη γε τεθηγμένου αὐτοῦ δεησόμεθα.

das Kinn im Wasser stehen und doch dursten, und trotz der über seinem Haupte hängenden Früchte doch hungern musste. Hom. Od. 11, 582 ff. Dial. mort. 17. — ἐπικεχηνότες, schnappend nach, inhiantes. — καθάπερ ὁ Φινεύς. Dieser, ein Sohn des Agenor, König von Salmydessos in Thrake, hatte seine Söhne auf Veranlassung ihrer Stiefmutter getödtet, wofür ihm zur Strafe die Harpyien zugesendet wurden, welche, sobald er essen wollte, ihm die Mahlzeit wegassen, und was sie nicht verzehrten, verunreinigten. — τὴν τροφήν, Accusativ beim Passiv., Objectsaccusativ. Hermot. 71: ὑπὸ τοῦ ἐρομένου ἀφαιρεθέντες ἅπαντα ἐκεῖνα τἀγαθά. u. s. — παρὰ πολύ, um vieles, bei weitem. III, 11 u. ö. — ἐκεῖνος γάρ. γάρ in der Frage, wie unser denn, elliptisch. Was für ein Gedanke ist hier zu ergänzen? Vgl. c. 24. III, 16. — κατὰ σπου-

δήν, mit Eifer. — ἐξαντλῶν. Das Partic. bei παύεσθαι durch den Infin. zu übersetzen. Vgl. III, 17. — μὴ ὑπ. εἰσπεσὼν ἐπικλ. αὐτόν, d. i. damit ich ihn nicht so sehr überschwemme, dass an kein Ausschöpfen mehr zu denken ist. S. zu c. 4. — ἐς τὸν τῶν Δαν. πίθον. Die 50 Töchter des Danaos tödteten mit Ausnahme der einzigen Hypermnestra ihre Männer in der Brautnacht und mussten dafür zur Strafe in der Unterwelt ein leckes oder bodenloses Gefäss mit Wasser füllen. — κύτους, Gefäss. — στέγειν absol. wie unser 'halten'.

19. ἐμφράξεται, seltene Medialform. — ἐς τὸ ἅπαξ, ein für allemal, für immer. Vielleicht ist richtig, was ich zuerst einst vorgeschlagen τὸ εἰσάπαξ. — μέμνησο ἄγειν, s. zu IV, 7. — Κύκλωπας. Sie waren Gehilfen des Hephästos und verfertigten die

20. *ΕΡΜ.* Προΐωμεν, ὦ Πλοῦτε. τί τοῦτο; ὑποσκά- 20
ζεις; ἐλελήθεις με, ὦ γεννάδα, οὐ τυφλὸς μόνον, ἀλλὰ καὶ
χωλὸς ὤν.

ΠΛΟΥΤ. Οὐκ ἀεὶ τοῦτο, ὦ Ἑρμῆ, ἀλλ' ὁπόταν μὲν ἀπίω
παρά τινα πεμφθεὶς ὑπὸ τοῦ Διός, οὐκ οἶδ' ὅπως βραδύς εἰμι
καὶ χωλὸς ἀμφοτέροις, ὡς μόλις τελεῖν ἐπὶ τὸ τέρμα, προγη-
ράσαντος ἐνίοτε τοῦ περιμένοντος, ὁπόταν δὲ ἀπαλλάττεσθαι
δέῃ, πτηνὸν ὄψει, πολὺ τῶν ὀνείρων ὠκύτερον· ἅμα γοῦν
ἔπεσεν ἡ ὕσπληγξ, κἀγὼ ἤδη ἀνακηρύττομαι νενικηκώς, ὑπερ-
πηδήσας τὸ στάδιον οὐδὲ ἰδόντων ἐνίοτε τῶν θεατῶν.

ΕΡΜ. Οὐκ ἀληθῆ ταῦτα φής· ἐγὼ γέ τοι πολλοὺς ἂν εἰ-
πεῖν ἔχοιμί σοι χθὲς μὲν οὐδὲ ὀβολόν, ὥστε πρίασθαι βρόχον,
ἐσχηκότας, ἄφνω δὲ τήμερον πλουσίους καὶ πολυτελεῖς ἐπὶ
λευκοῦ ζεύγους ἐξελαύνοντας, οἷς οὐδὲ κἂν ὄνος ὑπῆρξε πώ-
ποτε. καὶ ὅμως πορφυροῖ καὶ χρυσόχειρες περιέρχονται οὐδ'
αὐτοὶ πιστεύοντες, οἶμαι, ὅτι μὴ ὄναρ πλουτοῦσιν.

21. *ΠΛΟΥΤ.* Ἑτεροῖον τοῦτ' ἐστίν, ὦ Ἑρμῆ, καὶ οὐχὶ 21
τοῖς ἐμαυτοῦ ποσὶ βαδίζω τότε, οὐδὲ ὁ Ζεύς, ἀλλ' ὁ Πλούτων
ἀποστέλλει με παρ' αὐτοὺς ἅτε πλουτοδότης καὶ μεγαλόδωρος
καὶ αὐτὸς ὤν· δηλοῖ γοῦν καὶ τῷ ὀνόματι. ἐπειδὰν τοίνυν
μετοικισθῆναι δέῃ με παρ' ἑτέρου πρὸς ἕτερον, ἐς δέλτον ἐμ-

Donnerkeile des Zeus. Als ihre
Werkstatt wird der Aetna ange-
geben.

20. *ἐλελήθεις με .. ὤν,* es war
mir verborgen geblieben,
ich wusste nicht, dass du
.. bist. — *ἀμφοτέροις,* nämlich
ποσί. Asin. 28: *ἀμφοτέροις εἰς
ἐμὲ ὑπολακτίζοντες.* — *τελεῖν ἐπὶ
τὸ τέρμα,* näml. *ὁδόν,* an's Ziel
gelangen. Tox. 51: *τριταῖος
ἐτέλεσεν ἐκ Μαχλίνων ἐς Σκύθας.*
Hermot. 71: *αὐθημερὸν ἀπὸ τῆς
Ἑλλάδος εἰς Ἰνδοὺς τελεῖ.* — *ἅμα
γοῦν .. κἀγώ,* s. zu I, 3. — *ὕσ-
πληγξ,* eigtl. das Seil quer vor
den Schranken der Wettläufer.
Vgl. Calumn. 12. — *γέ τοι,* we-
nigstens doch. — *ἐπὶ λευκοῦ
ζεύγους,* auf einem Gespann
mit weissen Rossen. Dieses
wird von Luc. oft als ein ganz
besonderer Prunk aufgeführt; vgl.
De merc. cond. 3: *ἐπὶ λευκοῦ*

ζεύγους ἐξυπτιάζοντες. — *οὐδὲ
κἂν ὄνος,* selbst oder sogar
nicht einmal ein Esel. El-
liptische Ausdrucksweise für *καὶ
κἂν ὄνος ᾖ.* Catapl. 20: *ὅμως κἂν
μικρόν τι ἐς τὸ ἔθος ἐπιστέναξον.*
III, 2. 13. Rhet. praec. 9. — *χρυ-
σόχειρες,* mit goldenen Rin-
gen an den Händen. 'Später
dienten die Ringe auch zum
Schmucke, und daher trug man
deren oft mehrere, ja in der Zeit
verfallener Sitten belastete man
förmlich die Hände damit.' Bek-
ker's Charikl. 1 p. 345.

21. *ὁ Πλούτων.* Pluton, der Gott
der Unterwelt, dessen Namens-
verwandtschaft Lucian benutzt,
wird hier als Geber des Reich-
thums, der durch Erbschaft zufällt,
gedacht. — *ἅτε* mit dem Partic.
insofern, da nämlich, *quippe,*
bei Angabe eines objectiven Grun-
des; s. Kr. Gr. §. 56, 12, 2. — *δέλ-*

βαλόντες με καὶ κατασημηνάμενοι ἐπιμελῶς φοράδην ἀράμε-
νοι μετακομίζουσι· καὶ ὁ μὲν νεκρὸς ἐν σκοτεινῷ που τῆς οἰ-
κίας πρόκειται ὑπὲρ τὰ γόνατα παλαιᾷ τῇ ὀθόνῃ σκεπόμενος,
περιμάχητος ταῖς γαλαῖς, ἐμὲ δὲ οἱ ἐπελπίσαντες ἐν τῇ ἀγορᾷ
περιμένουσι κεχηνότες ὥσπερ τὴν χελιδόνα προσπετομένην τε-
22 τριγότες οἱ νεοττοί. 22. ἐπειδὰν δὲ τὸ σημεῖον ἀφαιρεθῇ καὶ
τὸ λίνον ἐντμηθῇ καὶ ἡ δέλτος ἀνοιχθῇ καὶ ἀνακηρυχθῇ μου
ὁ καινὸς δεσπότης ἤτοι συγγενής τις ἢ κόλαξ ἢ καταπύγων
οἰκέτης ἐκ παιδικῶν τίμιος, ὑπεξυρημένος ἔτι τὴν γνάθον,
ἀντὶ ποικίλων καὶ παντοδαπῶν ἡδονῶν, ἃς ἤδη ἔξωρος ὢν
ὑπηρέτησεν αὐτῷ, μέγα τὸ μίσθωμα ὁ γενναῖος ἀπολαβών,
ἐκεῖνος μέν, ὅστις ἂν ᾖ ποτε, ἁρπασάμενός με αὐτῇ δέλτῳ θεῖ
φέρων ἀντὶ τοῦ τέως Πυρρίου ἢ Δρόμωνος ἢ Τιβίου Μεγα-
κλῆς ἢ Μεγάβυζος ἢ Πρώταρχος μετονομασθείς, τοὺς μάτην

τον, zu verstehen von dem Testa-
mente, das auf eine mit Wachs
überzogene Tafel geschrieben war.
Dasselbe wurde in Gegenwart von
Zeugen aus der Verwandtschaft
versiegelt und gewöhnlich bei ei-
nem Bürger niedergelegt. Die Er-
öffnung fand gleichfalls vor Zeu-
gen [hier öffentlich, *ἐν τῇ ἀγορᾷ*],
und zwar bald nach eingetretenem
Todesfalle statt. — *ἐν σκοτεινῷ*
που τῆς οἰκίας, in irgend ei-
nem finstern Winkel des
Hauses. — *πρόκειται*. Das eigtl.
Wort von der Ausstellung der
Todten an einem der vornehmsten
Orte des Hauses. — *σκεπόμενος*.
Ein nur bei spätern Schriftstel-
lern gebräuchliches Verbum für
das alt. *σκεπάζω*. — *οἱ ἐπελπί-*
σαντες intr., die sich auf mich
Hoffnung machen. *ἐμέ* ge-
hört zu *περιμένουσι*. — *οἱ νεοττοί*,
näml. *περιμένουσι*.
22. *τὸ λίνον*. Der mit dem Sie-
gel versehene Bindfaden, der das
Testament umgab. — *ἤτοι . . ἤ*
öfter bei Luc., Catapl. 1. Vit. auct.
11. Necyom. 17. — *ἐκ παιδικῶν*
ist gerade so gesagt wie *ἐκ παί-*
δων, und *ἐκ παιδ. τίμιος* bedeu-
tet, 'geehrt von der Zeit an als
er sein Geliebter war.' — *ὑπεξυ-*
ρημένος ἔτι τὴν γνάθον, d. i.

indem er sich noch rasiren lässt.
Vgl. Dial. mort. 9, 4. Scyth. 3. —
ἔξωρος, über die Blüthe der
Jahre hinaus. — *αὐτῷ*, dem
Herrn, im Gegensatz zu *οἰκέτης*.
— *ὁ γενναῖος*, ironisch, ebenso wie
c. 47 z. E. In Bezug auf die Stellung
vgl. *ὁ ἄθλιος* im folg. cap. z. E.
S. zu IV, 17. — *ἐκεῖνος μέν*. Der
Vordersatz ist enthalten in den
WW. *ἐπειδάν* bis *ἀπολαβών*, und
der Nachsatz beginnt mit *ἐκεῖνος*
μέν. Diesem *μέν* nun entspricht
kein *δέ*, denn *ὁ δέ* c. 23 ist auf
denselben mit *ἐκεῖνος μέν*, näml.
auf den Erben, zu beziehen. Wo-
rin ist nun der Gegensatz hierzu
enthalten? Die Unregelmässig-
keit entstanden durch die Lebhaf-
tigkeit der Rede. — *αὐτῇ δέλτῳ*,
sammt dem Testamente. So
αὐτῇ Κασταλίᾳ IV, 6. *αὐτοῖς ὀβε-*
λοῖς Ep. Sat. 23. *αὐτῇ ἀρετῇ* De
merc. cond. 24. *αὐτοῖς θεοῖς* Jup.
trag. 14 u. ö. — *θεῖ φέρων*,
läuft hastig. Icaromenipp. 19:
ὁ δὲ ἁρπάσας ποθὲν ἢ κυάμου
λέπος ἢ πυροῦ ἡμίτομον θεῖ φέ-
ρων. Vgl. unten c. 26. Hermot.
36. Necyom. 8. De sacrif. 5 u. ö.
— *Πυρρίου ἢ Δρόμ. ἢ Τιβίου*,
gewöhnliche Sclavennamen. — *Με-*
γακλῆς ἢ Μεγάβ. ἢ Πρώτ., Na-
men von Männern aus den vor-

κεχηνότας ἐκείνους ἐς ἀλλήλους ἀποβλέποντας καταλιπὼν ἀλη-
θὲς ἄγοντας τὸ πένθος, οἷος αὐτοὺς ὁ θύννος ἐκ μυχοῦ τῆς
σαγήνης διέφυγεν οὐκ ὀλίγον τὸ δέλεαρ καταπιών. 23. ὁ δὲ 23
ἐμπεσὼν ἀθρόως εἰς ἐμὲ ἀπειρόκαλος καὶ παχύδερμος ἄνθρω-
πος, ἔτι τὴν πέδην πεφρικὼς καὶ εἰ παριὼν μαστίξειέ τις, ὄρ-
θιον ἐφιστὰς τὸ οὖς καὶ τὸν μυλῶνα ὥσπερ τὸ ἀνάκτορον
προσκυνῶν οὐκέτι φορητός ἐστι τοῖς ἐντυγχάνουσιν, ἀλλὰ τούς
τε ἐλευθέρους ὑβρίζει καὶ τοὺς ὁμοδούλους μαστιγοῖ, ἀποπει-
ρώμενος εἰ καὶ αὐτῷ τὰ τοιαῦτα ἔξεστιν, ἄχρι ἂν ἢ ἐς πορνί-
διόν τι ἐμπεσὼν ἢ ἱπποτροφίας ἐπιθυμήσας ἢ κόλαξι παραδοὺς
ἑαυτὸν ὀμνύουσιν, ἢ μὴν εὐμορφότερον μὲν Νιρέως εἶναι αὐ-
τόν, εὐγενέστερον δὲ τοῦ Κέκροπος ἢ Κόδρου, συνετώτερον δὲ
τοῦ Ὀδυσσέως, πλουσιώτερον δὲ σύναμα Κροίσων ἑκκαίδεκα,
ἐν ἀκαρεῖ τοῦ χρόνου ὁ ἄθλιος ἐκχέῃ τὰ κατ' ὀλίγον ἐκ πολ-
λῶν ἐπιορκιῶν καὶ ἁρπαγῶν καὶ πανουργιῶν συνειλεγμένα.

24. ΕΡΜ. Αὐτά που σχεδὸν φῂς τὰ γιγνόμενα· ὁπόταν 24
δ' οὖν αὐτόπους βαδίξῃς, πῶς οὕτω τυφλὸς ὢν εὑρίσκεις τὴν
ὁδόν; ἢ πῶς διαγιγνώσκεις ἐφ' οὓς ἄν σε ὁ Ζεὺς ἀποστείλῃ
κρίνας εἶναι τοῦ πλουτεῖν ἀξίους;

ΠΛΟΥΤ. Οἴει γὰρ εὑρίσκειν με οἵτινές εἰσι; μὰ τὸν Δία
οὐ πάνυ· οὐ γὰρ ἂν Ἀριστείδην καταλιπὼν Ἱππονίκῳ καὶ
Καλλίᾳ προσῄειν καὶ πολλοῖς ἄλλοις Ἀθηναίων οὐδὲ ὀβολοῦ
ἀξίοις.

---

nehmsten Geschlechtern. — οἷος,
d. i. ὅτι τοιοῦτος. Ver. hist. 2, 27:
ἐδάκρυον, οἷα ἔμελλον ἀγαθὰ κα-
ταλιπὼν αὖθις πλανηθήσεσθαι.
Dial. mar. 1, 1. Catapl. 16 u. ö.
— θύννος. Dasselbe Bild Horat.
sat. 2, 5, 22. — δέλεαρ, von den
Geschenken von Seiten der Erb-
schleicher an den Reichen.
23. ἐμπεσών. Adv. indoct. 0:
ἀπορρήγνυσι τρεῖς ἅμα χορδάς,
σφοδρότερον τοῦ δέοντος ἐμπεσὼν
τῇ κιθάρᾳ. — ἀθρόως, mit al-
ler Macht. — παχύδερμος, in
uneigentlicher Bedeutung. — εἰ
παριὼν μαστίξειέ τις, wenn einer
im Vorübergehen mit der Peitsche
knallt. — τὸν μυλῶνα, Mühlen-
haus, wo die Sklaven zur Strafe
arbeiten mussten. — τοὺς ὁμο-
δούλους, seine ehemaligen Mit-

sklaven. — Νιρέως. Il. 2, 673:
Νιρεύς, ὃς κάλλιστος ἀνὴρ ὑπὸ
Ἴλιον ἦλθεν. — Κέκροπος ἢ Κό-
δρου. Bekannte alte athenische
Könige. — ἑκκαίδεκα, hyperbo-
lisch = unzählige. Ebenso Dial.
deor. 1. — ἐν ἀκαρεῖ τοῦ χρόνου,
s. oben zu c. 3.
24. τὰ γιγνόμενα, das, was
wirklich geschieht. Hermot.
3: αὐτὸ ἔφησθα, ὦ Λυκῖνε, τὸ
γιγνόμενον. — αὐτόπους, im Ge-
gensatz zu οὐχὶ τοῖς ἐμαυτοῦ πο-
σὶ βαδίζω c. 21. — οὐ γὰρ ἄν . .
προσῄειν, s. zu c. 7. — Ἀριστεί-
δην, bekannt seiner Rechtschaf-
fenheit und Armuth wegen. —
Ἱππονίκῳ καὶ Καλλίᾳ, ihres Reich-
thums wegen sprichwörtlich ge-
worden (Καλλίου τοῦ Ἱππονίκου
πλουσιώτερος), aber sonst nicht

ΕΡΜ. Πλὴν ἀλλὰ τί πράττεις καταπεμφθείς;

ΠΛΟΥΤ. Ἄνω καὶ κάτω πλανῶμαι περινοστῶν, ἄχρι ἂν λάθω τινὶ ἐμπεσών· ὁ δέ, ὅστις ἂν πρῶτός μοι περιτύχῃ, ἀπαγαγὼν παρ᾽ αὑτὸν ἔχει, σὲ τὸν Ἑρμῆν ἐπὶ τῷ παραλόγῳ τοῦ κέρδους προσκυνῶν.

25   25. *ΕΡΜ.* Οὐκοῦν ἐξηπάτηται ὁ Ζεὺς οἰόμενός σε κατὰ τὸ αὐτῷ δοκοῦν πλουτίζειν ὅσους ἂν οἴηται τοῦ πλουτεῖν ἀξίους;

ΠΛΟΥΤ. Καὶ μάλα δικαίως, ὦγαθέ, ὅς γε τυφλὸν ὄντα εἰδὼς ἔπεμπεν ἀναζητήσοντα δυσεύρετον οὕτω χρῆμα καὶ πρὸ πολλοῦ ἐκλελοιπὸς ἐκ τοῦ βίου, ὅπερ οὐδ᾽ ὁ Λυγκεὺς ἂν ἐξεύροι ῥᾳδίως, ἀμαυρὸν οὕτω καὶ μικρὸν ὄν. τοιγαροῦν ἅτε τῶν μὲν ἀγαθῶν ὀλίγων ὄντων, πονηρῶν δὲ πλείστων ἐν ταῖς πόλεσι τὸ πᾶν ἐπεχόντων, ῥᾷον ἐς τοὺς τοιούτους ἐμπίπτω περιιὼν καὶ σαγηνεύομαι πρὸς αὐτῶν.

ΕΡΜ. Εἶτα πῶς, ἐπειδὰν καταλίπῃς αὐτούς, ῥᾳδίως φεύγεις οὐκ εἰδὼς τὴν ὁδόν;

ΠΛΟΥΤ. Ὀξυδερκὴς τότε πως καὶ ἀρτίπους γίγνομαι πρὸς μόνον τὸν καιρὸν τῆς φυγῆς.

26   26. *ΕΡΜ.* Ἔτι δή μοι καὶ τοῦτο ἀπόκριναι, πῶς τυφλὸς ὤν, εἰρήσεται γάρ, καὶ προσέτι ὠχρὸς καὶ βαρὺς ἐκ τοῖν σκε-

---

eben im besten Rufe, und daher von den Komikern oft derb mitgenommen; vgl. Jup. conf. 16. — *ἄνω καὶ κάτω, sursum deorsum,* oft bei Luc. wiederkehrende Formel. — *σὲ τὸν Ἑρμῆν.* Jeder unerwartete Gewinn oder Zuwachs an Vermögen wurde dem Hermes zugeschrieben (*ἕρμαιον*), der daher auch *κερδῷος* (41) genannt wird.

25. *κατὰ τὸ αὐτῷ δοκοῦν,* seinem Wunsche gemäss. Pisc. 44: *κατὰ τὰ ἡμῖν δοκοῦντα.* Conviv. 39 u. ö. — *ὅς γε,* er der, der ja, *qui quidem,* gibt nicht blos eine relativische Bestimmung, sondern drückt auch zugleich den Grund aus. — *ἀναζητήσοντα,* um aufzusuchen. Dial. deor. 24, 2: *μηδὲ ἀναπνεύσαντα πέπομφεν αὖθις ἐς τὸ Ἄργος ἐπισκεψόμενον τὴν Δανάην.* Ebenso nach *ἥκειν* c. 34. vgl. c.55. III, 4, 7. — *δυσ-*

εύρετον οὕτω χρῆμα, näml. τοὺς τοῦ πλουτεῖν ἀξίους. — *πρὸ πολλοῦ,* seit langer Zeit. Tox. 12. — *ἐκλελοιπός,* intr. verschwunden. — *Λυγκεύς.* Einer der Argonauten, berühmt wegen seines scharfen Gesichts und deshalb sprichwörtlich. Char. 7. Hermot. 20. Pro imag. 20. — *τὸ πᾶν ἐπεχόντων,* τὸ πᾶν ἐπέχειν das Regiment führen. Vgl. c. 27. — *πρός* mit dem Gen. bei Passiven, bei Luc. häufig, ist selten in der attischen Prosa. — *εἶτα πῶς,* d. i. dann, wenn dem so ist, wie kommt es dass. Dial. deor. 4, 1: *εἶτα πῶς σύριγγα οὐκ ἔχεις;*

26. *εἰρήσεται γάρ, dicendum enim est,* etwa unser 'unter uns gesagt'; vgl. Dial. mar. 4, 1. 13, 1. Zeux. 2. Anach. 16. Hermot. 50. Icarom. 13. — *βαρὺς ἐκ τοῖν σκελοῖν,* schwerfällig auf

λοῖν τοσούτους ἐραστὰς ἔχεις, ὥστε πάντας ἀποβλέπειν εἰς σέ,
καὶ τυχόντας μὲν εὐδαιμονεῖν οἴεσθαι, εἰ δὲ ἀποτύχοιεν, οὐκ
ἀνέχεσθαι ζῶντας; οἶδα γοῦν τινας οὐκ ὀλίγους αὐτῶν οὕτω
σου δυσέρωτας ὄντας, ὥστε καὶ ἐς βαθυκήτεα πόντον φέρον-
τες ἔρριψαν αὑτοὺς καὶ πετρῶν κατ' ἠλιβάτων ὑπερορᾶσθαι
νομίζοντες ὑπὸ σοῦ, ὅτιπερ οὐδὲ τὴν ἀρχὴν ἑώρας αὐτούς.
πλὴν ἀλλὰ καὶ σὺ ἂν εὖ οἶδ' ὅτι ὁμολογήσειας, εἴ τι ξυνίης
σαυτοῦ, κορυβαντιᾶν αὐτοὺς ἐρωμένῳ τοιούτῳ ἐπιμεμηνότας.

27. ΠΛΟΥΤ. Οἴει γὰρ τοιοῦτον, οἷός εἰμι, ὁρᾶσθαι αὐ- 27
τοῖς, χωλὸν ἢ τυφλὸν ἢ ὅσα ἄλλα μοι πρόσεστιν;

ΕΡΜ. Ἀλλὰ πῶς, ὦ Πλοῦτε, εἰ μὴ τυφλοὶ καὶ αὐτοὶ πάν-
τες εἰσίν;

ΠΛΟΥΤ. Οὐ τυφλοί, ὦ ἄριστε, ἀλλ' ἡ ἄγνοια καὶ ἡ ἀπάτη,
αἵπερ νῦν κατέχουσι τὰ πάντα, ἐπισκιάζουσιν αὐτούς· ἔτι δὲ
καὶ αὐτός, ὡς μὴ παντάπασιν ἄμορφος εἴην, προσωπεῖόν τι
ἐρασμιώτατον περιθέμενος, διάχρυσον καὶ λιθοκόλλητον, καὶ
ποικίλα ἐνδὺς ἐντυγχάνω αὐτοῖς· οἱ δὲ αὐτοπρόσωπον οἰόμε-
νοι ὁρᾶν τὸ κάλλος ἐρῶσι καὶ ἀπόλλυνται μὴ [ἐν]τυγχάνοντες.
ὡς εἴ γέ τις αὐτοῖς ὅλον ἀπογυμνώσας ἐπέδειξέ με, δῆλον ὡς
κατεγίνωσκον ἂν αὐτῶν ἀμβλυώττοντες τὰ τηλικαῦτα καὶ
ἐρῶντες ἀνεράστων καὶ ἀμόρφων πραγμάτων.

28. ΕΡΜ. Τί οὖν ὅτι καὶ ἐν αὐτῷ ἤδη τῷ πλουτεῖν γε- 28
νόμενοι καὶ τὸ προσωπεῖον αὐτοὶ περιθέμενοι ἔτι ἐξαπατῶνται,

---

die Füsse. — τυχόντας, näml.
σοῦ. — ἀνέχεσθαι mit Partic. ζῶν-
τας, wir mit folg. Infin. Vgl. c.
37. Nigr. 34: ἀνέχονται ἀκούον-
τες. — ἐς βαθυκήτεα πόντον . .
πετρῶν κατ' ἠλιβάτων nach Theo-
gnis, bei dem es 175 f. von der
Armuth heisst: ἣν δὴ χρὴ φεύ-
γοντα καὶ ἐς μεγακήτεα πόντον
ῥίπτειν καὶ πετρῶν, Κύρνε, κατ'
ἠλιβάτων. — φέροντες, s. zu c.
22. — ὅτιπερ, weil eben, weil
ja. Diese Worte enthalten eine
Bemerkung des Hermes und ge-
hören nicht zum Vorhergehenden.
— οὐδὲ τὴν ἀρχήν, eigentl. von
vorn herein nicht einmal.
d. i. durchaus nicht. — εὖ
οἶδ' ὅτι, s. zu I, 18. — εἴ τι ξυν-
ίης σαυτοῦ, wenn du dich
irgend selbst kennst, d. i.

wenn du dir irgend Gerechtigkeit
widerfahren lässest.

27. ὁρᾶσθαι, sichtbar wer-
den, erscheinen, daher der
Dativ, nicht = ὑπ' αὐτῶν. — ἡ
ἄγνοια καὶ ἡ ἀπάτη κτέ. Aehnlich
IV, 21. — ποικίλα, nämlich ἱμάτια.
De merc. cond. 42: Ἐλπὶς ποικίλα
ἀμπεχομένη. Ebenso μέλανα ἀμπε-
χόμενος Tox. 26. — αὐτοπρόσω-
πον, in eigener Person, d. i. ohne
Larve. — ὡς, denn. — τὰ τηλι-
καῦτα, in so hohem Grade.

28. τί οὖν ὅτι, wie nun
kommt es, dass. — ἐν αὐτῷ
τῷ πλουτεῖν γενόμενοι, d. i. in
den wirklichen Besitz des Reich-
thums gekommen. Kr. Gr. §. 68,
12, 4. — οὐ γὰρ δή, denn wahr-
lich nicht; vgl. Tox. 1. Abdic.

καὶ ἤν τις ἀφαιρῆται αὐτούς, θᾶττον ἂν τὴν κεφαλὴν ἢ τὸ
προσωπεῖον πρόοιντο; οὐ γὰρ δὴ καὶ τότε ἀγνοεῖν εἰκὸς αὐ-
τούς, ὡς ἐπίχριστος ἡ εὐμορφία ἐστίν, ἔνδοθεν τὰ πάντα
ὁρῶντας.

ΠΛΟΥΤ. Οὐκ ὀλίγα, ὦ Ἑρμῆ, καὶ πρὸς τοῦτό μοι συν-
αγωνίζεται.

ΕΡΜ. Τὰ ποῖα;

ΠΛΟΥΤ. Ἐπειδάν τις ἐντυχὼν τὸ πρῶτον, ἀναπετάσας
τὴν θύραν, εἰσδέχηταί με, συμπαρεισέρχεται μετ’ ἐμοῦ λα-
θὼν ὁ τῦφος καὶ ἡ ἄνοια καὶ ἡ μεγαλοψυχία καὶ μαλακία καὶ
ὕβρις καὶ ἀπάτη καὶ ἄλλ’ ἄττα μυρία· ὑπὸ δὴ τούτων ἁπάν-
των καταληφθεὶς τὴν ψυχὴν θαυμάζει τε τὰ οὐ θαυμαστὰ καὶ
ὀρέγεται τῶν φευκτῶν κἀμὲ τὸν πάντων ἐκείνων πατέρα τῶν
εἰσεληλυθότων κακῶν τέθηπε δορυφορούμενον ὑπ’ αὐτῶν,
καὶ πάντα πρότερον πάθοι ἂν ἢ ἐμὲ προέσθαι ὑπομείνειεν ἄν.

20　29. ΕΡΜ. Ὡς δὲ λεῖος εἶ καὶ ὀλισθηρός, ὦ Πλοῦτε, καὶ
δυσκάτοχος καὶ διαφευκτικός, οὐδεμίαν ἀντιλαβὴν παρεχόμε-
νος βεβαίαν, ἀλλ’ ὥσπερ αἱ ἐγχέλεις ἢ οἱ ὄφεις διὰ τῶν δα-
κτύλων δραπετεύεις οὐκ οἶδ’ ὅπως· ἡ Πενία δ’ ἔμπαλιν ἰξώ-
δης τε καὶ εὐλαβὴς καὶ μυρία τὰ ἄγκιστρα ἐκπεφυκότα ἐξ
ἅπαντος τοῦ σώματος ἔχουσα, ὡς πλησιάσαντας εὐθὺς ἔχεσθαι
καὶ μὴ ἔχειν ῥᾳδίως ἀπολυθῆναι. ἀλλὰ μεταξὺ φλυαροῦντας
ἡμᾶς πρᾶγμα ἤδη οὐ μικρὸν διέλαθε.

ΠΛΟΥΤ. Τὸ ποῖον;

ΕΡΜ. Ὅτι τὸν Θησαυρὸν οὐκ ἐπηγαγόμεθα, οὕπερ ἔδει
μάλιστα.

30　30. ΠΛΟΥΤ. Θάρρει τούτου γε ἕνεκα· ἐν τῇ γῇ αὐτὸν
ἀεὶ καταλείπων ἀνέρχομαι πρὸς ὑμᾶς ἐπισκήψας ἔνδον μένειν

10. Pisc. 23 u. ö. — τὰ ποῖα. Der
Artikel proleptisch, mit Bezug
auf eine zu gebende Bestimmung
(Kr. Gr. §. 50, 4, 7); vgl. c. 29.
Catapl. 9. 11 u. ö. — μεγαλοψυ-
χία, in malam partem, Einbil-
dung, Aufgeblasenheit. —
δορυφορούμενον ὑπ’ αὐτῶν, von
ihnen als Trabanten um-
geben.
　20. ὡς δὲ λεῖος εἶ, wie glatt
aber bist du. Die Partikel δέ
steht hier, da zu etwas Neuem

übergegangen wird. — δυσκάτο-
χος, schwer festzuhalten. —
ἔμπαλιν, s. oben zu c. 17. —
πλησιάσαντας. Wie unterscheidet
sich dieses von τοὺς πλησιάσαν-
τας? — μεταξὺ φλυαροῦντας, s.
zu I, 17.
　30. Θάρρει τούτου γε ἕνεκα.
Ebenso Pisc. 9: θαρρεῖτε τούτου
γε ἕνεκα u. s. — ἐν τῇ γῇ αὐτὸν
ἀεὶ κατ. ἀν. πρὸς ὑμᾶς, wir: den
jedesmal lasse ich ihn in der Erde
zurück, wenn u. s. w. — ἐπικλει-

ἐπικλεισάμενον τὴν θύραν, ἀνοίγειν δὲ μηδενί, ἢν μὴ ἀκούσῃ
ἐμοῦ βοήσαντος.

ΕΡΜ. Οὐκοῦν ἐπιβαίνωμεν ἤδη τῆς Ἀττικῆς· καί μοι
ἕπου ἐχόμενος τῆς χλαμύδος, ἄχρι ἂν πρὸς τὴν ἐσχατιὰν ἀφί-
κωμαι.

ΠΛΟΥΤ. Εὖ ποιεῖς, ὦ Ἑρμῆ, χειραγωγῶν· ἐπεὶ ἤν γε
ἀπολίπῃς με, Ὑπερβόλῳ τάχα ἢ Κλέωνι ἐμπεσοῦμαι περινο-
στῶν. ἀλλὰ τίς ὁ ψόφος οὑτός ἐστι καθάπερ σιδήρου πρὸς
λίθον;

31. *ΕΡΜ.* Ὁ Τίμων οὑτοσὶ σκάπτει πλησίον ὀρεινὸν καὶ 31
ὑπόλιθον γῄδιον. παπαῖ, καὶ ἡ Πενία πάρεστι καὶ ὁ Πόνος
ἐκεῖνος, ἡ Καρτερία τε καὶ ἡ Σοφία καὶ ἡ Ἀνδρεία καὶ ὁ τοι-
οῦτος ὄχλος τῶν ὑπὸ τῷ Λιμῷ ταττομένων ἀπάντων, πολὺ
ἀμείνους τῶν σῶν δορυφόρων.

ΠΛΟΥΤ. Τί οὖν οὐκ ἀπαλλαττόμεθα, ὦ Ἑρμῆ, τὴν τα-
χίστην; οὐ γὰρ ἄν τι ἡμεῖς δράσαιμεν ἀξιόλογον πρὸς ἄνδρα
ὑπὸ τηλικούτου στρατοπέδου περιεσχημένον.

ΕΡΜ. Ἄλλως ἔδοξε τῷ Διί· μὴ ἀποδειλιῶμεν οὖν.

32. *ΠΕΝ.* Ποῖ τοῦτον ἀπάγεις, ὦ Ἀργειφόντα, χειρα- 32
γωγῶν;

ΕΡΜ. Ἐπὶ τουτονὶ τὸν Τίμωνα ἐπέμφθημεν ὑπὸ τοῦ Διός.

ΠΕΝ. Νῦν ὁ Πλοῦτος ἐπὶ Τίμωνα, ὁπότε αὐτὸν ἐγὼ κα-

σάμενον. Ebenso im Medium Tox.
50. Philops. 25. Epist. Sat. 32.;
im Activ. Conv. 20. — *ἐπιβαί-*
νωμεν, wir wollen betreten,
Kr. Gr. §. 54, 2, 1. Vgl. c. 33.
III, 1. IV, 4. — *ἐχόμενος*, dich
festhaltend an. — *εὖ ποιεῖς*
χειραγωγῶν, du thuest wohl da-
ran, dass du, es ist ein Glück,
dass du. Vgl. c. 45. De conscr.
hist. 29: *εὖ γε ἐποίησε μὴ ὁμόσε*
χωρήσας. Catapl. 27. Kr. Gr. §.
56, 8, 1. — *Ὑπερβόλῳ ἢ Κλέωνι.*
Zwei berüchtigte Demagogen aus
der Zeit des peloponnesischen
Krieges, die ihrer Schlechtigkeit
wegen oft von Aristophanes ver-
spottet werden.
31. *οὑτοσί*, deiktisch wie im
Folgenden *ἐκεῖνος.* — *ὁ τοιοῦτος*
ὄχλος. Ebenso Necyom. 11: *ὁ τοι-*
οῦτος ὅμιλος. — *τῶν ὑπὸ τῷ Λι-*

μῷ ταττομένων, der unter dem
Commando des L. Stehenden;
ebenso Pisc. 20. De merc. cond.
10. Jup. conf. 7. Jup. trag. 36
u. ö. Mit dem Accus., Adv. In-
doct. 20: *καὶ εἴ τις ἄλλος τῶν*
ὑπὸ τὸ ψεῦδος τεταγμένων. —
τί οὖν οὐκ ἀπαλλαττόμεθα. Ge-
wöhnlich steht in einer solchen
Frage der Aorist, s. Kr. Gr. §. 53,
6, 2.; jedoch ist auch das Präsens
nicht ungebräuchlich, Plat. Pro-
tag. p. 311 A: *ἀλλὰ τί οὐ βαδί-*
ζομεν παρ᾽ αὐτόν; Ueber den ähn-
lichen Gebrauch des *quin* s.
Zumpt §. 542. — *τὴν ταχίστην*, sc.
ὁδόν, aufs schnellste, schleu-
nigst.
32 *Ἀργειφόντα*, Beiwort des
Hermes, weil er den die in eine
Kuh verwandelte Jo bewachenden
Argos tödtete. — *ἐπὶ Τίμωνα,*

κῶς ἔχοντα ὑπὸ τῆς Τρυφῆς παραλαβοῦσα, τουτοισὶ παρα
δοῦσα, τῇ Σοφίᾳ καὶ τῷ Πόνῳ, γενναῖον ἄνδρα καὶ πολλοῦ
ἄξιον ἀπέδειξα; οὕτως ἄρα εὐκαταφρόνητος ὑμῖν ἡ Πενία δοκῶ
καὶ εὐαδίκητος, ὥσθ᾽ ὃ μόνον κτῆμα εἶχον ἀφαιρεῖσθαί με,
ἀκριβῶς πρὸς ἀρετὴν ἐξειργασμένον, ἵν᾽ αὖθις ὁ Πλοῦτος πα
ραλαβὼν αὐτὸν Ὕβρει καὶ Τύφῳ ἐγχειρίσας ὅμοιον τῷ πάλαι,
μαλθακὸν καὶ ἀγεννῆ καὶ ἀνόητον ἀποφήνας ἀποδῷ πάλιν ἐμοὶ
ῥάκος ἤδη γεγενημένον;

ΕΡΜ. Ἔδοξε ταῦτα, ὦ Πενία, τῷ Διί.

33. ΠΕΝ. Ἀπέρχομαι· καὶ ὑμεῖς δέ, ὦ Πόνε καὶ Σοφία
καὶ οἱ λοιποί, ἀκολουθεῖτέ μοι. οὗτος δὲ τάχα εἴσεται, οἵαν
με οὖσαν ἀπολείψει, ἀγαθὴν συνεργὸν καὶ διδάσκαλον τῶν
ἀρίστων, ᾗ συνὼν ὑγιεινὸς μὲν τὸ σῶμα, ἐρρωμένος δὲ τὴν
γνώμην διετέλεσεν, ἀνδρὸς βίον ζῶν καὶ πρὸς αὐτὸν ἀποβλέ
πων, τὰ δὲ περιττὰ καὶ πολλὰ ταῦτα, ὥσπερ ἐστίν, ἀλλότρια
ὑπολαμβάνων.

ΕΡΜ. Ἀπέρχονται· ἡμεῖς δὲ προσίωμεν αὐτῷ.

34. ΤΙΜ. Τίνες ἐστέ, ὦ κατάρατοι; ἢ τί βουλόμενοι δεῦρο
ἥκετε ἄνδρα ἐργάτην καὶ μισθοφόρον ἐνοχλήσοντες; ἀλλ᾽ οὐ
χαίροντες ἄπιτε μιαροὶ πάντες ὄντες· ἐγὼ γὰρ ὑμᾶς αὐτίκα
μάλα βάλλων τοῖς βώλοις καὶ τοῖς λίθοις συντρίψω.

ΕΡΜ. Μηδαμῶς, ὦ Τίμων, μὴ βάλῃς· οὐ γὰρ ἀνθρώ

---

näml. πέμπεται. — κακῶς ἔχοντα
ὑπὸ τῆς Τρυφῆς. ὑπό wegen des
passiven Sinnes von κακῶς ἔχειν.
Vgl. c. 55: ὑπὸ τοῦ ἀκράτου πο
νηρῶς ἔχων. Ebenso ὑπὸ τοῦ
παιδὸς ἀπέθανεν Gall. 35. IV, 13
u. ö. — οὕτως ἄρα, adeone igitur.
Tox. 38. — ἀγεννῆ, im Gegensatz zu γενναῖον. — ῥάκος, unser 'Lump'; vgl. Pseudol. 18.
33. καὶ ὑμεῖς δέ, und od. aber
auch ihr, der gewöhnliche Gebrauch von καὶ .. δέ, mit Einschiebung des betonten, einem vorhergehenden entgegengesetzten, Begriffes. — οἱ λοιποί, ihr Uebrigen. So wird oft οἱ ἄλλοι oder
λοιποί durch καί mit dem Vocativ verbunden; Kr. Gr. §. 45, 2,
8. — οἵαν με οὖσαν ἀπολείψει,
d. i. was er an mir verlieren wird.
— ἐρρωμένος τὴν γνώμην, stark

an Geist. — διετέλεσεν, ohne
ὤν, s. Kr. Gr. §, 56, 5, 4. Ebenso bei τυγχάνω Vit. auct. 19. —
πρὸς αὐτὸν ἀποβλέπων, d. i. seiner eigenen Kraft vertrauend.
Vgl. c. 36: ἐξ αὐτοῦ ἐμοῦ τὰς ἐλ
πίδας ἀπαρτήσασά μοι τοῦ βίου.
Bis acc. 21: κατηνάγκασε ταύτης
μὲν ἀπέχεσθαι, πρὸς ἑαυτὴν δὲ
ἀποβλέπειν. — ὥσπερ ἐστίν, näml.
ἀλλότρια, wie es wirklich ist.
34. οὐ χαίροντες, nicht ungestraft. Litotes. — μιαροὶ πάν
τες ὄντες, ihr Schurken, die
ihr alle seid. — τοῖς βώλοις.
Dieses Wort kommt als mascul.
nur bei Späteren vor; ebenso
Plut. Alex. 27. Ausserdem steht
hier der Artikel, weil hier die
Erdschollen und Steine gemeint
sind, welche sich daselbst befinden. Vgl. c. 45. Pisc. 32: αὐτὸν

πους ὄντας βαλεῖς, ἀλλ' ἐγὼ μὲν Ἑρμῆς εἰμι, οὑτοσὶ δὲ ὁ
Πλοῦτος· ἔπεμψε δὲ ὁ Ζεὺς ἐπακούσας τῶν εὐχῶν. ὥστε
ἀγαθῇ τύχῃ δέχου τὸν ὄλβον ἀποστὰς τῶν πόνων.

ΤΙΜ. Καὶ ὑμεῖς οἰμώξεσθε ἤδη καίτοι θεοὶ ὄντες, ὥς
φατε· πάντας γὰρ ἅμα καὶ ἀνθρώπους καὶ θεοὺς μισῶ, του-
τονὶ δὲ τὸν τυφλόν, ὅστις ἂν ᾖ, καὶ ἐπιτρίψειν μοι δοκῶ τῇ
δικέλλῃ.

ΠΛΟΥΤ. Ἀπίωμεν, ὦ Ἑρμῆ, πρὸς τοῦ Διός· μελαγχο-
λᾶν γὰρ ὁ ἄνθρωπος οὐ μετρίως μοι δοκεῖ, μή τι κακὸν ἀπέλθω
προσλαβών.

35. ΕΡΜ. Μηδὲν σκαιόν, ὦ Τίμων, ἀλλὰ τὸ πάνυ τοῦτο 35
ἄγριον καὶ τραχὺ καταβαλὼν προτείνας τὼ χεῖρε λάμβανε τὴν
ἀγαθὴν τύχην καὶ πλούτει πάλιν καὶ ἴσθι Ἀθηναίων τὰ πρῶτα
καὶ ὑπερόρα τῶν ἀχαρίστων ἐκείνων μόνος αὐτὸς εὐδαιμονῶν.

ΤΙΜ. Οὐδὲν ὑμῶν δέομαι· μὴ ἐνοχλεῖτέ μοι· ἱκανὸς ἐμοὶ
πλοῦτος ἡ δίκελλα· τὰ δ' ἄλλα εὐδαιμονέστατός εἰμι, μηδενός
μοι πλησιάζοντος.

ΕΡΜ. Οὕτως, ὦ τάν, ἀπανθρώπως;
τόνδε φέρω Διὶ μῦθον ἀπηνέα τε κρατερόν τε;
καὶ μὴν εἰκὸς ἦν μισάνθρωπον μὲν εἶναί σε τοσαῦτα ὑπ' αὐ-
τῶν δεινὰ πεπονθότα, μισόθεον δὲ μηδαμῶς, οὕτως ἐπιμε-
λουμένων σου τῶν θεῶν.

36. ΤΙΜ. Ἀλλὰ σοὶ μέν, ὦ Ἑρμῆ, καὶ τῷ Διὶ πλείστη χά- 36
ρις τῆς ἐπιμελείας, τουτονὶ δὲ τὸν Πλοῦτον οὐκ ἂν λάβοιμι.

ἀπεδίωξε παίων τοῖς ξύλοις. 44.
— ἀγαθῇ τύχῃ, wir: in Gottes
Namen. — καίτοι mit dem Par-
tic., wie bei den Attikern καίπερ,
ist bei Spätern häufig. — ἐπι-
τρίψειν μοι δοκῶ, gedenke ich,
will ich. cap. 42. Piac. 29:
προσθήσειν μοι δοκῶ. 39. Catapl.
26. Rhet. praec. 7. u. ö. Ebenso
ἔοικα mit dem Infin. des Fut. IV,
6. — οὐ μετρίως, d. i. in ho-
hem Grade.

35. μηδὲν σκαιόν, näml. ποίει.
Ebenso wir. Vgl. μηδὲν ἄγαν,
μηδὲν πρὸς ὀργήν u. ähnl. — τὸ
πάνυ τοῦτο ἄγριον. Toxar. 7:
κατὰ τοὺς πολλοὺς τούτους ἀν-
θρώπους. ebend. 9. S. oben zu

6. — καταβαλών, ablegend. —
τὰ πρῶτα, die Hauptperson.
c. 55: κολάκων ἐστὶ τὰ πρῶτα.
Hipp. 3: ὁ δὲ μηχανικῶν ὢν τὰ
πρῶτα. Kr. Gr. §. 43, 4, 14. —
μόνος αὐτός, allein für deine
Person. Dial. deor. 15, 3. Har-
mon. 3. u. s. — τόνδε φέρω κτέ.
aus Homer. Il. 15, 202. — εἰκὸς
ἦν. Wir brauchen hier im Deut-
schen das Praesens. — αὐτῶν, in
Bezug auf das in μισάνθρωπον
liegende ἀνθρώπων. Vergl. zu
c. 42.

36. ἀλλά häufig zu Anfange ei-
ner Antwort, um nachdrücklich
zu bejahen, unser nun ja, ei. —
τῆς ἐπιμελείας, für eure Sorge.

ΕΡΜ. Τί δή;

ΤΙΜ. Ὅτι καὶ πάλαι μυρίων μοι κακῶν αἴτιος οὗτος κατέστη κόλακί τε παραδοὺς καὶ ἐπιβούλους ἐπαγαγὼν καὶ μῖσος ἐπεγείρας καὶ ἡδυπαθείᾳ διαφθείρας καὶ ἐπίφθονον ἀποφήνας, τέλος δὲ ἄφνω καταλιπὼν οὕτως ἀπίστως καὶ προδοτικῶς· ἡ βελτίστη δὲ Πενία πόνοις με τοῖς ἀνδρικωτάτοις καταγυμνάσασα καὶ μετ' ἀληθείας καὶ παρρησίας προσομιλοῦσα τά τε ἀναγκαῖα κάμνοντι παρεῖχε καὶ τῶν πολλῶν ἐκείνων καταφρονεῖν ἐπαίδευεν ἐξ αὐτοῦ ἐμοῦ τὰς ἐλπίδας ἀπαρτήσασά μοι τοῦ βίου καὶ δείξασα ὅστις ἦν ὁ πλοῦτος ὁ ἐμός, ὃν οὔτε κόλαξ θωπεύων οὔτε συκοφάντης φοβῶν, οὐ δῆμος παροξυνθείς, οὐκ ἐκκλησιαστὴς ψηφοφορήσας, οὐ τύραννος ἐπιβουλεύσας
37 ἀφελέσθαι δύναιτ' ἄν. 37. ἐρρωμένος τοιγαροῦν ὑπὸ τῶν πόνων τὸν ἀγρὸν τουτονὶ φιλοπόνως ἐργαζόμενος, οὐδὲν ὁρῶν τῶν ἐν ἄστει κακῶν, ἱκανὰ καὶ διαρκῆ ἔχω τὰ ἄλφιτα παρὰ τῆς δικέλλης. ὥστε παλίνδρομος, ὦ Ἑρμῆ, ἄπιθι τὸν Πλοῦτον ἀπάγων τῷ Διί· ἐμοὶ δὲ τοῦτο ἱκανὸν ἦν, πάντας ἀνθρώπους ἡβηδὸν οἰμώζειν ποιῆσαι.

ΕΡΜ. Μηδαμῶς, ὦγαθέ· οὐ γὰρ πάντες εἰσὶν ἐπιτήδειοι πρὸς οἰμωγήν. ἀλλ' ἔα τὰ ὀργίλα ταῦτα καὶ μειρακιώδη καὶ τὸν Πλοῦτον παράλαβε. οὗτοι ἀπόβλητά ἐστι τὰ δῶρα τὰ παρὰ τοῦ Διός.

ΠΛΟΥΤ. Βούλει, ὦ Τίμων, δικαιολογήσομαι πρὸς σέ; ἢ χαλεπαίνεις μοι λέγοντι;

— τί δή; wie so denn? weswegen denn? — καὶ πάλαι, schon ehedem, καί zur Verstärkung von πάλαι; ebenso Tox. 16 u. s. — τέλος, s. zu I, 6. — τῶν πολλῶν ἐκείνων, jenen Ueberfluss; vgl. oben c. 33. — ἐξ αὐτοῦ ἐμοῦ κτέ., s. zu c. 33 πρὸς αὐτὸν ἀποβλέπων. ἐκ steht wie ἀπό bei der Verb. des Anknüpfens, Abhangenlassen. — ἐκκλησιαστής, Redner in der Volksversammlung.
37. ἄλφιτα, Lebensunterhalt. — ἱκανὸν ἦν, es würde hinlänglich sein, ich würde zufrieden sein. Ebenso ἐχρῆν c. 38., καλῶς εἶχεν, εἰκὸς ἦν, συνέβαινε u. ähnl. oft; s. Kr. Gr. §.

53, 2, 7. Es ist an kein ausgelassenes ἄν zu denken. In Bezug auf das Latein. Zumpt §. 518. — πάντας ἀνθρώπους ἡβηδόν, d. i. alle Menschen, die im Mannesalter stehen. Vit. auct. 14: ἐγὼ δὲ κέλομαι πᾶσιν ἡβηδὸν οἰμώζειν. Eine bei Historikern nicht seltene Ausdrucksweise. — τὰ ὀργίλα ταῦτα καὶ μειρακιώδη, d. i. diese Ausbrüche des Zornes und Muthwillens. — οὗτοι ἀπόβλητα. Anspielung auf Hom. Il. 3, 65: οὔτοι ἀπόβλητ' ἐστὶ θεῶν ἐρικυδέα δῶρα. — βούλει .. δικαιολογήσομαι. Nach der att. Redeweise müsste es δικαιολογήσωμαι heissen (s. Kr. Gr. §. 54, 2, 3.). Häufig nämlich steht der Conjunctiv

TIM. Λέγε, μὴ μακρὰ μέντοι, μηδὲ μετὰ προοιμίων, ὥσπερ οἱ ἐπίτριπτοι ῥήτορες· ἀνέξομαι γάρ σε ὀλίγα λέγοντα διὰ τὸν Ἑρμῆν τουτονί.

38. *ΠΛΟΤΤ.* Ἐχρῆν μὲν ἴσως καὶ μακρὰ εἰπεῖν πρὸς οὕτω 38 πολλὰ ὑπὸ σοῦ κατηγορηθέντα· ὅμως δὲ ὅρα εἴ τί σε, ὡς φής, ἠδίκηκα, ὃς τῶν μὲν ἡδίστων ἁπάντων αἴτιός σοι κατέστην, τιμῆς καὶ προεδρίας καὶ στεφάνων καὶ τῆς ἄλλης τρυφῆς, περίβλεπτός τε καὶ ἀοίδιμος δι' ἐμὲ ἦσθα καὶ περισπούδαστος· εἰ δέ τι χαλεπὸν ἐκ τῶν κολάκων πέπονθας, ἀναίτιος ἐγώ σοι· μᾶλλον δὲ αὐτὸς ἠδίκημαι τοῦτο ὑπὸ σοῦ, διότι με οὕτως ἀτίμως ὑπέβαλες ἀνδράσι καταράτοις ἐπαινοῦσι καὶ καταγοητεύουσι καὶ πάντα τρόπον ἐπιβουλεύουσί μοι. καὶ τό γε τελευταῖον ἔφησθα, ὡς προδέδωκά σε· τοὐναντίον δ' ἂν αὐτὸς ἐγκαλέσαιμί σοι πάντα τρόπον ἀπελαθεὶς ὑπὸ σοῦ καὶ ἐπὶ κεφαλὴν ἐξωσθεὶς τῆς οἰκίας. τοιγαροῦν ἀντὶ μαλακῆς χλανίδος ταύτην τὴν διφθέραν ἡ τιμιωτάτη σοι Πενία περιτέθεικεν. ὥστε μάρτυς ὁ Ἑρμῆς οὑτοσί, πῶς ἱκέτευον τὸν Δία μηκέθ' ἥκειν παρὰ σὲ οὕτω δυσμενῶς μοι προσενηνεγμένον.

39. *ΕΡΜ.* Ἀλλὰ νῦν ὁρᾷς, ὦ Πλοῦτε, οἷος ἤδη γεγένη- 39

---

so interrogativ (soll ich? sollen wir?) mit vorhergehendem βούλει, auch bei Luc., vgl. IV, 9: βούλει ἀκούσωμεν αὐτῶν; u. ö. Indessen findet sich auch das Fut. an Stellen, wo nur durch gewaltsame Aenderung dieser Sprachgebrauch beseitigt werden kann, wie IV, 7: ἀλλὰ βούλει κἀγὼ κατὰ τὸν Ὅμηρον ἐρήσομαί σε; Bis acc. c. 4: ἢ θέλεις ἐς νέωτα παραγγελοῦμεν; Navig. c. 4: ἢ ἐθέλεις ἐγὼ αὖθις ἐπάνειμι ἐς τὸ πλοῖον; Von andern späteren Schriftstellern soll hier gar nicht die Rede sein. — χαλεπαίνεις. Wir gebrauchen in solcher Verbindung auch das Präsens. Nicht nöthig daher χαλεπανεῖς zu schreiben. — ἀνέξομαι γάρ σε λέγοντα, s. zu c. 28.

38. ἐχρῆν, s. vorher zu c. 37. — καὶ μακρά, recht ausführlich. — πρὸς οὕτω κτέ. Vgl. Pro imag. 16: καὶ μὴν πάνυ μὲν ἔδει μοι μακρῶν τῶν λόγων πρὸς οὕτω σφοδρὰν τὴν κατηγορίαν.

— προεδρίας, im Theater und bei Festspielen. — στεφάνων, Ehrenkränze. — περίβλεπτός τε καί. Achte auf das Auffallende der Satzverbindung. — ἐκ τῶν κολάκων. ἐκ für ὑπό gebrauchen Spätere nach dem Vorgange des Herodotos oft bei Passiven und neutralen Verben. Ebenso Eunuch. 3. Cronos. 3: ὁπόσα ἐκ Κλωθοῦς καὶ τῶν ἄλλων Μοιρῶν πάσχετε. Arr. 2, 14, 2: οὐδὲν ἄχαρι ἐκ Περσῶν παθών. — μᾶλλον δέ, vielmehr, im Gegentheil. — διότι für ὅτι, wie oft bei Luc.; vgl. c. 45. — ὑπέβαλες, preisgegeben hast. — τὸ τελευταῖον, zuletzt; c. 55. — ἐπὶ κεφαλήν, praeceps, c. 44 u. ö. — χλανίς, ein feines leichtes Oberkleid. — προσενηνεγμένον. προσφέρεσθαί τινι, sich gegen Jmdn betragen, mit Jmdm umgehen. Phal. 1, 10: φιλανθρώπως προσφέρομαι τοῖς καταιρουσιν. u. ö.

30. οἷος ἤδη γεγένηται; d. i. wie sehr er sich bereits geändert

ται; ὥστε θαρρῶν ξυνδιάτριβε αὐτῷ· καὶ σὺ μὲν σκάπτε ὡς
ἔχεις· σὺ δὲ τὸν Θησαυρὸν ὑπάγαγε τῇ δικέλλῃ· ὑπακούσεται
γὰρ ἐμβοήσαντί σοι.

ΤΙΜ. Πειστέον, ὦ Ἑρμῆ, καὶ αὖθις πλουτητέον. τί γὰρ
ἂν καὶ πάθοι τις, ὁπότε οἱ θεοὶ βιάζοιντο; πλὴν ὅρα γε, ἐς
οἷά με πράγματα ἐμβάλλεις τὸν κακοδαίμονα, ὃς ἄχρι νῦν εὐ-
δαιμονέστατα διάγων χρυσὸν ἄφνω τοσοῦτον λήψομαι οὐδὲν
ἀδικήσας καὶ τοσαύτας φροντίδας ἀναδέξομαι.

40   **40.** *ΕΡΜ.* Ὑπόστηθι, ὦ Τίμων, δι' ἐμέ, καὶ εἰ χαλεπὸν
τοῦτο καὶ οὐκ οἰστόν ἐστιν, ὅπως οἱ κόλακες ἐκεῖνοι διαρρα-
γῶσιν ὑπὸ τοῦ φθόνου· ἐγὼ δὲ ὑπὲρ τὴν Αἴτνην ἐς τὸν οὐρα-
νὸν ἀναπτήσομαι.

ΠΛΟΥΤ. Ὁ μὲν ἀπελήλυθεν, ὡς δοκεῖ· τεκμαίρομαι γὰρ
τῇ εἰρεσίᾳ τῶν πτερῶν· σὺ δὲ αὐτοῦ περίμενε· ἀναπέμψω
γάρ σοι τὸν Θησαυρὸν ἀπελθών· μᾶλλον δὲ παῖε. σέ φημι,
Θησαυρὲ χρυσοῦ, ὑπάκουσον Τίμωνι τουτῳὶ καὶ παράσχες
σεαυτὸν ἀνελέσθαι. σκάπτε, ὦ Τίμων, βαθείας καταφέρων.
ἐγὼ δὲ ὑμῖν ὑπεκστήσομαι.

41   **41.** *ΤΙΜ.* Ἄγε, ὦ δίκελλα, νῦν μοι ἐπίρρωσον σεαυτὴν
καὶ μὴ κάμῃς ἐκ τοῦ βάθους τὸν Θησαυρὸν ἐς τοὐμφανὲς προ-

---

hat. — σὺ μέν, Timon. — ὡς
ἔχεις, wie du da bist, unver-
züglich, ut oder sicut es. Ne-
cyom. 7: ἐπανάγει (με) ἐς τὴν οἰ-
κίαν, ὡς εἶχον, ἀναποδίζοντα.
Hermot. 63: σὺ δ' ὡς ἔχεις προ-
χώρει ἐς τὸ πρόσθεν τῆς ὁδοῦ α.
ὅ. — τί γὰρ ἂν καὶ πάθοι τις,
denn was soll man wol ma-
chen. IV, 2: τί γὰρ ἂν καὶ πά-
θοι τις, ὁπότε φίλος τις ὢν βιά-
ζοιτο; u. ebenso Necyom. 3. Dial.
deor. 20, 9. — πράγματα, Unan-
nehmlichkeiten. — ἄχρι νῦν,
bis jetzt, und μέχρι νῦν finden
sich erst bei späteren Schriftstel-
lern.

40. δι' ἐμέ, mir zu Gefallen,
wie c. 37 zu E. — καὶ εἰ, auch
od. selbst wenn, etiamsi. —
ὅπως κτέ, schliesst an ὑπόστηθι
an. Vgl. invidia rumpantur ut
ilia Codro bei Vergil. διαρραγῆναι

unser 'bersten'. — ὑπὸ τοῦ φθό-
νου, prae sua invidia. Ebenso
ὑπὸ τῆς αἰσχύνης Rhet. praec.
19. ὑπὸ τῆς ὀδύνης Tox. 61. ὑπὸ
τοῦ κρύους Catapl. 20. Bei Aristo-
phanes ö. ὑπὸ τοῦ δέους u. ähnl.
Ohne Artikel ὑπὸ φθόνου Dial.
mar. 1, 2. Hermot. 63 u. s. —
ὑπὲρ τὴν Αἴτνην. Warum in die-
ser Richtung? Vgl. c. 19. — ὡς
δοκεῖ. Warum dieser Zusatz? —
τῇ εἰρεσίᾳ τῶν πτερῶν. Ebenso
Vergil. Aen. 6, 19: remigium ala-
rum. — μᾶλλον δέ. s. zu c. 5. —
παράσχες σεαυτὸν ἀνελέσθαι, lass
dich. Kr. Gr. §. 55, 3, 20.
Vit. auct. 2: πάρεχε σαυτὸν ἀνα-
θεωρεῖν. — βαθείας καταφέρων,
näml. τὰς πληγάς. cap. 53: κατ-
οίσω γάρ σοι καὶ τρίτην. Vgl.
Kr. Gr. §. 60, 7, 4. — ὑμῖν, Ti-
mon u. Thesauros.

41. μὴ κάμῃς .. προκαλουμένη,

καλουμένη. ὦ Ζεῦ τεράστιε καὶ φίλοι Κορύβαντες καὶ Ἑρμῆ
κερδῷε, πόθεν τοσοῦτον χρυσίον; ἢ που ὄναρ ταῦτά ἐστι; δέ-
δια γοῦν μὴ ἄνθρακας εὕρω ἀνεγρόμενος· ἀλλὰ μὴν χρυσίον
ἐστὶν ἐπίσημον, ὑπέρυθρον, βαρὺ καὶ τὴν πρόσοψιν ὑπερ-
ήδιστον.

     ὦ χρυσέ, δεξίωμα κάλλιστον βροτοῖς.

αἰθόμενον γὰρ πῦρ ἅτε διαπρέπεις καὶ νύκτωρ καὶ μεθ' ἡμέ-
ραν. ἐλθέ, ὦ φίλτατε καὶ ἐρασμιώτατε. νῦν πείθομαί γε καὶ
Δία ποτὲ γενέσθαι χρυσόν· τίς γὰρ οὐκ ἂν παρθένος ἀναπε-
πταμένοις τοῖς κόλποις ὑπεδέξατο οὕτω καλὸν ἐραστὴν διὰ τοῦ
τέγους καταρρέοντα; 42. ὦ Μίδα καὶ Κροῖσε καὶ τὰ ἐν Δελ- 42
φοῖς ἀναθήματα ὡς οὐδὲν ἄρα ἦτε ὡς πρὸς Τίμωνα καὶ τὸν
Τίμωνος πλοῦτον, ᾧ γε οὐδὲ ὁ βασιλεὺς ὁ Περσῶν ἴσος. ὦ δί-
κελλα καὶ φιλτάτη διφθέρα, ὑμᾶς μὲν τῷ Πανὶ τούτῳ ἀνα-
θεῖναι καλόν· αὐτὸς δὲ ἤδη πᾶσαν πριάμενος τὴν ἐσχατιάν,
πυργίον οἰκοδομησάμενος ὑπὲρ τοῦ θησαυροῦ, μόνῳ ἐμοὶ ἱκα-
νὸν ἐνδιαιτᾶσθαι, τὸν αὐτὸν καὶ τάφον ἀποθανὼν ἕξειν μοι

---

ermüde nicht, lass nicht ab,
zu . . — τεράστιε, so genannt,
weil er die Wunderzeichen, als
welches hier Timon die Auffin-
dung des Schatzes ansieht, er-
scheinen lässt. Ein sonst seltenes
Beiwort. — Κορύβαντες, die Prie-
ster der Kybele in Phrygien,
welche ihren Dienst mit lärmen-
der Musik und rasenden Gebehr-
den begingen. Tim. ruft sie an,
weil ihm etwas Unerwartetes, so
dass er ausser sich kommen könne,
zugestossen ist. — κερδῷε, s. zu
c. 24. — μὴ ἄνθρακας κτέ., auch
jetzt noch ein Volksglaube, dass ein
gefundener Schatz sich in Kohlen
verwandele. — ἀλλὰ μήν, aber
wahrhaftig. — ὦ χρυσέ κτέ.
Jambischer Trimeter aus des Eu-
ripides Danaë fr. 326 Nauck. —
δεξίωμα, willkommenes Ge-
schenk. — αἰθόμενον . . δια-
πρέπεις aus Pind. Ol. 1 z. A. —
μεθ' ἡμέραν, s. zu c. 16. — Δία
γενέσθαι χρυσόν. Zeus soll sich
in der Gestalt eines goldenen Re-
gens der Danaë (s. zu c. 13.) ge-
nähert haben.

42. ὦ Μίδα, König von Phry-

gien, bekannt wegen seines Reich-
thums. — τὰ ἐν Δελφοῖς ἀναθήματα.
In dem Tempel zu Delphi, der be-
rühmtesten Stadt in Phokis, be-
fanden sich unermessliche Reich-
thümer, die schon in homerischer
Zeit sprichwörtlich waren. — ὡς
οὐδὲν ἄρα ἦτε, wie seid ihr
doch nichts. So steht oft ἦν,
besonders mit ἄρα, scheinbar für
das Präsens, um anzudeuten, dass
man die Wahrheit des Satzes frü-
her nicht erkannt habe, jetzt aber
einsehe (Kr. Gr. §. 53, 2, 6.).
Conviv. 34: οὐδὲν ὄφελος ἦν ἄρα
ἐπίστασθαι τὰ μαθήματα. — ὡς
πρὸς Τίμ., s. zu c. 16. — τῷ
Πανὶ τούτῳ, diesem Pan, d. i.
dieser Bildsäule des Pan, die sich
dort befand. Es war Sitte bei
den Alten, dass, wenn Jemand
seine frühere Beschäftigung än-
derte, er die Abzeichen derselben
dem Gotte weihte, der derselben
vorstand. — ἐσχατιά, ein von der
Stadt entlegenes Landstück am
Meeresufer, hier bei Halā. — πυρ-
γίον. Pausanias 1, 30 erwähnt
dieses Thurmes. — τὸν αὐτὸν be-
zieht sich nur dem Sinne nach auf

δοκῶ. δεδόχθω δὲ ταῦτα καὶ νενομοθετήσθω πρὸς τὸν ἐπίλοι-
πον βίον, ἀμιξία πρὸς ἅπαντας καὶ ἀγνωσία καὶ ὑπεροψία·
φίλος δὲ ἢ ξένος ἢ ἑταῖρος ἢ Ἐλέου βωμὸς ὗθλος πολύς· καὶ
τὸ οἰκτεῖραι δακρύοντα ἢ ἐπικουρῆσαι δεομένῳ παρανομία καὶ
κατάλυσις τῶν ἐθῶν· μονήρης δὲ ἡ δίαιτα καθάπερ τοῖς λύ-
43 κοις, καὶ φίλος εἷς Τίμων. 43. οἱ δὲ ἄλλοι πάντες ἐχθροὶ καὶ
ἐπίβουλοι· καὶ τὸ προσομιλῆσαί τινι αὐτῶν μίασμα· καὶ ἦν
τινα ἴδω μόνον, ἀποφρὰς ἡ ἡμέρα· καὶ ὅλως ἀνδριάντων λι-
θίνων ἢ χαλκῶν μηδὲν ἡμῖν διαφερέτωσαν· καὶ μήτε κήρυκα
δεχώμεθα παρ' αὐτῶν μήτε σπονδὰς σπενδώμεθα· ἡ ἐρημία
δὲ ὅρος ἔστω πρὸς αὐτούς. φυλέται δὲ καὶ φράτερες καὶ δημό-
ται καὶ ἡ πατρὶς αὐτὴ ψυχρὰ καὶ ἀνωφελῆ ὀνόματα καὶ ἀνοή-
των ἀνδρῶν φιλοτιμήματα. πλουτείτω δὲ Τίμων μόνος καὶ
ὑπεροράτω ἁπάντων καὶ τρυφάτω μόνος καθ' ἑαυτὸν κολα-
κείας καὶ ἐπαίνων φορτικῶν ἀπηλλαγμένος· καὶ θεοῖς θυέτω
καὶ εὐωχείσθω μόνος, ἑαυτῷ γείτων καὶ ὅμορος, ἐκσείων τὰ
τῶν ἄλλων. καὶ ἅπαξ ἑαυτὸν δεξιώσασθαι δεδόχθω, ἢν δέῃ
44 ἀποθανεῖν, καὶ αὑτῷ στέφανον ἐπενεγκεῖν. 44. καὶ ὄνομα
μὲν ἔστω ὁ Μισάνθρωπος ἥδιστον, τοῦ τρόπου δὲ γνωρίσματα
δυσκολία καὶ τραχύτης καὶ σκαιότης καὶ ὀργὴ καὶ ἀπανθρω-
πία· εἰ δέ τινα ἴδοιμι ἐν πυρὶ διαφθειρόμενον καὶ κατασβεν-
νύναι ἱκετεύοντα, πίττῃ καὶ ἐλαίῳ κατασβεννύναι· καὶ ἦν

πυργίον == πύργον; Art Attra-
ction. Dial. mort. 28, 2: οὐ γὰρ
ἀκήκοας τῆς Εὐριπίδου Μηδείας,
οἷα εἶπεν οἰκτείρουσα τὸ γυναι-
κεῖον, ὡς ἀθλίας οὔσας (näml.
τὰς γυναῖκας) καὶ κτέ. vgl. ebend.
15, 2 u. ō. — ἕξειν μοι δοκῶ, s.
zu c. 34. — ταῦτα bezieht sich
auf das Folgende ἀμιξία u. s. w.
— Ἐλέου βωμός. Dieser Altar des
Mitleids befand sich auf dem Markte
von Athen und war uralt. Vgl.
Bis acc. 21. Demon. 57. Paus. 1,
17, 1. — ὗθλος πολύς, lauter
Possen. — τοῖς λύκοις, vgl. Sa-
turn. 34.
43. μόνον gehört zu ἴδω. —
ἀποφρὰς ἡ ἡμέρα, Unglücks-
tag, dies nefastus. — καὶ ὅλως,
s. zu I, 10. — σπονδὰς σπενδώ-
μεθα, s. zu c.48. — φυλέται, Mit-
glieder derselben φυλή, einer
Volksabtheilung, tribus, deren es

anfangs vier, dann zehn gab;
φράτερες, Mitglieder derselben
φρατρία, deren drei eine φυλή
bildeten; δημόται Mitglieder des-
selben δῆμος, deren mehrere zu
einer φυλή gehörten. — μόνος
καθ' ἑαυτόν, allein für sich.
— τὰ τῶν ἄλλων. Diese Aus-
drucksweise bezeichnet den Be-
griff selbst mit Allem was dazu
gehört. — καὶ ἅπαξ δεδ., und
ein für allemal sei beschlos-
sen. — ἑαυτὸν δεξιώσασθαι, sich
selbst die Hand zum Ab-
schiede reichen. Ebenso steht
das Wort bei Xen. Cyr. 8, 7, 28.
— στέφανον ἐπενεγκεῖν. Es war
Sitte den Todten, gleichsam als
Siegern, einen Kranz aufzusetzen.
ἐπιφέρειν, in der Bed., 'aufsez-
zen' erst bei Späteren; gerade so
wie hier bei Plut. Pericl. 36 z. E.
44. κατασβεννύναι und ὠθεῖν

τινα τοῦ χειμῶνος ὁ ποταμὸς παραφέρῃ, ὁ δὲ τὰς χεῖρας ὀρέ-
γων ἀντιλαβέσθαι δέηται, ὠθεῖν καὶ τοῦτον ἐπὶ κεφαλὴν βα-
πτίζοντα, ὡς μηδὲ ἀνακῦψαι δυνηθείη· οὕτω γὰρ ἂν τὴν ἴσην
ἀπολάβοιεν. εἰσηγήσατο τὸν νόμον Τίμων Ἐχεκρατίδου Κολ-
λυτεύς, ἐπεψήφισε τῇ ἐκκλησίᾳ Τίμων ὁ αὐτός. εἶεν, ταῦτα
ἡμῖν δεδόχθω καὶ ἀνδρικῶς ἐμμένωμεν αὐτοῖς. 45. πλὴν ἀλλὰ   45
περὶ πολλοῦ ἂν ποιησαίμην ἅπασι γνώριμά πως ταῦτα γενέ-
σθαι, διότι ὑπερπλουτῶ· ἀγχόνη γὰρ ἂν τὸ πρᾶγμα γένοιτο
αὐτοῖς. καίτοι τί τοῦτο; φεῦ τοῦ τάχους. πανταχόθεν συν-
θέουσι κεκονιμένοι καὶ πνευστιῶντες, οὐκ οἶδα ὅθεν ὀσφραι-
νόμενοι τοῦ χρυσίου. πότερον οὖν ἐπὶ τὸν πάγον τοῦτον ἀνα-
βὰς ἀπελαύνω αὐτοὺς τοῖς λίθοις ἐξ ὑπερδεξίων ἀκροβολιζό-
μενος, ἢ τό γε τοσοῦτον παρανομήσωμεν εἰσάπαξ αὐτοῖς ὁμι-
λήσαντες, ὡς πλέον ἀνιῶντο ὑπερορώμενοι; τοῦτο οἶμαι καὶ
ἄμεινον. ὥστε δεχώμεθα ἤδη αὐτοὺς ὑποστάντες. φέρ᾽ ἴδω,
τίς ὁ πρῶτος αὐτῶν οὗτός ἐστι; Γναθωνίδης ὁ κόλαξ, ὁ
πρῴην ἔρανον αἰτήσαντί μοι ὀρέξας τὸν βρόχον, πίθους ὅλους
παρ᾽ ἐμοὶ πολλάκις ἐμημεκώς. ἀλλ᾽ εὖ γε ἐποίησεν ἀφικόμε-
νος· οἰμώξεται γὰρ πρὸ τῶν ἄλλων.

hängen noch von δεδόχθω ab. —
τοῦ χειμῶνος, zur Winterzeit.
Catapl. 15 : ῥιγοῦν τοῦ χειμῶνος α.
ὅ. — τὴν ἴσην näml. μοῖραν. Vgl.
ἐπ᾽ ἴσης, ἐπὶ τῇ ἴσῃ καὶ ὁμοίᾳ α.
a. — εἰσηγήσατο, hat bean-
tragt, eingebracht. — Ἐχε-
κρατίδου, ohne Artikel ὁ Ἐχ. So
besonders in Beschlüssen und
Staatsschriften. Vgl. Kr. Gr. §.
47, 5, 4. — ἐπιψηφίζειν, abstim-
men lassen, zur Abstim-
mung vorlegen. Dieses war
Sache des Vorsitzenden (ἐπιστά-
της), später mehrerer (πρόεδροι).
Komisch vereinigt hier Timon die
Person des Antragstellers u. Vor-
sitzenden in sich. — τῇ ἐκκλησίᾳ.
Derselbe Dativus steht bei ἐπιψη-
φίζειν bei Diog. Laert. 7, 10.
Regelmässig sagt man ἐπιψηφί-
ζειν τινά. — εἶεν, nun gut.
45. περὶ πολλοῦ ἂν ποιησαίμην,
ich würde viel darum ge-
ben; ἐποιησάμην, was bisher hier
stand, bedeutet: ich hätte viel
darum gegeben. περὶ πολ-

λοῦ ποιεῖσθαι, über d. i. höher
als Vieles schätzen; Kr. Gr. §.
68, 31, 5. — ταῦτα zu beziehen
auf διότι ὑπερπλουτῶ. So öfter
ταῦτα in Bezug auf einen einfa-
chen Satz. — ἀγχόνη κτέ. d. i.,
würde ihnen den Hals zuschnü-
ren. Ebenso βρόχος Pseudol. 10.
— φεῦ τοῦ τάχους, s. zu c. 7. —
οὐκ οἶδα ὅθεν oft so mitten in
der Rede ausser der Construction,
Tox. 33.; s. zu I, 18. — τοῦ χρυ-
σίου. Pisc. 48 : ὀσφρᾶται τοῦ χρυ-
σίου. — ἀπελαύνω, sollich fort-
treiben. — τοῖς λίθοις, s. zu c.
34. — ἐξ ὑπερδεξίων, von einem
höher gelegenen Stand-
punkte aus. — τό γε τοσοῦτον,
insoweit. — εἰσάπαξ, nur ein-
mal. — ἀνιῶντο. Man sollte ἀνι-
ῶνται erwarten; aber bei Luc.
nicht zu ändern. — Γναθωνίδης.
Ein in der neueren Comödie oft
vorkommender Parasitenname ist
Γνάθων. — ἐμημεκώς, komisch;
dafür hätte man ἐκπεπωκώς er-
wartet.—εὖ γε ἐπ.ἀφικ.,s. zu c. 30.

46　　46. *ΓΝΑΘ.* Ούκ έγὼ ἔλεγον, ὡς οὐκ ἀμελήσουσι Τίμω-
νος ἀγαθοῦ ἀνδρὸς οἱ θεοί; χαῖρε Τίμων εὐμορφότατε καὶ
ἥδιστε καὶ συμποτικώτατε.

ΤΙΜ. Νὴ Δία καὶ σύ γε, ὦ Γναθωνίδη, γυπῶν ἁπάντων
βορώτατε καὶ ἀνθρώπων ἐπιτριπτότατε.

ΓΝΑΘ. Ἀεὶ φιλοσκώμμων σύ γε. ἀλλὰ ποῦ τὸ συμπό-
σιον; ὡς καινόν τί σοι ᾆσμα τῶν νεοδιδάκτων διθυράμβων
ἥκω κομίζων.

ΤΙΜ. Καὶ μὴν ἐλεγεῖά γε ᾄσῃ μάλα περιπαθῶς ὑπὸ ταύτῃ
τῇ δικέλλῃ.

ΓΝΑΘ. Τί τοῦτο; παίεις, ὦ Τίμων; μαρτύρομαι· ὦ Ἡρά-
κλεις, ἰοὺ ἰού, προσκαλοῦμαί σε τραύματος εἰς Ἄρειον πάγον.

ΤΙΜ. Καὶ μὴν ἄν γε μικρὸν ἐπιβραδύνῃς, φόνου τάχα
προσκεκλήσομαι.

ΓΝΑΘ. Μηδαμῶς· ἀλλὰ σύ γε πάντως τὸ τραῦμα ἴασαι
μικρὸν ἐπιπάσας τοῦ χρυσίου· δεινῶς γὰρ ἴσχαιμόν ἐστι τὸ
φάρμακον.

ΤΙΜ. Ἔτι γὰρ μένεις;

ΓΝΑΘ. Ἄπειμι· σὺ δὲ οὐ χαιρήσεις οὕτω σκαιὸς ἐκ χρη-
στοῦ γενόμενος.

47　　47. *ΤΙΜ.* Τίς οὗτός ἐστιν ὁ προσιών, ὁ ἀναφαλαντίας;
Φιλιάδης, κολάκων ἁπάντων ὁ βδελυρώτατος. οὗτος δὲ ἀγρὸν
ὅλον παρ' ἐμοῦ λαβὼν καὶ τῇ θυγατρὶ προῖκα δύο τάλαντα,
μισθὸν τοῦ ἐπαίνου, ὁπότε ᾄσαντά με πάντων σιωπώντων μό-

---

46. καὶ σύ γε, näml. χαῖρε. —
διθυράμβων. Eine Gattung der
lyrischen Poesie im kühnsten und
erhabensten, später sogar schwäl-
stigen Stil, ausgezeichnet durch
besondere Freiheit im Versmass.
Gegenstand derselben war das
Lob des Dionysos, später auch
anderer Götter. Ursprünglich war
der Dith. antistrophisch, dann
monostrophisch, und wurde auch
namentlich bei Gelagen gesungen.
— ἐλεγεῖον hier = ἔλεγος. Klage-
lied. — περιπαθῶς, in hefti-
ger Gemüthsbewegung. —
ὑπό, unter Begleitung. —
προσκαλοῦμαί σε τραύματος εἰς,
ich klage dich der Verwun-

dung an vor..; vgl. Vit. auct.
7. — Ἄρειον πάγον. Der höchste
Gerichtshof in Athen, der über Ver-
wundungen, vorsätzlichen Mord,
Brandstiftung und Giftmischerei
erkannte. — ἐπιβραδύνῃς. Viel-
leicht ἔτι βραδύνῃς, wie ich zu-
erst vorgeschlagen habe. — προσ-
κεκλήσομαι, nicht = προσκληθή-
σομαι, sondern von einer unver-
züglich oder unfehlbar als abge-
schlossen bevorstehenden Folge
(Kr. Gr. §. 53, 9, 3.). — οὐ χαι-
ρήσεις .. γενόμενος, du sollst
dich nicht freuen, es soll
dir übel bekommen, dass u.
s. w. Jup. conf. 0: πλὴν οὐ χαι-
ρήσουσί γε τὰ τοιαῦτα διεξιόντες.

νος ὑπερεπήνεσεν ἐπομοσάμενος ᾠδικώτερον εἶναι τῶν κύ-
κνων, ἐπειδὴ νοσοῦντα πρῴην εἰδέ με καὶ προσῆλθον ἐπικου-
ρίας δεόμενος, πληγὰς ὁ γενναῖος προσενέτεινεν.

48. *ΦΙΛ.* Ὦ τῆς ἀναισχυντίας. νῦν Τίμωνα γνωρίζετε; 48
νῦν Γναθωνίδης φίλος καὶ συμπότης; τοιγαροῦν δίκαια πέ-
πονθεν οὗτος ἀχάριστος ὤν. ἡμεῖς δὲ οἱ πάλαι ξυνήθεις καὶ
ξυνέφηβοι καὶ δημόται ὅμως μετριάζομεν, ὡς μὴ ἐπιπηδᾶν δο-
κῶμεν. χαῖρε, ὦ δέσποτα, καὶ ὅπως τοὺς μιαροὺς τούτους
κόλακας φυλάξῃ, τοὺς ἐπὶ τῆς τραπέζης μόνον, τὰ ἄλλα δὲ
κοράκων οὐδὲν διαφέροντας. οὐκέτι πιστευτέα τῶν νῦν οὐ-
δενί· πάντες ἀχάριστοι καὶ πονηροί. ἐγὼ δὲ τάλαντόν σοι κο-
μίζων, ὡς ἔχοις πρὸς τὰ κατεπείγοντα χρῆσθαι, καθ' ὁδὸν ἤδη
πλησίον ἤκουσα, ὡς πλουτοίης ὑπερμεγέθη τινὰ πλοῦτον. ἤκω
τοιγαροῦν ταῦτά σε νουθετήσων· καίτοι σύ γε οὕτω σοφὸς ὢν
οὐδὲν ἴσως δεήσῃ τῶν παρ' ἐμοῦ λόγων, ὃς καὶ τῷ Νέστορι τὸ
δέον παραινέσειας ἄν.

ΤΙΜ. Ἔσται ταῦτα, ὦ Φιλιάδη. πλὴν ἀλλὰ πρόσιθι· καὶ
σὲ φιλοφρονήσομαι τῇ δικέλλῃ.

ΦΙΛ. Ἄνθρωποι, κατέαγα τοῦ κρανίου ὑπὸ τοῦ ἀχαρί-
στου, διότι τὰ συμφέροντα ἐνουθέτουν αὐτόν.

---

47. τῶν κύκνων. Die Sage von
singenden Schwänen ist durch
das ganze Alterthum verbreitet. —
ὁ γενναῖος, s. zu c. 22.

48. ὦ τῆς ἀναισχυντίας, s. zu
c. 7. — ὅμως, dennoch, gleich-
wohl, obschon wir mehr Recht
dazu hätten. — ἐπιπηδᾶν, d a-
raufzuspringen, zudring-
lich sein. — ὅπως — φυλάξῃ,
dass du dich hütest, hüte
dich ja. Conviv. 5: ἀλλ' ὅπως
μὴ πρὸς πολλοὺς ἐρεῖς. III, 5:
ὅπως ὡς δεινότατα κατηγορήσεις
μηδὲ καθυφήσῃ τι τῶν δικαίων.
— τοὺς μιαρ. τουτ. κόλ., s. zu c.
0. — τοὺς ἐπὶ τῆς τραπέζης μό-
νον, näml. φίλους ὄντας. Eine
solche Sprechweise hat im Dialog
nichts Auffälliges. — οὐδέν, in
nichts. — πιστευτέα. Neutrum
des Plur. der Verbalia auf τέος
für den Singular. Lexiphan. 2:
καὶ ἤδη γε ἀπιτητέα. 20: βοηθη-
τέα τῷ ἀνδρί. Oft findet sich die-
ser Sprachgebrauch bei Thukydi-
des. — τὰ κατεπείγοντα, die
dringendsten Bedürfnisse.
— καθ' ὁδόν, unterwegs. —
πλουτοίης ὑπερμεγέθη τινὰ πλοῦ-
τον, ebenso III, 15., s. zu IV,
11. Dagegen steht oben cap. 43
ohne nähere Bestimmung σπονδὰς
σπενδώμεθα, weil der Plural ge-
braucht ist; vgl. Kr. Gr. §. 46,
5, 2. — ταῦτα bezieht sich auf
die Rathschläge, die nun folgen
sollten, die aber Philiades weg-
lässt, da Timon ein so weiser
Mann sei. — οὐδὲν δεήσῃ τῶν
κτέ., Icarom. c. 14: καὶ μὴν οὐ-
δέν γε ἐμοῦ δεήσει. — Νέστορι.
Fürst von Pylos, der weiseste und
älteste unter den Helden vor Tro-
ja, denen er stets mit seinem
Rathe beistand. — καὶ σέ, auch
dich. — κατέαγα τοῦ κρανίου,
partitiver Genetiv. IV, 5: ξυν-
τριβέντες τῶν κρανίων. Aristoph.

49   *49. ΤΙΜ.* Ἰδοὺ τρίτος οὗτος ὁ ῥήτωρ Δημέας προσέρχεται ψήφισμα ἔχων ἐν τῇ δεξιᾷ καὶ συγγενὴς ἡμέτερος εἶναι λέγων. οὗτος ἑκκαίδεκα παρ᾽ ἐμοῦ τάλαντα μιᾶς ἡμέρας ἐκτίσας τῇ πόλει — κατεδεδίκαστο γὰρ καὶ ἐδέδετο οὐκ ἀποδιδούς, κἀγὼ ἐλεήσας ἐλυσάμην αὐτόν — ἐπειδὴ πρῴην ἔλαχε τῇ Ἐρεχθηΐδι φυλῇ διανέμειν τὸ θεωρικὸν κἀγὼ προσῆλθον αἰτῶν τὸ γινόμενον, οὐκ ἔφη γνωρίζειν πολίτην ὄντα με.

50   *50. ΔΗΜ.* Χαῖρε, ὦ Τίμων, τὸ μέγα ὄφελος τοῦ γένους, τὸ ἔρεισμα τῶν Ἀθηναίων, τὸ πρόβλημα τῆς Ἑλλάδος· καὶ μὴν πάλαι σε ὁ δῆμος ξυνειλεγμένος καὶ αἱ βουλαὶ ἀμφότεραι περιμένουσι. πρότερον δὲ ἄκουσον τὸ ψήφισμα, ὃ ὑπὲρ σοῦ γέγραφα· „Ἐπειδὴ Τίμων [ὁ] Ἐχεκρατίδου Κολλυτεύς, ἀνὴρ „οὐ μόνον καλὸς κἀγαθός, ἀλλὰ καὶ σοφὸς ὡς οὐκ ἄλλος ἐν „τῇ Ἑλλάδι, παρὰ πάντα χρόνον διατελεῖ τὰ ἄριστα πράτ- „των τῇ πόλει, νενίκηκε δὲ πὺξ καὶ πάλην καὶ δρόμον ἐν

---

pax. 71: ξυνετρίβη τῆς κεφαλῆς. Vgl. Kr. Gr. §. 47, 15, 6.

49. οὗτος, deiktisch. — παρ᾽ ἐμοῦ, d. i. aus meinem Beutel. Toxar. 22: ὁπόσην ἂν πλείστην (προῖκα) ἐπιδοῦναι παρ᾽ αὑτοῦ δύνηται. Phal. 2, 13: ἀναλίσκοντα καὶ καταδαπανῶντα παρ᾽ αὑτοῦ. Ebenso im Latein. solvere oder numerare ab aliquo. — ἐλυσάμην, ich befreite ihn mit meinem Gelde. — τῇ Ἐρεχθηΐδι φυλῇ. Luc. macht sich einer Unrichtigkeit schuldig; denn der δῆμος Κολλυτός gehörte zur ägeïschen Phyle. — τὸ θεωρικόν. Darunter ist das Geld zu verstehen, welches seit Perikles aus dem Schatze unter das Volk vertheilt wurde, theils um ihm das Eintrittsgeld ins Schauspiel zu erstatten, theils zu Opfern, womit eine öffentliche Speisung verbunden war. Demosthenes schaffte dasselbe 339 v. Chr. wieder ab. — τὸ γινόμενον, meinen Antheil. — οὐκ ἔφη, negavit, er erklärte, dass er nicht. Der Grieche negirt das Verbum des Hauptsatzes, der Deutsche das des Nebensatzes. — πολίτην ὄντα με. Nur ein Bürger konnte Theil daran haben.

50. τὸ μέγα ὄφελος, du grosser Förderer. Ebenso nennt Aeschin. de fals. leg. 24 ironisch den Demosthenes τὸ μέγα ὄφελος τῆς πόλεως. — τὸ ἔρεισμα τῶν ΑΘ. Ebenso Pindar. von Athen: αἱ λιπαραὶ καὶ ἀοίδιμοι Ἑλλάδος ἔρεισμα Ἀθᾶναι. — τὸ πρόβλημα, du Schutzwehr, Vormauer. — καὶ μήν, wahrlich. — αἱ βουλαὶ ἀμφότεραι, der Rath des Areiopagos u. der der Fünfhundert. — ὑπὲρ σοῦ, zu deinen Gunsten. — ὁ Ἐχεκρατίδου. Oben c. 44 ohne Artikel, und so meistentheils bei den Rednern in Beschlüssen und Staatsschriften ohne denselben. — παρὰ πάντα χρόνον, neben aller Zeit hin, während .., jederzeit. So παρὰ τὸν βίον IV, 18 u. ö. — διατελεῖ .. πράττων, fortwährend thut. διατελεῖ τὰ ἄρ. πράττων gewöhnliche Formel in Volksdecreten von Männern, die sich um den Staat verdient gemacht haben. — νενίκηκε πάλην, im Ringkampf. Für ἐν Ὀλυμπίᾳ wäre es sprachgemässer Ὀλύμπια, wie c. 53: νενικηκὼς Ὀλύμπια πὺξ καὶ πάλην. Vgl. IV, 17. Ebenso im Latein. vincere Olympia.

„'Ολυμπίᾳ μιᾶς ἡμέρας καὶ τελείῳ ἅρματι καὶ συνωρίδι πω-
„λικῇ —"

TIM. Ἀλλ' οὐδὲ ἐθεώρησα ἐγὼ πώποτε εἰς Ὀλυμπίαν.

ΔHM. Τί οὖν; θεωρήσεις ὕστερον· τὰ τοιαῦτα δὲ πολλὰ
προσκεῖσθαι ἄμεινον. „καὶ ἠρίστευσε δὲ ὑπὲρ τῆς πόλεως
„πέρυσι πρὸς Ἀκαρνᾶνας καὶ κατέκοψε Πελοποννησίων δύο
„μόρας —"

51. *TIM.* Πῶς; διὰ γὰρ τὸ μὴ ἔχειν ὅπλα οὐδὲ προύγρά- 51
φην ἐν τῷ καταλόγῳ.

ΔHM. Μέτρια τὰ περὶ σαυτοῦ λέγεις, ἡμεῖς δὲ ἀχάριστοι
ἂν εἴημεν ἀμνημονοῦντες. „ἔτι δὲ καὶ ψηφίσματα γράφων καὶ
„ξυμβουλεύων καὶ στρατηγῶν οὐ μικρὰ ὠφέλησε τὴν πόλιν·
„ἐπὶ τούτοις ἅπασι δεδόχθω τῇ βουλῇ καὶ τῷ δήμῳ καὶ τῇ
„Ἡλιαίᾳ κατὰ φυλὰς καὶ τοῖς δήμοις ἰδίᾳ καὶ κοινῇ πᾶσι χρυ-
„σοῦν ἀναστῆσαι τὸν Τίμωνα παρὰ τὴν Ἀθηνᾶν ἐν τῇ ἀκρο-
„πόλει κεραυνὸν ἐν τῇ δεξιᾷ ἔχοντα καὶ ἀκτῖνας ἑπτὰ ἐπὶ τῇ
„κεφαλῇ καὶ στεφανῶσαι αὐτὸν χρυσοῖς στεφάνοις καὶ ἀνακη-
„ρυχθῆναι τοὺς στεφάνους τήμερον Διονυσίοις τραγῳδοῖς

— τελείῳ ἅρματι, d. i. mit einem
Viergespann von ausgewachsenen
Pferden im Gegensatz zu συνωρὶς
πωλική, d. i. einem Zweigespann.
— ἐθεώρησα εἰς Ὀλυμπίαν, als
Zuschauer nach Ol. reisen. Arist.
vesp. 1188: ἐγὼ δὲ τεθεώρηκα
πώποτ' οὐδαμοῦ πλὴν ἐς Πάρον.
Thucyd. 3, 104. — τί οὖν; was
macht das aus? was thut's?
— προσκεῖσθαι, hinzugefügt
sein, = Perfect. pass. von προσ-
τιθέναι. — καὶ .. δέ, s. oben zu
c. 33. — πρὸς Ἀκαρνᾶνας. Akar-
naner kämpften im peloponnesi-
schen Kriege oft auf Seiten der
Lakedämonier gegen die Athenäer.
— μόρα, eine Abtheilung des spar-
tanischen Heeres, bestehend aus
500 bis 900 Mann.
51. ἐν τῷ καταλόγῳ, in dem
Verzeichniss der waffen-
fähigen Bürger. — οὐ μικρὰ
ὠφέλησε, s. zu IV, 20. — ἐπὶ τού-
τοις ἅπασι, ob haec omnia. —
τῇ βουλῇ, Rath der Fünfhundert.
— τῇ Ἡλιαίᾳ, das höchste Volks-
gericht in Athen, das aus 6000

Bürgern bestand. Dieses hatte
aber bei derartigen Dingen nichts
zu thun; ebenso wenig die Phylen
und Demen. Alles dieses ist eine
lächerliche Uebertreibung des De-
meas. Dasselbe gilt auch vom Fol-
genden, wo des Zeus und Apollon
Bildsäulen in die eine des Timon
vereinigt werden. — χρυσοῦν ἀνα-
στῆσαι τὸν Τίμ., dem T. eine
goldene Bildsäule setzen.
Anachars. 17: καὶ χαλκοῦν αὐτὸν
ἀναστήσατε. De morte Peregr. 27:
χρυσοῦς ἀναστήσεσθαι ἐλπίζων.
Ebenso im Latein., Horat. aeneus ut
stes. — ἐπὶ τῇ κεφαλῇ, wir ebenso
ungenau: auf dem Haupte. —
χρυσοῖς στεφάνοις. Es war be-
kanntlich Sitte zu Athen, Bürger,
welche grosse Verdienste um den
Staat hatten, mit einem goldenen
Kranze (früher von Oelzweigen)
zu beehren. — ἀνακηρυχθῆναι,
durch den Herold im Theater an
den Dionysien. Ausserdem sind
hier die grossen Dionysien zu ver-
stehen, welche innerhalb der Stadt
im Monat Elapbebolion (März)

„καινοῖς· — ἀχθῆναι γὰρ δι' αὐτὸν δεῖ τήμερον τὰ Διονύ-
„σια — εἶπε τὴν γνώμην Δημέας ὁ ῥήτωρ, συγγενὴς αὐτοῦ
„ἀγχιστεὺς καὶ μαθητὴς ὤν· καὶ γὰρ ῥήτωρ ἄριστος ὁ Τίμων
52 „καὶ τὰ ἄλλα πάντα ὁπόσα ἂν ἐθέλῃ." 52. τουτὶ μὲν οὖν σοι
τὸ ψήφισμα. ἐγὼ δὲ καὶ τὸν υἱὸν ἐβουλόμην ἀγαγεῖν παρὰ σέ,
ὃν ἐπὶ τῷ σῷ ὀνόματι Τίμωνα ὠνόμακα.

TIM. Πῶς, ὦ Δημέα, ὃς οὐδὲ γεγάμηκας, ὅσα γε καὶ
ἡμᾶς εἰδέναι;

ΔΗΜ. Ἀλλὰ γαμῶ, ἢν διδῷ θεός, ἐς νέωτα καὶ παιδο-
ποιήσομαι καὶ τὸ γεννηθησόμενον — ἄρρεν γὰρ ἔσται — Τί-
μωνα ἤδη καλῶ.

TIM. Οὐκ οἶδα, εἰ γαμήσεις ἔτι, ὦ οὗτος, τηλικαύτην
παρ' ἐμοῦ πληγὴν λαμβάνων.

ΔΗΜ. Οἴμοι, τί τοῦτο; τυραννίδι, Τίμων, ἐπιχειρεῖς
καὶ τύπτεις τοὺς ἐλευθέρους οὐ καθαρῶς ἐλεύθερος οὐδ' ἀστὸς
ὤν; ἀλλὰ δώσεις ἐν τάχει τὴν δίκην τά τε ἄλλα καὶ ὅτι τὴν
ἀκρόπολιν ἐνέπρησας.

53 53. TIM. Ἀλλ' οὐκ ἐμπέπρησται, ὦ μιαρέ, ἡ ἀκρόπολις·
ὥστε δῆλος εἶ συκοφαντῶν.

ΔΗΜ. Ἀλλὰ καὶ πλουτεῖς τὸν ὀπισθόδομον διορύξας.

TIM. Οὐ διώρυκται οὐδὲ οὗτος· ὥστε ἀπίθανά σου καὶ
ταῦτα.

gefeiert wurden. — τραγῳδοῖς
καινοῖς, bei Aufführung der
neuen Tragödien, Dativ zur
Zeitangabe; Kr. Gr. §. 48, 2, 1. Vgl.
Cic. ad Att. 1, 16, 12: ludis et
gladiatoribus. — ἀχθῆναι κτέ.,
lächerliche Schmeichelei. — συγ-
γενὴς ἀγχιστεὺς unattische Ver-
bindung, συγγ. und ἀγχ. sind ver-
schieden. — καὶ γάρ, denn auch,
nam etiam, καὶ gehört zu ῥήτ.
ἄρ.
52. ὅσα γε καὶ ἡμᾶς εἰδέναι,
so viel wenigstens auch
wir wissen. Jup. trag. 10: ὅσα
γε κἀμὲ ὁρᾶν. Hermot. init.: ὅσον
τῷ βιβλίῳ τεκμήρασθαι. — ἐς
νέωτα, über's Jahr, in annum.
— γαμήσεις, unattische Form für
γαμεῖς, die sich auch sonst bei
Luc. findet. — ὦ οὗτος, heus tu,
mein Lieber. — λαμβάνων,
wenn du empfängst. — τυραν-

νίδι ἐπιχειρεῖς, regnum appetis.
Mit Absicht erhebt Demeas diese
Beschuldigung bei den freiheits-
liebenden Athenäern. — οὐ κα-
θαρῶς ἐλεύθερος, dessen Vater
oder Mutter im Sklavenstande, οὐ
καθ. ἀστός, dessen Vater oder
Mutter nicht aus Athen ist. —
τὴν δίκην, die verdiente, ge-
bührende Strafe. Dieses die
Bedeutung des Artikels. Vgl. Ca-
tapl. 26. Pisc. 27 u. ö. — τά τε
ἄλλα καὶ ὅτι, et aliis de causis et
quod.
53. δῆλος εἶ συκοφαντῶν, es
ist offenbar, dass du. Vgl.
IV, 21. und zu IV, 22. — τὸν
ὀπισθόδομον, die Nachzelle eines
Athenatempels, wahrscheinlich des
Parthenons, auf der Burg zu A-
then, welche als Schatzkammer
diente. — διώρυκται unattisch
für διορώρυκται. — ἀπίθανά σου

ΔΗΜ. Διορυχθήσεται μὲν ὕστερον· ἤδη δὲ σὺ πάντα τὰ ἐν αὐτῷ ἔχεις.

ΤΙΜ. Οὐκοῦν καὶ ἄλλην λάμβανε.

ΔΗΜ. Οἴμοι τὸ μετάφρενον.

ΤΙΜ. Μὴ κέκραχθι· κατοίσω γάρ σοι καὶ τρίτην· ἐπεὶ καὶ γελοῖα πάμπαν ἂν πάθοιμι δύο μὲν Λακεδαιμονίων μόρας κατακόψας ἄνοπλος, ἓν δὲ μιαρὸν ἀνθρώπιον μὴ ἐπιτρίψας· μάτην γὰρ ἂν εἴην καὶ νενικηκὼς Ὀλύμπια πὺξ καὶ πάλην. 54. ἀλλὰ τί τοῦτο; οὐ Θρασυκλῆς ὁ φιλόσοφος οὗτός ἐστιν; 51 οὐ μὲν οὖν ἄλλος· ἐκπετάσας γοῦν τὸν πώγωνα καὶ τὰς ὀφρῦς ἀνατείνας καὶ βρενθυόμενός τι πρὸς αὑτὸν ἔρχεται, τιτανῶδες βλέπων, ἀνασεσοβημένος τὴν ἐπὶ τῷ μετώπῳ κόμην, Αὐτοβορέας τις ἢ Τρίτων, οἵους ὁ Ζεῦξις ἔγραψεν. οὗτος ὁ τὸ σχῆμα εὐσταλὴς καὶ κόσμιος τὸ βάδισμα καὶ σωφρονικὸς τὴν ἀναβολὴν ἕωθεν μυρία ὅσα περὶ ἀρετῆς διεξιὼν καὶ τῶν ἡδονῇ χαιρόντων κατηγορῶν καὶ τὸ ὀλιγαρκὲς ἐπαινῶν, ἐπειδὴ λουσάμενος ἀφίκοιτο ἐπὶ τὸ δεῖπνον καὶ ὁ παῖς μεγάλην τὴν κύλικα ὀρέξειεν αὐτῷ — τῷ ζωροτέρῳ δὲ χαίρει μάλιστα — καθάπερ τὸ Λήθης ὕδωρ ἐκπιὼν ἐναντιώτατα ἐπιδείκνυται τοῖς ἑωθινοῖς ἐκείνοις λόγοις προαρπάζων ὥσπερ ἰκτῖνος τὰ ὄψα καὶ τὸν πλησίον παραγκωνιζόμενος, καρύκης τὸ γένειον ἀνάπλεως, κυνηδὸν ἐμφορούμενος, ἐπικεκυφώς, καθάπερ ἐν ταῖς λοπάσι

καὶ ταῦτα. Piscat. 24: γενναῖά σου ταῦτα. Vit. auct. 23: γενναῖά σου ταῦτα καὶ δεινῶς ἀνδρικά. u. ö. Ebenso im Latein., Nep. VIII, 3: *praeclarum hoc quoque Thrasybuli, quod* . . Kr. Gr. §. 47, 10, 2. — ἄλλην, näml. πληγήν; ebenso im Folg. bei τρίτην. 54. οὐ μὲν οὖν ἄλλος, wahrlich kein anderer; oft bei Luc. — τὰς ὀφρῦς ἀνατείνας, als Zeichen des Stolzes. Catapl. 4. Ebenso τὰς ὀφρῦς ἐπαίρειν. — βρενθυόμενός τι πρὸς αὑτόν prägnand: *superbe aliquid secum reputans.* — τιτανῶδες βλέπων, furchtbar wie ein Tit. blikkend. Nigr. 11: δεινὸν βλέποντες. Icar. 23: τιτανῶδες εἰς ἐμὲ ἀκιδών. Catapl. 22: φοβερόν τι καὶ ἀπειλητικὸν προσβλέπουσα. u. ö. — ἀνασεσοβημένος τὴν κόμην,

mit aufgesträubtem Haar. — Αὐτοβορέας τις, ein leibhaftiger Boreas. τὶς dient zur Bezeichnung der Aehnlichkeit. Herc. 1: Χάρωνα ἢ Ἰάπετόν τινα, u. ö. — Τρίτων, Sohn des Poseidon und der Amphitrite, ein Meergott. — Ζεῦξις, berühmter Maler aus Herakleia zur Zeit des peloponnesischen Krieges. — τὸ σχῆμα εὐσταλής, einfach im Aeussern. Piscat. 12. — μυρία ὅσα, wunder wie vieles. Ebenso μυρία ὅσα Bis accus. 3. ὀλίγον ὅσον Prom. 12. Jup. trag. 8. — τὸ ὀλιγαρκές, die Genügsamkeit. — ἀφίκοιτο . . ὀρέξειεν. Warum der Optativ? — τῷ ζωροτέρῳ, reinerer, stärkerer Wein, d. i. Wein, der mit weniger Wasser, als gewöhnlich, gemischt ist. — ἐμφορού-

τὴν ἀρετὴν εὑρήσειν προσδοκῶν, ἀκριβῶς τὰ τρύβλια τῷ λι-
χανῷ ἀποσμήχων, ὡς μηδὲ ὀλίγον τοῦ μυττωτοῦ καταλίποι,
55 55. μεμψίμοιρος ἀεί, κἂν τὸν πλακοῦντα ὅλον ἢ τὸν σῦν μόνος
τῶν ἄλλων λάβῃ, ὅ τι περ λιχνείας καὶ ἀπληστίας ὄφελος, μέ-
θυσος καὶ πάροινος, οὐκ ἄχρι ᾠδῆς καὶ ὀρχηστύος μόνον, ἀλλὰ
καὶ λοιδορίας καὶ ὀργῆς. προσέτι καὶ λόγοι πολλοὶ ἐπὶ τῇ κύ-
λικι, τότε δὴ καὶ μάλιστα, περὶ σωφροσύνης καὶ κοσμιότητος·
καὶ ταῦτά φησιν ἤδη ὑπὸ τοῦ ἀκράτου πονηρῶς ἔχων καὶ ὑπο-
τραυλίζων γελοίως· εἶτα ἔμετος ἐπὶ τούτοις· καὶ τὸ τελευ-
ταῖον ἀράμενοί τινες ἐκφέρουσιν αὐτὸν ἐκ τοῦ συμποσίου τῆς
αὐλητρίδος ἀμφοτέραις ἐπειλημμένον. πλὴν ἀλλὰ καὶ νήφων
οὐδενὶ τῶν πρωτείων παραχωρήσειεν ἂν ψεύσματος ἕνεκα ἢ
θρασύτητος ἢ φιλαργυρίας· ἀλλὰ καὶ κολάκων ἐστὶ τὰ πρῶτα
καὶ ἐπιορκεῖ προχειρότατα, καὶ ἡ γοητεία προηγεῖται καὶ ἡ
ἀναισχυντία παρομαρτεῖ, καὶ ὅλως πάνσοφόν τι χρῆμα καὶ
πανταχόθεν ἀκριβὲς καὶ ποικίλως ἐντελές. οἰμώξεται τοιγαρ-
οῦν οὐκ εἰς μακρὰν χρηστὸς ὤν. τί τοῦτο; παπαῖ, χρόνιος ἡμῖν
Θρασυκλῆς.

56   56. ΘΡΑΣ. Οὐ κατὰ ταὐτά, ὦ Τίμων, τοῖς πολλοῖς τού-

μενος, sich voll fressend.
Vgl. mit dieser Stelle Piscat. 34.
Nigr. 25. — ἐπικεκυφώς, über die
Schüssel gebückt. — καταλίποι,
s. zu I, 4.
    55. μεμψίμοιρος, unzufrie-
den mit seinem Theil. — μό-
νος τῶν ἄλλων, allein unter
allen im Gegensatz zu den übri-
gen; Kr. Gr. §. 47, 28, 10. —
ὅτι περ — ὄφελος. Diese Worte
beziehen sich auf den vorherge-
henden ganzen Satz; wenn er den
ganzen Kuchen oder das Schwein
allein bekommt, ist er immer noch
unzufrieden, und das ist eben die
Hauptsache oder das Höchste sei-
ner Schlemmerei und Unersätt-
lichkeit. ὄφελος ist hier wie oft:
das Höchste, Beste, der Kern. —
μέθυσος, nach den Vorschriften der
alten Gramm. nur von Weibern.
— πάροινος, in der Trunken-
heit frech. — οὐχ ἄχρι ᾠδῆς,
d. i. nicht bloss bis zum Grade
dass er singt. — ἐπὶ τῇ κύλικι,
seltner ἐπὶ τῆς κύλικος, wie Pisc.

34. — τότε δὴ καὶ μάλιστα, tunc
nimirum vel maxime. — τῆς αὐ-
λητρίδος Eine Person, die beim
hellenischen Gastmahle nicht fehl-
te. — ἀμφοτέραις, näml. χερσί.
Vergl. ἀμφοτέροις cap. 20. —
οὐδενὶ τῶν πρωτείων παραχω-
ρήσειεν ἄν. Tyrannic. 5: ὁ νεα-
νίας τῆς τιμῆς παρεχώρει ἐκείνῳ.
— ἕνεκα, in Ansehung, in
Betreff. Pseudol. 4. De dips.
z. E. u. s. — τὰ πρῶτα, s. zu c.
35. — καὶ ὅλως, s. zu I, 10. —
χρῆμα, Geschöpf, oft von Men-
schen. Dial. mar. 6, 1: παρθένος,
πάγκαλόν τι χρῆμα. Adv. ind. 26
u. ö. — ποικίλως ἐντελές, d. i.
ein vollendetes Chamäleon. — οὐκ
εἰς μακράν, s. zu I, 1. — τί τοῦ-
το; Mit diesen Worten redet Ti-
mon den Thrasykles an, der be-
reits herankommt und die letzten
beiden Worte χρηστὸς ὤν schon
gehört haben konnte. — παπαῖ,
ei ei. — χρόνιος, spät, endlich.
    56. κατὰ ταὐτά, in derselben
Art oder Absicht, davon ab-

τοῖς ἀφῖγμαι, ὥσπερ οἱ τὸν πλοῦτόν σου τεθηκότες ἀργυρίου
καὶ χρυσίου καὶ δείπνων πολυτελῶν ἐλπίδι συνδεδραμήκασι
πολλὴν τὴν κολακείαν ἐπιδειξόμενοι πρὸς ἄνδρα οἷον σὲ ἁπλοϊ-
κὸν καὶ τῶν ὄντων κοινωνικόν· οἶσθα γὰρ ὡς μᾶζα μὲν ἐμοὶ
δεῖπνον ἱκανόν, ὄψον δὲ ἥδιστον θύμον ἢ κάρδαμον ἢ εἴ ποτε
τρυφῴην, ὀλίγον τῶν ἁλῶν· ποτὸν δὲ ἡ ἐννεάκρουνος· ὁ δὲ
τρίβων οὗτος ἧς βούλει πορφυρίδος ἀμείνων. τὸ χρυσίον μὲν
γὰρ οὐδὲν τιμιώτερον τῶν ἐν τοῖς αἰγιαλοῖς ψηφίδων μοι δο-
κεῖ. σοῦ δὲ αὐτοῦ χάριν ἐστάλην, ὡς μὴ διαφθείρῃ σε τὸ κά-
κιστον τοῦτο καὶ ἐπιβουλότατον κτῆμα ὁ πλοῦτος, ὁ πολλοῖς
πολλάκις αἴτιος ἀνηκέστων συμφορῶν γεγενημένος· εἰ γάρ μοι
πείθοιο, μάλιστα μὲν ὅλον ἐς τὴν θάλατταν ἐμβαλεῖς αὐτὸν
οὐδὲν ἀναγκαῖον ἀνδρὶ ἀγαθῷ ὄντι καὶ τὸν φιλοσοφίας πλοῦ-
τον ὁρᾶν δυναμένῳ· μὴ μέντοι ἐς βάθος, ὦγαθέ, ἀλλ᾽ ὅσον ἐς
βουβῶνας ἐπεμβὰς ὀλίγον πρὸ τῆς κυματωγῆς, ἐμοῦ ὁρῶντος
μόνου· 57. εἰ δὲ μὴ τοῦτο βούλει, σὺ δὲ ἄλλον τρόπον ἀμείνω 57
κατὰ τάχος ἐκφόρησον αὐτὸν ἐκ τῆς οἰκίας μηδ᾽ ὀβολὸν αὐτῷ
ἀνείς, διαδιδοὺς ἅπασι τοῖς δεομένοις, ᾧ μὲν πέντε δραχμάς,

---

hängig der Dativ τοῖς πολλοῖς
τούτοις. Alex. 7: γάλα πίνειν
ἀπὸ θηλῆς κατὰ ταῦτα τοῖς βρέ-
φεσι. u. s. — ὥσπερ οἱ κτέ. Diese
Worte enthalten die nähere Er-
klärung von κατὰ ταῦτα τοῖς πολ-
λοῖς τούτοις. Eine doppelte Ver-
gleichung, die im Gesprächston
nicht auffällig ist. — οἷον σέ, At-
traction für οἷος σὺ εἶ. Tox. 11:
ἔστιν οὐ φαῦλον τὸ ἔργον ἀνδρὶ
οἵῳ σοὶ πολεμιστῇ μονομαχῆσαι.
De saltat. 2: ἥκιστα ἐλευθέρῳ
ἀνδρὶ καὶ οἵῳ σοὶ πρέποντα. Alex.
20 u. ö. — τῶν ὄντων κοινωνικόν,
freigebig mit dem Seinigen.
Das Adjectivum ebenso mit dem
Genetiv verbunden wie auch bei
Luc. das Verbum. — θύμον, die
Speise der Armen in Attika, wo
Thymian in Menge wuchs. —
ἡ ἐννεάκρουνος, ein Brunnen in
Athen, auch Καλλιρρόη genannt,
der aus neun Röhren sprang. —
ἧς βούλει, cuiusvis. Plat. Gorg.
p. 517 A: ἔργα τοιαῦτα . . οἷα τού-
των ὃς βούλει ἄριστος. Cratyl. p.
432 A: αὐτὰ τὰ δέκα ἢ ὅστις βού-
λει ἄλλος ἀριθμός. — τὸ χρυσίον

κτέ. Ebenso Piscat. 35. — σοῦ
δὲ αὐτοῦ χάριν, unattisch für σὴν
δὲ αὐτοῦ χάριν, s. Kr. Gr. §. 47,
7, 8. c. 57: ἐμαυτοῦ χάριν. —
ἐστάλην, ich habe mich auf-
gemacht. Nigr. 2. — πολλοῖς
πολλάκις. Paronomasie oder Pare-
chesis. — μάλιστα μέν, am lieb-
sten, was am besten ist, wo
möglich, mit entsprechendem
εἰ δὲ μή oder εἰ δέ. Vgl. Hermot.
23. De morte Peregr. 21. Rhet.
praec. 23 u. ö. Ebenso im La-
tein. maxime. — ὅσον ἐς, unge-
fähr bis an.

57. σὺ δέ. Häufig so δέ im
Nachsatz nach Bedingungssätzen,
Piscat. 23: εἰ γάρ τι καὶ πρὸς
ἀλλήλους διαφερόμεθα ἐν τοῖς λό-
γοις, σὺ δὲ τοῦτο μὲν μὴ ἐξέταζε.
u. ö. Besonders häufig bei Homer
und Herodot. — κατὰ τάχος, s. zu
c. 10. — αὐτῷ = σαυτῷ, aber
nur dann so, wo die Personalbe-
zeichnung selbstverständlich ist.
So ἑαυτῷ für ἐμαυτῷ Catapl. 9
u. s. Vgl. Kr. Gr. §. 51, 2, 15.
— ἀνείς, übrig lassend. — ᾧ
μὲν . . ᾧ δέ, = τῷ μὲν . . τῷ δέ,

4*

ᾧ δὲ μνᾶν, ᾧ δὲ ἡμιτάλαντον· εἰ δέ τις φιλόσοφος εἴη, διμοι-
ρίαν ἢ τριμοιρίαν φέρεσθαι δίκαιος· ἐμοὶ δὲ — καίτοι οὐκ
ἐμαυτοῦ χάριν αἰτῶ, ἀλλ' ὅπως μεταδῶ τῶν ἑταίρων τοῖς δεο-
μένοις — ἱκανὸν εἰ ταυτηνὶ τὴν πήραν ἐκπλήσας παράσχοις
οὐδὲ ὅλους δύο μεδίμνους χωροῦσαν Αἰγινητικούς. ὀλιγαρκῆ
δὲ καὶ μέτριον χρὴ εἶναι τὸν φιλοσοφοῦντα καὶ μηδὲν ὑπὲρ τὴν
πήραν φρονεῖν.

ΤΙΜ. Ἐπαινῶ ταῦτά σου, ὦ Θρασύκλεις· πρὸ δ' οὖν τῆς
πήρας, εἰ δοκεῖ, φέρε σοι τὴν κεφαλὴν ἐμπλήσω κονδύλων
ἐπιμετρήσας τῇ δικέλλῃ.

ΘΡΑΣ. Ὦ δημοκρατία καὶ νόμοι, παιόμεθα ὑπὸ τοῦ κατα-
ράτου ἐν ἐλευθέρᾳ τῇ πόλει.

ΤΙΜ. Τί ἀγανακτεῖς, ὠγαθέ; τί; μῶν παρακέκρουσμαί
σε; καὶ μὴν ἐπεμβαλῶ χοίνικας ὑπὲρ τὸ μέτρον τέτταρας.
58 58. ἀλλὰ τί τοῦτο; πολλοὶ ξυνέρχονται· Βλεψίας ἐκεῖνος καὶ
Λάχης καὶ Γνίφων καὶ ὅλως τὸ σύνταγμα τῶν οἰμωξομένων.
ὥστε τί οὐκ ἐπὶ τὴν πέτραν ταύτην ἀνελθὼν τὴν μὲν δίκελλαν
ὀλίγον ἀναπαύω πάλαι πεπονηκυῖαν, αὐτὸς δὲ ὅτι πλείστους
λίθους ξυμφορήσας ἐπιχαλαζῶ πόρρωθεν αὐτούς;

ΒΛΕΨ. Μὴ βάλλε, ὦ Τίμων· ἄπιμεν γάρ.

ΤΙΜ. Ἀλλ' οὐκ ἀναιμωτί γε ὑμεῖς οὐδὲ ἄνευ τραυμάτων.

---

unattisch; vgl. Asin. 23. — δί-
καιος, näml. ἐστίν, er verdient.
Pisc. 2: δίκαιός ἐστιν ἀπολωλέναι
u. ö. — μεδίμνους Αἰγινητικούς.
Wiederum eine komische Ueber-
treibung. Der μέδιμνος betrug
¹⁵/₁₆ berl. Scheffel. Bei den Aegi-
neten betrug er jedenfalls noch
mehr. — μηδὲν ὑπὲρ τὴν πήραν
φρονεῖν, nicht über den
Ranzenhinausdenken,
d. i. mit dem Allernothwendigsten
zufrieden sein. — ταῦτά σου, s.

zu c. 53. — πρὸ τῆς πήρας ver-
kürzt für πρὸ τοῦ τὴν πήραν ἐμ-
πλῆσαι. Besonders häufig ist diese
Kürze bei ἀντί. — παρακέκρουσμαί
σε, bevortheilen. — χοίνικας,
der 48. Theil eines μέδιμνος.

58. ἐκεῖνος, deiktisch. — καὶ
ὅλως, s. zu I, 10. — τὸ σύνταγμα
τῶν οἰμωξομένον, d. i. die Heer-
schaar derer, die ausgezahlt wer-
den sollen. — ὅτι πλείστους, s. zu
c. 10.

III.

PROMETHEUS ODER DER KAUKASOS.

In diesem nicht umfangreichen, aber mit grosser Gewandtheit geschriebenen dramatischen Dialoge tritt neben dem Hermes und Hephästos als Hauptperson Prometheus auf. Hermes und Hephästos erscheinen im Auftrage des Zeus, um den Prometheus für seine an den Göttern, namentlich an Zeus verübten Betrügereien und Verbrechen an den Kaukasos anzuschmieden. Nachdem dieses geschehen, warten beide nur noch auf den Adler, der dem Prometheus, um die Strafe voll zu machen, die Leber am Tage zerfleischen soll, welche des Nachts immer wieder wächst. Während dieser Zeit nun vertheidigt sich Prometheus in höchst gewandter Rede gegen die ihm gemachten und von Hermes wiederholten Beschuldigungen, die darin bestehen, dass er erstens den Zeus bei einer Fleischvertheilung übervortheilt und den besten Theil für sich behalten, ferner dass er die Menschen gebildet, und endlich drittens dass er den Göttern das Feuer entwendet und dieses den Menschen mitgetheilt habe, mit der grössten Schärfe und Bitterkeit, und thut dabei auf eine wahrhaft überzeugende Weise dar, dass er, statt dafür bestraft zu werden, eher, namentlich was den zweiten und dritten Punkt anlangt, auf Dankbarkeit von Seiten der Götter mit Fug und Recht Anspruch zu machen habe.

Die Veranlassung zur Abfassung dieser kleinen Schrift wie so vieler anderer gab dem Lucian der in der damaligen Zeit zum Theil wieder zu einiger Geltung gelangte Köhlerglaube an die Macht der Götter. Diesem entgegenzutreten und zur gänzlichen Vernichtung desselben nach Kräften beizutragen, ist auch hier sein Streben, das er mit allem möglichen Witz und der bittersten Ironie unterstützt.

III.

ΠΡΟΜΗΘΕΥΣ η ΚΑΥΚΑΣΟΣ.

ΕΡΜΗΣ, ΗΦΑΙΣΤΟΣ, ΠΡΟΜΗΘΕΤΣ.

1   1. *ΕΡΜ.* Ὁ μὲν Καύκασος, ὦ Ἥφαιστε, οὗτος, ᾧ τὸν ἄθλιον τουτονὶ Τιτᾶνα προσηλῶσθαι δεήσει· περισκοπῶμεν δὲ ἤδη κρημνόν τινα ἐπιτήδειον, εἴ που τῆς χιόνος τι γυμνόν ἐστιν, ὡς βεβαιότερον καταπαγῇ τὰ δεσμὰ καὶ οὗτος ἅπασι περιφανὴς ᾖ κρεμάμενος.

    ΗΦ. Περισκοπῶμεν, ὦ Ἑρμῆ· οὔτε γὰρ ταπεινὸν καὶ πρόσγειον ἀνεσταυρῶσθαι χρή, ὡς μὴ ἐπαμύνοιεν αὐτῷ τὰ πλάσματα αὐτοῦ οἱ ἄνθρωποι, οὔτε μὴν κατὰ τὸ ἄκρον, — ἀφανὴς γὰρ ἂν εἴη τοῖς κάτω — ἀλλ᾽ εἰ δοκεῖ κατὰ μέσον ἐνταῦθά που ὑπὲρ τῆς φάραγγος ἀνεσταυρώσθω ἐκπετασθεὶς τὼ χεῖρε ἀπὸ τουτονὶ τοῦ κρημνοῦ πρὸς τὸν ἐναντίον.

    ΕΡΜ. Εὖ λέγεις· ἀπόξυροί τε γὰρ αἱ πέτραι καὶ ἀπρόσβατοι πανταχόθεν, ἠρέμα ἐπινενευκυῖαι, καὶ τῷ ποδὶ στενὴν ταύτην ὁ κρημνὸς ἔχει τὴν ἐπίβασιν, ὡς ἀκροποδητὶ μόγις ἑστάναι, καὶ ὅλως ἐπικαιρότατος ἂν ὁ σταυρὸς γένοιτο. μὴ μέλλε οὖν, ὦ Προμηθεῦ, ἀλλ᾽ ἀνάβαινε καὶ πάρεχε σεαυτὸν καταπαγησόμενον πρὸς τὸ ὄρος.

---

1. *Καύκασος*, jenes bekannte Gebirge zwischen dem schwarzen und kaspischen Meere. Vgl. Dial. deor. 1. — οὗτος, näml. *ἐστίν*. — *Τιτᾶνα*. Prom. war der Sohn des Japetos, eines Titanen, und der Klymene, u. dann wird *Τιτάν* auch von denen gebraucht, welche von Titanen abstammen. — περισκοπῶμεν, s. zu II, 30. — γυμνόν, frei von. — ἐπαμύνοιεν, s. zu I, 4.; vgl. c. 2. — οὔτε μήν, neque vero. Xenoph. conviv. I. 15: οὔτε ἔγωγε σπουδάσαι ἂν δυναίμην οὔτε μὴν ὡς ἀντικληθησόμενος καλεῖ μέ τις. — ἐκπετασθεὶς τὼ χεῖρε, die Arme ausgespannt, nach bekanntem Sprachgebrauch, dass, wenn das Activ zwei Objecte hat, beim Passiv. der Accus. unverändert bleibt; vgl. c. 3. — ἀπόξυροι, scharf abgeschnitten, schroff. — ἠρέμα ἐπινενευκυῖαι, sich allmählich vorwärtsneigend, überhangend. — ταύτην, hier. — καὶ ὅλως, s. zu I, 10. — πάρεχε σεαυτὸν καταπαγησόμενον, lass s

2. *ΠΡΟΜ.* Ἀλλὰ κἂν ὑμεῖς γε, ὦ Ἥφαιστε καὶ Ἑρμῆ, 2
κατελεήσατέ με παρὰ τὴν ἀξίαν δυστυχοῦντα.

ΕΡΜ. Τοῦτο φῄς, ὦ Προμηθεῦ, τὸ κατελεήσατε ἀντὶ σοῦ
ἀνασκολοπισθῆναι αὐτίκα μάλα παρακούσαντας τοῦ ἐπιτάγ-
ματος; ἢ οὐχ ἱκανὸς εἶναί σοι δοκεῖ ὁ Καύκασος καὶ ἄλλους
ἂν χωρῆσαι δύο προσπατταλευθέντας; ἀλλ' ὄρεγε τὴν δεξιάν·
σὺ δέ, ὦ Ἥφαιστε, κατάκλειε καὶ προσήλου καὶ τὴν σφῦραν
ἐρρωμένως κατάφερε. δὸς καὶ τὴν ἑτέραν· κατειλήφθω εὖ
μάλα καὶ αὐτή. εὖ ἔχει. καταπτήσεται δὲ ἤδη καὶ ὁ ἀετὸς ἀπο-
κερῶν τὸ ἧπαρ, ὡς πάντα ἔχοις ἀντὶ τῆς καλῆς καὶ εὐμηχάνου
πλαστικῆς.

3. *ΠΡΟΜ.* Ὦ Κρόνε καὶ Ἰαπετὲ καὶ σύ, ὦ μῆτερ, οἷα πέ- 3
πονθα ὁ κακοδαίμων οὐδὲν δεινὸν ἐργασάμενος.

ΕΡΜ. Οὐδέν, ὦ Προμηθεῦ, δεινὸν εἰργάσω, ὃς πρῶτα
μὲν τὴν νομὴν τῶν κρεῶν ἐγχειρισθεὶς οὕτως ἄδικον ἐποίησω
καὶ ἀπατηλήν, ὡς σαυτῷ μὲν τὰ κάλλιστα ὑπεξελέσθαι, τὸν
Δία δὲ παραλογίσασθαι ὀστᾶ „καλύψας ἀργέτι δημῷ"; μέ-
μνημαι γὰρ Ἡσιόδου νὴ Δί' οὕτως εἰπόντος· ἔπειτα δὲ τοὺς
ἀνθρώπους ἀνέπλασας, πανουργότατα ζῷα, καὶ μάλιστά γε
τὰς γυναῖκας· ἐπὶ πᾶσι δὲ τὸ τιμιώτατον κτῆμα τῶν θεῶν τὸ
πῦρ κλέψας καὶ τοῦτο ἔδωκας τοῖς ἀνθρώποις; τοσαῦτα δεινὰ
εἰργασμένος φῂς μηδὲν ἀδικήσας δεδέσθαι;

4. *ΠΡΟΜ.* Ἔοικας, ὦ Ἑρμῆ, καὶ σὺ κατὰ τὸν Ὅμηρον 4

dich. So ō. παρέχειν bei Luc.
mit Partic. neben dem Infinit. (s.
zu II, 40); Toxar. 35: παρέσχεν
ἑαυτὸν δεθησόμενον. De merc.
cond. 25. Nigr. 21.

2. κἄν, wenigstens, oft bei
Luc. in Verbindung mit dem Im-
perativ; vgl. c. 13. Catapl. 13.,
s. zu II, 20. — παρὰ τὴν ἀξίαν,
gegen mein Verdienst; s. zu
II, 6. — τοῦτο φῄς .. ἀντὶ σοῦ
ἀνασκ., näml. ἡμᾶς, meinst du
damit, dass wir .. Dial. deor.
1, 2: τοῦτο φῄς ἐκπεσεῖσθαί με
τῆς ἀρχῆς; — τὸ κατελεήσατε
wiederholt Hermes mit Nachdruck.
— ἄλλους .. δύο. näml. mich und
Hephästos. — ἂν χωρῆσαι, ἂν
mit Infinit.; bei der Auflösung in
einen selbständigen Satz müsste

der Optat. mit ἄν stehen. — κα-
τάκλειε, schliesse an. — καὶ
αὐτή, auch sie. — πάντα, alle
mögliche Strafe. — πλαστικῆς,
von der Menschenbildung.

3. τὴν νομὴν τῶν κρ. ἐγχειρι-
σθείς. Eunuch. 8: εὐνοῦχος νέων
προστασίαν ἐγχειρισθῆναι ἀξιῶν.
Amor. 39: ἄλλο τι ἄλλη τῶν ὑπηρε-
τουσῶν ἐγκεχείρισται. S. zu c.
1. — καλύψας ἀργέτι δημῷ, He-
siod. theog. 541. ἀργέτι episch ver-
kürzt von ἀργής, glänzend, gleis-
send. — ἐπὶ πᾶσι, zu Allem, s.
v. a. endlich; vgl. Pro merc.
cond. 1. Vit. auct. 22. De conscr.
hist. 31. Bis acc. 34. u. s. — κλέψας,
näml. von der Sonne, ἐν κοίλῳ
νάρθηκι, in ferula.

4. ἀναίτιον αἰτιάασθαι, Il. 13,

„ἀναίτιον αἰτιάασθαι,“ ὃς τὰ τοιαῦτά μοι προφέρεις, ἐφ' οἷς
ἔγωγε τῆς ἐν πρυτανείῳ σιτήσεως, εἰ τὰ δίκαια ἐγίγνετο, ἐτι-
μησάμην ἂν ἐμαυτῷ. εἰ γοῦν σχολή σοι, ἡδέως ἂν καὶ δικαιο-
λογησαίμην ὑπὲρ τῶν ἐγκλημάτων, ὡς δείξαιμι ἄδικα ἐγνω-
κότα περὶ ἡμῶν τὸν Δία· σὺ δὲ — στωμύλος γὰρ εἶ καὶ δικα-
νικός — ἀπολόγησαι ὑπὲρ αὐτοῦ ὡς δικαίαν τὴν ψῆφον ἔθετο,
ἀνεσταυρῶσθαί με πλησίον τῶν Κασπίων τούτων πυλῶν ἐπὶ
τοῦ Καυκάσου οἴκτιστον θέαμα πᾶσι Σκύθαις.

ΕΡΜ. Ἐκπρόθεσμον μέν, ὦ Προμηθεῦ, τὴν ἔφεσιν ἀγω-
νιῇ καὶ ἐς οὐδὲν δέον· ὅμως δ' οὖν λέγε· καὶ γὰρ ἄλλως περι-
μένειν ἀναγκαῖον, ἔστ' ἂν ὁ ἀετὸς καταπτῇ ἐπιμελησόμενός
σου τοῦ ἥπατος· τὴν ἐν τῷ μέσῳ δὴ ταύτην σχολὴν καλῶς ἂν
ἔχον εἴη ἐς ἀκρόασιν καταχρήσασθαι σοφιστικήν, οἷος εἰ σὺ
πανουργότατος ἐν τοῖς λόγοις.

5.   5. ΠΡΟΜ. Πρότερος οὖν, ὦ Ἑρμῆ, λέγε, καὶ ὅπως μου
ὡς δεινότατα κατηγορήσεις μηδὲ καθυφήσῃ τι τῶν δικαίων
τοῦ πατρός. σὲ δέ, ὦ Ἥφαιστε, δικαστὴν ποιοῦμαι ἔγωγε.

---

775. — μοι προφέρεις, mir vor-
wirfst. De dea Syr. 24: καί οἱ
μοιχίην προὔφερε. — τῆς ἐν πρυτ.
σιτήσεως κτέ. Sokrates bei Plat.
apol. p. 37 A sagt: εἰ οὖν δεῖ
με κατὰ τὸ δίκαιον τῆς ἀξίας τι-
μᾶσθαι, τούτου τιμῶμαι, ἐν πρυ-
τανείῳ σιτήσεως. Das Prytaneion
war ein öffentliches Gebäude nord-
östlich von der Akropolis, in dem
die, welche zu Olympia gesiegt,
und andere um den Staat wohl-
verdiente Bürger auf öffentliche
Kosten täglich gespeist wurden.
Diese Speisung galt als die höchste
Auszeichnung; vgl. Cic. de orat.
1, 54, 231 f. — τῆς σιτήσεως ἐτι-
μησάμην ἂν ἐμαυτῷ. τιμᾶσθαί τινι
τινος in der att. Gerichtssprache
eigtl. vom Kläger, auf eine Strafe
für Jmdn antragen; dann vom
Angeklagten, wie hier und bei
Plato, sich eine Strafe zuerkennen-
nen. Dieselbe Construction c. 10.
— ἐγνωκότα, dass er erkannt
hat. Jup. conf. 10: ἐπιδεῖξαι οὐ-
δενὸς ἡμᾶς προνοοῦντας. — ἀνε-
σταυρῶσθαί με κτέ., Erklärung
zum vorherg. δικ. τὴν ψῆφ. ἔθ. —

τῶν Κασπίων. Dieser Gebirgspass
befindet sich im Lande der Ta-
purer, im östlichen Tauros, jetzt
Siah Koh, und ist vom Caucasus
weit entfernt. — τούτων, s. zu
II, 6. — ἐκπρόθεσμος eigtl. den
bestimmten Zeitpunkt od. Termin
nicht haltend, hier s. v. a. unzei-
tig, zu spät; ebenso Navig. 40.
— ἔφεσιν, Appellation. — ἐς
οὐδὲν δέον, unnöthig, zweck-
los. — ἄλλως, sonst, ohnehin.
— ἐπιμελησόμενος, s. zu II, 25.
Beachte übrigens die Ironie in
diesem Worte. Wovon hängt σου
ab? — καλῶς ἂν ἔχον εἴη. Jup.
trag. 53: τὸ τοῦ Δαρείου πάνυ
καλῶς ἔχον ἐστίν. Vgl. Kr. Gr.
§. 56, 3, 3. — καταχρήσασθαι,
verbrauchen, verwenden, mit
Accus., wie bisweilen bei Späte-
ren. — οἷος mit Bezug auf σοφι-
στής, was in σοφιστικήν liegt.
Vgl. II, 35. IV, 12.

5. ὅπως . . κατηγορήσεις, s. zu
II, 48. — καθυφίεσθαι, von sei-
ner Seite aus Nachlässigkeit ver-
absäumen, preisgeben. — τοῦ πα-
τρός, des Zeus, des Hermes Vater.

ΗΦ. Μὰ Δί', ἀλλὰ κατήγορον ἀντὶ δικαστοῦ ἴσθι με ἕξων,
ὃς τὸ πῦρ ὑφελόμενος ψυχράν μοι τὴν κάμινον ἀπολέλοιπας.

ΠΡΟΜ. Οὐκοῦν διελόμενοι τὴν κατηγορίαν, σὺ μὲν περὶ
τῆς κλοπῆς ἤδη σύνειρε, ὁ Ἑρμῆς δὲ τὴν κρεανομίαν καὶ τὴν
ἀνθρωποποιίαν αἰτιάσεται· ἄμφω δὲ τεχνῖται καὶ εἰπεῖν δει-
νοὶ ἐοίκατε εἶναι.

ΗΦ. Ὁ Ἑρμῆς καὶ ὑπὲρ ἐμοῦ ἐρεῖ· ἐγὼ γὰρ οὐ πρὸς λό-
γοις τοῖς δικανικοῖς εἰμι, ἀλλ' ἀμφὶ τὴν κάμινον ἔχω τὰ πολλά·
ὁ δὲ ῥήτωρ τέ ἐστι καὶ τῶν τοιούτων οὐ παρέργως μεμέλη-
κεν αὐτῷ.

ΠΡΟΜ. Ἐγὼ μὲν οὐκ ἂν ᾤμην καὶ περὶ τῆς κλοπῆς τὸν
Ἑρμῆν ἐθελῆσαι ἂν εἰπεῖν οὐδὲ ὀνειδιεῖν μοι τὸ τοιοῦτον ὁμο-
τέχνῳ ὄντι. πλὴν ἀλλ' εἰ καὶ τοῦτο, ὦ Μαίας παῖ, ὑφίστασαι,
καιρὸς ἤδη περαίνειν τὴν κατηγορίαν.

6. *ΕΡΜ.* Πάνυ γοῦν, ὦ Προμηθεῦ, μακρῶν δεῖ λόγων 6
καὶ ἱκανῆς τινος παρασκευῆς ἐπὶ τὰ σοὶ πεπραγμένα, οὐχὶ δὲ
ἀπόχρη τὰ κεφάλαια εἰπεῖν τῶν ἀδικημάτων, ὅτι ἐπιτραπέν
σοι μοιρᾶσαι τὰ κρέα σαυτῷ μὲν τὰ κάλλιστα ἐφύλαττες, ἐξη-
πάτησας δὲ τὸν βασιλέα, καὶ τοὺς ἀνθρώπους ἀνέπλασας, οὐ-
δὲν δέον, καὶ τὸ πῦρ κλέψας παρ' ἡμῶν ἐκόμισας ἐς αὐτούς·
καί μοι δοκεῖς, ὦ βέλτιστε, μὴ συνεῖναι ἐπὶ τοῖς τηλικούτοις

— ἴσθι με ἕξων, wisse, dass
du. Pisc. 5: εὖ ἴστε ἀποκτενοῦν-
τες u. ö. Vgl. c. 20. — σύνειρε,
zusammenhängend sprechen. —
οὐ πρὸς λόγοις τοῖς δικ. εἰμι,
beschäftige mich nicht, ge-
be mich nicht ab mit .. Dial.
deor. 19, 4: ὅλως πρὸς τῷ τοι-
ούτῳ ἐστίν. Ebenso πρός τινι γί-
γνεσθαι oder διατρίβειν. — ἀμφὶ
τὴν κάμ. ἔχω, halte mich auf
bei, bin beschäftigt mit.
Ebenso ἔχειν περί τι. — τὰ πολλά,
meistentheils, grössten-
theils. — ῥήτωρ, Hermes als
Gott der Redekunst, daher auch
λόγιος genannt. — ἐγὼ μὲν κτέ.
Hermes selbst nämlich, wie be-
kannt, hatte sich mehrmals des
Diebstahls schuldig gemacht und
war auch der Gott des Stehlens.
ἐγὼ μέν, ich wenigstens; An-
dere mögen eine andere Ansicht
haben. Kr. Gr. §. 69, 35, 2. Jup.

trag. 5 u. ö. — καιρός, nämlich
ἐστί.
6. πάνυ γοῦν κτέ. Diese und
die folgenden Worte sind ironisch
zu verstehen, wie πάνυ γοῦν
schon zeigt. Hermes verhöhnt den
Prom., der eine weitläufige An-
klage erwartet. Deor. concil. 11:
πάνυ γοῦν μυστηρίων, ὦ Ζεῦ, δεῖ
ἡμῖν. — σοί = ὑπὸ σοῦ. Am ge-
wöhnlichsten findet dieser Ge-
brauch des Dativs bei Passiven
in der attischen Prosa bei Per-
fecten und Plusquampf. Statt. Tox.
25: ἐπεὶ ἐδεδείκνητο αὐτοῖς; im
Folg. κατηγόρηταί μοι. IV, 16.
— ἐπιτραπέν σοι, nachdem es
dir überlassen, Accus. absol.
Ebenso ἐφειμένον Pisc. 25. Vgl.
Kr. Gr. §. 56, 9, 5. Ebenso im
Folg. οὐδὲν δέον. und c. 15 δέον.
— τὸν βασιλέα, den Zeus. — συν-
εῖναι, von συνίημι, ein bei Luc.
sich ö. findender Infinitiv. S. zu

κάνυ φιλανθρώπου τοῦ Διὸς πεπειραμένος. εἰ μὲν οὖν ἔξαρ-
νος εἶ μὴ εἰργάσθαι αὐτά, δεήσει καὶ διελέγχειν καὶ ῥῆσίν τινα
μακρὰν ἀποτείνειν καὶ πειρᾶσθαι ὡς ἔνι μάλιστα ἐμφανίζειν
τὴν ἀλήθειαν· εἰ δὲ φῂς τοιαύτην πεποιῆσθαι τὴν νομὴν τῶν
κρεῶν καὶ τὰ περὶ τοὺς ἀνθρώπους καινουργῆσαι καὶ τὸ πῦρ
κεκλοφέναι, ἱκανῶς κατηγόρηταί μοι, καὶ μακρότερα οὐκ ἂν
εἴποιμι· λῆρος γὰρ ἄλλως τὸ τοιοῦτον.

7   7. ΠΡΟΜ. Εἰ μὲν καὶ ταῦτα λῆρός ἐστιν, ἃ εἴρηκας, εἰσό-
μεθα μικρὸν ὕστερον· ἐγὼ δέ, ἐπείπερ ἱκανὰ φῂς εἶναι τὰ
κατηγορημένα, πειράσομαι ὡς ἂν οἷός τε ὦ, διαλύσασθαι τὰ
ἐγκλήματα. καὶ πρῶτόν γε ἄκουε τὸ περὶ τῶν κρεῶν. καίτοι,
νὴ τὸν Οὐρανόν, καὶ νῦν λέγων αὐτὰ αἰσχύνομαι ὑπὲρ τοῦ
Διός, εἰ οὕτω μικρολόγος καὶ μεμψίμοιρός ἐστιν, ὡς διότι μι-
κρὸν ὀστοῦν ἐν τῇ μερίδι εὗρε, καταπέμψαι ἀνασκολοπισθη-
σόμενον παλαιὸν οὕτω θεόν, μήτε τῆς συμμαχίας μνημονεύ-
σαντα μήτε αὐτὸ τῆς ὀργῆς τὸ κεφάλαιον ἡλίκον ἐστὶν ἐννοή-
σαντα καὶ ὡς μειρακίου τὸ τοιοῦτον ὀργίζεσθαι καὶ ἀγανακτεῖν,
8   εἰ μὴ τὸ μεῖζον αὐτὸς λήψεται. 8. καίτοι τάς γε ἀπάτας, ὦ
Ἑρμῆ, τὰς τοιαύτας συμποτικὰς οὔσας οὐ χρή, οἶμαι, ἀπομνη-
μονεύειν, ἀλλ᾽ εἰ καί τι ἡμάρτηται μεταξὺ εὐωχουμένων, παι-
διὰν ἡγεῖσθαι καὶ αὐτοῦ ἐν τῷ ξυμποσίῳ καταλείπειν τὴν ὀρ-
γήν· ἐς δὲ τὴν αὔριον ταμιεύεσθαι τὸ μῖσος καὶ μνησικακεῖν

II, 8. — ἐπὶ τοῖς τηλικούτοις, bei
so bedeutenden Verbrechen. —
ἔξαρνος εἶ μή, μή für uns über-
flüssig. Pisc. 29: ἐγὼ τοσούτου
δέω ἔξαρνος γενέσθαι, ὡς οὐκ
εἶπον αὐτά. Conviv. 15: τοῦ παι-
δὸς ἀρνουμένου μὴ ἀποβεβληκέναι.
Kr. Gr. §. 67, 12, 3. — ἀποτεί-
νειν. Bis accus. 33: μακροὺς ἀπο-
τείνειν οὐκ ἂν ἐβουλόμην τοὺς λό-
γους. Eine namentlich bei Platon
häufige Redeweise. — ὡς ἔνι μά-
λιστα, so sehr als möglich. —
φῂς, zugestehst. — ἄλλως mit
λῆρος zu verbinden, nichts als,
nur. Vgl. c. 11. Gall. 17: μῦθος
ἄλλως καὶ ταῦτα. Anach. 32. Zeux.
12 u. ö.
7. διαλύσασθαι, zu nichte
machen. — τὸν Οὐρανόν. Die-
ser ist der Vater des Japetos. —
ὑπὲρ τοῦ Διός, in des Z. Na-

men. — εἰ, dass. Dial. deor.
18, 1. Pisc. 32 u. ö. — ἀνασκο-
λοπισθησόμενον, s. zu II, 25. —
παλαιὸν οὕτω, s. zu I, 11. —
τῆς συμμαχίας. Prometheus, ob-
gleich selbst aus dem Titanenge-
schlecht, hatte doch mit seiner
Klugheit dem Zeus gegen die Ti-
tanen beigestanden. — τὸ κεφά-
λαιον, der Grund. — ἡλίκον,
wie gering; vgl. Hermot. 5. —
μειρακίου, näml. ἐστίν; dieses
Satzglied (καὶ ὡς) noch abhängig
von ἐννοήσαντα.

8. μεταξὺ εὐωχουμένων, s. zu
I, 17. — ἐν τῷ ξυμποσίῳ nähere
Bestimmung zu αὐτοῦ. Tox. 18:
αὐτοῦ ἐν τῇ νήσῳ u. ö. Ebenso
Philopseud. 17: οἴκοι παρ᾽ αὑτῷ.
Gall. 10: οἴκοι παρὰ σεαυτῷ. u.
Aehnl. — ἐς τὴν αὔριον, näml.

καὶ ἕωλόν τινα μῆνιν διαφυλάττειν, ἄπαγε, οὔτε θεοῖς πρέ-
πον οὔτε ἄλλως βασιλικόν· ἢν γοῦν ἀφέλῃ τις τῶν συμποσίων
τὰς κομψείας ταύτας, ἀπάτην καὶ σκώμματα καὶ τὸ διασιλλαί-
νειν καὶ ἐπιγελᾶν, τὸ καταλειπόμενόν ἐστι μέθη καὶ κόρος καὶ
σιωπή, σκυθρωπὰ καὶ ἀτερπῆ πράγματα καὶ ἥκιστα συμποσίῳ
πρέποντα. ὥστε ἔγωγ᾽ οὐδὲ μνημονεύσειν τὴν ὑστεραίαν ἔτι
ᾤμην τούτων τὸν Δία, οὐχ ὅπως καὶ τηλικαῦτα ἐπ᾽ αὐτοῖς
ἀγανακτήσειν καὶ πάνδεινα ἡγήσεσθαι πεπονθέναι, εἰ διανέ-
μων τις κρέα παιδιάν τινα ἔπαιξε, πειρώμενος εἰ διαγνώσεται
τὸ βέλτιον ὁ αἱρούμενος.   9. τίθει δ᾽ ὅμως, ὦ Ἑρμῆ, τὸ χαλε-   9
πώτερον, μὴ τὴν ἐλάττω μοῖραν ἀπονενεμηκέναι τῷ Διί,
τὴν ὅλην δὲ ὑφῃρῆσθαι· τί οὖν; διὰ τοῦτο ἐχρῆν, τὸ τοῦ λό-
γου, τῇ γῇ τὸν οὐρανὸν ἀναμεμῖχθαι καὶ δεσμὰ καὶ σταυροὺς
καὶ Καύκασον ὅλον ἐπινοεῖν καὶ ἀετοὺς καταπέμπειν καὶ τὸ
ἧπαρ ἐκκολάπτειν; ὅρα γάρ, μὴ πολλήν τινα ταῦτα κατηγορῇ
τοῦ ἀγανακτοῦντος αὐτοῦ μικροψυχίαν καὶ εὐτέλειαν τῆς γνώ-
μης καὶ πρὸς ὀργὴν εὐχέρειαν. ἢ τί γὰρ ἂν ἐποίησεν οὗτος
ὅλον βοῦν ἀπολέσας, εἰ κρεῶν ὀλίγων ἕνεκα τηλικαῦτα ὀργίζε-
ται;   10. καίτοι πόσῳ οἱ ἄνθρωποι εὐγνωμονέστερον διάκειν-   10
ται πρὸς τὰ τοιαῦτα, οὓς εἰκὸς ἦν καὶ τὰ ἐς τὴν ὀργὴν ὀξυτέ-
ρους εἶναι τῶν θεῶν; ἀλλ᾽ ὅμως ἐκείνων οὐκ ἔστιν ὅστις τῷ
μαγείρῳ σταυροῦ ἂν τιμήσαιτο, εἰ τὰ κρέα ἕψων καθεὶς τὸν

ἡμέραν. — ἕωλον, übernächtig.
— τὰς κομψείας, festivitates. —
τὴν ὑστεραίαν, den folgenden
Tag, am f. T. Die Bezeichnung
der Dauer tritt bei diesem Accus.
nur wenig hervor. — οὐχ ὅπως,
geschweige. So oft bei Luc.
im zweiten Gliede; vgl. IV, 8.
Pisc. 31. Philops. 5. Abdicat. 18
u. ö. Häufiger im ersten Gliede.
καί verbinde mit τηλικαῦτα. —
τηλικαῦτα, adverbialiter, wie c.
9: τηλικαῦτα ὀργίζεται. — παιδιάν
τινα ἔπαιξε, einen Scherz
machte. Die erst bei Späteren
vorkommende Aoristform ἔπαιξα
auch Dial. deor. 6, 4.
   9. τίθει, setze, nimm an. —
ἀπονενεμηκέναι, näml. ἐμέ. — τὸ
τοῦ λόγου, wie es im Sprich-
wort heisst. Hermot. 28. Alex.
9. — ἐκκολάπτειν in übertragener

Bedeutung, eigtl. ausmeisseln. —
πολλήν τινα, s. zu I, 1. Häufiger
im Plur. πολλοί τινες. — ἢ τί γὰρ
ἂν ἐποίησεν, oder sollte man da-
rüber zweifelhaft sein? Sicher
nicht. Denn was u. s. w. Vgl.
c. 16: ἢ τί γὰρ ἂν ἐπράττομεν
οὐκ ἔχοντες. Jup. trag. 19: ἢ τί
γὰρ ἂν αὐτοὺς ἀξιώσειέ τις φρο-
νεῖν; De morte Peregr. 8: ἢ τί
γὰρ ἄλλο χρὴ ποιεῖν; Piscat. 27.
IV, 4. 17.
   10. πρὸς τὰ τοιαῦτα, in Be-
zug auf derartige Dinge. —
εἰκὸς ἦν, s. zu II, 37. — τὰ ἐς
τὴν ὀργήν, rücksichtlich des-
sen, was den Zorn betrifft.
Tox. 9: δικαιότεροι τὰ πρὸς τοὺς
γονέας. — οὐκ ἔστιν ὅστις, Kr.
Gr. §. 61. 5, 2. — τῷ μαγείρῳ
σταυροῦ ἂν τιμ., s. zu c. 4. Vgl.
Horat. Sat. 1, 3, 80 ff. :

δάκτυλον τοῦ ζωμοῦ τι περιελιχμήσατο ἢ ὀπτωμένων ἀποσπά-
σας τι κατεβρόχθισεν, ἀλλὰ συγγνώμην ἀπονέμουσιν αὐτοῖς·
εἰ δὲ καὶ πάνυ ὀργισθεῖεν, ἢ κονδύλους ἐνέτριψαν ἢ κατὰ
κόρρης ἐπάταξαν, ἀνεσκολοπίσθη δὲ οὐδεὶς παρ' αὐτοῖς τῶν
τηλικούτων ἕνεκα. καὶ περὶ μὲν τῶν κρεῶν τοσαῦτα, αἰσχρὰ
μὲν κἀμοὶ ἀπολογεῖσθαι, πολὺ δὲ αἰσχίω κατηγορεῖν ἐκείνῳ.

11 11. περὶ δὲ τῆς πλαστικῆς καὶ ὅτι τοὺς ἀνθρώπους ἐποίησα,
καιρὸς ἤδη λέγειν. τοῦτο δέ, ὦ Ἑρμῆ, διττὴν ἔχον τὴν κατη-
γορίαν, οὐκ οἶδα καθ' ὁπότερον αἰτιᾶσθέ μου, πότερα ὡς οὐδὲ
ὅλως ἐχρῆν τοὺς ἀνθρώπους γεγονέναι, ἀλλ' ἄμεινον ἦν ἀτρε-
μεῖν αὐτοὺς γῆν ἄλλως ὄντας, ἢ ὡς πεπλάσθαι μὲν ἐχρῆν, ἄλ-
λον δέ τινα καὶ μὴ τοῦτον ἐσχηματίσθαι τὸν τρόπον; ἐγὼ δὲ
ὅμως ὑπὲρ ἀμφοῖν ἐρῶ· καὶ πρῶτόν γε, ὡς οὐδεμία τοῖς θεοῖς
ἀπὸ τούτου βλάβη γεγένηται, τῶν ἀνθρώπων ἐς τὸν βίον παρ-
αχθέντων, πειράσομαι δεικνύειν· ἔπειτα δέ, ὡς καὶ συμφέ-
ροντα καὶ ἀμείνω αὐτοῖς ταῦτα παρὰ πολὺ ἢ εἰ ἐρήμην καὶ
12 ἀπάνθρωπον συνέβαινε τὴν γῆν μένειν. 12. ἦν τοίνυν πάλαι
— ῥᾷον γὰρ οὕτω καὶ δῆλον ἂν γένοιτο, εἴ τι ἠδίκηκα ἐγὼ
μετακοσμήσας τὰ περὶ τοὺς ἀνθρώπους — ἦν οὖν τὸ θεῖον

---

si quis eum servum, patinam qui
tollere iussus
semesos pisces tepidumque ligur-
rierit ius,
in cruce suffigat, Labeone in-
sanior inter
sanos dicatur.

— ὀπτωμένων, näml. τῶν κρεῶν.
— αὐτοῖς. Worauf zu beziehen?
— ἐνέτριψαν, unrichtig wäre hier
ἐνετρίψαντο, s. zu I, 14. Vgl.
Adv. ind. 25: ἠγανάκτησα καὶ
ὀλίγου πληγὰς ἐνέτριψα. Richtig
ist das Med. Dial. deor. 20, 2. Die
Aoriste sind im Deutschen durch
das Präsens od. durch 'pflegen'
auszudrücken. Kr. Gr. §. 53, 10,
2. Vgl. Tox. 48 z. A. — τοσαῦτα,
wir ebenso soviel.
11. τοῦτο δὲ .. ἔχον, Nomina-
tivus absolutus. Toxar. 54: ἀνα-
μίξαντες δὲ τὰ στρατεύματα ὁ Εὐ-
βίοτος καὶ ὁ Ἀδύρμαχος, ἐννέα
μυριάδες ἅπαντες ἐγένοντο. —
αἰτιᾶσθέ μου. Nigrin. 32: οὕτω
δὴ καὶ αὐτὸς ᾐτιᾶτο τῶν στεφα-

νουμένων. — ἀτρεμεῖν αὐτούς, sie
dass sie (die Menschen) unbe-
weglich blieben. — ἄλλως, s.
zu c. 6. — ἀπὸ τούτου erhält seine
nähere Bestimmung in den Wor-
ten τῶν ἀνθρώπων ἐς τὸν βίον
παραχθ. — καὶ πρῶτόν γε ..
ἔπειτα δέ. Ebenso De merc. cond.
23: καὶ πρῶτόν γε ... εἶτα. — αὐ-
τοῖς, näml. τοῖς θεοῖς. — ταῦτα.
Das Neutrum Plural bezieht sich
auf den einzelnen Gedanken τῶν
ἀνθρώπων ἐς τὸν βίον παραχθέν-
των. So wird ταῦτα nicht selten
gebraucht; s. zu II, 45. — παρὰ
πολύ, s. zu II, 18. — ἀπάνθρω-
πον, menschenleer.

12. καὶ δῆλον. Was bedeutet
hier καί? — ἦν οὖν. Hiermit wird
das Obige ἦν τοίνυν nach der
Parenthese wieder aufgenommen.
Vgl. Zeux. 1: προσιόντες δέ μοι
τῶν ἀκηκοότων πολλοί .. προσι-
όντες οὖν ἐδεξιοῦντο. De con-
scrib. histor. 62. Alexand. 19.
Ueber den latein. Sprachgebrauch

μόνον καὶ τὸ ἐπουράνιον γένος, ἡ γῆ δὲ ἄγριόν τι χρῆμα καὶ
ἄμορφον, ὕλαις ἅπασα καὶ ταύταις ἀνημέροις λάσιος, οὔτε δὲ
βωμοὶ θεῶν ἢ ναοί, — πόθεν δέ; — ἢ ἀγάλματα ἢ ξόανα ἢ
τι ἄλλο τοιοῦτον, οἷα πολλὰ νῦν ἁπανταχόθι φαίνεται μετὰ
πάσης ἐπιμελείας τιμώμενα· ἐγὼ δὲ — ἀεὶ γάρ τι προβουλεύω
ἐς τὸ κοινὸν καὶ σκοπῶ, ὅπως αὐξηθήσεται μὲν τὰ τῶν θεῶν,
ἐπιδώσει δὲ καὶ τἆλλα πάντα ἐς κόσμον καὶ κάλλος — ἐνε-
νόησα, ὡς ἄμεινον εἴη ὀλίγον ὅσον τοῦ πηλοῦ λαβόντα ζῷά
τινα συστήσασθαι καὶ ἀναπλάσαι τὰς μορφὰς μὲν ἡμῖν αὐτοῖς
προσεοικότα· καὶ γὰρ ἐνδεῖν τι ᾤμην τῷ θείῳ, μὴ ὄντος τοῦ
ἐναντίου αὐτῷ καὶ πρὸς ὃ ἔμελλεν ἡ ἐξέτασις γιγνομένη εὐδαι-
μονέστερον ἀποφαίνειν αὐτό· θνητὸν μέντοι εἶναι τοῦτο, εὐ-
μηχανώτατον δ' ἄλλως καὶ συνετώτατον καὶ τοῦ βελτίονος αἰ-
σθανόμενον. 13. καὶ δὴ κατὰ τὸν ποιητικὸν λόγον „γαῖαν ὕδει 13
φύρας" καὶ διαμαλάξας ἀνέπλασα ϰοὺς ἀνθρώπους ἔτι καὶ τὴν
Ἀθηνᾶν παρακαλέσας συνεπιλαβέσθαι μοι τοῦ ἔργου. ταῦτά
ἐστιν ἃ μεγάλα ἐγὼ τοὺς θεοὺς ἠδίκηκα. καὶ τὸ ζημίωμα ὁρᾷς
ἡλίκον, εἰ ἐκ πηλοῦ ζῷα ἐποίησα καὶ τὸ τέως ἀκίνητον ἐς κί-
νησιν ἤγαγον· καί, ὡς ἔοικε, τὸ ἀπ' ἐκείνου ἧττον θεοί εἰσιν
οἱ θεοί, διότι καὶ ἐπὶ γῆς τινα θνητὰ ζῷα γεγένηται· οὕτω
γὰρ δὴ καὶ ἀγανακτεῖ νῦν ὁ Ζεὺς ὥσπερ ἐλαττουμένων τῶν
θεῶν ἐκ τῆς τῶν ἀνθρώπων γενέσεως, εἰ μὴ ἄρα τοῦτο δέδιε,
μὴ καὶ οὗτοι ἀπόστασιν ἐπ' αὐτὸν βουλεύσωσι καὶ πόλεμον

s. Zampt §. 739. — οὔτε, anaco-
luthisch ohne entsprechendes οὔτε,
veranlasst durch die Lebhaftigkeit
der Rede. — πόθεν δέ; s. zu II,
8. — προβουλεύω. Damit spielt
Prometheus auf seinen Namen an.
— ἐπιδώσει, intr., zunehmen,
Fortschritte machen. — ὀλί-
γον ὅσον, s. zu II, 54. — συστή-
σασθαι, zusammensetzen,
bilden; c. 16. Hermotim. 20:
ὁ Ἥφαιστος ἄνθρωπον συνεστή-
σατο. — τὰς μορφάς, anGestalt.
Uebrigens beachte das Anacolu-
thische der Rede; denn diesen
Worten sollte etwa im Folgenden
entsprechen τὴν φύσιν δὲ θνητὰ
ὄντα. Durch den Zwischensatz ist
die veränderte Construction ein-
getreten. — πρὸς ὃ zu verbinden
mit ἡ ἐξέτασις γιγνομένη.

13. γαῖαν ὕδει φύρας, Hesiod.
op. 61., wo Hephästos von Zeus
den Auftrag erhält: γαῖαν ὕδει
φύρειν, ἐν δ' ἀνθρώπου θέμεν
αὐδήν κτέ. ὕδει für das gewöhn-
liche ὕδατι. φύρας nur hier vor-
kommende Aoristform von φύρω.
— διαμαλάξας, durch und
durch erweichen, nur hier
vorkommendes Wort. — ταῦτά
ἐστιν κτέ., vgl. Bis acc. 32:
ταῦτά ἐστιν ἃ τὴν ῥητορικὴν
ἐγὼ μεγάλα ἠδίκηκα. — τὸ ἀπ'
ἐκείνου, von jener Zeit an.
De merc. cond. 23. Ebenso τὸ
ἀπὸ τοῦδε. Vgl. Kr. Gr. §. 50,
5, 13. — ἐλαττουμένων, im Wer-
the sinken. — εἰ μὴ ἄρα, nisi
forte. IV, 3. Pseudol. 3. u. s.
πόλεμον ἐξενέγκωσι, Krieg of-
fen und thätlich anfangen.

ἐξενέγκωσι πρὸς τοὺς θεοὺς ὥσπερ οἱ Γίγαντες. ἀλλ' ὅτι μὲν
δὴ οὐδὲν ἠδίκησθε, ὦ Ἑρμῆ, πρὸς ἐμοῦ καὶ τῶν ἔργων τῶν
ἐμῶν, δῆλον· ἢ σὺ δεῖξον κἂν ἕν τι μικρότατον, κἀγὼ σιω-
14 πήσομαι καὶ δίκαια ἔσομαι πεπονθὼς πρὸς ὑμῶν. 14. ὅτι δὲ
καὶ χρήσιμα ταῦτα γεγένηται τοῖς θεοῖς, οὕτως ἂν μάθοις, εἰ
ἐπιβλέψειας ἅπασαν τὴν γῆν οὐκέτ' αὐχμηρὰν καὶ ἀκαμῆ οὖ-
σαν, ἀλλὰ πόλεσι καὶ γεωργίαις καὶ φυτοῖς ἡμέροις διακεκο-
σμημένην καὶ τὴν θάλατταν πλεομένην καὶ τὰς νήσους κατοι-
κουμένας, ἁπανταχοῦ δὲ βωμοὺς καὶ θυσίας καὶ ναοὺς καὶ
πανηγύρεις·

> μεσταὶ δὲ Διὸς πᾶσαι μὲν ἀγυιαί,
> πᾶσαι δ' ἀνθρώπων ἀγοραί.

καὶ γὰρ εἰ μὲν ἐμαυτῷ μόνῳ κτῆμα τοῦτο ἐπλασάμην, ἐπλεο-
νέκτουν ἴσως, νυνὶ δ' εἰς τὸ κοινὸν φέρων κατέθηκα ὑμῖν αὐ-
τούς· μᾶλλον δὲ Διὸς μὲν καὶ Ἀπόλλωνος καὶ Ἥρας καὶ σοῦ
[δέ], ὦ Ἑρμῆ, νεὼς ἰδεῖν ἁπανταχοῦ ἐστι, Προμηθέως δὲ οὐ-
δαμοῦ. ὁρᾷς, ὅπως τὰ ἐμαυτοῦ μόνα σκοπῶ, τὰ κοινὰ δὲ κα-
15 ταπροδίδωμι καὶ ἐλάττω ποιῶ. 15. ἔτι δέ μοι, ὦ Ἑρμῆ, καὶ
τόδε ἐννόησον, εἴ τί σοι δοκεῖ ἀγαθὸν ἀμάρτυρον, οἷον κτῆμα
ἢ ποίημα, ὃ μηδεὶς ὄψεται μηδὲ ἐπαινέσεται, ὁμοίως ἡδὺ καὶ
τερπνὸν ἔσεσθαι τῷ ἔχοντι. πρὸς δὴ τί τοῦτ' ἔφην; ὅτι μὴ γε-
νομένων τῶν ἀνθρώπων ἀμάρτυρον συνέβαινε τὸ κάλλος εἶναι
τῶν ὅλων, καὶ πλοῦτόν τινα πλουτήσειν ἐμέλλομεν οὔτε ὑπ'

Ver. hist. 1, 12. — πρὸς ἐμοῦ, s.
zu II, 25. — κἂν, vollständig
würde es heissen: δεῖξον, κἂν ἕν
τι μικρότατον δείξῃς. S. oben
zu c. 2.

14. καὶ χρήσιμα, auch nütz-
lich. Worauf bezieht sich καί?
— αὐχμηράν, rauh, wild. —
ἀκαμῆ, unbebaut. — γεωργίαις,
bebaute Ländereien. In der-
selben Bedeutung schon bei Iso-
crates u. A. — πλεομένην, be-
schifft werdend, Kr. Gr. §.
46, 6, 3. — μεσταὶ δὲ Διὸς κτἑ.,
aus Aratos' Phaenom. z. A. —
κτῆμα τοῦτο. Warum hier kein
Artikel? — ἐπλεονέκτουν ἴσως,
muss wol mit eingeschobenem ἄν
heissen: ἐπλεονέκτουν ἂν ἴσως. —
αὐτούς, näml. τοὺς ἀνθρώπους.

— μᾶλλον δέ, s. zu II, 38. —
καὶ σοῦ δέ, s. zu II, 33. — Προ-
μηθέως δὲ οὐδαμοῦ. In der Wahr-
heit nicht begründet; denn zu
Athen hatte er ein Heiligthum in
der Akademie, und alljährlich
wurde ihm zu Ehren daselbst ein
Fackellauf gehalten. Allerdings
war seine Verehrung dem Zeus
und den andern Göttern gegen-
über von keiner Bedeutung. —
ὁρᾷς, ὅπως, ironisch.

15. ἀγαθὸν ἀμάρτυρον, ein
Gut ohne Zeugen. — οἷον,
zum Beispiel, wie. — πρὸς
δὴ τί, wozu nun, zu welchem
Zweck. Hipp. 2: πρὸς δὴ τί
ταῦτ' ἔφην; — συνέβαινε, s. zu
II, 37. — πλοῦτόν τινα πλουτή-
σειν, s. zu II, 48. Ueber den In-

ἄλλου τινὸς θαυμασθησόμενον οὔτε ἡμῖν αὐτοῖς ὁμοίως τί-
μιον· οὐδὲ γὰρ ἂν εἴχομεν πρὸς ὅ τι ἔλαττον παραθεωροῖμεν
αὐτόν, οὐδ' ἂν συνίεμεν ἡλίκα εὐδαιμονοῦμεν οὐχ ὁρῶντες
ἀμοίρους τῶν ἡμετέρων τινάς· οὕτω γὰρ δὴ καὶ τὸ μέγα δό-
ξειεν ἂν μέγα, εἰ τῷ μικρῷ παραμετροῖτο. ὑμεῖς δέ, τιμᾶν ἐπὶ
τῷ πολιτεύματι τούτῳ δέον, ἀνεσταυρώκατέ με καὶ ταύτην
μοι τὴν ἀμοιβὴν ἀποδεδώκατε τοῦ βουλεύματος. 16. ἀλλὰ κα- 16
κοῦργοί τινες, φῄς, ἐν αὐτοῖς καὶ μοιχεύουσι καὶ πολεμοῦσι
καὶ ἀδελφὰς γαμοῦσι καὶ πατράσιν ἐπιβουλεύουσι. παρ' ἡμῖν
γὰρ οὐχὶ πολλὴ τούτων ἀφθονία; οὐ δήπου διὰ τοῦτ' αἰτιά-
σαιτ' ἄν τις τὸν Οὐρανὸν καὶ τὴν Γῆν, ὅτι ἡμᾶς συνεστήσαντο.
ἔτι καὶ τοῦτο ἴσως φαίης ἄν, ὅτι ἀνάγκη πολλὰ ἡμᾶς ἔχειν
πράγματα ἐπιμελουμένους αὐτῶν. οὐκοῦν διά γε τοῦτο καὶ ὁ
νομεὺς ἀχθέσθω ἐπὶ τῷ ἔχειν τὴν ἀγέλην, διότι ἀναγκαῖον
ἐπιμελεῖσθαι αὐτῷ αὐτῆς. καίτοι τό γε ἐργῶδες τοῦτο καὶ ἡδύ·
ἄλλως τε καὶ ἡ φροντὶς οὐκ ἀτερπής, ἔχουσά τινα διατριβήν.
ἢ τί γὰρ ἂν ἐπράττομεν οὐκ ἔχοντες ὧν προνοοῦμεν τούτων;
ἠργοῦμεν ἂν καὶ τὸ νέκταρ ἐπίνομεν καὶ τῆς ἀμβροσίας ἐνε-
φορούμεθα οὐδὲν ποθοῦντες. 17. ὃ δὲ μάλιστά με ἀποπνίγει, 17
τοῦτ' ἐστίν, ὅτι μεμφόμενοι τὴν ἀνθρωποποιίαν καὶ μάλιστά
γε τὰς γυναῖκας ὅμως ἐρᾶτε αὐτῶν καὶ οὐ διαλείπετε κατιόν-

---

fin. Fut. Kr. Gr. §. 53, 8, 3. Vgl.
I, 15. — οὐδὲ γάρ, denn auch
nicht, häufig bei Luc., Pisc. 13:
οὐδὲ γὰρ πρόδηλος οὐδὲ πᾶσι
γνώριμος ἡ θύρα. u. ö. — τῶν
ἡμετέρων, näml. ἀγαθῶν. — τι-
μᾶν, näml. ἐμέ. — πολιτεύματι,
eigentl. kluge Handlung eines
Staatsmannes, hier im Allg. kluge
Handlung, Staatsstreich. — δέον,
s. zu c. 6.
16. φῄς, 'dadurch wird ein Ein-
wurf angedeutet, welchen Hermes
machen könnte und Prometheus
daher zum voraus widerlegt. Von
den Verbrechen der Menschen
werden absichtlich solche erwähnt,
deren sich auch Götter schuldig
gemacht hatten, und zwar vor-
zugsweise Zeus.' Geist. — παρ'
ἡμῖν γάρ, s. zu II, 18. — δήπου,
doch wol, opinor. Piscat. 33 u.
s. — συνεστήσαντο, s. zu c. 12.
Uranos und Ge sind die Stamm-

eltern aller Götter. — πράγματα
ἔχειν, Noth haben, sich pla-
gen, oft so mit folg. Partic. —
αὐτῷ αὐτῆς, Paronomasie oder
Parechesis. — ἄλλως τε, übri-
gens, und überdiess. — ὧν
προνοοῦμεν τούτων. Ebenso Tox.
53: τὸ γὰρ χάριν ἐμοὶ ὁμολογεῖν
ἐφ' οἷς ἔπραξα τούτοις. Demosth.
or. 54, 6: πρῶτον μὲν οὖν ὧν εἴ-
ρηκα τούτων βούλομαι κτέ. —
τῆς ἀμβροσίας. Dial. deor. 18, 2:
ἐμφορεῖσθαι τοῦ ἀκράτου. ἐμφο-
ρεῖσθαι, im Uebermass zu sich
nehmen, sich anfüllen. — οὐδὲν
ποθοῦντες, ohne nach etwas
weiter zu verlangen.
17. ἀποπνίγει, ärgert. — ὅμως,
häufig so nach einem Particip.,
das concessiv steht. Toxar. 16:
καὶ αἰδούμενος τὸ πρῶτον ὅμως
διηγεῖτο πάντα. u. ö. — διαλεί-
πετε κατιόντες, näml. auf die Erde.
Ueber die Construction zu II, 18.

τες, ἄρτι μὲν ταῦροι, ἄρτι δὲ σάτυροι καὶ κύκνοι γινόμενοι,
καὶ θεοὺς ἐξ αὐτῶν ποιεῖσθαι ἀξιοῦτε. ἀλλ' ἐχρῆν μέν, ἴσως
φήσεις, ἀναπεπλάσθαι τοὺς ἀνθρώπους, ἄλλον δέ τινα τρό-
πον, ἀλλὰ μὴ ἡμῖν ἐοικότας· καὶ τί ἂν ἄλλο παράδειγμα τού-
του ἄμεινον προεστησάμην, ὃ πάντως καλὸν ἠπιστάμην; ἢ
ἀσύνετον καὶ θηριῶδες ἔδει καὶ ἄγριον ἀπεργάσασθαι τὸ ζῷον;
καὶ πῶς ἂν ἢ θεοῖς ἔθυσαν ἢ τὰς ἄλλας ὑμῖν τιμὰς ἀπένειμαν
οὐχὶ τοιοῦτοι γενόμενοι; ἀλλὰ ὑμεῖς, ὅταν μὲν ὑμῖν τὰς ἑκα-
τόμβας προσάγωσιν, οὐκ ὀκνεῖτε, κἂν ἐπὶ τὸν Ὠκεανὸν ἐλθεῖν
δέῃ „μετ' ἀμύμονας Αἰθιοπῆας"· τὸν δὲ τῶν τιμῶν ὑμῖν καὶ
τῶν θυσιῶν αἴτιον ἀνεσταυρώκατε. περὶ μὲν οὖν τῶν ἀνθρώ-
18 πων καὶ ταῦτα ἱκανά. 18. ἤδη δὲ καὶ ἐπὶ τὸ πῦρ, εἰ δοκεῖ,
μετελεύσομαι καὶ τὴν ἐπονείδιστον ταύτην κλοπήν. καὶ πρὸς
θεῶν τοῦτό μοι ἀπόκριναι μηδὲν ὀκνήσας· ἔσθ' ὅ τι ἡμεῖς τοῦ
πυρὸς ἀπολωλέκαμεν, ἐξ οὗ καὶ παρ' ἀνθρώποις ἐστίν; οὐκ
ἂν εἴποις. αὕτη γάρ, οἶμαι, φύσις τουτουὶ τοῦ κτήματος· οὐ-
δέν τι ἔλαττον γίγνεται, εἴ τις καὶ ἄλλος αὐτοῦ μεταλάβοι· οὐ
γὰρ ἀποσβέννυται ἐναυσαμένου τινός· φθόνος δὲ δὴ ἄντικρυς
τὸ τοιοῦτον, ἀφ' ὧν μηδὲν ὑμεῖς ἠδίκησθε, τούτων κωλύειν
μεταδιδόναι τοῖς δεομένοις. καίτοι θεούς γε ὄντας ἀγαθοὺς
χρὴ εἶναι καὶ „δωτῆρας ἐάων" καὶ ἔξω φθόνου παντὸς ἑστά-
ναι· ὅπου γε καὶ εἰ τὸ πᾶν τοῦτο πῦρ ὑφελόμενος κατεκόμισα
ἐς τὴν γῆν μηδ' ὅλως τι αὐτοῦ καταλιπών, οὐ μεγάλα ὑμᾶς
ἠδίκουν· οὐδὲ γὰρ ὑμεῖς δεῖσθε αὐτοῦ μήτε ῥιγοῦντες μήτε

— ἄρτι μὲν ταῦροι κτέ. Zeus
entführte die Europe in der Ge-
stalt eines Stieres, der Antiope
erschien er als Satyr, der Leda
als Schwan. — ἐξ αὐτῶν, näml.
τῶν γυναικῶν. — ποιεῖσθαι, pro-
creare. Gewöhnlich παῖδας ποι-
εῖσθαι. — ἀξιοῦτε, haltet ihr
nicht für ungebührlich. —
προεστησάμην, hinstellen. Vgl.
I, 18. — ὃ πάντως καλὸν ἠπιστά-
μην. Toxar. 45: ἠπίστατο γὰρ
πένητα τὸν Ἀρσακόμαν. — ἤ, wir:
etwa. Vgl. c. 19. — οὐχὶ τοιοῦ-
τοι γενόμενοι, wenn sie nicht.
— μετ' ἀμύμονας Αἰθ., Anspie-
lung auf Il. 1, 423: Ζεὺς γὰρ ἐς
Ὠκεανὸν μετ' ἀμύμονας Αἰθιο-
πῆας χθιζὸς ἔβη κατὰ δαῖτα, θεοὶ
δ' ἅμα πάντες ἕποντο.

18. μετελεύσομαι. Die att. Form
ist μέτειμι; vgl. Dial. mort. 5, 2. 10,
13. 18, 2. Navig. 38. — ταύτην, s. z.
II, 6. — ἔσθ' ὅ τι κτέ., quidquamne
est, quod ex igne amisimus. — ἐξ
οὗ, s. zu II, 9. — οὐδέν τι, durch-
aus nicht, ganz und gar
nicht. Tox. 22: ἄκουσον ἤδη τρί-
τον ἄλλον οὐδέν τι χείρονα αὐτῶν.
— φθόνος δὲ δή. δὲ δή hebt den
Gegensatz mehr hervor; häufig bei
Luc. — ἄντικρυς, geradezu.
ἀφ' ὧν μηδὲν ὑμεῖς ἠδίκησθε,
d. i. woraus euch kein Nachtheil
erwächst. — δωτῆρας ἐάων, von
den Göttern Od. 8, 325. — ἔξω
φθόνου παντὸς ἑστάναι. Plat.
Phaedr. p. 247 A: φθόνος γὰρ
ἔξω θείου χοροῦ ἵσταται. — ὅπου
γε, quandoquidem. — ῥιγοῦντες.

ἔψοντες τὴν ἀμβροσίαν μήτε φωτὸς ἐπιτεχνητοῦ δεόμενοι.
19. οἱ δὲ ἄνθρωποι καὶ ἐς τὰ ἄλλα μὲν ἀναγκαίῳ χρῶνται τῷ   19
πυρί, μάλιστα δὲ ἐς τὰς θυσίας, ὅπως ἔχοιεν κνισᾶν τὰς ἀγυιὰς
καὶ τοῦ λιβανωτοῦ θυμιᾶν καὶ τὰ μηρία καίειν ἐπὶ τῶν βω-
μῶν. ὁρῶ δέ γε ὑμᾶς μάλιστα χαίροντας τῷ καπνῷ καὶ τὴν
εὐωχίαν ταύτην ἡδίστην οἰομένους, ὁπόταν ἐς τὸν οὐρανὸν ἡ
κνῖσα παραγίνηται „ἑλισσομένη περὶ καπνῷ"· ἐναντιωτάτη
τοίνυν ἡ μέμψις αὕτη ἂν γένοιτο τῇ ὑμετέρᾳ ἐπιθυμίᾳ. θαυ-
μάζω δὲ ὅπως οὐχὶ καὶ τὸν ἥλιον κελεύετε μὴ καταλάμπειν αὐ-
τούς· καίτοι πῦρ καὶ οὗτός ἐστι πολὺ θειότερόν τε καὶ πυρω-
δέστερον. ἢ κἀκεῖνον αἰτιᾶσθε ὡς σπαθῶντα ὑμῶν τὸ κτῆμα;
εἴρηκα. σφὼ δέ, ὦ Ἑρμῆ καὶ Ἥφαιστε, εἴ τι μὴ καλῶς εἰρῆ-
σθαι δοκεῖ, διευθύνετε καὶ διεξελέγχετε, κἀγὼ αὖθις ἀπολο-
γήσομαι.

20. ΕΡΜ. Οὐ ῥᾴδιον, ὦ Προμηθεῦ, πρὸς οὕτω γενναῖον   20
σοφιστὴν ἀμιλλᾶσθαι· πλὴν ἀλλὰ ὤνησο, διότι μὴ καὶ ὁ Ζεὺς
ταῦτα ἐπήκουσέ σου· εὖ γὰρ οἶδα, ἓξ καὶ δέκα γῦπας ἂν ἐπέ-
στησέ σοι τὰ ἔγκατα ἐξαιρήσοντας· οὕτω δεινῶς αὐτοῦ κατη-
γόρηκας ἀπολογεῖσθαι δοκῶν. ἐκεῖνο δέ γε θαυμάζω, ὅπως
μάντις ὢν οὐ προεγίγνωσκες ἐπὶ τούτοις κολασθησόμενος.

ΠΡΟΜ. Ἠπιστάμην, ὦ Ἑρμῆ, καὶ ταῦτα μέν, καὶ διότι
δὲ ἀπολυθήσομαι αὖθις οἶδα, καὶ ἤδη γέ τις ἐκ Θηβῶν ἀφίξε-
ται σὸς ἀδελφὸς οὐκ ἐς μακρὰν κατατοξεύσων ὃν φῂς ἐπιπε-
τήσεσθαί μοι τὸν ἀετόν.

Die attische Form ist ὀιγῶντες.
Indess ist jene Form bei Luc.
nicht ungewöhnlich; vgl. Catapl.
15. Paras. 38. Luct. 16. Ep. Sat.
31.
19. ἀναγκαίῳ χρῶνται, bedie-
nen sich als etwas noth-
wendigen. — ὅπως ἔχοιεν, s. zu
I, 4. — κνισᾶν, mit Fettdampf
erfüllen. Die Redensart κνισᾶν
τὰς ἀγυιὰς gehört der älteren
Sprache an. — τοῦ λιβανωτοῦ,
Genetivus partitivus. Toxar. 54:
ἀφθόνως ἀφιέντες τῶν ὀισῶν. —
δέ γε, aber wenigstens, da-
gegen, verumtamen, bei Luc.
sehr häufig. — ἑλισσομένη περὶ
καπνῷ, in Rauch emporwir-
belnd, Il. 1, 317.
20. ὤνησο, du hast Nutzen

gehabt, s. v. a. es ist dein Glück,
du kannst froh sein. Adv. indoct.
10: πλὴν τοῦτό γε μόνον ὤνησο
τῆς σκευῆς, ὅτι κτέ. — ἐπήκουσε.
IV, 14: καὶ ταῦτα τῆς Κλωθοῦς
ἐπήκουσα. — ἓξ καὶ δέκα. Die
gebräuchliche Form ist ἑκκαίδεκα.
Kr. Gr. §. 24, 2, 6. — ἐξαιρή-
σοντας, um .. — μάντις. Prome-
theus erscheint öfter als Weissa-
ger, ja sogar als Erfinder der
Weissagekunst. — κολασθησόμε-
νος, s. zu c. 5. — διότι = ὅτι. —
τις ἐκ Θηβῶν, Herakles, Sohn des
Zeus und somit Bruder des Her-
mes, war in Theben geboren. Der-
selbe befand sich gerade auf dem
Wege zu den Gärten der Hespe-
riden, als er den Adler erschoss.
Vgl. Dial. deor. 1. — οὐκ ἐς μα-

ΕΡΜ. Εἰ γὰρ γένοιτο, ὦ Προμηθεῦ, ταῦτα καὶ ἐπίδοιμί σε λελυμένον, ἐν ἡμῖν εὐωχούμενον, οὐ μέντοι καὶ κρεανομοῦντά γε.

21   21. *ΠΡΟΜ.* Θάρρει· καὶ συνευωχήσομαι ὑμῖν καὶ ὁ Ζεὺς λύσει με οὐκ ἀντὶ μικρᾶς εὐεργεσίας.

ΕΡΜ. Τίνος ταύτης; μὴ γὰρ ὀκνήσῃς εἰπεῖν.

ΠΡΟΜ. Οἶσθα, ὦ Ἑρμῆ, τὴν Θέτιν; ἀλλ᾽ οὐ χρὴ λέγειν· φυλάττειν γὰρ ἄμεινον τὸ ἀπόρρητον, ὡς μισθὸς εἴη καὶ λύτρα μοι ἀντὶ τῆς καταδίκης.

ΕΡΜ. Ἀλλὰ φύλαττε, ὦ Τιτάν, εἰ τοῦτ᾽ ἄμεινον. ἡμεῖς δὲ ἀπίωμεν, ὦ Ἥφαιστε· καὶ γὰρ ἤδη πλησίον οὑτοσὶ ὁ ἀετός. ὑπόμενε οὖν καρτερῶς· εἴη δὲ ἤδη σοι τὸν Θηβαῖον ὃν φῂς τοξότην ἐπιφανῆναι, ὡς καύσειεν ἀνατεμνόμενον ὑπὸ τοῦ ὀρνέου.

κρἀν, s. zu I, 1. — ἐπιπετήσεσθαι. Dieselbe Futurform Saturn. 35.; desgleichen auch bei Aristophanes. Das gewöhnl. att. Futur. ist πτήσομαι. — εἰ γὰρ, utinam; Kr. Gr. §. 54, 3, 3. — ἐν ὑμῖν, unter uns, in unserer Mitte. Toxar. 44: δειπνεῖν ἐν τοῖς ἄλλοις.

21. τίνος ταύτης; noch abhängig von ἀντὶ = τίς ἐστιν αὕτη, ἀνθ᾽ ἧς κτέ.; s. zu IV, 21. — τὴν Θέτιν, die Tochter des Nereus. Zeus befreite den Prometheus, als dieser ihm mittheilte, wenn er mit der Thetis einen Sohn zeuge, so werde dieser grösser als der Vater werden und denselben vom Throne stossen. Vgl. Dial. deor. 1. — εἴη δέ, möge es der Fall sein, möge es geschehen. Pro laps. in sal. 19: καὶ εἴη γε τοιοῦτον φανῆναι τὸν λόγον. — ἀνατεμνόμενον, näml. σέ, wie aus dem Zusammenhange erhellt. Wegen des Partic. vgl. Tox. 33: τοιόνδε τι προσπεσὸν ἔκαυσεν αὐτοὺς δυστυχοῦντας.

IV.

CHARON ODER DIE WELTBESCHAUER.

In ganz besonderer Schönheit ragt vorliegende Schrift durch
das Sinnreiche der Erfindung hervor. Charon, jener bekannte
Fährmann der abgeschiedenen Seelen, hat sich von Hades Urlaub
ausgebeten, auf Einen Tag die Oberwelt besuchen zu dürfen, um
das eitle und nichtige Thun und Treiben der Menschen kennen
zu lernen. Daselbst trifft er zufällig seinen alten Freund und Ge-
nossen Hermes, und ersucht diesen, weil er hier hinreichend be-
kannt sei, ihm als Wegweiser zu dienen, wozu dieser denn auch
nach einiger Weigerung bereit ist. Um einen grossen, weiten
Ueberblick zu haben und die ganze Erde gleichsam in der Vogel-
perspective betrachten zu können, wälzen beide, da dem Charon,
als Insassen des Todtenreichs, der Zutritt in den Himmel nicht
erlaubt ist, den Ossa auf den Olympos, auf sie dann den Pelion,
und da diese Höhe immer noch nicht hinreicht, darauf den Oeta
und Parnasos. Von dieser Höhe herab zeigt nun Hermes dem
Charon, dessen Sehkraft mit Hilfe einiger homerischen Verse auf
zauberhafte Weise geschärft worden ist, das armselige und eitle
Drängen und Treiben der Sterblichen in seiner nackten Wahrheit,
welche die wenigen Jahre ihres Lebens so hinbringen, als hätten
sie den Tod ganz und gar nicht zu fürchten, der doch in längerer
oder kürzerer Zeit allen bevorstehe.

Die Form des Gesprächs, in dem wir in die Zeiten des Ky-
ros, Krösos und Solon versetzt werden, und in dem die Lehren
wahrer Weisheit mit dem heitersten Humor gewürzt erscheinen,
ist ebenfalls die dem Lucian eigenthümliche dramatisch-dialogische.

5 *

IV.

ΧΑΡΩΝ ἢ ΕΠΙΣΚΟΠΟΥΝΤΕΣ.

ΕΡΜΗΣ ΚΑΙ ΧΑΡΩΝ.

1. ΕΡΜ. Τί γελᾷς, ὦ Χάρων; ἢ τί τὸ πορθμεῖον ἀπολιπὼν δεῦρο ἀνελήλυθας ἐς τὴν ἡμετέραν, οὐ πάνυ εἰωθὼς ἐπιχωριάζειν τοῖς ἄνω πράγμασιν;

ΧΑΡ. Ἐπεθύμησα, ὦ Ἑρμῆ, ἰδεῖν ὁποῖά ἐστι τὰ ἐν τῷ βίῳ καὶ ἃ πράττουσιν οἱ ἄνθρωποι ἐν αὐτῷ, ἢ τίνων στερόμενοι πάντες οἰμώζουσι κατιόντες παρ' ἡμᾶς· οὐδεὶς γὰρ αὐτῶν ἀδακρυτὶ διέπλευσεν. αἰτησάμενος οὖν παρὰ τοῦ Ἅιδου καὶ αὐτός, ὥσπερ ὁ Θετταλὸς ἐκεῖνος νεανίσκος, μίαν ἡμέραν λιπόνεως γενέσθαι ἀνελήλυθα ἐς τὸ φῶς, καί μοι δοκῶ ἐς δέον ἐντετυχηκέναι σοι· ξεναγήσεις γὰρ εὖ οἶδ' ὅτι, με ξυμπερινοστῶν καὶ δείξεις ἕκαστα ὡς ἂν εἰδὼς ἅπαντα.

ΕΡΜ. Οὐ σχολή μοι, ὦ πορθμεῦ· ἀπέρχομαι γάρ τι διακονησόμενος τῷ ἄνω Διὶ τῶν ἀνθρωπικῶν· ὁ δὲ ὀξύθυμός

---

1. ἐς τὴν ἡμετέραν, näml. γῆν oder χώραν, auf die Oberwelt, nähere Bestimmung zu δεῦρο; s. zu III, 8. — ὁποῖά ἐστι ... ἢ τίνων, s. zu c. 18. — ὁ Θετταλός, zu verstehen von Protesilaos aus Phylake in Thessalien, dem Anführer der Thessaler vor Troia, der als der Erste an's Land stieg und zuerst getödtet wurde. Als Laodameia den Tod dieses ihres Gatten erfuhr, bat sie die Götter (nach Luc. Dial. deor. 23. bittet Prot. den Pluton) um die Erlaubniss, nur drei Stunden mit ihm in der Oberwelt sich unterreden zu dürfen. Die Bitte wurde ihr gewährt. Als er aber nach Verlauf der Frist wieder in die Unterwelt zurückkehren musste, starb Laodameia mit ihm. — λιπόνεως im guten Sinne 'der sein Schiff verlässt', sonst gew. der treuloser Weise den Seedienst verlässt. — ἐς δέον, zur günstigen Zeit, opportune, wie oft. — εὖ οἶδ' ὅτι, s. zu I, 18. — ὡς ἂν εἰδώς, da du ja, wie ich denke, in der Voraussetzung, dass du wol. ὡς mit dem Partic. lässt den Grund als Meinung des Charon erscheinen. Kr. Gr. §. 56, 12, 2. Ueber ἄν beim Partic. §. 69, 7, 1. Vgl. c. 14. — διακονησόμενος, um zu, s. zu II, 25. Dieses Medium findet sich bei Luc. o. in rein act. Bedeutung. — τῷ ἄνω Διί, im Gegensatz zu dem der

ἔστι καὶ δέδια μὴ βραδύναντά με ὅλον ὑμέτερον ἐάσῃ εἶναι
παραδοὺς τῷ ζόφῳ, ἢ ὅπερ τὸν Ἥφαιστον πρῴην ἐποίησε,
ῥίψῃ κἀμὲ τεταγὼν τοῦ ποδὸς ἀπὸ τοῦ θεσπεσίου βηλοῦ, ὡς
ὑποσκάζων γέλωτα καὶ αὐτὸς παρέχοιμι οἰνοχοῶν.

ΧΑΡ. Περιόψει οὖν με ἄλλως πλανώμενον ὑπὲρ γῆς καὶ
ταῦτα ἑταῖρος καὶ σύμπλους καὶ ξυνδιάκτορος ὤν; καὶ μὴν
καλῶς εἶχεν, ὦ Μαίας παῖ, ἐκείνων γοῦν σε μεμνῆσθαι, ὅτι
μηδεπώποτέ σε ἢ ἀντλεῖν ἐκέλευσα ἢ πρόσκωπον εἶναι· ἀλλὰ
σὺ μὲν ῥέγκεις ἐπὶ τοῦ καταστρώματος ἐκταθεὶς ὤμους οὕτω
καρτεροὺς ἔχων, ἢ εἴ τινα λάλον νεκρὸν εὕροις, ἐκείνῳ παρ'
ὅλον τὸν πλοῦν διαλέγῃ, ἐγὼ δὲ πρεσβύτης ὢν τὴν δικωπίαν
ἐρέττω μόνος. ἀλλὰ πρὸς τοῦ πατρός, ὦ φίλτατον Ἑρμάδιον,
μὴ καταλίπῃς με, περιήγησαι δὲ τὰ ἐν τῷ βίῳ ἅπαντα, ὥς τι
καὶ ἰδὼν ἐπανέλθοιμι· ὡς ἤν με σὺ ἀφῇς, οὐδὲν τῶν τυφλῶν
διοίσω· καθάπερ γὰρ ἐκεῖνοι σφάλλονται διολισθαίνοντες ἐν
τῷ σκότει, οὕτω δὴ κἀγώ σοι ἔμπαλιν ἀμβλυώττων πρὸς τὸ
φῶς. ἀλλὰ δός, ὦ Κυλλήνιε, ἐς ἀεὶ μεμνησομένῳ τὴν χάριν.

2. ΕΡΜ. Τοῦτο τὸ πρᾶγμα πληγῶν αἴτιον καταστήσεταί 2
μοι· ὁρῶ γοῦν ἤδη τὸν μισθὸν τῆς περιηγήσεως οὐκ ἀκόνδυ-
λον παντάπασιν ἡμῖν ἐσόμενον. ὑπουργητέον δὲ ὅμως· τί γὰρ
ἂν καὶ πάθοι τις, ὁπότε φίλος τις ὢν βιάζοιτο; πάντα μὲν οὖν

Unterwelt, dem Pluton. — δίψῃ
κτέ., Il. 1, 591, wo Hephästos sagt:
ἤδη γάρ με καὶ ἄλλοτ' ἀλεξέ-
μεναι μεμαῶτα
ῥῖψε, ποδὸς τεταγών, ἀπὸ βη-
λοῦ θεσπεσίοιο.
— καὶ αὐτός, so gut wie Hephä-
stos, Il. 1, 599. — περιόψει με
πλανώμενον, du willst es ge-
schehen lassen, dass ich.
Jup. tr. 25: ἢ σὺ αὐτὸς περιείδες
ἂν τὸν ἁλιέα ὑφαιρούμενόν σου
τὴν τρίαιναν; u. ö. — ἄλλως, te-
mere. — ξυνδιάκτορος, Mitge-
leiter. näml. der Seelen in die
Unterwelt. Bei Homer heisst Her-
mes häufig διάκτορος. — καὶ μήν,
s. zu II, 15. — καλῶς εἶχεν, wir:
es wäre schön, s. zu II, 37. —
ὤμους οὕτω καρτ. ἔχων, passend
von Hermes, dem Vorsteher der
Gymnasien. — δικωπία, zwei-
ruderiger Kahn. — Ἑρμάδιον,

bei Aristophanes Ἑρμίδιον. —
περιήγησαι, führe mich herum
und zeige. Dial. deor. 20,1: πρὸς
τοῦ Πλούτωνος, ὦ Αἰακέ, πε-
ριήγησαί μοι τὰ ἐν Ἅιδου πάντα.
— ὡς ἐπανέλθοιμι, s. zu I, 4;
vgl. c. 2: ὡς κατίδοις. — καὶ
ἰδών. Worauf bezieht sich καὶ? —
διολισθαίνοντες. Die att. Form
wäre διολισθάνοντες. — κἀγώ σοι,
Dativus ethicus; vgl. c. 5. 8. u.
s. — ἔμπαλιν, contra, vicissim. —
ἀμβλυώττων, näml. σφάλλομαι. —
Κυλλήνιε, so genannt von dem
Gebirge Κυλλήνη an der Grenze
Arkadiens und Achajas, das ihm
als seine Geburtsstätte heilig war.
— ἐς ἀεί, für immer, für e-
wige Zeiten.
2. καταστήσεται, s. zu II, 11.
ebend. 36: μυρίων κακῶν μοι
αἴτιος οὗτος κατέστη u. c. 38. —
τί γὰρ ἂν κτέ., vgl. II, 39. —

σε ἰδεῖν καθ' ἕκαστον ἀκριβῶς ἀμήχανόν ἐστιν, ὦ πορθμεῦ· πολλῶν γὰρ ἂν ἐτῶν ἡ διατριβὴ γένοιτο. εἶτα ἐμὲ μὲν κηρύττεσθαι δεήσει καθάπερ ἀποδράντα ὑπὸ τοῦ Διός, σὲ δὲ καὶ αὐτὸν κωλύσει ἐνεργεῖν τὰ τοῦ Θανάτου ἔργα· καὶ τὴν Πλούτωνος ἀρχὴν ζημιοῦν μὴ νεκραγωγοῦντα πολλοῦ τοῦ χρόνου· κᾆτα ὁ τελώνης Αἰακὸς ἀγανακτήσει μηδ' ὀβολὸν ἐμπολῶν. ὡς δὲ τὰ κεφάλαια τῶν γιγνομένων ἴδοις, τοῦτο ἤδη σκεπτέον.

ΧΑΡ. Αὐτός, ὦ Ἑρμῆ, ἐπινόει τὸ βέλτιστον· ἐγὼ δὲ οὐδὲν οἶδα τῶν ὑπὲρ γῆς ξένος ὤν.

ΕΡΜ. Τὸ μὲν ὅλον, ὦ Χάρων, ὑψηλοῦ τινος ἡμῖν δεῖ χωρίου, ὡς ἀπ' ἐκείνου πάντα κατίδοις· σοὶ δὲ εἰ μὲν ἐς τὸν οὐρανὸν ἀνελθεῖν δυνατὸν ἦν, οὐκ ἂν ἐκάμνομεν· ἐκ περιωπῆς γὰρ ἂν ἀκριβῶς ἅπαντα καθεώρας. ἐπεὶ δὲ οὐ θέμις εἰδώλοις ἀεὶ ξυνόντα ἐπιβατεύειν τῶν βασιλείων τοῦ Διός, ὥρα ἡμῖν ὑψηλόν τι ὄρος περισκοπεῖν.

3. ΧΑΡ. Οἶσθα, ὦ Ἑρμῆ, ἅπερ εἴωθα λέγειν ἐγὼ πρὸς ὑμᾶς, ἐπειδὰν πλέωμεν; ὁπόταν γὰρ τὸ πνεῦμα καταιγίσαν πλαγίᾳ τῇ ὀθόνῃ ἐμπέσῃ καὶ τὸ κῦμα ὑψηλὸν ἀρθῇ, τότε ὑμεῖς μὲν ὑπ' ἀγνοίας κελεύετε τὴν ὀθόνην στεῖλαι ἢ ἐνδοῦναι ὀλίγον τοῦ ποδὸς ἢ συνεκδραμεῖν τῷ πνέοντι, ἐγὼ δὲ τὴν ἡσυ-

πάντα .. καθ' ἕκαστον, Alles eins nach dem andern, Alles im Einzelnen. — κηρύττεσθαι, durch den Herold ausgerufen werden, verbinde mit ὑπὸ τοῦ Διός. War ein Sklave entlaufen, so wurde das durch den Herold öffentlich bekannt gemacht, damit ihn jeder ergreifen und seinem Herrn wiederbringen konnte. — κωλύσει, es (die Sache) wird verhindern, näml. ἡ διατριβή; bei ζημιοῦν muss aus κωλύσει ein affirmatives ποιήσει od. ἀναγκάσει in Gedanken ergänzt werden. — ἐνεργεῖν, ausführen, verrichten. — πολλοῦ τοῦ χρόνου, innerhalb langer Zeit. Vgl. Fugit. 21. Ebenso cap. 23: δέκα ὅλων ἐτῶν, ganzer zehn Jahre. — ὁ τελώνης Αἰακός. Im Catapl. 4. zählt ihm Hermes die Todten zu; vgl. damit was Charon Dial. mort. 4, 3. sagt. Sonst erscheint er in der Regel als einer der drei Richter

in der Unterwelt. — ἐμπολῶν. Catapl. 1: ἡμεῖς δὲ οὐδέπω οὐδ' ὀβολὸν ἐμπεπολήκαμεν. Ueber das Partic. zu II, 9. — ὡς, wie, auf welche Weise. — τὸ μὲν ὅλον, omnino, ut paucis dicam. Dial. deor. 19, 2. Dial. mort. 1, 2. Catapl. 26. Jup. conf. 12. Ebenso ὅλως. — περιωπῆς, Warte, hier bildlich vom Himmel. — ξυνόντα, näml. σέ.

3. πλαγίᾳ, proleptisch, s. zu II, 5.; ebenso ὑψηλόν. — τὴν ὀθόνην στεῖλαι, das Segel einziehen. Ver. hist. 1, 6. — τοῦ ποδός. ὁ πούς hier die Schot, ein Tau an den untern Zipfeln des Segels (Schothörnern), deren es zwei gab, vermittelst dessen das Segel bald angespannt bald nachgelassen wurde. Der Genetivus ebenso Aristoph. equ. 436: τοῦ ποδὸς παρίει. — συνεκδραμεῖν τῷ πνέοντι, d. i. sich vom Winde forttreiben lassen. τῷ πνέ-

χίαν ἄγειν παρακελεύομαι ὑμῖν· αὐτὸς γὰρ εἰδέναι τὸ βέλτιον. κατὰ ταὐτὰ δὴ καὶ σὺ πρᾶττε ὁπόσα καλῶς ἔχειν νομίζεις κυβερνήτης νῦν γε ὤν· ἐγὼ δέ, ὥσπερ ἐπιβάταις νόμος, σιωπῇ καθεδοῦμαι πάντα πειθόμενος κελεύοντί σοι.

ΕΡΜ. Ὀρθῶς λέγεις· αὐτὸς γὰρ εἴσομαί τί ποιητέον καὶ ἐξευρήσω τὴν ἱκανὴν σκοπήν. ἆρ' οὖν ὁ Καύκασος ἐπιτήδειος ἢ ὁ Παρνασὸς ὑψηλότερος ἢ ἀμφοῖν ὁ Ὄλυμπος ἐκεινοσί; καίτοι οὐ φαῦλον ὃ ἀνεμνήσθην ἐς τὸν Ὄλυμπον ἀπιδών· συγκαμεῖν δέ τι καὶ ὑπουργῆσαι καὶ σὲ δεῖ.

ΧΑΡ. Πρόσταττε· ὑπουργήσω γὰρ ὅσα δυνατά.

ΕΡΜ. Ὅμηρος ὁ ποιητής φησι τοὺς Ἀλωέως υἱέας, δύο καὶ αὐτοὺς ὄντας, ἔτι παῖδας ἐθελῆσαί ποτε τὴν Ὄσσαν ἐκ βάθρων ἀνασπάσαντας ἐπιθεῖναι τῷ Ὀλύμπῳ, εἶτα τὸ Πήλιον ἐπ' αὐτῇ, ἱκανὴν ταύτην κλίμακα ἕξειν οἰομένους καὶ πρόσβασιν ἐπὶ τὸν οὐρανόν. ἐκείνω μὲν οὖν τὼ μειρακίω, ἀτασθάλω γὰρ ἤστην, δίκας ἐτισάτην· νὼ δὲ — οὐ γὰρ ἐπὶ κακῷ τῶν θεῶν ταῦτα βουλεύομεν — τί οὐχὶ οἰκοδομοῦμεν καὶ αὐτοὶ κατὰ τὰ αὐτὰ ἐπικυλινδοῦντες ἐπάλληλα τὰ ὄρη, ὡς ἔχοιμεν ἀφ' ὑψηλοτέρου ἀκριβεστέραν τὴν σκοπήν;

4. ΧΑΡ. Καὶ δυνησόμεθα, ὦ Ἑρμῆ, δύ' ὄντες ἀναθέσθαι ἀράμενοι τὸ Πήλιον ἢ τὴν Ὄσσαν;

οντι, näml. ἀνέμῳ. Aehnl. Hermotim. 28: ἢν ἅπαξ ἐπιδῷ τῇ πνεούσῃ (näml. αὔρα) τις αὐτόν. — τὴν ἡσυχίαν, die gewöhnliche, gehörige Ruhe. So häufig mit dem Artikel vgl. Dial. deor. 15, 3. Piscat. 27. Ver. hist. 1, 38. Eunuch. 6.; ohne Artikel, Jud. voc. 2. Dial. mar. 15, 3. Icarom. 26. Pro imag. 15 u. ö. — αὐτὸς γὰρ εἰδέναι, näml. ἔφην od. ἔλεγον, was in Gedanken aus παρακελεύομαι zu ergänzen. Toxar. 58: ὁ δὲ Σισίννης παρεμυθεῖτο καὶ ἱκέτευε μηδὲν τοιοῦτον ποιεῖν· αὐτὸς γὰρ ἐπινοήσειν. — κατὰ ταὐτά, auf gleiche Weise, ebenso. — πάντα, in allen Stücken. Toxar. 56: πειστέον καὶ ταὐτά σοι νομοθετοῦντι. — Παρνασός, Gebirge in Phokis. — ἀμφοῖν, näml. ὑψηλότερος. — Ὅμηρος; Odyss. 11, 305—320. —

τοὺς Ἀλωέως υἱέας, Otos und Ephialtes, Söhne des Poseidon u. der Iphimedeia, der Gemahlin des Aloeus, welche alle Jahre eine Elle in die Breite und eine Klafter in die Länge wuchsen. So massen sie im neunten Jahre neun Ellen in der Breite und neun Klaftern in der Länge und bedrohten nun durch Uebereinandersetzen der hier genannten Gebirge die Götter auf dem Olympos. — δύο καὶ αὐτούς, wie ich und du. — Ὄσσαν, Gebirge Thessaliens, südöstlich davon Pelion. — ταύτην κλίμακα, s. zu II, 10. — ἀφ' ὑψηλοτέρου, von einem höheren Punkte. 4. δύ' ὄντες, wir: die wir nur zwei sind. Vgl. weiter unten εἷς ὤν. Ebenso Jup. conf. 19: καὶ ταῦτα τρεῖς οὖσαι. — ἀναθέσθαι, nämlich auf den Olym-

ΕΡΜ. Διὰ τί δ' οὐκ ἄν, ὦ Χάρων; ἢ ἀξιοῖς ἡμᾶς ἀγεννεστέρους εἶναι τοῖν βρεφυλλίοιν ἐκείνοιν, καὶ ταῦτα θεοὺς ὑπάρχοντας;

ΧΑΡ. Οὔκ, ἀλλὰ τὸ πρᾶγμα δοκεῖ μοι ἀπίθανόν τινα τὴν μεγαλουργίαν ἔχειν.

ΕΡΜ. Εἰκότως· ἰδιώτης γὰρ εἶ, ὦ Χάρων, καὶ ἥκιστα ποιητικός· ὁ δὲ γεννάδας Ὅμηρος ἀπὸ δυοῖν στίχοιν αὐτίκα ἡμῖν ἀμβατὸν ἐποίησε τὸν οὐρανόν, οὕτω ῥᾳδίως συνθεὶς τὰ ὄρη. καὶ θαυμάζω, εἴ σοι ταῦτα τεράστια εἶναι δοκεῖ τὸν Ἄτλαντα δηλαδὴ εἰδότι, ὃς τὸν πόλον αὐτὸν εἷς ὢν φέρει ἀνέχων ἡμᾶς ἅπαντας. ἀκούεις δέ γε ἴσως καὶ τοῦ ἀδελφοῦ τοῦ ἐμοῦ πέρι τοῦ Ἡρακλέους, ὡς διαδέξαιτό ποτε αὐτὸν ἐκεῖνον τὸν Ἄτλαντα καὶ ἀναπαύσειε πρὸς ὀλίγον τοῦ ἄχθους ὑποθεὶς ἑαυτὸν τῷ φορτίῳ.

ΧΑΡ. Ἀκούω καὶ ταῦτα· εἰ δὲ ἀληθῆ, σὺ ἄν, ὦ Ἑρμῆ, καὶ οἱ ποιηταὶ εἰδείητε.

ΕΡΜ. Ἀληθέστατα, ὦ Χάρων. ἢ τίνος γὰρ ἕνεκα σοφοὶ ἄνδρες ἐψεύδοντο ἄν; ὥστε ἀναμοχλεύωμεν τὴν Ὄσσαν πρῶτον, ὥσπερ ἡμῖν ὑφηγεῖται τὸ ἔπος καὶ ὁ ἀρχιτέκτων,

αὐτὰρ ἐπ' Ὄσσῃ

Πήλιον εἰνοσίφυλλον.

ὁρᾷς, ὅπως ῥᾳδίως ἅμα καὶ ποιητικῶς ἐξειργάσμεθα; φέρ' οὖν ἀναβὰς ἴδω, εἰ καὶ αὐτῷ ἐποικοδομεῖν δεήσει. 5. παπαῖ, κάτω ἔτι ἐσμὲν ἐν ὑπωρείᾳ τοῦ οὐρανοῦ· ἀπὸ μὲν γὰρ τῶν ἑῴων μόγις Ἰωνία καὶ Λυδία φαίνεται, ἀπὸ δὲ τῆς ἑσπέρας οὐ

pos. — διὰ τί δ' οὐκ ἄν, näml. δυναίμεθα. — ἀξιοῖς, glauben, meinen. — ἀπίθανόν τινα τὴν μεγαλουργίαν, s. zu I, 1. — ἰδιώτης, ein prosaischer Mensch. — ἀπό, mittelst, durch; c. 19: ἀφ' ἂν ξυναγείρεται ὁ ἀφρός, vgl. Odyss. 11, 316. — συνθείς. Ebenso steht das Particip. Tim. 25: ὅπερ οὐδ' ὁ Λυγκεὺς ἂν ἐξεύροι ῥᾳδίως, ἀμαυρὸν οὕτω καὶ μικρὸν ὄν. — τὸν Ἄτλαντα, Sohn des Titanen Iapetos und der Okeanide Klymene. Derselbe war von Zeus verurtheilt am westlichen Erdrande mit Kopf und Händen den Himmel zu tragen, weil er die

Titanen im Kampfe mit dem Zeus angeführt hatte. — ἀκούεις. Dieses Präsens häufig in der Bedeutung des Praeterit., Dial. mort. 14, 3. Gall. 13. Navig. 26 u. ö. — ὡς διαδέξαιτο. διαδέχεσθαι, ablösen. — πρὸς ὀλίγον, auf kurze Zeit. — εἰ δὲ ἀληθῆ näml. ἐστι. Hermot. 73: μὴ ἐξετάσας, εἰ ἀληθῆ. — ἢ τίνος γάρ, s. zu III, 9. — σοφοὶ ἄνδρες, von den Dichtern. — ἀναμοχλεύωμεν, s. zu II, 30. — ἀρχιτέκτων, d. i. Homeros, Odyss. 11, 315. — ὅπως, quam; vgl. c. 17. Jup. trag. 14.

5. ἀπὸ τῶν ἑῴων, von Morgen her, gegen M. S. zu I,

πλέον Ἰταλίας καὶ Σικελίας, ἀπὸ δὲ τῶν ἀρκτῴων τὰ ἐπὶ τάδε
τοῦ Ἴστρου μόνον, κἀκεῖθεν ἡ Κρήτη οὐ πάνυ σαφῶς. μετα
κινητέα ἡμῖν, ὦ πορθμεῦ, καὶ ἡ Οἴτη, ὡς ἔοικεν, εἶτα ὁ Παρ
νασὸς ἐπὶ πᾶσιν. /

ΧΑΡ. Οὕτω ποιῶμεν. ὅρα μόνον, μὴ λεπτότερον ἐξεργα
σώμεθα τὸ ἔργον ἀπομηκύναντες πέρα τοῦ πιθανοῦ, εἶτα συγ
καταρριφέντες αὐτῷ πικρᾶς τῆς Ὁμήρου οἰκοδομητικῆς πει
ραθῶμεν ξυντριβέντες τῶν κρανίων.

ΕΡΜ. Θάρρει· ἀσφαλῶς ἕξει ἅπαντα. μετατίθει τὴν Οἴ
την· ἐπικυλινδείσθω ὁ Παρνασός. ἰδοὺ δή, ἐπάνειμι αὖθις·
εὖ ἔχει· πάντα ὁρῶ· ἀνάβαινε ἤδη καὶ σύ.

ΧΑΡ. Ὄρεξον, ὦ Ἑρμῆ, τὴν χεῖρα· οὐ γὰρ ἐπὶ μικρὰν
με ταύτην μηχανὴν ἀναβιβάζεις.

ΕΡΜ. Εἴ γε καὶ ἰδεῖν ἐθέλεις, ὦ Χάρων, ἅπαντα· οὐκ
ἔνι δὲ ἄμφω καὶ ἀσφαλῆ καὶ φιλοθεάμονα εἶναι. ἀλλ' ἔχου
μου τῆς δεξιᾶς καὶ φείδου μὴ κατὰ τοῦ ὀλισθηροῦ πατεῖν. εὖ
γε, ἀνελήλυθας καὶ σύ· ἐπείπερ δὲ δικόρυμβος ὁ Παρνασός
ἐστι, μίαν ἑκάτερος ἄκραν ἀπολαβόμενοι καθεζώμεθα· σὺ δέ
μοι ἤδη ἐν κύκλῳ περιβλέπων ἐπισκόπει ἅπαντα.

6. ΧΑΡ. Ὁρῶ γῆν πολλὴν καὶ λίμνην τινὰ μεγάλην πε 6
ριρρέουσαν καὶ ὄρη καὶ ποταμοὺς τοῦ Κωκυτοῦ καὶ Πυριφλε
γέθοντος μείζονας καὶ ἀνθρώπους πάνυ σμικροὺς καί τινας
φωλεοὺς αὐτῶν.

15. — τὰ ἐπὶ τάδε, die diesseitigen Gegenden. — Οἴτη,
s. zu II, 6. — ἐπὶ πᾶσιν, auf
alle Berge. — λεπτότερον, näml.
als recht ist. — πικρᾶς als Prädicat mit πειραθ. zu verbinden.
— ξυντριβέντες τῶν κρανίων, vgl.
II. 48: κατέαγα τοῦ κρανίου, und
das die Anm. — ἐπὶ μικρὰν ταύ
την μηχανήν = οὐ γὰρ μικρά
ἐστιν αὕτη ἡ μηχανή, ἐφ' ἣν με
ἀναβιβάζεις. Wir drücken das
Pronom. in solcher Verbindung
mit da, hier aus; Dial. mort. 13,
3: ἔτι ἐν Βαβυλῶνι κεῖμαι τρια
κοστὴν ταύτην ἡμέραν. Vgl. Kr.
Gr. §. 52, 11, 22. — εἴ γε καὶ
ἰδεῖν ἐθέλεις, ὦ Χάρ., ἅπαντα, zu
ergänzen aus den Worten des
Charon: du musst hier herauf
steigen, oder das kann nichts
helfen, wenn u. s. w., oder etwas
Aehnliches. — ἔχου, halte dich
fest an.— φείδου μή, hüte dich.
Anachars. 1. Bis acc. 14. — δι
κόρυμβος, ebenso bei Ovid. Metam. 2, 221 biceps. Zwei durch
bacchischen Cultus berühmte Gipfel
haben spätere Schriftsteller veranlasst ihn so zu nennen.— ἀπο
λαβόμενοι. Bis acc. 9: τὸ ὑπὸ τῇ
ἀκροπόλει σπήλαιον τοῦτο ἀπο
λαβόμενος οἰκεῖ μικρὸν ὑπὲρ τοῦ
Πελασγικοῦ.

6. λίμνην τινά, eine Art See.
Charon denkt hier an den Acheron,
mit dem er den Ocean vergleicht.
— τοῦ Κωκυτοῦ καὶ Πυριφλεγέ
θοντος, Flüsse der Unterwelt. —

ΕΡΜ. Πόλεις ἐκεῖναί εἰσιν, οὓς φωλεοὺς εἶναι νομίζεις.

ΧΑΡ. Οἶσθα οὖν, ὦ Ἑρμῆ, ὡς οὐδὲν ἡμῖν πέπρακται, ἀλλὰ μάτην τὸν Παρνασὸν αὐτῇ Κασταλίᾳ καὶ τὴν Οἴτην καὶ τὰ ἄλλα ὄρη μετεκινήσαμεν;

ΕΡΜ. Ὅτι τί;

ΧΑΡ. Οὐδὲν ἀκριβὲς ἐγὼ γοῦν ἀπὸ τοῦ ὑψηλοῦ ὁρῶ· ἐδεόμην [δὲ] οὐ πόλεις καὶ ὄρη αὐτὸ μόνον ὥσπερ ἐν γραφαῖς ὁρᾶν, ἀλλὰ τοὺς ἀνθρώπους αὐτοὺς καὶ ἃ πράττουσι καὶ οἷα λέγουσιν, ὥσπερ ὅτε με τὸ πρῶτον ἐντυχὼν εἶδες γελῶντα καὶ ἤρου με ὅ τι γελῴην· ἀκούσας γάρ τινος ἥσθην ἐς ὑπερβολήν.

ΕΡΜ. Τί τοῦτ' ἦν;

ΧΑΡ. Ἐπὶ δεῖπνον, οἶμαι, κληθεὶς ὑπό τινος τῶν φίλων ἐς τὴν ὑστεραίαν, Μάλιστα ἥξω, ἔφη, καὶ μεταξὺ λέγοντος ἀπὸ τοῦ τέγους κεραμὶς ἐμπεσοῦσα οὐκ οἶδ' ὅτου κινήσαντος ἀπέκτεινεν αὐτόν. ἐγέλασα οὖν, οὐκ ἐπιτελέσαντος τὴν ὑπόσχεσιν. ἔοικα δὲ καὶ νῦν ὑποκαταβήσεσθαι, ὡς μᾶλλον βλέποιμι καὶ ἀκούοιμι.

7. ΕΡΜ. Ἔχ' ἀτρέμας· καὶ τοῦτο γὰρ ἐγὼ ἰάσομαί σοι καὶ ὀξυδερκέστατον ἐν βραχεῖ ἀποφανῶ παρ' Ὁμήρου τινὰ καὶ πρὸς τοῦτο ἐπῳδὴν λαβών, κἀπειδὰν εἴπω τὰ ἔπη, μέμνησο μηκέτι ἀμβλυώττειν, ἀλλὰ σαφῶς πάντα ὁρᾶν.

ΧΑΡ. Λέγε μόνον.

ΕΡΜ. Ἀχλὺν δ' αὖ τοι ἀπ' ὀφθαλμῶν ἕλον, ἣ πρὶν ἐπῆεν,

οὓς φωλεοὺς für ἃς φωλεούς, Kr. Gr. §. 61, 7, 8. Ebenso im Latein., Cic. pro Sest. 42: domicilia coniuncta, quas urbes dicimus; Zumpt §. 372. — ἡμῖν, s. zu III, 6. — αὐτῇ Κασταλίᾳ, s. zu II, 22. Ein den Musen heiliger Quell auf dem Parnasos. — ὅτι τί; näml. ἐστίν, weil was ist? aus welchem Grunde? Kr. Gr. §. 51, 17, 8. Vgl. Catapl. 13. Fugit. 22. Demosth. enc. 22. — αὐτὸ μόνον, nichts anderes alsSt. und Berge, d. i. blosse St. u. B., eben nur St. u. B., s. zu I, 9. — γραφαῖς, wahrscheinl. gemalte Landkarten. — οἷα λέγουσιν, hängt zeugmatisch mit ὁρᾶν zusammen. Vgl. Arrian. 7, 15, 4: τὰ ὀνόματα καὶ τὰς σκευὰς ὀφθῆ-

ναι. — γάρ τινος, Neutrum. — κληθείς, eingeladen, wie im Latein. vocare. Ausserdem kein τὶς zu ergänzen. — μάλιστα, ganz gewiss. — μεταξὺ λέγοντος, s. zu I, 17. — οὐκ οἶδ' ὅτου, nescio quo. — ἐπιτελέσαντος, näml. αὐτοῦ. — ἔοικα .. ὑποκαταβήσεσθαι, ich glaube od. gedenke weiter herabsteigen zu müssen, s. zu II, 34.

7. ἔχ' ἀτρέμας, verhalte dich ruhig. — ὀξυδερκέστατον, näml. σὲ — μέμνησο, sei bedacht, schicke dich an, strebe, daher mit dem Infinitiv. und nicht mit dem Particip., s. Kr. Gr. §. 56, 7, 10. Vgl. II, 19. Anachars. 38: μέμνησο μὴ καταγελάσαι. — ἀχλὺν δ' αὖ κτέ., Worte der Athene

ὄφρ' εὖ γινώσκῃς ἠμὲν θεὸν ἠδὲ καὶ ἄνδρα.

τί ἐστιν; ἤδη ὁρᾷς;

ΧΑΡ. Ὑπερφυῶς γε· τυφλὸς ὁ Λυγκεὺς ἐκεῖνος ὡς πρὸς
ἐμέ· ὥστε σὺ τὸ ἐπὶ τούτῳ προσδίδασκέ με καὶ ἀποκρίνου
ἐρωτῶντι. ἀλλὰ βούλει κἀγὼ κατὰ τὸν Ὅμηρον ἐρήσομαί σε,
ὡς μάθῃς οὐδ' αὐτὸν ἀμελέτητον ὄντα με τῶν Ὁμήρου;

ΕΡΜ. Καὶ πόθεν σὺ ἔχεις τι τῶν ἐκείνου εἰδέναι ναύτης
ἀεὶ καὶ πρόσκωπος ὤν;

ΧΑΡ. Ὁρᾷς; ὀνειδιστικὸν τοῦτο ἐς τὴν τέχνην. ἐγὼ δὲ
ὁπότε διεπόρθμευον αὐτὸν ἀποθανόντα, πολλὰ ῥαψῳδοῦντος
ἀκούσας ἐνίων ἔτι μέμνημαι· καίτοι χειμὼν ἡμᾶς οὐ μικρὸς
τότε κατελάμβανεν. ἐπεὶ γὰρ ἤρξατο ᾄδειν οὐ πάνυ αἴσιόν
τινα ᾠδὴν τοῖς πλέουσιν, ὡς ὁ Ποσειδῶν συνήγαγε τὰς νεφέ-
λας καὶ ἐτάραξε τὸν πόντον ὥσπερ τορύνην τινὰ ἐμβαλὼν τὴν
τρίαιναν καὶ πάσας τὰς θυέλλας ὠρόθυνε καὶ ἄλλα πολλά, κυ-
κῶν τὴν θάλατταν ὑπὸ τῶν ἐπῶν, χειμὼν ἄφνω καὶ γνόφος
ἐμπεσὼν ὀλίγου δεῖν περιέτρεψεν ἡμῖν τὴν ναῦν, ὅτε περ καὶ
ναυτιάσας ἐκεῖνος ἀπήμεσε τῶν ῥαψῳδιῶν τὰς πολλὰς αὐτῇ
Σκύλλῃ καὶ Χαρύβδει καὶ Κύκλωπι. οὐ χαλεπὸν οὖν ἦν ἐκ
τοσούτου ἐμέτου ὀλίγα γοῦν διαφυλάττειν. 8. εἰπὲ γάρ μοι·   8 ↗

τίς γὰρ ὅδ' ἐστὶ πάχιστος ἀνὴρ ἠΰς τε μέγας τε,
ἔξοχος ἀνθρώπων κεφαλὴν καὶ εὐρέας ὤμους;

ΕΡΜ. Μίλων οὗτος ὁ ἐκ Κρότωνος ἀθλητής. ἐπικροτοῦσι

<hr/>

zu Diomedes Il. 5, 127 fg. — τί
ἐστιν; wie steht's? — Λυγκεύς,
einer der Argonauten, berühmt
wegen der Schärfe seines Gesichts,
vermöge welcher er sogar in das
Innerste der Erde zu sehen im
Stande war. — ὡς πρὸς ἐμέ, s.
zu II, 15. — τὸ ἐπὶ τούτῳ, da-
rauf, weiter; Dial. deor. 1, 2.
Toxar. 38. Jup. tr. 28 u. ö. —
προσδίδασκε, belehre dazu,
näml. ausserdem, dass du mich
sehend gemacht hast. — βούλει..
ἐρήσομαι, s. zu II, 37. — ἀμελέ-
τητον, unbewandert, Gall. 18.
Paras. 60. — ὁρᾷς; ὀνειδιστ. τοῦ-
το ἐς τὴν τέχνην, siehat du?
das ist eine Schmähung auf
mein Geschäft, d. h. das ist
eine offenbare Schm. u.s.w. Jup.
conf. 9: ὁρᾷς; ταῦτα ἤδη ὑβρι-

στικὰ φῇς. — ἤρξατο ᾄδειν, Kr.
Gr. §. 56, 5, 1. — ὡς, wie
nämlich. Vgl. Odyss. 5, 291 ff.
— ἄλλα πολλά, näml. ἦδε ed.
etwas Aehnliches. — κυκῶν, näml.
Ὅμηρος. —ὑπὸ τῶν ἐπῶν, durch
seine Verse. Dial. mar. 11, 1:
ὑπὸ τῶν νεκρῶν ἐνέφραττέ μοι
τὸν ῥοῦν. — ὀλίγου δεῖν, s. zu I,
6. — ὅτε περ καί, und da ge-
rade auch; Toxar. 24. Alex. 59.
— αὐτῇ Σκύλλῃ, s. zu II, 22.

8. τίς γὰρ κτἑ., Parodie von Il.
3, 226, wo es von Aias heisst:
τίς τ' ἄρ' ὅδ' ἄλλος Ἀχαιὸς ἀνὴρ
ἠΰς τε μέγας τε, ἔξοχος Ἀργείων
κεφαλήν τε καὶ εὐρέας ὤμους; —
Μίλων, jener berühmte Athlet (um
Ol. 67. etwa 510 v. Chr.), der
sechs Mal in den olympischen und
sieben Mal in den pythischen

δ' αὐτῷ οἱ Ἕλληνες, ὅτι τὸν ταῦρον ἀράμενος φέρει διὰ τοῦ σταδίου μέσου.

ΧΑΡ. Καὶ πόσῳ δικαιότερον ἂν ἐμέ, ὦ Ἑρμῆ, ἐπαινοῖεν, ὃς αὐτόν σοι τὸν Μίλωνα μετ' ὀλίγον ξυλλαβὼν ἐνθήσομαι ἐς τὸ σκαφίδιον, ὁπόταν ἥκῃ πρὸς ἡμᾶς ὑπὸ τοῦ ἀναλωτοτάτου τῶν ἀνταγωνιστῶν καταπαλαισθεὶς τοῦ Θανάτου, μηδὲ ξυνεὶς ὅπως αὐτὸν ὑποσκελίζει; κᾆτα οἰμώξεται ἡμῖν δηλαδὴ μεμνημένος τῶν στεφάνων τούτων καὶ τοῦ κρότου· νῦν δὲ μέγα φρονεῖ θαυμαζόμενος ἐπὶ τῇ τοῦ ταύρου φορᾷ. τί δ' οὖν οἰηθῶμεν; ἆρα ἐλπίζειν αὐτὸν καὶ τεθνήξεσθαί ποτε;

ΕΡΜ. Πόθεν ἐκεῖνος θανάτου νῦν μνημονεύσειεν ἂν ἐν ἀκμῇ τοσαύτῃ;

ΧΑΡ. Ἔα τοῦτον οὐκ εἰς μακρὰν γέλωτα ἡμῖν παρέξοντα, ὁπόταν πλέῃ μηδ' ἐμπίδα ἡμῖν οὐχ ὅπως ταῦρον ἔτι ἄρασθαι δυνάμενος. 9. σὺ δέ μοι ἐκεῖνο εἰπέ,

τίς τ' ἄρ' ὅδ' ἄλλος ὁ σεμνὸς ἀνήρ;

οὐχ Ἕλλην, ὡς ἔοικεν ἀπὸ γοῦν τῆς στολῆς.

ΕΡΜ. Κῦρος, ὦ Χάρων, ὁ Καμβύσου, ὃς τὴν ἀρχὴν πάλαι Μήδων ἐχόντων νῦν Περσῶν ἤδη ἐποίησεν εἶναι· καὶ Ἀσσυρίων δ' ἔναγχος οὗτος ἐκράτησε καὶ Βαβυλῶνα παρεστήσατο καὶ νῦν ἐλασείοντι ἐπὶ Λυδίαν ἔοικεν, ὡς καθελὼν τὸν Κροῖσον ἄρχειν ἁπάντων.

Spielen siegte. — τὸν ταῦρον, τὸν weil von einer allbekannten Sache die Rede ist. — διὰ τοῦ σταδίου. Cicer. de senect. 10, 33: Olympiae per stadium ingressus esse Milo dicitur, quum humeris sustineret bovem vivum. — μέσου, nicht oft so nachgestellt; Bis acc. 46: διὰ τῆς ἀγορᾶς μέσης. ibid. 17. Alex. 47: ἐς τὴν ἀγορὰν μέσην. Kr. Gr. §. 50, 11, δ. — μηδὲ ξυνείς, von der Zeit in der Zukunft, wann Milo todt sein wird, zu verstehen. καταπαλαισθείς in der Bedeutung des Futur. exact. — οἰηθῶμεν, sollen wir glauben. — ἐλπίζειν, erwarten. Gall. 25: κἀξ ἐκείνων ἀεί τι δεινὸν ἐλπίζειν ἥξειν. Dial. deor. 25, 1. — ὁπόταν πλέῃ, im Nachen des Charon. — οὐχ ὅπως, s. zu III, 8.

9. ὡς ἔοικεν ἀπὸ γοῦν τῆς στολῆς, wie es dem Anzuge wenigstens nach scheint. Catapl. 22: ἔοικεν ἀπό γε τοῦ σχήματος. Hermot. 47: ἔοικεν ἀπό γε τούτων. u. s. — ἐποίησεν, es dahin gebracht od. bewirkt hat, dass. Prometh. in verb. 3: Ἀθηνᾶ ἔμψυχα ποιοῦσα εἶναι τὰ πλάσματα. — καὶ Ἀσσυρίων δέ, s. zu II, 33. — παρεστήσατο, sich (sibi) unterwerfen; häufig so bei den Historikern. — ἐλασείοντι — ἔοικεν, er scheint damit umzugehen zu ziehen; s. Kr. Gr. §. 56, 4, 9. Es ist ein Anachronismus, wenn Luc. hier den Kyros Babylon vor dem Feldzuge gegen Krösos erobern lässt. Er hatte Lydien früher (546) als Babylon (538) unterworfen. Auch Milon lebte nicht zur Zeit des

ΧΑΡ. Ὁ Κροῖσος δὲ ποῦ ποτε κἀκεῖνός ἐστιν;

ΕΡΜ. Ἐκεῖσε ἀπόβλεψον ἐς τὴν μεγάλην ἀκρόπολιν τὴν τὸ τριπλοῦν τεῖχος· Σάρδεις ἐκεῖναι, καὶ τὸν Κροῖσον αὐτὸν ὁρᾷς ἤδη ἐπὶ κλίνης χρυσῆς καθήμενον Σόλωνι τῷ Ἀθηναίῳ διαλεγόμενον. βούλει ἀκούσωμεν αὐτῶν ὅ τι καὶ λέγουσι;

ΧΑΡ. Πάνυ μὲν οὖν.

10. *ΚΡΟΙΣ.* Ὦ ξένε Ἀθηναῖε, εἶδες γάρ μου τὸν πλοῦ- 10 τον καὶ τοὺς θησαυροὺς καὶ ὅσος ἄσημος χρυσός ἐστιν ἡμῖν καὶ τὴν ἄλλην πολυτέλειαν, εἰπέ μοι, τίνα ἡγῇ τῶν ἀπάντων ἀνθρώπων εὐδαιμονέστατον εἶναι.

ΧΑΡ. Τί ἄρα ὁ Σόλων ἐρεῖ;

ΕΡΜ. Θάρρει· οὐδὲν ἀγεννές, ὦ Χάρων.

ΣΟΛ. Ὦ Κροῖσε, ὀλίγοι μὲν οἱ εὐδαίμονες· ἐγὼ δὲ ὧν οἶδα Κλέοβιν καὶ Βίτωνα ἡγοῦμαι εὐδαιμονεστάτους γενέσθαι, τοὺς τῆς ἱερείας παῖδας τῆς Ἀργόθεν.

ΧΑΡ. Φησὶν οὗτος τοὺς ἅμα πρῴην ἀποθανόντας, ἐπεὶ τὴν μητέρα ὑποδύντες εἵλκυσαν ἐπὶ τῆς ἀπήνης ἄχρι πρὸς τὸ ἱερόν.

ΚΡΟΙΣ. Ἔστω· ἐχέτωσαν ἐκεῖνοι τὰ πρῶτα τῆς εὐδαιμονίας. ὁ δεύτερος δὲ τίς ἂν εἴη;

ΣΟΛ. Τέλλος ὁ Ἀθηναῖος, ὃς εὖ τε ἐβίω καὶ ἀπέθανεν ὑπὲρ τῆς πατρίδος.

ΚΡΟΙΣ. Ἐγὼ δέ, ὦ κάθαρμα, οὔ σοι δοκῶ εὐδαίμων εἶναι;

Kyros, sondern des Dareios Hystasp. — ὡς .. ἄρχειν, um zu herrschen. Toxar. 19: σπείρας τινὰς ἐπισυρομένους, ὡς τὸ ῥόθιον ἐπιδέχεσθαι τῆς ὁρμῆς. Diese Construction findet sich erst bei Spåteren; s. Kr. Gr. §. 65, 3, 4. — τὴν τὸ τριπλοῦν τεῖχος, die mit der dreifachen Mauer. Vgl. c. 14: ὁ τὸ διάδημα. c. 23: ἡ τὸν μέγαν περίβολον u. ö., s. zu II, 7. — ὅ τι καί, quid tandem. πάνυ μὲν οὖν, ja wohl; Kr. Gr. §. 64, 5, 4.

10. εἶδες γὰρ κτέ. Der Satz mit γάρ steht dem folgenden, den er begründet, voran. Dial. mort. 21, 1: ὦ Κέρβερε, συγγενὴς γάρ εἰμί σοι κύων καὶ αὐτὸς ὤν, εἰπέ μοι πρὸς τῆς Στυγός. u. ö. Kr. Gr.

§. 69, 14, 8. — τῶν ἀπάντων ἀνθρώπων, unter den sämmtlichen Menschen. Laps. in sal. 11: τῶν ἀπάντων ἀγαθῶν. I, 9: τὴν ἅπασαν ἐλπίδα. Dial. deor. 6, 5: οἱ πάντες ἄνθρωποι. Kr. Gr. §. 50, 11, 12. — ὧν = τούτων, οὓς — Κλέοβιν καὶ Βίτωνα, aus Herodotos 1, 30 ff., bei dem aber Tellos die erste Stelle einnimmt. — ὑποδύντες, näml. ὑπὸ τὸ ζυγόν. Herodot. 1, 31: οἱ νεηνίαι ὑποδύντες αὐτοὶ ὑπὸ τὴν ζεύγλην εἷλκον τὴν ἅμαξαν. Vgl. Demon. 61: οὗτοι μέντοι ὑποδύντες ἐκόμιζον αὐτὸν ἄχρι πρὸς τὸν τάφον. — τὰ πρῶτα, principatum. Conviv. 9: ἔχε, ὦ Ζηνόθεμι, τὰ πρῶτα. — ὦ κάθαρμα, du Wegwurf; vgl. Piscat. 34.

ΣΟΛ. Οὐδέπω οἶδα, ὦ Κροῖσε, ἢν μὴ πρὸς τὸ τέλος ἀφίκῃ τοῦ βίου· ὁ γὰρ θάνατος ἀκριβὴς ἔλεγχος τῶν τοιούτων καὶ τὸ ἄχρι πρὸς τὸ τέρμα εὐδαιμόνως διαβιῶναι.

ΧΑΡ. Κάλλιστα, ὦ Σόλων, ὅτι ἡμῶν οὐκ ἐπιλέλησαι, ἀλλὰ παρὰ τὸ πορθμεῖον αὐτὸς ἀξιοῖς γίνεσθαι τὴν περὶ τῶν 11 τοιούτων κρίσιν. 11. ἀλλὰ τίνας ἐκείνους ὁ Κροῖσος ἐκπέμπει ἢ τί ἐπὶ τῶν ὤμων φέρουσι;

ΕΡΜ. Πλίνθους τῷ Πυθίῳ χρυσᾶς ἀνατίθησι μισθὸν τῶν χρησμῶν, ὑφ' ὧν καὶ ἀπολεῖται μικρὸν ὕστερον· φιλόμαντις δὲ ὁ ἀνὴρ ἐκτόπως.

ΧΑΡ. Ἐκεῖνο γάρ ἐστιν ὁ χρυσός, τὸ λαμπρὸν ὃ ἀποστίλβει, τὸ ὕπωχρον μετ' ἐρυθήματος; νῦν γὰρ πρῶτον εἶδον ἀκούων ἀεί.

ΕΡΜ. Ἐκεῖνο, ὦ Χάρων, τὸ ἀοίδιμον ὄνομα καὶ περιμάχητον.

ΧΑΡ. Καὶ μὴν οὐχ ὁρῶ ὅ τι ἀγαθὸν αὐτῷ πρόσεστιν, εἰ μὴ ἄρα ἕν τι μόνον, ὅτι βαρύνονται οἱ φέροντες αὐτό.

ΕΡΜ. Οὐ γὰρ οἶσθα ὅσοι πόλεμοι διὰ τοῦτο καὶ ἐπιβουλαὶ καὶ λῃστήρια καὶ ἐπιορκίαι καὶ φόνοι καὶ δεσμὰ καὶ πλοῦς μακρὸς καὶ ἐμπορίαι καὶ δουλεῖαι;

ΧΑΡ. Διὰ τοῦτο, ὦ Ἑρμῆ, τὸ μὴ πολὺ τοῦ χαλκοῦ διαφέρον; οἶδα γὰρ τὸν χαλκόν, ὀβολόν, ὡς οἶσθα, παρὰ τῶν καταπλεόντων ἑκάστου ἐκλέγων.

ΕΡΜ. Ναί· ἀλλ' ὁ χαλκὸς μὲν πολύς, ὥστε οὐ πάνυ σπουδάζεται ὑπ' αὐτῶν· τοῦτον δὲ ὀλίγον ἐκ πολλοῦ τοῦ βάθους

Catapl. 16 u. ö. — αὐτός, von selbt, auf eigenen Antrieb.
11. τίνας ἐκείνους = τίνες ἐκεῖνοί εἰσιν, οὕς. Vgl. oben III, 21. Catapl. 27: τίνας τούτους λέγεις; u. ö. — μισθὸν τῶν χρησμῶν. Ungenau und irrthämlich. Die hier erwähnten goldenen Ziegel hatte Krösos früher dem delphischen Gotte gewidmet, als er das zweideutige Orakel erhielt. Dasselbe lautete:

Κροῖσος Ἅλυν διαβὰς μεγάλην ἀρχὴν καταλύσει.

Lateinisch bei Cicero de divin. 2, 56, 115:

Croesus Halym penetrans magnam pervertet opum vim.

— μικρὸν ὕστερον, so gewöhnlich, wie μικρὸν ἔμπροσθεν, bei Luc.; jedoch auch im Dativ., μικρῷ πρόσθεν Vit. auct. 19. Tox. 11. μικρῷ ἔμπροσθεν Dial. mort. 13, 8. — καὶ μήν, atqui, s. zu II, 15. — εἰ μὴ ἄρα, s. zu III, 13. — πλοῦς μακρός. Auffällig ist dieser Singular unter den Pluralen. — τὸ μὴ πολὺ τοῦ χ. διαφέρον, nähere Bestimmung von διὰ τοῦτο. — ἐκλέγων, eintreibend, einnehmend. — πολύς, ist in Masse vorhanden. — ἐκ πολλοῦ τοῦ

οἱ μεταλλεύοντες ἀνορύττουσι· πλὴν ἀλλ᾽ ἐκ γῆς καὶ οὗτος ὥσπερ ὁ μόλυβδος καὶ τὰ ἄλλα.

ΧΑΡ. Δεινήν τινα λέγεις τῶν ἀνθρώπων τὴν ἀβελτερίαν, οἳ τοσοῦτον ἔρωτα ἐρῶσιν ὠχροῦ καὶ βαρέος κτήματος.

ΕΡΜ. Ἀλλ᾽ οὐ Σόλων γε ἐκεῖνος, ὦ Χάρων, ἐρᾶν αὐτοῦ φαίνεται, ὅς, ὡς ὁρᾷς, καταγελᾷ τοῦ Κροίσου καὶ τῆς μεγαλαυχίας τοῦ βαρβάρου, καί μοι δοκεῖν ἐρέσθαι τι βούλεται αὐτόν· ἐπακούσωμεν οὖν.

12. ΣΟΛ. Εἰπέ μοι, ὦ Κροῖσε, οἴει γάρ τι δεῖσθαι τῶν 12 πλίνθων τούτων τὸν Πύθιον;

ΚΡΟΙΣ. Νὴ Δία· οὐ γάρ ἐστιν αὐτῷ ἐν Δελφοῖς ἀνάθημα οὐδὲν τοιοῦτον.

ΣΟΛ. Οὐκοῦν μακάριον οἴει τὸν θεὸν ἀποφαίνειν, εἰ κτήσαιτο σὺν τοῖς ἄλλοις καὶ πλίνθους χρυσᾶς;

ΚΡΟΙΣ. Πῶς γὰρ οὔ;

ΣΟΛ. Πολλήν μοι λέγεις, ὦ Κροῖσε, πενίαν ἐν τῷ οὐρανῷ, εἰ ἐκ Λυδίας μεταστέλλεσθαι τὸ χρυσίον δεήσει αὐτούς, ἢν ἐπιθυμήσωσι.

ΚΡΟΙΣ. Ποῦ γὰρ τοσοῦτος ἂν γένοιτο χρυσὸς ὅσος παρ᾽ ἡμῖν;

ΣΟΛ. Εἰπέ μοι, σίδηρος δὲ φύεται ἐν Λυδίᾳ;

ΚΡΟΙΣ. Οὐ πάνυ τι.

ΣΟΛ. Τοῦ βελτίονος ἄρα ἐνδεεῖς ἐστε.

ΚΡΟΙΣ. Πῶς ἀμείνων ὁ σίδηρος χρυσίου;

ΣΟΛ. Ἢν ἀποκρίνῃ μηδὲν ἀγανακτῶν, μάθοις ἄν.

βάθους, s. zu II, 13. — δεινήν τινα λέγεις . . τὴν ἀβελτερίαν, s. zu I, 1. — τοσοῦτον ἔρωτα ἐρῶσιν, s. zu II, 48. Dial. deor. 10, 2: ἰδιόν τινα ἔρωτα ἤδη ἐρᾷ. — ἐρᾶν, s. zum folg. c. — μοι δοκεῖν, s. zu I, 10.

12. οὐ . . οὐδέν, Kr. Gr. §. 67, 12. — ἀποφαίνειν. Man sollte den Infinit. des Futur. ἀποφανεῖν erwarten; allein die Griechen gebrauchen ebenso wie wir zuweilen den Inf. des Präs. in solcher Verbindung. — πῶς γὰρ οὔ; warum denn nicht? —αὐτούς, näml. θεούς, da ἐν τῷ οὐρανῷ vorhergegangen. Dial. deor. 6, 3:

ἀλλ᾽ ἡμεῖς τούτων αἴτιοι καὶ πέρα τοῦ μετρίου φιλάνθρωποι, οἳ γε καὶ συμπότας αὐτοὺς (näml. τοὺς ἀνθρώπους) ἐποιησάμεθα. Kr. Gr. §. 58, 4, 2. Vgl. zu III, 4. — εἰπέ μοι, σίδηρος δέ. In solchen mit δέ eingeführten Fragen ist das entsprechende μέν mit seinem Gedanken zu ergänzen. Hier der Sinn: Gold habt ihr, wie du sagst, in Masse; aber erzeugt Lydien auch Eisen? Dial. deor. 4,2: εἰπέ μοι, Διὸς δὲ οὐκ ἤκουσας ὄνομα; Catapl. 11. 14. De saltat. 5. Gall. 24. Icaromenipp. 24. Anachars. 21. Philops. 24 u. s. — οὐ πάνυ τι, s. zu II, 2. —

ΚΡΟΙΣ. Ἐρώτα, ὦ Σόλων.

ΣΟΛ. Πότεροι ἀμείνους, οἱ σώζοντές τινας ἢ οἱ σωζόμενοι πρὸς αὐτῶν;

ΚΡΟΙΣ. Οἱ σώζοντες δηλαδή.

ΣΟΛ. Ἆρ᾽ οὖν, ἢν Κῦρος, ὡς λογοποιοῦσί τινες, ἐπίῃ Λυδοῖς, χρυσᾶς μαχαίρας σὺ ποιήσῃ τῷ στρατῷ, ἢ ὁ σίδηρος ἀναγκαῖος τότε;

ΚΡΟΙΣ. Ὁ σίδηρος δῆλον ὅτι.

ΣΟΛ. Καὶ εἴ γε τοῦτον μὴ παρασκευάσαιο, οἴχοιτο ἄν σοι ὁ χρυσὸς ἐς Πέρσας αἰχμάλωτος.

ΚΡΟΙΣ. Εὐφήμει, ἄνθρωπε.

ΣΟΛ. Μὴ γένοιτο μὲν οὕτω ταῦτα· φαίνῃ δ᾽ οὖν ἀμείνω τοῦ χρυσοῦ τὸν σίδηρον ὁμολογῶν.

ΚΡΟΙΣ. Οὐκοῦν καὶ τῷ θεῷ σιδηρᾶς πλίνθους θέλεις ἀνατιθέναι με, τὸν δὲ χρυσὸν ὀπίσω αὖθις ἀνακαλεῖν;

ΣΟΛ. Οὐδὲ σιδήρου ἐκεῖνός γε δεήσεται, ἀλλ᾽ ἤν τε χαλκὸν ἤν τε χρυσὸν ἀναθῇς, ἄλλοις μέν ποτε κτῆμα καὶ ἕρμαιον ἔσῃ ἀνατεθεικὼς ἢ Φωκεῦσιν ἢ Βοιωτοῖς ἢ Δελφοῖς αὐτοῖς ἢ τινι τυράννῳ ἢ λῃστῇ, τῷ δὲ θεῷ ὀλίγον μέλει τῶν σῶν χρυσοποιῶν.

ΚΡΟΙΣ. Ἀεὶ σύ μου τῷ πλούτῳ προσπολεμεῖς καὶ φθονεῖς.

13　　13. *ΕΡΜ.* Οὐ φέρει ὁ Λυδός, ὦ Χάρων, τὴν παρρησίαν καὶ τὴν ἀλήθειαν τῶν λόγων, ἀλλὰ ξένον αὐτῷ δοκεῖ τὸ πρᾶγμα, πένης ἄνθρωπος οὐχ ὑποπτήσσων, τὸ δὲ παριστάμενον ἐλευθέρως λέγων. μεμνήσεται δ᾽ οὖν μικρὸν ὕστερον τοῦ Σόλωνος, ὅταν αὐτὸν δέῃ ἁλόντα ἐπὶ τὴν πυρὰν ὑπὸ τοῦ Κύρου

ποιήσῃ, machen lassen. — ἐς Πέρσας = ἐς Περσίδα. Der Name des Volkes, wie häufig auch bei den Lateinern, für den Namen des Landes. Kr. Gr. §. 68, 21, 2. — εὐφήμει, brauche Worte von guter Bedeutung, d. i. das verhüte Gott, rede nicht so. — φαίνῃ . . ὁμολογῶν. Oben c. 11: ἀλλ᾽ οὐ Σόλων γε ἐκεῖνος ἐρᾶν αὐτοῦ φαίνεται. Mit dem Particip. steht φαίνεσθαι verbunden, wenn von einem objectiven, realen Erscheinen, mit dem Infinitiv., wie δοκεῖν, wo von einem subjectiven Erscheinen die Rede ist,

wiewohl spätere Schriftsteller diesen Unterschied keineswegs stets beobachten. Vgl. Kr. Gr. §. 56, 4, 5. — ἤν τε .. ἤν τε, sive .. sive. — Φωκεῦσιν. Im sogenannten heiligen Kriege (356 — 346) bemächtigten sich die Phoker des reichen Tempels und raubten die dort befindlichen Schätze. — χρυσοποιῶν, Goldmacher, Goldarbeiter. Ebenso in der Anthol. Pal. 14, 50 ἀργυροποιός.

13. οὐχ ὑποπτήσσων, nähere Bestimmung zu τὸ πρᾶγμα. — τὸ παριστάμενον, was gerade in den Sinn kommt. — δέῃ, d. i.

ἀναχθῆναι· ἤκουσα γὰρ τῆς Κλωθοῦς πρῴην ἀναγινωσκούσης
τὰ ἑκάστῳ ἐπικεκλωσμένα, ἐν οἷς καὶ ταῦτα ἐγέγραπτο, Κροῖ-
σον μὲν ἁλῶναι ὑπὸ Κύρου, Κῦρον δὲ αὐτὸν ὑπ᾽ ἐκεινησὶ τῆς
Μασσαγέτιδος ἀποθανεῖν. ὁρᾷς τὴν Σκυθίδα, τὴν ἐπὶ τοῦ ἵπ-
που τούτου τοῦ λευκοῦ ἐξελαύνουσαν;

ΧΑΡ. Νὴ Δία.

ΕΡΜ. Τόμυρις ἐκείνη ἐστί, καὶ τὴν κεφαλήν γε ἀποτε-
μοῦσα τοῦ Κύρου αὕτη ἐς ἀσκὸν ἐμβαλεῖ πλήρη αἵματος. ὁρᾷς
δὲ καὶ τὸν υἱὸν αὐτοῦ τὸν νεανίσκον; Καμβύσης ἐκεῖνός ἐστιν·
οὗτος βασιλεύσει μετὰ τὸν πατέρα καὶ μυρία σφαλεὶς ἔν τε τῇ
Λιβύῃ καὶ Αἰθιοπίᾳ τὸ τελευταῖον μανεὶς ἀποθανεῖται ἀπο-
κτείνας τὸν Ἀπιν.

ΧΑΡ. Ὦ πολλοῦ γέλωτος. ἀλλὰ νῦν τίς ἂν αὐτοὺς προσ-
βλέψειεν οὕτως ὑπερφρονοῦντας τῶν ἄλλων; ἢ τίς ἂν πιστεύ-
σειεν ὡς μετ᾽ ὀλίγον οὗτος μὲν αἰχμάλωτος ἔσται, οὗτος δὲ τὴν
κεφαλὴν ἕξει ἐν ἀσκῷ αἵματος; 14. ἐκεῖνος δὲ τίς ἐστιν, ὦ 14
Ἑρμῆ, ὁ τὴν πορφυρᾶν ἐφεστρίδα ἐμπεπορπημένος, ὁ τὸ διά-
δημα, ᾧ τὸν δακτύλιον ὁ μάγειρος ἀναδίδωσι τὸν ἰχθὺν ἀνα-
τεμών,

νήσῳ ἐν ἀμφιρύτῃ; βασιλεὺς δέ τις εὔχεται εἶναι.

quum tempus aderit, ut. So oft δεῖ
von dem, was nach dem Schicksal
nothwendig eintreten muss.— ἐπὶ
τὴν πυράν, Herodot. 1, 86.— Κλω-
θοῦς, eine der drei Parzen (La-
chesis, Atropos), die den Lebens-
faden spinnt. — ἁλῶναι .. ἀπο-
θανεῖν, Infinitiv. des Aorists, wo
wir den des Futurum's erwarten;
s. Kr. Gr. §. 53, 6, 9. — ὑπ᾽
ἐκεινησὶ .. ἀποθανεῖν, s. zu II,
32. — Τόμυρις, Herodot. 1, 214.
— μυρία σφαλείς, nachdem er
tausend Unfälle erlitten;
μυρία ist Accusat., Kr. Gr. §. 46,
5, 5. — ἀποκτείνας τὸν Ἀπιν.
Apis ist der von den Aegyptiern
göttlich verehrte Stier. Herodot.
3, 30: Καμβύσης δέ, ὡς λέγουσι
Αἰγύπτιοι. αὐτίκα διὰ τοῦτο τὸ
ἀδίκημα ἐμάνη, ἐὼν οὐδὲ πρότε-
ρον φρενήρης. Kambyses hatte
sich unvorsichtig mit seinem
Schwerte an derselben Stelle sei-
nes Körpers verwundet, an der er

LUCIAN. I.

den Apis tödtlich verwundet hatte.
— ὦ πολλοῦ γέλωτος, o über das
viele lächerliche Zeug; c.
22: τῆς ἀνοίας. 23: κακαὶ τῶν
ἐπαίνων. 24: ὦ τῆς ἀνοίας. —
ἐν ἀσκῷ αἵματος. in einem
Schlauche mit Blut. So schon
Homer. Odyss. 9, 196: αἴγεον ἀ-
σκὸν ἔχον μέλανος οἴνοιο. Kr. Gr.
§. 47, 8.
14. τὴν ἐφεστρίδα, ein chlamys-
artiges Gewand, Oberkleid, Man-
tel, mit einer Spange od. Agraffe
(πόρπη) über der Schulter zusam-
mengehalten. Dial. meretr. 9, 2:
ἑώρακα αὐτὸν ἐφεστρίδα περιπόρ-
φυρον ἐμπεπορπημένον. Dial.
mort. 13, 5. — ὁ τὸ διάδημα, s.
oben zu c. 9. — ᾧ τὸν δακτύλιον,
vgl. Herodot. 3, 41 f. — νήσῳ ἐν
ἀμφιρύτῃ, d.i. Samos, bei Homer.
Odyss. 1, 50. von der Insel Ogy-
gia. Mit den folgenden Worten
βασ. δέ τις εὔχεται εἶναι vgl.
Odyss. 1, 180. 5, 450. — προδο-

6

ΕΡΜ. Εὖ γε παρῳδεῖς ἤδη, ὦ Χάρων, ἀλλὰ Πολυκράτην
ὁρᾷς τὸν Σαμίων τύραννον πανευδαίμονα ἡγούμενον εἶναι·
ἀτὰρ καὶ οὗτος αὐτὸς ὑπὸ τοῦ παρεστῶτος οἰκέτου Μαιανδρίου
προδοθεὶς Ὀροίτῃ τῷ σατράπῃ ἀνασκολοπισθήσεται ἄθλιος ἐκ-
πεσὼν τῆς εὐδαιμονίας ἐν ἀκαρεῖ τοῦ χρόνου· καὶ ταῦτα γὰρ
τῆς Κλωθοῦς ἐπήκουσα.

ΧΑΡ. Ἄγαμαι Κλωθοῦς γεννικῆς· καὶ αὐτούς, ὦ βελτί-
στη, καὶ τὰς κεφαλὰς ἀπότεμνε καὶ ἀνασκολόπιζε, ὡς εἰδῶσιν
ἄνθρωποι ὄντες· ἐν τοσούτῳ δὲ ἐπαιρέσθων ὡς ἂν ἀφ' ὑψη-
λοτέρου ἀλγεινότερον καταπεσούμενοι. ἐγὼ δὲ γελάσομαι τότε
γνωρίσας αὐτῶν ἕκαστον γυμνὸν ἐν τῷ σκαφιδίῳ μήτε τὴν
πορφυρίδα μήτε τιάραν ἢ κλίνην χρυσῆν κομίζοντας.

15 15. *ΕΡΜ.* Καὶ τὰ μὲν τούτων ὧδε ἕξει. τὴν δὲ πληθὺν
ὁρᾷς, ὦ Χάρων, τοὺς πλέοντας αὐτῶν, τοὺς πολεμοῦντας,
τοὺς δικαζομένους, τοὺς γεωργοῦντας, τοὺς δανείζοντας, τοὺς
προσαιτοῦντας;

ΧΑΡ. Ὁρῶ ποικίλην τινὰ τὴν τύρβην καὶ μεστὸν ταρα-
χῆς τὸν βίον καὶ τὰς πόλεις γε αὐτῶν ἐοικυίας τοῖς σμήνεσιν,
ἐν οἷς ἅπας μὲν ἴδιόν τι κέντρον ἔχει καὶ τὸν πλησίον κεντεῖ,
ὀλίγοι δέ τινες ὥσπερ σφῆκες ἄγουσι καὶ φέρουσι τὸ ὑποδε-
έστερον. ὁ δὲ περιπετόμενος αὐτοὺς ἐκ ἀφανοῦς οὗτος ὄχλος
τίνες εἰσίν;

θείς. Von einem Verrath ist bei
Herodot. 3, 120 ff. nicht die Rede.
— τῷ σατράπῃ. Er war persi-
scher Statthalter in Sardes. —
ἄθλιος, nicht ὁ ἄθλιος, weil es
mit ἐκπεσών zu verbinden. An-
ders c. 17. — ἐν ἀκαρεῖ τοῦ χρό-
νου, s. zu II, 3. — ἄγαμαι Κλω-
θοῦς γεννικῆς, d. i. recht so,
wackere Klotho. Ebenso steht
ἄγαμαι in der Anrede mit dem
Genetivus bei Aristoph. Acharn.
464. — καὶ αὐτούς, in Bezug auf
Krösos. — ἐν τοσούτῳ, s. zu II,
10. — ἐπαιρέσθων, sie mögen
sich erheben. — ὡς ἂν — κα-
ταπεσούμενοι, s. zu c. 1. In Ver-
bindung mit dem Particip. des
Futur. ebenso Asin. 26: ἐγὼ δὲ
ἀνέστενον ἐμαυτὸν ὡς ἂν ἀποσφα-
γησόμενος καὶ μηδὲ νεκρὸς εὐτυ-
χῆς κεισόμενος, ἀλλὰ κτέ. — κο-

μίζοντας. Wie ist der Plural zu
erklären?, κομίζειν, mit sich
führen.
15. αὐτῶν, in Bezug auf πλη-
θύν. — ποικίλην τινὰ τὴν τ., s.
zu I, 1. — καὶ τὰς πόλεις γε. γέ
nach καί hebt den stets einge-
schobenen Begriff hervor. Vgl.
weiter unten u. c. 16: καὶ κληρονο-
μῆσαί γε. Pisc. 47 u. s. — ἄγου-
σι καὶ φέρουσι. Eigentlich von
Feinden, wobei ἄγειν auf Men-
schen und Vieh, und φέρειν auf
tragbare Gegenstände geht; dann
uneigentlich s. v. a. gewaltthätig
behandeln, misshandeln. Vgl. Dial.
deor. 6, 3. Jup. conf. 17. Ebenso bei
Livius *agere (et) ferre* im eigent-
lichen und uneigentlichen Sinne.
— τὸ ὑποδεέστερον = τοὺς ὑποδε-
εστέρους, die Schwächeren. Kr.
Gr. §. 43, 4, 17. — ἐκ ἀφανοῦς,

ΕΡΜ. Ἐλπίδες, ὦ Χάρων, καὶ δείματα καὶ ἄνοιαι καὶ ἡδοναὶ καὶ φιλαργυρίαι καὶ ὀργαὶ καὶ μίση καὶ τὰ τοιαῦτα. τούτων δὲ ἡ ἄνοια μὲν κάτω ξυναναμέμικται αὐτοῖς καὶ ξυμπολιτεύεταί γε νὴ Δία, καὶ τὸ μῖσος καὶ ἡ ὀργὴ καὶ ζηλοτυπία καὶ ἀμαθία καὶ ἀπορία καὶ φιλαργυρία, ὁ φόβος δὲ καὶ αἱ ἐλπίδες ὑπεράνω πετόμενοι ὁ μὲν ἐμπίπτων ἐκπλήττει, ἐνίοτε καὶ ὑποπτήσσειν ποιεῖ, αἱ δ᾽ ἐλπίδες ὑπὲρ κεφαλῆς αἰωρούμεναι, ὁπόταν μάλιστα οἴηταί τις ἐπιλήψεσθαι αὐτῶν, ἀναπτάμεναι οἴχονται κεχηνότας αὐτοὺς ἀπολιποῦσαι, ὅπερ καὶ τὸν Τάνταλον κάτω πάσχοντα ὁρᾷς ὑπὸ τοῦ ὕδατος. 16. ἢν δὲ ἀτε- 16 νίσῃς, κατόψει καὶ τὰς Μοίρας ἄνω ἐπικλωθούσας ἑκάστῳ τὸν ἄτρακτον, ἀφ᾽ οὗ ἠρτῆσθαι ξυμβέβηκεν ἅπαντας ἐκ λεπτῶν νημάτων. ὁρᾷς καθάπερ ἀράχνιά τινα καταβαίνοντα ἐφ᾽ ἕκαστον ἀπὸ τῶν ἀτράκτων;

. *ΧΑΡ.* Ὁρῶ πάνυ λεπτὸν ἕκαστον νῆμα ἐπιπεπλεγμένον γε τὰ πολλά, τοῦτο μὲν ἐκείνῳ, ἐκεῖνο δὲ ἄλλῳ.

ΕΡΜ. Εἰκότως, ὦ πορθμεῦ· εἵμαρται γὰρ ἐκεῖνον μὲν ὑπὸ τούτου φονευθῆναι, τοῦτον δὲ ὑπ᾽ ἄλλου, καὶ κληρονομῆσαί γε τοῦτον μὲν ἐκείνου, ὅτου ἂν ᾖ μικρότερον τὸ νῆμα, ἐκεῖνον δὲ αὖ τούτου· τοιόνδε γάρ τι ἡ ἐπιπλοκὴ δηλοῖ. ὁρᾷς δ᾽ οὖν ἀπὸ λεπτοῦ κρεμαμένους ἅπαντας; καὶ οὗτος μὲν ἀνασπασθεὶς ἄνω μετέωρός ἐστι καὶ μετὰ μικρὸν καταπεσών, ἀπορραγέντος τοῦ λίνου, ἐπειδὰν μηκέτι ἀντέχῃ πρὸς τὸ βάρος, μέγαν τὸν ψόφον ἐργάσεται, οὗτος δὲ ὀλίγον ἀπὸ γῆς

eigentl. von einem unsichtbaren Punkte aus, unsichtbarer Weise. Vgl. *ἐκ* od. *ἀπὸ τοῦ προφανοῦς.* Kr. Gr. §. 43, 4, 5. — *κάτω,* unten, auf der Erde. — *ἀναπτάμεναι οἴχονται.* Vgl. hiermit Toxar. 9. — *κεχηνότας αὐτούς,* in Bezug auf das vorhergehende collective *τίς.* Philopsead. 20: *εὐχαί τινος ἢ μισθὸς ἐπὶ τῇ ἰάσει, ὁπόσοι δι᾽ αὐτὸν ἐπαύσαντο πυρετῷ ἐχόμενοι.* — *Τάνταλον,* s. zu II, 18.

16. *ἐπικλωθ. ἑκάστῳ τὸν ἄτρακτον.* Catapl. 7: *σχεδὸν γὰρ ὅλον μοι τὸν ἄτρακτον ἐπέκλωσας.* — *ξυμβέβηκεν,* es hat sich getroffen, ist der Fall. — *ἐκ,*

vermittelst. — *ἀράχνια,* Spinnefäden. — *ἐπιπεπλεγμένον γε τὰ πολλά,* der (Faden) gröstentheils verschlungen ist. — *ἐκείνῳ.. ἄλλῳ* = *τῷ ἐκείνου* und *τῷ ἄλλου,* näml. *νήματι,* dieser (Faden) mit dem jenes. Eine oft vorkommende Kürze; Alex. 40: *εἴτε Πυθαγόρου τὴν ψυχὴν ἔχοι εἴτε ἄλλην ὁμοίαν αὐτῷ,* d. i. *ὁμοίαν τῇ ψυχῇ αὐτοῦ* u. ö. — *κληρονομῆσαι,* beerben, mit Genetiv. der Pers. auch sonst bei Luc. — *ἐπιπλοκή,* Verschlingung, Verflechtung. — *ἀπὸ λεπτοῦ,* wir: an einem Härchen. — *ἀντέχῃ πρός.* Dial. meretr. 11, 1: *οὐκέτ᾽ ἀντέχω πρὸς τὸ δεινόν.*

6*

αἰωρούμενος, ἢν καὶ πέσῃ, ἀψοφητὶ κείσεται, μόλις καὶ τοῖς γείτοσιν ἐξακουσθέντος τοῦ πτώματος.

ΧΑΡ. Παγγέλοια ταῦτα, ὦ Ἑρμῆ.

17   17. ΕΡΜ. Καὶ μὴν οὐδ' εἰπεῖν ἔχοις ἂν κατὰ τὴν ἀξίαν, ὅπως ἐστὶ καταγέλαστα, ὦ Χάρων, καὶ μάλιστα αἱ ἄγαν σπουδαὶ αὐτῶν καὶ τὸ μεταξὺ τῶν ἐλπίδων οἴχεσθαι ἀναρπάστους γιγνομένους ὑπὸ τοῦ βελτίστου Θανάτου. ἄγγελοι δὲ καὶ ὑπηρέται αὐτοῦ μάλα πολλοί, ὡς ὁρᾷς, ἠπίαλοι καὶ πυρετοὶ καὶ φθόαι καὶ περιπνευμονίαι καὶ ξίφη καὶ λῃστήρια καὶ κώνεια καὶ δικασταὶ καὶ τύραννοι· καὶ τούτων οὐδὲν ὅλως αὐτοὺς εἰσέρχεται, ἔστ' ἂν εὖ πράττωσιν, ὅταν δὲ σφαλῶσι, πολὺ τὸ ὀτοτοῖ καὶ αἰαῖ καὶ οἴμοι. εἰ δὲ εὐθὺς ἐξ ἀρχῆς ἐνενόουν ὅτι θνητοί τέ εἰσιν αὐτοὶ καὶ ὀλίγον τοῦτον χρόνον ἐπιδημήσαντες τῷ βίῳ ἄπιασιν ὥσπερ ἐξ ὀνείρατος, πάντα ὑπὲρ γῆς ἀφέντες, ἔζων τε ἂν σωφρονέστερον καὶ ἧττον ἠνιῶντο ἀποθανόντες· νῦν δὲ ἐς ἀεὶ ἐλπίσαντες χρήσεσθαι τοῖς παροῦσιν, ἐπειδὰν ἐπιστὰς ὁ ὑπηρέτης καλῇ καὶ ἀπάγῃ πεδήσας τῷ πυρετῷ ἢ τῇ φθόῃ, ἀγανακτοῦσι πρὸς τὴν ἀγωγὴν οὔποτε προσδοκήσαντες ἀποσπασθήσεσθαι αὐτῶν. ἢ τί γὰρ οὐκ ἂν ποιήσειεν ἐκεῖνος ὁ τὴν οἰκίαν σπουδῇ οἰκοδομούμενος καὶ τοὺς ἐργάτας ἐπισπέρχων, εἰ μάθοι ὅτι ἡ μὲν ἕξει τέλος αὐτῷ, ὁ δὲ ἄρτι ἐπιθεὶς τὸν ὄροφον ἄπεισι τῷ κληρονόμῳ καταλιπὼν ἀπολαύειν αὐτῆς, αὐτὸς μηδὲ δειπνήσας ὁ ἄθλιος ἐν αὐτῇ; ἐκεῖνος μὲν γὰρ ὁ χαίρων ὅτι ἄρρενα παῖδα τέτοκεν αὐτῷ ἡ γυνή, καὶ τοὺς φίλους διὰ τοῦτο ἑστιῶν καὶ τοὔνομα τοῦ πατρὸς τιθέμενος, εἰ

Häufiger mit dem Dativ. — ἀψοφητί, ergänze πεσών aus dem vorhergehenden πέσῃ. — τοῖς γείτοσιν, s. zu III, 6. Sprichwörtliche Redensart.
17. αἱ ἄγαν σπουδαί. De merc. cond. 6: ἡ ἄγαν ἐλευθερία. Dial. mort. 27, 8: οἱ πάνυ γέροντες. Oben c. 1: τοῖς ἄνω πράγμασιν. u. ö., Kr. Gr. §. 50, 8, 8. — αὐτοὺς εἰσέρχεται, kommt ihnen in den Sinn, fällt ihnen ein. — πολύ, als Prädicat, dann ist häufig. De merc. cond. 5. Alex. 20. u. ö. — ἐς ἀεί verbinde mit χρήσεσθαι. S. zu c. 1 z. E. — πρός, in Bezug auf, wegen. — ἢ τί γάρ, s. zu III, 9. Uebrigens darf die Negation οὐκ hier nicht herausgeworfen werden: oder was würde der nicht thun, der u. s. w.; die Antwort ist: er würde nicht bauen. Vgl. Dial. meretr. 9, 3: νῦν δὲ τί οὐκ ἂν ἱκείνος ποιήσειεν; Fugit. 32: εἶτα τί οὐκ ἂν γένοιτο; — ὁ δέ, er (selbst) aber. Vgl. c. 20: ἀλλ' ἀνάγκη τὸν μὲν γυμνὸν οἴχεσθαι, τὴν οἰκίαν δὲ κτἑ. — ἀπολαύειν, am zu geniessen. Kr. Gr. §. 55, 3, 20. — ὁ ἄθλιος. In derartigen Appositionen kann der Artikel nicht fehlen; vgl. II, 22. 23. De luct. 8 z. E. u. ö. Kr. Gr. §. 50, 8, 5. — τοῦ πατρός, d. i. des Grossvaters vom Kinde; denn das

ἠπίστατο ὡς ἑπτέτης γενόμενος ὁ παῖς τεθνήξεται, ἆρα ἄν σοι
δοκεῖ χαίρειν ἐπ' αὐτῷ γεννωμένῳ; ἀλλὰ τὸ αἴτιον, ὅτι τὸν
μὲν εὐτυχοῦντα ἐπὶ τῷ παιδὶ ἐκεῖνον ὁρᾷ τὸν τοῦ ἀθλητοῦ
πατέρα τοῦ Ὀλύμπια νενινηκότος, τὸν γείτονα δὲ τὸν ἐκκομί-
ζοντα τὸ παιδίον οὐχ ὁρᾷ οὐδὲ οἶδεν ἀφ' οἵας αὐτῷ κρόκης
ἐκρέματο. τοὺς μὲν γὰρ περὶ τῶν ὅρων διαφερομένους ὁρᾷς
ὅσοι εἰσί, καὶ τοὺς συναγείροντας τὰ χρήματα, εἶτα, πρὶν ἀπο-
λαῦσαι αὐτῶν, καλουμένους ὑφ' ὧν εἶπον τῶν ἀγγέλων τε καὶ
τῶν ὑπηρετῶν.

18. ΧΑΡ. Ὁρῶ ταῦτα πάντα καὶ πρὸς ἐμαυτόν γε ἐννοῶ 18
ὅ τι τὸ ἡδὺ αὐτοῖς παρὰ τὸν βίον ἢ τί ἐκεῖνό ἐστιν, οὗ στερό-
μενοι ἀγανακτοῦσιν. ἢν γοῦν τοὺς βασιλέας ἴδῃ τις αὐτῶν,
οἵπερ εὐδαιμονέστατοι εἶναι δοκοῦσιν, ἔξω τοῦ ἀβεβαίου καὶ
ὡς φῇς ἀμφιβόλου τῆς τύχης, πλείω τῶν ἡδέων τὰ ἀνιαρὰ εὑ-
ρήσει προσόντα αὐτοῖς, φόβους καὶ ταραχὰς καὶ μίση καὶ ἐπι-
βουλὰς καὶ ὀργὰς καὶ κολακείας· τούτοις γὰρ ἅπαντες ξύνει-
σιν. ἐῶ πένθη καὶ νόσους καὶ πάθη ἐξ ἰσοτιμίας δηλαδὴ ἄρ-
χοντα αὐτῶν· ὅπου δὲ τὰ τούτων πονηρά, λογίζεσθαι καιρὸς
οἷα τὰ τῶν ἰδιωτῶν ἂν εἴη. 19. ἐθέλω δ' οὖν σοι, ὦ Ἑρμῆ, 19

war bei den Griechen, wie auch
jetzt noch bei ihnen, das Gewöhn-
lichste. Dieses geschah oft schon
am siebenten, jedenfalls aber am
zehnten Tage nach der Geburt
unter feierlichem Opfer verbun-
den mit Schmausereien, wozu die
Verwandten und Freunde einge-
laden waren. — τεθνήξεται. Die-
selbe Futurform oben c. 8. De
merc. cond. 31. Pisc. 10 u. s.
Sie gehört den Späteren an; bei
den Att. τεθνήξω. — ἄν gehört
zu χαίρειν. Vgl. cap. 20 zu E.
Hermotim. 34 z. A. u. ö. — αἴ-
τιον, näml. ἐστίν. — τοῦ Ὀλύμπια
νενικηκότος, s. zu II, 50. Uebri-
gens galt dieses bei den Hellenen
für das grösste irdische Glück.
— ἐκκομίζοντα, näml. zur Bestat-
tung. Ebenso im Latein. efferre.
— ἐκρέματο. Welches ist das
Subject? Vgl. mit dieser Stelle
De luctu 15: οὔτ' ὅ τι πέπονθεν
αὐτῷ ὁ παῖς οἶδεν. — ὑφ' ὧν
εἶπον τῶν ἀγγέλων = ὑπὸ τῶν
ἀγγέλων, οὓς εἶπον. De merc.

cond. 4: περὶ ὧν προεῖπον τῶν
πεπαιδευμένων.
18. πρὸς ἐμαυτόν, bei mir;
vgl. Conviv. 44. De morte Peregr.
38. — ὅ τι ... ἢ τί. Bei zwei
od. mehreren indirecten Fragen
hinter einander, wird mit den Re-
lativen u. Fragewörtern um Wie-
derholung zu vermeiden abge-
wechselt; oben c. 1: ἐπεθύμησα
ἰδεῖν, ὁποῖά ἐστι . . . καὶ τίνων
κτέ. Hermotim. 20: ἥντινα τρα-
πόμενος ἢ τῷ ἀκολουθήσας. Ver.
hist. 1, 5: βούλεσθαι μαθεῖν, ὅ τι
τὸ τέλος ἐστὶ . . καὶ τίνες οἱ κτέ.
Jup. trag. 21: ἐξετάσαι, τίνες αὐ-
τῶν οἱ φαῦλοι ἢ οἵτινες οἱ χρη-
στοί εἰσιν. — παρὰ τὸν βίον, s.
zu II, 50. — ἔξω, s. zu II, 1. —
φόβους κτέ. Der Pluralis zur
Bezeichnung der mannichfaltigen
Arten. — πάθη, Unfälle. — ἐξ
ἰσοτιμίας, auf gleiche Weise,
wie über andere Sterbliche; vgl.
Piscat. 34. De merc. cond. 16. —
τούτων, näml. βασιλέων.
19. δ' οὖν muss es nach meiner

εἰπεῖν, ᾧτινι ἐοικέναι μοι ἔδοξαν οἱ ἄνθρωποι καὶ ὁ βίος ἅπας αὐτῶν. ἤδη ποτὲ πομφόλυγας ἐν ὕδατι ἐθεάσω ὑπὸ κρουνῷ τινι καταρράττοντι ἀνισταμένας; τὰς φυσαλλίδας λέγω, ἀφ' ὧν ξυναγείρεται ὁ ἀφρός· ἐκείνων τοίνυν τινὲς μὲν μικραί εἰσι καὶ αὐτίκα ἐκραγεῖσαι ἀπέσβησαν, αἱ δ' ἐπὶ πλέον διαρκοῦσι καὶ προσχωρουσῶν αὐταῖς τῶν ἄλλων αὗται ὑπερφυσώμεναι ἐς μέγιστον ὄγκον αἴρονται, εἶτα μέντοι κἀκεῖναι πάντως ἐξερράγησάν ποτε· οὐ γὰρ οἷόν τε ἄλλως γενέσθαι. τοῦτό ἐστιν ὁ ἀνθρώπου βίος· ἅπαντες ὑπὸ πνεύματος ἐμπεφυσημένοι οἱ μὲν μείζους, οἱ δὲ ἐλάττους· καὶ οἱ μὲν ὀλιγοχρόνιον ἔχουσι καὶ ὠκύμορον τὸ φύσημα, οἱ δὲ ἅμα τῷ ξυστῆναι ἐπαύσαντο· πᾶσι δ' οὖν διαρραγῆναι ἀναγκαῖον.

ΕΡΜ. Οὐδὲν χεῖρον σὺ τοῦ Ὁμήρου εἴκασας, ὦ Χάρων, ὃς φύλλοις τὸ γένος αὐτῶν ὁμοιοῖ.

20   20. ΧΑΡ. Καὶ τοιοῦτοι ὄντες, ὦ Ἑρμῆ, ὁρᾷς οἷα ποιοῦσι καὶ ὡς φιλοτιμοῦνται πρὸς ἀλλήλους, ἀρχῶν πέρι καὶ τιμῶν καὶ κτήσεων ἀμιλλώμενοι, ἅπερ ἅπαντα καταλιπόντας αὐτοὺς δεήσει ἕνα ὀβολὸν ἔχοντας ἥκειν παρ' ἡμᾶς. βούλει οὖν, ἐπείπερ ἐφ' ὑψηλοῦ ἐσμέν, ἀναβοήσας παμμέγεθες παραινέσω αὐτοῖς ἀπέχεσθαι μὲν τῶν ματαίων πόνων, ζῆν δὲ ἀεὶ τὸν θάνατον πρὸ ὀφθαλμῶν ἔχοντας, λέγων, Ὦ μάταιοι, τί ἐσπουδάκατε περὶ ταῦτα; παύσασθε κάμνοντες· οὐ γὰρ ἐς ἀεὶ βιώ·σεσθε· οὐδὲν τῶν ἐνταῦθα σεμνῶν ἀίδιόν ἐστιν, οὐδ' ἂν

Besserung heissen für γοῦν. — πομφόλυγας. Petron. satyric. 42, 4: nos non pluris sumus quam bullae. — καταρράττοντι, intrans. herunterstürzen. — ἀφ' ὧν, s. zu c. 4. — τινὲς μὲν .. αἱ δ', = αἱ μὲν .. αἱ δέ. Parthen. 8: ἔνθα δὴ τὰς μὲν ἐρύσαντο, τινὲς δὲ ἀπήχθησαν. ebend. 28. — αὐτίκα in Verbindung mit dem Particip. das lat. simulac. — ἀπέσβησαν. Beachte hier den Wechsel des Aorist mit dem Präsens; jener dient zur Bezeichnung des schnellen Verlaufs einer Handlung, dieses zur Bezeichnung der Dauer; vgl. Kr. Gr. §. 53, 10, 2. — ἐπὶ πλέον, auf längere Zeit. — τοῦτό ἐστιν ὁ ἀνθρώπου βίος. Toxar. 48: τοῦτό ἐστιν ἡμῖν ἡ

μεγίστη ἱκετηρία. De merc. cond. 23: τοῦτο ἡ κρᾶσίς ἐστιν u ö. Vgl. Kr. Gr. §. 61, 7, 4. — μείζους, ἐλάττους. Prädicate; wir: die einen mehr, die anderen weniger. — εἴκασας, einen Vergleich anstellen. — φύλλοις. Glaukos in der Ilias 6, 146: οἵη περ φύλλων γενεή, τοιήδε καὶ ἀνδρῶν.

20. ἕνα ὀβολὸν ἔχοντας. Als Fährgeld für den Charon steckte man den Todten einen Obolos in den Mund; vgl. oben c. 11: οἶδα γὰρ τὸν χαλκὸν κτέ. und Dial. mort. 1, 3. De luct. 10. — ἀναβοήσας παμμέγεθες. Necyom. 9: παμμέγεθες ἀνακραγών. De luct. 19: καμμέγεθες ἀνακαγχάσαι. Ebenso im Latein. exclamare maxi-

ἀπάγοι τις αὐτῶν τι ξὺν αὑτῷ ἀποθανών, ἀλλ' ἀνάγκη τὸν
μὲν γυμνὸν οἴχεσθαι, τὴν οἰκίαν δὲ καὶ τὸν ἀγρὸν καὶ τὸ χρυ-
σίον ἀεὶ ἄλλων εἶναι καὶ μεταβάλλειν τοὺς δεσπότας. εἰ ταῦτα
καὶ τὰ τοιαῦτα ἐξ ἐπηκόου ἐμβοήσαιμι αὐτοῖς, οὐκ ἂν οἴει με-
γάλα ὠφεληθῆναι τὸν βίον καὶ σωφρονεστέρους ἂν γενέσθαι
παρὰ πολύ;

21. ΕΡΜ. Ὦ μακάριε, οὐκ οἶσθα, ὅπως αὐτοὺς ἡ ἄγνοια 21
καὶ ἡ ἀπάτη διατεθείκασιν, ὡς μηδ' ἂν τρυπάνῳ ἔτι διανοι-
χθῆναι αὐτοῖς τὰ ὦτα· τοσούτῳ κηρῷ ἔβυσαν αὐτά, οἷόν περ
ὁ Ὀδυσσεὺς τοὺς ἑταίρους ἔδρασε δέει τῆς Σειρήνων ἀκροά-
σεως. πόθεν οὖν ἂν ἐκεῖνοι ἀκοῦσαι δυνηθεῖεν, ἢν καὶ σὺ
κεκραγὼς διαρραγῇς; ὅπερ γὰρ παρ' ὑμῖν ἡ Λήθη δύναται,
τοῦτο ἐνταῦθα ἡ ἄγνοια ἐργάζεται. πλὴν ἀλλ' εἰσὶν αὐτῶν
ὀλίγοι οὐ παραδεδεγμένοι τὸν κηρὸν ἐς τὰ ὦτα πρὸς τὴν ἀλή-
θειαν ἀποκλίνοντες, ὀξὺ δεδορκότες ἐς τὰ πράγματα καὶ κατ-
εγνωκότες οἷά ἐστιν.

ΧΑΡ. Οὐκοῦν ἐκείνοις γοῦν ἐμβοήσωμεν;

ΕΡΜ. Περιττὸν καὶ τοῦτο, λέγειν πρὸς αὐτοὺς ἃ ἴσασιν.
ὁρᾷς, ὅπως ἀποσπάσαντες τῶν πολλῶν καταγελῶσι τῶν γιγνο-
μένων καὶ οὐδαμῇ οὐδαμῶς ἀρέσκονται αὐτοῖς, ἀλλὰ δῆλοί

mum. Kr. Gr. §. 46, 5, 6. — τὸν
μέν, s. oben zu c. 17 ὁ δέ. — ἐξ
ἐπηκόου, von einem Orte, von wo
aus man etwas leicht vernehmen
kann. Ebenso ἐκ τοῦ ἐπηκόου
Bis acc. 9. — ἄν, s. zu c. 17. —
μεγάλα ὠφεληθῆναι. In der Re-
gel der Accusat. des Neutr. Plur.
bei den Verb. des Nützens und
Schadens. Tim. 51: οὐ μικρὰ
ὠφέλησε τὴν πόλιν. Kr. Gr. §. 46,
5, 5. vgl. mit 7. — παρὰ πολύ,
s. zu II, 18.

21. ὦ μακάριε, o Guter; eben-
so Vit. auct. 26. Anachars. 34.
— ὅπως αὐτοὺς . . διατεθείκασιν,
quomodo eos affecerint. Anachars.
33: ἡ εἰρήνη διατέθεικεν ὑμᾶς
οὕτως u. ö. Uebrigens vgl. II,
27. — ὡς μηδ' ἂν — διανοι-
χθῆναι. Gleich der Optativ. mit
ἂν in unabhängiger Rede. Thu-
cyd. 2, 49: τὰ δὲ ἐντὸς οὕτως
ἐκάετο, ὥστε . . ἥδιστα ἂν ἐς
ὕδωρ ψυχρὸν σφᾶς αὐτοὺς ῥίπτειν.
Vgl. Kr. Gr. §. 54, 6, 6. — ὁ

Ὀδυσσεύς. Odyss. 12, 177. — ἢν
καί, etiam si. — κεκραγὼς διαρ-
ραγῇς. Adv. indoct. 20: ἢν μὴ
διαρραγῶσι βοῶντες. u. s. — Λή-
θη, der Fluss in der Unterwelt,
aus dem die Schatten Vergessen-
heit des Irdischen tranken. Vgl.
De luct. 5. — ὀξὺ δεδορκότες ἐς,
scharf in's Auge fassend.
Mit blossem Accusat. Calumn.
non tem. cred. 10: ἀλλήλους ὀξὺ
δεδόρκασι. Dieses Verbum ist ein
dichter. Wort und findet sich in
Prosa erst bei Sp--teren. — ἐμ-
βοήσωμεν, s. zu II, 30. — λέγειν
κτέ., nähere Bestimmung zu τοῦτο.
— ἀποσπάσαντες. Dieses Verbum
steht hier intrans. sich abson-
dern, sich trennen. Ebenso
Dial. deor. 20, 5. Dial. mar. 12,
1. Icaromenipp. 11. De domo 12.
Und so auch schon bei Xenoph.
anab. 1, 5, 3. ἀποστάντες, was
sich hier als Lesart findet, ist Er-
klärung. — οὐδαμῇ οὐδαμῶς,
nirgends und auf keine

εἶσι δρασμὸν ἤδη βουλεύοντες παρ' ὑμᾶς ἀπὸ τοῦ βίου; καὶ
γὰρ καὶ μισοῦνται ἐλέγχοντες αὐτῶν τὰς ἀμαθίας.

ΧΑΡ. Εὖ γε, ὦ γεννάδαι· πλὴν πάνυ ὀλίγοι εἰσίν, ὦ
Ἑρμῆ.

ΕΡΜ. Ἱκανοὶ καὶ οὗτοι. ἀλλὰ κατίωμεν ἤδη.

22. ΧΑΡ. Ἕν ἔτι ἐπόθουν, ὦ Ἑρμῆ, εἰδέναι, καί μοι δεί-
ξας αὐτὸ ἐντελῆ ἔσῃ τὴν περιήγησιν πεποιημένος, τὰς ἀποθή-
κας τῶν σωμάτων, ἵνα κατορύττουσι, θεάσασθαι.

ΕΡΜ. Ἠρία, ὦ Χάρων, καὶ τύμβους καὶ τάφους καλοῦσι
τὰ τοιαῦτα. πλὴν τὰ πρὸ τῶν πόλεων ἐκεῖνα τὰ χώματα ὁρᾷς
καὶ τὰς στήλας καὶ πυραμίδας; ἐκεῖνα πάντα νεκροδοχεῖα καὶ
σωματοφυλάκιά εἰσι.

ΧΑΡ. Τί οὖν ἐκεῖνοι στεφανοῦσι τοὺς λίθους καὶ χρίουσι
μύρῳ; οἱ δὲ καὶ πυρὰν νήσαντες πρὸ τῶν χωμάτων καὶ βό-
θρον τινὰ ὀρύξαντες καίουσί τε ταυτὶ τὰ πολυτελῆ δεῖπνα καὶ
ἐς τὰ ὀρύγματα οἶνον καὶ μελίκρατον, ὡς γοῦν εἰκάσαι, ἐκ-
χέουσιν;

ΕΡΜ. Οὐκ οἶδα, ὦ πορθμεῦ, τί ταῦτα πρὸς τοὺς ἐν Ἅι-
δου· πεπιστεύκασι δ' οὖν τὰς ψυχὰς ἀναπεμπομένας κάτωθεν

Weise, d. i. durchaus nicht;
ebenso Pseudol. 19. Dissert. c.
Hesiod. 8. — δῆλοί εἰσι .. βου-
λεύοντες, s. zu II, 53. — παρ'
ὑμᾶς, d. i. in die Unterwelt. —
καὶ γὰρ καί, etenim etiam, bei den
Attikern selten, auch sonst bei
Lucian, De morte Peregr. 36. 39.
u. s. — ὦ γεννάδαι, zu beziehen
auf die eben erwähnten klugen
Leute.
22. τὰς ἀποθήκας τῶν σωμά-
των, ἵνα κατορύττουσι = τὰς ἀπο-
θήκας, ἵνα κατορύττουσι τὰ σώ-
ματα. ἵνα, wo. Die Worte τὰς
ἀποθήκας bis θεάσασθαι enthalten
die nähere Erklärung und θεά-
σασθαι ist keineswegs überflüssig.
Beachte dabei die gewöhnliche
Gesprächsweise. — ἠρία κτέ. Her-
mes gibt hiermit dem Charon, der
mit den Dingen auf der Ober-
welt unbekannt ist, die wahren
Benennungen. — πρὸ τῶν πόλεων.
Die Todten wurden in der Regel
vor den Thoren, am liebsten an
öffentlichen Wegen begraben. —

ἐκεῖνα πάντα .. εἰσι. Beim Neutr.
des Plural. steht so bei Luc. das
Verbum bisweilen im Plural.; vgl.
Dial. mort. 13. 2. Anachars. 20.
Jup. trag. 40. Ver. hist. 1, 13.
Cynic. 15. Kr. Gr. §. 63, 2, 1. —
τοὺς λίθους, die Grabsteine.
Anthol. Pal. 11, 8:

μὴ μύρα, μὴ στεφάνους λιθί-
ναις στήλαισι χαρίζου,
μηδὲ τὸ πῦρ φλέξῃς (βρέξῃς)· ἐς
κενὸν ἡ δαπάνη.

— καίουσι κτέ. 'Lieblingsthiere,
od. Kleidungsstücke, Schmuck und
Mahlzeiten wurden mit dem Ver-
storbenen begraben od. verbrannt,'
Hermann's Privatalterth. §. 40.
Vgl. Vergil. Aen. 6, 224 f. — οἶ-
νον καὶ μελίκρ., vgl. schon Ho-
mer. Odyss. 10, 516 ff. — ἐς τὰ
ὀρύγμ. . . ἐκχέουσιν. Hermotim.
79: εἰς ὅλμον ὕδωρ ἐκχέας. —
ὡς γοῦν εἰκάσαι, so viel man
wenigstens vermuthen kann.
— τί ταῦτα πρὸς τοὺς ἐν Ἅιδου,
was dieses denen im Hades

δειπνεῖν μὲν ὡς οἷόν τε περιπετομένας τὴν κνῖσαν καὶ τὸν κα-
πνόν, πίνειν δὲ ἀπὸ τοῦ βόθρου τὸ μελίκρατον.

ΧΑΡ. Ἐκείνους ἔτι πίνειν ἢ ἐσθίειν, ὧν τὰ κρανία ξηρό-
τατα; καίτοι γελοῖός εἰμι σοὶ λέγων ταῦτα ὁσημέραι κατάγοντι
αὐτούς. οἶσθα οὖν, εἰ δύναιντ' ἂν ἔτι ἀνελθεῖν ἅπαξ ὑπο-
χθόνιοι γενόμενοι. ἐπεί τοι καὶ παγγέλοι' ἄν, ὦ Ἑρμῆ, ἔπα-
σχες, οὐκ ὀλίγα πράγματα ἔχων, εἰ ἔδει μὴ κατάγειν μόνον
αὐτούς, ἀλλὰ καὶ αὖθις ἀνάγειν πιομένους. ὦ μάταιοι, τῆς
ἀνοίας, οὐκ εἰδότες ἡλίκοις ὅροις διακέκριται τὰ νεκρῶν καὶ
τὰ ζώντων πράγματα καὶ οἷα τὰ παρ' ἡμῖν ἐστι καὶ ὅτι

κάτθαν' ὁμῶς ὅ τ' ἄτυμβος ἀνὴρ ὅς τ' ἔλλαχε τύμβου,
ἐν δὲ ἰῇ τιμῇ Ἴρος κρείων τ' Ἀγαμέμνων·
Θερσίτῃ δ' ἴσος Θέτιδος παῖς ἠϋκόμοιο.
πάντες δ' εἰσὶν ὁμῶς νεκύων ἀμενηνὰ κάρηνα,
γυμνοί τε ξηροί τε κατ' ἀσφοδελὸν λειμῶνα.

23. ΕΡΜ. Ἡράκλεις, ὡς πολὺν τὸν Ὅμηρον ἐπαντλεῖς. 23
ἀλλ' ἐπείπερ ἀνέμνησάς με, ἐθέλω σοι δεῖξαι τὸν τοῦ Ἀχιλ-
λέως τάφον. ὁρᾷς τὸν ἐπὶ τῇ θαλάττῃ; Σίγειον μὲν ἐκεῖνό
ἐστι τὸ Τρωικόν· ἀντικρὺ δὲ ὁ Αἴας τέθαπται ἐν τῷ Ῥοιτείῳ.

ΧΑΡ. Οὐ μεγάλοι, ὦ Ἑρμῆ, οἱ τάφοι. τὰς πόλεις δὲ τὰς
ἐπισήμους δεῖξόν μοι ἤδη, ἃς κάτω ἀκούομεν, τὴν Νίνον τὴν

helfen soll. — ὡς οἷόν τε, so
viel als möglich ist. —
ἐκείνους ἔτι πίνειν ἢ ἐσθίειν,
jene sollten noch trinken
od. essen? Ebenso Demosth.57,
47: νῦν δὲ τοὺς αὐτοὺς τούτους
ἐμὲ μεθ' αὐτῶν μηδὲ συνθῦναι
ἐᾶν; Ueber den ähnlichen latein.
Sprachgebrauch Zumpt §. 609. —
γελοῖός εἰμι λέγων, es ist lä-
cherlich, dass ich. Piscat.
51: καίτοι γελοῖός εἰμι ἀναγκάζων
ἰχθὺν λαλεῖν. Pro laps. in sal.
14. Cronos. 12. Ebenso δῆλός
εἰμι, s. zu II, 53. — εἰ, ob. De
merc. cond. 13: σκέψαι δ' αὐτός,
εἴ τις ἂν αὐτὰ ὑπομεῖναι δύναιτο.
Hermotim. 74. Phalar. 2, 10. Kr.
Gr. §. 54, 6, 6. — ἐπεί τοι καί,
denn wahrhaftig auch; vgl.
Jup. trag. 2. — πράγματα. Ue-
ber die Beschäftigungen des Her-
mes Dial. deor. 26. — πιομένους,

s. zu II, 25. — τῆς ἀνοίας, s.
oben zu c. 13. — κάτθαν' κτέ.
Aus verschiedenen homerischen
Stellen zusammengesetzt; Il. 9,
319. 320. Odyss. 10, 521. 11, 538.
573. — Ἴρος, jener Bettler auf
Ithaka, den die Freier der Pene-
lope zum Kundschafter gebrauch-
ten. — Θερσίτη, der feigste und
hässlichste unter den Argeiern.

23. πολύν, prädicativ, quam
largum infundis Homerum. ἐπαν-
τλεῖν, ein Wort der Schiffersprache
hier treffend vom Charon; vgl.
De morte Peregr. 5. — Σίγειον,
jetzt Jenischeer, Nordwestspitze
Kleinasiens am Eingange des Hel-
lespont. Etwas weiter nördlich
Ῥοίτειον, jetzt Intepeh. — ἃς κά-
τω ἀκούομεν, von denen wir
in der Unterwelt reden hö-
ren. — Νίνον, Hauptstadt As-
syriens, zerstört von Kyaxares.

Σαρδαναπάλλου καὶ Βαβυλῶνα καὶ Μυκήνας καὶ Κλεωνὰς
καὶ τὴν Ἴλιον αὐτήν· πολλοὺς γοῦν μέμνημαι διαπορθμεύσας
ἐκεῖθεν, ὡς δέκα ὅλων ἐτῶν μὴ νεωλκῆσαι μηδὲ διαψύξαι τὸ
σκαφίδιον.

ΕΡΜ. Ἡ Νίνος μέν, ὦ πορθμεῦ, ἀπόλωλεν ἤδη καὶ οὐδὲ
ἴχνος ἔτι λοιπὸν αὐτῆς, οὐδ᾽ ἂν εἴποις ὅπου ποτὲ ἦν· ἡ Βαβυ-
λὼν δέ σοι ἐκείνη ἐστὶν ἡ εὔπυργος, ἡ τὸν μέγαν περίβολον,
οὐ μετὰ πολὺ καὶ αὐτὴ ζητηθησομένη ὥσπερ ἡ Νίνος· Μυκή-
νας δὲ καὶ Κλεωνὰς αἰσχύνομαι δεῖξαί σοι, καὶ μάλιστα τὸ
Ἴλιον. ἀποπνίξεις γὰρ εὖ οἶδ᾽ ὅτι τὸν Ὅμηρον κατελθὼν ἐπὶ
τῇ μεγαληγορίᾳ τῶν ἐπῶν. πλὴν ἀλλὰ πάλαι μὲν ἦσαν εὐδαί-
μονες, νῦν δὲ τεθνᾶσι καὶ αὗται· ἀποθνήσκουσι γάρ, ὦ πορθ-
μεῦ, καὶ πόλεις ὥσπερ ἄνθρωποι, καὶ τὸ παραδοξότατον, καὶ
ποταμοὶ ὅλοι· Ἰνάχου γοῦν οὐδὲ τάφρος ἔτι ἐν Ἄργει κατα-
λείπεται.

ΧΑΡ. Παπαῖ τῶν ἐπαίνων, Ὅμηρε, καὶ τῶν ὀνομάτων,
24 Ἴλιος ἱρὴ καὶ εὐρυάγυια καὶ ἐϋκτίμεναι Κλεωναί. 24. ἀλλὰ
μεταξὺ λόγων τίνες ἐκεῖνοί εἰσιν οἱ πολεμοῦντες ἢ ὑπὲρ τίνος
ἀλλήλους φονεύουσιν;

ΕΡΜ. Ἀργείους ὁρᾷς, ὦ Χάρων, καὶ Λακεδαιμονίους καὶ
τὸν ἡμιθνῆτα ἐκεῖνον στρατηγὸν Ὀθρυάδαν τὸν ἐπιγράφοντα
τὸ τρόπαιον τῷ αὑτοῦ αἵματι.

— Μυκήνας καὶ Κλεωνάς, Städte in Argolis. — δέκα ὅλων ἐτῶν, s. oben zu c. 2. — διαψῦξαι, aus-lüften, austrocknen. Thu-cyd. 7, 12, 3: τὰς ναῦς οὐκ ἔστιν ἀνελκύσαντας διαψῦξαι. — ἡ τὸν μέγαν περίβολον, s. oben zu c. 9. — οὐ μετὰ πολύ. Eingenommen wurde Babylon 538 v. Chr. von Kyros. Pausanias erzählt, dass zu seiner Zeit noch der Tempel des Belos und die Mauern übrig gewesen seien. — αἰσχύνομαι δεῖξαί σοι, ich schäme und scheue mich dir zu zeigen, s. Kr. Gr. §. 56, 6, 5. 55, 3, 18. Gall. 18: αἰσχύνομαι λέγειν πρὸς σὲ τὴν ἀλήθειαν. u. s. Hingegen Nigr. 14: οὐκ αἰσχύνονται πενίαν ὁμολογοῦντες. u. s. — ἀπο-πνίξεις. Seltene Futurform. Plat. com. fr. 195 Mein.: γάρφ βά-πτοντες ἀποπνίξουσί με. und Anti-phan. com. fr. 170 Mein. — εὖ οἶδ᾽ ὅτι, s. zu I, 18. — καὶ τὸ παραδοξότατον, und was das Unglaublichste ist; s. zu II, 14. — Ἰνάχου, Fluss in Argolis, jetzt Panitza. Dafür, dass derselbe in der älteren Zeit gänzlich verschwunden sei, gibt es keine Beweisstelle. — τῶν ἐπαί-νων, s. zu c. 13.

24. μεταξὺ λόγων, halt᾽ ein-mal, à propos, eigentl. wäh-rend des Gesprächs, Dial. mort. 10, 12. u. s. — τὸν ἡμι-θνῆτα ἐκεῖνον στρατηγόν, s. zu II, 6. — Ὀθρυάδαν. Als die La-kedämonier und Argeier, so lau-tet die gewöhnliche Erzählung, um das Grenzgebiet von Thyrea kämpften (um Ol. 58) und drei-hundert gegen dreihundert strit-

ΧΑΡ. Ὑπὲρ τίνος δ' αὐτοῖς, ὦ Ἑρμῆ, ὁ πόλεμος;
ΕΡΜ. Ὑπὲρ τοῦ πεδίου αὐτοῦ, ἐν ᾧ μάχονται.

ΧΑΡ. Ὦ τῆς ἀνοίας, οἵ γε οὐκ ἴσασιν ὅτι, κἂν ὅλην τὴν
Πελοπόννησον ἕκαστος αὐτῶν κτήσωνται, μόγις ἂν ποδιαῖον
λάβοιεν τόπον παρὰ τοῦ Αἰακοῦ· τὸ δὲ πεδίον τοῦτο ἄλλοτε
ἄλλοι γεωργήσουσι πολλάκις ἐκ βάθρων τὸ τρόπαιον ἀνασπά-
σαντες τῷ ἀρότρῳ.

ΕΡΜ. Οὕτω μὲν ταῦτα ἔσται· ἡμεῖς δὲ καταβάντες ἤδη
καὶ κατὰ χώραν εὐθετήσαντες αὖθις τὰ ὄρη ἀπαλλαττώμεθα,
ἐγὼ μὲν καθ' ἃ ἐστάλην, σὺ δὲ ἐπὶ τὸ πορθμεῖον· ἥξω δέ σοι
καὶ αὐτὸς μετ' ὀλίγον νεκροστολῶν.

ΧΑΡ. Εὖ γε ἐποίησας, ὦ Ἑρμῆ· εὐεργέτης ἐς ἀεὶ ἀναγε-
γράψῃ. ὠνάμην τι διὰ σὲ τῆς ἀποδημίας. — οἷά ἐστι τὰ τῶν
κακοδαιμόνων ἀνθρώπων πράγματα· Χάρωνος δὲ οὐδεὶς λόγος.

ten, blieben von den Argeiern zwei, von den Lakedämoniern aber allein Othryadas übrig. Letzterer soll nun, während jene zwei nach Argos eilten, um den Sieg zu verkünden, von den Schilden u. Waffen, obschon selbst schwer verwundet, ein Denkmal errichtet und mit seinem Blute die Worte Διὶ τροπαιούχῳ darauf geschrieben haben. Herodot. 1, 82. Vgl. Luc. Rhet. praecept. 18. — ὦ τῆς ἀνοίας, s. zu c. 13. — οἵ γε, weil bei ἀνοίας das Pronomen αὐτῶν in Gedanken zu ergänzen. — κτήσωνται. Der Plural. wegen des Collectivbegriffes in ἕκαστος. — ἄλλοτε ἄλλοι, bald diese bald jene. — κατὰ χώραν, auf oder an ihren Platz, an Ort und Stelle. Toxar. 33: κατὰ χώραν ἔμειναν. Icaromenipp. 21. — εὐθετεῖν, gehörig stellen, gehört den Spätern an. — ἥξω δέ σοι. Dieser ethische Dativ häufig bei Verbis wie ἥκειν. Toxar. 51: νῦν σοι ἥξω. Piscat. 16. u. ö. Ebenso im Latein., Cic. ad Att. 2, 15: ecce tibi Sebosus venit. — νεκροστολῶν, Todte

zuführend, ein nur hier vorkommendes Wort. — εὖ γε ἐποίησας, bene de me meritus es. Vit. auct. 25. — εὐεργέτης ἀναγεγρ., metaphorisch. Eigentlich Ehrentitel solcher Männer, die sich um den Staat wohl verdient gemacht hatten. Wem diese Ehre zu Theil wurde, den pflegte man als εὐεργέτης auf Säulen oder anderen Denkmälern aufzuzeichnen (ἀναγράφειν). Ueber die Bedeutung des Futur. 3. s. Kr. Gr. §. 53, 9, 3. — ὠνάμην τι, ich habe einen ordentlichen Nutzen gehabt von. Die Form ὠνάμην für ὠνήμην, auch sonst bei Luc., Dial. mort. 12, 2. 22, 2., gehört der späteren Sprache an. — οἷα κτέ. Diese Worte spricht Charon, nachdem sich Hermes bereits entfernt hat. Auch drücken sie so recht eigentlich den ganzen Zweck des Dialogs aus. — Χάρωνος δὲ οὐδεὶς λόγος, von Charon ist keine Rede, d. i. an den Tod denkt Niemand. Fugit. 28: ἡμῶν δὲ οὐδεὶς λόγος. Catapl. 14: ἐμοῦ δὲ οὐδεὶς ὑμῖν λόγος.

Tim. c. 23 S. 31 ist τὸ ἀνάκτορον das lat. adytum, unser „Allerheiligstes".

AUSGEWÄHLTE

SCHRIFTEN DES LUCIAN.

FÜR DEN SCHULGEBRAUCH

ERKLÄRT

VON

Dᴿ. KARL JACOBITZ.

ZWEITES BÄNDCHEN:

DIE TODTENGESPRÄCHE. AUSGEWÄHLTE GÖTTERGESPRÄCHE.
DER HAHN.

LEIPZIG,

DRUCK UND VERLAG VON B. G. TEUBNER.

1863.

V.

DIE TODTENGESPRÄCHE.

In diesen Gesprächen, welche von Lucian jedenfalls in
seiner zweiten Lebensperiode, während seines Aufenthalts in
Athen, geschrieben worden sind, sehen wir wiederum, wie in
anderen Schriften von ähnlichem Inhalt, den grossen Meister
in der dialogisch-komischen Form; wir haben hier ebenfalls
den geistreichen, mit grosser Erfahrung und Menschenkenntniss
reich ausgestatteten Mann vor uns, der dem Leser mit einer
unübertrefflichen Lebendigkeit und wahrhaft attischen Feinheit
und Anmuth ein Bild vor Augen führt, dessen Anblick auch
für jüngere Leute keineswegs ungeniessbar, oder wohl gar
schädlich, sondern im Gegentheil gewiss sehr belehrend und
höchst anziehend ist. Kann doch der sittliche Ernst, welcher
hier zu Grunde liegt, selbst der Jugend bei nur einigermassen
aufmerksamem Lesen durchaus nicht entgehen. Es trifft ja die
in den Gesprächen herrschende Satire meistentheils die Thor-
heit, Leichtgläubigkeit, Heuchelei und Scheinheiligkeit der Men-
schen, und zwar mit besonderer Rücksicht auf die damalige
Zeit, wie uns andere Schriften desselben Verfassers zur Genüge
lehren. Die vormals Mächtigen, Reichen und auf ihre Schön-
heit Stolzen, welche hier als aller früheren Herrlichkeit be-
raubte Gerippe erscheinen, werden von jenen beiden allbekann-
ten Kynikern, dem Diogenes und Menippos (s. zu Gespr. 1.),
namentlich aber von dem letzteren, auf eine wahrhaft unbarm-
herzige Weise wegen ihres früheren lächerlichen und nichtigen
Strebens mit dem beissendsten Spotte gegeisselt. Diese, die schon
in der Oberwelt mit Verachtung auf das ganze menschliche Treiben
herabsahen und in Selbstzufriedenheit hinlebten, verhöhnen nun
in der Unterwelt mit einem gewissen Selbstbewusstsein Alles
mit wahrhaft kynischer Ausgelassenheit und verschonen selbst
einen Sokrates nicht, wenn sie irgend eine Blösse an ihm aus-
findig machen können. Auf der andern Seite wird auch der
ganze Glaube an die Unterwelt mit allen ihren Ungereimtheiten
und Lächerlichkeiten (vgl. z. B. Gespr. 17.), die sich im Verlauf

1*

der Zeit nur noch gesteigert hatten, in ziemlich schonungsloser
Weise auf sein Nichts zurückgeführt, und so dem Heidenthum,
das zu jener Zeit immer noch sehr viele Anhänger und Ver-
ehrer hatte, bei denen freilich zum grossen Theil keineswegs
Ueberzeugung das Motiv sein mochte, auch von dieser Seite ein
derber Schlag beigebracht.

Ausgeschlossen von den bisherigen Gesprächen ist nur das
28 worden als minder passend für den Zweck, den diese Aus-
gaben verfolgen.

V.

ΝΕΚΡΙΚΟΙ ΔΙΑΛΟΓΟΙ.

1.

ΔΙΟΓΕΝΟΥΣ ΚΑΙ ΠΟΛΥΔΕΥΚΟΥΣ.

ΔΙΟΓ. Ὦ Πολύδευκες, ἐντέλλομαί σοι, ἐπειδὰν τάχιστα 1
ἀνέλθῃς, — σὸν γάρ ἐστιν, οἶμαι, ἀναβιῶναι αὔριον — ἤν
που ἴδῃς Μένιππον τὸν κύνα, — εὕροις δ' ἂν αὐτὸν ἐν Κο-
ρίνθῳ κατὰ τὸ Κράνειον ἢ ἐν Λυκείῳ τῶν ἐριζόντων πρὸς
ἀλλήλους φιλοσόφων καταγελῶντα — εἰπεῖν πρὸς αὐτόν, ὅτι
σοί, ὦ Μένιππε, κελεύει ὁ Διογένης, εἴ σοι ἱκανῶς τὰ ὑπὲρ
γῆς καταγεγέλασται, ἥκειν ἐνθάδε πολλῷ πλείω ἐπιγελασό-
μενον· ἐκεῖ μὲν γὰρ ἐν ἀμφιβόλῳ σοὶ ἔτι ὁ γέλως ἦν καὶ
πολὺ τὸ „τίς γὰρ ὅλως οἶδε τὰ μετὰ τὸν βίον;" ἐνταῦθα δὲ
οὐ παύσῃ βεβαίως γελῶν καθάπερ ἐγὼ νῦν, καὶ μάλιστα

---

1. ἐπειδὰν τάχιστα, s. zu I, 12.
— σὸν ἐστιν, *tuum est*, an dir ist
die Reihe. Kastor und Poly-
deukes waren nach Hom. Od. 11,
298 Söhne der Leda und des Tyn-
dareos, und lebten einen Tag um
den andern (ἑτερήμεροι) unge-
trennt mit einander. Nach Spä-
teren aber war Polydeukes der
Sohn des Zeus und als solcher un-
sterblich, Kastor dagegen der Sohn
desTyndareos und somit sterblich.
Als nun letzterer seinen Tod fand,
bat Polydeukes den Zeus, dass er
mit seinem Bruder einen Tag um
den andern in der Unsterblichkeit
abwechseln dürfte. Vgl. Götter-
gespr. 26. — Μένιππον. Dieser,
aus Gadara gebürtig und zu der
Sekte der Kyniker gehörig, war
namentlich bekannt wegen seiner
Verhöhnung der Menschen und
ihrer Beschäftigungen, und des-
halb lässt ihn Luc. stets seinen
Spott über die Thorheiten und

Laster der Menschen treiben. —
ἐν Κορίνθῳ, bei K. Pro laps. in
sal. 8: ὅτε Ἀλέξανδρος τὴν ἐν Ἰσσῷ
μάχην ἀγωνιεῖσθαι ἔμελλεν. u. ö.
Kr. Gr. §. 68, 12, 1. Das Kraneion
war ein Cypressenhain vor dem öst-
lichen Thore Korinths, der zum
gewöhnlichen Aufenthalte müssi-
ger Leute und darum auch des
Diogenes diente. Das Lykeion
war ein nordöstlich von Athen ge-
legener eingeschlossener Raum,
bekannt als Uebungsplatz und als
Versammlungsort der Philosophen,
vornehmlich des Aristoteles und
seiner Schüler. — εἴ σοι .. κατα-
γεγέλασται, s. zu III, 6. — ὑπὲρ
γῆς, Kr. Gr. §. 50, 2, 15. — ἥκειν ..
— ἐπιγελασόμενον, s. zu II, 25.
Vgl. Dial. deor. 1, 2. — πολὺ τό,
d. i. es kam dir häufig der
Gedanke bei. Alexand. 20: καὶ
πολὺ ἦν παρ' αὐτοῖς τό, πόθεν
u. s. w. De Merc. cond. 5. Char.
17. — καὶ ὅτι. Warum ist die Con-

ἐπειδὰν ὁρᾷς τοὺς πλουσίους καὶ σατράπας καὶ τυράννους
οὕτω ταπεινοὺς καὶ ἀσήμους, ἐκ μόνης οἰμωγῆς διαγινωσκο-
μένους, καὶ ὅτι μαλθακοὶ καὶ ἀγεννεῖς εἰσι μεμνημένοι τῶν
ἄνω. ταῦτα λέγε αὐτῷ, καὶ προσέτι, ἐμπλησάμενον τὴν πήραν
ἥκειν θέρμων τε πολλῶν καὶ εἴ που εὕροι ἐν τῇ τριόδῳ Ἑκά-
της δεῖπνον κείμενον ἢ ᾠὸν ἐκ καθαρσίου ἤ τι τοιοῦτον.

2   ΠΟΛ. Ἀλλ᾽ ἀπαγγελῶ ταῦτα, ὦ Διόγενες. ὅπως δὲ
εἰδῶ μάλιστα, ὁποῖός τίς ἐστι τὴν ὄψιν;

ΔΙΟΓ. Γέρων, φαλακρός, τριβώνιον ἔχων πολύθυρον,
ἅπαντι ἀνέμῳ ἀναπεπταμένον καὶ ταῖς ἐπιπτυχαῖς τῶν ῥακίων
ποικίλον, γελᾷ δ᾽ ἀεὶ καὶ τὰ πολλὰ τοὺς ἀλαζόνας τούτους
φιλοσόφους ἐπισκώπτει.

ΠΟΛ. Ῥᾴδιον εὑρεῖν ἀπό γε τούτων.

ΔΙΟΓ. Βούλει καὶ πρὸς αὐτοὺς ἐκείνους ἐντείλωμαί τι
τοὺς φιλοσόφους;

ΠΟΛ. Λέγε· οὐ βαρὺ γὰρ οὐδὲ τοῦτο.

ΔΙΟΓ. Τὸ μὲν ὅλον παύσασθαι αὐτοῖς παρεγγύα λη
ροῦσι καὶ περὶ τῶν ὅλων ἐρίζουσι καὶ κέρατα φύουσιν ἀλλή-

---

struction geändert? — θέρμων.
Gewöhnliche Kost der Armen und
Kyniker.— ἐν τῇ τριόδῳ, auf dem
Kreuzwege, auf den er gerade
kommt. — Ἑκάτης δεῖπνον. Ca-
tapl. 7: ποῦ δὲ ὁ φιλόσοφος Κυ-
νίσκος, ὃν ἔδει τῆς Ἑκάτης τὸ
δεῖπνον φαγόντα καὶ τὰ ἐκ τῶν
καθαρσίων ᾠά . . ἀποθανεῖν; Der
Hekate als Wegegöttin (Ἐνοδία)
opferten am 30. jedes Monats die
Reichen an Kreuzwegen, und diese
Opfer (Ἑκαταῖα) holten die Armen
und somit auch die Kyniker so-
gleich weg. — ᾠὸν ἐκ καθαρσίου.
Eier wurden nicht selten als Rei-
nigungsopfer gebraucht, und diese
vor die Häuser hingestellt.
2. ἀλλ᾽, s. zu II, 36. ὅπως δὲ
εἰδῶ κτέ. Elliptische Ausdrucks-
weise der familiären Rede für:
ὅπως δὲ εἰδῶ μάλιστα, λέξον
oder εἰπέ, ὁποῖος κτέ. Ebenso
auch wir. Vitar. auct. 19: τὸ
δεῖνα δέ, ὅπως εἰδῶ, τίσι χαίρει
τῶν ἐδεσμάτων; — ταῖς ἐπιπτ. τῶν
ῥακ. ποικίλον, mit Lappen von
allen möglichen Farben ge-
flickt. — ἀπό γε τούτων, zu-
folge dessen, d. i. nach dieser
Beschreibung. — βούλει . . ἐντείλ-
λωμαι, s. zu II, 37. — τὸ μὲν ὅλον,
s. zu IV, 2. — ληροῦσι. Diese
von παύσ. abhängigen Participia
schliessen sich an αὐτοῖς an. —
περὶ τῶν ὅλων, über das All. In
Untersuchungen darüber gefielen
sich die Sophisten ganz besonders.
— κέρατα, sophistische Trug-
schlüsse, so genannt von: εἴ τι
οὐκ ἀπέβαλες, τοῦτ᾽ ἔχεις· κέρατα
δ᾽ οὐκ ἀπέβαλες, κέρατα ἄρα ἔχεις.
Vgl. Hermotim. 81: ἐνίοτε δὲ καὶ
κέρατα ἡμῖν ὁ γενναῖος ἀναφύει.
Eine nicht minder spitzfindige
Schlussform war der κροκόδειλος.
Zur Erklärung desselben vgl. Vit.
auct. 22: Χρύσ. ἔστι σοι παιδίον;
Ἀγο. τί μήν; Χρύσ. τοῦτο ἢν πως
κροκόδειλος ἁρπάσῃ, πλησίον πο-
ταμοῦ πλαζόμενον εὑρών, κατὰ σοι
ἀποδώσειν ὑπισχνῆται αὐτό, ἢν
εἴπῃς τἀληθὲς ὅ τι δέδοκται αὐτῷ
περὶ τῆς ἀποδόσεως τοῦ βρέφους,

λοις καὶ κροκοδείλους ποιοῦσι καὶ τὰ τοιαῦτα ἄπορα ἐρωτᾶν
διδάσκουσι τὸν νοῦν.

ΠΟΛ. Ἀλλ' ἐμὲ ἀμαθῆ καὶ ἀπαίδευτον εἶναι φήσουσι
κατηγοροῦντα τῆς σοφίας αὐτῶν.

ΔΙΟΓ. Σὺ δὲ οἰμώζειν αὐτοῖς παρ' ἐμοῦ λέγε.

ΠΟΛ. Καὶ ταῦτα, ὦ Διόγενες, ἀπαγγελῶ.

ΔΙΟΓ. Τοῖς πλουσίοις δ', ὦ φίλτατον Πολυδεύκιον, 3
ἀπάγγελλε ταῦτα παρ' ἡμῶν· τί, ὦ μάταιοι, τὸν χρυσὸν φυ-
λάττετε; τί δὲ τιμωρεῖσθε ἑαυτοὺς λογιζόμενοι τοὺς τόκους
καὶ τάλαντα ἐπὶ ταλάντοις συντιθέντες, οὓς χρὴ ἕνα ὀβολὸν
ἔχοντας ἥκειν μετ' ὀλίγον;

ΠΟΛ. Εἰρήσεται καὶ ταῦτα πρὸς ἐκείνους.

ΔΙΟΓ. Ἀλλὰ καὶ τοῖς καλοῖς τε καὶ ἰσχυροῖς λέγε, Με-
γίλλῳ τε τῷ Κορινθίῳ καὶ Δαμοξένῳ τῷ παλαιστῇ, ὅτι παρ'
ἡμῖν οὔτε ἡ ξανθὴ κόμη οὔτε τὰ χαροπὰ ἢ μέλανα ὄμματα ἢ
ἐρύθημα ἐπὶ τοῦ προσώπου ἔτι ἔστιν ἢ νεῦρα εὔτονα ἢ ὦμοι
καρτεροί, ἀλλὰ πάντα μία ἡμῖν κόνις, φασί, κρανία γυμνὰ
τοῦ κάλλους.

ΠΟΛ. Οὐ χαλεπὸν οὐδὲ ταῦτα εἰπεῖν πρὸς τοὺς καλοὺς
καὶ ἰσχυρούς.

ΔΙΟΓ. Καὶ τοῖς πένησιν, ὦ Λάκων, — πολλοὶ δ' εἰσὶ 4
καὶ ἀχθόμενοι τῷ πράγματι καὶ οἰκτείροντες τὴν ἀπορίαν —
λέγε μήτε δακρύειν μήτε οἰμώζειν διηγησάμενος τὴν ἐνταῦθα
ἰσοτιμίαν καὶ ὅτι ὄψονται τοὺς ἐκεῖ πλουσίους οὐδὲν ἀμείνους
αὐτῶν· καὶ Λακεδαιμονίοις δὲ τοῖς σοῖς ταῦτα, εἰ δοκεῖ, παρ'
ἐμοῦ ἐπιτίμησον, λέγων ἐκλελύσθαι αὐτούς.

ΠΟΛ. Μηδέν, ὦ Διόγενες, περὶ Λακεδαιμονίων λέγε·
οὐ γὰρ ἀνέξομαί γε. ἃ δὲ πρὸς τοὺς ἄλλους ἔφησθα, ἀπαγ-
γελῶ.

ΔΙΟΓ. Ἐάσωμεν τούτους, ἐπεί σοι δοκεῖ· σὺ δὲ οἷς
προεῖπον ἀπένεγκον παρ' ἐμοῦ τοὺς λόγους.

τί φήσεις αὐτὸν ἐγνωκέναι; — τὰ
τοιαῦτα ἄπορα ἐρωτᾶν, derar-
tige verfängliche Fragen
vorlegen. — διδάσκουσι τὸν
νοῦν, d. i. ihren Verstand zu
üben.
3. ἕνα ὀβολόν, als Fährgeld für
den Charon, den die Todten im
Munde hatten; vgl. Gespr. 11, 4.
22, 1. — πάντα μία ἡμῖν κόνις,
φασί Alles ist (für) uns Ein

Staub, wie man sagt. Vgl.
Gespr. 20, 2.
4. ὦ Λάκων, inwiefern er der
Sohn der Leda war, der Gemahlin
des Tyndareos, Kǫnigs v. Sparta.
— ἐκλελύσθαι αὐτούς, sie wären
erschlafft, ausgeartet. —
ἐάσωμεν, s. zu II, 30. — οἷς προ-
εῖπον = τούτοις, οὓς προεῖπον.
Vgl. 29, 3. — ἀπένεγκον. Bei den
Attikern ἀπένεγκε.

2.

ΠΛΟΥΤΩΝ Η ΚΑΤΑ ΜΕΝΙΠΠΟΥ.

1 ΚΡΟΙΣΟΣ. Οὐ φέρομεν, ὦ Πλούτων, Μένιππον τουτονὶ τὸν κύνα παροικοῦντα· ὥστε ἢ ἐκεῖνόν ποι κατάστησον ἢ ἡμεῖς μετοικήσομεν ἐς ἕτερον τόπον.

ΠΛΟΥΤ. Τί δ' ὑμᾶς δεινὸν ἐργάζεται ὁμόνεκρος ὤν;

.ΚΡΟΙΣ. Ἐπειδὰν ἡμεῖς οἰμώζωμεν καὶ στένωμεν ἐκείνων μεμνημένοι τῶν ἄνω, Μίδας μὲν οὑτοσὶ τοῦ χρυσίου, Σαρδανάπαλλος δὲ τῆς πολλῆς τρυφῆς, ἐγὼ δὲ Κροῖσος τῶν θησαυρῶν, ἐπιγελᾷ καὶ ἐξονειδίζει ἀνδράποδα καὶ καθάρματα ἡμᾶς ἀποκαλῶν, ἐνίοτε δὲ καὶ ᾄδων ἐπιταράττει ἡμῶν τὰς οἰμωγάς, καὶ ὅλως λυπηρός ἐστι.

ΠΛΟΥΤ. Τί ταῦτά φασιν, ὦ Μένιππε;

ΜΕΝ. Ἀληθῆ, ὦ Πλούτων· μισῶ γὰρ αὐτοὺς ἀγεννεῖς καὶ ὀλέθρους ὄντας, οἷς οὐκ ἀπέχρησε βιῶναι κακῶς, ἀλλὰ καὶ ἀποθανόντες ἔτι μέμνηνται καὶ περιέχονται τῶν ἄνω· χαίρω τοιγαροῦν ἀνιῶν αὐτούς.

ΠΛΟΥΤ. Ἀλλ' οὐ χρή· λυποῦνται γὰρ οὐ μικρῶν στερόμενοι.

ΜΕΝ. Καὶ σὺ μωραίνεις, ὦ Πλούτων, ὁμόψηφος ὢν τοῖς τούτων στεναγμοῖς;

ΠΛΟΥΤ. Οὐδαμῶς, ἀλλ' οὐκ ἂν ἐθέλοιμι στασιάζειν ὑμᾶς.

2 ΜΕΝ. Καὶ μήν, ὦ κάκιστοι Λυδῶν καὶ Φρυγῶν καὶ

---

1. ἐκεῖνόν ποι κατάστησον, setze oder bringe jenen irgend wohin (zur Ruhe), nicht μετάστησον.— ὁμόνεκρος, ein Mittodter, ein nur hier vorkommendes Wort. — Μίδας, s. zu II, 42. — Σαρδανάπαλλος, letzter König des altassyrischen Reiches, seiner weibischen und üppigen Lebensweise wegen berüchtigt (626—600 v. Chr.). — ἀποκαλῶν. Dieses Wort wird gewöhnlich im üblen Sinne gebraucht. Vgl. Piscat. 25. 29. u. s. — ἡμῶν τὰς οἰμωγάς, Kr.Gr. §.47, 0, 12. Vgl. unten 13, 5: πλὴν ἀλλὰ τοῦτό γε ἀπολέλαυκα αὐτοῦ τῆς σοφίας. 0, 3 u. ö. — τί ταῦτά φασιν = τί ταῦτά ἐστιν ἃ φασιν;

was muss ich da hören? Kr.Gr. §. 61,8,2.— ὀλέθρους. Bei Luc. findet sich dieses Wort nicht selten in fast gleicher Bedeutung mit κάθαρμα, Wegwurf, Taugenichts. Vgl. unten 9, 4. 12, 3. Alexand. 11: οἱ ὄλεθροι ἐκεῖνοι Παφλαγόνες. — ἀλλὰ καί. Aus dem vorhergehenden οἷς hier, wie gewöhnlich, zu ergänzen οἷς. Gall. 28: τὸ δεξιὸν τοίνυν ὅτῳ ἂν ἀποσπάσαι παράσχω καὶ ἔχῃ. Kr.Gr. §. 60, 0, 1. — χαίρω . . ἀνιῶν, s. zu II, 46. — ἀλλ' οὐκ ἂν ἐθέλοιμι. Tim. 11: ἀλλ' ἐγὼ οὐκ ἂν ἀπέλθοιμι, das. die Anm. Unten 22, 1. Kr. Gr. §. 54, 3, 7.

2. καὶ μήν, und doch, nun

Ἀσσυρίων, οὕτω γινώσκετε ὡς οὐδὲ παυσομένου μου· ἔνθα
γὰρ ἂν ἴητε, ἀκολουθήσω ἀνιῶν καὶ κατάδων καὶ καταγελῶν.

ΚΡΟΙΣ. Ταῦτα οὐχ ὕβρις;

ΜΕΝ. Οὐκ, ἀλλ' ἐκεῖνα ὕβρις ἦν, ἃ ὑμεῖς· ἐποιεῖτε,
προσκυνεῖσθαι ἀξιοῦντες καὶ ἐλευθέροις ἀνδράσιν ἐντρυφῶν-
τες καὶ τοῦ θανάτου τὸ παράπαν οὐ μνημονεύοντες· τοιγαρ-
οῦν οἰμώξεσθε πάντων ἐκείνων ἀφῃρημένοι.

ΚΡΟΙΣ. Πολλῶν γε, ὦ θεοί, καὶ μεγάλων κτημάτων.

ΜΙΔ. Ὅσου μὲν ἐγὼ χρυσοῦ.

ΣΑΡΔ. Ὅσης δὲ ἐγὼ τρυφῆς.

ΜΕΝ. Εὖ γε, οὕτω ποιεῖτε· ὀδύρεσθε μὲν ὑμεῖς, ἐγὼ
δὲ τὸ γνῶθι σαυτὸν πολλάκις συνείρων ἐπᾴσομαι ὑμῖν·
πρέποι γὰρ ἂν ταῖς τοιαύταις οἰμωγαῖς ἐπᾳδόμενον.

3.

ΜΕΝΙΠΠΟΤ, ΑΜΦΙΛΟΧΟΤ ΚΑΙ ΤΡΟΦΩΝΙΟΤ.

ΜΕΝ. Σφὼ μέντοι, ὦ Τροφώνιε καὶ Ἀμφίλοχε, νεκροὶ 1
ὄντες οὐκ οἶδ' ὅπως ναῶν κατηξιώθητε καὶ μάντεις δοκεῖτε,
καὶ οἱ μάταιοι τῶν ἀνθρώπων θεοὺς ὑμᾶς ὑπειλήφασιν εἶναι.

ΑΜΦΙΛ. Τί οὖν ἡμεῖς αἴτιοι, εἰ ὑπ' ἀνοίας ἐκεῖνοι
τοιαῦτα περὶ νεκρῶν δοξάζουσιν;

aber, s. zu II, 15. — οὕτω γινώ-
σκετε ὡς οὐδὲ παυσομένου μου,
seid überzeugt, dass ich
nicht einmal aufhören wer-
de. Xenoph. Anab. 1, 3, 6: ὡς
ἐμοῦ οὖν ἰόντος ὅπῃ ἂν καὶ ὑμεῖς,
οὕτω τὴν γνώμην ἔχετε. Luc.
Scyth. 7: οὕτω τοίνυν γίγνωσκε ὡς
εὐδαιμονέστατος ὤν. Bei Luc. sel-
tene Verbindungsweise. Vgl. Kr.
Gr. §. 69, 63, 3. 56, 9, 10. — κατάδων,
durch Singen verspottend.
— πάντων ἐκείνων. Iud. voc. 8:
ἀφαιρούμενος τῶν συνήθων καὶ
συνεσχολακότων μοι χρημάτων.
Sonst in der Regel mit dem Accu-
sativ, s. zu II, 18; vgl. Kr. Gr. §.
47, 13, 11. — πρέποι γὰρ ἂν .. ἐπαδό-
μενον, d. i. es möchte als Be-
gleitung zu solchem Ge-
heule gut passen. Die ge-
wöhnliche Construction würde die
mit folgendem Infinitiv ἐπᾴδεσθαι
sein.

3. Amphilochos, ein berühm-
ter Wahrsager aus Argos, der Sohn
des Amphiaraos und der Eriphyle,
gründete mit Mopsos die Stadt
Mallos in Kilikien und hatte da-
selbst ein Orakel, das zu Pausa-
nias' Zeit für das untrüglichste
galt. — Trophonios, jener be-
kannte Heros und Orakelgott, Bru-
der des Agamedes, hatte sein Hei-
ligthum und Orakel in einem ihm
geheiligten Haine bei Lebadeia in
Böotien. Der Eingang zum Ora-
kel, ein Erdspalt, befand sich am
Abhange eines Berges, und das
Orakel selbst war eine unterirdi-
sche Schlucht oder Höhle. Schon
die Komiker, wie Kratinos und
Alexis, trieben ihren Spott damit.

1. Σφὼ μέντοι. Lucian versetzt
hier, wie sehr oft, seine Leser
gleichsam mitten in das Gespräch
selbst. Vgl. unten 18, 1. Gall. 1.

ΜΕΝ. Ἀλλ᾽ οὐκ ἂν ἐδόξαζον, εἰ μὴ ζῶντες καὶ ὑμεῖς τοιαῦτα ἐτερατεύεσθε ὡς τὰ μέλλοντα προειδότες καὶ προειπεῖν δυνάμενοι τοῖς ἐρομένοις.

ΤΡΟΦ. Ὦ Μένιππε, Ἀμφίλοχος μὲν αὐτὸς ἂν εἰδείη ὅ τι αὐτῷ ἀποκριτέον ὑπὲρ αὑτοῦ, ἐγὼ δὲ ἥρως εἰμὶ καὶ μαντεύομαι, ἤν τις κατέλθῃ παρ᾽ ἐμέ. σὺ δ᾽ ἔοικας οὐκ ἐπιδεδημηκέναι Λεβαδείᾳ τὸ παράπαν· οὐ γὰρ ἂν ἠπίστεις σὺ τούτοις.

2   ΜΕΝ. Τί φής; εἰ μὴ ἐς Λεβάδειαν γὰρ παρέλθω, καὶ ἐσταλμένος ταῖς ὀθόναις γελοίως, μᾶζαν ἐν ταῖν χεροῖν ἔχων ἐσερπύσω διὰ τοῦ στομίου ταπεινοῦ ὄντος ἐς τὸ σπήλαιον, οὐκ ἂν ἠδυνάμην εἰδέναι, ὅτι νεκρὸς εἶ ὥσπερ ἡμεῖς μόνῃ τῇ γοητείᾳ διαφέρων; ἀλλὰ πρὸς τῆς μαντικῆς, τί δαὶ ὁ ἥρως ἐστίν; ἀγνοῶ γάρ.

ΤΡΟΦ. Ἐξ ἀνθρώπου τι καὶ θεοῦ σύνθετον.

ΜΕΝ. Ὃ μήτε ἄνθρωπός ἐστιν, ὡς φής, μήτε θεός, καὶ συναμφότερόν ἐστι; νῦν οὖν ποῖ σου τὸ θεῶν ἐκεῖνο ἡμίτομον ἀπελήλυθε;

ΤΡΟΦ. Χρᾷ, ὦ Μένιππε, ἐν Βοιωτίᾳ.

ΜΕΝ. Οὐκ οἶδα, ὦ Τροφώνιε, ὅ τι καὶ λέγεις· ὅτι μέντοι ὅλος εἶ νεκρός, ἀκριβῶς ὁρῶ.

4.
ΕΡΜΟΥ ΚΑΙ ΧΑΡΩΝΟΣ.

1   ΕΡΜ. Λογισώμεθα, ὦ πορθμεῦ, εἰ δοκεῖ, ὁπόσα μοι ὀφείλεις ἤδη, ὅπως μὴ αὖθις ἐρίζωμέν τι περὶ αὐτῶν.

Ebenso οὐκοῦν Icarom. 1. — ζῶντες καὶ ὑμεῖς, bei Lebzeiten auch ihr. Die Menschen sind entgegengesetzt den von ihnen verehrten Amphil. und Trophon. — οὐκ ἂν ἐδόξαζον, εἰ μὴ . . ἐτερατεύεσθε. Kr. Gr. §. 54, 10, 3. — ἂν εἰδείη. Dial. mort. 4, 5: αὐτὸς ἂν εἰδείης. Kr. Gr. §. 54, 3, 7.

2. εἰ μὴ . . παρέλθω. Beachte εἰ mit dem Coniunctiv. Toxar. 40: μὴ γὰρ προήσεσθαι, εἰ μὴ μεγάλα ὑπὲρ αὐτοῦ λάβῃ. Hermot. 42: τί δ᾽ εἰ ἐκείνῳ πρώτῳ ἢ δευτέρῳ ἐντύχῃς, τί ποιήσεις; ebend. 60 z. A. Nigr. 12. Anach. 18. De hist. conscr. 39. Catapl. 7. u. s. Alle diese Stellen zu corrigiren, möchte kei-

neswegs erlaubt sein. Vgl. Kr. Gr. §. 54, 12, 3. — γὰρ hier an fünfter Stelle; an vierter häufig bei Luc. — ταῖς ὀθόναις, mit jenen bekannten leinenen Gewändern angethan, daher der Artikel. — ταῖν χεροῖν, s. zu I, 6. — τί δαὶ ὁ ἥρως ἐστίν; wir: was ist denn ein Halbgott? Der Artikel steht dabei in Bezug darauf, dass sich Troph. schon einen ἥρως genannt hatte. — καὶ συναμφ. wir: und doch. — τὸ θεῶν ἐκεῖνο ἡμίτομον, jene zu den Göttern gehörige Hälfte. — ὅ τι καί, quid tandem; vgl. 6, 2. 16, 5. IV, 9.

1. τι, irgend, in irgend ei-

ΧΑΡ. Λογισώμεθα, ὦ Ἑρμῆ· ἄμεινον γὰρ ὡρίσθαι καὶ ἀπραγμονέστερον.

ΕΡΜ. Ἄγκυραν ἐντειλαμένῳ ἐκόμισα πέντε δραχμῶν.

ΧΑΡ. Πολλοῦ λέγεις.

ΕΡΜ. Νὴ τὸν Ἀϊδωνέα, τῶν πέντε ὠνησάμην, καὶ τροπωτῆρα δύο ὀβολῶν.

ΧΑΡ. Τίθει πέντε δραχμὰς καὶ ὀβολοὺς δύο.

ΕΡΜ. Καὶ ἀκέστραν ὑπὲρ τοῦ ἱστίου· πέντε ὀβολοὺς ἐγὼ κατέβαλον.

ΧΑΡ. Καὶ τούτους προστίθει.

ΕΡΜ. Καὶ κηρὸν ὡς ἐπιπλάσαι τοῦ σκαφιδίου τὰ ἀνεῳγότα, καὶ ἥλους δὲ καὶ καλώδιον, ἀφ᾽ οὗ τὴν ὑπέραν ἐποίησας, δύο δραχμῶν ἅπαντα.

ΧΑΡ. Καὶ ἄξια ταῦτα ὠνήσω.

ΕΡΜ. Ταῦτά ἐστιν, εἰ μή τι ἄλλο ἡμᾶς διέλαθεν ἐν τῷ λογισμῷ. πότε δ᾽ οὖν ταῦτα ἀποδώσειν φής;

ΧΑΡ. Νῦν μέν, ὦ Ἑρμῆ, ἀδύνατον, ἢν δὲ λοιμός τις ἢ πόλεμος καταπέμψῃ ἀθρόους τινάς, ἐνέσται τότε ἀποκερδᾶναι παραλογιζόμενον τὰ πορθμεῖα.

ΕΡΜ. Νῦν οὖν ἐγὼ καθεδοῦμαι τὰ κάκιστα εὐχόμενος 2 γενέσθαι, ὡς ἂν ἀπὸ τούτων ἀπολάβοιμι;

---

ner Beziehung. — καὶ ἀπραγμονέστερον, d. i. und wir haben eine Sorge weniger. (Wiel.) — ἐντειλαμένῳ, näml. σοί. — πέντε δραχμῶν, für fünf Dr., Kr. Gr. §. 47, 17.—πολλοῦ λέγεις, in Bezug auf den vorhergehenden Genetiv. δραχμῶν. Vit. auct. 26: Ἑρμ. εἴκοσι μνῶν. Ἀγο. πολλοῦ λέγεις. Piscat. 48: ἐγὼ μὲν γὰρ δυ᾽ ὀβολῶν πρῴην αὐτὸν ἐτιμησάμην. Διογ. πολλοῦ λέγεις. — τῶν πέντε, mit dem Artikel in Bezug auf das vorhergehende πέντε δραχμῶν. Kr. Gr. §. 50, 2, 1.—ὠνησάμην. Diese Form findet sich auch sonst bei Lucian für die attische ἐπριάμην; vgl. Hermot. 61. 81. — τίθει, setze an, bringe in Rechnung. Dial. meretr. 14, 2: τίθει δύο δραχμάς. — ἀκέστραν ὑπὲρ τοῦ ἱστίου, eine Nadel für das Segel, d. i. zum Segelausflicken, näml. ἐκόμισα. τὰ ἀνεῳγότα, die Ritzen, Spal-

ten. Für ἀνέῳγα sagten die Attiker ἀνέῳγμαι. Navig. 4: ἀνεῳγυῖαν τὴν παλαίστραν. Gall. 6: ἀνεῳγόσι τοῖς ὀφθαλμοῖς. 30 u. 32: ἀνέῳγε ἡ θύρα. Anachars. 29: ἀνεῳγόσι τοῖς σώμασιν. — καὶ ἥλους δέ, aber od. ferner auch; s. zu II, 33. — ἄξια, wohlfeil. Ebenso De conscr. hist. 28. — ἀθρόους τινάς, s. zu I, 1. — παραλογιζόμενον, falsch berechnend. Charon musste nämlich das Fährgeld an Aeakos berechnen; vgl. unten 22, 3 u. Char. 2 u. das die Anm.

2. ὡς ἂν ἀπολάβοιμι, damit ich vorkommenden Falles od. wo möglich. Ebenso Piscat. 15: μᾶλλον δὲ ἐς τὴν ἀκρόπολιν αὐτὴν ἀπίωμεν, ὡς ἂν ἐκ περιωπῆς ἅμα καταφανῆ πάντα εἴη. Rhet. praec. 15. Dial. deor. 11, 2. Die Partikel ἄν bezieht sich stets auf eine Bedingung; s. Kr. Gr. §.54,8,4. Ueber den Optativus

ΧΑΡ. Οὐκ ἔστιν ἄλλως, ὦ Ἑρμῆ. νῦν δὲ ὀλίγοι, ὡς ὁρᾷς, ἀφικνοῦνται ἡμῖν· εἰρήνη γάρ.

ΕΡΜ. Ἄμεινον οὕτως, εἰ καὶ ἡμῖν παρατείνοιτο ὑπὸ σοῦ τὸ ὄφλημα. πλὴν ἀλλ᾽ οἱ μὲν παλαιοί, ὦ Χάρων, οἶσθα οἷοι παρεγίγνοντο, ἀνδρεῖοι ἅπαντες, αἵματος ἀνάπλεῳ καὶ τραυματίαι οἱ πολλοί· νῦν δὲ ἢ φαρμάκῳ τις ὑπὸ τοῦ παιδὸς ἀποθανὼν ἢ ὑπὸ τῆς γυναικός, ἢ ὑπὸ τρυφῆς ἐξῳδηκὼς τὴν γαστέρα καὶ τὰ σκέλη, ὠχροὶ ἅπαντες καὶ ἀγεννεῖς, οὐδὲν ὅμοιοι ἐκείνοις. οἱ δὲ πλεῖστοι αὐτῶν διὰ χρήματα ἥκουσιν ἐπιβουλεύοντες ἀλλήλοις, ὡς ἐοίκασι.

ΧΑΡ. Πάνυ γὰρ περιπόθητά ἐστι ταῦτα.

ΕΡΜ. Οὐκοῦν οὐδ᾽ ἐγὼ δόξαιμι ἂν ἁμαρτάνειν πικρῶς ἀπαιτῶν τὰ ὀφειλόμενα παρὰ σοῦ.

5.

ΠΛΟΥΤΩΝΟΣ ΚΑΙ ΕΡΜΟΥ.

1 ΠΛΟΥΤ. Τὸν γέροντα οἶσθα, τὸν πάνυ γεγηρακότα λέγω, τὸν πλούσιον Εὐκράτην, ᾧ παῖδες μὲν οὐκ εἰσίν, οἱ τὸν κλῆρον δὲ θηρῶντες πεντακισμύριοι;

ΕΡΜ. Ναί, τὸν Σικυώνιον φῄς. τί οὖν;

ΠΛΟΥΤ. Ἐκεῖνον μέν, ὦ Ἑρμῆ, ζῆν ἔασον ἐπὶ τοῖς ἐνενήκοντα ἔτεσιν, ἃ βεβίωκεν, ἐπιμετρήσας ἄλλα τοσαῦτα, εἰ δὲ οἷόν τε ἦν, καὶ ἔτι πλείω, τοὺς δὲ κόλακας αὐτοῦ Χαρῖνον τὸν νέον καὶ Δάμωνα καὶ τοὺς ἄλλους κατάσπασον ἐφεξῆς ἅπαντας.

ΕΡΜ. Ἄτοπον ἂν δόξειε τὸ τοιοῦτον.

ΠΛΟΥΤ. Οὐ μὲν οὖν, ἀλλὰ δικαιότατον· τί γὰρ ἐκεῖνοι παθόντες εὔχονται ἀποθανεῖν ἐκεῖνον, ἢ τῶν χρημάτων ἀντι-

----

s. zu I, 4. — ἀφικν. ἡμῖν, s. zu IV, 24. — οὐδέν, in nichts, in keiner Hinsicht. — ὡς ἐοίκασι, ut videntur, für das gewöhnliche ὡς ἔοικε. Ver. hist. 2, 34: οἱ μὲν χρύσεοι (ἦσαν), ὡς ἐδόκουν. Ebenso im Latein., Sallust. Catil. 43: Romae Lentulus cum ceteris, quá principes coniurationis erant, paratis, ut videbantur, magnis copiis u. s. w. Vgl. Kr. Gr. §. 55, 4, 3. — ταῦτα, näml. τὰ χρήματα.

1. οἱ τὸν κλῆρον θηρῶντες, d. i.

die Erbschleicher. Diese geisselt Lucian hier und in den folgenden Gesprächen und sonst mit dem bittersten Spott. Wie weit dieselben es mit ihren Künsten gebracht hatten, lehrt uns Horat. sat. 2, 5. Der hier erwähnte Eukrates war als reicher Mann bekannt; vgl. Gall. 7. — τί οὖν; was nun? was weiter? — εἰ δὲ οἷόν τε ἦν, wir: und wenn es möglich wäre oder ist. — οὐ μὲν οὖν, non profecto, nequaquam. Vgl. c. 29. — τί ἐκεῖνοι παθόντες εὔχονται, was

ποιοῦνται οὐδὲν προσήκοντες; ὃ δὲ πάντων ἐστὶ μιαρώτατον, ὅτι καὶ τὰ τοιαῦτα εὐχόμενοι ὅμως θεραπεύουσιν ἔν γε τῷ φανερῷ, καὶ νοσοῦντος ἃ μὲν βούλονται πᾶσι πρόδηλα, θύσειν δὲ ὅμως ὑπισχνοῦνται, ἢν ῥαΐσῃ, καὶ ὅλως ποικίλη τις ἡ κολακεία τῶν ἀνδρῶν. διὰ ταῦτα ὁ μὲν ἔστω ἀθάνατος, οἱ δὲ προαπίτωσαν αὐτοῦ μάτην ἐπιχανόντες.

ΕΡΜ. Γελοῖα πείσονται, πανοῦργοι ὄντες· ἀλλὰ κἀκεῖνος 2 εὖ μάλα διαβουκολεῖ αὐτοὺς καὶ ἐπελπίζει, καὶ ὅλως ἀεὶ θανόντι ἐοικὼς ἔρρωται πολὺ μᾶλλον τῶν νέων. οἱ δὲ ἤδη τὸν κλῆρον ἐν σφίσι διῃρημένοι βόσκονται, ζωὴν μακαρίαν πρὸς ἑαυτοὺς τιθέντες.

ΠΛΟΥΤ. Οὐκοῦν ὁ μὲν ἀποδυσάμενος τὸ γῆρας ὥσπερ Ἰόλεως ἀνηβησάτω, οἱ δὲ ἀπὸ μέσων τῶν ἐλπίδων, τὸν ὀνειροποληθέντα πλοῦτον ἀπολιπόντες, ἡκέτωσαν ἤδη κακοὶ κακῶς ἀποθανόντες.

ΕΡΜ. Ἀμέλησον, ὦ Πλούτων· μετελεύσομαι γάρ σοι ἤδη αὐτοὺς καθ᾽ ἕνα ἑξῆς· ἑπτὰ δέ, οἶμαι, εἰσί.

ΠΛΟΥΤ. Κατάσπα· ὁ δὲ παραπέμψει ἕκαστον ἀντὶ γέροντος αὖθις πρωθήβης γενόμενος.

6.

ΤΕΡΨΙΩΝΟΣ ΚΑΙ ΠΛΟΥΤΩΝΟΣ.

ΤΕΡΨ. Τοῦτο, ὦ Πλούτων, δίκαιον, ἐμὲ μὲν τεθνάναι 1 τριάκοντα ἔτη γεγονότα, τὸν δὲ ὑπὲρ τὰ ἐνενήκοντα γέροντα Θούκριτον ζῆν ἔτι;

hat sie angefochten, dass sie. Vgl. 6, 3. 20, 4 u. ö. Kr.Gr. §. 56, 8, 3. — ὃ δὲ πάντων ἐστὶ μιαρώτατον. Vollständig Prometh. 17: ὃ δὲ μάλιστά με ἀποπνίγει, τοῦτ᾽ ἐστίν, ὅτι u. s. w. Wie hier Icaromenipp. 5: ὃ δὲ πάντων ἐμοὶ γοῦν ἐδόκει χαλεπώτατον, ὅτι u. s. w. Rhet. praec. 9: ὃ δὲ πάντων ἀνιαρότατον, ὅτι u. s. w. Kr.Gr. §. 51, 13, 13. Stattdessen auch τὸ mit dem Superlat., Apol. pro merc. cond.3: καὶ τὸ μέγιστον, ὅτι. Piscat. 26: καὶ τὸ πάντων δεινότατον, ὅτι. Bis accus. 16: τὸ δὲ μέγιστον, ὅτι καὶ λοιδορεῖται. Vgl. 14, 4. 24, 1. — ὅμως, s. zu III, 17. — ἔν γε τῷ φανερῷ, wenigstens vor Aller Augen; Kr. Gr. §. 43, 4, 5. —

νοσοῦντος, näml. αὐτοῦ. Kr. Gr. §. 47, 4, 3., s. zu I, 3.

2. πρὸς ἑαυτοὺς τιθέντες, bei sich annehmend, sich einbildend. — Ἰόλεως. Dieser, der Sohn des Iphikles, Wagenlenker und Gefährte des Herakles, soll, als Eurystheus die Athenäer wegen der Herakleiden mit Krieg bedrohte, schon hochbejahrt gewesen, aber auf sein Flehen zu den Göttern auf einige Zeit wieder jung geworden sein und so den Eurystheus getödtet haben. Ovid. Metam. 9, 394 ff. — κακοὶ κακῶς. Paronomasie od. Parechesis. Philopseud. 20: κακὸς κακῶς ἀπέθανε. Icarom. 33: κακοὶ κακῶς ἀπολοῦνται. u. ö. Gall. 18: ἄλλος ἄλλως.

ΠΛΟΥΤ. Δικαιότατον μὲν οὖν, ὦ Τερψίων, εἴ γε ὁ μὲν ζῇ μηδένα εὐχόμενος ἀποθανεῖν τῶν φίλων, σὺ δὲ παρὰ πάντα τὸν χρόνον ἐπεβούλευες αὐτῷ περιμένων τὸν κλῆρον.

ΤΕΡΨ. Οὐ γὰρ ἐχρῆν γέροντα ὄντα καὶ μηκέτι χρήσασθαι τῷ πλούτῳ αὐτὸν δυνάμενον ἀπελθεῖν τοῦ βίου παραχωρήσαντα τοῖς νέοις;

ΠΛΟΥΤ. Καινά, ὦ Τερψίων, νομοθετεῖς, τὸν μηκέτι τῷ πλούτῳ χρήσασθαι δυνάμενον πρὸς ἡδονὴν ἀποθνήσκειν· τὸ δὲ ἄλλως ἡ Μοῖρα καὶ ἡ φύσις διέταξεν.

2   ΤΕΡΨ. Οὐκοῦν ταύτην αἰτιῶμαι τῆς διατάξεως· ἐχρῆν γὰρ τὸ πρᾶγμα ἑξῆς πως γίνεσθαι, τὸν πρεσβύτερον πρότερον, καὶ μετὰ τοῦτον ὅστις [καὶ] τῇ ἡλικίᾳ μετ᾽ αὐτόν, ἀναστρέφεσθαι δὲ μηδαμῶς, μηδὲ ζῆν μὲν τὸν ὑπέργηρων ὀδόντας τρεῖς ἔτι λοιποὺς ἔχοντα, μόγις ὁρῶντα, οἰκέταις τέτταρσιν ἐπικεκυφότα, κορύζης μὲν τὴν ῥῖνα, λήμης δὲ τοὺς ὀφθαλμοὺς μεστὸν ὄντα, οὐδὲν ἔτι ἡδὺ εἰδότα, ἔμψυχόν τινα τάφον ὑπὸ τῶν νέων καταγελώμενον, ἀποθνήσκειν δὲ καλλίστους καὶ ἐρρωμενεστάτους νεανίσκους· ἄνω γὰρ ποταμῶν τουτί γε· ἢ τὸ τελευταῖον εἰδέναι ἐχρῆν, πότε καὶ τεθνήξεται τῶν γερόντων ἕκαστος, ἵνα μὴ μάτην ἂν ἐνίους ἐθεράπευον. νῦν δέ, τὸ τῆς παροιμίας, ἡ ἅμαξα τὸν βοῦν.

3   ΠΛΟΥΤ. Ταῦτα μέν, ὦ Τερψίων, πολὺ συνετώτερα γίνεται ἤπερ σοὶ δοκεῖ. καὶ ὑμεῖς δὲ τί παθόντες ἀλλοτρίοις ἐπιχαίνετε καὶ τοῖς ἀτέκνοις τῶν γερόντων ἐσποιεῖτε φέρον-

1. πρὸς ἡδονήν, zum Vergnügen, zu verbinden mit χρήσασθαι. — τὸ δέ, dieses aber; vgl. Iud. voc. 11. Dial. mar. 14, 3. Anach. 35 u. s. Kr. Gr. §. 50, 1, 4.

2. πρότερον, näml. ἀποθνήσκειν. — ἀναστρ. δὲ μηδαμῶς, näml. ἐχρῆν τὸ πρᾶγμα. — τὴν ῥῖνα .. τοὺς ὀφθαλμούς, Kr. Gr. §. 46, 4. — ἄνω ποταμῶν τουτί γε, unser: das ist die verkehrte Welt. Eine sprichwörtliche Redensart, die vollständig bei Eurip. Med. 411 also lautet: ἄνω ποταμῶν χωροῦσι παγαί, die Quellen fliessen stromaufwärts. Demosth. 19, 287: ἄνω ποταμῶν οἱ περὶ πορνείας ἐρρύησαν λόγοι. — τεθνήξεται, s. zu IV, 17. — ἵνα μὴ μάτ. ἂν ἐν. ἐθεράπευον, damit ich nicht umsonst Manchen den Hof

machte, Ueber ἵνα mit dem Indicat. s. Kr. Gr. §. 54, 8, 8. Die Partikel ἄν, welche sich auch hier auf eine Bedingung bezieht, findet sich bei Lucian an mehreren Stellen hinzugefügt. So Toxar. 18: καὶ εἴθε γε ἀνώμοτος ὢν ταῦτα ἔλεγες, ἵνα καὶ ἀπιστεῖν ἂν ἐδυνάμην αὐτοῖς, wo zu ergänzen εἰ ἄν. ταῦτα ἔλεγες. Piscat. 2 z. E. Icaromenipp. 21. Ohne ἄν Nigr. 32. Abdicat. 1 (wo es ἰασάμην heissen muss). — τὸ τῆς παροιμίας, wie es im Sprichwort heisst. Kr. Gr. §. 57, 10, 11. 12. — ἡ ἅμαξα τὸν βοῦν, näml. ἕλκει. Ein Sprichwort von demselben Sinne mit dem vorhergehenden.

3. ἐσποιεῖτε .. αὐτούς, dringt ihr euch auf bei. — φέροντες, s. zu II, 22. Kr. Gr. §. 56, 8, 5. —

τες αὐτούς; τοιγαροῦν γέλωτα ὀφλισκάνετε πρὸ ἐκείνων κατο-
ρυττόμενοι, καὶ τὸ πρᾶγμα τοῖς πολλοῖς ἥδιστον γίνεται·
ὅσῳ γὰρ ὑμεῖς ἐκείνους ἀποθανεῖν εὔχεσθε, τοσούτῳ ἅπασιν
ἡδὺ προαποθανεῖν ὑμᾶς αὐτῶν. καινὴν γάρ τινα ταύτην
τέχνην ἐπινενοήκατε γραῶν καὶ γερόντων ἐρῶντες, καὶ μά-
λιστα εἰ ἄτεκνοι εἶεν, οἱ δὲ ἔντεκνοι ὑμῖν ἀνέραστοι. καίτοι
πολλοὶ ἤδη τῶν ἐρωμένων συνέντες ὑμῶν τὴν πανουργίαν
τοῦ ἔρωτος, ἢν καὶ τύχωσι παῖδας ἔχοντες, μισεῖν αὐτοὺς
πλάττονται, ὡς καὶ αὐτοὶ ἐραστὰς ἔχωσιν· εἶτα ἐν ταῖς δια-
θήκαις ἀπεκλείσθησαν μὲν οἱ πάλαι δορυφορήσαντες, ὁ δὲ
παῖς καὶ ἡ φύσις, ὥσπερ ἐστὶ δίκαιον, κρατοῦσι πάντων, οἱ
δὲ ὑποπρίουσι τοὺς ὀδόντας ἀποσμυγέντες.

ΤΕΡΨ. Ἀληθῆ ταῦτα φής· ἐμοῦ γοῦν Θούκριτος πόσα 4
κατέφαγεν ἀεὶ τεθνήξεσθαι δοκῶν καὶ ὁπότε ἐσίοιμι ὑποστέ-
νων καὶ μύχιόν τι καθάπερ ἐξ ᾠοῦ νεοττὸς ἀτελὴς ὑποκρώζων,
ὥστ᾽ ἔγωγε, ὅσον αὐτίκα οἰόμενος ἐπιβήσειν αὐτὸν τῆς σοροῦ,
ἔπεμπόν τε πολλά, ὡς μὴ ὑπερβάλλοιντό με οἱ ἀντερασταὶ
τῇ μεγαλοδωρίᾳ, καὶ τὰ πολλὰ ὑπὸ φροντίδων ἄγρυπνος
ἐκείμην ἀριθμῶν ἕκαστα καὶ διατάττων. ταῦτα γοῦν μοι καὶ
τοῦ ἀποθανεῖν αἴτια γεγένηται, ἀγρυπνία καὶ φροντίδες· ὁ
δὲ τοσοῦτόν μοι δέλεαρ καταπιὼν ἐφειστήκει θαπτομένῳ
πρῴην ἐπιγελῶν.

ΠΛΟΥΤ. Εὖ γε, ὦ Θούκριτε, ζῴης ἐπὶ μήκιστον πλου- 5
τῶν ἅμα καὶ τῶν τοιούτων καταγελῶν, μηδὲ πρότερόν γε σὺ
ἀποθάνοις ἢ προπέμψας πάντας τοὺς κόλακας.

ΤΕΡΨ. Τοῦτο μέν, ὦ Πλούτων, καὶ ἐμοὶ ἥδιστον ἤδη,
εἰ καὶ Χαροιάδης προτεθνήξεται Θουκρίτου.

ὅσῳ .. τοσούτῳ, in welchem
Grade.. in eben dem. — και-
νήν τινα ταύτην τέχνην, s. zu IV,
5. — εἰ .. εἶεν. Warum hier der
Optativ? — τῶν ἐρωμένων, von
denen, welche von euch ge-
liebt werden, bedingt durch
die Worte μισεῖν αὐτοὺς πλάττον-
ται. — ὑμῶν τὴν πανουργίαν τοῦ
ἔρωτος. Zwei Genetive von einem
Nomen abhängig. De Merc. cond. 8:
αὐτῶν ἡ λήθη τοῦ καλοῦ. Kr. Gr.
§. 47, 9, 6. In Bezug auf das La-
tein. Zumpt. §. 791 a. E. — πλάτ-
τονται, stellen sich, mit Infin.
als ob. Erst spätere Verbindung.

— ἀπεκλείσθησαν, Kr. Gr. §. 53,
10, 2. — ὑποπρ. τοὺς ὀδ., knir-
schen im Stillen mit den
Z. — ἀποσμυγέντες, geprellt,
betrogen. Wie ἀποσμύττω, ἀπο-
μύττω wird auch das Latein. emun-
gere gebraucht.

4. μύχιόν τι, tief unten her-
auf, tief aus der Brust. Gall.
10: ἐχρέμπτετο μύχιόν τι. — ὅσον
αὐτίκα, in nicht gar langer
Zeit, bald. Spätere Ausdrucks-
weise. — ἐπιβήσειν unattisch in
transitiver Bedeutung; s. unser
Wörterbuch unter ἐπιβαίνω II)
1) a).

ΠΛΟΥΤ. Θάρρει, ὦ Τερψίων· καὶ Φείδων γὰρ καὶ Μέλανθος καὶ ὅλως ἅπαντες προελεύσονται αὐτοῦ ὑπὸ ταῖς αὐταῖς φροντίσιν.

ΤΕΡΨ. Ἐπαινῶ ταῦτα. ζῴης ἐπὶ μήκιστον, ὦ Θούκριτε.

7.

ΖΗΝΟΦΑΝΤΟΥ ΚΑΙ ΚΑΛΛΙΔΗΜΙΔΟΥ.

1   ΖΗΝ. Σὺ δέ, ὦ Καλλιδημίδη, πῶς ἀπέθανες; ἐγὼ μὲν γὰρ ὅτι παράσιτος ὢν Δεινίου πλέον τοῦ ἱκανοῦ ἐμφαγὼν ἀπεπνίγην, οἶσθα· παρῆς γὰρ ἀποθνήσκοντί μοι.

ΚΑΛ. Παρῆν, ὦ Ζηνόφαντε· τὸ δὲ ἐμὸν παράδοξόν τι ἐγένετο. οἶσθα γὰρ καὶ σύ που Πτοιόδωρον τὸν γέροντα;

ΖΗΝ. Τὸν ἄτεκνον, τὸν πλούσιον, ᾧ σε τὰ πολλὰ ᾔδειν συνόντα;

ΚΑΛ. Ἐκεῖνον αὐτὸν ἀεὶ ἐθεράπευον ὑπισχνούμενον ἐπ' ἐμοὶ τεθνήξεσθαι. ἐπεὶ δὲ τὸ πρᾶγμα ἐς μήκιστον ἐπετείνετο καὶ ὑπὲρ τὸν Τιθωνὸν ὁ γέρων ἔζη, ἐπίτομόν τινα ὁδὸν ἐπὶ τὸν κλῆρον ἐξεῦρον· πριάμενος γὰρ φάρμακον ἀνέπεισα τὸν οἰνοχόον, ἐπειδὰν τάχιστα ὁ Πτοιόδωρος αἰτήσῃ πιεῖν, — πίνει δὲ ἐπιεικῶς ζωρότερον — ἐμβαλόντα ἐς κύλικα ἕτοιμον ἔχειν αὐτὸ καὶ ἐπιδοῦναι αὐτῷ· εἰ δὲ τοῦτο ποιήσειεν, ἐλεύθερον ἐπωμοσάμην ἀφήσειν αὐτόν.

ΖΗΝ. Τί οὖν ἐγένετο; πάνυ γάρ τι παράδοξον ἐρεῖν ἔοικας.

2   ΚΑΛ. Ἐπεὶ τοίνυν λουσάμενοι ἥκομεν, δύο δὴ ὁ μειρα-

---

5. καὶ Φείδων γάρ, denn auch Pheidon. So findet sich häufig καὶ .. γάρ bei Lucian., vgl. Dial. deor. 13, 1. Fugit. 25. Zeux. 9. De morte Peregr. 29. Char. 7. 14 u. s.

1. παρῆς, unattisch für παρῆσθα. Ebenso συνῆς 16, 3. ᾖς Gall. 19. Amor. 3. Desgleichen ἔφης für ἔφησθα, vgl. Gespr. 14, 5. 15, 1. 18, 2. Dial. mar. 13, 2. Vit. auct. 6. 7. 24. Hermot. 59. Pro imag. 8. Anachars. 40. Dial. meretr. 13, 5. Pseudol. 29. u. s. — τὸ ἐμόν, was mich betrifft; Kr. Gr. §. 43, 4, 26. — ἐπ' ἐμοὶ τεθνήξεσθαι, me vivo, me superstite, d. i. dass er mich als Erben hinterlas-

send sterben werde. Vgl. Kr. §. 68, 41, 8. Aehnlich Philostr. vit. soph. 2, 12: ἐτελεύτα ἐπὶ παιδὶ γνησίῳ μέν, ἀπαιδεύτῳ δέ. Artemid. 1, 81: ἀποθανεῖν ἐπὶ κληρονόμοις ταῖς θυγατράσι. — ὑπὲρ τὸν Τιθωνόν, sprichwörtlich von einem sehr langen Leben. Tithonos war der Sohn des Laomedon und Gemahl der Eos, welche den Zeus um Unsterblichkeit für ihn bat, aber die Bitte um ewige Jugend hinzuzufügen vergessen hatte. — ἐπειδὰν τάχιστα, sobald als, quum primum. — ζωρότερον, s. zu II, 54. — ἐμβαλόντα, näml. das Gift. — ἐλεύθερον. Der οἰνοχόος war in der Regel ein junger Sklave.

κίσκος κύλικας ἑτοίμους ἔχων, τὴν μὲν τῷ Πτοιοδώρῳ, τὴν
ἔχουσαν τὸ φάρμακον, τὴν δὲ ἑτέραν ἐμοί, σφαλεὶς οὐκ οἶδ᾽
ὅπως ἐμοὶ μὲν τὸ φάρμακον, Πτοιοδώρῳ δὲ τὴν ἀφάρμακτον
ἔδωκεν· εἶτα ὁ μὲν ἔπινεν, ἐγὼ δὲ αὐτίκα μάλα ἐκτάδην ἐκεί
μην, ὑποβολιμαῖος ἀντ᾽ ἐκείνου νεκρός. τί τοῦτο γελᾷς, ὦ
Ζηνόφαντε; καὶ μὴν οὐκ ἔδει γε ἑταίρῳ ἀνδρὶ ἐπιγελᾶν.

ΖΗΝ. Ἀστεῖα γάρ, ὦ Καλλιδημίδη, πέπονθας. ὁ γέρων
δὲ τί πρὸς ταῦτα;

ΚΑΛ. Πρῶτον μὲν ὑπεταράχθη πρὸς τὸ αἰφνίδιον, εἶτα
συνείς, οἶμαι, τὸ γεγενημένον ἐγέλα καὶ αὐτός, οἷά με ὁ
οἰνοχόος εἴργασται.

ΖΗΝ. Πλὴν ἀλλ᾽ οὐδὲ σὲ τὴν ἐπίτομον ἐχρῆν τραπέσθαι·
ἧκε γὰρ ἄν σοι διὰ τῆς λεωφόρου ἀσφαλέστερον, εἰ καὶ ὀλίγῳ
βραδύτερον.

8.

ΚΝΗΜΩΝΟΣ ΚΑΙ ΔΑΜΝΙΠΠΟΥ.

ΚΝΗΜ. Τοῦτο ἐκεῖνο τὸ τῆς παροιμίας· ὁ νεβρὸς τὸν
λέοντα.

ΔΑΜ. Τί ἀγανακτεῖς, ὦ Κνήμων;

ΚΝΗΜ. Πυνθάνῃ ὅ τι ἀγανακτῶ; κληρονόμον ἀκούσιος
καταλέλοιπα κατασοφισθεὶς ἄθλιος, οὓς ἐβουλόμην ἂν μά-
λιστα σχεῖν τἀμὰ παραλιπών.

ΔΑΜ. Πῶς τοῦτο ἐγένετο;

ΚΝΗΜ. Ἑρμόλαον τὸν πάνυ πλούσιον ἄτεκνον ὄντα

---

2. τί τοῦτο γελᾷς; Aristoph. nub.
820: τί δὲ τοῦτ᾽ ἐγέλασας ἐτεόν;
— τί πρὸς ταῦτα, näml. sagte
er od. etwas Aehnliches. — πρὸς τὸ
αἰφνίδιον, s. zu I, 16. — οἷά με =
ὅτι τοιαῦτά με, s. zu II, 22. Ueber
die Construction von ἐργάζεσθαι
s. Kr. Gr. §. 46, 12. — τὴν ἐπίτο-
μον, näml. ὁδόν. Scyth. 7: κἀγὼ
ἐπίτομόν τινα ταύτην ἐξευρὼν u. ö.
Kr. Gr. §. 43. 3, 3. — ἧκε, näml.
es, die Sache, d. i. die Erb-
schaft. Vgl. Kr. Gr. §. 61, 5, 6.

8. τοῦτο ἐκεῖνο τὸ τῆς παροιμίας,
da haben wir es, wie es im
Sprichwort heisst. Vgl. Pis-
cat. 8: τοῦτ᾽ ἐκεῖνο, ἐς πεδίον τὸν
ἵππον. De merc. cond. 12: τοῦτ᾽
ἐκεῖνο, ἐκ Διὸς δέλτων ὁ μάρτυς.

Kr. Gr. §. 51, 7, 11. — ὁ νεβρὸς
τὸν λέοντα, näml. αἱρεῖ, das
Hirschkalb erwischt den
Löwen, ein Sprichwort zur Be-
zeichnung des Unerwarteten oder
unmöglich Scheinenden. — πυν-
θάνῃ ὅ τι ἀγανακτῶ; Das Verbum
πυνθάνῃ hätte auch fehlen kön-
nen. Iup. trag. 6: Ἑρμ. ἀλλὰ πῶς
γάρ, ὦ Ζεῦ, ἀξιοῖς; Ζευς. ὅπως
ἀξιῶ; Aristoph. nub. 673: ἀτὰρ τὸ
λοιπὸν πῶς με χρὴ καλεῖν; Σωκ.
ὅπως; ran. 198: Χαρ. οὗτος, τί
ποιεῖς; Διον. ὅ τι ποιῶ; u. ö. so
auch bei Platon. Kr. Gr. §. 51,
17, 3. — ἄθλιος mit κατασοφισθεὶς
eng zu verbinden, daher ohne Ar-
tikel; s. zu IV, 14. — ἐβουλόμην
ἄν, vellem (Zumpt §. 528). Bis acc.

ἐθεράπευον ἐπὶ θανάτῳ, κἀκεῖνος οὐκ ἀηδῶς τὴν θεραπείαν
προσίετο. ἔδοξε δή μοι καὶ σοφὸν τοῦτο εἶναι, θέσθαι δια-
θήκας ἐς τὸ φανερόν, ἐν αἷς ἐκείνῳ καταλέλοιπα τἀμὰ πάντα,
ὡς κἀκεῖνος ζηλώσειε καὶ τὰ αὐτὰ πράξειεν.

ΔΑΜ. Τί οὖν δὴ ἐκεῖνος;

ΚΝΗΜ. Ὅ τι μὲν αὐτὸς ἐνέγραψε ταῖς ἑαυτοῦ διαθήκαις,
οὐκ οἶδα· ἐγὼ γοῦν ἄφνω ἀπέθανον τοῦ τέγους μοι ἐπιπεσόν-
τος, καὶ νῦν Ἑρμόλαος ἔχει τἀμὰ ὥσπερ τις λάβραξ καὶ τὸ
ἄγκιστρον τῷ δελέατι συγκατασπάσας.

ΔΑΜ. Οὐ μόνον, ἀλλὰ καὶ αὐτόν σε τὸν ἁλιέα· ὥστε
σόφισμα κατὰ σαυτοῦ συντέθεικας.

ΚΝΗΜ. Ἔοικα· οἰμώζω τοιγαροῦν.

9.

ΣΙΜΥΛΟΥ ΚΑΙ ΠΟΛΥΣΤΡΑΤΟΥ.

1 . *ΣΙΜ.* Ἥκεις ποτέ, ὦ Πολύστρατε, καὶ σὺ παρ' ἡμᾶς ἔτη,
οἶμαι, οὐ πολὺ ἀποδέοντα τῶν ἑκατὸν βεβιωκώς;

ΠΟΛ. Ὀκτὼ ἐπὶ τοῖς ἐνενήκοντα, ὦ Σιμύλε.

ΣΙΜ. Πῶς δαὶ τὰ μετ' ἐμὲ ταῦτα ἐβίως τριάκοντα; ἐγὼ
γὰρ ἀμφὶ τὰ ἑβδομήκοντά σου ὄντος ἀπέθανον.

ΠΟΛ. Ὑπερήδιστα, εἰ καί σοι παράδοξον τοῦτο δόξει.

ΣΙΜ. Παράδοξον, εἰ γέρων τε καὶ ἀσθενής, ἄτεκνός τε
προσέτι, ἤδεσθαι τοῖς ἐν τῷ βίῳ ἐδύνασο.

2 *ΠΟΛ.* Τὸ μὲν πρῶτον ἅπαντα ἐδυνάμην· ἔτι καὶ παῖδες
ὡραῖοι ἦσαν πολλοὶ καὶ γυναῖκες ἁβρόταται καὶ μύρα καὶ
οἶνος ἀνθοσμίας καὶ τράπεζα ὑπὲρ τὰς ἐν Σικελίᾳ.

ΣΙΜ. Καινὰ ταῦτα· ἐγὼ γάρ σε πάνυ φειδόμενον ἠπι-
στάμην.

33: μακροὺς ἀποτείνειν οὐκ ἂν
ἐβουλόμην τοὺς λόγους. Demosth.
enc. 43: μάλιστα μὲν γὰρ αὐτήκοος
ἂν ἐβουλόμην παρὼν εἶναι νῦν.
Nigr. 11: καὶ ταῦτα μέν, ἃ σὺ
διῆλθες, ἐβουλόμην ἂν εἰρῆσθαί
μοι. Hermotim. 81. Iup. trag. 53.
Kr. Gr. §. 54, 3, 10. — ἐπὶ θανά-
τῳ, in Rücksicht auf seinen
Tod, d. i. in der Hoffnung
auf seinen Tod; Kr. Gr. §. 68,
41, 7. — θέσθαι διαθήκας ἐς τὸ
φανερόν, ein Testament öf-

fentlich, d. i. bei der Obrig-
keit niederlegen, so dass das
in demselben Enthaltene nicht
verschwiegen blieb. Ebenso 11, 1.
— τί οὖν δὴ ἐκεῖνος; nāml. ἐποίει.
Hermotim. 9: τί οὖν δὴ ἐποίει; —
λάβραξ. Die Gefrässigkeit des-
selben war sprichwörtlich.

1. τῶν ἑκατόν, s. zu 27, 9.

2. τράπεζα ὑπὲρ τὰς ἐν Σικελίᾳ.
Bekannt sind die Siculae dapes
wegen der luxuriösen Zubereitung

ΠΟΛ. Ἀλλ' ἐπέρρει μοι, ὦ γενναῖε, παρ' ἄλλων τἀγαθά· καὶ ἔωθεν μὲν εὐθὺς ἐπὶ θύρας ἐφοίτων μάλα πολλοί, μετὰ δὲ παντοῖά μοι δῶρα προσήγετο ἀπανταχόθεν τῆς γῆς τὰ κάλλιστα.

ΣΙΜ. Ἐτυράννησας, ὦ Πολύστρατε, μετ' ἐμέ;

ΠΟΛ. Οὔκ, ἀλλ' ἐραστὰς εἶχον μυρίους.

ΣΙΜ. Ἐγέλασα. ἐραστὰς σὺ τηλικοῦτος ὤν, ὀδόντας τέτταρας ἔχων;

ΠΟΛ. Νὴ Δία, τοὺς ἀρίστους γε τῶν ἐν τῇ πόλει· καὶ γέροντά με καὶ φαλακρόν, ὡς ὁρᾷς, ὄντα καὶ λημῶντα προσέτι καὶ κορυζῶντα ὑπερήδοντο θεραπεύοντες, καὶ μακάριος ἦν αὐτῶν ὅντινα ἂν καὶ μόνον προσέβλεψα.

ΣΙΜ. Μῶν καὶ σύ τινα ὥσπερ ὁ Φάων τὴν Ἀφροδίτην ἐκ Χίου διεπόρθμευσας, εἶτά σοι εὐξαμένῳ ἔδωκε νέον εἶναι καὶ καλὸν ἐξ ὑπαρχῆς καὶ ἀξιέραστον;

ΠΟΛ. Οὔκ, ἀλλὰ τοιοῦτος ὢν περιπόθητος ἦν.

ΣΙΜ. Αἰνίγματα λέγεις.

ΠΟΛ. Καὶ μὴν πρόδηλός γε ὁ ἔρως οὑτοσὶ πολὺς ὤν, ὁ 3 περὶ τοὺς ἀτέκνους καὶ πλουσίους γέροντας.

ΣΙΜ. Νῦν μανθάνω σου τὸ κάλλος, ὦ θαυμάσιε, ὅτι παρὰ τῆς χρυσῆς Ἀφροδίτης ἦν.

---

der Speisen. — ἐπὶ θύρας ἐφοίτων, nicht τὰς θύρας. Ebenso oft bei Plutarch. Alcib. 7. Mar. 32. Arat. 37 u. s., obschon sich auch der Artikel dabei findet. Kr. Gr. §. 50, 2, 15. — ἀπανταχόθεν τῆς γῆς, aus allen Theilen der Erde. Kr. Gr. §. 47, 10, 4. — ἐτυράννησας, wurdest du ein Fürst; Kr. Gr. §. 53, 5, 1. — ἐγέλασα, ich muss lachen. Ebenso Göttergespr. 16, 2. Besonders oft kommt dieser Aorist im dramatischen Dialog vor. Kr. Gr. §. 53, 6, 3. — ὑπερήδοντο θεραπεύοντες. Adv. Indoct. 21: ὦ σεαυτὸν εἰκάζων ἔχαιρες. Iup. trag. 44: εὐψογουμένη ἔχαιρε. u. s., Kr. Gr. §. 50, 6, 4. — ὅντινα ἂν καὶ μόνον προσέβλεψα, den ich etwa auch nur eines Blickes würdigte. ἂν gehört zu ὄντινα. Ebenso Demon. 10: πλέον δὲ ἢ ἔλαττον ἔχαιρε συνὼν ἐνίοις αὐτῶν, μόνοις ἐξιστάμενος, ὁπόσοι ἂν ἐδόκουν αὐτῶ .. διαμαρτάνειν. An beiden Stellen könnte auch der Optativ, allein dann ohne ἂν stehen. (Hermann. de partic. ἂν

p. 27.) Uebrigens ähnlich Navig. 43: ὥστε.. εὐδαίμονα εἶναι δοκεῖν, εἴ τινα καὶ μόνον προσβλέψαιμι αὐτῶν. — μῶν καὶ σύ τινα κτέ., d. i. du hast doch nicht ebenfalls irgend eine Person, wie Phaon die Aphr. aus Ch. (übersetzte), übergesetzt, d. i. ebenfalls eine Person wie Aphr. Phaon, ein Lesbier, hatte als bejahrter Fährmann einst umsonst die Aphrodite übergesetzt und bekam dafür von derselben seine Jugend und Schönheit wieder. — νέον εἶναι. Kr. Gr. §. 55, 2, 7.

3. νῦν μανθάνω σου τὸ κάλλ. κτέ., d. i. νῦν μανθάνω, ὅτι σου τὸ κάλλος κτέ. Iup. trag. 2: οἶδα τὸ κεφάλαιον αὐτό, ὧν πάσχεις, ὅτι ἐρωτικόν ἐστιν. Icarom. 4: καὶ τὸν ἥλιον αὐτὸν τί ποτε ἦν ἄρα ἐπόθουν εἰδέναι. Piscat. 14. Unten Gespr. 20, 1. u. 5. Kr. Gr. §. 61, 6, 2. Ebenso die Römer, Cic. pro Deiot. 11, 30: *quis tuam patrem antea qui esset, quam cuius gener esset, audivit?* — χρυσῆς. Scherzhaft gesagt. Bekannt ist dieses

2*

ΠΟΛ. Ἀτάρ, ὦ Σιμύλε, οὐκ ὀλίγα τῶν ἐραστῶν ἀπολέλαυκα, μονονουχὶ προσκυνούμενος ὑπ᾽ αὐτῶν· καὶ ἐθρυπτόμην δὲ πολλάκις καὶ ἀπέκλειον αὐτῶν τινας ἐνίοτε, οἱ δὲ ἡμιλλῶντο καὶ ἀλλήλους ὑπερεβάλλοντο ἐν τῇ περὶ ἐμὲ φιλοτιμίᾳ.

ΣΙΜ. Τέλος δ᾽ οὖν πῶς ἐβουλεύσω περὶ τῶν κτημάτων;

ΠΟΛ. Ἐς τὸ φανερὸν μὲν ἕκαστον αὐτῶν κληρονόμον ἀπολιπεῖν ἔφασκον, ὁ δ᾽ ἐπίστευέ τε καὶ κολακευτικώτερον παρεσκεύαζεν ἑαυτόν, ἄλλας δὲ τὰς ἀληθεῖς διαθήκας ἔχων, ἐκείνας κατέλιπον οἰμώζειν ἅπασι φράσας.

4   *ΣΙΜ.* Τίνα δὲ αἱ τελευταῖαι τὸν κληρονόμον ἔσχον; ἢ πού τινα τῶν ἀπὸ τοῦ γένους;

ΠΟΛ. Οὐ μὰ Δία, ἀλλὰ νεώνητόν τινα τῶν μειρακίων τῶν ὡραίων Φρύγα.

ΣΙΜ. Ἀμφὶ πόσα ἔτη, ὦ Πολύστρατε;

ΠΟΛ. Σχεδὸν ἀμφὶ τὰ εἴκοσι.

ΣΙΜ. Ἤδη μανθάνω ἅτινά σοι ἐκεῖνος ἐχαρίζετο.

ΠΟΛ. Πλὴν ἀλλὰ πολὺ ἐκείνων ἀξιώτερος κληρονομεῖν, εἰ καὶ βάρβαρος ἦν καὶ ὄλεθρος, ὃν ἤδη καὶ αὐτοὶ οἱ ἄριστοι θεραπεύουσιν. ἐκεῖνος τοίνυν ἐκληρονόμησέ μου καὶ νῦν ἐν τοῖς εὐπατρίδαις ἀριθμεῖται, ὑπεξυρημένος μὲν τὸ γένειον καὶ βαρβαρίζων, Κόδρου δὲ εὐγενέστερος καὶ Νιρέως καλλίων καὶ Ὀδυσσέως συνετώτερος λεγόμενος εἶναι.

ΣΙΜ. Οὔ μοι μέλει· καὶ στρατηγησάτω τῆς Ἑλλάδος, εἰ δοκεῖ, ἐκεῖνοι δὲ μὴ κληρονομείτωσαν μόνον.

10.
ΧΑΡΩΝΟΣ ΚΑΙ ΕΡΜΟΥ ΚΑΙ ΝΕΚΡΩΝ ΔΙΑΦΟΡΩΝ.

1   *ΧΑΡ.* Ἀκούσατε ὡς ἔχει ἡμῖν τὰ πράγματα. μικρὸν μὲν ἡμῖν, ὡς ὁρᾶτε, τὸ σκαφίδιον καὶ ὑπόσαθρόν ἐστι καὶ διαρ-

Beiwort aus Homer., wo es zur Bezeichnung ihrer vollendeten Schönheit dient. — ὑπερεβάλλοντο ἐν. Sonst steht ὑπερβάλλεσθαι gewöhnlich mit blossem Dativ. verbunden. — τέλος, am Ende, zuletzt.

4. τίνα .. τὸν κληρονόμον = τίς ἐστιν ὁ κληρονόμος, ὃν αἱ τελευταῖαι ἔσχον; Vitar. auct. 7: ποδαπὸς δέ ἐστι καὶ τίνα τὴν ἄσκησιν ἔχει; 8: τίνα τὴν τέχνην ἔχεις;

Gall. 30: οἷον βιοῖ τὸν βίον. u. ö. Vgl. Kr. Gr. §.50, 11, 1. — ὄλεθρος, s. oben zu 2, 1. — ὑπεξυρημένος τὸ γένειον. Lieblingssklaven waren an Wangen und Kinn glatt geschoren. Tim. 22: οἰκέτης ὑπεξυρημένος ἔτι τὴν γνάθον, das. die Anm. — Κόδρου κτέ. Vgl. II, 23. — μόνον, wie unser nur, häufig beim Imperativ.

11. „Diese Scene bei der Ueberfahrt in der Unterwelt ist mit ganz

ρεῖ τὰ πολλά, καὶ ἢν τραπῇ ἐπὶ θάτερα, οἰχήσεται περιτραπέν,
ὑμεῖς δὲ ἅμα τοσοῦτοι ἥκετε πολλὰ ἐπιφερόμενοι ἕκαστος. ἢν
οὖν μετὰ τούτων ἐμβῆτε, δέδια μὴ ὕστερον μετανοήσητε, καὶ
μάλιστα ὁπόσοι νεῖν οὐκ ἐπίστασθε.

ΕΡΜ. Πῶς οὖν ποιήσαντες εὐπλοήσομεν;

ΧΑΡ. Ἐγὼ ὑμῖν φράσω· γυμνοὺς ἐπιβαίνειν χρὴ τὰ
περιττὰ ταῦτα πάντα ἐπὶ τῆς ἠόνος καταλιπόντας· μόλις γὰρ
ἂν καὶ οὕτω δέξαιτο ὑμᾶς τὸ πορθμεῖον. σοὶ δέ, ὦ Ἑρμῆ,
μελήσει τὸ ἀπὸ τούτου μηδένα παραδέχεσθαι αὐτῶν, ὃς ἂν
μὴ ψιλὸς ᾖ καὶ τὰ ἔπιπλα, ὥσπερ ἔφην, ἀποβαλών. παρὰ δὲ
τὴν ἀποβάθραν ἑστὼς διαγίνωσκε αὐτοὺς καὶ ἀναλάμβανε
γυμνοὺς ἐπιβαίνειν ἀναγκάζων.

ΕΡΜ. Εὖ λέγεις, καὶ οὕτω ποιήσωμεν. — Οὑτοσὶ τίς ὁ 2
πρῶτός ἐστι;

ΜΕΝ. Μένιππος ἔγωγε. ἀλλ' ἰδού, ἡ πήρα μοι, ὦ Ἑρμῆ,
καὶ τὸ βάκτρον ἐς τὴν λίμνην ἀπερρίφθων, τὸν τρίβωνα δὲ
οὐδὲ ἐκόμισα εὖ ποιῶν.

ΕΡΜ. Ἔμβαινε, ὦ Μένιππε ἀνδρῶν ἄριστε, καὶ τὴν
προεδρίαν παρὰ τὸν κυβερνήτην ἔχε ἐφ' ὑψηλοῦ, ὡς ἐπισκο-
πῆς ἅπαντας. ὁ καλὸς δ' οὗτος τίς ἐστι;   3

ΧΑΡ. Χαρμόλεως ὁ Μεγαρικὸς ὁ ἐπέραστος, οὗ τὸ φί-
λημα διτάλαντον ἦν.

ΕΡΜ. Ἀπόδυθι τοιγαροῦν τὸ κάλλος καὶ τὰ χείλη αὐτοῖς
φιλήμασι καὶ τὴν κόμην τὴν βαθεῖαν καὶ τὸ ἐπὶ τῶν παρειῶν
ἐρύθημα καὶ τὸ δέρμα ὅλον. ἔχει καλῶς, εὔζωνος εἶ, ἐπίβαινε
ἤδη. ὁ δὲ τὴν πορφυρίδα οὑτοσὶ καὶ τὸ διάδημα ὁ βλοσυρὸς 4
τίς ὢν τυγχάνεις;

ähnlichen Zügen von Lucian ge-
zeichnet auch im Cataplus."
Voigtländer.

1. τὰ πολλά, an den meisten
Stellen. — καὶ οὕτω, auch so,
wenn ihr nackt mit Zurücklassung
aller dieser unnützen Dinge ein-
steigt. — τὸ ἀπὸ τούτου, von die-
ser Zeit an, von nun an;
Ebenso τὸ ἀπὸ τοῦδε und τὸ ἀπ'
ἐκείνου. Kr. Gr. §. 50, 5, 13.

2. οὑτοσὶ τίς ὁ πρῶτός ἐστι; Be-
merkenswerthe Wortstellung für
ὁ πρῶτος οὗτος τίς ἐστι; Vgl. §. 3
z. A. Οὑτοσὶ mit seiner deiktischen
Kraft ist absichtlich vorangestellt.
— ἀπερρίφθων. Wir ebenso:

seien geworfen. Kr. Gr. §. 53,
3,5. — εὖ ποιῶν, wir: zum Glück,
wohlweislich. De conscr. hist.
4: ἀπείρξω ἐμαυτὸν εὖ ποιῶν. Sa-
turn. 7: ἐξέστην οὖν εὖ ποιῶν τῷ
Διί. Ep. Sat. 27. u. ö. S. zu II, 30.
Kr. Gr. §. 56, 8, 2.

3. αὐτοῖς φιλήμασι. S. zu II, 22.
Kr. Gr. §. 48, 15, 19. — τὸ δέρμα
ὅλον. Kr. Gr. §. 50, 11, 7.

4. ὁ δὲ . . οὑτοσὶ . . ὁ βλοσυρός.
Ueber diesen Nominativ. als Ap-
position s. Kr. Gr. §. 45, 2, 6. Vitar.
auct. 7: ὁ κῆρυξ πῶς ἔφης; 27: σὺ
ὁ Πυρρίας πρόσιθι. Vgl. Gespr.
12, 2. u. ö. — τὴν πορφυρίδα . . τὸ

ΛΑΜΠ. Λάμπιχος Γελώων τύραννος.

ΕΡΜ. Τί οὖν, ὦ Λάμπιχε, τοσαῦτα ἔχων πάρει;

ΛΑΜΠ. Τί οὖν; ἐχρῆν, ὦ Ἑρμῆ, γυμνὸν ἥκειν τύραννον ἄνδρα;

ΕΡΜ. Τύραννον μὲν οὐδαμῶς, νεκρὸν δὲ μάλα· ὥστε ἀπόθου ταῦτα.

ΛΑΜΠ. Ἰδού σοι ὁ πλοῦτος ἀπέρριπται.

ΕΡΜ. Καὶ τὸν τῦφον ἀπόρριψον, ὦ Λάμπιχε, καὶ τὴν ὑπεροψίαν· βαρήσει γὰρ τὸ πορθμεῖον συνεμπεσόντα.

ΛΑΜΠ. Οὐκοῦν ἀλλὰ τὸ διάδημα ἐασόν με ἔχειν καὶ τὴν ἐφεστρίδα.

ΕΡΜ. Οὐδαμῶς, ἀλλὰ καὶ ταῦτα ἄφες.

ΛΑΜΠ. Εἶεν. τί ἔτι; πάντα γὰρ ἀφῆκα, ὡς ὁρᾷς.

ΕΡΜ. Καὶ τὴν ὠμότητα καὶ τὴν ἄνοιαν καὶ τὴν ὕβριν καὶ τὴν ὀργήν, καὶ ταῦτα ἄφες.

ΛΑΜΠ. Ἰδού σοι ψιλός εἰμι.

5 *ΕΡΜ.* Ἔμβαινε ἤδη. σὺ δὲ ὁ παχύς, ὁ πολύσαρκος τίς ὢν τυγχάνεις;

ΔΑΜ. Δαμασίας ὁ ἀθλητής.

ΕΡΜ. Ναί, ἔοικας· οἶδα γάρ σε πολλάκις ἐν ταῖς παλαίστραις ἰδών.

ΔΑΜ. Ναί, ὦ Ἑρμῆ· ἀλλὰ παράδεξαί με γυμνὸν ὄντα.

ΕΡΜ. Οὐ γυμνόν, ὦ βέλτιστε, τοσαύτας σάρκας περιβεβλημένον· ὥστε ἀπόδυθι αὐτάς, ἐπεὶ καταδύσεις τὸ σκάφος τὸν ἕτερον πόδα ὑπερθεὶς μόνον· ἀλλὰ καὶ τοὺς στεφάνους τούτους ἀπόρριψον καὶ τὰ κηρύγματα.

ΔΑΜ. Ἰδού σοι γυμνός, ὡς ὁρᾷς, ἀληθῶς εἰμι καὶ ἰσοστάσιος τοῖς ἄλλοις νεκροῖς.

6 *ΕΡΜ.* Οὕτως ἄμεινον ἀβαρῆ εἶναι· ὥστε ἔμβαινε. καὶ

διάδημα. S. zu II, 7. IV, 9. — Γελῶων. Γελῷοι, die Einwohner von Gela, jener bekannten Stadt auf der Südküste Siciliens. — τί οὖν; wie so? sollte u. s. w. Lampichos wiederholt die Worte als Frage, wie auch wir. — μάλα, im Gegensatz zu οὐδαμῶς. — οὐκοῦν ἀλλὰ κτέ., nun so lasse mich wenigstens; vgl. 20, 2. Eigentl.: daher (da ich das Uebrige ablegen soll) lasse mich wenigstens. — ἐφεστρίδα, gleich dem vorhergehenden πορφυρίδα. S. zu IV, 14.

5. Δαμασίας. Damasias aus Amphipolis wurde als Wettläufer zu Olympia in der 115. Ol. bekränzt. Vgl. über ihn noch Lexiphan. 11. — οἶδα .. ἰδών. Dial. mar. 6, 1: οὐκ οἶδα ἔγωγε καλλίω παῖδα ἰδών. Dial. deor. 10 (14), 2., s. zu III, 5. Kr. Gr. §. 56, 7, 5. Hermes war Vorsteher der Gymnasien. — ἐπεί, sonst; s. zu II, 9. — τὰ κηρύγματα, die feierlichen Ausrufungen des Siegers durch den Herold.

σὺ δὲ τὸν πλοῦτον ἀποθέμενος, ὦ Κράτων, καὶ τὴν μαλακίαν
δὲ προσέτι καὶ τὴν τρυφὴν μηδὲ τὰ ἐντάφια κόμιζε μηδὲ τὰ
τῶν προγόνων ἀξιώματα, κατάλιπε δὲ καὶ γένος καὶ δόξαν
καὶ εἴ ποτέ σε ἡ πόλις ἀνεκήρυξε καὶ τὰς τῶν ἀνδριάντων
ἐπιγραφάς, μηδέ, ὅτι μέγαν τάφον ἐπὶ σοὶ ἔχωσαν, λέγε· βα-
ρύνει γὰρ καὶ ταῦτα μνημονευόμενα.

ΚΡΑΤ. Οὐχ ἑκὼν μέν, ἀπορρίψω δέ· τί γὰρ ἂν καὶ
πάθοιμι;

ΕΡΜ. Βαβαί. σὺ δὲ ὁ ἔνοπλος τί βούλει; ἢ τί τὸ τρό- 7
παιον τοῦτο φέρεις;

ΣΤΡΑΤΗΓΟΣ. Ὅτι ἐνίκησα, ὦ Ἑρμῆ, καὶ ἠρίστευσα
καὶ ἡ πόλις ἐτίμησέ με.

ΕΡΜ. Ἄφες ὑπὲρ γῆς τὸ τρόπαιον· ἐν Ἅιδου γὰρ εἰρήνη
καὶ οὐδὲν ὅπλων δεήσει. ὁ σεμνὸς δὲ οὗτος ἀπό γε τοῦ σχή- 8
ματος καὶ βρενθυόμενος, ὁ τὰς ὀφρῦς ἐπηρκώς, ὁ ἐπὶ τῶν
φροντίδων τίς ἐστιν, ὁ τὸν βαθὺν πώγωνα καθειμένος;

ΜΕΝ. Φιλόσοφός τις, ὦ Ἑρμῆ, μᾶλλον δὲ γόης καὶ
τερατείας μεστός· ὥστε ἀπόδυσον καὶ τοῦτον· ὄψει γὰρ πολλὰ
καὶ γελοῖα ὑπὸ τῷ ἱματίῳ σκεπόμενα.

ΕΡΜ. Ἀπόθου σὺ τὸ σχῆμα πρῶτον, εἶτα καὶ ταυτὶ
πάντα. ὦ Ζεῦ, ὅσην μὲν τὴν ἀλαζονείαν κομίζει, ὅσην δὲ
ἀμαθίαν καὶ ἔριν καὶ κενοδοξίαν καὶ ἐρωτήσεις ἀπόρους καὶ
λόγους ἀκανθώδεις καὶ ἐννοίας πολυπλόκους, ἀλλὰ καὶ μα-

---

6. **ἐντάφια**, Sterbekleid, das
kostbar war. De luctu 11: μετὰ
ταῦτα δὲ λούσαντες αὐτοὺς (τοὺς
νεκροὺς) καὶ μύρῳ τῷ καλλίστῳ
χρίσαντες τὸ σῶμα καὶ στεφανώ-
σαντες τοῖς ὡραίοις ἄνθεσι προ-
τίθενται λαμπρῶς ἀμφιέσαν-
τες. Vgl. Hermann's Privatalterth.
§. 39. — κόμιζε, bringe mit; vgl.
IV, 14. u. ö. — ἀνεκήρυξε, näml.
als Wohlthäter. — οὐχ ἑκὼν μέν,
ἀπορρίψω δέ, d. i. οὐχ ἑκὼν μὲν
ἀπορρίψω, ἀπορρίψω δέ. Ebenso
Dial. deor. 8, 2: ἄκων μέν, κατοίσω
δέ. — τί γὰρ ἂν καὶ πάθοιμι, s. zu
II, 39.

. 8. ἀπό γε τοῦ σχήματος, we-
nigstens seinem Aeusseren
nach. Philops. 29: ὁ σεμνὸς ἀπὸ
τοῦ προσώπου. — ὁ τὰς ὀφρῦς
ἐπηρκώς, Zeichen des Hochmuthes.
Ebenso τὰς ὀφρῦς ἀνατείνειν; vgl.

II, 54. — ὁ ἐπὶ τῶν φροντίδων,
der in seine Gedanken ver-
tieft ist. ὁ ἐπὶ συννοίας Scyth.
6. — ὁ τὸν βαθὺν πώγωνα καθει-
μένος, der mit dem tief herab-
hängenden Barte, wie ihn die
Philosophen trugen. Vgl. Dial.
deor. 5, 2. Piscat. 11. Philops. 5.
Ebenso πλοκάμους καθειμένος
Alexand. 11. oder βοστρύχους Dial.
deor. 2, 2. — *MEN.* Menippos,
der bisher eine stumme Rolle ge-
spielt, tritt hier wiederum auf, da
ein Zunftgenosse von ihm er-
scheint. — μᾶλλον δέ, oder viel-
mehr: S. zu II, 5. — πολλὰ καὶ
γελοῖα, s. zu I, 9. Kr. Gr. §. 69,
32, 3. — ἀπόρους, verfängliche.
— λόγους ἀκανθώδεις, spitzfin-
dige Untersuchungen. Vgl.
das Latein. *spinosus.* — ἀλλὰ καί,
quin etiam, ja auch, s. zu 24, 1.

ταιοπονίαν μάλα πολλὴν καὶ λῆρον οὐκ ὀλίγον καὶ ὔθλους
καὶ μικρολογίαν, νὴ Δία καὶ χρυσίον γε τουτὶ καὶ ἡδυπά-
θειαν δὲ καὶ ἀναισχυντίαν καὶ ὀργὴν καὶ τρυφὴν καὶ μαλα-
κίαν· οὐ λέληθε γάρ με, εἰ καὶ μάλα περικρύπτεις αὐτά. καὶ
τὸ ψεῦδος δὲ ἀπόθου καὶ τὸν τῦφον καὶ τὸ οἴεσθαι ἀμείνων
εἶναι τῶν ἄλλων· ὡς εἴ γε ταῦτα πάντα ἔχων ἐμβαίης, ποία
πεντηκόντορος δέξαιτο ἄν σε;

ΦΙΛ. Ἀποτίθεμαι τοίνυν αὐτά, ἐπείπερ οὕτω κελεύεις.

9   ΜΕΝ. Ἀλλὰ καὶ τὸν πώγωνα τοῦτον ἀποθέσθω, ὦ Ἑρμῆ,
βαρύν τε ὄντα καὶ λάσιον, ὡς ὁρᾷς· πέντε μναῖ τριχῶν εἰσι
τοὐλάχιστον.

ΕΡΜ. Εὖ λέγεις· ἀπόθου καὶ τοῦτον.

ΦΙΛ. Καὶ τίς ὁ ἀποκείρων ἔσται;

ΕΡΜ. Μένιππος οὑτοσὶ λαβὼν πέλεκυν τῶν ναυπηγικῶν
ἀποκόψει αὐτὸν ἐπικόπῳ τῇ ἀποβάθρᾳ χρησάμενος.

ΜΕΝ. Οὔκ, ὦ Ἑρμῆ, ἀλλὰ πριόνά μοι ἀνάδος· γελοιό-
τερον γὰρ τοῦτο.

ΕΡΜ. Ὁ πέλεκυς ἱκανός. — εὖ γε. ἀνθρωπινώτερος
νῦν ἀναπέφηνας ἀποθέμενος σαυτοῦ τὴν κινάβραν.

ΜΕΝ. Βούλει μικρὸν ἀφέλωμαι καὶ τῶν ὀφρύων;

ΕΡΜ. Μάλιστα· ὑπὲρ τὸ μέτωπον γὰρ καὶ ταύτας ἐπῆρκεν,
οὐκ οἶδα ἐφ' ὅτῳ ἀνατείνων ἑαυτόν. τί τοῦτο; καὶ δακρύεις,
ὦ κάθαρμα, καὶ πρὸς θάνατον ἀποδειλιᾷς; ἔμβηθι δ' οὖν.

ΜΕΝ. Ἕν ἔτι τὸ βαρύτατον ὑπὸ μάλης ἔχει.

ΕΡΜ. Τί, ὦ Μένιππε;

ΜΕΝ. Κολακείαν, ὦ Ἑρμῆ, πολλὰ χρησιμεύσασαν αὐτῷ
ἐν τῷ βίῳ.

ΦΙΛ. Οὐκοῦν καὶ σύ, ὦ Μένιππε, ἀπόθου τὴν ἐλευ-
θερίαν καὶ παρρησίαν καὶ τὸ ἄλυπον καὶ τὸ γενναῖον καὶ τὸν
γέλωτα· μόνος γοῦν τῶν ἄλλων γελᾷς.

---

9. πέντε μναῖ τριχῶν, wir: fünf
Pfund Haare. Ueber den Ge-
netiv. s. Kr. Gr. §. 47, 8. — πέλεκυν
τῶν ναυπηγικῶν. Catapl. 19: κέ-
λευσμά τι τῶν ναυτικῶν. Dial. mar.
6, 2: δελφῖνά τινα τῶν ὠκέων.
Navig. 1: θέαμά τι τῶν παραδό-
ξων. Iup. trag. 16: νεφέλην τῶν
παχειῶν. Vit. auct. 19: παλάθας
τῶν Καρικῶν. Piscat. 45: ἄρτους
τῶν αὐτοπυριτῶν. u. so oft bei Lu-
cian. Kr. Gr. §. 47, 9. — ἀφέλω-
μαι, s. zu II, 37. — ὑπὸ μάλης
ἔχει, hat er unter der Achsel,
s. v. a. versteckt. Eine oft bei
Lucian und sonst vorkommende
Formel (falsch Gall. 14 u. Adv. Ind.
12. ὑπὸ μάλην). Ebenso ὑπὸ κόλ-
που und nicht ὑπὸ κόλπον ἔχειν.
— τὸ γενναῖον, das Wesen dessen,
der seiner edeln Gesinnung sich
bewusst ist; „Zuversichtlichkeit"
Wieland. — μόνος τῶν ἄλλων, s.

ΕΡΜ. Μηδαμῶς, ἀλλὰ καὶ ἔχε ταῦτα, κοῦφα γὰρ καὶ
πάνυ εὔφορα ὄντα καὶ πρὸς τὸν κατάπλουν χρήσιμα. καὶ ὁ 10
ῥήτωρ δὲ σὺ ἀπόθου τῶν ῥημάτων τὴν τοσαύτην ἀπεραντο-
λογίαν καὶ ἀντιθέσεις καὶ παρισώσεις καὶ περιόδους καὶ
βαρβαρισμοὺς καὶ τὰ ἄλλα βάρη τῶν λόγων.

ΡΗΤ. Ἦν ἰδού, ἀποτίθεμαι.

ΕΡΜ. Εὖ ἔχει· ὥστε λύε τὰ ἀπόγεια, τὴν ἀποβάθραν ἀνε-
λώμεθα, τὸ ἀγκύριον ἀνεσπάσθω, πέτασον τὸ ἱστίον, εὔθυνε,
ὦ πορθμεῦ, τὸ πηδάλιον· εὐπλοῶμεν. τί οἰμώζετε, ὦ μάταιοι, 11
καὶ μάλιστα ὁ φιλόσοφος σὺ ὁ ἀρτίως τὸν πώγωνα δεδηωμένος;

ΦΙΛ. Ὅτι, ὦ Ἑρμῆ, ἀθάνατον ὤμην τὴν ψυχὴν ὑπάρχειν.

ΜΕΝ. Ψεύδεται· ἄλλα γὰρ ἔοικε λυπεῖν αὐτόν.

ΕΡΜ. Τὰ ποῖα;

ΜΕΝ. Ὅτι μηκέτι δειπνήσει πολυτελῆ δεῖπνα μηδὲ νύκτωρ
ἐξιών, ἅπαντας λανθάνων, τῷ ἱματίῳ τὴν κεφαλὴν κατειλήσας
περίεισιν ἐν κύκλῳ τὰ χαμαιτυπεῖα, καὶ ἕωθεν ἐξαπατῶν τοὺς
νέους ἐπὶ τῇ σοφίᾳ ἀργύριον λήψεται· ταῦτα λυπεῖ αὐτόν.

ΦΙΛ. Σὺ γάρ, ὦ Μένιππε, οὐκ ἄχθη ἀποθανών;

ΜΕΝ. Πῶς, ὃς ἔσπευσα ἐπὶ τὸν θάνατον καλέσαντος
μηδενός; ἀλλὰ μεταξὺ λόγων οὐ κραυγή τις ἀκούεται ὥσπερ 12
τινῶν ἀπὸ γῆς βοώντων;

ΕΡΜ. Ναί, ὦ Μένιππε, οὐκ ἀφ' ἑνός γε χωρίου, ἀλλ'
οἱ μὲν ἐς τὴν ἐκκλησίαν συνελθόντες ἄσμενοι γελῶσι πάντες
ἐπὶ τῷ Λαμπίχου θανάτῳ, καὶ ἡ γυνὴ αὐτοῦ συνέχεται πρὸς
τῶν γυναικῶν καὶ τὰ παιδία νεογνὰ ὄντα ὁμοίως κἀκεῖνα

---

zu II, 55. — ἀλλὰ καί, sondern
vielmehr, *immo vero, quin etiam.*
So oft bei Lucian ἀλλὰ καί ohne
vorhergehendes οὐ μόνον.—κοῦφα
γάρ. In Gedanken ergänze hier
ἕξεις aus dem vorhergehenden ἔχε.
Vgl. Kr. Gr. §. 69, 14, 5.
10. ἀπόγεια, Hintertau, erst
späteres Wort für ἐπίγυα; s. un-
ser Wörterbuch. — εὐπλοῶμεν,
unser: glückliche Fahrt!
11. ὁ τὸν πώγωνα δεδηωμένος,
komischer Ausdruck, dem der
Bart abgehackt worden. —
ψεύδεται. Vgl. oben 8: καὶ τὸ
ψεῦδος δὲ ἀπόθου. — τὰ ποῖα; s.
zu II, 28. — δειπνήσει πολυτελῆ
δεῖπνα. 8. zu II, 48. IV, 11. Vgl.
14, 4. 21, 1. In Bezug auf das La-

tein. s. Zumpt §. 384. — ἐπὶ τῇ
σοφίᾳ, für seine Weisheit.
Vit. auct. 24: μισθοὺς λαμβάνεις
ἐπὶ τῇ σοφίᾳ. Kr. Gr. §. 68, 41, 7.
— ἄχθη ἀποθανών, Kr. Gr. §. 56,
6, 4. — ὃς ἔσπευσα κτέ. Nach Dio-
gen. Laert. 6, 99 erhängte sich
Menippos, aber nicht freiwillig,
sondern aus Aerger darüber, dass
er um sein Vermögen gekommen
war.
12. μεταξὺ λόγων, s. zu IV, 24.
— συνέχεται, wir: in der Zerre
haben. — κἀκεῖνα. Hiermit wird
das Subject τὰ παιδία noch einmal
mit besonderem Nachdruck wie-
derholt. Namentlich geschieht die-
ses nach einem Zwischensatze.
Adv. indoct. 14: χθὲς δὲ καὶ πρῴην

ὑπὸ τῶν παίδων βάλλεται ἀφθόνοις τοῖς λίθοις· ἄλλοι δὲ
Διόφαντον τὸν ῥήτορα ἐπαινοῦσιν ἐν Σικυῶνι ἐπιταφίους
λόγους διεξιόντα ἐπὶ Κράτωνι τουτωί. καὶ νὴ Δία γε ἡ Δαμα-
σίου μήτηρ κωκύουσα ἐξάρχει τοῦ θρήνου σὺν γυναιξὶν ἐπὶ
τῷ Δαμασίᾳ· σὲ δέ, ὦ Μένιππε, οὐδεὶς δακρύει, καθ' ἡσυχίαν
δὲ κεῖσαι μόνος.

13   ΜΕΝ. Οὐδαμῶς, ἀλλ' ἀκούσῃ τῶν κυνῶν μετ' ὀλίγον
ὠρυομένων οἴκτιστον ἐπ' ἐμοὶ καὶ τῶν κοράκων τυπτομένων
τοῖς πτεροῖς, ὁπόταν συνελθόντες θάπτωσί με.

ΕΡΜ. Γεννάδας εἶ, ὦ Μένιππε. ἀλλ' ἐπεὶ καταπεπλεύ-
καμεν ἡμεῖς, ὑμεῖς μὲν ἄπιτε πρὸς τὸ δικαστήριον εὐθεῖαν
ἐκείνην προϊόντες, ἐγὼ δὲ καὶ ὁ πορθμεὺς ἄλλους μετε-
λευσόμεθα.

ΜΕΝ. Εὐπλοεῖτε, ὦ Ἑρμῆ· προΐωμεν δὲ καὶ ἡμεῖς. τί
οὖν ἔτι καὶ μέλλετε; πάντως δικασθῆναι δεήσει, καὶ τὰς
καταδίκας φασὶν εἶναι βαρείας, τροχοὺς καὶ λίθους καὶ γῦπας·
δειχθήσεται δὲ ὁ ἑκάστου βίος ἀκριβῶς.

11.

ΚΡΑΤΗΤΟΣ ΚΑΙ ΔΙΟΓΕΝΟΥΣ.

1   ΚΡΑΤ. Μοίριχον τὸν πλούσιον ἐγίνωσκες, ὦ Διόγενες,
τὸν πάνυ πλούσιον, τὸν ἐκ Κορίνθου, τὸν τὰς πολλὰς ὁλκά-
δας ἔχοντα, οὗ ἀνεψιὸς Ἀριστέας, πλούσιος καὶ αὐτὸς ὤν;
ὃς τὸ Ὁμηρικὸν ἐκεῖνο εἰώθει ἐπιλέγειν,

ἄλλος τις τὴν Πρωτέως τοῦ Κυνι-
κοῦ βακτηρίαν .. ταλάντου κἀκεί-
νος ἐπρίατο. Vgl. Kr. Gr. §. 51,
5, 1, — ἀφθόνοις τοῖς λίθοις. Im
Deutschen ohne Artikel: mit
zahllosen Steinen. Das Ad-
jectiv steht bei Lucian prädicativ
häufig so mit Nachdruck voran.
Piscat. z. A.: βάλλε, βάλλε τὸν κα-
τάρατον ἀφθόνοις τοῖς λίθοις.
Gall. 22: κατεχαλάζησας αὐτῶν
ἀφθόνους τοὺς λίθους. unten 17,
1 κοίλῃ τῇ χειρί. Kr. Gr. §. 50,
11. 1. — Σικυῶνι. Eine bedeutende
Stadt in der Peloponnesos, jetzt
Vasilika. — σὺν γυναιξίν, zu ver-
stehen von den Klageweibern.
13. τυπτομένων, sich schla-
gen. — εὐθεῖαν ἐκείνην. Kr. Gr.

§. 40, 6, 2. — προΐωμεν δὲ καὶ ἡμεῖς.
Dieses sagt Men. zu den übrigen
Todten. — τροχοὺς καὶ λίθους καὶ
γῦπας. In Bezug auf Ixion, Sisy-
phos und Tityos. Vgl. Odyss. 11,
575 fgg. 592 fgg. Ovid. Metam.
4, 457 ff.
1. Krates aus Thebae, Schüler
des Kynikers Diogenes, gab die
ihm zugefallenen Reichthümer auf
und verschmähte als Kyniker alle
äusseren Güter. — τὸν πάνυ πλού-
σιον. Nachdrucksvolle Wieder-
holung. Icarom. 34: ἅπαντα ἀκή-
κοας, ἅπαντα. u. s. — τὰς πολλάς,
die vielen, die alle Welt kennt.
Was bedeutet οἱ πολλοί gewöhn-
lich? — ὃς τὸ Ὁμ. ἐκεῖνο εἰώθει
ἐπιλέγειν, d. i. der seine Rede

ἤ μ' ἀνάειρ' ἢ ἐγὼ σέ.

ΔΙΟΓ. Τίνος ἕνεκα, ὦ Κράτης;

ΚΡΑΤ. Ἐθεράπευον ἀλλήλους τοῦ κλήρου ἕνεκα ἑκάτερος, ἡλικιῶται ὄντες, καὶ τὰς διαθήκας ἐς τὸ φανερὸν ἐτίθεντο, Ἀριστέαν μὲν ὁ Μοίριχος, εἰ προαποθάνοι, δεσπότην ἀφιεὶς τῶν ἑαυτοῦ πάντων, Μοίριχον δὲ ὁ Ἀριστέας, εἰ προαπέλθοι αὐτοῦ. ταῦτα μὲν ἐγέγραπτο, οἱ δ' ἐθεράπευον ὑπερβαλλόμενοι ἀλλήλους τῇ κολακείᾳ· καὶ οἱ μάντεις, οἵ τε ἀπὸ τῶν ἄστρων τεκμαιρόμενοι τὸ μέλλον οἵ τε ἀπὸ τῶν ὀνειράτων, ὥς γε Χαλδαίων παῖδες, ἀλλὰ καὶ ὁ Πύθιος αὐτὸς ἄρτι μὲν Ἀριστέα παρεῖχε τὸ κράτος, ἄρτι δὲ Μοιρίχῳ, καὶ τὰ τάλαντα ποτὲ μὲν ἐπ' ἐκεῖνον, νῦν δ' ἐπὶ τοῦτον ἔρρεπε.

ΔΙΟΓ. Τί οὖν πέρας ἐγένετο, ὦ Κράτης; ἀκοῦσαι γὰρ 2 ἄξιον.

ΚΡΑΤ. Ἄμφω τεθνᾶσιν ἐπὶ μιᾶς ἡμέρας, οἱ δὲ κλῆροι ἐς Εὐνόμιον καὶ Θρασυκλέα περιῆλθον, ἄμφω συγγενεῖς ὄντας, οὐδὲ πώποτε προμαντευομένους οὕτω γενέσθαι ταῦτα· διαπλέοντες γὰρ ἀπὸ Σικυῶνος ἐς Κίρραν κατὰ μέσον τὸν πόρον πλαγίῳ περιπεσόντες τῷ Ἰάπυγι ἀνετράπησαν.

ΔΙΟΓ. Εὖ ἐποίησαν. ἡμεῖς δὲ ὁπότε ἐν τῷ βίῳ ἦμεν, 3 οὐδὲν τοιοῦτον ἐνενοοῦμεν περὶ ἀλλήλων· οὔτε ἐγώ ποτε ηὐξάμην Ἀντισθένην ἀποθανεῖν, ὡς κληρονομήσαιμι τῆς βακτηρίας αὐτοῦ — εἶχε δὲ πάνυ καρτερὰν ἐκ κοτίνου ποιησάμενος — οὔτε, οἶμαι, σὺ ὁ Κράτης ἐπεθύμεις κληρονομεῖν

mit dem homer. Ausdruck zu schliessen pflegte, dessen Rede immer darauf hinauslief. — *ἤ μ' ἀνάειρ' ἢ ἐγὼ σέ.* Worte des Aias zu Odysseus Il. 23, 724., die hier bedeuten: entweder schaffe du mich fort oder ich dich! — *οἵ τε .. οἵ τε*, sowol die .. als die; Kr. Gr. §. 69, 59, 1. — *ἀπὸ τῶν ἀστρ. τεκμ.* Diese Constr. findet sich neben *τεκμαίρεσθαί τί τινι* auch sonst bei Luc., Catapl. 16. Alex. 5. u. s. — *ὥς γε Χαλδαίων παῖδες*, als Zöglinge od. Jünger der Ch., Apposition zum Vorhergehenden. Diese Umschreibung ist bei Luc. und andern Späteren sehr häufig und bezeichnet gewöhnlich eine Schule, in der eine Kunst oder Lehre fortgesetzt wird. Diese

Wahrsager, besonders die Sternund Traumdeuter, führten ihren Ursprung auf die Chaldäer zurück. Letztere waren ursprünglich ein Nomadenvolk in Nordassyrien, dann hiessen so die Priester der Babylonier, die sich besonders mit Astrologie und Traumdeuterei beschäftigten. — *ἀλλὰ καί*, ja auch.— *ποτὲ μὲν .. νῦν δέ*, bald .. bald.

2. *πέρας*, endlich, wie *τέλος*. — *γενέσθαι*. Man sollte *γενήσεσθαι* erwarten; vgl. indessen Kr. Gr. §. 53, 1, 10 u. 6, 9. Noch auffälliger Anachars. 30 z. A. — *Κίρραν*, Hafenstadt in Phokis. — *κατὰ μέσον τὸν πόρον*, vom korinthischen Meerbusen. — *τῷ Ἰάπυγι*, Westnordwestwind.

3. *Ἀντισθένην*. Dieser, der Stif-

ἀποθανόντος ἐμοῦ τὰ κτήματα [καὶ] τὸν πίθον καὶ τὴν πήραν
χοίνικας δύο θέρμων ἔχουσαν.

ΚΡΑΤ. Οὐδὲν γάρ μοι τούτων ἔδει, ἀλλ' οὐδὲ σοί, ὦ
Διόγενες· ἃ γὰρ ἐχρῆν, σύ τε Ἀντισθένους ἐκληρονόμησας
καὶ ἐγὼ σοῦ, πολλῷ μείζω καὶ σεμνότερα τῆς Περσῶν ἀρχῆς.

ΔΙΟΓ. Τίνα ταῦτα φής;

ΚΡΑΤ. Σοφίαν, αὐτάρκειαν, ἀλήθειαν, παρρησίαν, ἐλευ-
θερίαν.

ΔΙΟΓ. Νὴ Δία, μέμνημαι καὶ τοῦτον διαδεξάμενος τὸν
πλοῦτον παρὰ Ἀντισθένους καὶ σοὶ ἔτι πλείω καταλιπών.

4   ΚΡΑΤ. Ἀλλ' οἱ ἄλλοι ἠμέλουν τῶν τοιούτων κτημάτων,
καὶ οὐδεὶς ἐθεράπευεν ἡμᾶς κληρονομήσειν προσδοκῶν, ἐς
δὲ τὸ χρυσίον πάντες ἔβλεπον.

ΔΙΟΓ. Εἰκότως· οὐ γὰρ εἶχον ἔνθα ἂν δέξαιντο τὰ
τοιαῦτα παρ' ἡμῶν διερρυηκότες ὑπὸ τρυφῆς, καθάπερ τὰ
σαθρὰ τῶν βαλλαντίων· ὥστε εἴ ποτε καὶ ἐμβάλοι τις ἐς
αὐτοὺς ἢ σοφίαν ἢ παρρησίαν ἢ ἀλήθειαν, ἐξέπιπτεν εὐθὺς
καὶ διέρρει, τοῦ πυθμένος στέγειν οὐ δυναμένου, οἷόν τι
πάσχουσιν αἱ τοῦ Δαναοῦ αὗται παρθένοι εἰς τὸν τετρημένον
πίθον ἐπαντλοῦσαι· τὸ δὲ χρυσίον ὀδοῦσι καὶ ὄνυξι καὶ πάσῃ
μηχανῇ ἐφύλαττον.

ΚΡΑΤ. Οὐκοῦν ἡμεῖς μὲν ἕξομεν κἀνταῦθα τὸν πλοῦτον,
οἱ δὲ ὀβολὸν ἥξουσι κομίζοντες καὶ τοῦτον ἄχρι τοῦ πορθμέως.

12.

ΑΛΕΞΑΝΔΡΟΥ, ΑΝΝΙΒΟΥ, ΜΙΝΩΟΣ ΚΑΙ ΣΚΗΠΙΩΝΟΣ.

1   ΑΛΕΞ. Ἐμὲ δεῖ προκεκρίσθαι σου, ὦ Λίβυ· ἀμείνων
γάρ εἰμι.

ter der kynischen Sekte, war ein
Schüler des Sokrates. Vgl. Gespr.
27. — θέρμων, die gewöhnliche
Kost der Armen, und somit auch
der Kyniker. — ἃ γὰρ ἐχρῆν, näml.
κληρονομῆσαι. Kr. Gr. §. 55, 4, 11.
62, 4, 1. — τῆς Περσῶν ἀρχῆς,
sprichwörtl. vom höchsten Grad
des Reichthums.

4. τῶν τοιούτων, wie die eben
genannten; s. zu II, 17. — ἔνθα ἂν
δέξαιντο. Nach dem gewöhnlichen
Sprachgebrauch sollte ἂν nicht da-
bei stehen; doch s. Kr. Gr. §. 54, 15,
4. Gall. 13: οὐκ ἔχων ἐς ὅ τι ἐρασμι-

ώτερον αὐτὸν μεταβάλοι οὐδὲ ὅπως
ἂν διαφθείρεις. — διερρυηκότες.
Ebenso im Latein. diffluere. — αἱ
τοῦ Δαναοῦ κτέ. Vgl. Tim. 18 u.
das. die Anm. — ὀδοῦσι καὶ ὄνυξι.
Von den Raubthieren hergenom-
mener Ausdruck. Ebenso omnibus
unguis bei Cic. Tusc. 2, 24, 56. — καὶ
τοῦτον ἄχρι τοῦ πορθμέως, d. i. und
diesen auch nur bis zum Fährmann.

1. Derselbe Rangstreit zwischen
Alexander und Hannibal wird
auch Ver. hist. 2, 9 geführt, und
zwar mit demselben Ausgange.
— προκεκρίσθαι, nachdrücklicher

ΑΝ. Οὐ μὲν οὖν, ἀλλ' ἐμέ.

ΑΛΕΞ. Οὐκοῦν ὁ Μίνως δικασάτω.

ΜΙΝ. Τίνες δὲ ἐστέ;

ΑΛΕΞ. Οὗτος μὲν Ἀννίβας ὁ Καρχηδόνιος, ἐγὼ δὲ Ἀλέξανδρος ὁ Φιλίππου.

ΜΙΝ. Νὴ Δία ἔνδοξοί γε ἀμφότεροι. ἀλλὰ περὶ τίνος ὑμῖν ἡ ἔρις;

ΑΛΕΞ. Περὶ προεδρίας· φησὶ γὰρ οὗτος ἀμείνων γεγενῆσθαι στρατηγὸς ἐμοῦ, ἐγὼ δέ, ὥσπερ ἅπαντες ἴσασιν, οὐχὶ τούτου μόνον, ἀλλὰ πάντων σχεδὸν τῶν πρὸ ἐμοῦ φημὶ διενεγκεῖν τὰ πολέμια.

ΜΙΝ. Οὐκοῦν ἐν μέρει ἑκάτερος εἰπάτω, σὺ δὲ πρῶτος ὁ Λίβυς λέγε.

ΑΝ. Ἐν μὲν τοῦτο, ὦ Μίνως, ὠνάμην, ὅτι ἐνταῦθα καὶ 2 τὴν Ἑλλάδα φωνὴν ἐξέμαθον· ὥστε οὐδὲ ταύτῃ πλέον οὗτος ἂν ἐνέγκαιτό μου. φημὶ δὲ τούτους μάλιστα ἐπαίνου ἀξίους εἶναι, ὅσοι τὸ μηδὲν ἐξ ἀρχῆς ὄντες ὅμως ἐπὶ μέγα προεχώρησαν, δι' αὐτῶν δύναμίν τε περιβαλόμενοι καὶ ἄξιοι δόξαντες ἀρχῆς. ἐγωγ' οὖν μετ' ὀλίγων ἐξορμήσας εἰς τὴν Ἰβηρίαν, τὸ πρῶτον ὕπαρχος ὢν τῷ ἀδελφῷ, μεγίστων ἠξιώθην ἄριστος κριθείς, καὶ τούς τε Κελτίβηρας εἷλον καὶ Γαλατῶν ἐκράτησα

---

als προκρίνεσθαι. Besonders steht so der Infinitiv. Perf. nach Impersonalien, wie δεῖ u. s. w., um zu bezeichnen, dass etwas geschehen sein müsse. Iup. trag. 4: δυοῖν θάτερον ἢ παρεωρᾶσθαι ἀνάγκη ἢ κτέ. Piscat. 2: ἐμοὶ μὲν ἀνεσκολοπίσθαι δοκεῖ αὐτόν. Demosth. 14, 17: καὶ τὰ μὲν σώματα οὕτω φημὶ δεῖν συντετάχθαι. Dial. deor. 16 (24), 2: πεπρᾶσθαι. Vgl. Kr. Gr. §. 53, 3, 4. — ἐν μέρει ἑκάτερος, Jeder nach der Reihe, Einer nach dem Andern.

2. ἐν μὲν τοῦτο ὠνάμην. Char. 24: ὠνάμην τι διὰ σὲ τῆς ἀποδημίας, das. die Anm. — ἐξέμαθον, recht gründlich od. vollständig gelernt habe. Dass Hannibal der griechischen Sprache kundig war, ist schon aus Nepos bekannt. Ἑλλάς hier adjectivisch. Ebenso Ver. hist. 1, 8. 2, 46. Hercul. 4. — πλέον οὗτος ἂν ἐνέγκ. πλέον φέρεσθαι, einen grösse-

ren.Theil davon tragen, im Vortheil sein, τινός, vor Jemandem. — τὸ μηδὲν εἶναι, nichts sein, hier von niedrigem Stande sein, oft bei Lucian vorkommende Redensart; Piscat. 25. De Merc. cond. 16. Iup. trag. 3. Amor. 38. Bis acc. 20. Demosth. enc. 4. Auch ohne Artikel, Rhet. praec. 2: ὁπόσοι τέως μηδὲν ὄντες ἔνδοξοι . . ἔδοξαν, — ὅμως, s. zu III, 17. — ἐξορμήσας, intrans. in der Bedeutung aufbrechen; vgl. Ver. hist. 2, 4. — Ἰβηρίαν. Der griech. Name für das heut. Spanien, so genannt vom Flusse Ἴβηρ, Ebro. — τῷ ἀδελφῷ, Schwager. — μεγίστων, der grössten Ehren. Nep. Hannib. 3, 1: hoc (Hasdrubale) interfecto exercitus summam imperii ad eum detulit. id Carthaginem delatum publice comprobatum est. — Γαλατῶν τῶν ἑσπερίων. ἑσπέριοι zum Unterschiede von den in Osten wohnenden Galatern (in

τῶν ἑσπερίων, καὶ τὰ μεγάλα ὄρη ὑπερβὰς τὰ περὶ τὸν Ἠρι
δανὸν ἅπαντα κατέδραμον, καὶ ἀναστάτους ἐποίησα τοσαύτας
πόλεις, καὶ τὴν πεδινὴν Ἰταλίαν ἐχειρωσάμην, καὶ μέχρι τῶν
προαστείων τῆς προὐχούσης πόλεως ἦλθον καὶ τοσούτους
ἀπέκτεινα μιᾶς ἡμέρας, ὥστε τοὺς δακτυλίους αὐτῶν μεδίμνοις
ἀπομετρῆσαι καὶ τοὺς ποταμοὺς γεφυρῶσαι νεκροῖς. καὶ ταῦτα
πάντα ἔπραξα οὔτε Ἄμμωνος υἱὸς ὀνομαζόμενος οὔτε θεὸς
εἶναι προσποιούμενος ἢ ἐνύπνια τῆς μητρὸς διεξιών, ἀλλ᾽
ἄνθρωπος εἶναι ὁμολογῶν, στρατηγοῖς τε τοῖς συνετωτάτοις
ἀντεξεταζόμενος καὶ στρατιώταις τοῖς μαχιμωτάτοις συμπλε-
κόμενος, οὐ Μήδους καὶ Ἀρμενίους καταγωνιζόμενος ὑπο-
φεύγοντας πρὶν διώκειν τινὰ καὶ τῷ τολμήσαντι παραδιδόντας
3 εὐθὺς τὴν νίκην. Ἀλέξανδρος δὲ πατρῴαν ἀρχὴν παραλαβὼν
ηὔξησε καὶ παρὰ πολὺ ἐξέτεινε χρησάμενος τῇ τῆς τύχης
ὁρμῇ. ἐπεὶ δ᾽ οὖν ἐνίκησέ τε καὶ τὸν ὄλεθρον ἐκεῖνον Δα-
ρεῖον ἐν Ἰσσῷ τε καὶ Ἀρβήλοις ἐκράτησεν, ἀποστὰς τῶν
πατρῴων προσκυνεῖσθαι ἠξίου καὶ ἐς δίαιταν τὴν Μηδικὴν
μετεδιῄτησεν ἑαυτὸν καὶ ἐμιαιφόνει ἐν τοῖς συμποσίοις τοὺς
φίλους καὶ συνελάμβανεν ἐπὶ θανάτῳ. ἐγὼ δὲ ἦρξα ἐπ᾽ ἴσης

Kleinasien). — τὰ μεγάλα ὄρη, die Alpen. — τῆς προὐχ. πόλεως, Roms. — τοὺς δακτυλίους, der römischen Ritter, die zum Zeichen ihres Ranges Ringe trugen. Es bezieht sich das auf die Schlacht bei Cannae. — μεδ. ἀπομετρῆσαι. Uebertreibung; Liv. 23, 12: effundi in vestibulo curiae iussit anulos aureos, qui tantus acervus fuit, ut metientibus dimidium super tria modios explesse sint quidam auctores. fama tenuit, quae propior vero est, haud plus fuisse modio. — τοὺς ποτ. γεφ. νεκροῖς. Flor. 1, 22, 8: pons de cadaveribus iussu ducis factus in torrente Vergello. Vgl. Liv. 23, 5, 12. — Ἄμμωνος υἱός, in Bezug auf Alexander, der für einen Sohn des Iupiter gehalten wurde und sich gern so nennen hörte. — τῆς μητρός, der Olympias. Zu beziehen auf den von Plutarch. Alex. 2 erzählten Traum. — Μήδους καὶ Ἀρμενίους, hier Repräsentanten der verweichlichten und feigen Orientalen, welche Alexander bekriegte.

3. πατρῴαν ἀρχήν, Gegensatz zu τὸ μηδὲν ἐξ ἀρχῆς ὄντες. — παρὰ πολύ, um vieles, beträchtlich. — ὄλεθρον, s. oben zu 2, 1. — Ἰσσῷ, Stadt an der Ostgrenze Kilikiens, beim jetzigen Jüsler. — Ἀρβήλοις, Stadt im nördlichen Assyrien, j. Erbil. Ueber die Constr. von κρατεῖν s. Kr. Gr. §. 47, 19, 3. — τῶν πατρῴων, die väterlichen Sitten. Nach der Bestimmung der alten Grammatiker sollte man πατρῴων erwarten. De luct. 3: ἱερῶν πατρῴων. Vgl. unser Wörterb. unter πατρῷος. — μετεδιῄτησεν, Kr. Gr. §. 28, 14, 3. — τοὺς φίλους. Uebertreibung, da er nur den Kleitos beim Gelage im Rausche erstach. Ebenso Liv. 9, 18, 4: referre in tanto rege piget superbam mutationem vestis .. et foeda supplicia et inter vinum et epulas caedes amicorum. — συνελάμβ. ἐπὶ θανάτῳ. Zu beziehen auf den Philosophen Kallisthenes, den Philotas und dessen Vater Parmenion. — ἐπὶ θανάτῳ, um sie zu tödten. Piscat. 6: ἐπὶ θανάτῳ με ξυνειλήφατε. Kr. Gr. §. 68, 41, 7. — ἐπ᾽ ἴσης, näml. μοί-

τῆς πατρίδος, καὶ ἐπειδὴ μετεπέμπετο τῶν πολεμίων μεγάλῳ
στόλῳ ἐπιπλευσάντων τῇ Λιβύῃ, ταχέως ὑπήκουσα, καὶ ἰδιώ-
την ἐμαυτὸν παρέσχον καὶ καταδικασθεὶς ἤνεγκα εὐγνωμόνως
τὸ πρᾶγμα. καὶ ταῦτα ἔπραξα βάρβαρος ὢν καὶ ἀπαίδευτος
παιδείας τῆς Ἑλληνικῆς, καὶ οὔτε Ὅμηρον ὥσπερ οὗτος ῥαψῳ-   \
δῶν οὔτε ὑπ᾿ Ἀριστοτέλει τῷ σοφιστῇ παιδευθείς, μόνῃ δὲ
τῇ φύσει ἀγαθῇ χρησάμενος. ταῦτά ἐστιν ἃ ἐγὼ Ἀλεξάνδρου
ἀμείνων φημὶ εἶναι. εἰ δέ ἐστι καλλίων οὑτοσί, διότι δια-
δήματι τὴν κεφαλὴν διεδέδετο, Μακεδόσι μὲν ἴσως καὶ ταῦτα
σεμνά, οὐ μὴν διὰ τοῦτο ἀμείνων δόξειεν ἂν γενναίου καὶ
στρατηγικοῦ ἀνδρός, τῇ γνώμῃ πλέον ἤπερ τῇ τύχῃ κεχρη-
μένου.

MIN. Ὁ μὲν εἴρηκεν οὐκ ἀγεννῆ τὸν λόγον, οὐδὲ ὡς
Λίβυν εἰκὸς ἦν ὑπὲρ αὐτοῦ. σὺ δέ, ὦ Ἀλέξανδρε, τί πρὸς
ταῦτα φῄς;

ΑΛΕΞ. Ἐχρῆν μέν, ὦ Μίνως, μηδὲν πρὸς ἄνδρα οὕτω 4
θρασὺν ἀποκρίνασθαι· ἱκανὴ γὰρ ἡ φήμη διδάξαι σε, οἷος
μὲν ἐγὼ βασιλεύς, οἷος δὲ οὗτος λῃστὴς ἐγένετο· ὅμως δὲ
ὅρα, εἰ κατ᾿ ὀλίγον αὐτοῦ διήνεγκα, ὃς νέος ὢν ἔτι παρελθὼν
ἐπὶ τὰ πράγματα καὶ τὴν ἀρχὴν τεταραγμένην κατέσχον καὶ
τοὺς φονέας τοῦ πατρὸς μετῆλθον, κᾆτα φοβήσας τὴν Ἑλλάδα
τῇ Θηβαίων ἀπωλείᾳ στρατηγός τε ὑπ᾿ αὐτῶν χειροτονηθεὶς
οὐκ ἠξίωσα τὴν Μακεδόνων ἀρχὴν περιέπων ἀγαπᾶν ἄρχειν
ὁπόσων ὁ πατὴρ κατέλιπεν, ἀλλὰ πᾶσαν ἐπινοήσας τὴν γῆν
καὶ δεινὸν ἡγησάμενος, εἰ μὴ ἁπάντων κρατήσαιμι, ὀλίγους

ρας, gleichmässig, d.i. billig,
ohne mich über meine Mitbürger
zu erheben. Kr. Gr. §. 43, 3, 3.
4, 5.—*μετεπέμπετο*, näml. *πατρίς*.
Hannibal würde aus Italien zu-
rückgerufen, als Scipio den Krieg
nach Afrika hinübergetragen hat-
te. — *ἰδιώτην ἐμ. παρέσχον*, ich
trat in das Privatleben zu-
rück, legte den Oberbefehl nie-
der. Nep. Hannib. 7, 4. — *ἀπαί-
δευτος παιδείας*, Kr. Gr. §. 47, 26,
11. — *ῥαψῳδῶν*. Des Alexander
Kenntniss der Ilias ist bekannt;
vgl. Plutarch. Alex. 8. — *Ἀριστο-
τέλει*. Dieser wurde von Philippos
als Lehrer des Alex. berufen. *ὑπό*
mit dem Dativ. unter Leitung.
Ebenso Toxar. 27. — *ἅ*, worin;

Kr. Gr. §. 46, 4.—*διεδέδετο*, Me-
dium. Philops. 18: *διαδούμενος
τὴν κεφαλὴν τῇ ταινίᾳ*. Vgl. 13,
4. — *καὶ ταῦτα*, auch od. sogar
dieses. — *ἀγεννῆ*, praedicativ
wie oft bei Luc.; Kr. Gr. §.50, 11.
— *εἰκὸς ἦν*, näml. *λέγειν*. Vgl.
§. 6.
4. *ἐχρῆν*, man sollte; s. zu II,
37. Gerade so Gespr. 16, 3 und
Tim. 38. — *κατ᾿ ὀλίγον*, einem
geringen Theile nach. — *τὰ
πράγματα*, die Regierungsge-
schäfte. — *στρατηγός*, als Ober-
feldherr gegen die Perser. — *ὑπ᾿
αὐτῶν*, näml. *τῶν Ἑλλήνων*, was
aus dem vorhergehenden *τὴν Ἑλ-
λάδα* zu ergänzen ist; s. zu IV, 12.
Vgl. Gespr. 13, 2. — *ὁπόσων* =

ἄγων ἐσέβαλον ἐς τὴν Ἀσίαν, καὶ ἐπί τε Γρανίκῳ ἐκράτησα
μεγάλῃ μάχῃ καὶ τὴν Λυδίαν λαβὼν καὶ Ἰωνίαν καὶ Φρυγίαν
καὶ ὅλως τὰ ἐν ποσὶν ἀεὶ χειρούμενος ἦλθον ἐπὶ Ἰσσόν, ἔνθα
5 Δαρεῖος ὑπέμεινε μυριάδας πολλὰς στρατοῦ ἄγων. καὶ τὸ
ἀπὸ τούτου, ὦ Μίνως, ὑμεῖς ἴστε, ὅσους ὑμῖν νεκροὺς ἐπὶ
μιᾶς ἡμέρας κατέπεμψα· φησὶ γοῦν ὁ πορθμεὺς μὴ διαρκέσαι
αὐτοῖς τότε τὸ σκάφος, ἀλλὰ σχεδίας πηξαμένους τοὺς πολλοὺς
αὐτῶν διαπλεῦσαι. καὶ ταῦτα διέπραττον αὐτὸς προκινδυνεύων
καὶ τιτρώσκεσθαι ἀξιῶν. καὶ ἵνα σοι μὴ τὰ ἐν Τύρῳ μηδὲ τὰ ἐν
Ἀρβήλοις διηγήσωμαι, ἀλλὰ καὶ μέχρι Ἰνδῶν ἦλθον καὶ τὸν
Ὠκεανὸν ὅρον ἐποιησάμην τῆς ἀρχῆς καὶ τοὺς ἐλέφαντας αὐ-
τῶν εἷλον καὶ Πῶρον ἐχειρωσάμην, καὶ Σκύθας δέ, οὐκ
εὐκαταφρονήτους ἄνδρας, ὑπερβὰς τὸν Τάναϊν ἐνίκησα με-
γάλῃ ἱππομαχίᾳ, καὶ τοὺς φίλους εὖ ἐποίησα καὶ τοὺς ἐχθροὺς
ἠμυνάμην. εἰ δὲ καὶ θεὸς ἐδόκουν τοῖς ἀνθρώποις, συγγνω-
στοὶ ἐκεῖνοι πρὸς τὸ μέγεθος τῶν πραγμάτων καὶ τοιοῦτόν τι
6 πιστεύσαντες περὶ ἐμοῦ. τὸ δ᾽ οὖν τελευταῖον ἐγὼ μὲν βασι-
λεύων ἀπέθανον, οὗτος δὲ ἐν φυγῇ ὢν παρὰ Προυσίᾳ τῷ
Βιθυνῷ, καθάπερ ἄξιον ἦν πανουργότατον καὶ ὠμότατον ὄντα·
ὡς γὰρ δὴ ἐκράτησε τῶν Ἰταλῶν, ἐῶ λέγειν, ὅτι οὐκ ἰσχύι,
ἀλλὰ πονηρίᾳ καὶ ἀπιστίᾳ καὶ δόλοις, νόμιμον δὲ ἢ προφανὲς
οὐδέν. ἐπεὶ δέ μοι ὠνείδισε τὴν τρυφήν, ἐκλελῆσθαί μοι
δοκεῖ, οἷα ἐποίει ἐν Καπύῃ, ἑταίραις συνὼν καὶ τοὺς τοῦ

ἐκείνων, ὁπόσα. — τὰ ἐν ποσίν,
Alles, was mir in den Weg
kam.

5. καὶ τὸ ἀπὸ τούτου, und was
das betrifft, was darauf
folgte. — τὰ ἐν Τύρῳ, meine
Thaten vor Tyros. – ἀλλὰ καί,
ja sogar. Eigentlich elliptisch:
nicht nur das habe ich gethan, son-
dern ich kam auch.— τὸν Ὠκεανόν,
den indischen. — τὸν Τάναϊν, zu
verstehen von dem Jaxartes, dem
heutigen Syr, der sich in den Aral-
See ergiesst, und nicht von dem
Don. — συγγνωστοὶ .. πιστεύσαν-
τες, es ist verzeihlich, dass
sie glaubten. Ebenso Anach.
34: ὑμεῖς δὲ συγγνωστοὶ ἐν ὅπλοις
ἀεὶ βιοῦντες. Eine Construction,
die sich nur bei. Spätern, wie
noch bei Arrian. 5, 27, 6 und Plu-
tarch. Coriolan. 34, findet; vgl.

Kr. Gr. §. 61, 5, 8. Mit folgendem
εἰ, Dial. deor. 6, 3: συγγνωστοὶ
οὖν, εἰ .. ἐπεθύμησαν. 23, 2. —
πρός, in Rücksicht, wegen.

6. τὸ .. τελευταῖον, s. zu II, 38.
— ἄξιον ἦν, näml. ἀποθανεῖν. —
ὡς, wie, auf welche Weise.
— ὅτι, dass nämlich, scil. ἐκρά-
τησεν. Beachte hier die Anwen-
dung der Redefigur praeteritio. —
ἀπιστίᾳ, Alex. meint hier die fi-
des Punica. Vgl. Liv. 21, 4, 9:
has tantas viri virtutes ingentia
vitia acquabant: inhumana cru-
delitas, perfidia plus quam Punica,
nihil veri, nihil sancti, nullus deum
metus, nullum iusiurandum, nulla
religio. — οὐδέν, näml. ἦν. — Κα-
πύη. Nach der Schlacht bei Can-
nae hielt Hannibal seine Winter-
quartiere in Capua, wo seine
Truppen in Unmässigkeit und

πολέμου καιροὺς ὁ θαυμάσιος καθηδυπαθῶν. ἐγὼ δὲ εἰ μή, μικρὰ τὰ ἑσπέρια δόξας, ἐπὶ τὴν ἕω μᾶλλον ὥρμησα, τί ἂν μέγα ἔπραξα Ἰταλίαν ἀναιμωτὶ λαβὼν καὶ Λιβύην καὶ τὰ μέχρι Γαδείρων ὑπαγαγόμενος; ἀλλ' οὐκ ἀξιόμαχα ἔδοξέ μοι ἐκεῖνα, ὑποπτήσσοντα ἤδη καὶ δεσπότην ὁμολογοῦντα. εἴρηκα· σὺ δέ, ὦ Μίνως, δίκαζε· ἱκανὰ γὰρ ἀπὸ πολλῶν καὶ ταῦτα.

ΣΚΗΠ. Μὴ πρότερον, ἢν μὴ καὶ ἐμοῦ ἀκούσῃς.   7

ΜΙΝ. Τίς γὰρ εἶ, ὦ βέλτιστε; ἢ πόθεν ὢν ἐρεῖς;

ΣΚΗΠ. Ἰταλιώτης Σκηπίων στρατηγὸς ὁ καθελὼν Καρχηδόνα καὶ κρατήσας Λιβύων μεγάλαις μάχαις.

ΜΙΝ. Τί οὖν καὶ σὺ ἐρεῖς;

ΣΚΗΠ. Ἀλεξάνδρου μὲν ἥττων εἶναι, τοῦ δὲ Ἀννίβου ἀμείνων, ὃς ἐδίωξα νικήσας αὐτὸν καὶ φυγεῖν κατηνάγκασα ἀτίμως. πῶς οὖν οὐκ ἀναίσχυντος οὗτος, ὃς πρὸς Ἀλέξανδρον ἁμιλλᾶται, ᾧ οὐδὲ Σκηπίων ἐγὼ ὁ νενικηκὼς ἐμαυτὸν παραβάλλεσθαι ἀξιῶ;

ΜΙΝ. Νὴ Δί' εὐγνώμονα φῄς, ὦ Σκηπίων· ὥστε πρῶτος μὲν κεκρίσθω Ἀλέξανδρος, μετ' αὐτὸν δὲ σύ, εἶτα, εἰ δοκεῖ, τρίτος Ἀννίβας, οὐδὲ οὗτος εὐκαταφρόνητος ὤν.

13.

ΔIOΓENOTΣ KAI AΛEΞANΔPOT.

ΔΙΟΓ. Τί τοῦτο, ὦ Ἀλέξανδρε; καὶ σὺ τέθνηκας ὥσπερ 1 [καὶ] ἡμεῖς ἅπαντες;

ΑΛΕΞ. Ὁρᾷς, ὦ Διόγενες· οὐ παράδοξον δέ, εἰ ἄνθρωπος ὢν ἀπέθανον.

ΔΙΟΓ. Οὐκοῦν ὁ Ἄμμων ἐψεύδετο λέγων ἑαυτοῦ σε εἶναι, σὺ δὲ Φιλίππου ἄρα ἦσθα;

Schwelgerei verfielen. — ὁ θαυμάσιος, ironisch, er, der bewundernswerthe. — εἰ μή .. ὥρμησα, wenn ich nicht .. aufgebrochen wäre; Kr. Gr. §. 54, 10, 2. — ὁμολογοῦντα, näml. μέ.

7. μὴ πρότερον, ἢν μή. Pro laps. 2: οὐ μὴν πρότερον ἐρῶ αὐτά, ἢν μὴ .. προείπω. Demon. 57. u. ö., und so schon Herodot. 4, 127, 2.— ἢ πόθεν ὢν ἐρεῖς; = ἢ πόθεν εἶ σύ, ὃς ἐρεῖς; Tim. 31: ἢ τί βουλόμενοι δεῦρο ἥκετε; Iup. trag. 36:

ἢ τίς ἂν ἀγανακτεῖς; — Σκηπίων, Scipio Africanus maior. — καθελών, in der Bedeutung: bezwingen, überwältigen. — ἥττων εἶναι, näml. φημί. — ὁ νενικηκώς, als Substant. der Sieger. — ἐμαυτὸν παραβάλλεσθαι, Kr. Gr. §. 52, 10, 10.

1. Warum lässt Lucian gerade den Diogenes seinen Spott mit Alexander in der Unterwelt treiben? — ὁρᾷς, wir: wie du siehst. — ἑαυτοῦ .. Φιλίππου, Kr. Gr.

ΑΛΕΞ. Φιλίππου δηλαδή· οὐ γὰρ ἂν ἐτεθνήκειν Ἄμμωνος ὤν.

ΔΙΟΓ. Καὶ μὴν καὶ περὶ τῆς Ὀλυμπιάδος ὅμοια ἐλέγετο, δράκοντα ὁμιλεῖν αὐτῇ καὶ βλέπεσθαι ἐν τῇ εὐνῇ, εἶτα οὕτω σε τεχθῆναι, τὸν δὲ Φίλιππον ἐξηπατῆσθαι οἰόμενον παρ' ἑαυτοῦ σε εἶναι.

ΑΛΕΞ. Κἀγὼ ταῦτα ἤκουον ὥσπερ σύ, νῦν δὲ ὁρῶ, ὅτι οὐδὲν ὑγιὲς οὔτε ἡ μήτηρ οὔτε οἱ τῶν Ἀμμωνίων προφῆται ἔλεγον.

ΔΙΟΓ. Ἀλλὰ τὸ ψεῦδος αὐτῶν οὐκ ἄχρηστόν σοι, ὦ Ἀλέξανδρε, πρὸς τὰ πράγματα ἐγένετο· πολλοὶ γὰρ ὑπέπτησ-
2 σον θεὸν εἶναί σε νομίζοντες. ἀτὰρ εἰπέ μοι, τίνι τὴν τοσαύτην ἀρχὴν καταλέλοιπας;

ΑΛΕΞ. Οὐκ οἶδα, ὦ Διόγενες — οὐ γὰρ ἔφθασα ἐπισκῆψαί τι περὶ αὐτῆς — ἢ τοῦτο μόνον, ὅτι ἀποθνήσκων Περδίκκᾳ τὸν δακτύλιον ἐπέδωκα. πλὴν ἀλλὰ τί γελᾷς, ὦ Διόγενες;

ΔΙΟΓ. Τί γὰρ ἄλλο ἢ ἀνεμνήσθην, οἷα ἐποίει ἡ Ἑλλάς, ἄρτι σε παρειληφότα τὴν ἀρχὴν κολακεύοντες καὶ προστάτην αἱρούμενοι καὶ στρατηγὸν ἐπὶ τοὺς βαρβάρους, ἔνιοι δὲ καὶ τοῖς δώδεκα θεοῖς προστιθέντες καὶ οἰκοδομοῦντές σοι νεὼς
3 καὶ θύοντες ὡς δράκοντος υἱῷ. ἀλλ' εἰπέ μοι, ποῦ σε οἱ Μακεδόνες ἔθαψαν;

ΑΛΕΞ. Ἔτι ἐν Βαβυλῶνι κεῖμαι τριακοστὴν ταύτην ἡμέραν, ὑπισχνεῖται δὲ Πτολεμαῖος ὁ ὑπασπιστής, ἤν ποτε ἀγάγῃ

§. 47, 6, 5. — δράκοντα. Plutarch. Alex. 2: ὤφθη δέ ποτε καὶ δράκων κοιμωμένης τῆς Ὀλυμπιάδος παρεκτεταμένος τῷ σώματι. Von grossen Männern ward oft der Aberglaube verbreitet, dass sie Söhne von Drachen oder Gottheiten, die Drachengestalt angenommen, seien. — τεχθῆναι. S. zu Dial. deor. 1, 2. — τὰ πράγματα, Unternehmungen.

2. τὴν τοσαύτην ἀρχήν, Kr. Gr. §. 50, 4, 6. — οὐ γὰρ ἔφθασα ἐπισκῆψαί τι, ich hatte nichts vorher, d. i. vor meinem Tode, verordnet. φθάνειν mit dem Infinitiv. ist unattisch. Harmonid. 2: ταῦτα ὁ μὲν Ἁρμονίδης οὐκ ἔφθη ποιῆσαι. Diese Construction ist nur bei Späteren, wie Plutarch.

u. A., zulässig; die regelrechte Verbindung bei den Att. ist die mit dem Particip., welche auch sonst bei Luc. die gewöhnliche ist, s. Kr. Gr. §. 56, 5, 5. — τί γὰρ ἄλλο ἢ ἀνεμ., worüber denn sonst (sollte ich lachen), als ich u. s. w. Philopseud. 29: τί δὲ .. φιλοσοφεῖτε; τί δ' ἄλλο ἢ .. κείθομεν. Piscat. 10. u. 5. Vgl. Kr. Gr. §. 62, 3, 7. Ebenso im Lateinischen, s. Zumpt §. 771. — κολακεύοντες .. αἱρούμενοι, als wenn οἱ Ἕλληνες vorherginge; Kr. Gr. §. 58, 4, 1. — τοῖς δώδεκα θεοῖς. Dieses beantragte bei den Athenäern der Redner Demädes.

3. τριακοστὴν ταύτ. ἡμέραν, seit dreissig T., es ist das jetzt der dr. T., Kr. Gr. §. 46, 3, 1.

σχολὴν ἀπὸ τῶν θορύβων τῶν ἐν ποσίν, ἐς Αἴγυπτον ἀπα-
γαγὼν θάψειν ἐκεῖ, ὡς γενοίμην εἷς τῶν Αἰγυπτίων θεῶν.

ΔΙΟΓ. Μὴ γελάσω οὖν, ὦ Ἀλέξανδρε, ὁρῶν καὶ ἐν
Ἅιδου ἔτι σε μωραίνοντα καὶ ἐλπίζοντα Ἄνουβιν ἢ Ὄσιριν
γενήσεσθαι; πλὴν ἀλλὰ ταῦτα μέν, ὦ θειότατε, μὴ ἐλπίσῃς·
οὐ γὰρ θέμις ἀνελθεῖν τινα τῶν ἅπαξ διαπλευσάντων τὴν
λίμνην καὶ ἐς τὸ εἴσω τοῦ στομίου παρελθόντων· οὐ γὰρ
ἀμελὴς ὁ Αἰακὸς οὐδ᾽ ὁ Κέρβερος εὐκαταφρόνητος. ἐκεῖνο 4
δέ γε ἡδέως ἂν μάθοιμι παρὰ σοῦ, πῶς φέρεις, ὁπόταν ἐν-
νοήσῃς, ὅσην εὐδαιμονίαν ὑπὲρ γῆς ἀπολιπὼν ἀφῖξαι, σω-
ματοφύλακας καὶ ὑπασπιστὰς καὶ σατράπας καὶ χρυσὸν το-
σοῦτον καὶ ἔθνη προσκυνοῦντα καὶ Βαβυλῶνα καὶ Βάκτρα
καὶ τὰ μεγάλα θηρία καὶ τιμὴν καὶ δόξαν καὶ τὸ ἐπίσημον
εἶναι, ἐξελαύνοντα διαδεδεμένον ταινίᾳ λευκῇ τὴν κεφαλήν,
πορφυρίδα ἐμπεπορπημένον. οὐ λυπεῖ ταῦτά σε ὑπὸ τὴν
μνήμην ἰόντα; τί δακρύεις, ὦ μάταιε; οὐδὲ τοῦτό σε ὁ σο-
φὸς Ἀριστοτέλης ἐπαίδευσε, μὴ οἴεσθαι βέβαια εἶναι τὰ παρὰ
τῆς τύχης;

ΑΛΕΞ. Ὁ σοφός, ἁπάντων ἐκεῖνος κολάκων ἐπιτριπτό- 5
τατος ὤν; ἐμὲ μόνον ἔασον τὰ Ἀριστοτέλους εἰδέναι, ὅσα μὲν
ᾔτησε παρ᾽ ἐμοῦ, οἷα δὲ ἐπέστελλεν, ὡς δὲ κατεχρῆτό μου τῇ
περὶ παιδείαν φιλοτιμίᾳ, θωπεύων καὶ ἐπαινῶν ἄρτι μὲν
πρὸς τὸ κάλλος, ὡς καὶ τοῦτο μέρος ὂν τἀγαθοῦ, ἄρτι δὲ ἐς
τὰς πράξεις καὶ τὸν πλοῦτον. καὶ γὰρ αὖ καὶ τοῦτον ἀγαθὸν
ἡγεῖτο εἶναι, ὡς μὴ αἰσχύνοιτο καὶ αὐτὸς λαμβάνων· γόης,
ὦ Διόγενες, ἄνθρωπος καὶ τεχνίτης. πλὴν ἀλλὰ τοῦτό γε
ἀπολέλαυκα αὐτοῦ τῆς σοφίας, τὸ λυπεῖσθαι ὡς ἐπὶ μεγίστοις
ἀγαθοῖς ἐκείνοις, ἃ κατηριθμήσω μικρῷ γε ἔμπροσθεν.

Vgl. zu IV, 5. Die Sache erzählt
Aelian. var. hist. 12, 64. — *θάψειν*,
näml. *μέ.* — *μὴ γελάσω οὖν*, soll
ich also nicht lachen? Dial.
deor. 1, 1: *λύσω σε, φῄς*; Unten
Gespr. 29, 1. Kr. Gr. §. 54, 2, 3.
— *τοῦ στομίου*, von der Mündung
des Tartaros. — *ἀμελής.* Vgl. was
Aeakos Gespr. 20 z. E. sagt.
4. *ἐκεῖνο*, zu beziehen auf das
Folgende; Kr. Gr. §. 51, 7, 3. Gall.
25. — *δέ γε*, s. zu III, 19. — *ἐμπε-
πορπημένον*, s. zu IV, 14. — *ὑπὸ
τὴν μνήμην ἰόντα*, in's Gedächt-
niss kommen, eine nur hier
sich findende Redensart.

5. *ἐμὲ μόνον ἔασον .. εἰδέναι*,
d. i. lass mich das für mich
behalten, ich mag Niemandem
sagen. — *πρὸς τὸ κάλλος.* Die ge-
wöhnliche Verbindung wäre *ἐς τὸ
κ.*, wie gleich im Folg. *ἐς* steht.
Allein auch *ἐπαινεῖν τινα πρός τι*
wird gesagt, Plat. Theaet. p. 145
A: *τί δ᾽, εἰ ποτέρου τὴν ψυχὴν
ἐπαινοῖ πρὸς ἀρετήν τε καὶ σοφίαν*;
Der Wechsel der Präposition darf
im Gesprächston nicht auffallen.
— *αἰσχύνοιτο .. λαμβάνων*, s. zu
IV, 23. — *αὐτοῦ.* Wovon abhängig?
— *μικρῷ ἔμπρ.*, s. zu IV, 11.

3*

6 *ΔΙΟΓ.* Ἀλλ' οἶσθα ὃ δράσεις; ἄκος γάρ σοι τῆς λύπης ὑποθήσομαι. ἐπεὶ ἐνταῦθά γε ἐλλέβορος οὐ φύεται, σὺ δὲ κἂν τὸ Λήθης ὕδωρ χανδὸν ἐπισπασάμενος πίε καὶ αὖθις πίε καὶ πολλάκις· οὕτω γὰρ παύσῃ ἐπὶ τοῖς Ἀριστοτέλους ἀγαθοῖς ἀνιώμενος. καὶ γὰρ Κλεῖτον ἐκεῖνον ὁρῶ καὶ Καλλισθένην καὶ ἄλλους πολλοὺς ἐπὶ σὲ ὁρμῶντας, ὡς διασπάσαιντο καὶ ἀμύναιντό σε ὧν ἔδρασας αὐτούς. ὥστε τὴν ἑτέραν σὺ ταύτην βάδιζε καὶ πῖνε πολλάκις, ὡς ἔφην.

14.

ΦΙΛΙΠΠΟΥ ΚΑΙ ΑΛΕΞΑΝΔΡΟΥ.

1 *ΦΙΛ.* Νῦν μέν, ὦ Ἀλέξανδρε, οὐκ ἂν ἔξαρνος γένοιο μὴ οὐκ ἐμὸς υἱὸς εἶναι· οὐ γὰρ ἂν ἐτεθνήκεις Ἄμμωνός γε ὤν.

ΑΛΕΞ. Οὐδ' αὐτὸς ἠγνόουν, ὦ πάτερ, ὡς Φιλίππου τοῦ Ἀμύντου υἱός εἰμι, ἀλλ' ἐδεξάμην τὸ μάντευμα ὡς χρήσιμον ἐς τὰ πράγματα οἰόμενος εἶναι.

ΦΙΛ. Τί λέγεις; χρήσιμον ἐδόκει σοι τὸ παρέχειν σεαυτὸν ἐξαπατηθησόμενον ὑπὸ τῶν προφητῶν;

ΑΛΕΞ. Οὐ τοῦτο, ἀλλ' οἱ βάρβαροι κατεπλάγησάν με καὶ οὐδεὶς ἔτι ἀνθίστατο, οἰόμενοι θεῷ μάχεσθαι, ὥστε ῥᾷον ἐκράτουν αὐτῶν.

2 *ΦΙΛ.* Τίνων δὲ ἐκράτησας σύ γε ἀξιομάχων ἀνδρῶν, ὃς δειλοῖς ἀεὶ ξυνηνέχθης, τοξάρια καὶ πελτάρια καὶ γέρρα οἰσύϊνα προβεβλημένοις; Ἑλλήνων κρατεῖν ἔργον ἦν, Βοιωτῶν

---

6. οἶσθα ὃ δράσεις; eig. weisst du was du thun sollst? wir: weisst du was? Ebenso Hermot. 63. Toxar. 62: οἶσθα ὃ δράσομεν; desgl. Bis accus. 13. Dial. deor. 22, 4: οἶσθα οὖν ὅ τι χαρίσῃ. Bei Euripides und Aristophanes steht der Imperativ. οἶσθ' ὃ δρᾶσον. Vgl. Kr. II. §. 54, 4, 2. — γάρ. Wie zu erklären? — σὺ δέ, s. zu II, 57. u. Kr. Gr. §. 69, 16, 4. Dieser Gebrauch der Partikel δέ ist mehr ionisch, und dann zumal bei einigen Späteren häufig. Ueber κἂν s. zu III, 20) und zu Gespr. 23, 1. — καὶ γάρ. Der Sinn ist: gebe hin und trinke das Lethewasser; denn u. s. w. — ὧν = τούτων, ἅ. — τὴν ἑτέραν, Kr. Gr. §. 43, 3, 3.

1. μὴ οὐκ. Toxar. 17: οὐδ' αὐτὸν ἔξαρνον ὄντα μὴ οὐχὶ πεφονευκέναι. Conviv. 32: ἐκεῖνο οὐκ ἂν ἔξαρνος γένοιο μὴ οὐχὶ φάρμακον ἀποδόσθαι. u. s. Kr. Gr. §. 67, 12, 7. — ὤν = εἰ ἦσθα. — τοῦ Ἀμύντου, des Sohnes des Am. Kr. Gr, §. 47, 5, 2. Herodot. 1, 45, 2: Ἄδρηστος ὁ Γορδίεω τοῦ Μίδεω. — ὡς οἰόμενος, quippe existimans. — παρέχειν σεαυτὸν ἐξαπατ., dass du dich betrügen liessest; s. zu III, 1. — κατεπλάγησάν με, Kr. Gr. §. 46, 10, 1, oft so bei Luc. — οἰόμενοι, in Bezug auf das vorhergehende οὐδείς; constructio ad synesin. Vgl. zu IV, 15.

2. προβεβλημένοις passt eigentlich nur zu πελτάρια und γέρρα, und nicht zu τοξάρια. Zeugma. Vgl. zu IV, 6. — ἔργον ἦν, es war eine Arbeit, hatte etwas zu

καὶ Φωκέων καὶ Ἀθηναίων, καὶ τὸ Ἀρκάδων ὁπλιτικὸν καὶ
τὴν Θετταλὴν ἵππον καὶ τοὺς Ἠλείων ἀκοντιστὰς καὶ τὸ Μαν-
τινέων πελταστικὸν ἢ Θρᾷκας ἢ Ἰλλυριοὺς ἢ καὶ Παίονας
χειρώσασθαι, ταῦτα μεγάλα· Μήδων δὲ καὶ Περσῶν καὶ
Χαλδαίων καὶ χρυσοφόρων ἀνθρώπων καὶ ἁβρῶν οὐκ οἶσθα
ὡς πρὸ σοῦ μύριοι μετὰ Κλεάρχου ἀνελθόντες ἐκράτησαν,
οὐδ᾽ ἐς χεῖρας ὑπομεινάντων ἐλθεῖν ἐκείνων, ἀλλὰ πρὶν ἢ
τὸ τόξευμα ἐξικνεῖσθαι φυγόντων;

ΑΛΕΞ. Ἀλλ᾽ οἱ Σκύθαι γε, ὦ πάτερ, καὶ οἱ Ἰνδῶν ἐλέ- 3
φαντες οὐκ εὐκαταφρόνητόν τι ἔργον, καὶ ὅμως οὐ διαστήσας
αὐτοὺς οὐδὲ προδοσίαις ὠνούμενος τὰς νίκας ἐκράτουν αὐ-
τῶν· οὐδ᾽ ἐπιώρκησα πώποτε ἢ ὑποσχόμενος ἐψευσάμην ἢ
ἄπιστον ἔπραξά τι τοῦ νικᾶν ἕνεκα. καὶ τοὺς Ἕλληνας δὲ
τοὺς μὲν ἀναιμωτὶ παρέλαβον, Θηβαίους δὲ ἴσως ἀκούεις
ὅπως μετῆλθον.

ΦΙΛ. Οἶδα ταῦτα πάντα· Κλεῖτος γὰρ ἀπήγγειλέ μοι,
ὃν σὺ τῷ δορατίῳ διελάσας μεταξὺ δειπνοῦντα ἐφόνευσας, ὅτι
με πρὸς τὰς σὰς πράξεις ἐπαινέσαι ἐτόλμησε. σὺ δὲ καὶ τὴν 4
Μακεδονικὴν χλαμύδα καταβαλὼν κάνδυν, ὥς φασι, μετενέδυς
καὶ τιάραν ὀρθὴν ἐπέθου καὶ προσκυνεῖσθαι ὑπὸ Μακεδόνων,
ὑπ᾽ ἐλευθέρων ἀνδρῶν, ἠξίους, καὶ τὸ πάντων γελοιότατον,

---

bedeuten; oft bei Luc. — Θετ-
ταλὴν ἵππον. Amor. 45: Θεσσαλοὶ
ἵπποι. Dial. meretr. 1, 2: Θετταλαὶ
ᾠδαί u. s.—καὶ χρυσοφ. Die Part.
καί schliesst hier ab, kurz, de-
nique: s. zu II, 9. — μύριοι μετὰ
Κλ. Die zehntausend Hellenen,
welche unter Klearchos mit Kyros
gegen Artaxerxes II. zogen. — τὸ
τόξευμα, der von den Hellenen auf
sie abgeschossene Pfeil. Bei Luc.
sehr oft vorkommender Gebrauch
des Art. Wir brauchen in diesem
Falle keinen bestimmten Artikel.
Ueber πρὶν ἤ s. unser Wörterbuch
unter πρίν.

3. ἔργον, näml. ἦσαν. — διαστ.
αὐτούς, wie es Philippos mit den
Hellenen machte. — τοὺς Ἕλληνας
.. τοὺς μέν, Kr. Gr. §. 47, 28, 3.
Conviv. 19: οἱ παρόντες δὲ οἱ μὲν
ἤδοῦντο, οἱ δὲ ἐγέλων. Dial. deor.
11 (16), 1, u. ö. — Θηβαίους δέ.
Nach τοὺς μέν hätte eigentlich
τοὺς δέ folgen müssen; statt des-

sen steht mit grösserem Nach-
druck Θηβ. δέ. Alexander meint
hier die Zerstörung Thebens, wel-
ches nach des Philippos Tode ab-
gefallen war. — ἀκούεις, s. zu IV,
4. Kr. Gr. §. 53, 1, 2. — μεταξὺ
δειπνοῦντα. Kr. Gr. §. 56. 10, 3.
Dial. deor. 7, 3. u. s. — με = τὰς
ἐμὰς πράξεις. Oft vorkommende
Kürze bei Griechen und Römern
in Vergleichungen; schon bei Ho-
mer. II. 1, 163: οὐ μέν σοί ποτε
ἴσον ἔχω γέρας. Vgl. zu Char. 16.
Cicer. de orat. 1. 4, 15: *ingenia
vero nostrorum hominum multum
ceteris hominibus praestiterunt.*

4. τιάραν ὀρθήν. Die τιάρα war
eine hohe Kopfbedeckung der Per-
ser mit nach vorn übergebogener
Spitze, die nur bei den königlichen
aufrecht stehen durfte. Xenoph.
an. 2, 5, 23. — ὑπ᾽ ἐλευθέρων. Die
Praeposition in der Apposition mit
Nachdruck wiederholt. — τὸ πάν-
των γελοιότατον, Kr. Gr. §. 57,

ἐμιμοῦ τὰ τῶν νενικημένων. ἐῶ γὰρ λέγειν ὅσα ἄλλα ἔπραξας,
λέουσι συγκατακλείων πεπαιδευμένους ἄνδρας καὶ γάμους
τοιούτους γαμῶν καὶ Ἡφαιστίωνα ὑπεραγαπῶν. ἓν ἐπήνεσα
μόνον ἀκούσας, ὅτι ἀπέσχου τῆς τοῦ Δαρείου γυναικὸς καλῆς
οὔσης, καὶ τῆς μητρὸς αὐτοῦ καὶ τῶν θυγατέρων ἐπεμελήθης·
βασιλικὰ γὰρ ταῦτα.

5   *ΑΛΕΞ.* Τὸ φιλοκίνδυνον δέ, ὦ πάτερ, οὐκ ἐπαινεῖς, καὶ
τὸ ἐν Ὀξυδράκαις πρῶτον καθάλασθαι ἐντὸς τοῦ τείχους καὶ
τοσαῦτα λαβεῖν τραύματα;

    ΦΙΛ. Οὐκ ἐπαινῶ τοῦτο, ὦ Ἀλέξανδρε, οὐχ ὅτι μὴ κα-
λὸν οἴομαι εἶναι καὶ τιτρώσκεσθαί ποτε τὸν βασιλέα καὶ προ-
κινδυνεύειν τοῦ στρατοῦ, ἀλλ' ὅτι σοι τὸ τοιοῦτον ἥκιστα
συνέφερε· θεὸς γὰρ εἶναι δοκῶν εἴ ποτε τρωθείης, καὶ βλέ-
ποιέν σε φοράδην τοῦ πολέμου ἐκκομιζόμενον, αἵματι ῥεό-
μενον, οἰμώζοντα ἐπὶ τῷ τραύματι, ταῦτα γέλως ἦν τοῖς ὁρῶ-
σιν, ἢ καὶ ὁ Ἄμμων γόης καὶ ψευδόμαντις ἠλέγχετο καὶ οἱ
προφῆται κόλακες. ἢ τίς οὐκ ἂν ἐγέλασεν ὁρῶν τὸν τοῦ Διὸς
υἱὸν λιποψυχοῦντα, δεόμενον τῶν ἰατρῶν βοηθεῖν; νῦν μὲν
γὰρ ὁπότε ἤδη τέθνηκας, οὐκ οἴει πολλοὺς εἶναι τοὺς τὴν
προσποίησιν ἐκείνην ἐπικερτομοῦντας, ὁρῶντας τὸν νεκρὸν
τοῦ θεοῦ ἐκτάδην κείμενον, μυδῶντα ἤδη καὶ ἐξῳδηκότα κατὰ
νόμον σωμάτων ἁπάντων; ἄλλως τε καὶ τοῦτο, ὃ χρήσιμον
ἔφης, ὦ Ἀλέξανδρε, τὸ διὰ τοῦτο κρατεῖν ῥᾳδίως, πολὺ τῆς

10, 12. — τὰ τῶν, die Sitten
der. — λέουσι κτέ. Wiederum
eine Uebertreibung; denn dieses
Schicksal traf nur den Lysimachos.
In Bezug auf πεπαιδευμένους
vgl. was Iustin. 15, 3 über Lysi-
machos sagt. — τοιούτους, d. i. so
schimpfliche. Uebrigens s. zu
10, 11. — Ἡφαιστίωνα ὑπεραγ.
Alexander trieb nämlich mit dem
Hephästion nach dessen Tode eine
abgöttische Verehrung.

5. Ὀξυδράκαις. Eine grosse
und tapfere Völkerschaft Indiens,
Nachbarn der Maller. Die hier
erwähnte tollkühne That geschah
nach Arrian. 6, 9 u. A. in der
Hauptstadt der Maller. — καθά-
λασθαι. Dieselbe Aoristform Asin.
53. Adv. indoct. 14. Fugit. 2; ἁλό-
μενος nur De morte Peregr. 9. —

οὐχ ὅτι μὴ .. ἀλλ' ὅτι, non quin..
sed quod. — εἰ τρωθείης, wenn
du verwundet wurdest, Kr.
Gr. §. 54, 12, 5. — αἵματι ῥεόμε-
νον, von Blut triefend. —
ταῦτα γέλως ἦν, Iup. tr. 29 u. 42:
ταῦτα πῶς οὐ γέλως ἐστίν; Kr.
Gr. §. 61, 7, 5. — ὁ Ἄμμων, Zeus
Ammon, d. i. das Orakel dessel-
ben. — δεόμενον τῶν ἰ. βοηθεῖν,
Kr. Gr. §. 55, 3, 12. — ἄλλως τε καί,
und zudem od. ausserdem
auch. καί gehört zum Folgenden.
Vgl. Prom. 16. Dial. deor. 20, 1. u.
ö. — ὃ χρήσιμον ἔφης. Vgl. was
oben §. 1. Alexander sagt: ἐδε-
ξάμην τὸ μάντευμα ὡς χρήσι-
μον ἐς τὰ ἐμὰ πράγματα οἰόμε-
νος εἶναι. Ueber ἔφης s. oben zu
7, 1. — τὸ .. κρατεῖν, dass du
nämlich dadurch leicht sieg-
test, Erklärung zum Vorherge-

δόξης ἀφῄρει τῶν κατορθουμένων· πᾶν γὰρ ἐδόκει ἐνδεὲς
ὑπὸ θεοῦ γίγνεσθαι δοκοῦν.

ΑΛΕΞ. Οὐ ταῦτα φρονοῦσιν οἱ ἄνθρωποι περὶ ἐμοῦ, ὃ
ἀλλὰ Ἡρακλεῖ καὶ Διονύσῳ ἐνάμιλλον τιθέασί με. καίτοι τὴν
Ἄορνον ἐκείνην, οὐδετέρου ἐκείνων λαβόντος, ἐγὼ μόνος
ἐχειρωσάμην.

ΦΙΛ. Ὁρᾷς ὅτι ταῦτα ὡς υἱὸς Ἄμμωνος λέγεις, ὃς Ἡρα-
κλεῖ καὶ Διονύσῳ παραβάλλεις σεαυτόν; καὶ οὐκ αἰσχύνῃ, ὦ
Ἀλέξανδρε, οὐδὲ τὸν τῦφον ἀπομαθήσῃ καὶ γνώσῃ σεαυτὸν
καὶ συνήσεις ἤδη νεκρὸς ὤν;

15.

ΑΧΙΛΛΕΩΣ ΚΑΙ ΑΝΤΙΛΟΧΟΥ.

ΑΝΤ. Οἷα πρῴην, Ἀχιλλεῦ, πρὸς τὸν Ὀδυσσέα σοι εἴ- 1
ρηται περὶ τοῦ θανάτου, ὡς ἀγεννῆ καὶ ἀνάξια τοῖν διδασκά-
λοιν ἀμφοῖν, Χείρωνός τε καὶ Φοίνικος. ἠκροώμην γάρ, ὁπότε
ἔφης βούλεσθαι ἐπάρουρος ὢν θητεύειν παρά τινι τῶν ἀκλή-
ρων, „ᾧ μὴ βίοτος πολὺς εἴη,“ μᾶλλον ἢ πάντων ἀνάσσειν
τῶν νεκρῶν. ταῦτα μὲν οὖν ἀγεννῆ τινα Φρύγα, δειλὸν καὶ
πέρα τοῦ καλῶς ἔχοντος φιλόζωον, ἴσως ἐχρῆν λέγειν, τὸν
Πηλέως δὲ υἱόν, τὸν φιλοκινδυνότατον ἡρώων ἁπάντων, τα-

---

henden τοῦτο ὃ χρή. ἔφης. — τῶν
κατορθουμένων, glückliche
Thaten. — πᾶν γὰρ ἐδόκει κτέ.,
d. i. denn jede That erschien
mangelhaft, weil sie von
einem Gotte zu geschehen
schien.

6. Ἡρακλεῖ καὶ Διονύσῳ, weil
auch diese nach Indien gezogen
sein sollen. — καίτοι, jedoch,
quamquam, dient zur Berichtigung
des Vorhergehenden. — τὴν Ἄορ-
νον, eine hohe Felsenburg in In-
dien, die bis auf Alexander für un-
einnehmbar galt. — λαβόντος, o b-
schon u. s. w. — ὁρᾷς, siehst du,
d. i. ist es nicht offenbar; s.
zu IV, 7. — συνήσεις νεκρὸς ὤν.
Dial. deor. 2, 1: οὐδὲ συνῆκα ἡδὺς
γυναικὶ διὰ σὲ γεγενημένος. Un-
ten Gespr. 18, 2. 8: zu II, 8. Kr.
Gr. §. 56, 7, 5.

1. Antilochos war der älteste
Sohn des Nestor und ein vertrauter
Freund des Achilleus. — σοι εἴρη-
ται, s. zu III, 6. Homer. Odyss.
11, 488 fgg.:
μὴ δή μοι θάνατόν γε παραύδα,
φαίδιμ᾽ Ὀδυσσεῦ.
βουλοίμην κ᾽ ἐπάρουρος ἐὼν θη-
τευέμεν ἄλλῳ,
ἀνδρὶ παρ᾽ ἀκλήρῳ, ᾧ μὴ βίοτος
πολὺς εἴη,
ἢ πᾶσιν νεκύεσσι καταφθιμένοι-
σιν ἀνάσσειν.
— ὡς, quam. — Χείρωνος κτέ.
Cheiron, der Sohn des Kronos und
der Philyra, ein Kentaur, war der
Lehrer des Ach. in der Musik
und Heilkunde, Phönix, der Er-
zieher und Begleiter desselben.
ἔφης, s. zu 7, 1. — δειλὸν . . φι-
λόζωον, Apposition zu ἀγεννῆ. —
πέρα τοῦ καλῶς ἔχοντος, mehr
als sich ziemt. Dial. deor. 18,

πεινὰ οὕτω περὶ αὑτοῦ διανοεῖσθαι πολλὴ αἰσχύνη καὶ ἐναν-
τιότης πρὸς τὰ πεπραγμένα σοι ἐν τῷ βίῳ, ὅς, ἐξὸν ἀκλεῶς
ἐν τῇ Φθιώτιδι πολυχρόνιον βασιλεύειν, ἑκὼν προείλου τὸν
μετὰ τῆς ἀγαθῆς δόξης θάνατον.

2   ΑΧ. Ὦ παῖ Νέστορος, ἀλλὰ τότε μὲν ἄπειρος ἔτι τῶν
ἐνταῦθα ὢν καὶ τὸ βέλτιον ἐκείνων ὁπότερον ἦν ἀγνοῶν, τὸ
δύστηνον ἐκεῖνο δοξάριον προετίμων τοῦ βίου, νῦν δὲ συν-
ίημι ἤδη, ὡς ἐκείνη μὲν ἀνωφελής, εἰ καὶ ὅτι μάλιστα οἱ
ἄνω ῥαψῳδήσουσι· μετὰ νεκρῶν δὲ ὁμοτιμία, καὶ οὔτε τὸ
κάλλος ἐκεῖνο, ὦ Ἀντίλοχε, οὔτε ἡ ἰσχὺς πάρεστιν, ἀλλὰ κεί-
μεθα ἅπαντες ὑπὸ τῷ αὐτῷ ζόφῳ ὅμοιοι καὶ κατ' οὐδὲν ἀλλή-
λων διαφέροντες, καὶ οὔτε οἱ τῶν Τρώων νεκροὶ δεδίασί με
οὔτε οἱ τῶν Ἀχαιῶν θεραπεύουσιν, ἰσηγορία δὲ ἀκριβὴς καὶ
νεκρὸς ὅμοιος „ἠμὲν κακὸς ἠδὲ καὶ ἐσθλός." ταῦτά με ἀνιᾷ,
καὶ ἄχθομαι ὅτι μὴ θητεύω ζῶν.

3   ΑΝΤ. Ὅμως τί οὖν ἄν τις πάθοι, ὦ Ἀχιλλεῦ; ταῦτα γὰρ
ἔδοξε τῇ φύσει, πάντως ἀποθνήσκειν ἅπαντας, ὥστε χρὴ ἐμ-
μένειν τῷ νόμῳ καὶ μὴ ἀνιᾶσθαι τοῖς διατεταγμένοις. ἄλλως
τε ὁρᾷς, τῶν ἑταίρων ὅσοι περὶ σέ ἐσμεν ὧδε· μετὰ μικρὸν
δὲ καὶ Ὀδυσσεὺς ἀφίξεται πάντως. φέρει δὲ παραμυθίαν καὶ
ἡ κοινωνία τοῦ πράγματος καὶ τὸ μὴ μόνον αὐτὸν πεπονθέ-
ναι. ὁρᾷς τὸν Ἡρακλέα καὶ τὸν Μελέαγρον καὶ ἄλλους θαυ-
μαστοὺς ἄνδρας, οἳ οὐκ ἄν, οἶμαι, δέξαιντο ἀνελθεῖν, εἴ τις
αὐτοὺς ἀναπέμψειε θητεύσοντας ἀκλήροις καὶ ἀβίοις ἀν-
δράσιν.

4   ΑΧ. Ἑταιρικὴ μὲν ἡ παραίνεσις, ἐμὲ δὲ οὐκ οἶδ' ὅπως ἡ

---

2. Piscat. 34. — ταπεινὰ οὕτω,
s. zu I, 11. — ἐξόν, s. zu II, 14.
    2. καὶ τὸ βέλτιον κτέ. = καὶ
ἀγνοῶν ὁπότερον τὸ βέλτ. ἐκ. ἦν.
— ἐκείνη, näml. δόξα, was in δο-
ξάριον liegt; s. zu II, 42. — ἠμὲν
κακὸς ἠδὲ καὶ ἐσθλός. Worte des
Achilleus bei Homer. Il. 9, 319. —
ὅτι μή. Häufig bei Lucian und
andern späteren Schriftstellern
steht so μή nach ὅτι, sogar wann
von einem Factum die Rede ist,
wo ein Attiker οὐ gesetzt haben
würde. Vgl. oben 10, 11: ὅτι μηκέτι
δειπνήσει. Göttergespr. 16 (21),
1. Ueberhaupt findet sich μή oft
für οὐ bei Lucian.

3. τί οὖν ἄν τις πάθοι; s. zu II,
39. — πάντως .. πάντας, Alle
ohne Ausnahme, omnino omnes.
— ὧδε, hier. Ebenso rein örtlich
Hermotim. 1: τὴν χεῖρα ὧδε κά-
κεῖσε μετέφερες. — μόνον αὐτόν,
allein für seine Person, d. i.
dass man selbst nicht der einzige
ist, welcher u. s. w. S. zu II, 35.
— Μελέαγρον. Jener bekannte
Sohn des Königs von Kalydon,
Oeneus, der sich bei der kalydo-
nischen Eberjagd auszeichnete.
    4. οὐκ οἶδ' ὅπως, nescio quomodo,
d. i. hier ausserordentlich,
gewöhnlich so parenthetisch ein-
geschoben, ohne Einfluss auf die

μνήμη τῶν παρὰ τὸν βίον ἀνιᾷ, οἶμαι δὲ καὶ ὑμῶν ἕκαστον·
εἰ δὲ μὴ ὁμολογεῖτε, ταύτῃ χείρους ἐστέ, καθ᾽ ἡσυχίαν αὐτὸ
πάσχοντες.

ANT. Οὔκ, ἀλλ᾽ ἀμείνους, ὦ᾽Αχιλλεῦ· τὸ γὰρ ἀνωφελὲς
τοῦ λέγειν ὁρῶμεν· σιωπᾶν γὰρ καὶ φέρειν καὶ ἀνέχεσθαι
δέδοκται ἡμῖν, μὴ καὶ γέλωτα ὄφλωμεν ὥσπερ καὶ σὺ τοιαῦτα
εὐχόμενοι.

16.

ΔΙΟΓΕΝΟΥΣ ΚΑΙ ΗΡΑΚΛΕΟΥΣ.

ΔΙΟΓ. Οὐχ Ἡρακλῆς οὗτός ἐστιν; οὐ μὲν οὖν ἄλλος, 1
μὰ τὸν Ἡρακλέα. τὸ τόξον, τὸ ῥόπαλον, ἡ λεοντῆ, τὸ μέγε-
θος, ὅλος Ἡρακλῆς ἐστιν. εἶτα τέθνηκε Διὸς υἱὸς ὤν; εἰπέ
μοι, ὦ καλλίνικε, νεκρὸς εἶ; ἐγὼ γάρ σοι ἔθυον ὑπὲρ γῆς
ὡς θεῷ.

ΗΡ. Καὶ ὀρθῶς ἔθυες· αὐτὸς μὲν γὰρ ὁ Ἡρακλῆς ἐν τῷ
οὐρανῷ τοῖς θεοῖς σύνεστι „καὶ ἔχει καλλίσφυρον Ἥβην,“
ἐγὼ δ᾽ εἴδωλόν εἰμι αὐτοῦ.

ΔΙΟΓ. Πῶς λέγεις; εἴδωλον τοῦ θεοῦ; καὶ δυνατὸν ἐξ
ἡμισείας μέν τινα θεὸν εἶναι, τεθνάναι δὲ τῷ ἡμίσει;

ΗΡ. Ναί· οὐ γὰρ ἐκεῖνος τέθνηκεν, ἀλλ᾽ ἐγὼ ἡ εἰκὼν
αὐτοῦ.

Construction. — παρὰ τὸν βίον,
s. zu II, 50. — ὑμῶν ἕκαστον,
näml. ἀνιᾷν τὴν μνήμην κτέ., oder
ἡ μνήμη ἀνιᾷ. In letzterem Falle
steht οἶμαι δέ ausser der Con-
struction, wie oft. — ταύτῃ, in
dieser Hinsicht.

1. οὐ μὲν οὖν ἄλλος, s. zu II, 54.
—μὰ τὸν Ἡρακλέα. Ein wahrhaft
drolliger Schwur des Diogenes,
der hier den Herakles anredet.
Ebenso Tim. 16: ὦ Ζεῦ, πρὸς τοῦ
Διός. — εἶτα, also, und doch,
häufig in Fragen der Verwunde-
rung, vgl. 18, 2. Dial. deor. 4, 2.
Gall. 2. 16. Vitar. auct. 7. Pi-
scat. 14. 15. Catapl. 3. 14. u. s.
Kr. Gr. §. 69, 24, 2. — καλλίνικε,
häufiges Beiwort des Herakles,
Seitenstück zum Zeus Basileus. —
γάρ. Wie zu erklären? — καὶ
ἔχει Ἥβην. Odysseus erzählt bei
Hom. Odyss. 11, 601. fg. von den

Schatten, welche ihm bei seinen
Todtenopfern, die er um den Tei-
resias zu befragen bringt, er-
scheinen und unter diesen zuletzt
auch vom Herakles:

τὸν δὲ μετ᾽ εἰσενόησα βίην Ἡρα-
κληείην,
εἴδωλον· αὐτὸς δὲ μετ᾽ ἀθανάτοισι
θεοῖσιν
τέρπεται ἐν θαλίῃς καὶ ἔχει καλ-
λίσφυρον Ἥβην.

Mit dieser Doppelnatur des He-
rakles nun treibt hier Luc. seinen
Spott, lässt den Schatten dessel-
ben auftreten und legt ihm jene
Worte des Odyss. in den Mund.
Vgl. Ameis zur angef. Stelle. —
ἐξ ἡμισείας, näml. μοίρας, zur
Hälfte, bei Luc. und anderen Spä-
ten oft vorkommender Ausdruck.
Beachte den Wechsel τῷ ἡμίσει,
mit der anderen Hälfte.

2 *ΔΙΟΓ.* Μανθάνω· ἄντανδρόν σε τῷ Πλούτωνι παρέδωκεν ἀνθ᾽ ἑαυτοῦ, καὶ σὺ τοίνυν ἀντ᾽ ἐκείνου νεκρὸς εἶ.

ΗΡ. Τοιοῦτό τι.

ΔΙΟΓ. Πῶς οὖν ἀκριβὴς ὁ Αἰακὸς ὢν οὐ διέγνω σε μὴ ὄντα ἐκεῖνον, ἀλλὰ παρεδέξατο ὑποβολιμαῖον Ἡρακλέα παρόντα;

ΗΡ. Ὅτι ἐῴκειν ἀκριβῶς.

ΔΙΟΓ. Ἀληθῆ λέγεις· ἀκριβῶς γάρ, ὥστε αὐτὸς εἶναι. ὅρα γοῦν μὴ τὸ ἐναντίον ἐστί, καὶ σὺ μὲν εἶ ὁ Ἡρακλῆς, τὸ δὲ εἴδωλον γεγάμηκε τὴν Ἥβην παρὰ τοῖς θεοῖς.

3 *ΗΡ.* Θρασὺς εἶ καὶ λάλος, καὶ εἰ μὴ παύσῃ σκώπτων ἐς ἐμέ, εἴσῃ αὐτίκα οἷου θεοῦ εἴδωλόν εἰμι.

ΔΙΟΓ. Τὸ μὲν τόξον γυμνὸν καὶ πρόχειρον· ἐγὼ δὲ τί ἂν ἔτι φοβοίμην σε ἅπαξ τεθνηκώς; ἀτὰρ εἰπέ μοι πρὸς τοῦ σοῦ Ἡρακλέους, ὁπότε ἐκεῖνος ἔζη, συνῆς αὐτῷ καὶ τότε εἴδωλον ὤν; ἢ εἷς μὲν ἦτε παρὰ τὸν βίον, ἐπεὶ δὲ ἀπεθάνετε, διαιρεθέντες ὁ μὲν ἐς θεοὺς ἀπέπτατο, σὺ δὲ τὸ εἴδωλον, ὥσπερ εἰκὸς ἦν, ἐς Ἅιδου πάρει;

ΗΡ. Ἐχρῆν μὲν μηδὲ ἀποκρίνασθαι πρὸς ἄνδρα οὕτως ἐρεσχηλοῦντα· ὅμως δ᾽ οὖν καὶ τοῦτο ἄκουσον· ὁπόσον μὲν γὰρ Ἀμφιτρύωνος ἐν τῷ Ἡρακλεῖ ἦν, τοῦτο τέθνηκε καί εἰμι ἐγὼ ἐκεῖνο πᾶν, ὃ δὲ ἦν τοῦ Διός, ἐν οὐρανῷ σύνεστι τοῖς θεοῖς.

4 *ΔΙΟΓ.* Σαφῶς νῦν μανθάνω· δύο γάρ, φῄς, ἔτεκεν ἡ Ἀλκμήνη κατὰ τὸ αὐτὸ Ἡρακλέας, τὸν μὲν ὑπ᾽ Ἀμφιτρύωνι,

---

2. μανθάνω, nun versteh' ich's, oft so absolut in der Antwort. — ἄντανδρον, als Ersatzmann. Catapl. 10: ἄντανδρον ὑμῖν ἀντ᾽ ἐμαυτοῦ παραδώσω τὸν ἀγαπητόν. Nur bei Luc. vorkommendes Wort. — τοιοῦτό τι, d. i. so ungefähr ist's. — ὥστε αὐτὸς εἶναι, so dass du es selbst bist. Was den Nominativus αὐτός anlangt, so tritt hier die sogenannte Attraction ein; s. Kr. Gr. §. 55, 2, 4. — μή .. ἐστί, ob nicht stattfindet. Piscat. 5: ὁρᾶτε γοῦν μὴ τὸ τῶν νῦν φιλοσόφων αὐτοὶ ποιεῖτε. Hermot. 19: ἀλλ᾽ ὅρα, μὴ καὶ ταῦτα παίζεις πρός με. Philopseud. 29: ὅρα, μὴ τοῦτό φησι Τυχιάδης. u. ö. Kr. Gr. §. 54, 8, 12.

3. σκώπτων ἐς ἐμέ. Seltnere Construction, gewöhnlich ist das Verbum mit bl. Accusativ. verbunden. — εἴσῃ αὐτίκα, so sollst du auf der Stelle erfahren. Piscat. 2: εἴσῃ αὐτίκα, οὕστινας ὄντας ἡμᾶς ἐκακηγόρεις. u. ö. — γυμνόν, entblösst näml. vom Futterale (γωρυτός). Vgl. Odyss. 11,607.— πρὸς τοῦ σοῦ Ἡρακλέους, bei deinem Herakles, dem du als Schatten angehörst. — συνῆς, s. oben zu 7, 1. — ἐς Ἅιδου, Kr. Gr. §. 43, 3, 6. παρεῖναι εἰς, wohin angekommen sein, adesse ad. Toxar. 50 u. s. Ebenso παρεῖναι ἐπί, Gall. 29 u. π. πρός, Vit. auct. 1. — γάρ, nämlich.

4. κατὰ τὸ αὐτό, zu gleicher Zeit. Piscat. 51. — ὑπ᾽ Ἀμφι-

τὸν δὲ παρὰ τοῦ Διός, ὥστε ἐλελήθειτε δίδυμοι ὄντες ὁμο-
μήτριοι.

ΗΡ. Οὐκ, ὦ μάταιε· ὁ γὰρ αὐτὸς ἄμφω ἦμεν.

ΔΙΟΓ. Οὐκ ἔστι μαθεῖν τοῦτο ῥᾴδιον, συνθέτους δύο
ὄντας Ἡρακλέας, ἐκτὸς εἰ μὴ ὥσπερ ἱπποκένταυρός τις ἦτε
ἐς ἓν συμπεφυκότες ἄνθρωπος καὶ θεός.

ΗΡ. Οὐ γὰρ καὶ πάντες οὕτω σοι δοκοῦσι συγκεῖσθαι
ἐκ δυεῖν, ψυχῆς καὶ σώματος; ὥστε τί τὸ κωλῦόν ἐστι τὴν
μὲν ψυχὴν ἐν οὐρανῷ εἶναι, ἥπερ ἦν ἐκ Διός, τὸ δὲ θνητὸν
ἐμὲ παρὰ τοῖς νεκροῖς;

ΔΙΟΓ. Ἀλλ', ὦ βέλτιστε Ἀμφιτρυωνιάδη, καλῶς ἂν 5
ταῦτα ἔλεγες, εἰ σῶμα ἦσθα, νῦν δὲ ἀσώματον εἴδωλον εἶ·
ὥστε κινδυνεύεις τριπλοῦν ἤδη ποιῆσαι τὸν Ἡρακλέα.

ΗΡ. Πῶς τριπλοῦν;

ΔΙΟΓ. Ὧδέ πως· εἰ γὰρ ὁ μέν τις ἐν οὐρανῷ, ὁ δὲ παρ'
ἡμῖν σὺ τὸ εἴδωλον, τὸ δὲ σῶμα ἐλύθη κόνις ἤδη γενόμενον,
τρία ταῦτα δὴ γίγνεται. καὶ σκόπει, ὅντινα δὴ πατέρα τὸν
τρίτον ἐπινοήσεις τῷ σώματι.

ΗΡ. Θρασὺς εἶ καὶ σοφιστής. τίς δὲ καὶ ὢν τυγ-
χάνεις;

ΔΙΟΓ. Διογένους τοῦ Σινωπέως εἴδωλον, αὐτὸς δὲ οὐ
μὰ Δία „μετ' ἀθανάτοισι θεοῖσιν," ἀλλὰ τοῖς βελτίστοις
νεκρῶν ἀνδρῶν συνὼν Ὁμήρου καὶ τῆς τοσαύτης ψυχρολογίας
καταγελῶ.

τρύωνι, nach homerischem Sprach-
gebrauch. — ἐλελήθειτε .. ὄντες,
d. i. ihr waret, ohne dass es Je-
mand wusste. Kr. Gr. §. 56, 4, 1.
— ὁ αὐτὸς ἄμφω ἦμεν, d. i. wir
waren beide Eine Person. — συνθ.
δύο ὄντ. Ἡρακλ. Erklärung zu
τοῦτο. — ἐκτὸς εἰ μή, nisi forte,
spätere, aber oft bei Luc. vorkom-
mende Formel, nicht selten mit
Ironie. Aehnlich das ebenfalls
nicht seltene πλὴν εἰ μή, vgl. un-
ten 24, 4. — ἱπποκένταυρός τις,
eine Art von, wie im Lateini-
schen quidam (Zumpt §.707.), Kr.
Gr. §. 51, 16, 2. Gespr. 20, 4. Iup.
conf. 11: ὑπηρέται καὶ διάκονοί
τινες τῶν Μοιρῶν εἶναί φατε. u. ö.

— καὶ πάντες, auch alle übrigen,
Kr. Gr. §. 69, 32, 18. — τί τὸ κω-
λῦόν ἐστι stärker als τί κωλύει.
5. ὁ μέν τις, Kr. Gr. §. 50, 1, 9.
— ἐλύθη. Herakles verbrannte
sich, wie bekannt, auf dem Oeta.
Vgl. Hermotim 7: φασὶ τὸν Ἡρα-
κλέα ἐν τῇ Οἴτῃ κατακαυθέντα
θεὸν γενέσθαι· καὶ γὰρ ἐκεῖνος
ἀποβαλὼν ὁπόσον ἀνθρώπειον εἶχε
παρὰ τῆς μητρὸς καὶ καθαρόν τε
καὶ ἀκήρατον φέρων τὸ θεῖον ἀνέ-
πτατο ἐς τοὺς θεοὺς διευκρινηθὲν
ὑπὸ τοῦ πυρός. — τίς δὲ καί, s.
oben zu 3, 2. — μετ' ἀθαν. θεοῖ-
σιν. Diogenes braucht hier die
oben zu §. 1. aus Homer. angeführ-
ten Worte im Scherz von sich.

17

ΜΕΝΙΠΠΟΤ ΚΑΙ ΤΑΝΤΑΛΟΤ.

1 *ΜΕΝ.* Τί κλάεις, ὦ Τάνταλε, ἢ τί σεαυτὸν ὀδύρῃ ἐπὶ τῇ λίμνῃ ἑστώς;

ΤΑΝ. Ὅτι, ὦ Μένιππε, ἀπόλωλα ὑπὸ τοῦ δίψους.

ΜΕΝ. Οὕτως ἀργὸς εἶ, ὡς μὴ ἐπικύψας πιεῖν ἢ καὶ νη Δί᾽ ἀρυσάμενος κοίλῃ τῇ χειρί;

ΤΑΝ. Οὐδὲν ὄφελος, εἰ ἐπικύψαιμι· φεύγει γὰρ τὸ ὕδωρ, ἐπειδὰν προσιόντα αἴσθηταί με· ἢν δέ ποτε καὶ ἀρύσωμαι καὶ προσενέγκω τῷ στόματι, οὐ φθάνω βρέξας ἄκρον τὸ χεῖλος, καὶ διὰ τῶν δακτύλων διαρρυὲν οὐκ οἶδ᾽ ὅπως αὖθις ἀπολείπει ξηρὰν τὴν χειρά μοι.

ΜΕΝ. Τεράστιόν τι πάσχεις, ὦ Τάνταλε. ἀτὰρ εἰπέ μοι, τί δαὶ καὶ δέῃ τοῦ πιεῖν; οὐ γὰρ σῶμα ἔχεις, ἀλλ᾽ ἐκεῖνο μὲν ἐν Λυδίᾳ που τέθαπται, ὅπερ καὶ πεινῆν καὶ διψῆν ἐδύνατο, σὺ δὲ ἡ ψυχὴ πῶς ἂν ἔτι ἢ διψῴης ἢ πίνοις;

ΤΑΝ. Τοῦτ᾽ αὐτὸ ἡ κόλασίς ἐστι, τὸ διψῆν τὴν ψυχὴν ὡς σῶμα οὖσαν.

2 *ΜΕΝ.* Ἀλλὰ τοῦτο μὲν οὕτως πιστεύσομεν, ἐπεὶ φῂς κολάζεσθαι τῷ δίψει. τί δ᾽ οὖν σοι τὸ δεινὸν ἔσται; ἢ δέδιας μὴ ἐνδείᾳ τοῦ ποτοῦ ἀποθάνῃς; οὐχ ὁρῶ γὰρ ἄλλον Ἅιδην μετὰ τοῦτον ἢ θάνατον ἐντεῦθεν εἰς ἕτερον τόπον.

Tantalos, König von Phrygien, hatte die Geheimnisse der Götter verrathen, zu deren Mahle er geladen worden war, und dafür traf ihn die Strafe, welche Homer. Odyss. 11, 582 fgg. folgendermassen beschreibt:

καὶ μὴν Τάνταλον εἰσεῖδον χαλέπ᾽
  ἄλγε᾽ ἔχοντα
ἑσταότ᾽ ἐν λίμνῃ· ἡ δὲ προσέπλαζε
  γενείῳ.
στεῦτο δὲ διψάων, πιέειν δ᾽ οὐκ
  εἶχεν ἑλέσθαι·
ὁσσάκι γὰρ κύψει᾽ ὁ γέρων πιέειν
  μενεαίνων,
τοσσάχ᾽ ὕδωρ ἀπολέσκετ᾽ ἀναβρο-
  χέν, ἀμφὶ δὲ ποσσὶν
γαῖα μέλαινα φάνεσκε, καταζή-
  νασκε δὲ δαίμων.

1. ἐπί, bei Homer. ἐν. — ἀπόλωλα, verschmachte; vgl. Kr. Gr. §. 52, 3, 3. Ueber ὑπό §. 52, 3, 1. — τοῦ δίψους, s. zu 11, 40. De luctu 8: ὁ Τάνταλος ἐπ᾽ αὐτῇ

τῇ λίμνῃ αὖος ἕστηκε κινδυνεύων ὑπὸ τοῦ δίψους ὁ κακοδαίμων ἀποθανεῖν. — κοίλῃ τῇ χειρί, s. oben zu 10, 12. — προσιόντα, Kr. Gr. §. 56, 7, 1. — οὐ φθάνω βρέξας .. καί, so benetze ich kaum .. als; Kr. Gr. §. 56, 5, 7. — ἐν Λυδίᾳ που, auf dem Berge Sipylos. — τοῦτ᾽ αὐτό, das eben. De saltat. 17: καὶ τοῦτό ἐστιν ὁ βασιλεὺς καὶ γνήσιος ἀετός; Toxar. 48: καὶ τοῦτό ἐστιν ἡμῖν ἡ μεγίστη ἱκετηρία. u. ö. Kr. Gr. §. 61, 7, 4.

2. ἀλλά, nun wohl, s. zu 11, 36. — ἐπεὶ .. τῷ δίψει. Diese Worte könnten unbeschadet des Sinnes wegbleiben, haben aber in der familiären Rede nichts Auffallendes. — ἤ, wir: etwa. — γάρ. Ergänze: das hast du nicht zu fürchten; denn u. s. w. — θάνατον ἐντεῦθεν εἰς ἕτ. τόπον, prägnante Aus-

TAN. Ὀρθῶς μὲν λέγεις· καὶ τοῦτο δ᾽ οὖν μέρος τῆς καταδίκης, τὸ ἐπιθυμεῖν πιεῖν μηδὲν δεόμενον.

MEN. Ληρεῖς, ὦ Τάνταλε, καὶ ὡς ἀληθῶς ποτοῦ δεῖσθαι δοκεῖς, ἀκράτου γε ἑλλεβόρου νὴ Δία, ὅστις τοὐναντίον τοῖς ὑπὸ τῶν λυττώντων κυνῶν δεδηγμένοις πέπονθας οὐ τὸ ὕδωρ, ἀλλὰ τὴν δίψαν πεφοβημένος.

TAN. Οὐδὲ τὸν ἑλλέβορον, ὦ Μένιππε, ἀναίνομαι πιεῖν· γένοιτό μοι μόνον.

MEN. Θάρρει, ὦ Τάνταλε, ὡς οὔτε σὺ οὔτε ἄλλος πίεται τῶν νεκρῶν· ἀδύνατον γάρ· καίτοι οὐ πάντες ὥσπερ σὺ ἐκ καταδίκης διψῶσι τοῦ ὕδατος αὐτοὺς οὐχ ὑπομένοντος.

18.

MENIΠΠOT KAI EPMOT.

MEN. Ποῦ δὲ οἱ καλοί εἰσιν ἢ αἱ καλαί, Ἑρμῆ; ξενά- 1
γησόν με νέηλυν ὄντα.

EPM. Οὐ σχολή μοι, ὦ Μένιππε· πλὴν κατ᾽ ἐκεῖνο ἀπόβλεψον, ἐπὶ τὰ δεξιά, ἔνθα ὁ Ὑάκινθός τέ ἐστι καὶ Νάρ-

---

drucksweise für: einen von hier nach einem andern Orte versetzenden Tod. Aehnlich 26, 2. — *δ' οὖν*, indessen, wie oft. — *δεόμενον.* Was ist zu ergänzen? *μηδέν*, in keiner Weise, durchaus nicht. — *ὡς ἀληθῶς*, zu 1, 10. — *ὅστις, quippe qui*; vgl. Kr. Gr. §. 51, 8, 2. Ebenso 19, 1: *αἰτιῶ τὸν Μενέλαον, ὅστις ὑμᾶς .. ἤγαγεν.* Iup. trag. 2: *ὦ μακαρία, ἥτις .. οἴει.* Geradezu für *ὅς* Macrob. 12. 18. — *τοὐναντίον τοῖς .. δεδηγμένοις*, d. i. nach bekannter Brachylogie: das Gegentheil von dem, was die von tollen Hunden Gebissenen betrifft. — *ἀναίνομαι*, ich weigere mich. Prom. 1: *οὐδ' ἀναίνομαι πηλοπλάθος ἀκούειν.* Das Verbum kommt in Prosa selten vor. — *γένοιτό μοι μόνον, modo contingat mihi.* — *θάρρει*, gieb dich zufrieden. — *τοῦ ὕδ. αὐτ. οὐχ ὑπομ.*, d. i. indem das Wasser vor ihnen davonliefe.

1. *ποῦ δέ*, s. oben zu 3, 1. — *οἱ καλοί .. ἢ αἱ καλαί*, die schönen Männer oder Frauen, von denen in der Oberwelt so viel gesprochen wurde. — *κατ' ἐκεῖνο*, nach jenem Punkte, dorthin. Aehnlich Ver. hist. 2, 43. — ὁ Ὑάκινθος. Warum steht der Artikel nur hier? Hyakinthos ein seiner Schönheit wegen von Apollon geliebter Jüngling aus Lakedämon. Vgl. Dial. deor. 14 u. dus. die Anm. Narkissos war der Sohn des böotischen Flussgottes Kephisos und der Nymphe Leiriope. In ihn verliebte sich die Nymphe Echo, allein er verschmähte ihre Liebe, und dieses rächten die Götter in der Weise, dass er sich in sein eigenes Bild, das er in einer Quelle erblickte, verliebon, und da er dieses nicht erreichen konnte, verschmachten musste. Von Nireus sagt Homer. Il. 2, 673: *Νιρεὺς ὃς κάλλιστος ἀνὴρ ὑπὸ Ἴλιον ἦλθεν Τῶν ἄλλων Δαναῶν μετ᾽ ἀμύμονα Πηλείωνα.* Tyro, die Tochter des Salmoneus und Geliebte des Poseidon ist aus Odyss. 11, 235. fgg. bekannt. —

κισσὸς καὶ Νιρεὺς καὶ Ἀχιλλεὺς καὶ Τυρὼ καὶ Ἑλένη καὶ Λήδα καὶ ὅλως τὰ ἀρχαῖα πάντα κάλλη.

ΜΕΝ. Ὀστᾶ μόνα ὁρῶ καὶ κρανία τῶν σαρκῶν γυμνά, ὅμοια τὰ πολλά.

ΕΡΜ. Καὶ μὴν ἐκεῖνά ἐστιν, ἃ πάντες οἱ ποιηταὶ θαυμάζουσι, τὰ ὀστᾶ, ὧν σὺ ἔοικας καταφρονεῖν.

ΜΕΝ. Ὅμως τὴν Ἑλένην μοι δεῖξον· οὐ γὰρ ἂν διαγνοίην ἔγωγε.

ΕΡΜ. Τουτὶ τὸ κρανίον ἡ Ἑλένη ἐστίν.

2 ΜΕΝ. Εἶτα διὰ τοῦτο αἱ χίλιαι νῆες ἐπληρώθησαν ἐξ ἁπάσης τῆς Ἑλλάδος καὶ τοσοῦτοι ἔπεσον Ἕλληνές τε καὶ βάρβαροι καὶ τοσαῦται πόλεις ἀνάστατοι γεγόνασιν;

ΕΡΜ. Ἀλλ' οὐκ εἶδες, ὦ Μένιππε, ζῶσαν τὴν γυναῖκα· ἔφης γὰρ ἂν καὶ σὺ ἀνεμέσητον εἶναι

τοιῇδ' ἀμφὶ γυναικὶ πολὺν χρόνον ἄλγεα πάσχειν·

ἐπεὶ καὶ τὰ ἄνθη ξηρὰ ὄντα εἴ τις βλέποι ἀποβεβληκότα τὴν βαφήν, ἄμορφα δῆλον ὅτι αὐτῷ δόξει, ὅτε μέντοι ἀνθεῖ καὶ ἔχει τὴν χρόαν, κάλλιστά ἐστιν.

ΜΕΝ. Οὐκοῦν τοῦτο, ὦ Ἑρμῆ, θαυμάζω, εἰ μὴ συνίεσαν οἱ Ἀχαιοὶ περὶ πράγματος οὕτως ὀλιγοχρονίου καὶ ῥᾳδίως ἀπανθοῦντος πονοῦντες.

ΕΡΜ. Οὐ σχολή μοι, ὦ Μένιππε, συμφιλοσοφεῖν σοι. ὥστε σὺ μὲν ἐπιλεξάμενος τόπον, ἔνθα ἂν ἐθέλῃς, κεῖσο καταβαλὼν σεαυτόν, ἐγὼ δὲ τοὺς ἄλλους νεκροὺς ἤδη μετελεύσομαι.

19.

ΑΙΑΚΟΥ, ΠΡΩΤΕΣΙΛΑΟΥ, ΜΕΝΕΛΑΟΥ ΚΑΙ ΠΑΡΙΔΟΣ.

1 ΑΙΑΚ. Τί ἄγχεις, ὦ Πρωτεσίλαε, τὴν Ἑλένην προσπεσών;

κaὶ ὅλως, kurz, denique. — ὀστᾶ μόνα, Kr. Gr. §. 57, 5, 3. — πάντες οἱ ποηταί, Kr. Gr. §.50,11,11.
2. εἶτα, s. oben zu 16, 1. — διὰ τοῦτο, näml. τὸ κρανίον. — αἱ χίλιαι, jene tausend Schiffe. Runde Zahl zur Bezeichnung einer grossen Menge, wie im Latein. mille. — ἔφης, s. oben zu 7, 1. — τοιῇδ' κτέ. Vers des Homeros Il. 3, 157. — τοῦτο in Bezug auf das Folgende εἰ μὴ κτέ. Ueber εἰ s.

Kr. Gr. §. 65, 5, 7. Ebenso im Latein. miror si. — συνίεσαν .. πονοῦντες, s. oben zu 14, 6.

Protesilāos, der Sohn des Iphiklos aus Phylake in Thessalien und Gemahl der Laodameia, wàrd bekanntlich unter allen Achäern zuerst von den Troern getödtet, als er, der erste, aus dem Schiffe auf die troische Küste sprang Vgl. Gespr. 23.

1. προσπεσών, über sie her-

ΠΡΩΤ. Ὅτι διὰ ταύτην, ὦ Αἰακέ, ἀπέθανον, ἡμιτελῆ μὲν τὸν δόμον καταλιπών, χήραν δὲ τὴν νεόγαμον γυναῖκα.

ΑΙΑΚ. Αἰτιῶ τοίνυν τὸν Μενέλαον, ὅστις ὑμᾶς ὑπὲρ τοιαύτης γυναικὸς ἐπὶ Τροίαν ἤγαγεν.

ΠΡΩΤ. Εὖ λέγεις· ἐκεῖνόν μοι αἰτιατέον.

ΜΕΝ. Οὐκ ἐμέ, ὦ βέλτιστε, ἀλλὰ δικαιότερον τὸν Πάριν, ὃς ἐμοῦ τοῦ ξένου τὴν γυναῖκα παρὰ πάντα τὰ δίκαια ᾤχετο ἁρπάσας· οὗτος γὰρ οὐχ ὑπὸ σοῦ μόνου, ἀλλ' ὑπὸ πάντων Ἑλλήνων τε καὶ βαρβάρων ἄξιος ἄγχεσθαι, τοσούτοις θανάτου αἴτιος γεγενημένος.

ΠΡΩΤ. Ἄμεινον οὕτω. σὲ τοιγαροῦν, ὦ Δύσπαρι, οὐκ ἀφήσω ποτὲ ἀπὸ τῶν χειρῶν.

ΠΑΡ. Ἄδικα ποιῶν, ὦ Πρωτεσίλαε, καὶ ταῦτα ὁμότεχνον ὄντα σοι· ἐρωτικὸς γὰρ καὶ αὐτός εἰμι καὶ τῷ αὐτῷ θεῷ κατέσχημαι. οἶσθα δὲ ὡς ἀκούσιόν τί ἐστι καί τις ἡμᾶς δαίμων ἄγει ἔνθα ἂν ἐθέλῃ, καὶ ἀδύνατόν ἐστιν ἀντιτάττεσθαι αὐτῷ.

ΠΡΩΤ. Εὖ λέγεις. εἴθε οὖν μοι τὸν Ἔρωτα ἐνταῦθα λα- 2 βεῖν δυνατὸν ἦν.

ΑΙΑΚ. Ἐγώ σοι καὶ περὶ τοῦ Ἔρωτος ἀποκρινοῦμαι τὰ δίκαια· φήσει γὰρ αὐτὸς μὲν τοῦ ἐρᾶν τῷ Πάριδι ἴσως γεγενῆσθαι αἴτιος, τοῦ θανάτου δέ σοι οὐδένα ἄλλον, ὦ Πρωτεσίλαε, ἢ σὲ αὐτόν, ὃς ἐκλαθόμενος τῆς νεογάμου γυναικός,

fallend. — ἡμιτελῆ, halbvollendet, wird nach Homer. Il. 2, 701 das Haus genannt, d. i., wie die meisten Erklärer des Hom. annehmen, bildlich: vom Gatten und Hausherrn verlassen; namentlich aber soll wol damit gesagt werden, dass er sein Haus ohne Kinder zurückgelassen habe. — ὅστις, s. zu 17, 2. — ἐκεῖνόν μοι αἰτιατέον, Kr. Gr. §. 56, 18, 2. — τοῦ ξένου. Paris war nämlich von Menelaos gastfreundlich aufgenommen worden. — παρὰ πάντα τὰ δίκαια, wider Alles, was recht ist. — ἄξιος, näml. ἐστίν. Abdic. 11: ὅτι οὐκ ἄξιος αὖθις παθεῖν ταῦτα κτέ. — ἀπὸ τῶν χειρῶν. Für ἀπό wäre die gewöhnliche Verbindung mit ἐκ. — ἄδικα ποιῶν, näml. οὐκ ἀφήσεις. So wird oft im Dialog die Antwort an die Rede

dessen, der eben gesprochen, mit dem Particip. angeknüpft; s. Kr. Gr. §. 56, 8, 7. — καὶ ταῦτα, und zwar, zumal. — τῷ αὐτῷ θεῷ, näml. τῷ Ἔρωτι. — ἀκούσ. τί ἐστι, näml. τὸ ἐρᾶν.

2. εἴθε .. δυνατὸν ἦν, wäre es mir nur also möglich; Kr. Gr. §. 54, 3, 3. De merc. cond. 26: καὶ εἴθε γε κἂν ἐκείνου ἐς κόρον ἦν πιεῖν. — περί. Die späteren Schriftsteller brauchen nicht selten περί, wo man ὑπέρ, und umgekehrt ὑπέρ, wo man περί erwartet. Piscat. 5: τοσαῦτα περὶ ὑμῶν πεπονηκότα. Ist doch selbst bei den Attikern die Grenze zwischen beiden nicht immer ganz streng gezogen. — τὰ δίκαια, das womit er sich vertheidigen kann. — οὐδένα ἄλλον, näml. γεγενῆσθαι αἴτιον.

ἐπεὶ προσεφέρεσθε τῇ Τρῳάδι, οὕτως φιλοκινδύνως καὶ ἀπο-
νενοημένως προεπήδησας τῶν ἄλλων δόξης ἐρασθείς, δι' ἣν
πρῶτος ἐν τῇ ἀποβάσει ἀπέθανες.

ΠΡΩΤ. Οὐκοῦν καὶ ὑπὲρ ἐμαυτοῦ σοι, ὦ Αἰακέ, ἀπο-
κρινοῦμαι δικαιότερα· οὐ γὰρ ἐγὼ τούτων αἴτιος, ἀλλ' ἡ
Μοῖρα καὶ τὸ ἐξ ἀρχῆς οὕτως ἐπικεκλῶσθαι.

ΑΙΑΚ. Ὀρθῶς. τί οὖν τούτους αἰτιᾷ;

20.
ΜΕΝΙΠΠΟΥ ΚΑΙ ΑΙΑΚΟΥ.

1   ΜΕΝ. Πρὸς τοῦ Πλούτωνος, ὦ Αἰακέ, περιήγησαί μοι
τὰ ἐν Ἅιδου πάντα.

ΑΙΑΚ. Οὐ ῥᾴδιον, ὦ Μένιππε, ἅπαντα· ὅσα μέντοι κε-
φαλαιώδη, μάνθανε· οὑτοσὶ μὲν ὅτι Κέρβερός ἐστιν οἶσθα,
καὶ τὸν πορθμέα τοῦτον, ὅς σε διεπέρασε, καὶ τὴν λίμνην καὶ
τὸν Πυριφλεγέθοντα ἤδη ἑώρακας εἰσιών.

ΜΕΝ. Οἶδα ταῦτα, καὶ σέ, ὅτι πυλωρεῖς, καὶ τὸν βασι-
λέα εἶδον καὶ τὰς Ἐρινῦς· τοὺς δὲ ἀνθρώπους μοι τοὺς πάλαι
δεῖξον, καὶ μάλιστα τοὺς ἐνδόξους αὐτῶν.

ΑΙΑΚ. Οὗτος μὲν Ἀγαμέμνων, οὗτος δὲ Ἀχιλλεύς, οὗ-
τος δὲ Ἰδομενεὺς πλησίον, οὗτος δὲ Ὀδυσσεύς, εἶτα Αἴας καὶ
Διομήδης καὶ οἱ ἄριστοι τῶν Ἑλλήνων.

2   ΜΕΝ. Βαβαῖ, ὦ Ὅμηρε, οἷά σοι τῶν ῥαψῳδιῶν τὰ κε-
φάλαια χαμαὶ ἔρριπται ἄγνωστα καὶ ἄμορφα, κόνις πάντα καὶ
λῆρος πολύς, ἀμενηνὰ ὡς ἀληθῶς κάρηνα. οὗτος δέ, ὦ Αἰακέ,
τίς ἐστι;

ΑΙΑΚ. Κῦρός ἐστιν. οὗτος δὲ Κροῖσος, ὁ δ' ὑπὲρ αὐ-
τὸν Σαρδανάπαλλος, ὁ δ' ὑπὲρ τούτους Μίδας, ἐκεῖνος δὲ
Ξέρξης.

1. πρὸς τοῦ Πλούτ. Er schwört
bei diesem als dem Herrscher der
Unterwelt. — περιήγησαί μοι κτέ.
führe mich herum und zeige
mir; ebenso Char. 1. — τὸν πορ-
θμέα τοῦτον, nåml. οἶσθα. — διε-
πέρασε, übersetzte. In dieser
Bedeutung nur hier. — Πυριφλεγέ-
θοντα, ein Feuer führender Fluss
in der Unterwelt. — καὶ σέ, ὅτι
πυλωρεῖς, s. zu 9, 3. — Ἰδομενεύς.
König auf Kreta, und Führer der

Kreter vor Troia. — Αἴας, des
Telamon, Königs in Salamis, Sohn,
der Tapferste der Achäer nach
dem Achilleus. — Διομήδης, Sohn
des Tydeus, Anführer der Argeier
vor Troia.
2. οἷά σοι τῶν ῥαψ. = οἷά ἐστι
τὰ κεφ. τῶν ῥαψ., ἅ σοι χ. ἔρρ. — τὰ
κεφάλαια, die Hauptperso-
nen, Haupthelden. — λῆρος,
Narrentheiding. — ἀμενηνὰ
κάρηνα. homerische Worte; vgl.

ΜΕΝ. Εἶτα σέ, ὦ κάθαρμα, ἡ Ἑλλὰς ἔφριττε ζευγνύντα μὲν τὸν Ἑλλήσποντον, διὰ δὲ τῶν ὁρῶν πλεῖν ἐπιθυμοῦντα; οἷος δὲ καὶ ὁ Κροῖσός ἐστι. τὸν Σαρδανάπαλλον δέ, ὦ Αἰακέ, πατάξαι μοι κατὰ κόρρης ἐπίτρεψον.

ΑΙΑΚ. Μηδαμῶς· διαθρύπτεις γὰρ αὐτοῦ τὸ κρανίον γυναικεῖον ὄν.

ΜΕΝ. Οὐκοῦν ἀλλὰ προσπτύσομαί γε πάντως ἀνδρογύνῳ γε ὄντι.

ΑΙΑΚ. Βούλει σοι ἐπιδείξω καὶ τοὺς σοφούς;   3

ΜΕΝ. Νὴ Δία γε.

ΑΙΑΚ. Πρῶτος οὑτός σοι ὁ Πυθαγόρας ἐστί.

ΜΕΝ. Χαῖρε, ὦ Εὔφορβε ἢ Ἄπολλον ἢ ὅ τι ἂν ἐθέλῃς.

ΠΥΘ. Νὴ Δία καὶ σύ γε, ὦ Μένιππε.

ΜΕΝ. Οὐκέτι χρυσοῦς ὁ μηρός ἐστί σοι;

ΠΥΘ. Οὐ γάρ· ἀλλὰ φέρ' ἴδω, εἴ τί σοι ἐδώδιμον ἡ πήρα ἔχει.

ΜΕΝ. Κυάμους, ὠγαθέ· ὥστε οὐ τοῦτό σοι ἐδώδιμον.

ΠΥΘ. Δὸς μόνον· ἄλλα παρὰ νεκροῖς δόγματα· ἔμαθον γάρ, ὡς οὐδὲν ἴσον κύαμοι καὶ κεφαλαὶ τοκήων ἐνθάδε.

ΑΙΑΚ. Οὗτος δὲ Σόλων ὁ Ἐξηκεστίδου καὶ Θαλῆς ἐκεῖ- 4 νος καὶ παρ' αὐτοὺς Πιττακὸς καὶ οἱ ἄλλοι· ἑπτὰ δὲ πάντες εἰσίν, ὡς ὁρᾷς.

ΜΕΝ. Ἄλυποι, ὦ Αἰακέ, οὗτοι μόνοι καὶ φαιδροὶ τῶν

Odyss. 10, 521. ζευγνύντα κτέ. Zu beziehen auf die doppelte Schiffbrücke des Xerxes über den Hellespontos und auf den Durchstich der Landzunge, welche Akte oder den Berg Athos mit der Chalkidike verbindet. Vgl. Isocr. Panegyr. 25. — οἷος δὲ καὶ ὁ Κρ., wie sieht aber auch Kr. aus! — οὐκοῦν ἀλλά, s. oben zu 10, 4.

3. Νὴ Δία γε. Seltene Verbindung; ebenso Demosth. enc. 16. — Εὔφορβε. Pythagoras behauptete einst sei seine Seele in dem Leibe des Troianers Euphorbos gewesen. Ovid. Metam. 15, 160:

Ipse ego, nam memini, Troiani
    tempore belli
Panthoides Euphorbus eram.

Vgl. Gall. 17. Ebenso gab es eine Sage, dass seine Seele zuvor im Apollon sich befunden habe;

vgl. Gall. 16. — καὶ σύ γε, näml. χαῖρε. — χρυσοῦς ὁ μηρός. Mehrfach wird dem Pythagoras eine goldene Hüfte beigelegt; vgl. Vit. auct. 6. Gall. 18. Alex. 40. — οὐ γάρ, nicht doch, non profecto, oft so in der Antwort. Auch οὐ γὰρ οὖν. Vgl. 24, 3. Iup. conf. 16. 18. Hermot. 63. — φέρ' ἴδω, Kr. Gr. §. 54, 2, 1. — κύαμοι καὶ κεφαλαὶ τοκήων. Dieses bezieht sich darauf, dass Pythagoras seinen Schülern den Genuss der Bohnen untersagt haben soll. Bekannt ist ja der pythagoreische Spruch: ἴσόν τοι κυάμους τρώγειν κεφαλάς τε τοκήων, auf den hier angespielt wird.

4. Θαλῆς ἐκεῖνος, jener dort Th. — οἱ ἄλλοι, d. i. Periandros, Bias, Chilon und Kleobulos. — ἑπτὰ δὲ πάντες εἰσίν, sie sind

ἄλλων ὁ δὲ σποδοῦ πλέως ὥσπερ ἐγκρυφίας ἄρτος, ὁ τὰς φλυκταίνας ἐξηνθηκώς, τίς ἐστιν;

ΑΙΑΚ. Ἐμπεδοκλῆς, ὦ Μένιππε, ἡμίεφθος ἀπὸ τῆς Αἴτνης παρών.

ΜΕΝ. Ὦ χαλκόπου βέλτιστε, τί παθὼν σαυτὸν ἐς τοὺς κρατῆρας ἐνέβαλες;

ΕΜΠ. Μελαγχολία τις, ὦ Μένιππε.

ΜΕΝ. Οὐ μὰ Δί', ἀλλὰ κενοδοξία καὶ τῦφος καὶ πολλὴ κόρυζα, ταῦτά σε ἀπηνθράκωσεν αὐταῖς κρηπῖσιν οὐκ ἀνάξιον ὄντα· πλὴν ἀλλ' οὐδέν σε τὸ σόφισμα ὤνησεν· ἐφωρά-θης γὰρ τεθνεώς. ὁ Σωκράτης δέ, ὦ Αἰακέ, ποῦ ποτε ἄρα ἐστίν;

ΑΙΑΚ. Μετὰ Νέστορος καὶ Παλαμήδους ἐκεῖνος ληρεῖ τὰ πολλά.

ΜΕΝ. Ὅμως ἐβουλόμην ἰδεῖν αὐτόν, εἴ που ἐνθάδε ἐστίν.

ΑΙΑΚ. Ὁρᾷς τὸν φαλακρόν;

im Ganzen sieben. — ἐξηνθη-κώς, transitive. So erst Spätere, wie Plutarch. Vgl. Piscat. 6: οἱ τοιαῦτα ἐξηνθήκατε ποικίλα. — ἡμίεφθος. Lucian bezieht sich einigemal auf die Anekdote, Empedokles habe sich, um für einen Gott gehalten zu werden, in den Aetna gestürzt. Ver. hist. 2, 21: ὁ μέντοι Ἐμπεδοκλῆς ἦλθε μὲν καὶ οὗτος. περίεφθος καὶ τὸ σῶμα ὅλον ὠπτημένος. Horat. ars poet. 464 f.:

> deus immortalis haberi
> dum cupit Empedocles, ardentem
> frigidus Aetnam
> insiluit.

— ὦ χαλκόπου βέλτιστε, mein bester Erzfuss. So nennt Menippos spottweise den Empedokles. Es bezieht sich dieses auf die ehernen Pantoffeln, die er zu tragen pflegte (Aelian. var. hist. 12, 32), von denen der eine hernach bei einem Ausbruche wieder ausgeworfen worden sein soll. In Bezug auf die Wortstellung ist zu bemerken, dass das Adiectiv. bei dem Vocativ. mit ὦ dem Substantiv. auch folgen kann bei geringerer Betonung; Dial. deor.

20, 11: ὦ Ζεῦ τεράστιε. Kr. Gr. §. 45, 3, 5. — τί παθών, s. zu 5, 1. — μελαγχολία τις, s. zu 16, 4. — πολλὴ κόρυζα, d. i. eine Portion von Dummheit. — αὐταῖς κρη-πῖσιν, s. zu II, 22. — οὐκ ἀνάξιον ὄντα, d. i. wie du es wohl.ver-dientest. De morte Peregr. 21: μόνον οὐκ ἐπὶ σκηνῆς ὀπτήσει ἑαυ-τὸν οὐκ ἀνάξιος ὤν. De conscr. hist. 26. — ποῦ ποτε ἄρα ἐστίν, wo ist denn nun der in aller Welt? Catapl. 22: Κυνίσκε, σὺ δὲ ποῦ ποτε ἄρα ὢν τυγχάνεις; Philopseud. 1. — Παλαμήδους. Dieser war der Sohn des Königs Nauplios von Euböa und einer der Heerführer vor Troia, der aber von Odys-seus der Verrätherei beschuldigt und auf dessen Anstiften gestei-nigt wurde. Mit unserer Stelle vgl. Ver. hist. 2, 17: εἶδον δὲ καὶ Σωκράτην ἀδολεσχοῦντα μετὰ Νέ-στορος καὶ Παλαμήδους. Wahr-scheinlich eine Anspielung auf die Worte des Sokrates bei Plat. apol. p. 41 A. — ἐβουλόμην, wünschte ich. Vitar. auct. 17: ἐν ἐβουλόμην ἀκοῦσαι τῶν δογμάτων. u. s. — φαλακρόν. Bekanntlich war So-krates kahlköpfig und stumpfna-

MEN. Ἅπαντες φαλακροί εἰσιν· ὥστε πάντων ἂν εἴη τοῦτο τὸ γνώρισμα.

ΑΙΑΚ. Τὸν σιμὸν λέγω.

MEN. Καὶ τοῦτο ὅμοιον· σιμοὶ γὰρ ἅπαντες.

ΣΩΚ. Ἐμὲ ζητεῖς, ὦ Μένιππε;

MEN. Καὶ μάλα, ὦ Σώκρατες.

ΣΩΚ. Τί τὰ ἐν Ἀθήναις;

MEN. Πολλοὶ τῶν νέων φιλοσοφεῖν λέγουσι, καὶ τά γε σχήματα αὐτὰ καὶ τὰ βαδίσματα εἰ θεάσαιτό τις, ἄκροι φιλόσοφοι.

ΣΩΚ. Μάλα πολλοὺς ἑώρακα.

MEN. Ἀλλὰ ἑώρακας, οἶμαι, οἷος ἧκε παρὰ σοὶ Ἀρίστιππος καὶ Πλάτων αὐτός, ὁ μὲν ἀποπνέων μύρου, ὁ δὲ τοὺς ἐν Σικελίᾳ τυράννους θεραπεύειν ἐκμαθών.

ΣΩΚ. Περὶ ἐμοῦ δὲ τί φρονοῦσιν;

MEN. Εὐδαίμων, ὦ Σώκρατες, ἄνθρωπος εἶ τά γε τοιαῦτα· πάντες γοῦν σε θαυμάσιον οἴονται ἄνδρα γεγενῆσθαι καὶ πάντα ἐγνωκέναι, καὶ ταῦτα — δεῖ γάρ, οἶμαι, τἀληθῆ λέγειν — οὐδὲν εἰδότα.

sig. — καὶ τοῦτο, näml. τὸ σιμὸν εἶναι.

5. καὶ μάλα, ja wohl, häufig in der Antwort; vgl. 23, 2. — τί τὰ ἐν Ἀθήναις; wie steht's in Athen? Kr. Gr. §. 61, 8, 2. — αὐτά, allein. Uebrigens meint Menippos hiermit diejenigen Philosophen, welche, wie die jüngeren Stoïker, Peripatetiker, Kyrenaïker u. a., das Wesen der Philosophie in die Nachäffung der Aelteren setzten. — Ἀλλὰ ἑώρακας κτέ. Menippos begründet seine Behauptung und sagt zu Sokrates: man darf sich aber über diese Leute nicht wundern, die Alles mit der Nachahmung abgethan glauben; denn du hast ja gesehen, wie es die Stifter dieser Philosophenschulen selbst schon machten. — παρὰ σοί. So steht παρὰ mit Verben der Bewegung bisweilen, aber selten, bei Spätern, mit dem Dativ. verbunden, um gleichsam das Ergebniss der Bewegung anzuzeigen: wie bei dir ankam. Amor. 9: ἄμφω καλῶς ἔχον ἐστὶν ὑμᾶς παρ' ἐμοὶ φοιτᾶν. Asin. 2: θαρ-

ρῶν πέμπει παρ' ἐμοὶ τοὺς ἑταίρους. (Indessen zweifeln wir an unserer Stelle an der Richtigkeit der überlieferten Lesart.) — Ἀρίστιππος. Dieser war der Schüler des Sokrates und Stifter der kyrenaischen Schule, welche als höchsten Zweck des Lebens das Vergnügen und Wohlleben hinstellte; daher hier ἀποπνέων μύρου. Cicer. de offic. 3, 33: *ab Aristippo Cyrenaici atque Annicerii philosophi nominati omne bonum in voluptate posuerunt.* — μύρου, Kr. Gr. §. 47, 10, 14. Vit. auct. 12 ebenfalls von Aristippos: ὅσον ἀποκνεῖ μύρων. — τοὺς ἐν Σικ. τυρ. θερ. Dass Platon bei seiner Anwesenheit auf Sicilien den Tyrannen von Syrakus den Hof gemacht habe, wie es hier heisst, ist in der Wahrheit nicht begründet. — φρονοῦσιν, näml. die Leute. Kr. Gr. §. 61, 4, 7. — καὶ ταῦτα .. οὐδὲν εἰδότα. Cic. Academ. 1, 4, 16: *Socrates in omnibus fere sermonibus .. ita disputat, ut nihil affirmet ipse, refellat alios, nihil se scire dicat, nisi id ipsum, eoque praestare ce-*

ΣΩΚ. Καὶ αὐτὸς ἔφασκον ταῦτα πρὸς αὐτούς, οἱ δὲ εἰρωνείαν ᾤοντο τὸ πρᾶγμα εἶναι.

6 ΜΕΝ. Τίνες δέ εἰσιν οὗτοι οἱ περὶ σέ;

ΣΩΚ. Χαρμίδης, ὦ Μένιππε, καὶ Φαῖδρος καὶ ὁ τοῦ Κλεινίου.

ΜΕΝ. Εὖ γε, ὦ Σώκρατες, ὅτι κἀνταῦθα μέτει τὴν σαυτοῦ τέχνην καὶ οὐκ ὀλιγωρεῖς τῶν καλῶν.

ΣΩΚ. Τί γὰρ ἂν ἄλλο [ἥδιον] πράττοιμι; ἀλλὰ πλησίον ἡμῶν κατάκεισο, εἰ δοκεῖ.

ΜΕΝ. Μὰ Δί', ἐπεὶ παρὰ τὸν Κροῖσον καὶ τὸν Σαρδανάπαλλον ἄπειμι πλησίον οἰκήσων αὐτῶν· ἔοικα γοῦν οὐκ ὀλίγα γελάσεσθαι οἰμωζόντων ἀκούων.

ΑΙΑΚ. Κἀγὼ ἤδη ἄπειμι, μὴ καί τις ἡμᾶς νεκρῶν λάθῃ διαφυγών. τὰ λοιπὰ δ' ἐσαῦθις ὄψει, ὦ Μένιππε.

ΜΕΝ. Ἄπιθι· καὶ ταυτὶ γὰρ ἱκανά, ὦ Αἰακέ.

21.
ΜΕΝΙΠΠΟΥ ΚΑΙ ΚΕΡΒΕΡΟΥ.

1 ΜΕΝ. Ὦ Κέρβερε — συγγενὴς γάρ εἰμί σοι, κύων καὶ αὐτὸς ὤν — εἰπέ μοι πρὸς τῆς Στυγός, οἷος ἦν ὁ Σωκράτης, ὁπότε κατῄει παρ' ὑμᾶς· εἰκὸς δέ σε θεὸν ὄντα μὴ ὑλακτεῖν μόνον, ἀλλὰ καὶ ἀνθρωπίνως φθέγγεσθαι, ὁπότ' ἐθέλοις.

teris, quod illi, quae nesciant, scire se putent, ipse se nihil scire id unum sciat.

6. οὗτοι οἱ περὶ σέ, diese um dich herum. Die hier Erwähnten sind bekannte Schüler des Sokrates. — ὁ τοῦ Κλεινίου, d. i. Alkibiades. — εὖ γε .. ὅτι. Wir ebenso: schön oder prächtig, dass du. Toxar. 35: εὖ γε, ὦ Μνήσιππε. ὅτι καὶ παροτρύνεις με πρὸς τὸν λόγον. Unten Gespr. 29, 2. u. ö. Kr. Gr. §. 62, 3, 4. — τί γὰρ ἂν κτέ. So ist es; denn u. s. w. — μὰ Δί', näml. οὐ κατακείσομαι. Aristoph. thesm. 748: ἀπόδος αὐτό. Μν. μὰ τὸν Ἀπόλλω τουτονί. Aehnlich Gall. 29. — ἔοικα .. γελάσεσθαι, ich denke, dass ich lachen werde. Char. 6: ἔοικα δὲ καὶ νῦν ὑποκαταβήσεσθαι. Lexiphan. 19: ἔοικα δὲ καὶ ῥιναυλήσειν τοιαῦτα ἐπιτιμῶντος ἀκούων. u. ö. Ebenso

steht der Infinitiv. Futur. bei δοκῶ μοι, s. zu II, 34. — μὴ καί, damit nicht noch. Gespr. 27 z. E. Vit. auct. 22: ἀνάσωσαί μοι τὸ παιδίον, μὴ καὶ φθάσῃ αὐτὸ καταπιών. Toxar. 50: μὴ σύ γε ἐνταῦθα, μὴ καί τις κτέ. Iup. trag. 24. Dial. deor. 21, 2. 24, 2. u. ö.

1. γάρ. Der Satz mit γάρ steht parenthetisch dem folgenden, den er begründet, voran; s. zu IV, 10. — πρὸς τῆς Στυγός. Jener bekannte Fluss der Unterwelt, bei dem die homerischen Götter den furchtbarsten und heiligsten Eid schwören. — ὁπότ' ἐθέλοις, so oft du Lust hast. Der Optativ nach ὁπότε, dient hier zur Bezeichnung einer wiederholten Handlung in der Gegenwart oder Zukunft, während er bei den Attikern so nur von einer vergangenen gebraucht wird. Wie hier Dial. deor. 5 z. E. und Iup. trag.

ΚΕΡΒ. Πόρρωθεν μέν, ὦ Μένιππε, [παντάπασιν] ἐδό-
κει ἀτρέπτῳ τῷ προσώπῳ προσιέναι [καὶ] οὐ πάνυ δεδιέναι
τὸν θάνατον δοκῶν καὶ τοῦτο ἐμφῆναι τοῖς ἔξω τοῦ στομίου
ἑστῶσιν ἐθέλων, ἐπεὶ δὲ κατέκυψεν εἴσω τοῦ χάσματος καὶ
εἶδε τὸν ζόφον, κἀγὼ ἔτι διαμέλλοντα αὐτὸν δακὼν τῷ κω-
νείῳ κατέσπασα τοῦ ποδός, ὥσπερ τὰ βρέφη ἐκώκυε καὶ τὰ
ἑαυτοῦ παιδία ὠδύρετο καὶ παντοῖος ἐγίνετο.

ΜΕΝ. Οὐκοῦν σοφιστὴς ὁ ἄνθρωπος ἦν καὶ οὐκ ἀλη- 2
θῶς κατεφρόνει τοῦ πράγματος;

ΚΕΡΒ. Οὔκ, ἀλλ' ἐπείπερ ἀναγκαῖον αὐτὸ ἑώρα, κατε-
θρασύνετο ὡς δῆθεν οὐκ ἄκων πεισόμενος ὃ πάντως ἔδει
παθεῖν, ὡς θαυμάσονται οἱ θεαταί. καὶ ὅλως περὶ πάντων
γε τῶν τοιούτων εἰπεῖν ἂν ἔχοιμι, ἕως τοῦ στομίου τολμηροὶ
καὶ ἀνδρεῖοι, τὰ δὲ ἔνδοθεν ἔλεγχος ἀκριβής.

ΜΕΝ. Ἐγὼ δὲ πῶς σοι κατεληλυθέναι ἔδοξα;

ΚΕΡΒ. Μόνος, ὦ Μένιππε, ἀξίως τοῦ γένους, καὶ Διο-
γένης πρὸ σοῦ, ὅτι μὴ ἀναγκαζόμενοι ἐσῄειτε μηδ' ὠθού-

---

27. — ἀτρέπτῳ. Prädicativer Ge-
brauch des Adjectivs; Kr. Gr. §.
50, 11, 1. Uebrigens vgl. mit un-
serer Stelle Ver. hist. 2, 23. — τῷ
κωνείῳ verbinde mit διαμέλλοντα,
d. i. da er des Schierlings
wegen zauderte od. zu lange
machte. — τοῦ ποδός, am od.
beim Fusse. Antiphan. com. fr.
86 Mein.: τοὺς γλιχομένους δὲ ζῆν
κατασπᾷ τοῦ σκέλους ἄκοντας ὁ
Χάρων. Catapl. 13: σύρετ' αὐτὸν
εἴσω τοῦ ποδός. Kr. Gr. §. 47, 12.
— τὰ ἑαυτοῦ παιδία. Sokrates
hatte bei seinem Tode einen er-
wachsenen Sohn, Lamprokles, von
der Myrto, und zwei noch kleine,
Sophroniskos und Menexenos, von
der Xanthippe. — παντοῖος ἐγί-
νετο, nahm alle möglichen Gestal-
ten an, d. i. war ganz ausser
sich, wusste nicht was er
machen sollte. Nigr. 4: οὐδὲ
εἶχον εἰκάσαι ὅπερ ἐπεπόνθειν,
ἀλλὰ παντοῖος ἐγιγνόμην. Prolaps.
in sal. 1: παντοῖος ἦν ὑπ' ἀπορίας.
Dial. deor. 21, 2: παντοῖος ἦν δε-
διώς. Auch von der Freude, Demon.
6: παντοῖοι ὑπ' εὐφροσύνης γενόμε-

voι. Nicht so bei Attikern. Ebenso
παντοδαπὸς γίγνομαι.
2. τοῦ πράγματος, den Tod. —
Οὔκ, näml. ἀληθῶς — κατεθρα-
σύνετο, spielte den Muthvol-
len. Spätes Wort. — ὡς δῆθεν,
als ob er, aus der Vorstellung
des Sokrates. Kr. Gr. §. 56, 12, 2.
δῆθεν häufig so ironisch. Alexand.
15. 47. De hist. conscr. 10 u. s. —
ὡς θαυμάσονται. Ebenso steht
ὡς als Finalpartikel mit dem In-
dicativ. des Fut. Vitar. auct. 1.
Iup. trag. 27 z. E. — περὶ πάντων
τῶν τοιούτων, von allen Leu-
ten solchen Schlages. —
ἀνδρεῖοι, näml. εἰσί. — τὰ δ' ἔνδο-
θεν ἔλεγχος ἀκριβής, das Innere
aber ist eine deutliche Wi-
derlegung, d. i. sind sie aber
drinnen, so zeigen sie, wie feig
sie sind. — τοῦ γένους, näml. τοῦ
κυνικοῦ. Ueber die Todesart des
Menippos s. zu 10, 11. — Διογέ-
νης. Ueber dessen Tod gibt es ver-
schiedene Nachrichten; eine, die
Lucian hier jedenfalls meint, geht
dahin, dass er sich selbst getödtet
haben soll, und zwar in der Weise,

· μενοι, ἀλλ' ἐθελούσιοι, γελῶντες, οἰμώζειν παραγγείλαντες ἅπασιν.

22.

ΧΑΡΩΝΟΣ ΚΑΙ ΜΕΝΙΠΠΟΥ.

1 ΧΑΡ. Ἀπόδος, ὦ κατάρατε, τὰ πορθμεῖα.

MEN. Βόα, εἰ τοῦτό σοι, ὦ Χάρων, ἥδιον.

ΧΑΡ. Ἀπόδος, φημί, ἀνθ' ὧν σε διεπορθμεύσαμεν.

MEN. Οὐκ ἂν λάβοις παρὰ τοῦ μὴ ἔχοντος.

ΧΑΡ. Ἔστι δέ τις ὀβολὸν μὴ ἔχων;

MEN. Εἰ μὲν καὶ ἄλλος τις, οὐκ οἶδα, ἐγὼ δ' οὐκ ἔχω.

ΧΑΡ. Καὶ μὴν ἄγξω σε νὴ τὸν Πλούτωνα, ὦ μιαρέ, ἢν μὴ ἀποδῷς.

MEN. Κἀγὼ τῷ ξύλῳ σου πατάξας διαλύσω τὸ κρανίον.

ΧΑΡ. Μάτην οὖν ἔσῃ πεπλευκὼς τοσοῦτον πλοῦν.

MEN. Ὁ Ἑρμῆς ὑπὲρ ἐμοῦ [σοι] ἀποδότω, ὅς με παρ-έδωκέ σοι.

2 ΕΡΜ. Νὴ Δί' ὠνάμην γε, εἰ μέλλω καὶ ὑπερεκτίνειν τῶν νεκρῶν.

ΧΑΡ. Οὐκ ἀποστήσομαί σου.

MEN. Τούτου γε ἕνεκα καὶ νεωλκήσας τὸ πορθμεῖον παράμενε. πλὴν ἀλλ' ὅ γε μὴ ἔχω, πῶς ἂν λάβοις;

ΧΑΡ. Σὺ δ' οὐκ ᾔδεις ὡς κομίζεσθαι δέον;

---

dass er den Athem an sich hielt. — ἐθελούσιοι, Kr. Gr. §. 57, 5, 2.

1. εἰ τοῦτό σοι ἥδιον, wir: wenn dir das Spass macht. Keineswegs aber steht der Comparat. statt des Positiv., sondern man denke sich zur Erklärung einen Satz mit „als" hinzu; vgl. Kr. Gr. §. 49, 6. — ἀπόδος, φημί. So steht oft φημί nach dem Imperativ., um diesem einen gehörigen Nachdruck zu geben. Dial. deor. 9, 1: μὴ ἐνόχλει, φημί. 13, 2: παύσα-σθε, φημί, u. ö. — ἀνθ' ὧν, dafür dass. Die Bedeutung des Plural. ist in dieser und ähnlichen Formeln oft ganz verwischt. Piscat. 7: τοιαῦτα παρὰ σοῦ ἀπειλήφαμεν ἀνθ' ὧν σοι τὸν λειμῶνα ἐκεῖνον ἀναπετάσαντες οὐκ ἐκωλύσαμεν δρέπεσθαι. Gespr. 29, 1. Dial. deor. 1, 1. Kr. Gr. §. 51, 10, 4. —

οὐκ ἂν λάβοις, s. oben zu 2, 1. — σου verbinde mit τὸ κρανίον. Dial. deor. 7, 1. καὶ τούτου γὰρ ἐξείλκυσε λαθὸν ἐκ τοῦ κολεοῦ τὸ ξίφος. Die Entfernung des Genet. von dem ihn regierenden Worte ist nicht selten. — ἔσῃ πεπλευκώς. Kr. Gr. §. 53, 9, 1. Der Sinn der Worte ist: du wirst vergeblich eine so lange Fahrt gemacht haben, da du, wenn du mir den Obolos nicht gibst, auf die Oberwelt zurückkehren musst.

2. νὴ Δί' ὠνάμην γε, beim Zeus, da machte ich doch einen Schlag. Ueber die Form ὠνάμην s. zu IV, 24. — τούτου γε ἕνεκα, was das betrifft; s. zu II, 55. Ebenso Nigr. 10. — ᾔδεις. Dieselbe Form Dial. deor. 14, 2. 25, 1. Gall. 20. Diss. c. Hes. 9.

ΜΕΝ. Ἤιδειν μέν, οὐκ εἶχον δέ. τί οὖν; ἐχρῆν διὰ τοῦτο μὴ ἀποθανεῖν;

ΧΑΡ. Μόνος οὖν αὐχήσεις προῖκα πεπλευκέναι;

ΜΕΝ. Οὐ προῖκα, ὦ βέλτιστε· καὶ γὰρ ἤντλησα καὶ τῆς κώπης συνεπελαβόμην καὶ οὐκ ἔκλαον μόνος τῶν ἄλλων ἐπιβατῶν.

ΧΑΡ. Οὐδὲν ταῦτα πρὸς πορθμέα· τὸν ὀβολὸν ἀποδοῦναί σε δεῖ· οὐ θέμις ἄλλως γενέσθαι.

ΜΕΝ. Οὐκοῦν ἄπαγέ με αὖθις ἐς τὸν βίον.   3

ΧΑΡ. Χάριεν λέγεις, ἵνα καὶ πληγὰς ἐπὶ τούτῳ παρὰ τοῦ Αἰακοῦ προσλάβω.

ΜΕΝ. Μὴ ἐνόχλει οὖν.

ΧΑΡ. Δεῖξον τί ἐν τῇ πήρᾳ ἔχεις.

ΜΕΝ. Θέρμους, εἰ θέλεις, καὶ τῆς Ἑκάτης τὸ δεῖπνον.

ΧΑΡ. Πόθεν τοῦτον ἡμῖν, ὦ Ἑρμῆ, τὸν κύνα ἤγαγες; οἷα δὲ καὶ ἐλάλει παρὰ τὸν πλοῦν, τῶν ἐπιβατῶν ἁπάντων καταγελῶν καὶ ἐπισκώπτων καὶ μόνος ᾄδων οἰμωζόντων ἐκείνων.

ΕΡΜ. Ἀγνοεῖς, ὦ Χάρων, ὅντινα ἄνδρα διεπόρθμευσας, ἐλεύθερον ἀκριβῶς, κοὐδενὸς αὐτῷ μέλει. οὗτός ἐστιν ὁ Μένιππος.

ΧΑΡ. Καὶ μὴν ἄν σε λάβω ποτέ —

ΜΕΝ. Ἂν λάβῃς, ὦ βέλτιστε· δὶς δὲ οὐκ ἂν λάβοις.

23.
ΠΡΩΤΕΣΙΛΑΟΥ, ΠΛΟΥΤΩΝΟΣ ΚΑΙ ΠΕΡΣΕΦΟΝΗΣ.

ΠΡΩΤ. Ὦ δέσποτα καὶ βασιλεῦ καὶ ἡμέτερε Ζεῦ καὶ σὺ Δήμητρος θύγατερ, μὴ ὑπερίδητε δέησιν ἐρωτικήν.

ΠΛΟΥΤ. Σὺ δὲ τίνων δέῃ παρ' ἡμῶν; ἢ τίς ὢν τυγχάνεις;

Pseudolog. 16.— δέον, näml. ἐστί, Kr. Gr. §. 58, 3, 5. — μόνος τῶν ἄλλων ἐπιβατῶν, s. zu II, 55. — οὐδὲν ταῦτα πρὸς πορθμέα, das hat nichts mit dem Fährmann zu schaffen, steht in keiner Beziehung zum F.

3. χάριεν λέγεις, du sprichst allerliebst, das wäre noch schöner, oft bei Luc. vorkommender Ausdruck. — μὴ ἐνόχλει οὖν, lass mich also ungeschoren. — τῆς Ἑκάτης τὸ δεῖπνον,

Häufige Wortstellung bei Luc., ebens. Dial. deor. 7, 3. 25, 1. Catapl. 7. Pisc. 12: τοῦ ἱματίου τὴν ἀναβολήν. De Merc. cond. 15: τοῦ Διὸς τὸν οἶκον. De dom. 17: τῶν λόγων τὸ κάλλος u. s. Vgl. Kr. Gr. §. 47, 9, 9. Ueber die Sache s. oben zu I, 1. — κοὐδενός, Masculinum. — οὗτος, talis. — ἄν σε λάβω ποτέ, Aposiopesis. Catapl. 12: ἂν εἰ λαβοίμην ... Gall. 29: ἂν λάβω τινά ...

1. ἡμέτερε Ζεῦ, d. i. Pluton, der

ΠΡΩΤ. Εἰμὶ μὲν Πρωτεσίλεως ὁ Ἰφίκλου, Φυλάκιος, συστρατιώτης τῶν Ἀχαιῶν καὶ πρῶτος ἀποθανὼν τῶν ἐπ' Ἰλίῳ, δέομαι δὲ ἀφεθεὶς πρὸς ὀλίγον ἀναβιῶναι πάλιν.

ΠΛΟΥΤ. Τούτον μὲν τὸν ἔρωτα, ὦ Πρωτεσίλαε, πάντες νεκροὶ ἐρῶσι, πλὴν οὐδεὶς ἂν αὐτῶν τύχοι.

ΠΡΩΤ. Ἀλλ' οὐ τοῦ ζῆν, Ἀιδωνεῦ, ἐρῶ ἔγωγε, τῆς γυναικὸς δέ, ἣν νεόγαμον ἔτι ἐν τῷ θαλάμῳ καταλιπὼν ᾠχόμην ἀποπλέων· εἶτα ὁ κακοδαίμων ἐν τῇ ἀποβάσει ἀπέθανον ὑπὸ τοῦ Ἕκτορος. ὁ οὖν ἔρως τῆς γυναικὸς οὐ μετρίως ἀποχναίει με, ὦ δέσποτα, καὶ βούλομαι κἂν πρὸς ὀλίγον ὀφθεὶς αὐτῇ καταβῆναι πάλιν.

2   ΠΛΟΥΤ. Οὐκ ἔπιες, ὦ Πρωτεσίλαε, τὸ Λήθης ὕδωρ;

ΠΡΩΤ. Καὶ μάλα, ὦ δέσποτα· τὸ δὲ πρᾶγμα ὑπέρ ογκον ἦν.

ΠΛΟΥΤ. Οὐκοῦν περίμεινον· ἀφίξεται γὰρ κἀκείνη ποτέ, καὶ οὐδέν σε ἀνελθεῖν δεήσει.

ΠΡΩΤ. Ἀλλ' οὐ φέρω τὴν διατριβήν, ὦ Πλούτων· ἠράσθης δὲ καὶ αὐτὸς ἤδη, καὶ οἶσθα οἷον τὸ ἐρᾶν ἐστιν.

ΠΛΟΥΤ. Εἶτα τί σε ὀνήσει μίαν ἡμέραν ἀναβιῶναι, μετ' ὀλίγον τὰ αὐτὰ ὀδυρούμενον;

ΠΡΩΤ. Οἶμαι πείσειν κἀκείνην ἀκολουθεῖν παρ' ὑμᾶς, ὥστε ἀνθ' ἑνὸς δύο νεκροὺς λήψῃ μετ' ὀλίγον.

ΠΛΟΥΤ. Οὐ θέμις γενέσθαι ταῦτα, οὐδὲ γέγονε πώποτε.

3   ΠΡΩΤ. Ἀναμνήσω σε, ὦ Πλούτων· Ὀρφεῖ γὰρ δι' αὐτὴν

in der Unterwelt das ist, was Zeus in der Oberwelt; auch bei Homer. Il. 9, 457. Ζεὺς καταχθόνιος und Iuppiter Stygius bei Vergil. Aen. 4, 638. genannt. — σὺ δέ. So steht δέ oft in der Frage, namentlich nach Personalpron., mit Nachdruck, und zwar elliptisch. Vollständig würde es heissen: wir werden zwar oft um etwas gebeten, was verlangst du aber von uns? Ebenso nach ἐγώ Iup. trag. 24. — πρὸν ὀλίγον, s. zu IV, 4. — ἀναβιῶναι πάλιν. Protesilaos bat aus Verlangen nach seiner Gattin Laodameia (s. oben zu 19) den Pluton um die Erlaubniss, auf kurze Zeit zu ihr in's Leben zurückkehren zu dürfen, und diese Bitte wurde ihm gewährt. S. zu IV, 1. — τούτον τὸν ἔρ. ἐρῶσι, s. zu IV, 11.

— αὐτῶν, zu beziehen ganz allgemein auf τούτον τὸν ἔρωτα und was damit zusammenhängt. Dial. deor. 2 extr.: ἐρᾶν μὲν (θέλω), ἀπραγμονέστερον δ' αὐτῶν ἐπιτυγχάνειν. — ὑπὸ τοῦ Ἕκτορος. Ovid. Metam. 12, 67: Hectorea primus fataliter hasta, Protesilae, cadis. — κἂν πρὸς ὀλ., wenn auch nur auf kurze Zeit. Nigr. 23: εἰ δέ γε κἂν πρὸς ὀλίγον ἀπέσχοντο u. ö. Gall. 16. Vgl. unser Wörterb. unter κἄν 2)b). — αὐτῇ, s. zu III, 6.

2. τὸ πρᾶγμα, d. i. die Liebe zur Laodameia. — οὐκοῦν, d. i. also, da das Wasser der Lethe dir deine übermässige Liebe zur Gattin nicht in Vergessenheit gebracht hat u. s. w.

3. δι' αὐτὴν ταύτην τὴν αἰτίαν,

ταύτην τὴν αἰτίαν τὴν Εὐρυδίκην παρέδοτε καὶ τὴν ὁμογενῆ
μου Ἄλκηστιν παρεπέμψατε Ἡρακλεῖ χαριζόμενοι.

ΠΛΟΥΤ. Θελήσεις δὲ οὕτω κρανίον γυμνὸν ὢν καὶ
ἄμορφον τῇ καλῇ σου ἐκείνῃ νύμφῃ φανῆναι; πῶς δὲ κἀκείνη
προσήσεταί σε, οὐδὲ δυναμένη διαγνῶναι; φοβήσεται γάρ, εὖ
οἶδα, καὶ φεύξεταί σε, καὶ μάτην ἔσῃ τοσαύτην ὁδὸν ἀνελη-
λυθώς.

ΠΕΡΣ. Οὐκοῦν, ὦ ἄνερ, σὺ καὶ τοῦτο ἴασαι καὶ τὸν
Ἑρμῆν κέλευσον, ἐπειδὰν ἐν τῷ φωτὶ ἤδη ὁ Πρωτεσίλαος ᾖ,
καθικόμενον τῇ ῥάβδῳ νεανίαν εὐθὺς καλὸν ἀπεργάσασθαι
αὐτόν, οἷος ἦν ἐκ τοῦ παστοῦ.

ΠΛΟΥΤ. Ἐπεὶ Φερσεφόνῃ συνδοκεῖ, ἀναγαγὼν τοῦτον
αὖθις ποίησον νυμφίον· σὺ δὲ μέμνησο μίαν λαβὼν ἡμέραν.

24.

ΔΙΟΓΕΝΟΥΣ ΚΑΙ ΜΑΥΣΩΛΟΥ.

ΔΙΟΓ. Ὦ Κάρ, ἐπὶ τίνι μέγα φρονεῖς καὶ πάντων ἡμῶν 1
προτιμᾶσθαι ἀξιοῖς;

ΜΑΥΣ. Καὶ ἐπὶ τῇ βασιλείᾳ μέν, ὦ Σινωπεῦ, ὃς ἐβασί-

aus eben diesem Grunde. —
τὴν Εὐρυδίκην. Orpheus, ein Sohn
des Flussgottes Oeagros und der
Muse Kalliope, stieg, um seine
Gattin Eurydike, welche an einem
Schlangenbiss gestorben war, wie-
der zu erlangen, in die Unterwelt
hinab und rührte hier durch sein
Spiel und seinen Gesang die un-
terirdischen Götter so sehr, dass
sie ihm, seine Gattin auf die Ober-
welt zurückzuführen, gestatteten,
jedoch nur unter der Bedingung,
dass er sich nicht nach ihr umsehe.
Gleichwohl sah er aus Sehnsucht
zurück, und Eurydike verschwand.
Ovid. Metam. 10 z. A. Vergil. Ge-
org. 4, 434 ff. — τὴν ὁμογενῆ μου
Ἄλκηστιν. Diese, die Gemahlin
des Admetos, Königs von Pherā,
starb für denselben, wurde aber
von Herakles aus der Unterwelt
wieder heraufgeholt. ὁμογενῆ
nennt sie Protesil., weil sie Uren-
kelin des Aeolos und er Grossur-
enkel dieses Gottes war. Sonst
wird ὁμογενής gewöhnlich mit dem
Dativ. verbunden. — εὖ οἶδα par-

enthetisch eingeschoben, wie εὖ
οἶδ᾽ ὅτι (s. zu I, 18.). — τῇ ῥάβδῳ.
Die Zauberkraft des Stabes des
Hermes ist bekannt. — οἷος ἦν ἐκ
τοῦ παστοῦ = οἷος ἦν, ὅτε ἐκ τοῦ
παστοῦ ἐξῄει.
Mausolos war König, oder rich-
tiger persischer Satrap von Karien
unter der Regierung des Artaxer-
xes Mnemon, und behauptete seine
fast unabhängige Herrschaft 24
Jahre bis Ol. 100, 4 (377—353 v.
Chr.). Ihm errichtete seine Gemah-
lin und Schwester Artemisia jenes
prachtvolle Grabmal zu Halikar-
nassos, seiner Residenz, welches
unter die sieben Wunderwerke
der alten Welt gezählt wurde.
1. καὶ ἐπὶ τῇ βασιλείᾳ μέν, näml.
μέγα φρονῶ. Die Rede ist, wie im
Gesprächston nicht selten, anako-
luthisch. Dem Anfang entspre-
chend sollte es im Folgenden für
καὶ καλὸς ἦν καὶ μέγας κτέ. heis-
sen: καὶ ἐπὶ τῷ κάλλει καὶ μεγέ-
θει, oder wenigstens καὶ ὅτι κα-
λὸς ἦν κτέ. — Σινωπεῦ. Aus Si-
nope, einer Stadt Paphlagoniens,

λευσα Καρίας μὲν ἁπάσης, ἦρξα δὲ καὶ Λυδῶν ἐνίων, καὶ
νήσους δέ τινας ὑπηγαγόμην, καὶ ἄχρι Μιλήτου ἐπέβην τὰ
πολλὰ τῆς Ἰωνίας καταστρεφόμενος· καὶ καλὸς ἦν καὶ μέγας
καὶ ἐν πολέμοις καρτερός· τὸ δὲ μέγιστον, ὅτι ἐν Ἁλικαρ-
νασσῷ μνῆμα παμμέγεθες ἔχω ἐπικείμενον, ἡλίκον οὐκ ἄλλος
νεκρός, ἀλλ' οὐδὲ οὕτως ἐς κάλλος ἐξησκημένον, ἵππων καὶ
ἀνδρῶν ἐς τὸ ἀκριβέστατον εἰκασμένων λίθου τοῦ καλλίστου,
οἷον οὐδὲ νεὼν εὕροι τις ἂν ῥᾳδίως. οὐ δοκῶ σοι δικαίως
ἐπὶ τούτοις μέγα φρονεῖν;

2   ΔΙΟΓ. Ἐπὶ τῇ βασιλείᾳ φῂς καὶ τῷ κάλλει καὶ τῷ βάρει
τοῦ τάφου;

ΜΑΥΣ. Νὴ Δί' ἐπὶ τούτοις.

ΔΙΟΓ. Ἀλλ', ὦ καλὲ Μαύσωλε, οὔτε ἡ ἰσχὺς ἐκείνη ἔτι
σοι οὔτε ἡ μορφὴ πάρεστιν· εἰ γοῦν τινα ἑλοίμεθα δικαστὴν
εὐμορφίας πέρι, οὐκ ἔχω εἰπεῖν, τίνος ἕνεκα τὸ σὸν κρανίον
προτιμηθείη ἂν τοῦ ἐμοῦ· φαλακρὰ γὰρ ἄμφω καὶ γυμνά,
καὶ τοὺς ὀδόντας ὁμοίως προφαίνομεν καὶ τοὺς ὀφθαλμοὺς
ἀφῃρήμεθα καὶ τὰς ῥῖνας ἀποσεσιμώμεθα. ὁ δὲ τάφος καὶ οἱ
πολυτελεῖς ἐκεῖνοι λίθοι Ἁλικαρνασσεῦσι μὲν ἴσως εἶεν ἂν
ἐπιδείκνυσθαι καὶ φιλοτιμεῖσθαι πρὸς τοὺς ξένους, ὡς δή τι
μέγα οἰκοδόμημα αὐτοῖς ἐστι· σὺ δέ, ὦ βέλτιστε, οὐχ ὁρῶ ὅ

war Diogenes gebürtig. — *νήσους,*
Rhodos, Chios, Kos. — *τὰ πολλα
τῆς Ἰωνίας,* den grössten Theil
von Ionien. — *τὸ δὲ μέγιστον,
ὅτι,* s. oben zu 5, 1. — *παμμέγεθες.*
Das Mausoleum bestand aus einem
viereckigen, mit 36 Säulen umge-
benen Unterbau, der im ganzen
Umfang 411 Fuss hatte und 25
Ellen hoch war. Darauf erhob
sich ein Aufsatz von derselben
Höhe, der sich in 24 Stufen zu
einer Pyramide zuspitzte, auf de-
ren Spitze eine Quadriga aus
Marmor von der Hand des Pythis
stand. — *ἀλλ' οὐδέ,* ja nicht ein-
mal. De conscr. hist. 33: ὃ οὐδεὶς
ἄν, ἀλλ' οὐδ' ὁ Μῶμος μωμήσασθαι
δύναιτο. Nigr. 26. Dial. deor. 13, 2.
Pro merc. cond. 3. Icarom. 6. Ca-
lumn. non tem. cred. 3. Auch ohne
vorhergehende Negation, De merc.
cond. 7. Hermot. 2. 7. Ebenso
ἀλλὰ καί, ja sogar. — *ἐς κάλλος
ἐξησκημένον,* nach den Regeln
der Schönheit gearbeitet. —
λίθου τοῦ καλλίστου, aus dem
schönsten Marmor. Bei den
Attikern selten. Iup. trag. 10:
Ἀφροδίτη λίθου τοῦ λευκοῦ λιθο-
τομηθεῖσα. Nigr. 2: σφαῖρα κα-
λάμου πεποιημένη. Toxar. 15. Ver.
hist. 1, 7. 2, 11. Philopseud. 17. 19.
u. s. Kr. Gr. II. §. 47, 8, 3. Mit
ἐκ, Gall. 24: Ζεὺς ἐκ χρυσίου συν-
ειργασμένος. Ver. hist. 2, 33:
πύλη ἐκ κεράμου πεποιημένη. u. s.;
mit *ἀπό,* Asin. 53: κλίνη ἀπὸ χε-
λώνης Ἰνδικῆς πεποιημένη.

2. *τῷ κάλλει.* Worauf zu bezie-
hen? — *τοὺς ὀφθαλμούς,* s. zu II,
18. — *εἶεν = ἱκανοὶ* od. *οἷοί τε
εἶεν,* mögen den Hal. dazu
dienen, um u. s. w. — *οἱ πολυ-
τελεῖς ἐκ. λίθοι,* s. zu II, 6. — *δή
τι. δὴ* beim Indefinitum dient zur
Steigerung der Unbestimmtheit,
δή τις, nescio quis. Hermotim. 1:
ἐρώτημά *δή* τι τῶν ἀγκύλων. u. ö.

τι ἀπολαύεις αὐτοῦ, πλὴν εἰ μὴ τοῦτο φῆς, ὅτι μᾶλλον ἡμῶν
ἀχθοφορεῖς ὑπὸ τηλικούτοις λίθοις πιεζόμενος.

ΜΑΤΣ. Ἀνόνητα οὖν μοι ἐκεῖνα πάντα, καὶ ἰσότιμος 3
ἔσται Μαύσωλος καὶ Διογένης;

ΔΙΟΓ. Οὐκ ἰσότιμος, ὦ γενναιότατε, οὐ γάρ· Μαύσωλος
μὲν γὰρ οἰμώξεται μεμνημένος τῶν ὑπὲρ γῆς, ἐν οἷς εὐδαι-
μονεῖν ᾤετο, Διογένης δὲ καταγελάσεται αὐτοῦ. καὶ τάφον ὁ
μὲν ἐν Ἁλικαρνασσῷ ἐρεῖ ἑαυτοῦ ὑπὸ Ἀρτεμισίας τῆς γυναι-
κὸς καὶ ἀδελφῆς κατεσκευασμένον, ὁ Διογένης δὲ τοῦ μὲν
σώματος εἰ καί τινα τάφον ἔχει οὐκ οἶδεν· οὐδὲ γὰρ ἔμελεν
αὐτῷ τούτου· λόγον δὲ τοῖς ἀρίστοις περὶ αὐτοῦ καταλέλοιπεν,
ἀνδρὸς βίον βεβιωκώς, ὑψηλότερον, ὦ Καρῶν ἀνδραποδω-
δέστατε, τοῦ σοῦ μνήματος καὶ ἐν βεβαιοτέρῳ χωρίῳ κατε-
σκευασμένον.

25.

ΝΙΡΕΩΣ ΚΑΙ ΘΕΡΣΙΤΟΥ ΚΑΙ ΜΕΝΙΠΠΟΥ.

ΝΙΡ. Ἰδοὺ δή, Μένιππος οὑτοσὶ δικάσει, πότερος εὐμορ- 1
φότερός ἐστιν. εἰπέ, ὦ Μένιππε, οὐ καλλίων σοι δοκῶ;

ΜΕΝ. Τίνες δὲ καὶ ἔστε; πρότερον, οἶμαι, χρὴ γὰρ
τοῦτο εἰδέναι.

ΝΙΡ. Νιρεὺς καὶ Θερσίτης.

ΜΕΝ. Πότερος οὖν ὁ Νιρεὺς καὶ πότερος ὁ Θερσίτης;
οὐδέπω γὰρ τοῦτο δῆλον.

ΘΕΡΣ. Ἓν μὲν ἤδη τοῦτο ἔχω, ὅτι ὅμοιός εἰμί σοι καὶ
οὐδὲν τηλικοῦτον διαφέρεις, ἡλίκον σε Ὅμηρος ἐκεῖνος ὁ
τυφλὸς ἐπῄνεσεν, ἀπάντων εὐμορφότερον προσειπών, ἀλλ' ὁ

— πλὴν εἰ μή, s. oben zu 16, 4.
3. καὶ Διογένης. Man könnte
statt dessen Διογένει erwarten.
(Sprechen wir nicht im Deutschen
in gleicher Weise?) — οὐ γάρ, s.
zu 20, 3. — εἰ καί, ob auch, ob
überhaupt. Nach Pausan. 2, 2,
4. befand sich sein Grab bei Ko-
rinthos. — οὐδὲ γὰρ ἐμ. αὐτῷ
τούτου, denn er kümmerte
sich auch nicht od. nicht ein-
mal da rum; s. zu III, 15.

1. Ueber Nireus s. oben zu 18,
1. Thersites war, wie bekannt,

der hässlichste unter den Griechen
vor Troja. — τίνες δὲ καὶ ἔστε;
wer seid ihr aber eigentlich
od. in aller Welt? Dial. deor.
22, 1: τίνα δὲ καὶ φῆς σου μητέρα;
a. s. — γάρ, s. zu 3, 2. — ὁ τυφλός.
Die bekannte Sage von der Blind-
heit des Homeros lässt Lucian
hier absichtlich den Thersites zu
seiner Vertheidigung benutzen;
vgl. Ver. hist. 2, 20. Gall. 6. Cic.
Tuscul. 5,39,114: *traditum est etiam
Homerum caecum fuisse.* — ὁ φοξὸς
ἐγὼ καὶ ψεδνός. Homer. Il, 2, 219:
φοξὸς ἔην κεφαλήν, ψεδνὴ δ' ἐπε-

φοξὸς ἐγὼ καὶ ψεδνὸς οὐδὲν χείρων ἐφάνην τῷ δικαστῇ. ὅρα
δὲ σύ, ὦ Μένιππε, ὅντινα καὶ εὐμορφότερον ἡγῇ.

NIP. Ἐμέ γε τὸν Ἀγλαΐας καὶ Χάροπος,
      ὃς κάλλιστος ἀνὴρ ὑπὸ Ἴλιον ἦλθον.

2   MEN. Ἀλλ' οὐχὶ καὶ ὑπὸ γῆν, ὡς οἶμαι, κάλλιστος
ἦλθες, ἀλλὰ τὰ μὲν ὀστᾶ ὅμοια, τὸ δὲ κρανίον ταύτῃ μόνον
ἄρα διακρίνοιτ' ἂν ἀπὸ τοῦ Θερσίτου κρανίου, ὅτι εὔθρυπτον
τὸ σόν· ἀλαπαδνὸν γὰρ αὐτὸ καὶ οὐκ ἀνδρῶδες ἔχεις.

NIP. Καὶ μὴν ἐροῦ Ὅμηρον, ὁποῖος ἦν, ὁπότε συν-
εστράτευον τοῖς Ἀχαιοῖς.

MEN. Ὀνείρατά μοι λέγεις· ἐγὼ δὲ βλέπω ἃ καὶ νῦν
ἔχεις, ἐκεῖνα δὲ οἱ τότε ἴσασιν.

NIP. Οὔκουν ἐγὼ ἐνταῦθα εὐμορφότερός εἰμι, ὦ Μέ-
νιππε;

MEN. Οὔτε σὺ οὔτε ἄλλος εὔμορφος· ἰσοτιμία γὰρ ἐν
Ἅιδου καὶ ὅμοιοι ἅπαντες.

ΘΕΡΣ. Ἐμοὶ μὲν καὶ τοῦτο ἱκανόν.

26.

ΜΕΝΙΠΠΟΥ ΚΑΙ ΧΕΙΡΩΝΟΣ.

1   MEN. Ἤκουσα, ὦ Χείρων, ὡς θεὸς ὢν ἐπιθυμήσειας
ἀποθανεῖν.

XEIP. Ἀληθῆ ταῦτα ἤκουσας, ὦ Μένιππε, καὶ τέθνηκα,
ὡς ὁρᾷς, ἀθάνατος εἶναι δυνάμενος.

MEN. Τίς δέ σε ἔρως τοῦ θανάτου ἔσχεν, ἀνεράστου
τοῖς πολλοῖς χρήματος;

XEIP. Ἐρῶ πρὸς σὲ οὐκ ἀσύνετον ὄντα. οὐκ ἦν ἔτι ἡδὺ
ἀπολαύειν τῆς ἀθανασίας.

τήνοθε λάχνη. — Χάροπος. Il. 2,
672: Νιρεὺς Ἀγλαΐης υἱὸς Χαρό-
ποιό τ' ἄνακτος. (Deswegen aber
muss es hier noch nicht Χαρόπου
heissen.)

2. ἄρα, sichtlich; Kr. Gr. §.
69, 8. — ὀνείρατα, wie das latein.
somnia. — καὶ νῦν, auch od noch
jetzt. — ἐκεῖνα, d. i. deine frühere
Gestalt. — οἱ τότε, die damals
Lebenden. — Οὔκουν κτέ., also
ich bin hier nicht u. s. w.

1. θεὸς ὤν, obschon ein Gott.
Cheiron nämlich, als Sohn des Kro-
nos und der Philyra, einer Toch-
ter des Okeanos, war göttlicher und
unsterblicher Natur. Von Herakles
mit einem vergifteten Pfeile ver-
wundet wünschte er von Schmerzen
gepeinigt zu sterben; allein seiner
unsterblichen Natur wegen konnte
er das nicht. Endlich kam Zeus sei-
nem Wunsche nach und trug seine
Unsterblichkeit auf den Prome-
theus über. Vgl. Ovid Metam. 2,

MEN. Οὐχ ἡδὺ ἦν ζῶντα ὁρᾶν τὸ φῶς;

ΧΕΙΡ. Οὔκ, ὦ Μένιππε· τὸ γὰρ ἡδὺ ἔγωγε ποικίλον τι καὶ οὐχ ἁπλοῦν ἡγοῦμαι εἶναι. ἐγὼ δ' ἔξων ἀεὶ καὶ ἀπέλαυον τῶν ὁμοίων, ἡλίου, φωτός, τροφῆς, αἱ ὧραι δὲ αἱ αὐταὶ καὶ τὰ γινόμενα ἅπαντα ἑξῆς ἕκαστον, ὥσπερ ἀκολουθοῦντα θάτερον θατέρῳ. ἐνεπλήσθην οὖν αὐτῶν· οὐ γὰρ ἐν τῷ ἀεί, ἀλλὰ καὶ ἐν τῷ μὴ μετασχεῖν ὅλως τὸ τερπνὸν ἦν.

MEN. Εὖ λέγεις, ὦ Χείρων. τὰ ἐν Ἅιδου δὲ πῶς φέρεις, ἀφ' οὗ προελόμενος αὐτὰ ἥκεις;

ΧΕΙΡ. Οὐκ ἀηδῶς, ὦ Μένιππε· ἡ γὰρ ἰσοτιμία πάνυ 2 δημοτικὴ καὶ τὸ πρᾶγμα οὐδὲν ἔχει [τὸ] διάφορον, ἐν φωτὶ εἶναι ἢ καὶ ἐν σκότῳ· ἄλλως τε οὔτε διψῆν ὥσπερ ἄνω οὔτε πεινῆν δεῖ, ἀλλ' ἀνεπιδεεῖς τούτων ἁπάντων ἐσμέν.

MEN. Ὅρα, ὦ Χείρων, μὴ περιπίπτῃς σεαυτῷ καὶ ἐς τὸ αὐτό σοι ὁ λόγος περιστῇ.

ΧΕΙΡ. Πῶς τοῦτο φῄς;

MEN. Ὅτι εἰ τῶν ἐν τῷ βίῳ τὸ ὅμοιον ἀεὶ καὶ ταὐτὸν ἐγένετό σοι προσκορές, καὶ τἀνταῦθα ὅμοια ὄντα προσκορῆ ὁμοίως ἂν γένοιτο, καὶ δεήσει μεταβολήν σε ζητεῖν τινα καὶ ἐντεῦθεν ἐς ἄλλον βίον, ὅπερ, οἶμαι, ἀδύνατον.

ΧΕΙΡ. Τί οὖν ἂν πάθοι τις, ὦ Μένιππε;

MEN. Ὅπερ, οἶμαι, φασί, συνετὸν ὄντα ἀρέσκεσθαι καὶ ἀγαπᾶν τοῖς παροῦσι καὶ μηδὲν αὐτῶν ἀφόρητον οἴεσθαι.

27.

ΔΙΟΓΕΝΟΥΣ ΚΑΙ ΑΝΤΙΣΘΕΝΟΥΣ ΚΑΙ ΚΡΑΤΗΤΟΣ.

ΔΙΟΓ. Ἀντίσθενες καὶ Κράτης, σχολὴν ἄγομεν· ὥστε 1 τί οὐκ ἄπιμεν εὐθὺ τῆς καθόδου περιπατήσαντες, ὀψόμενοι τοὺς κατιόντας, οἷοί τέ εἰσι καὶ τί ἕκαστος αὐτῶν ποιεῖ;

---

649 ff. — ζῶντα ὁρᾶν τὸ φῶς; d. i. zu leben und so das Sonnenlicht zu schauen. ζῶντα ist nicht überflüssig. — τὰ γινόμενα, d. i. die Erzeugnisse (der Jahreszeiten). — ἀκολουθοῦντα. Der Pluralis in Bezug auf das vorhergehende τὰ γινόμενα. — τὰ ἐν Ἅιδου, deine Lage im Hades. — ἀφ' οὗ, seitdem. Dial. mar. 15, 1. Oefter ἐξ οὗ.

2. τὸ πρᾶγμα, zu beziehen auf das Folg. ἐν φωτὶ κτέ. — περιπίπτῃς σεαυτῷ, dich in deinen eigenen Worten verfängst, dir selbst widersprichst. Aehnlich Herodot. 1, 108. — ἐς τὸ αὐτό σοι περιστῇ, auf denselben Punkt umschlägt od. zurückkommt, hinausläuft. Eunuch. 5: τὸ τέλος τῆς δίκης ἐς τοῦτο περιέστη. Plat. de rep. 1 p. 343 A: ὁ λόγος περιειστήκει εἰς τοὐναντίον.

1. τί οὐκ ἄπιμεν, s. zu II, 31.

ΑΝΤ. Ἀπίωμεν, ὦ Διόγενες· καὶ γὰρ ἂν ἡδὺ τὸ θέαμα
γένοιτο, τοὺς μὲν δακρύοντας αὐτῶν ὁρᾶν, τοὺς δὲ καὶ ἱκε-
τεύοντας ἀφεθῆναι, ἐνίους δὲ μόλις κατιόντας καὶ ἐπὶ τρά-
χηλον ὠθοῦντος τοῦ Ἑρμοῦ ὅμως ἀντιβαίνοντας καὶ ὑπτίους
ἀντερείδοντας οὐδὲν δέον.

ΚΡΑΤ. Ἔγωγ' οὖν καὶ διηγήσομαι ὑμῖν ἃ εἶδον, ὁπότε
κατῄειν, κατὰ τὴν ὁδόν.

ΔΙΟΓ. Διήγησαι, ὦ Κράτης· ἔοικας γάρ τινα ἑωρακέναι
παγγέλοια.

2 *ΚΡΑΤ.* Καὶ ἄλλοι μὲν πολλοὶ συγκατέβαινον ἡμῖν, ἐν
αὐτοῖς δὲ ἐπίσημοι Ἰσμηνόδωρός τε ὁ πλούσιος ὁ ἡμέτερος
καὶ Ἀρσάκης ὁ Μηδίας ὕπαρχος καὶ Ὀροίτης ὁ Ἀρμένιος. ὁ
μὲν οὖν Ἰσμηνόδωρος — ἐπεφόνευτο γὰρ ὑπὸ τῶν λῃστῶν
περὶ τὸν Κιθαιρῶνα, ἐς Ἐλευσῖνα, οἶμαι, βαδίζων — ἔστενέ
τε καὶ τὸ τραῦμα ἐν ταῖν χεροῖν εἶχε, καὶ τὰ παιδία, ἃ νεογνὰ
κατελελοίπει, ἀνεκαλεῖτο, καὶ ἑαυτῷ ἐπεμέμφετο τῆς τόλμης,
ὃς Κιθαιρῶνα ὑπερβάλλων καὶ τὰ περὶ τὰς Ἐλευθερὰς χωρία
πανέρημα ὄντα ὑπὸ τῶν πολέμων διοδεύων δύο μόνους οἰκέ-
τας ἐπηγάγετο, καὶ ταῦτα φιάλας πέντε χρυσᾶς καὶ κυμβία
3 τέτταρα μεθ' ἑαυτοῦ ἔχων. ὁ δὲ Ἀρσάκης — γηραιὸς γὰρ

ἤδη καὶ νὴ Δί' οὐκ ἄσεμνος τὴν ὄψιν — ἐς τὸ βαρβαρικὸν
ἤχθετο καὶ ἠγανάκτει πεζὸς βαδίζων καὶ ἠξίου τὸν ἵππον
αὐτῷ προσαχθῆναι· καὶ γὰρ ὁ ἵππος αὐτῷ συνετεθνήκει, μιᾷ
πληγῇ ἀμφότεροι διαπαρέντες ὑπὸ Θρακός τινος πελταστοῦ ἐν
τῇ ἐπὶ τῷ Ἀράξῃ πρὸς τὸν Καππαδόκην συμπλοκῇ. ὁ μὲν γὰρ
Ἀρσάκης ἐπήλαυνεν, ὡς διηγεῖτο, πολὺ τῶν ἄλλων προϋπ-
εξορμήσας, ὑποστὰς δὲ ὁ Θρᾷξ τῇ πέλτῃ μὲν ὑποδὺς· ἀπο-
σείεται τοῦ Ἀρσάκου τὸν κοντόν, ὑποθεὶς δὲ τὴν σάρισαν
αὐτόν τε διαπείρει καὶ τὸν ἵππον.

ΑΝΤ. Πῶς οἷόν τε, ὦ Κράτης, μιᾷ πληγῇ τοῦτο γενέ- 4
σθαι;

ΚΡΑΤ. Ῥᾷστ', ὦ Ἀντίσθενες· ὁ μὲν γὰρ ἐπήλαυνεν
εἰκοσάπηχύν τινα προβεβλημένος κοντόν, ὁ Θρᾷξ δὲ ἐπειδὴ
τῇ πέλτῃ ἀπεκρούσατο τὴν προσβολὴν καὶ παρῆλθεν αὐτὸν ἡ
ἀκωκή, ἐς τὸ γόνυ ὀκλάσας δέχεται τῇ σαρίσῃ τὴν ἐπέλασιν
καὶ τιτρώσκει τὸν ἵππον ὑπὸ τὸ στέρνον ὑπὸ θυμοῦ καὶ
σφοδρότητος διαπείραντα ἑαυτόν· διελαύνεται δὲ καὶ ὁ Ἀρ-
σάκης ἐκ τοῦ βουβῶνος διαμπὰξ ἄχρι ὑπὸ τὴν πυγήν. ὁρᾷς
οἷόν τι ἐγένετο· οὐ τοῦ ἀνδρός, ἀλλὰ τοῦ ἵππου μᾶλλον τὸ
ἔργον. ἠγανάκτει δ' ὅμως ὁμότιμος ὢν τῶν ἄλλων καὶ ἠξίου
ἱππεὺς κατιέναι. ὁ δέ γε Ὀροίτης καὶ πάνυ ἁπαλὸς ἦν τὼ 5
πόδε καὶ οὐδ' ἑστάναι χαμαί, οὐχ ὅπως βαδίζειν ἐδύνατο·
πάσχουσι δ' αὐτὸ ἀτεχνῶς Μῆδοι πάντες, ἐπὰν ἀποβῶσι τῶν

πεζ. βαδ., und οὐκ ἄσεμνος τὴν
ὄψ. von ἠξ. τὸν ἵππ. αὐτῷ προσαχθ.
Die vornehmen Perser und Meder
pflegten gewöhnlich zu Pferde zu
erscheinen. — ἐς τὸ βαρβαρικόν,
nach Barbarenart; s. zu II, 4.
— βαδίζων, s. zu II, 9. Im Folg.
ἠγανάκτει ὁμότιμος ὤν. — καὶ γάρ,
denn auch; s. zu II, 51. — τῷ
Ἀράξῃ, Fluss Armeniens, jetzt
Aras. — τὸν Καππαδόκην, viel-
leicht von dem Eumenes zu ver-
stehen, den Perdikkas zum Statt-
halter Kappadokiens und Paphla-
goniens gemacht hatte. — τῇ πέλτῃ
ὑποδύς, deckte sich mit sei-
nem Schilde.—ἀποσείεται, syn-
onym mit dem folg. ἀπεκρούσατο.
— ὑποθείς, legte ein.
4. τὴν ἐπέλασιν, den Anritt.
—ἐκ τοῦ βουβῶνος, von der Sch.
an. — τὸ ἔργον, näml. ἦν. — ἠγα-
νάκτει δ' ὅμως κτέ. Diese Worte

sind zu beziehen auf die vorher-
gehenden: καὶ γὰρ ὁ ἵππος αὐτῷ
συνετεθνήκει. Obschon sein Pferd
gefallen war, war er doch darüber
unwillig, dass u. s. w. — ὁμότιμος
τῶν ἄλλων. Ebenso ὁμότ. mit dem
Genetiv. Demon. 46: ὁμότιμον
σαυτοῦ τὸν δοῦλον ἀποφαίνων. Kr.
Gr. §. 48, 13, 12.

5. δέ γε, dagegen. — Ὀροίτης.
Von diesem wissen wir ebenso
wenig etwas. Oft kommt als Sa-
trap Ὀρόντης bei den Geschicht-
schreibern vor. — οὐχ ὅπως, ge-
schweige, s. zu III, 8. Kr. Gr. §.
67,14,3.—ἀτεχνῶς, s.zu II,1.—Μῆ-
δοι πάντες. Darunter als Kollektiv-
namen sind auch die Armenier und
alle zum persischen Reiche gehö-
rende Völker zu verstehen. —
ἐπάν. Unattisch für ἐπήν, aber
bei Luc. mehrmals; vgl. Kr. Gr.

ἵππων· ὥσπερ ἐπὶ τῶν ἀκανθῶν βαίνοντες ἀκροποδητὶ μόλις
βαδίζουσιν. ὥστε ἐπεὶ καταβαλὼν ἑαυτὸν ἔκειτο καὶ οὐδεμιᾷ
μηχανῇ ἀνίστασθαι ἤθελεν, ὁ βέλτιστος Ἑρμῆς ἀράμενος αὐ-
τὸν ἐκόμισεν ἄχρι πρὸς τὸ πορθμεῖον· ἐγὼ δὲ ἐγέλων.

6　　ΑΝΤ. Ἐγὼ δὲ ὁπότε κατῄειν, οὐδ' ἀνέμιξα ἐμαυτὸν τοῖς
ἄλλοις, ἀλλ' ἀφεὶς οἰμώζοντας αὐτούς, προδραμὼν ἐπὶ τὸ
πορθμεῖον προκατέλαβον χώραν, ὡς ἂν ἐπιτηδείως πλεύσαιμι.
καὶ παρὰ τὸν πλοῦν οἱ μὲν ἐδάκρυόν τε καὶ ἐναυτίων, ἐγὼ
δὲ μάλα ἐτερπόμην ἐπ' αὐτοῖς.

7　　ΔΙΟΓ. Σὺ μέν, ὦ Κράτης καὶ Ἀντίσθενες, τοιούτων ἐτύ-
χετε τῶν συνοδοιπόρων, ἐμοὶ δὲ Βλεψίας τε ὁ δανειστικὸς ὁ ἐκ
Πίσης καὶ Λάμπις ὁ Ἀκαρνὰν ξεναγὸς ὢν καὶ Δᾶμις ὁ πλού-
σιος ὁ ἐκ Κορίνθου συγκατῇεσαν, ὁ μὲν Δᾶμις ὑπὸ τοῦ παιδὸς
ἐκ φαρμάκων ἀποθανών, ὁ δὲ Λάμπις δι' ἔρωτα Μυρτίου τῆς
ἑταίρας ἀποσφάξας ἑαυτόν, ὁ δὲ Βλεψίας λιμῷ ὁ ἄθλιος ἐλέ-
γετο ἀπεσκληκέναι, καὶ ἐδήλου δέ γε, ὠχρὸς ἐς ὑπερβολὴν
καὶ λεπτὸς ἐς τὸ ἀκριβέστατον φαινόμενος. ἐγὼ δέ, καίπερ
εἰδώς, ἀνέκρινον, ὃν τρόπον ἀποθάνοιεν. εἶτα τῷ μὲν Δάμιδι
αἰτιωμένῳ τὸν υἱόν, Οὐκ ἄδικα μέντοι ἔπαθες, ἔφην, ὑπ'
αὐτοῦ, εἰ τάλαντα ἔχων ὁμοῦ χίλια καὶ τρυφῶν αὐτὸς ἐνενη-
κοντούτης ὢν ὀκτωκαιδεκαέτει νεανίσκῳ τέτταρας ὀβολοὺς
παρεῖχες. σὺ δέ, ὦ Ἀκαρνάν, — ἔστενε γὰρ κἀκεῖνος καὶ
κατηρᾶτο τῇ Μυρτίῳ — τί αἰτιᾷ τὸν Ἔρωτα, σεαυτὸν δέον,
ὃς τοὺς μὲν πολεμίους οὐδεπώποτε ἔτρεσας, ἀλλὰ φιλοκινδύ-
νως ἠγωνίζου πρὸ τῶν ἄλλων, ὑπὸ δὲ τοῦ τυχόντος παιδισκα-
ρίου καὶ δακρύων ἐπιπλάστων καὶ στεναγμῶν ἑάλως ὁ γεν-

§. 69, 26. — ἐπὶ τῶν ἀκανθῶν.
Deiktischer Gebrauch des Arti-
kels; Kr. Gr. §. 50, 2, 1. — ἀκρο-
ποδητί. Spätes. nur bei Lucian
vorkommendes Wort für das at-
tische ἄκροις τοῖς ποσί.
　6. ὡς ἄν .. πλεύσαιμι, s. oben zu
4, 2. — παρά, während d. Gespr.
29, 1. — ἐτερπόμην ἐπ' αὐτοῖς. Ge-
wöhnlich wird dieses Verbum nur
mit dem Dativ. verbunden.
　7. Σύ. Beachte den Singular.,
obschon zwei Personen angeredet
werden und auch der Plural. folgt;
Diogenes hatte erst nur den Kra-
tes im Sinne. — τοιούτων τῶν συν-
οδ., Kr. Gr. §. 50, 11, 1. 57, 3,
5. Ebenso im Folg. πολλὴν τὴν

ἄνοιαν. — ὑπὸ τοῦ παιδός, s. zu II,
32. — ἐκ φαρμάκων, veneno. — ὁ
ἄθλιος, der Unglückliche,
der arme Teufel; s. zu IV, 17.
Ebenso im Folg. ὁ γενναῖος und
ὁ μάταιος. — καὶ ἐδήλου δέ γε, er
zeigte es aber auch recht
deutlich. — ὁμοῦ, ungefähr,
fast. So oft bei Plutarch. — ὀκτω-
καιδεκαέτει. Kr. Gr. §. 25, 3, 2.
Dieselbe Form Toxar. 24. — σεαυ-
τὸν δέον, näml. αἰτιᾶσθαι. — τοῦ
τυχόντος, dem ersten besten.
Im Folg. οὐ τὴν τυχοῦσαν τερπω-
λήν, d. i. kein gewöhnliches
Vergnügen. Piscat. 17: οὐ γὰρ
τοῖς τυχοῦσι θηρίοις προσπολεμῆ-
σαι δεήσει σε, ἀλλὰ κτέ. u. ö. Kr.

ναῖος. ὁ μὲν γὰρ Βλεψίας αὐτὸς ἑαυτοῦ κατηγόρει φθάσας
πολλὴν τὴν ἄνοιαν, ὡς τὰ χρήματα ἐφύλαττε τοῖς οὐδὲν προσ-
ήκουσι κληρονόμοις, ἐς ἀεὶ βιώσεσθαι ὁ μάταιος νομίζων.
πλὴν ἔμοιγε οὐ τὴν τυχοῦσαν τερπωλὴν παρέσχοντο στένον-
τες. ἀλλ᾽ ἤδη μὲν ἐπὶ τῷ στομίῳ ἐσμέν, ἀποβλέπειν δὲ χρὴ 8
καὶ ἀποσκοπεῖν πόρρωθεν τοὺς ἀφικνουμένους. βαβαῖ, πολ-
λοί γε καὶ ποικίλοι καὶ πάντες δακρύοντες πλὴν τῶν νεογνῶν
τούτων καὶ νηπίων. ἀλλὰ καὶ οἱ πάνυ γέροντες ὀδύρονται.
τί τοῦτο; ἆρα τὸ φίλτρον αὐτοὺς ἔχει τοῦ βίου; τοῦτον οὖν 9
τὸν ὑπέργηρων ἐρέσθαι βούλομαι. τί δακρύεις τηλικοῦτος
ἀποθανών; τί ἀγανακτεῖς, ὦ βέλτιστε, καὶ ταῦτα γέρων
ἀφιγμένος; ἦ που βασιλεὺς ἦσθα;

    ΠΤΩΧΟΣ. Οὐδαμῶς.

    ΔΙΟΓ. Ἀλλὰ σατράπης τις;

    ΠΤΩ. Οὐδὲ τοῦτο.

    ΔΙΟΓ. Ἆρα οὖν ἐπλούτεις, εἶτα ἀνιᾷ σε τὸ πολλὴν τρυ-
φὴν ἀπολιπόντα τεθνάναι;

    ΠΤΩ. Οὐδὲν τοιοῦτον, ἀλλ᾽ ἔτη μὲν ἐγεγόνειν ἀμφὶ τὰ
ἐνενήκοντα, βίον δὲ ἄπορον ἀπὸ καλάμου καὶ ὁρμιᾶς εἶχον,
ἐς ὑπερβολὴν πτωχὸς ὢν ἄτεκνός τε καὶ προσέτι χωλὸς καὶ
ἀμυδρὸν βλέπων.

Gr. §. 50, 4, 2. — ὁ μὲν γὰρ Βλε-
ψίας. Was ist zur Erklärung von
γάρ zu ergänzen? — αὐτὸς ἑαυτοῦ.
αὐτός vor dem Reflexiv. schliesst
nachdrucksvoller andere Subjecte
von der Handlung aus. Kr. Gr. §.
51, 2, 12. Toxar. 41. Tyrannic.
18 u. ö. — φθάσας. Dial. meretr.
12, 2 : εἶθε μὴ αὐτὸς ἀποσταίη φθά-
σας. Xenoph. Cyrop. 1, 5, 3 : εἰ
μή τις αὐτοὺς φθάσας ἀσθενώσοι.
Ueber die Construct. v. κατηγο-
ρεῖν s. Kr. Gr. 47, 24, 1. — παρέ-
σχοντο. Icaromenipp. 16 : ἔοικε γὰρ
οὐ τὴν τυχοῦσαν τερπωλήν σοι παρ-
εσχῆσθαι. u. ö. Kr. Gr. §. 52,
8, 2. Jedoch auch im Activ., Gall.
6 : τοιοῦτον γάργαλον παρεῖχέ μοι
τὰ ὁρώμενα. γέλωτα παρέχειν ö.
   8. ἤδη μέν .. ἀποβλέπειν δὲ κτέ.
Aehnlich Lexiphan. 21 : ἀλλ᾽ ἤδη
μὲν καθαρὸς οὑτοσί .. σὺ δὲ τὸ μετὰ
τοῦτο κτέ. — ἀλλὰ καί. Wir: ja
auch. — οἱ πάνυ γέροντες. Ebenso
Halc. 3 : ὁ πάνυ γέρων. — τὸ φίλ-
τρον .. τοῦ βίου, der Zauber

des Lebens, d. i. der Zauber,
der mit dem Leben verbunden ist.
— αὐτούς, näml. τοὺς πάνυ γέ-
ροντας.
   9. οὐδὲ τοῦτο, ne hoc quidem,
auch das nicht. Dial. deor. 9,
1. Parasit. 1. Cynic. 6. — ἀμφὶ
τὰ ἐνενήκοντα. Der Artikel steht
bei Cardinalzahlen, wo sie sum-
marisch stehen, und wenn etwas
mehr oder weniger nicht in Be-
tracht kommt, besonders nach
ἀμφί, περί, εἰς, ὑπέρ. Kr. Gr. §.
50, 2, 9. Philopseud. 11 : ἦν μὲν
ἐγὼ μειράκιον ἔτι ἀμφὶ τὰ τέτταρα
καὶ δέκα ἔτη σχεδόν. u. ö. — ἀπὸ
καλάμου καὶ ὁρμιᾶς. Ein armse-
liges Leben bezeichnen die Alten
häufig mit dem Ausdruck Fischer-
leben. Ovid. Metamorph. 3, 586
f.: pauper et ipse fuit, linoque so-
lebat et hamis decipere et calamo
salientes ducere pisces. Vgl.Theocr.
id. 21. — ἀμυδρὸν βλέπων, stumpf
von Gesicht. Kr. Gr. §. 40, 5,
6. Dieselbe Redensart bei Aelian.

ΔΙΟΓ. Εἶτα τοιοῦτος ὢν ζῆν ἤθελες;

ΠΤΩ. Ναί· ἡδὺ γὰρ ἦν τὸ φῶς καὶ τὸ τεθνάναι δεινὸν καὶ φευκτέον.

ΔΙΟΓ. Παραπαίεις, ὦ γέρον, καὶ μειρακιεύῃ πρὸς τὸ χρεών, καὶ ταῦτα ἡλικιώτης ὢν τοῦ πορθμέως. τί οὖν ἄν τις ἔτι λέγοι περὶ τῶν νέων, ὁπότε οἱ τηλικοῦτοι φιλόζωοί εἰσιν, οὓς ἐχρῆν διώκειν τὸν θάνατον ὡς τῶν ἐν τῷ γήρᾳ κακῶν φάρμακον; ἀλλ' ἀπίωμεν ἤδη, μὴ καί τις ἡμᾶς ὑπίδηται ὡς ἀπόδρασιν βουλεύοντας, ὁρῶν περὶ τὸ στόμιον εἰλουμένους.

---

28 (29).

ΑΙΑΝΤΟΣ ΚΑΙ ΑΓΑΜΕΜΝΟΝΟΣ.

1   ΑΓΑΜ. Εἰ σὺ μανείς, ὦ Αἶαν, σαυτὸν ἐφόνευσας, ἐμέλλησας δὲ καὶ ἡμᾶς ἅπαντας, τί αἰτιᾷ τὸν Ὀδυσσέα καὶ πρῴην οὔτε προσέβλεψας αὐτόν, ὁπότε ἧκε μαντευσόμενος, οὔτε προσειπεῖν ἠξίωσας ἄνδρα συστρατιώτην καὶ ἑταῖρον, ἀλλ' ὑπεροπτικῶς μεγάλα βαίνων παρῆλθες;

ΑΙΑΣ. Εἰκότως, ὦ Ἀγάμεμνον· αὐτὸς γάρ μοι τῆς μανίας αἴτιος κατέστη, μόνος ἀντεξετασθεὶς ἐπὶ τοῖς ὅπλοις.

ΑΓΑΜ. Ἠξίωσας δὲ ἀνανταγώνιστος εἶναι καὶ ἀκονιτὶ κρατεῖν ἁπάντων;

ΑΙΑΣ. Ναί, τά γε τοιαῦτα· οἰκεία γάρ μοι ἦν ἡ πανοπλία τοῦ ἀνεψιοῦ γε οὖσα. καὶ ὑμεῖς οἱ ἄλλοι πολὺ ἀμεί-

---

var. hist. 6,12. — μειρακιεύῃ πρὸς τὸ χρεών, benimmst dich wie ein junger Bursche gegen das Verhängniss. — μὴ καί, damit nicht noch, s. zu 20, 6. — ὡς, als ob. — ἀπόδρασιν βουλεύοντας. Char. 21: δῆλοί εἰσι δρασμὸν ἤδη βουλεύοντες. Prometh. 13: μὴ καὶ οὗτοι ἀπόστασιν βουλεύσωσι.
Dieses Gespräch bezieht sich auf den bekannten Streit des Aeas, des Telamoniers, mit dem Odysseus um die Waffen des Achilleus. Ersterer verfiel, als dem Odysseus die Waffen zugesprochen wurden, in Raserei und tödtete sich selbst. Homer. Odyss. 11, 542 ff. Ovid. Metam. 13, 1 ff.

1. ἐμέλλησας, näml. φονεῦσαι. Kr. Gr. §. 55, 4, 11. — ἧκε, in die Unterwelt. — ἄνδρα συστρατιώτην, Kr. Gr. §. 57, 1, 1. Timon. 34: ἀνὴρ ἐργάτης u. s. — μεγάλα βαίνων, mit grossen Schritten. Vgl. das homerische μακρὰ βιβάς. De saltat. 76: ὀρχηστοῦ πηδᾶν μεγάλα πειρωμένου. Dial. deor. 2, 2: εὐρύθμα βαῖνε. Kr. Gr. §. 46, 5, 4. — αὐτός, er selbst od. allein, is ipse. — τά γε τοιαῦτα, in Rücksicht auf Umstände solcher Art (wie sie nun folgen). — τοῦ ἀνεψιοῦ γε οὖσα, da sie ja meinem Vetter gehörte. Des Aeas Vater Telamon und des Achilleus Vater Peleus waren Brüder, Söhne des Aeakos. —

νους ὄντες ἀπείπασθε τὸν ἀγῶνα καὶ παρεχωρήσατέ μοι, ὁ
δὲ Λαέρτου, ὃν ἐγὼ πολλάκις ἔσωσα κινδυνεύοντα κατακε-
κόφθαι ὑπὸ τῶν Φρυγῶν, ἀμείνων ἠξίου εἶναι καὶ ἐπιτηδειό-
τερος ἔχειν τὰ ὅπλα.

ΑΓΑΜ. Αἰτιῶ τοιγαροῦν, ὦ γενναῖε, τὴν Θέτιν, ἣ δέον 2
σοὶ τὴν κληρονομίαν παραδοῦναι τῶν ὅπλων συγγενεῖ γε
ὄντι, φέρουσα ἐς τὸ κοινὸν κατέθετο αὐτά.

ΑΙΑΣ. Οὔκ, ἀλλὰ τὸν Ὀδυσσέα, ὃς ἀντεποιήθη μόνος.

ΑΓΑΜ. Συγγνώμη, ὦ Αἶαν, εἰ ἄνθρωπος ὢν ὠρέχθη
δόξης, ἡδίστου πράγματος, ὑπὲρ οὗ καὶ ἡμῶν ἕκαστος κινδύ-
νους ὑπέμενεν, ἐπεὶ καὶ ἐκράτησέ σου καὶ ταῦτα ἐπὶ Τρωσὶ
δικασταῖς.

ΑΙΑΣ. Οἶδα ἐγώ, ἥτις μου κατεδίκασεν· ἀλλ' οὐ θέμις
λέγειν τι περὶ τῶν θεῶν. τὸν δ' οὖν Ὀδυσσέα μὴ οὐχὶ μι-
σεῖν οὐκ ἂν δυναίμην, ὦ Ἀγάμεμνον, οὐδ' εἰ αὐτή μοι ἡ
Ἀθηνᾶ τοῦτ' ἐπιτάττοι.

29 (30).

ΜΙΝΩΣ ΚΑΙ ΣΩΣΤΡΑΤΟΥ.

ΜΙΝ. Ὁ μὲν λῃστὴς οὑτοσὶ Σώστρατός ἐς τὸν Πυριφλε- 1
γέθοντα ἐμβεβλήσθω, ὁ δὲ ἱερόσυλος ὑπὸ τῆς Χιμαίρας
διασπασθήτω, ὁ δὲ τύραννος, ὦ Ἑρμῆ, παρὰ τὸν Τιτυὸν

ἀπείπασθε, entsagtet, ver-
zichtetet auf. Das Medium in
dieser und ähnlicher Bedeutung
kommt ausser bei Herodot. nur
noch bei Späteren vor. — τῶν
Φρυγῶν, d. i. den Troern.
2. δέον, s. zu III, 6. — φέρουσα
κτἑ. Prometh. 14: νυνὶ δ' εἰς τὸ κοι-
νὸν φέρων κατέθηκα ὑμῖν αὐτούς.
Thetis, des Achilleus Mutter,
setzte nach desselben Tode seine
Waffen dem vorzüglichsten Hel-
den zum Preis aus. — αὐτά, näml.
τὰ ὅπλα. — τὸν Ὀδυσσέα, näml.
αἰτιῶμαι. — ἐπεὶ καὶ, zumal da,
hängt zusammen mit συγγνώμη,
εἰ .. ὠρέχθη. — ἐπὶ Τρωσὶ δι-
κασταῖς, vor den Troern als
Richtern. Demosth. 19, 1: ἀλλὰ
μὴν καὶ ἐπὶ τοῖς δικασταῖς ἔλεγες.
Heliodor. 4, 19: ἐπὶ μάρτυσι τοῖς
θεοῖς. 6, 15: ἐπὶ μάρτυσι τοιούτοις.
u. so öfter bei Späteren. Gewöhn-

lich ist in dieser Verbindung der
Genetiv. Was die Sache selbst
anlangt, so hatte Agamemnon, um
sich dabei aus der Schlinge zu zie-
hen, die Entscheidung den gefan-
genen Troern überlassen, und
diese sprachen zu Gunsten des
Odysseus. Desgleichen stimmte
Athene für ihn, und auf sie bezie-
hen sich die Worte: ἥτις μου κατ-
εδίκασεν. — μὴ οὐχί. Kr. Gr. §.
67, 12, 6. Dial. deor. 5, 5.
1. ἐμβεβλήσθω. Beachte die ver-
schiedenen Tempora. — Χιμαίρας.
Ein missgestaltetes Ungeheuer
göttlichen Ursprungs, oben Löwe,
in der Mitte Ziege und unten
Drache (Il. 6, 180 f.), welches Bel-
lerophon erlegte. Die spätere
Sage versetzte es mit andern Un-
geheuern in die Unterwelt. — Τι-
τυόν. Dieser, ein Sohn der Gäa
und gewaltiger Riese auf Euböa,

5*

ἀποταθεὶς ὑπὸ τῶν γυπῶν καὶ αὐτὸς κειρέσθω τὸ ἧπαρ, ὑμεῖς δὲ οἱ ἀγαθοὶ ἄπιτε κατὰ τάχος ἐς τὸ Ἠλύσιον πεδίον καὶ τὰς μακάρων νήσους κατοικεῖτε, ἀνθ' ὧν δίκαια ἐποιεῖτε παρὰ τὸν βίον.

ΣΩΣΤ. Ἄκουσον, ὦ Μίνως, εἴ σοι δίκαια δόξω λέγειν.

ΜΙΝ. Νῦν ἀκούσω αὖθις; οὐ γὰρ ἐξελήλεγξαι, ὦ Σώστρατε, πονηρὸς ὢν καὶ τοσούτους ἀπεκτονώς;

ΣΩΣΤ. Ἐλήλεγμαι μέν, ἀλλ' ὅρα, εἰ καὶ δικαίως κολασθήσομαι.

ΜΙΝ. Καὶ πάνυ, εἴ γε ἀποτίνειν τὴν ἀξίαν δίκαιον.

ΣΩΣΤ. Ὅμως ἀπόκριναί μοι, ὦ Μίνως· βραχὺ γάρ τι ἐρήσομαί σε.

ΜΙΝ. Λέγε, μὴ μακρὰ μόνον, ὡς καὶ τοὺς ἄλλους δια κρίνωμεν ἤδη.

2 ΣΩΣΤ. Ὁπόσα ἔπραττον ἐν τῷ βίῳ, πότερα ἑκὼν ἔπραττον ἢ ἐπεκέκλωστό μοι ὑπὸ τῆς Μοίρας;

ΜΙΝ. Ὑπὸ τῆς Μοίρας δηλαδή.

ΣΩΣΤ. Οὐκοῦν καὶ οἱ χρηστοὶ ἅπαντες καὶ οἱ πονηροὶ δοκοῦντες ἡμεῖς ἐκείνῃ ὑπηρετοῦντες ταῦτα ἐδρῶμεν;

ΜΙΝ. Ναί, τῇ Κλωθοῖ, ἢ ἑκάστῳ ἐπέταξε γεννηθέντι τὰ πρακτέα.

ΣΩΣΤ. Εἰ τοίνυν ἀναγκασθείς τις ὑπ' ἄλλου φονεύσειέ τινα, οὐ δυνάμενος ἀντιλέγειν ἐκείνῳ βιαζομένῳ, οἷον δήμιος ἢ δορυφόρος, ὁ μὲν δικαστῇ πεισθείς, ὁ δὲ τυράννῳ, τίνα αἰτιάσῃ τοῦ φόνου;

wurde wegen seines Frevels gegen die Leto entweder von Zeus mit dem Blitzstrahl oder von Apollon und der Artemis mit Pfeilen getödtet. In der Unterwelt ward er dann in der Weise gestraft, dass ihm, während er über neun Hufen am Boden ausgestreckt da lag, zwei Geier die Leber, welche immer nachwuchs, aushackten (Odyss. 11, 576 ff.). — καὶ αὐτός, wie Tityos. — κατὰ τάχος, s. zu II, 10. — τὸ Ἠλύσιον πεδίον. Das elysische Gefilde, wo immerwährender Frühling herrscht, ist bei Homer. Odyss. 4, 563 ff. der Sitz vorzüglich von Helden und Götterlieblingen. Die Inseln der Seligen, insulae beato-rum, beschreiben Hesiod. op. 164 ff., Pindar. Ol. 2, 123 ff. u. A. Eine komisch-satyrischeBeschreibung davon gibtLucian.Ver. hist. 2, 5 f. — ἀνθ' ὧν s. oben zu 22, 1. — ἀκούσω, soll ich hören, s. zu 13, 3. — ἐξελήλεγξαι .. ὢν .. ἀπεκτονώς. Nigr. 28: ἵνα μὴ τὰ παρὰ δύναμιν ἐπιτάττων ἐλέγχηται. Bis acc. 13: ἐξελέγξω σε δεινὰ εἰργασμένον. Pro merc. cond. 6. Pisc. 11 u. s. Kr. Gr. §. 56, 7, 2. — καὶ πάνυ, gar sehr, näml. δικαίως κολασθήσῃ. So oft in Antworten. — λέγε κτἑ. Ebenso Tim. 37: λέγε, μὴ μακρὰ μέντοι. — διακρίνωμεν, richten über.

2. ἐκείνῳ βιαζομένῳ zu beziehen

MIN. Δῆλον ὡς τὸν δικαστὴν ἢ τὸν τύραννον, ἐπεὶ οὐδὲ τὸ ξίφος αὐτό· ὑπηρετεῖ γὰρ ὄργανον ὂν τοῦτο πρὸς τὸν θυμὸν τῷ πρώτῳ παρασχόντι τὴν αἰτίαν.

ΣΩΣΤ. Εὖ γε, ὦ Μίνως, ὅτι καὶ ἐπιδαψιλεύῃ τῷ παραδείγματι. ἢν δέ τις ἀποστείλαντος τοῦ δεσπότου ἥκῃ αὐτὸς χρυσὸν ἢ ἄργυρον κομίζων, τίνι τὴν χάριν ἰστέον ἢ τίνα εὐεργέτην ἀναγραπτέον;

MIN. Τὸν πέμψαντα, ὦ Σώστρατε· διάκονος γὰρ ὁ κομίσας ἦν.

ΣΩΣΤ. Οὐκοῦν ὁρᾷς, ὅπως ἄδικα ποιεῖς κολάζων ἡμᾶς 3 ὑπηρέτας γενομένους ὧν ἡ Κλωθὼ προσέταττε, καὶ τούτους τιμῶν τοὺς διακονησαμένους ἀλλοτρίοις ἀγαθοῖς; οὐ γὰρ δὴ ἐκεῖνό γε εἰπεῖν ἔχοι τις ἄν, ὡς τὸ ἀντιλέγειν δυνατὸν ἦν τοῖς μετὰ πάσης ἀνάγκης προστεταγμένοις.

MIN. Ὦ Σώστρατε, πολλὰ ἴδοις ἂν καὶ ἄλλα οὐ κατὰ λόγον γιγνόμενα, εἰ ἀκριβῶς ἐξετάζοις. πλὴν ἀλλὰ σὺ τοῦτο ἀπολαύσεις τῆς ἐρωτήσεως, διότι οὐ λῃστὴς μόνον, ἀλλὰ καὶ σοφιστής τις εἶναι δοκεῖς. ἀπόλυσον αὐτόν, ὦ Ἑρμῆ, καὶ μηκέτι κολαζέσθω. ὅρα δὲ μὴ καὶ τοὺς ἄλλους νεκροὺς τὰ ὅμοια ἐρωτᾶν διδάξῃς.

auf *ὑπ᾿ ἄλλου.* — *τῷ πρώτῳ παρασχόντι τὴν αἰτίαν,* dem der zuerst die Veranlassung (dazu) gab. Ueber *πρώτῳ* Kr. Gr. §. 57, 5, 3. 50, 12, 1. — *εὖ γε, ὅτι,* s. oben z. 20, 6. — *ἐπιδαψιλεύῃ τῷ παραδείγματι,* zu meinem Beispiel eine Zugabe machst. — *αὐτός,* er selbst, im Gegensatz zum Herrn. — *εὐεργ. ἀναγραπτέον,* s. zu IV, 24.

3. *ἄδικα ποιεῖς κολάζων,* Kr. §. 56, 8, 1. — *ὧν = τούτων ἅ.* — *τοὺς διακονησ. ἀλλ. ἀγαθοῖς,* die (ihnen) fremdem Guten dienten, d. i. die das Gute, was sie thaten, nicht

aus freiem Antriebe, sondern von der Klotho gezwungen, thaten, mit Bezug auf die vorhergehenden Worte: *οὐκοῦν καὶ οἱ χρηστοὶ κτέ.* Das Medium *διακονεῖσθαι* ist bei Lucian. sehr oft anzutreffen. — *οὐ γὰρ δὴ ἐκεῖνό γε,* denn das wenigstens dürfte sicherlich nicht. De merc. cond. 10: *οὐ γὰρ δὴ ἐκεῖνό γε εἰπεῖν ἐστιν.* Hermotim. 6: *οὐ γὰρ δὴ σέ γε εἰκός.* Tyrannic. 15: *οὐ γὰρ δὴ αὐτός γε ὁ τύραννος κτέ.* u. s. — *κατὰ λόγον,* ex rationc. — *ἀπολαύσεις.* Diese Futurform findet sich erst bei Späteren. Vgl. Hermotim. 78. — *διότι = ὅτι,* wie oft bei Lucian.

VI.

GÖTTERGESPRÄCHE.

———

Zur Abfassung derselben wie so vieler anderer Schriften wurde Lucian vornehmlich durch den zu seiner Zeit künstlich wieder erneuerten Glauben an die Macht und Herrlichkeit der alten, in den Augen der Gebildeten aber schon so ziemlich entthronten Götter veranlasst. Man war ja, wie bekannt, von vielen Seiten her bemüht, dem in den letzten Zügen liegenden Heidenthum mit allen nur möglichen Mitteln aufs Neue Geltung zu verschaffen und gewissermassen eine Art Orthodoxie in den bereits beinahe abgestorbenen Formen desselben einzuführen, zumal da es sich für die selbstsüchtigen Zwecke, welche man zum Theil verfolgte, recht gut brauchen zu lassen schien und die grosse Masse, die in Niedrigkeit und Gemeinheit jeder Art versunken war, diesem Bemühen auch mit Bereitwilligkeit aus eigenem Interesse fast durchweg entgegenkam. Um dem nun nach Kräften entgegenzuwirken, lässt Lucian in diesen Gesprächen die Götter in eigner Person auftreten und zeigt sie in einer Gestalt, die wahrlich eben nicht geeignet ist, ihnen zu ihrer ehemaligen Grösse und Würde wieder zu verhelfen, im Gegentheil zu ihrer Entgötterung so recht beitragen musste. Die hellenische Göttergeschichte bei Homeros und Anderen bot ihm dazu den Vorrath in unendlicher Masse und er benutzt denselben auf eine höchst geschickte, obschon mitunter etwas derbe, ja auch frivole Weise dazu, diese vormals so erhabenen und glanzvollen Göttergestalten in ihrer Schwäche und Ohnmacht, und wie Wieland sagt, in ihrem Hauswesen und Negligé darzustellen und so auf jede Weise dem Gelächter seiner Leser preiszugeben. Das in den alten Mythen Erhabene, wozu die Menschen ehedem mit der tiefsten Ehrfurcht und Verehrung aufblickten, versteht er zu seinem Zwecke so zu benutzen, dass seine Zeitgenossen, bei denen zum grossen Theil, wenigstens den Gebildeteren, von wirklicher Verehrung ohnehin schon nicht mehr die Rede sein konnte, darin weiter nichts als Lächerlichkeiten erblicken mussten. Die Götter sind bei ihm das geworden, wozu sie bei Homeros gewissermassen schon die Anlage hatten. Deswegen jedoch diese Gespräche ganz

aus dem Kreise der für Schüler bestimmten Schriften des Alter-
thums auszuschliessen, dürfte kein zwingender Grund in Wirklich-
keit vorhanden sein; denn so viel Einsicht und Urtheil darf man
doch wol selbst dem jugendlichen Alter zutrauen, dass es weiss,
mit welchen Augen es einen Homeros und andere Schriftsteller
des grossen Hellenenthums anzusehen, und wie es einen Lucian und
seine Zeit aufzufassen habe, zumal wenn der Lehrer, von dem
es in diese Lektüre eingeführt wird, es an der dazu erforderlichen
Belehrung nicht fehlen lässt.

Ausgeschlossen sind, wie selbstverständlich, diejenigen Ge-
spräche worden, die ihres Inhalts wegen als minder geeignet zur
Lektüre für junge Leute erschienen.

VI.

ΘΕΩΝ ΔΙΑΛΟΓΟΙ.

1.

ΠΡΟΜΗΘΕΩΣ ΚΑΙ ΔΙΟΣ.

ΠΡΟΜ. Λῦσόν με, ὦ Ζεῦ· δεινὰ γὰρ ἤδη πέπονθα.

ΖΕΥΣ. Λύσω σε, φῄς, ὃν ἐχρῆν βαρυτέρας πέδας ἔχοντα καὶ τὸν Καύκασον ὅλον ὑπὲρ κεφαλῆς ἐπικείμενον ὑπὸ ἑκαίδεκα γυπῶν μὴ μόνον κείρεσθαι τὸ ἧπαρ, ἀλλὰ καὶ τοὺς ὀφθαλμοὺς ἐξορύττεσθαι, ἀνθ᾽ ὧν τοιαῦθ᾽ ἡμῖν ζῷα τοὺς ἀνθρώπους ἔπλασας καὶ τὸ πῦρ ἔκλεψας καὶ γυναῖκας ἐδημιούργησας· ἃ μὲν γὰρ ἐμὲ ἐξηπάτησας ἐν τῇ νομῇ τῶν κρεῶν ὀστᾶ πιμελῇ κεκαλυμμένα παραθεὶς καὶ τὴν ἀμείνω τῶν μοιρῶν σεαυτῷ φυλάττων, τί χρὴ λέγειν;

ΠΡΟΜ. Οὔκουν ἱκανὴν ἤδη τὴν δίκην ἐκτέτικα τοσοῦτον χρόνον τῷ Καυκάσῳ προσηλωμένος, τὸν κάκιστα ὀρνέων ἀπολούμενον αἰετὸν τρέφων τῷ ἧπατι;

ΖΕΥΣ. Οὐδὲ πολλοστημόριον τοῦτο ὧν σε δεῖ παθεῖν.

ΠΡΟΜ. Καὶ μὴν οὐκ ἀμισθί με λύσεις, ἀλλά σοι μηνύσω τι, ὦ Ζεῦ, πάνυ ἀναγκαῖον.

2   *ΖΕΥΣ.* Κατασοφίζῃ με, ὦ Προμηθεῦ.

ΠΡΟΜ. Καὶ τί πλέον ἕξω; οὐ γὰρ ἀγνοήσεις αὖθις, ἔνθα

' Zeus hatte den Prometheus nach der bekannten Sage von Hephästos am Kaukasos anschmieden lassen. Vgl. die Einleitung zu III.

1. λύσω, s. oben zu Dial. mort. 13, 3. — τὸν Καύκασον ὅλον abhängig von ἐπικείμενον, was in demselben Verhältnisse wie ἔχοντα steht. ἐπικεῖσθαι oft so bei Lucian mit dem Accusat. „etwas auf sich liegen haben". — ἀνθ᾽ ὧν, s. zu oben zu D. mort. 22, 1. — τοὺς ἀνθρ. ... γυναῖκας. Vgl. III, 3. — τὸ πῦρ, näml. von der Sonne, ἐν κοίλῳ νάρθηκι. — τὸν κάκιστα ὀρν. ἀπολούμενον, den verwünschtesten Vogel. Unten 10 (14), 2: ὁ δὲ κάκιστα ἀνέμων ἀπολούμενος ὁ Ζέφυρος. Dial. meretr. 10, 1: ὁ κάκιστα φιλοσόφων ἀπολούμενος Ἀρισταίνετος. Sonst häufig bei den Komikern vorkommender Ausdruck. Kr. Gr. §. 53, 7, 9. — ὧν = τούτων od. ἐκείνων ἅ.

2. τί πλέον ἕξω, was werde ich für einen Vortheil ha-

ὁ Καύκασός ἐστιν, οὐδὲ ἀπορήσεις δεσμῶν, ἤν τι τεχνάζων ἀλίσκωμαι.

ΖΕΤΣ. Εἰπὲ πρότερον, ὅντινα μισθὸν ἀποτίσεις ἀναγκαῖον ἡμῖν ὄντα.

ΠΡΟΜ. Ἢν εἴπω ἐφ' ὅ τι βαδίζεις νῦν, ἀξιόπιστος ἔσομαί σοι καὶ περὶ τῶν ὑπολοίπων μαντευόμενος;

ΖΕΤΣ. Πῶς γὰρ οὔ;

ΠΡΟΜ. Παρὰ τὴν Θέτιν, συνεσόμενος αὐτῇ.

ΖΕΤΣ. Τουτὶ μὲν ἔγνως. τί δ' οὖν τὸ ἐπὶ τούτῳ; δοκεῖς γὰρ ἀληθές τι ἐρεῖν.

ΠΡΟΜ. Μηδέν, ὦ Ζεῦ, κοινωνήσῃς τῇ Νηρηΐδι· ἢν γὰρ αὕτη κυοφορήσῃ ἐκ σοῦ, τὸ τεχθὲν ἴσα ἐργάσεταί σε οἷα καὶ σὺ ἔδρασας —

ΖΕΤΣ. Τοῦτο φῇς, ἐκπεσεῖσθαί με τῆς ἀρχῆς;

ΠΡΟΜ. Μὴ γένοιτο, ὦ Ζεῦ. πλὴν τοιοῦτό γε ἡ μῖξις αὐτῆς ἀπειλεῖ.

ΖΕΤΣ. Χαιρέτω τοιγαροῦν ἡ Θέτις· σὲ δὲ ὁ Ἥφαιστος ἐπὶ τούτοις λυσάτω.

2.

ΕΡΩΤΟΣ ΚΑΙ ΔΙΟΣ.

ΕΡΩΣ. Ἀλλ' εἰ καί τι ἥμαρτον, ὦ Ζεῦ, σύγγνωθί μοι· παιδίον γάρ εἰμι καὶ ἔτι ἄφρων.

ΖΕΤΣ. Σὺ παιδίον ὁ Ἔρως, ὃς ἀρχαιότερος εἶ πολὺ Ἰαπετοῦ; ἢ διότι μὴ πώγωνα μηδὲ πολιὰς ἔφυσας, διὰ ταῦτα καὶ βρέφος ἀξιοῖς νομίζεσθαι, γέρων καὶ πανοῦργος ὤν;

ben. S. unser Wörterb. unter πολύς. — πῶς γὰρ οὔ; warum denn nicht? — παρὰ τὴν Θέτιν, näml. βαδίζεις. — συνεσόμενος, s. zu II, 25. — τί δ' οὖν τὸ ἐπὶ τούτῳ; d. i. was nun aber weiter? s. zu IV, 7. — τῇ Νηρηΐδι, d. i. Thetis, des Nereus Tochter. — τεχθέν, unattische Form. Vgl. oben Todtengespr. 13, 1. — ἔδρασας, näml. τὸν Κρόνον. Diese Worte verschweigt Prometheus absichtlich. Zeus stiess nämlich seinen Vater Kronos vom Throne. — τοῦτο φῇς, meinst du damit.. Ebenso III, 2. — ὁ Ἥφαιστος. Nach An-

deren Herakles. — ἐπὶ τούτοις, unter dieser Bedingung.
1. Ἀλλ' zu Anfange, um gleichsam diese Worte als Fortsetzung eines schon vorhergegangenen Gesprächs zu bezeichnen. Häufig werden zu diesem Zweck auch andere Partikeln so zu Anfange eines Gesprächs gesetzt. — Ἰαπετοῦ. Dieser war der Sohn des Uranos und der Gäa. = ἢ διότι, an quod, etwa weil. Piscat. 37: ἢ διότι πώγωνας ἔχουσι καὶ φιλοσοφεῖν φάσκουσι .. διὰ τοῦτο χρὴ ὑμῖν εἰκάζειν αὐτούς; Vgl. unten 9. (13), 1. Catapl. 14 u. s. — γέ-

ΕΡΩΣ. Τί δέ σε μέγα ἠδίκησα ὁ γέρων, ὡς φῄς, ἐγώ, διότι με καὶ πεδῆσαι διανοῇ;

ΖΕΥΣ. Σκόπει, ὦ κατάρατε, εἰ μικρά, ὃς ἐμοὶ μὲν οὕτως ἐντρυφᾷς, ὥστε οὐδέν ἐστιν ὃ μὴ πεποίηκάς με, σάτυρον, ταῦρον, χρυσόν, κύκνον, αἰετόν, ἐμοῦ δὲ ὅλως οὐδεμίαν ἥντινα ἐρασθῆναι πεποίηκας, οὐδὲ συνῆκα ἡδὺς γυναικὶ διὰ σὲ γεγενημένος, ἀλλά με δεῖ μαγγανεύειν ἐπ' αὐτὰς καὶ κρύπτειν ἐμαυτόν· αἱ δὲ τὸν μὲν ταῦρον ἢ κύκνον φιλοῦσιν, ἐμὲ δὲ ἢν ἴδωσι, τεθνᾶσιν ὑπὸ τοῦ δέους.

2 *ΕΡΩΣ.* Εἰκότως· οὐ γὰρ φέρουσιν, ὦ Ζεῦ, θνηταὶ οὖσαι τὴν σὴν πρόσοψιν.

ΖΕΥΣ. Πῶς οὖν τὸν Ἀπόλλω ὁ Βράγχος καὶ ὁ Ὑάκινθος φιλοῦσιν;

ΕΡΩΣ. Ἀλλὰ ἡ Δάφνη κἀκεῖνον ἔφευγε καίτοι κομήτην καὶ ἀγένειον ὄντα. εἰ δ' ἐθέλεις ἐπέραστος εἶναι, μὴ ἐπίσειε τὴν αἰγίδα μηδὲ τὸν κεραυνὸν φέρε, ἀλλ' ὡς ἥδιστον ποίει σεαυτόν, ἑκατέρωθεν καθειμένος βοστρύχους, τῇ μίτρᾳ τούτους ἀνειλημμένος, πορφυρίδα ἔχε, ὑποδέου χρυσίδας, ὑπ' αὐλῷ καὶ τυμπάνοις εὔρυθμα βαῖνε, καὶ ὄψει ὅτι πλείους ἀκολουθήσουσί σοι τῶν Διονύσου Μαινάδων.

ρων, *veterator.* — εἰ μικρά, näml. ἠδίκησας. — ὃ μή, Kr. Gr. §. 67, 4, 3. Iup. conf. 9: εἰδὼς οὐδέν με πεισόμενον, ὅ τι μὴ καὶ τῇ Μοίρᾳ ἔδοξεν u. s. — σάτυρον κτέ. Anthol. Palat. 9, 48:

Ζεὺς κύκνος, ταῦρος, σάτυρος, χρυσὸς δι' ἔρωτα
Λήδης, Εὐρώπης, Ἀντιόπης, Δανάης.

αἰετόν, bei der Entführung des Ganymedes. — οὐδεμίαν ἥντινα, durchaus keine. οὐδείς nimmt hier den Casus des unmittelbar darauf folgenden ὅστις (bei dem gewöhnlich noch οὐ steht) an. Plat. Phaedon. p. 117 D: Ἀπολλόδωρος οὐδένα ὅντινα οὐ κατέκλαυσε τῶν παρόντων. Kr. Gr. §. 51,10,11.—ἐρασθῆναι, *amore capi*, sich verlieben. Kr. Gr. §. 53, 5, 1. — συνῆκα .. γεγενημένος, s. oben zu Todtengespr. 14, 6. — μαγγ. ἐπ' αὐτάς. Bis accus. 17: ἐπὶ τοὺς ἀλλοτρίους ἐραστὰς μαγγανεύουσα. — τεθνᾶσιν ὑπὸ τοῦ δέους, s. zu II, 40. Vgl. unten 20, 6.

2. ὁ Βράγχος. Diesen, der selbst ein Sohn des Apollon war, liebte wegen seiner Schönheit Apollon und begabte ihn mit der Weissagekunst.— ἔφευγε. Warum das Imperfectum? — καίτοι .. ὄντα, s. zu II, 34. — κομήτην καὶ ἀγένειον. Eigenschaften seiner Schönheit und ewigen Jugend.—καθειμένος βοστρύχους, s. zu Todtengespr. 10, 8. — τῇ μίτρᾳ τούτους ἀνειλημμένος, mit der Kopfbinde diese zurück-, zusammengehalten habend. Vgl. μίτρᾳ ἀναδεδεμένος τὴν κόμην. Dial. deor. 18, 1. Bacch. 2. Navig. 2. χρυσῷ ἀναδεδεμένος τοὺς πλοκάμους Gall. 13. — ὑποδέου, unattische Form für ὑποδοῦ, s. Kr. Gr. §. 32, 3, 2. περιδέοντες De saltat. 18. — ὑπ' αὐλῷ καὶ τυμπάνοις, unter Flötenklang und Paukenschall. Dial. deor. 18, 1: ὑπὸ τυμπάνοις καὶ αὐλῷ καὶ κυμβάλοις χορεύων. Sonst gewöhnlich ὑπό so mit Genetiv., Kr. Gr. §. 68, 43, 1. — εὔρυθμα βαῖνε, s.

ΖΕΤΣ. Ἄπαγε· οὐκ ἂν δεξαίμην ἐπέραστος εἶναι τοιοῦτος γενόμενος.

ΕΡΩΣ. Οὐκοῦν, ὦ Ζεῦ, μηδὲ ἐρᾶν θέλε· ῥᾴδιον γὰρ τοῦτό γε.

ΖΕΤΣ. Οὔκ, ἀλλὰ ἐρᾶν μέν, ἀπραγμονέστερον δὲ αὐτῶν ἐπιτυγχάνειν· ἐπὶ τούτοις αὐτοῖς ἀφίημί σε.

3.

ΔΙΟΣ ΚΑΙ ΕΡΜΟΤ.

ΖΕΤΣ. Τὴν τοῦ Ἰνάχου παῖδα τὴν καλὴν οἶσθα, ὦ Ἑρμῆ;

ΕΡΜ. Ναί· τὴν Ἰὼ λέγεις.

ΖΕΤΣ. Οὐκέτι παῖς ἐκείνη ἐστίν, ἀλλὰ δάμαλις.

ΕΡΜ. Τεράστιον τοῦτο· τῷ τρόπῳ δ᾽ ἐνηλλάγη;

ΖΕΤΣ. Ζηλοτυπήσασα ἡ Ἥρα μετέβαλεν αὐτήν. ἀλλὰ καὶ καινὸν ἄλλο τι δεινὸν ἐπιμεμηχάνηται τῇ κακοδαίμονι· βουκόλον τινὰ πολυόμματον, Ἄργον τοὔνομα, ἐπέστησεν, ὃς νέμει τὴν δάμαλιν ἄυπνος ὤν.

ΕΡΜ. Τί οὖν ἡμᾶς χρὴ ποιεῖν;

ΖΕΤΣ. Καταπτάμενος ἐς τὴν Νεμέαν — ἐκεῖ δέ που ὁ Ἄργος βουκολεῖ. — ἐκεῖνον ἀπόκτεινον, τὴν δὲ Ἰὼ διὰ τοῦ πελάγους ἐς τὴν Αἴγυπτον ἀγαγὼν Ἶσιν ποίησον· καὶ τὸ λοι-

---

zu Todtengespr. 28, 1. — *ἐρᾶν μέν*, näml. *θέλω.* — *αὐτῶν*, s. zu Todtengespr. 23, 1. — *ἐπὶ τούτοις αὐτοῖς*, grade unter dieser Bedingung, unter dieser Bedingung nur, zu beziehen auf die vorhergehenden Worte *ἀπραγμ.* u. s. w.

τῷ τρόπῳ = *τίνι τρόπῳ.* Vielleicht sind diese Worte aus einem Dichter entlehnt. — *ἡ Ἥρα.* Nach der gewöhnlichen Erzählung verwandelte Zeus selbst die Io in eine Kuh, um die Eifersucht der Hera zu teuschen. — *ἀλλὰ καί, quin etiam,* ja sogar, s. zu Todtengespr. 21, 1. — *πολυόμματον.* Ovid. Metamorph. 1, 625: *centum luminibus cinctum caput Argus habebat.* Diese gewöhnliche Vorstellung, dass Argos viele Augen hatte, findet sich schon bei Aeschy-

los: *τὸν μυριωπὸν βούταν.* Hermes, von Zeus gesandt, tödtet den Argos, und Hera versetzt dessen Augen in den Schweif des Pfaues. — *Νεμέαν*, Gebirgsthal in Argolis zwischen Kleonae und Phlius, berühmt durch das Heiligthum des Zeus Nemeios mit einem Haine, in dem die nemeischen Spiele (*τὰ Νέμεα*) gefeiert wurden. — *ἐκεῖνον .. τὴν δέ. ἐκεῖνον* ohne *μέν*, was man erwartete. Zeux. 11: *κελεύει ἄλλο μηδέν, ἐλέφαντα δὲ μόνον ἐγκολάψαι.* Calumn. non tem. cred. 8: *εἰ τῷ κατηγόρῳ μετ᾽ ἀδείας ἃ θέλει λέγειν ἐπιτρέποιμεν, ἀποφράξαντες δὲ τῷ κατηγόρῳ κτἑ.* Plut. Cat. min. 9: *αἰδοῦνται τὴν δόξαν αὐτῶν, οὐ θαυμάζουσι δὲ τὴν ἀρετήν.* u. so oft. — *τὸ λοιπόν*, fernerhin. Ebenso Piscat. 39. Nigr. 18. Toxar. 21. Scyth. 8. Kr.

πὸν ἔστω θεὸς τῶν ἐκεῖ καὶ τὸν Νεῖλον ἀναγέτω καὶ τοὺς ἀνέμους ἐπιπεμπέτω καὶ σωζέτω τοὺς πλέοντας.

4.

ΔΙΟΣ ΚΑΙ ΓΑΝΤΜΗΔΟΤΣ.

1 ΖΕΤΣ. Ἄγε, ὦ Γανύμηδες — ἥκομεν γὰρ ἔνθα ἐχρῆν — φίλησόν με ἤδη, ὅπως εἰδῇς οὐκέτι ῥάμφος ἀγκύλον ἔχοντα οὐδ' ὄνυχας ὀξεῖς οὐδὲ πτερά, οἷος ἐφαινόμην σοι πτηνὸς εἶναι δοκῶν.

ΓΑΝ. Ἄνθρωπε, οὐκ αἰετὸς ἄρτι ἦσθα καὶ καταπτάμενος ἥρπασάς με ἀπὸ μέσου τοῦ ποιμνίου; πῶς οὖν τὰ μὲν πτερά σοι ἐκεῖνα ἐξερρύηκε, σὺ δὲ ἄλλος ἤδη ἀναπέφηνας;

ΖΕΤΣ. Ἀλλ' οὔτε ἄνθρωπον ὁρᾷς, ὦ μειράκιον, οὔτε αἰετόν, ὁ δὲ πάντων βασιλεὺς τῶν θεῶν οὗτός εἰμι πρὸς τὸν καιρὸν ἀλλάξας ἐμαυτόν.

ΓΑΝ. Τί φής; σὺ γὰρ εἶ ὁ Πὰν ἐκεῖνος; εἶτα πῶς σύριγγα οὐκ ἔχεις οὐδὲ κέρατα οὐδὲ λάσιος εἶ τὰ σκέλη;

ΖΕΤΣ. Μόνον γὰρ ἐκεῖνον ἡγῇ θεόν;

ΓΑΝ. Ναί· καὶ θύομέν, γε αὐτῷ ἐνόρχην τράγον ἐπὶ τὸ σπήλαιον ἄγοντες, ἔνθα ἔστηκε· σὺ δὲ ἀνδραποδιστής τις εἶναί μοι δοκεῖς.

2 ΖΕΤΣ. Εἰπέ μοι, Διὸς δὲ οὐκ ἤκουσας ὄνομα οὐδὲ βωμὸν εἶδες ἐν τῷ Γαργάρῳ, τοῦ ὕοντος καὶ βροντῶντος καὶ ἀστραπὰς ποιοῦντος;

Gr. §. 46, 3, 2. — τῶν ἐκεῖ, d. i. der Bewohner Aegyptens. — ἀναγέτω, lasse anschwellen, austreten. — σωζέτω. Beachte den Chiasmus.

1. ἔνθα ἐχρῆν, näml. ἥκειν. Als Ort ist der Olympos oder Himmel zu denken. Ganymedes war der Sohn des Tros, welchen seiner Schönheit wegen Zeus, oder wie es bei Homeros heisst, die Götter entführten und zum Mundschenken machten. — ἔχοντα, näml. με. — οὗτος, deiktisch, hier. Dial. deor. 20, 12: τὴν Ἀφροδίτην παρεῖναι καιρός. Α. αὕτη σοι ἐγὼ πλησίον. u. ö. — πρὸς τὸν καιρόν, nach Zeit und Umständen. —

ὁ Πάν. Ganymedes war der Sitte jener Zeit gemäss der Hirt seines Vaters und kannte als solcher weiter keinen Gott als den Pan. — σύριγγα. Für den Erfinder derselben galt Pan. Ausserdem wurde er dargestellt als gehörnt und bockfüssig (τραγοσκελής). — ἐνόρχην. Diese ist die richtige Form, nicht ἔνορχιν, wie bisher hier und Bis accus. 10 stand. — ἔνθα ἔστηκε, näml. sein Bild.

2. εἰπέ μοι, Διὸς δέ, s. zu, IV, 12. Kr. Gr. §. 69, 16, 5. — Γαργάρῳ. Γάργαρον ist die südliche Spitze des Idagebirges in Troas, worauf ein dem Zeus geheiligter Hain und ein Altar desselben sich be-

ΓΑΝ. Σύ, ὦ βέλτιστε, φὴς εἶναι, ὃς πρῴην κατέχεας ἡμῖν τὴν πολλὴν χάλαζαν, ὁ οἰκεῖν ὑπεράνω λεγόμενος, ὁ ποιῶν τὸν ψόφον, ᾧ τὸν κριὸν ὁ πατὴρ ἔθυσεν; εἶτα τί ἀδικήσαντά με ἀνήρπασας, ὦ βασιλεῦ τῶν θεῶν; τὰ δὲ πρόβατα ἴσως οἱ λύκοι διαρπάσονται ἤδη, ἐρήμοις ἐπιπεσόντες.

ΖΕΥΣ. Ἔτι γὰρ μέλει σοι τῶν προβάτων ἀθανάτῳ γεγενημένῳ καὶ ἐνταῦθα συνεσομένῳ μεθ' ἡμῶν;

ΓΑΝ. Τί λέγεις; οὐ γὰρ κατάξεις με ἤδη ἐς τὴν Ἴδην τήμερον;

ΖΕΥΣ. Οὐδαμῶς· ἐπεὶ μάτην ἀετὸς ἂν εἴην ἀντὶ θεοῦ γεγενημένος.

ΓΑΝ. Οὐκοῦν ἐπιζητήσει με ὁ πατὴρ καὶ ἀγανακτήσει μὴ εὑρίσκων, καὶ πληγὰς ὕστερον λήψομαι καταλιπὼν τὸ ποίμνιον.

ΖΕΥΣ. Ποῦ γὰρ ἐκεῖνος ὄψεταί σε;

ΓΑΝ. Μηδαμῶς· ποθῶ γὰρ ἤδη αὐτόν. εἰ δὲ ἀπάξεις με, ὑπισχνοῦμαί σοι καὶ ἄλλον παρ' αὐτοῦ κριὸν τυθήσεσθαι λίτρα ὑπὲρ ἐμοῦ. ἔχομεν δὲ τὸν τριετῆ, τὸν μέγαν, ὃς ἡγεῖται πρὸς τὴν νομήν.

ΖΕΥΣ. Ὡς ἀφελὴς ὁ παῖς ἐστι καὶ ἁπλοϊκὸς καὶ αὐτὸ 3 δὴ τοῦτο παῖς ἔτι. — ἀλλ', ὦ Γανύμηδες, ἐκεῖνα μὲν πάντα χαίρειν ἔα καὶ ἐπιλαθοῦ αὐτῶν, τοῦ τε ποιμνίου καὶ τῆς Ἴδης. σὺ δὲ — ἤδη γὰρ ἐπουράνιος εἶ — πολλὰ εὖ ποιήσεις ἐντεῦθεν καὶ τὸν πατέρα καὶ πατρίδα, καὶ ἀντὶ μὲν τυροῦ καὶ γάλακτος ἀμβροσίαν ἔδῃ καὶ νέκταρ πίῃ· τοῦτο μέντοι καὶ τοῖς ἄλλοις ἡμῖν αὐτὸς παρέξεις ἐγχέων· τὸ δὲ μέγιστον, οὐκέτι ἄνθρω-

---

fand; Il. 8, 48. — κατέχεας ἡμῖν. Sonst verbindet Luc. dieses Verbum mit dem Genetiv. — εἶτα, s. oben zu Todtengespr. 16, 1. — τί ἀδικήσαντά με ἀνήρπασας, was habe ich Unrechtes gethan, dass du u. s. w. Catapl. 7: τί δέ με ἀδικήσαντα τοσοῦτον εἴασας ἄνω τὸν χρόνον; Harmonid. 1: τί ποιοῦντα εἴσονταί με οἱ Ἕλληνες πάντες; Kr. Gr. §. 51, 17, 4. — συνεσομένῳ μεθ' ἡμῶν. Seltene Verbindung. Plat. conviv. p. 195 B: μετὰ δὲ νέων ἀεὶ ξύνεστί τε καὶ ἔστιν. Plutarch. mor. p. 551 E: συνεῖναι μετὰ πονηρίας. — μὴ

εὑρίσκων. Warum μή? Kr. Gr. §. 67, 8. — μηδαμῶς, näml. möge das geschehen, dass er mich nicht wiedersieht.

.3 αὐτὸ δὴ τοῦτο, id ipsum, eben dieses. De merc. cond. 35. καὶ αὐτὰ δὴ ταῦτα Epist. Sat. 36. — τὸν πατέρα καὶ πατρίδα. Der Artikel vor πατρίδα ist nicht nöthig. Plat. Cratyl. p. 405 D: τὸν ὁμοκέλευθον καὶ ὁμόκοιτιν ἀκόλουθον καὶ ἄκοιτιν ἐκαλέσαμεν. Demosth. 2, 9: τὰ χωρία καὶ λιμένας. Kr. Gr. §. 58, 2, 1. — τὸ δὲ μέγιστον, Kr. Gr. §. 57, 10, 12.

πος, ἀλλ᾽ ἀθάνατος γενήσῃ, καὶ ἀστέρα σου φαίνεσθαι ποιήσω
κάλλιστον, καὶ ὅλως εὐδαίμων ἔσῃ.

ΓΑΝ. Ἢν δὲ παίζειν ἐπιθυμήσω, τίς συμπαίξεταί μοι;
ἐν γὰρ τῇ Ἴδῃ πολλοὶ ἡλικιῶται ἦμεν.

ΖΕΤΣ. Ἔχεις κἀνταῦθα τὸν συμπαιξόμενόν σοι τουτονὶ
τὸν Ἔρωτα καὶ ἀστραγάλους μάλα πολλούς. θάρρει μόνον
καὶ φαιδρὸς ἴσθι καὶ μηδὲν ἐπιπόθει τῶν κάτω.

4   *ΓΑΝ.* Τί δὲ ὑμῖν χρήσιμος ἂν γενοίμην; ἢ ποιμαίνειν
δεήσει κἀνταῦθα;

ΖΕΤΣ. Οὔκ, ἀλλ᾽ οἰνοχοήσεις καὶ ἐπὶ τοῦ νέκταρος τε-
τάξῃ καὶ ἐπιμελήσῃ τοῦ συμποσίου.

ΓΑΝ. Τοῦτο μὲν οὐ χαλεπόν· οἶδα γὰρ ὡς χρὴ ἐγχέαι
τὸ γάλα καὶ ἀναδοῦναι τὸ κισσύβιον.

ΖΕΤΣ. Ἰδού, πάλιν οὗτος γάλακτος μνημονεύει καὶ ἀν-
θρώποις διακονήσεσθαι οἴεται· ταυτὶ δ᾽ ὁ οὐρανός ἐστι, καὶ
πίνομεν, ὥσπερ ἔφην, τὸ νέκταρ.

ΓΑΝ. Ἥδιον, ὦ Ζεῦ, τοῦ γάλακτος;

ΖΕΤΣ. Εἴσῃ μετ᾽ ὀλίγον καὶ γευσάμενος οὐκέτι ποθήσεις
τὸ γάλα.

ΓΑΝ. Κοιμήσομαι δὲ ποῦ τῆς νυκτός; ἢ μετὰ τοῦ ἡλι-
κιώτου Ἔρωτος;

ΖΕΤΣ. Οὔκ, ἀλλὰ διὰ τοῦτό σε ἀνήρπασα, ὡς ἅμα καθ-
εύδοιμεν.

ΓΑΝ. Μόνος γὰρ οὐκ ἂν δύναιο, ἀλλὰ ἥδιόν σοι καθ-
εύδειν μετ᾽ ἐμοῦ;

ΖΕΤΣ. Ναί, μετά γε τοιούτου οἷος εἶ σύ, Γανύμηδες,
οὕτω καλός.

5   *ΓΑΝ.* Τί γάρ σε πρὸς τὸν ὕπνον ὀνήσει τὸ κάλλος;

ΖΕΤΣ. Ἔχει τι θέλγητρον ἡδὺ καὶ μαλακώτερον ἐπάγει
αὐτόν.

ΓΑΝ. Καὶ μὴν ὅ γε πατὴρ ἤχθετό μοι συγκαθεύδοντι
καὶ διηγεῖτο ἕωθεν, ὡς ἀφεῖλον αὐτοῦ τὸν ὕπνον στρεφόμενος

Vgl. Gall. 14. 25. — ἀστέρα
σου, d. i. einen Stern dei-
nes Namens. Zu verstehen
ist der Wassermann, aquarius,
ὑδροχόος. — καὶ ὅλως, kurz, de-
nique. — τὸν συμπαιξόμενόν σοι,
einen, der mit dir spielen
wird; Kr. Gr. §. 50, 4, 3.
    4. εἴσῃ μετ᾽ ὀλίγον, das wirst

du in kurzem erfahren; s.
oben zu Todtengespr. 10, 3. —
τῆς νυκτός, Kr. Gr. §. 47, 2. —
οὕτω καλός. Der Construction an-
gemessener würde οὕτω καλοῦ
sein.
    5. τι θέλγητρον, Kr. Gr. §. 51,
10, 2. — αὐτόν, näml. τὸν ὕπνον. —
ὁπότε καθεύδοιμι, Kr. Gr. §. 54,

καὶ λακτίζων καί τι φθεγγόμενος μεταξὺ ὁπότε καθεύδοιμι·
ὥστε παρὰ τὴν μητέρα ἔπεμπέ με κοιμησόμενον ὡς τὰ πολλά.
ὥρα δή σοι, εἰ διὰ τοῦτο, ὡς φῄς, ἀνήρπασάς με, καταθεῖναι
αὖθις ἐς τὴν γῆν, ἢ πράγματα ἕξεις ἀγρυπνῶν· ἐνοχλήσω
γάρ σε συνεχῶς στρεφόμενος.

ΖΕΥΣ. Τοῦτ' αὐτό μοι [τὸ] ἥδιστον ποιήσεις, εἰ ἀγρυ-
πνήσαιμι μετὰ σοῦ φιλῶν πολλάκις καὶ περιπτύσσων.

ΓΑΝ. Αὐτὸς ἂν εἰδείης· ἐγὼ δὲ κοιμήσομαι σοῦ καταφι-
λοῦντος.

ΖΕΥΣ. Εἰσόμεθα τότε ὃ πρακτέον. νῦν δὲ ἄπαγε αὐτόν,
ὦ Ἑρμῆ, καὶ πιόντα τῆς ἀθανασίας ἄγε οἰνοχοήσοντα ἡμῖν,
διδάξας πρότερον ὡς χρὴ ὀρέγειν τὸν σκύφον.

5.

ΗΡΑΣ ΚΑΙ ΔΙΟΣ.

ΗΡΑ. Ἐξ οὗ τὸ μειράκιον τοῦτο, ὦ Ζεῦ, τὸ Φρύγιον 1
ἀπὸ τῆς Ἴδης ἁρπάσας δεῦρο ἀνήγαγες, ἔλαττόν μοι τὸν νοῦν
προσέχεις.

ΖΕΥΣ. Καὶ τοῦτο γάρ, ὦ Ἥρα, ζηλοτυπεῖς ἤδη, ἀφελὲς
οὕτω καὶ ἀλυπότατον; ἐγὼ δὲ ᾤμην ταῖς γυναιξὶ μόναις χα-
λεπήν σε εἶναι, ὁπόσαι ἂν ὁμιλήσωσί μοι.

ΗΡΑ. Οὐδ' ἐκεῖνα μὲν εὖ ποιεῖς οὐδὲ πρέποντα σεαυτῷ, 2
ὃς ἁπάντων θεῶν δεσπότης ὤν, ἀπολιπὼν ἐμὲ τὴν νόμῳ γα-
μετήν, ἐπὶ τὴν γῆν κάτει μοιχεύσων χρυσίον ἢ σάτυρος ἢ
ταῦρος γενόμενος. πλὴν ἀλλ' ἐκεῖναι μέν σοι κἂν ἐν γῇ μέ-
νουσι, τὸ δὲ Ἰδαῖον τουτὶ παιδίον ἁρπάσας ἀνέπτης, ὦ γεν-
ναιότατε ἀετῶν, καὶ συνοικεῖ ἡμῖν, ἐπὶ κεφαλήν μοι ἐπαχθέν,
οἰνοχοοῦν δὴ τῷ λόγῳ. οὕτως ἠπύρεις οἰνοχόων, καὶ ἀπηγο-
ρεύκασιν ἄρα ἥ τε Ἥβη καὶ ὁ Ἥφαιστος διακονούμενοι. σὺ
δὲ καὶ τὴν κύλικα οὐκ ἂν ἄλλως λάβοις παρ' αὐτοῦ ἢ φιλή-

17, 2. — ὡς τὰ πολλά, meisten-
theils, gewöhnlich, ut pluri-
mum. Sonst bei Luc. in der Re-
gel nur τὰ πολλά; aber ebenso
ὡς τὸ πολύ und ὡς ἐπὶ τὸ πολύ.
— πράγματα ἕξεις, s. zu III, 16.
— αὐτὸς ἂν εἰδείης, s. oben zu
Todtengespr. 3, 1. — τῆς ἀθανα-
σίας. Der Genuss des Nektar und
der Ambrosia machte unsterblich.

1. τὸ Φρύγιον, den Ganymedes.

2. κἂν, wenigstens, wie oft
bei Lucian. — ἐπὶ κεφαλήν, wir:
über den Hals. — οἰνοχοοῦν δὴ
τῷ λόγῳ, angeblich freilich
als Mundschenk. So steht δὴ
oft ironisch. — ἀπηγορεύκασιν ..
διακονούμενοι, sind erschöpft
durch den Dienst. Kr. Gr. §.

σας πρότερον αὐτὸν ἁπάντων ὁρώντων, καὶ τὸ φίλημά σοι
ἥδιον τοῦ νέκταρος, καὶ διὰ τοῦτο οὐδὲ διψῶν πολλάκις αἰτεῖς
πιεῖν· ὁτὲ δὲ καὶ ἀπογευσάμενος μόνον ἔδωκας ἐκείνῳ, καὶ
πιόντος ἀπολαβὼν τὴν κύλικα, ὅσον ὑπόλοιπον ἐν αὐτῇ πί-
νεις, ὅθεν καὶ ὁ παῖς ἔπιε καὶ ἔνθα προσήρμοσε τὰ χείλη,
ἵνα καὶ πίνῃς ἅμα καὶ φιλῇς· πρῴην δὲ ὁ βασιλεὺς καὶ
ἁπάντων πατὴρ ἀποθέμενος τὴν αἰγίδα καὶ τὸν κεραυνὸν
ἐκάθησο ἀστραγαλίζων μετ᾽ αὐτοῦ, ὁ πώγωνα τηλικοῦτον
καθειμένος. ἅπαντα οὖν ὁρῶ ταῦτα, ὥστε μὴ οἴου λανθάνειν.

3   *ΖΕΥΣ.* Καὶ τί δεινόν, ὦ Ἥρα, μειράκιον οὕτω καλὸν
μεταξὺ πίνοντα καταφιλεῖν καὶ ἥδεσθαι ἀμφοῖν καὶ τῷ φιλή-
ματι καὶ τῷ νέκταρι; ἢν γοῦν ἐπιτρέψω αὐτῷ κἂν ἅπαξ φι
λῆσαί σε, οὐκέτι μέμψῃ μοι προτιμότερον τοῦ νέκταρος οἰο-
μένῳ τὸ φίλημα εἶναι.

   ΗΡΑ. Παιδεραστῶν οὗτοι λόγοι. ἐγὼ δὲ μὴ οὕτω μα-
νείην, ὡς τὰ χείλη προσενεγκεῖν τῷ μαλθακῷ τούτῳ Φρυγί,
οὕτως ἐκτεθηλυμμένῳ.

   ΖΕΥΣ. Μή μοι λοιδοροῦ, ὦ γενναιοτάτη, τοῖς παιδικοῖς·
οὑτοσὶ γὰρ ὁ θηλυδρίας, ὁ βάρβαρος, ὁ μαλθακός, ἡδίων
ἐμοὶ καὶ ποθεινότερος — οὐ βούλομαι δὲ εἰπεῖν, μή σε παρ-
οξύνω ἐπὶ πλέον.

4   *ΗΡΑ.* Εἴθε καὶ γαμήσειας αὐτὸν ἐμοῦ γε οὕνεκα. μέ-
μνησο δ᾽ οὖν, οἷά μοι διὰ τὸν οἰνοχόον τοῦτον ἐμπαροινεῖς.

   ΖΕΥΣ. Οὔκ, ἀλλὰ τὸν Ἥφαιστον ἔδει τὸν σὸν υἱὸν οἰ-
νοχοεῖν ἡμῖν χωλεύοντα, ἐκ τῆς καμίνου ἥκοντα, ἔτι τῶν
σπινθήρων ἀνάπλεων, ἄρτι τὴν πυράγραν ἀποτεθειμένον,
καὶ ἀπ᾽ ἐκείνων αὐτοῦ τῶν δακτύλων λαμβάνειν ἡμᾶς τὴν
κύλικα, καὶ ἐπισπασαμένους γε φιλῆσαι μεταξύ, ὃν οὐδ᾽ ἂν

56, 6, 1. — οὐδὲ διψῶν, nicht
einmal durstend, ohne auch
nur Durst zu haben. — ὁτὲ δέ,
zuweilen, ohne vorhergehendes
ὁτὲ μέν. — ἔδωκας, s. zu IV, 19.
— πιόντος, näml. αὐτοῦ. — ὁ . .
καθειμένος, du, der du u. s. w.
Uebrigens s. oben zu Todtengespr.
10, 8.

3. κἂν ἅπαξ, wenn auch nur
einmal. — οὗτοι λόγοι, näml.
εἰσίν, das sind Reden der ..,
s. zu II, 10, z. E. — μοι, Dativus
ethicus. — ποθεινότερος. Er bricht

hier ab; hinzusetzen wollte er:
„als du." — ἐπὶ πλέον, bis auf
ein mehreres, mehr, weiter.

4. εἴθε καὶ γαμήσειας, Kr. Gr.
§. 54, 3, 3. Der Aorist. ἐγάμησα
für ἔγημα findet sich öfter bei
Luc.; s. zu II, 52. — ἐμοῦ γε οὕνεκα,
meinetwegen. Es ist diese die
einzige Stelle, an der Luc. nach
den besten Handschriften οὕνεκα
für ἕνεκα gebraucht hat. — οὔκ,
nein, das ist nicht der Fall; aber
es sollte wol u. s. w. — τὸν σὸν
υἱόν, sarkastisch. Als Mundschenk
der Götter erscheint Hephästos

ἡ μήτηρ σὺ ἡδέως φιλήσειας ὑπὸ τῆς ἀσβόλου κατηθαλωμένον
τὸ πρόσωπον. ἡδίω ταῦτα· οὐ γάρ; καὶ παρὰ πολὺ ὁ οἰνοχόος
ἐκεῖνος ἐμπρέπει τῷ συμποσίῳ τῶν θεῶν, ὁ Γανυμήδης δὲ
καταπεμπτέος αὖθις ἐς τὴν Ἴδην· καθάριος γὰρ καὶ ῥοδο-
δάκτυλος καὶ ἐπισταμένως ὀρέγει τὸ ἔκπωμα, καὶ ὅ σε λυπεῖ
μάλιστα, καὶ φιλεῖ ἥδιον τοῦ νέκταρος.

ΗΡΑ. Νῦν καὶ χωλός, ὦ Ζεῦ, ὁ Ἥφαιστος καὶ οἱ δάκτυ- 5
λοι αὐτοῦ ἀνάξιοι τῆς σῆς κύλικος καὶ ἀσβόλου μεστός ἐστι,
καὶ ναυτιᾷς ὁρῶν αὐτόν, ἐξ ὅτου τὸν καλὸν κομήτην τοῦτον
ἡ Ἴδη ἀνέθρεψε· πάλαι δὲ οὐχ ἑώρας ταῦτα, οὐδ᾽ οἱ σπιν-
θῆρες οὐδὲ ἡ κάμινος ἀπέτρεπόν σε μὴ οὐχὶ πίνειν παρ᾽
αὐτοῦ.

ΖΕΥΣ. Λυπεῖς, ὦ Ἥρα, σεαυτήν, οὐδὲν ἄλλο, κἀμοὶ
ἐπιτείνεις τὸν ἔρωτα ζηλοτυποῦσα· εἰ δὲ ἄχθῃ παρὰ παιδὸς
ὡραίου δεχομένη τὸ ἔκπωμα, σοὶ μὲν ὁ υἱὸς οἰνοχοείτω, σὺ
δέ, ὦ Γανύμηδες, ἐμοὶ μόνῳ ἀναδίδου τὴν κύλικα καὶ ἐφ᾽
ἑκάστῃ δὶς φίλει με καὶ ὅτε πλήρη ὀρέγοις κᾆτα αὖθις ὁπότε
παρ᾽ ἐμοῦ ἀπολαμβάνοις. τί τοῦτο; δακρύεις; μὴ δέδιθι·
οἰμώξεται γὰρ ἤν τίς σε λυπεῖν θέλῃ.

---

6 (7).

ΗΦΑΙΣΤΟΥ ΚΑΙ ΑΠΟΛΛΩΝΟΣ.

ΗΦ. Ἑώρακας, ὦ Ἄπολλον, τὸ τῆς Μαίας βρέφος τὸ ἄρτι 1
τεχθέν, ὡς καλόν τέ ἐστι καὶ προσμειδιᾷ πᾶσι καὶ δηλοῖ ἤδη
μέγα τι ἀγαθὸν ἀποβησόμενον;

ΑΠ. Ἐκεῖνο τὸ βρέφος, ὦ Ἥφαιστε, ἢ μέγα ἀγαθόν, ὃ
τοῦ Ἰαπετοῦ πρεσβύτερόν ἐστιν ὅσον ἐπὶ τῇ πανουργίᾳ;

ΗΦ. Καὶ τί ἂν ἀδικῆσαι δύναιτο ἀρτίτοκον ὄν;

ΑΠ. Ἐρώτα τὸν Ποσειδῶνα, οὗ τὴν τρίαιναν ἔκλεψεν,

---

bei Hom. Il. 1, 595. — κατηθαλω-
μένον τὸ πρόσωπον, im Gesicht
geschwärzt. — οὐ γάρ; nonne?
nicht wahr? — παρὰ πολύ, s. zu
II, 18.

5. νῦν καὶ χωλὸς ὁ Ἥφ., d. i. nun
ist Heph. auf einmal lahm. — ἐξ
ὅτου, seitdem, seltner als ἐξ οὗ;
Kr. Gr. §. 51, 8, 3. — μὴ οὐχί, quo
minus, vgl. Todtengespr. 28, 2. —
οὐδὲν ἄλλο, weiter nichts. —

-- ὅτε .. ὀρέγοις .. ὁπότε .. ἀπο-
λαμβάνοις, s. oben zu Todtenge-
spr. 21, 1.

1. τὸ τῆς Μαίας βρέφος, d. i.
Hermes. — δηλοῖ .. ἀποβησόμενον,
s. z. II, 53. — ὅσον ἐπί, quantum
ad, was anbelangt. Iup. trag.
21: ὅσον ἐπὶ σοὶ καὶ τῇ σῇ προνοίᾳ.
Phalar. 2, 8: καὶ ὅσον ἐπὶ τῇ γῇ,
βαθεῖ λιμῷ ἀεὶ συνῆμεν ἄν. Catapl.

ἢ τὸν Ἄρη· καὶ τούτου γὰρ ἐξείλκυσε λαθὼν ἐκ τοῦ κολεοῦ
τὸ ξίφος, ἵνα μὴ ἐμαυτὸν λέγω, ὃν ἀφώπλισε τοῦ τόξου καὶ
τῶν βελῶν.

2   ΗΦ. Τὸ νεογνὸν ταῦτα, ὃ μόλις ἕστηκε, τὸ ἐν τοῖς σπαρ-
γάνοις;

ΑΠ. Εἴσῃ, ὦ Ἥφαιστε, ἤν σοι προσέλθῃ μόνον.

ΗΦ. Καὶ μὴν προσῆλθεν ἤδη.

ΑΠ. Τί οὖν; πάντα ἔχεις τὰ ἐργαλεῖα καὶ οὐδὲν ἀπό-
λωλεν αὐτῶν;

ΗΦ. Πάντα, ὦ Ἄπολλον.

ΑΠ. Ὅμως ἐπίσκεψαι ἀκριβῶς.

ΗΦ. Μὰ Δία, τὴν πυράγραν οὐχ ὁρῶ.

ΑΠ. Ἀλλ' ὄψει που ἐν τοῖς σπαργάνοις αὐτὴν τοῦ βρέ-
φους.

ΗΦ. Οὕτως ὀξύχειρ ἐστί, καθάπερ ἐν τῇ γαστρὶ ἐκμελε-
τήσας τὴν κλεπτικήν;

3   ΑΠ. Οὐ γὰρ ἤκουσας αὐτοῦ καὶ λαλοῦντος ἤδη στωμύλα
καὶ ἐπίτροχα· ὁ δὲ καὶ διακονεῖσθαι ἡμῖν ἐθέλει. χθὲς δὲ
προκαλεσάμενος τὸν Ἔρωτα κατεπάλαισεν εὐθὺς οὐκ οἶδ'
ὅπως ὑφελὼν τὼ πόδε· εἶτα μεταξὺ ἐπαινούμενος τῆς Ἀφρο-
δίτης μὲν τὸν κεστὸν ἔκλεψε προσπτυξαμένης αὐτὸν ἐπὶ τῇ
νίκῃ, τοῦ Διὸς δὲ γελῶντος ἔτι τὸ σκῆπτρον· εἰ δὲ μὴ βαρύ-
τερος ὁ κεραυνὸς ἦν καὶ πολὺ τὸ πῦρ εἶχε, κἀκεῖνον ἂν
ὑφείλετο.

ΗΦ. Γοργόν τινα τὸν παῖδα φῄς.

ΑΠ. Οὐ μόνον, ἀλλ' ἤδη καὶ μουσικόν.

ΗΦ. Τῷ τοῦτο τεκμαίρεσθαι ἔχεις;

4   ΑΠ. Χελώνην που νεκρὰν εὑρὼν ὄργανον ἀπ' αὐτῆς
συνεπήξατο· πήχεις γὰρ ἐναρμόσας καὶ ζυγώσας, ἔπειτα κολ-

1: ὅσον ἐπ' ἐμοί. u. ὅ. — τούτου,
wovon abhängig? S. zu Todten-
gespr. 22, 1.

2. ταῦτα, näml. ἐποίησεν. — καὶ
μήν, atqui. — ἐκμελετήσας. Wie
ist das Masculin. zu erklären, da
doch τὸ βρέφος Subiect ist?

3. τῆς Ἀφροδίτης, s. oben zu
Todtengespr. 22, 3. — γελῶντος
ἔτι, während er noch lachte
(darüber dass er den Eros besiegt
hatte). — εἰ δὲ μή .. ἦν, wir:
wenn nicht gewesen wäre,

Kr. Gr. §. 54, 10, 3. — οὐ μόνον,
näml. γοργόν τινά φημι τὸν παῖδα.
Vgl. Vit. auct. 7. Toxar. 1.

4. χελώνην κτἑ. Hermes erfand
die χέλυς oder Lyra bei Gelegen-
heit seines an Apollon verübten
Rinderdiebstahls in Arkadien, s.
den homer. Hymnus auf ihn. —
πήχεις. Darunter sind die beiden
schlank und zierlich gebogenen
aus der Basis oder dem Schallge-
häuse (das bei der Lyra rund, bei
der Kithara eckig war) hervorra-
genden Seitenstücke zu verstehen;

λάβους ἐμπήξας καὶ μαγάδα ὑποθεὶς καὶ ἐντεινάμενος ἑπτὰ
χορδάς, ἐμελῴδει πάνυ γλαφυρόν, ὦ Ἥφαιστε, καὶ ἐναρμόνιον,
ὡς κἀμὲ αὐτῷ φθονεῖν πάλαι κιθαρίζειν ἀσκοῦντα. Ἔλεγε δὲ
ἡ Μαῖα, ὡς μηδὲ μένοι τὰς νύκτας ἐν τῷ οὐρανῷ, ἀλλ᾽ ὑπὸ
περιεργίας ἄχρι τοῦ Ἅιδου κατίοι, κλέψων τι κἀκεῖθεν δη-
λαδή. ὑπόπτερος δ᾽ ἐστὶ καὶ ῥάβδον τινὰ πεποίηται θαυμα-
σίαν τὴν δύναμιν, ᾗ ψυχαγωγεῖ καὶ κατάγει τοὺς νεκρούς.

ΗΦ. Ἐγὼ ἐκείνην ἔδωκα αὐτῷ παίγνιον εἶναι.

ΑΠ. Τοιγαροῦν ἀπέδωκέ σοι τὸν μισθόν, τὴν πυρά-
γραν —

ΗΦ. Εὖ γε ὑπέμνησας· ὥστε βαδιοῦμαι ἀποληψόμενος
αὐτήν, εἴ που, ὡς φῄς, εὑρεθείη ἐν τοῖς σπαργάνοις.

---

7 (8).

ΗΦΑΙΣΤΟΥ ΚΑΙ ΔΙΟΣ.

ΗΦ. Τί με, ὦ Ζεῦ, χρὴ ποιεῖν; ἥκω γάρ, ὡς ἐκέλευσας,
ἔχων τὸν πέλεκυν ὀξύτατον, εἰ καὶ λίθον δέοι μιᾷ πληγῇ δια-
κόψαι.

ΖΕΥΣ. Εὖ γε, ὦ Ἥφαιστε· ἀλλὰ δίελέ μου τὴν κεφαλὴν
ἐς δύο κατενεγκών.

ΗΦ. Πειρᾷ μου, εἰ μέμηνα; πρόσταττε δ᾽ οὖν τι ἄλλο,
ὅπερ ἐθέλεις σοι γενέσθαι.

zwischen deren oberem Ende be-
fand sich das Joch (ζυγόν), an dem
die Saiten durch die Wirbel (κόλ-
λοπες, hier bei Luc. κόλλαβοι) ge-
spannt und gestimmt wurden; μα-
γάς ist der Steg. [Vgl. Carl v.
Jahn in Gerhard's Denkm. 1858.
n. 115. p. 181—190. nebst den Ab-
bildungen n. 1 bis 4.]. — κολλά-
βους, unattisches Wort für κόλ-
λοπας. — πεποίηται, hat sich
gemacht, angeschafft. — τὴν
δύναμιν, nähere Bestimmung zu
θαυμασίαν. Iup. conf. 4: τότε μὲν
δὴ θαυμάσιος ἐδόκεις μοι τὴν βίαν.
u. s. — παίγνιον εἶναι. wir: zum
Spielzeug. Diese Hinzufügung
des Infinit. εἶναι ist mehr poetisch
und dialektisch; bei den Attikern
ist dieselbe seltner. Kr. Gr. II. §.
55, 3, 21. Long. pastor. 1, 19: καὶ
τοὺς τυροὺς δῶρον εἶναι δίδωσι.
Ebenso ἔχειν, Toxar. 45: δός μοι

τὴν θυγατέρα σου γυναῖκα ἔχειν.
Vgl. Catapl. 7: ἐφορόν σε καὶ
ἰατρὸν εἶναι τῶν ἀνθρωπίνων
ἁμαρτημάτων ἀπελίμπανον. — τὴν
πυράγραν. Hinzusetzen wollte
er κλέψας, aber Hephästos unter-
bricht ihn.

ὀξύτατον, zu verbinden mit ἔχων,
die Axt gehörig scharf ha-
bend. Was in diesem Gespräche
dem Hephästos zugeschrieben
wird, schreiben Andere dem Prome-
theus oder dem Hermes oder dem
Palamaon zu. Luc. folgt dem Pin-
dar. Ol. 7, 35 (65). — εἰ καί, si etiam.
— ἐς δύο, näml. μέρη. Toxar. 54: ἐς
δύο κατεκόπη τὸ Σκυθικὸν ἅπαν.
Dial. meretr. 13, 4: λοχαγοῦ ἐς
δύο τὴν κεφαλὴν διῃρημένον.
Conviv. 44: δίειλε τὸ κρανίον ἐς
δύο. — κατενεγκών. Welches Wort
ist das Object? Vgl. I, 3. — τι
ἄλλο. Rhet. praec. 23: νύκτωρ τι

6*

ΖΕΥΣ. Τοῦτο αὐτό, διαιρεθῆναί μοι τὸ κρανίον· εἰ δὲ ἀπειθήσεις, οὐ νῦν πρῶτον ὀργιζομένου πειράσῃ. ἀλλὰ χρὴ καθικνεῖσθαι παντὶ τῷ θυμῷ, μηδὲ μέλλειν· ἀπόλλυμαι γὰρ ὑπὸ ὠδίνων, αἵ μοι τὸν ἐγκέφαλον ἀναστρέφουσιν.

ΗΦ. Ὅρα, ὦ Ζεῦ, μὴ κακόν τι ποιήσωμεν· ὀξὺς γὰρ ὁ πέλεκύς ἐστι καὶ οὐκ ἀναιμωτὶ οὐδὲ κατὰ τὴν Εἰλήθυιαν μαιώσεταί σε.

ΖΕΥΣ. Κατένεγκε μόνον, ὦ Ἥφαιστε, θαρρῶν· οἶδα ἐγὼ τὸ συμφέρον.

ΗΦ. Ἄκων μέν, κατοίσω δέ· τί γὰρ χρὴ ποιεῖν σοῦ κελεύοντος; τί τοῦτο; κόρη ἔνοπλος; μέγα, ὦ Ζεῦ, κακὸν εἶχες ἐν τῇ κεφαλῇ· εἰκότως γοῦν ὀξύθυμος ἦσθα, τηλικαύτην ὑπὸ τῇ μήνιγγι παρθένον ζωογονῶν, καὶ ταῦτα ἔνοπλον· ἦ που στρατόπεδον, οὐ κεφαλὴν ἐλελήθεις ἔχων. ἡ δὲ πηδᾷ καὶ πυρριχίζει καὶ τὴν ἀσπίδα τινάσσει καὶ τὸ δόρυ πάλλει καὶ ἐνθουσιᾷ, καὶ τὸ μέγιστον, καλὴ πάνυ καὶ ἀκμαία γεγένηται ἤδη ἐν βραχεῖ· γλαυκῶπις μέν, ἀλλὰ κοσμεῖ καὶ τοῦτο ἡ κόρυς. ὥστε, ὦ Ζεῦ, μαίωτρά μοι ἀπόδος ἐγγυήσας ἤδη αὐτήν.

ΖΕΥΣ. Ἀδύνατα αἰτεῖς, ὦ Ἥφαιστε· παρθένος γὰρ ἀεὶ ἐθελήσει μένειν. ἐγὼ δ᾽ οὖν τό γε ἐπ᾽ ἐμοὶ οὐδὲν ἀντιλέγω.

ΗΦ. Τοῦτ᾽ ἐβουλόμην· ἐμοὶ μελήσει τὰ λοιπά, καὶ ἤδη συναρπάσω αὐτήν.

ΖΕΥΣ. Εἴ σοι ῥᾴδιον, οὕτω ποίει· πλὴν οἶδα ὅτι ἀδυνάτων ἐρᾷς.

ἄλλο ὑποτελεῖν. — τοῦτο αὐτό, eben das, näml. προστάττω. — πειράσῃ, näml. μου. Hephästos hatte den Zorn des Zeus schon einmal empfunden, als ihn dieser aus dem Himmel warf, woher sich auch seine Lahmheit schrieb; Il. 1, 590 f. — κατὰ τὴν Εἰλ., nach Art der Eil. — ἄκων μέν, κατοίσω δέ, s. zu Todtengespr. 10, 6. — καὶ ταῦτα, und zwar. — ἐλελήθεις ἔχων, s. zu Todtengespr. 16, 4. — τὸ μέγιστον, id quod maximum est. — καλὴ πάνυ. Oft wird πάνυ nachgestellt, Piscat. 20.

Rhet. praec. 15. Alexand. 55. Iup. conf. 3. Anach. 15. Catapl. 24. u. s. — μαίωτρα, Hebammenlohn, nur hier vorkommendes Wort. — τό γε ἐπ᾽ ἐμοί, was mich wenigstens anlangt; ebenso Rhet. praec. 1. Pseudolog. 27. τὸ ἐπ᾽ ἐμαυτῷ Abdicat. 32. — ἀδυνάτων ἐρᾷς. Hermotim. 51: ἐμήνυσα πρός σε ὑπ᾽ εὐνοίας, ὅτι ἀδυνάτων ἐρᾷς. Catapl. 4: ὁρῶν ἀδυνάτων ἐφιέμενον. Eurip. Herc. fur. 317: ἄλλως δ᾽ ἀδυνάτων ἔοικ᾽ ἐρᾶν. Soph. Antig. 90: ἀλλ᾽ ἀμηχάνων ἐρᾷς.

8 (11).

ΑΦΡΟΔΙΤΗΣ ΚΑΙ ΣΕΛΗΝΗΣ.

ΑΦΡ. Τί ταῦτα, ὦ Σελήνη, φασὶ ποιεῖν σε; ὁπόταν κατὰ 1
τὴν Καρίαν γένῃ, ἱστάναι μέν σε τὸ ζεῦγος ἀφορῶσαν ἐς τὸν
Ἐνδυμίωνα καθεύδοντα ὑπαίθριον, ἅτε κυνηγέτην ὄντα,
ἐνίοτε δὲ καὶ καταβαίνειν παρ' αὐτὸν ἐκ μέσης τῆς ὁδοῦ;

ΣΕΛ. Ἐρώτα, ὦ Ἀφροδίτη, τὸν σὸν υἱόν, ὅς μοι τούτων
αἴτιος.

ΑΦΡ. Ἔα· ἐκεῖνος ὑβριστής ἐστιν· ἐμὲ γοῦν αὐτὴν τὴν
μητέρα οἷα δέδρακεν, ἄρτι μὲν ἐς τὴν Ἴδην κατάγων Ἀγχίσου
ἕνεκα τοῦ Ἰλιέως, ἄρτι δὲ ἐς τὸν Λίβανον ἐπὶ τὸ Ἀσσύριον
ἐκεῖνο μειράκιον, ὃ καὶ τῇ Φερσεφάττῃ ἐπέραστον ποιήσας ἐξ
ἡμισείας ἀφείλετό με τὸν ἐρώμενον· ὥστε πολλάκις ἠπείλησα,
εἰ μὴ παύσεται τοιαῦτα ποιῶν, κλάσειν μὲν αὐτοῦ τὰ τόξα
καὶ τὴν φαρέτραν, περιαιρήσειν δὲ καὶ τὰ πτερά· ἤδη δὲ καὶ
πληγὰς αὐτῷ ἐνέτεινα ἐς τὰς πυγὰς τῷ σανδάλῳ· ὁ δὲ οὐκ
οἶδ' ὅπως τὸ παραυτίκα δεδιὼς καὶ ἱκετεύων μετ' ὀλίγον
ἐπιλέλησται ἁπάντων. ἀτὰρ εἰπέ μοι, καλὸς ὁ Ἐνδυμίων 2
ἐστίν; εὐπαραμύθητον γὰρ οὕτω τὸ δεινόν.

ΣΕΛ. Ἐμοὶ μὲν καὶ πάνυ καλός, ὦ Ἀφροδίτη, δοκεῖ,

---

1. τί ταῦτα .. φασὶ ποιεῖν σε =
τί ταῦτά ἐστιν, ἃ φασι ποιεῖν σε.
— κατὰ τὴν Καρίαν, in die Ge-
gend von, nach, Iup. trag. 16:
γίγνομαι κατὰ τὴν Ποικίλην. Phi-
lopseud. 25: κατὰ τὸ δικαστήριον
ἐγενόμην. Somn. 15: καθ' οὓς γε-
νοίμην τῇ πτήσει. — τὸ ζεῦγος.
Der Selene wird ebenso wie dem
Sonnengott ein Gespann beige-
legt, auf dem sie durch den Him-
mel fährt. — ἐς τὸν Ἐνδυμίωνα.
Apollodor. 1, 7, 5: Καλύκης καὶ
Ἀεθλίου παῖς Ἐνδυμίων γίγνεται,
ὅστις, ἐκ Θεσσαλίας Αἰολέας ἀγα-
γών, Ἦλιν ᾤκισε. λέγουσι δὲ αὐτόν
τινες ἐκ Διὸς γενέσθαι. τούτου
κάλλει διενεγκόντος ἠράσθη Σε-
λήνη. Ζεὺς δὲ αὐτῷ δίδωσιν ὃ βού-
λεται ἑλέσθαι. ὁ δὲ αἱρεῖται κοι-
μᾶσθαι διὰ παντὸς ἀθάνατος καὶ
ἀγήρως μένων. Nach einer andern
Sage hatte er seine Heimath auf
dem Berge Latmos in Karien, da-
her Latmius bei Ovid. — καθεύ-
δοντα ὑπαίθριον, Kr. Gr. §. 57, 5,

4. — ἅτε, s. zu II, 21. — Ἀγχίσου.
Zu diesem, während er auf dem
Ida weidete, kam Aphrodite und
gebar von ihm denAeneias.—Ἀσσύ-
ριον ἐκ. μειρ., Adonis, welcher der
Sohn des assyrischen Königs
Theias oder des Kinyras, des Er-
bauers von Paphos auf Kypros,
war. — Φερσεφάττῃ. „Aphrodite
nämlich gab den Tod des Adonis
der Persephone schuld, die ihr
diesen schönen Jüngling missgönnt
und ihn auf diese Art zu sich in
die Unterwelt gebracht habe.‟
Poppo. — ἐξ ἡμισείας, s. oben zu
Todtengespr. 16, 1. — κλάσειν,
zerbrechen. Selten ist der Ge-
brauch dieses Verb. simpl.; ge-
wöhnlicher steht es vom Abbre-
chen junger Schösslinge. — τὸ
παραυτίκα, für den Augen-
blick, augenblicklich; Kr.
Gr. §. 50, 5, 13.

2. οὕτω, näml. wenn Endymion
schön ist. — ἐμοὶ μέν. Welches ist

καὶ μάλιστα ὅταν ὑποβαλόμενος ἐπὶ τῆς πέτρας τὴν χλαμύδα
καθεύδῃ, τῇ λαιᾷ μὲν ἔχων τὰ ἀκόντια ἤδη ἐκ τῆς χειρὸς ὑπορ-
ρέοντα, ἡ δεξιὰ δὲ περὶ τὴν κεφαλὴν ἐς τὸ ἄνω ἐπικεκλασμένη
ἐπιπρέπῃ τῷ προσώπῳ περικειμένη, ὁ δὲ ὑπὸ τοῦ ὕπνου λελυ-
μένος ἀναπνέῃ τὸ ἀμβρόσιον ἐκεῖνο ἆσθμα. τότε τοίνυν ἐγὼ
ἀψοφητὶ κατιοῦσα, ἐπ' ἄκρων τῶν δακτύλων βεβηκυῖα, ὡς
ἂν μὴ ἀνεγρόμενος ἐκταραχθείη — οἶσθα· τί οὖν ἄν σοι
λέγοιμι τὰ μετὰ ταῦτα; πλὴν ἀπόλλυμαί γε ὑπὸ τοῦ ἔρωτος.

9 (13).

ΔΙΟΣ, ΑΣΚΛΗΠΙΟΥ ΚΑΙ ΗΡΑΚΛΕΟΥΣ.

1 ΖΕΥΣ. Παύσασθε, ὦ Ἀσκληπιὲ καὶ Ἡράκλεις, ἐρίζοντες
πρὸς ἀλλήλους ὥσπερ ἄνθρωποι· ἀπρεπῆ γὰρ ταῦτα καὶ ἀλ-
λότρια τοῦ συμποσίου τῶν θεῶν.

ΗΡΑ. Ἀλλὰ ἐθέλεις, ὦ Ζεῦ, τουτονὶ τὸν φαρμακέα προ-
κατακλίνεσθαί μου;

ΑΣΚ. Νὴ Δία· καὶ ἀμείνων γάρ εἰμι.

ΗΡΑ. Κατὰ τί, ὦ ἐμβρόντητε; ἢ διότι σε ὁ Ζεὺς ἐκε-
ραύνωσεν ἃ μὴ θέμις ποιοῦντα, νῦν δὲ κατ' ἔλεον αὖθις
ἀθανασίας μετείληφας;

ΑΣΚ. Ἐπιλέλησαι γὰρ καὶ σύ, ὦ Ἡράκλεις, ἐν τῇ Οἴτῃ
καταφλεγείς, ὅτι μοι ὀνειδίζεις τὸ πῦρ;

ΗΡΑ. Οὔκουν ἴσα καὶ ὅμοια βεβίωται ἡμῖν, ὃς Διὸς μὲν
υἱός εἰμι, τοσαῦτα δὲ πεπόνηκα ἐκκαθαίρων τὸν βίον, θηρία
καταγωνιζόμενος καὶ ἀνθρώπους ὑβριστὰς τιμωρούμενος· σὺ

---

der Gegensatz? S. zu III, 5. —
καὶ πάνυ, gar sehr, ganz aus-
nehmend. — ἀναπνέῃ, ausath-
men, selten. — ὡς ἄν, s. zu Todten-
gespr. 4, 2. — οἶσθα. Selene bricht
ab, weil Aphrodite das Uebrige
schon von selbst weiss. — ὑπὸ τοῦ
ἔρωτος. Warum der Artikel?
1. καὶ ἀμείνων γάρ, s. zu Todten-
spr. 6, 5. — ὦ ἐμβρόντητε, don-
nerschlächtig. Asklepios näm-
lich war vom Zeus mit dem Blitz-
strahl erschlagen worden, weil er
den Glaukos oder Hippolytos wie-
der lebendig gemacht hatte, und
Pluton sich dadurch beeinträchtigt
glaubte. Zur Entschädigung da-
für versetzte ihn Zeus auf Apol-
lon's Bitten in den Himmel. — ἢ
διότι, s. oben zu 2, 1. — κατ' ἔλεον,
aus Mitleid. — ἐπιλέλησαι ..
καταφλεγείς. In Prosa seltene
Verbindung. Eurip. Bacch. 188:
ἐπιλελήσμεθ' ἡδέως γέροντες ὄντες.
Kr. Gr. II. §. 56, 7, 2. — καὶ σύ, so
wie ich. — ἐν τῇ Οἴτῃ, s. zu Todten-
gespr. 16, 5. — ἴσα καὶ ὅμοια, auf
gleiche und ähnliche Weise.
So steht ἴσος und ὅμοιος oft ver-
bunden; s. zu 14, 10. Uebrigens
vgl. Piscat. 37: τί γὰρ ὑμῖν τοιοῦτο
βεβίωται; Kr. Gr. §. 52, 3, 4. — ὅς,
der ich, da ich. — τὸν βίον, s. zu
II, 4. — θηρία, den nemeischen Lö-

δὲ ῥιζοτόμος εἶ καὶ ἀγύρτης, νοσοῦσι μὲν ἴσως ἀνθρώποις
χρήσιμος ἐπιθήσειν τῶν φαρμάκων, ἀνδρῶδες δὲ οὐδὲν ἐπι-
δεδειγμένος.

ΑΣΚ. Εὖ λέγεις, ὅτι σου τὰ ἐγκαύματα ἰασάμην, ὅτε 2
πρῴην ἀνῆλθες ἡμίφλεκτος, ὑπ᾽ ἀμφοῖν · διεφθαρμένος τὸ
σῶμα, καὶ τοῦ χιτῶνος καὶ μετὰ τοῦτο τοῦ πυρός · ἐγὼ δὲ εἰ
καὶ μηδὲν ἄλλο, οὔτε ἐδούλευσα ὥσπερ σὺ οὔτε ἔξαινον ἔρια
ἐν Λυδίᾳ, πορφυρίδα ἐνδεδυκὼς καὶ παιόμενος ὑπὸ τῆς Ὀμ-
φάλης χρυσῷ σανδάλῳ, ἀλλὰ οὐδὲ μελαγχολήσας ἀπέκτεινα
τὰ τέκνα καὶ τὴν γυναῖκα.

ΗΡΑ. Εἰ μὴ παύσῃ λοιδορούμενός μοι, αὐτίκα μάλα εἴσῃ,
ὡς οὐ πολύ σε ὀνήσει ἡ ἀθανασία, ἐπεὶ ἀράμενός σε ῥίψω
ἐπὶ κεφαλὴν ἐκ τοῦ οὐρανοῦ, ὥστε μηδὲ τὸν Παιῶνα ἰάσασθαί
σε τὸ κρανίον συντριβέντα.

ΖΕΤΣ. Παύσασθε, φημί, καὶ μὴ ἐπιταράττετε ἡμῖν τὴν
ξυνουσίαν, ἢ ἀμφοτέρους ἀποπέμψομαι ὑμᾶς τοῦ ξυμποσίου.
καίτοι εὔγνωμον, ὦ Ἡράκλεις, προκατακλίνεσθαί σου τὸν
Ἀσκληπιὸν ἅτε καὶ πρότερον ἀποθανόντα.

---

10 (14).

ΕΡΜΟΤ ΚΑΙ ΑΠΟΛΛΩΝΟΣ.

ΕΡΜ. Τί σκυθρωπός, ὦ Ἄπολλον;   1
ΑΠ. Ὅτι, ὦ Ἑρμῆ, δυστυχῶ ἐν τοῖς ἐρωτικοῖς.

wen, den erymanthischen Eber, die lernäische Schlange. — χρήσιμος ἐπιθήσειν, brauchbar, tauglich um aufzulegen zu können. So ist der Infinitiv. fut. zu erklären. Vgl. Thucyd. 3, 28: γνόντες δὲ οἱ ἐν τοῖς πράγμασιν οὔτ᾽ ἀποκωλύσειν δυνατοὶ ὄντες. u. A. Vgl. Kr. Gr. §. 53, 7, 11. — τῶν φαρμάκων, von deinen Mitteln, Genetiv. partitiv. Iup. trag. 35: ἐπίχει τῶν βλασφημιῶν. Dissert. c. Hes. 7: ἐπιφοροίη τῆς γῆς. Pro merc. cond. 2: ἐπιπάττειν τῶν φαρμάκων. Rhet. praec. 16. Pisc. 22 u. s.

2. εὖ λέγεις, ὅτι. Wir: freilich, weil od. denn. — τοῦ χιτῶνος, zu verstehen von dem mit dem Blute des Kentauren Nessos vergifteten Gewande, welches Deianeira dem Herakles schickte. —

εἰ καὶ μηδὲν ἄλλο. Elliptische Redeweise, näml. ἐποίησα. — ἐδούλευσα. Nach der späteren Sage wurde Herakles an die Königin der Lyder Omphale durch Hermes verkauft und musste derselben dienen und sich weiblichen Verrichtungen unterwerfen. — ἀλλ᾽ οὐδέ, s. zu Todtengespr. 24, 1. — τὰ τέκνα καὶ τὴν γυναῖκα. Herakles tödtete in der Raserei die Megara und die mit ihr gezeugten Kinder. — αὐτίκα μάλα εἴσῃ, s. zu Todtengespr. 16, 3. — ἐπὶ κεφαλήν, kopfüber. — τὸν Παιῶνα. Bei Homer. der Arzt der Götter. — τὸ κρανίον συντριβέντα. Statt des Accusat. auch der Genetiv., s. zu II, 48. — φημί, s. zu Todtengespr. 22, 1. — ἅτε καί, utpote etiam. Ver. hist. 2, 9. Toxar. 48. u. ö.

1. σκυθρωπός, näml. εἶ, was im

ΕΡΜ. Ἄξιον μὲν λύπης τὸ τοιοῦτο· σὺ δὲ τί δυστυχεῖς; ἢ τὸ κατὰ τὴν Δάφνην σε λυπεῖ ἔτι;

ΑΠ. Οὐδαμῶς· ἀλλὰ ἐρώμενον πενθῶ τὸν Λάκωνα τὸν Οἰβάλου.

ΕΡΜ. Τέθνηκε γάρ, εἰπέ μοι, ὁ Ὑάκινθος;

ΑΠ. Καὶ μάλα.

ΕΡΜ. Πρὸς τίνος, ὦ Ἄπολλον; [ἢ] τίς οὕτως ἀνέραστος ἦν, ὡς ἀποκτεῖναι τὸ καλὸν ἐκεῖνο μειράκιον;

ΑΠ. Αὐτοῦ ἐμοῦ τὸ ἔργον.

ΕΡΜ. Οὐκοῦν ἐμάνης, ὦ Ἄπολλον;

ΑΠ. Οὔκ, ἀλλὰ δυστύχημά τι ἀκούσιον ἐγένετο.

ΕΡΜ. Πῶς; ἐθέλω γὰρ ἀκοῦσαι τὸν τρόπον.

2 *ΑΠ.* Δισκεύειν ἐμάνθανε, κἀγὼ συνεδίσκευον αὐτῷ· ὁ δὲ κάκιστα ἀνέμων ἀπολούμενος, ὁ Ζέφυρος, ἤρα μὲν ἐκ πολλοῦ καὶ αὐτός, ἀμελούμενος δὲ καὶ μὴ φέρων τὴν ὑπεροψίαν, ἐγὼ μὲν ἀνέρριψα, ὥσπερ εἰώθειμεν, τὸν δίσκον ἐς τὸ ἄνω, ὁ δὲ ἀπὸ τοῦ Ταϋγέτου καταπνεύσας ἐπὶ κεφαλὴν τῷ παιδὶ ἐνέσεισε φέρων αὐτόν, ὥστε ἀπὸ τῆς πληγῆς αἷμά τε ῥυῆναι πολὺ καὶ τὸν παῖδα εὐθέως ἀποθανεῖν. ἀλλὰ ἐγὼ τὸν μὲν Ζέφυρον αὐτίκα ἠμυνάμην κατατοξεύσας, φεύγοντι ἐπισπόμενος ἄχρι τοῦ ὄρους, τῷ παιδὶ δὲ καὶ τάφον ἐχωσάμην ἐν Ἀμύκλαις, ὅπου ὁ δίσκος αὐτὸν κατέβαλε, καὶ ἀπὸ τοῦ αἵματος ἄνθος ἀναδοῦναι τὴν γῆν ἐποίησα ἥδιστον, ὦ Ἑρμῆ, καὶ

Dialog nicht vermisst wird. — τὸ κατὰ τὴν Δάφνην, die Geschichte mit der D. Kr. Gr. §. 43, 4, 21. — τὸν Λάκ. τὸν Οἰβάλου. Hyakinthos war der Sohn des spartanischen Königs Amyklas, der des Oebalos Grossvater war. Ebenso nennt ihn Ovidius des Oebalus Sohn. — πρὸς τίνος, näml. τέθνηκεν. Catapl. 26: οὗτοι πάντες, πρὸς τοῦ ἀλιτηρίου τεθνᾶσιν. πρός, wie sonst bei derartigen Neutren ὑπό (Kr. Gr. §. 52, 3, 1.), findet sich bei Spätern, z. B. Arrian. u. A., nicht selten.

2. ὁ δὲ κάκ. ἀνέμ. ἀπολούμ., s. oben zu 1, 1. — ἐγὼ μὲν ἀνέρριψα. Des Gegensatzes wegen findet hier eineAnakoluthie Statt. Das Hauptsubject wird durch ὁ δέ wieder aufgenommen. Die gewöhnliche Verbindung würde etwa folgende sein: ἀμελούμ. δὲ καὶ μὴ φέρων τὴν ὑπεροψίαν, ἐμοῦ ἀναρρίψαντος, ὥσπ. εἰώθ., τὸν δίσκον ἐς τὸ ἄνω, καταπνεύσας ἐνέσεισε κτέ. Ebenso Dial. deor. 23, 2: ὁ μέντοι Πρίαπος, γελοῖον γάρ τί σοι διηγήσομαι, πρώην ἐν Λαμψάκῳ γενόμενος, ἐγὼ μὲν περιῄειν τὴν πόλιν, ὁ δὲ κτέ. Vgl. Kr.Gr. §.58, 9, 3. — Ταϋγέτου. Gebirge zwischen Lakonien und Messenien. Zephyros nämlich trieb aus Eifersucht den von Apollon geworfenen Diskos gegen das Haupt des schönen Knaben.— φέρων, s. zu II, 22. — ἐχωσάμην, liess ich aufwerfen, errichten. — Ἀμύκλαις. Stadt Lakoniens mit einem berühmten Tempel des Apollon. Die Basis der Bildsäule des Apollon daselbst galt für das Grabmal des

εὐανθέστατον ἀνθέων ἁπάντων, ἔτι καὶ γράμματα ἔχον
ἐπαιάζοντα τῷ νεκρῷ. ἀρά σοι ἀλόγως λελυπῆσθαι δοκῶ;

ΕΡΜ. Ναί, ὦ Ἄπολλον· ᾔδεις γὰρ θνητὸν πεποιημένος
τὸν ἐρώμενον· ὥστε μὴ ἄχθου ἀποθανόντος.

11 (16).

ΗΡΑΣ ΚΑΙ ΛΗΤΟΤΣ.

ΗΡΑ. Καλὰ μέν, ὦ Λητοῖ, καὶ τὰ τέκνα ἔτεκες τῷ Διί. 1

ΛΗΤ. Οὐ πᾶσαι, ὦ Ἥρα, τοιούτους τίκτειν δυνάμεθα,
οἷος ὁ Ἥφαιστός ἐστιν.

ΗΡΑ. Ἀλλὰ οὗτος μὲν ὁ χωλὸς ὅμως χρήσιμός γέ ἐστι,
τεχνίτης ὢν ἄριστος, καὶ κατακεκόσμηκεν ἡμῖν τὸν οὐρανόν,
καὶ τὴν Ἀφροδίτην ἔγημε καὶ σπουδάζεται πρὸς αὐτῆς, οἱ δὲ
σοὶ παῖδες ἡ μὲν αὐτῶν ἀρρενικὴ πέρα τοῦ μετρίου καὶ
ὄρειος, καὶ τὸ τελευταῖον ἐς τὴν Σκυθίαν ἀπελθοῦσα πάντες
ἴσασιν οἷα ἐσθίει, ξενοκτονοῦσα καὶ μιμουμένη τοὺς Σκύθας
αὐτούς, ἀνθρωποφάγους ὄντας· ὁ δὲ Ἀπόλλων προσποιεῖται
μὲν πάντα εἰδέναι, καὶ τοξεύειν καὶ κιθαρίζειν καὶ ἰατρὸς
εἶναι καὶ μαντεύεσθαι, καὶ καταστησάμενος ἐργαστήρια τῆς
μαντικῆς, τὸ μὲν ἐν Δελφοῖς, τὸ δὲ ἐν Κλάρῳ καὶ ἐν Διδύ-

Hyakinthos. — γράμματα. Aus
dem vergossenen Blute des Hyak.
sprosste die gleichnamige Blume
(nicht etwa unsere Hyacinthe, s.
unser Wörterbuch), auf deren
Blätterstreifen man den Weh-
klagelaut AI, AI lesen wollte.
Ovid. Metam. 10, 215 f.:
Ipse suos gemitus foliis inscribit,
et ai ai
Flos habet inscriptum.
— ᾔδεις, s. zu Todtengespr. 22, 2.
— πεποιημένος, s. zu Todtengespr.
10, 5. — τὸν ἐρώμενον, zu deinem
Geliebten.
1. Καλὰ μέν. Der Gegensatz χρή-
σιμα δὲ οὐ liegt in den folgenden
Worten der Hera. — καὶ τὰ τέκνα,
näml. so wie du selbst schön bist.
Leto hatte dem Zeus den Apollon
und die Artemis geboren. — κα-
τακεκόσμηκεν .. ἔγημε. Beachte
den Wechsel der Tempora; s. zu
13, 1. — πρὸς αὐτῆς. s. zu II, 25.
— οἱ δὲ σοὶ παῖδες ἡ ᾽μέν, s. zu

Todtengespr. 14, 3. — πέρα τοῦ
μετρίου, mehr als recht ist,
über das Maass hinaus, oft bei
Lucian. vorkommende Formel.
Dial. deor. 6, 3. Catapl. 2. Piscat.
31. De hist. conscr. 7. 10. De sal-
tat. 21. 75. Rhet. praec. 10. Auch
so Navig. 1 zu schreiben. Vgl.
hiermit die Formeln πέρα τοῦ με-
τρίως ἔχοντος (Todtengespr. 15, 1.),
πέρα τοῦ καλῶς ἔχοντος, πέρα τοῦ
πιθανοῦ. — τὸ τελευταῖον, s. zu II,
38. — οἷα ἐσθίει. In Tauris nämlich,
der jetzigen Krimm, wurden von
den Einwohnern alle Fremden der
Artemis geopfert. — ἐν Δελφοῖς.
Zu Delphoi in Phokis war das be-
rühmteste Orakel des Apollon. —
ἐν Κλάρῳ. Klaros, ein Ort in Io-
nien in der Nähe von Kolophon
auf einer Landspitze, hatte ein
Orakel des Apollon, das von der
Manto, der Tochter des Teiresias,
gegründet worden sein soll. Di-
dyma, jetzt Jeronda oder Joran,

μοις, ἐξαπατᾷ τοὺς χρωμένους αὐτῷ, λοξὰ καὶ ἐπαμφοτερί-
ζοντα πρὸς ἑκάτερον τῆς ἐρωτήσεως ἀποκρινόμενος, ὡς ἀκίν-
δυνον εἶναι τὸ σφάλμα. καὶ πλουτεῖ μὲν ἀπὸ τοῦ τοιούτου·
πολλοὶ γὰρ οἱ ἀνόητοι καὶ παρέχοντες αὑτοὺς καταγοητεύε-
σθαι· πλὴν οὐκ ἀγνοεῖταί γε ὑπὸ τῶν ξυνετωτέρων τὰ πολλὰ
τερατευόμενος· αὐτὸς γοῦν ὁ μάντις ἠγνόει μὲν ὅτι φονεύσει
τὸν ἐρώμενον τῷ δίσκῳ, οὐ προεμαντεύσατο δὲ ὡς φεύξεται
αὐτὸν ἡ Δάφνη, καὶ ταῦτα οὕτω καλὸν καὶ κομήτην
ὄντα. ὥστε οὐχ ὁρῶ καθ᾽ ὅ τι καλλιτεκνοτέρα τῆς Νιόβης
ἔδοξας.

2   ΛΗΤ. Ταῦτα μέντοι τὰ τέκνα, ἡ ξενοκτόνος καὶ ὁ ψευ-
δόμαντις, οἶδα, ὅπως λυπεῖ σε ὁρώμενα ἐν τοῖς θεοῖς, καὶ
μάλιστα ὁπόταν ἡ μὲν ἐπαινῆται ἐς τὸ κάλλος, ὁ δὲ κιθαρίζῃ
ἐν τῷ συμποσίῳ θαυμαζόμενος ὑφ᾽ ἁπάντων.

ΗΡΑ. Ἐγέλασα, ὦ Λητοῖ· ἐκεῖνος θαυμαστός, ὃν ὁ Μαρ-
σύας, εἰ τὰ δίκαια αἱ Μοῦσαι δικάσαι ἤθελον, ἀπέδειρεν ἂν
αὐτὸς κρατήσας τῇ μουσικῇ; νῦν δὲ κατασοφισθεὶς ἄθλιος
ἀπόλωλεν, ἀδίκως ἁλούς· ἡ δὲ καλή σου παρθένος οὕτω καλή
ἐστιν, ὥστε, ἐπεὶ ἔμαθεν ὀφθεῖσα ὑπὸ τοῦ Ἀκταίωνος, φο-
βηθεῖσα μὴ ὁ νεανίσκος ἐξαγορεύσῃ τὸ αἶσχος αὐτῆς, ἐπ-

lag im Gebiete von Miletos in Io-
nien, und hier war der berühmte
Tempel mit dem Orakel des didy-
mäischen Apollon, der Sitz der
Branchiden. — λοξά. Daher das
Beiwort des Apollon Λοξίας. —
πρὸς ἑκάτερον τῆς ἐρωτήσεως, in
utramque interrogationis partem,
so dass der um Rath Fragende die
Antwort nach zwei Seiten hin
deuten konnte.— πλουτεῖ. Bekannt
sind ja die Tempelschätze zu Del-
phoi (s. zu II, 42.) und anderwärts.
— παρέχοντες αὑτ. καταγοητεύε-
σθαι, praebentes se decipiendos.
Apol. pro merc. cond. 1: παρέχειν
ἑαυτὸν ἕλκεσθαι καὶ σύρεσθαι.
Sonst folgt nach παρέχειν der Infi-
nitiv. Activ., s. zu II, 40. Ueber
παρέχειν mit dem Particip. Fut.
Pass. s. zu III, 1.— οὐκ ἀγνοεῖται
.. τερατευόμενος, Kr. Gr. §. 56, 7,
1. — τὸν ἐρώμενον, den Hyakinthos.
— τῆς Νιόβης, Niobe, die Toch-
ter des phrygischen oder lydischen
Königs Tantalos und Gemahlin

des thebanischen Königs Amphion,
überhob sich ihres Kinderreich-
thums gegen die Leto. Die Rache,
welche letztere deshalb an ihr
nahm, ist bekannt durch die in
Florenz noch vorhandene be-
rühmte Marmorgruppe.
2. ἐγέλασα, s. zu Todtengespr.
9, 2. — ὁ Μαρσύας. Der Satyr
Marsyas hatte sich mit dem Apol-
lon in einen Wettkampf im Flö-
tenspiele eingelassen, wobei die
Musen das Richteramt versahen.
Diese entschieden natürlich zu
Gunsten des letzteren, und Mar-
syas wurde lebendig geschunden.
— ἄθλιος ἀπόλωλεν, nicht ἀθλίως, s.
zu IV, 14. Ebenso im Lateinischen
miser periit. — ἁλούς, verur-
theilt. — ἔμαθεν .. ὀφθεῖσα, s.
zu Todtengespr. 10, 5. — Ἀκταίω-
νος. Aktäon, der Enkel des Kad-
mos, wurde von der Artemis in
einen Hirsch verwandelt und von
seinen eigenen Hunden auf dem
Berge Kithäron zerrissen. Ovid.

ἀφῆκεν αὐτῷ τοὺς κύνας· ἐῶ γὰρ λέγειν, ὅτι οὐδὲ τὰς κυούσας
ἂν ἐμαιοῦτο παρθένος γε αὐτὴ οὖσα.

ΛΗΤ. Μέγα, ὦ Ἥρα, φρονεῖς, ὅτι ξύνει τῷ Διὶ καὶ συμ-
βασιλεύεις αὐτῷ, καὶ διὰ τοῦτο ὑβρίζεις ἀδεῶς. πλὴν ἀλλ'
ὄψομαί σε μετ' ὀλίγον αὖθις δακρύουσαν, ὁπόταν σε κατα-
λιπὼν ἐς τὴν γῆν κατίῃ, ταῦρος ἢ κύκνος γενόμενος.

---

12 (18).

ΗΡΑΣ ΚΑΙ ΔΙΟΣ.

ΗΡΑ. Ἐγὼ μὲν ᾐσχυνόμην ἄν, ὦ Ζεῦ, εἴ μοι τοιοῦτος 1
υἱὸς ἦν, θῆλυς οὕτω καὶ διεφθαρμένος ὑπὸ τῆς μέθης, μίτρᾳ
μὲν ἀναδεδεμένος τὴν κόμην, τὰ πολλὰ δὲ μαινομέναις ταῖς
γυναιξὶ συνών, ἁβρότερος αὐτῶν ἐκείνων, ὑπὸ τυμπάνοις καὶ
αὐλῷ καὶ κυμβάλοις χορεύων, καὶ ὅλως παντὶ μᾶλλον ἐοικὼς
ἢ σοὶ τῷ πατρί.

ΖΕΥΣ. Καὶ μὴν οὗτός γε ὁ θηλυμίτρης, ὁ ἁβρότερος
τῶν γυναικῶν, οὐ μόνον, ὦ Ἥρα, τὴν Λυδίαν ἐχειρώσατο
καὶ τοὺς κατοικοῦντας τὸν Τμῶλον ἔλαβε καὶ [τοὺς] Θρᾷκας
ὑπηγάγετο, ἀλλὰ καὶ ἐπ' Ἰνδοὺς ἐλάσας τῷ γυναικείῳ τούτῳ
στρατιωτικῷ τούς τε ἐλέφαντας εἷλε καὶ τῆς χώρας ἐκράτησε
καὶ τὸν βασιλέα πρὸς ὀλίγον ἀντιστῆναι τολμήσαντα αἰχμά-
λωτον ἀπήγαγε, καὶ ταῦτα πάντα ἔπραξεν ὀρχούμενος ἅμα
καὶ χορεύων θύρσοις χρώμενος κιττίνοις, μεθύων, ὡς φῄς,
καὶ ἐνθεάζων. εἰ δέ τις ἐπεχείρησε λοιδορήσασθαι αὐτῷ ὑβρί-
σας ἐς τὴν τελετήν, καὶ τοῦτον ἐτιμωρήσατο ἢ καταδήσας

Metamorph. 3, 131 ff. — ἐμαιοῦτο,
als Eileithyia, daher sie auch λο-
χεία heisst. — παρθένος γε αὐτὴ
οὖσα ⸗ εἰ παρθένος γε αὐτὴ ἦν.
— ταῦρος ἢ κύκνος, nämlich Zeus.
    1. Ἐγὼ μέν. Was ist als Gegen-
satz zu denken? — υἱός, Dionysos.
— μίτρᾳ ἀναδεδ. τὴν κόμην, s. oben
zu 2, 2. — μαινομέναις ταῖς γυ-
ναιξί, den Mänaden oder Bak-
chantinnen. — ὑπὸ τυμπάνοις κτέ.,
s. oben zu 2, 2. — τὴν Λυδίαν,
Landschaft Kleinasiens. De saltat.
22: ὁ Διόνυσος Τυῤῥηνοὺς καὶ Ἰν-
δοὺς καὶ Λυδοὺς ἐχειρώσατο. —
τὸν Τμῶλον, Gebirge Lydiens,
jetzt Boz Dagh. — ἐπ' Ἰνδούς.
Diese Fabel von dem Zuge des

Dionysos nach Indien bildete sich
seit der Zeit Alexanders des Gros-
sen. — στρατιωτικῷ. τὸ στρατιωτικόν
für οἱ στρατιῶται oder ὁ στρατός
wie τὸ βαρβαρικόν für οἱ βάρβαροι,
u. a., s. Kr. Gr. §. 43, 4, 17. Der
Dativ. drückt die Begleitung aus,
auch von Truppen, die dann als
Kriegsmittel dargestellt werden.
Toxar. 39: ἧκον ἐπὶ τὴν χώραν
Σαυρομάται μυρίοις ἱππεῦσιν. u. s.
Ebenso im Latein., Caesar. bell.
gall. 2, 7: ad castra Caesaris om-
nibus copiis contenderunt. Vgl.
Zumpt. §. 473. Ueber die Stellung
von οὗτος s. zu II, 6. — τὴν τελε-
τήν. Zu verstehen von der reli-
giösen Feier, den Orgien des

τοῖς κλήμασιν ἢ διασπασθῆναι ποιήσας ὑπὸ τῆς μητρὸς ὥσπερ
νεβρόν. ὁρᾷς ὡς ἀνδρεῖα ταῦτα καὶ οὐκ ἀνάξια τοῦ πατρός;
εἰ δὲ παιδιὰ καὶ τρυφὴ πρόσεστιν αὐτοῖς, οὐδεὶς φθόνος, καὶ
μάλιστα εἰ λογίσαιτό τις, οἷος ἂν οὗτος νήφων ἦν, ὅπου ταῦτα
μεθύων ποιεῖ.

2   ΗΡΑ. Σύ μοι δοκεῖς ἐπαινέσεσθαι καὶ τὸ εὕρημα αὐτοῦ,
τὴν ἄμπελον καὶ τὸν οἶνον, καὶ ταῦτα ὁρῶν, οἷα οἱ μεθυσθέν-
τες ποιοῦσι σφαλλόμενοι καὶ πρὸς ὕβριν τρεπόμενοι καὶ ὅλως
μεμηνότες ὑπὸ τοῦ ποτοῦ· τὸν γοῦν Ἰκάριον, ᾧ πρώτῳ ἔδωκε
τὸ κλῆμα, οἱ ξυμπόται αὐτοὶ διέφθειραν παίοντες ταῖς δι-
κέλλαις.

ΖΕΥΣ. Οὐδὲν τοῦτο φῄς· οὐ γὰρ ὁ οἶνος ταῦτα οὐδὲ ὁ
Διόνυσος ποιεῖ, τὸ δὲ ἄμετρον τῆς πόσεως καὶ τὸ πέρα τοῦ
καλῶς ἔχοντος ἐμφορεῖσθαι τοῦ ἀκράτου. ὃς δ᾽ ἂν ἔμμετρα
πίνῃ, ἱλαρώτερος μὲν καὶ ἡδίων γένοιτ᾽ ἄν, οἷον δὲ ὁ Ἰκά-
ριος ἔπαθεν, οὐδὲν ἂν ἐργάσαιτο οὐδένα τῶν ξυμποτῶν.
ἀλλὰ σὺ ἔτι ζηλοτυπεῖν ἔοικας, ὦ Ἥρα, καὶ τῆς Σεμέλης
μνημονεύειν, ἥ γε διαβάλλεις τοῦ Διονύσου τὰ κάλλιστα.

Dionysos.—τοῖς κλήμασιν, Wein-
ranken. Worauf sich übrigens
das bezieht, ist zweifelhaft. —
διασπασθῆναι κτέ. Pentheus, Kö-
nig von Thebae, der Sohn des
Echion und der Agaue, der Toch-
ter des Kadmos, leugnete die Gott-
heit des nach Thebae kommenden
Dionysos, und wurde auf dem Ki-
thäron von seiner eigenen Mutter
in bakchischer Wuth zerfleischt.
Ovid. Metam. 3, 512 ff. [des Euri-
pides Bakchen.] — οὐδεὶς φθόνος,
näml. ἐστί, man muss ihm das
nicht verargen oder ver-
übeln, es hat nichts auf sich,
oft vorkommende Formel, Vit.
auct. 21. Hermotim. 76. De con-
scr. hist. 8. Rhet. praec. 1. Pseu-
dol. 30.
    2. Ἰκάριον. Ikarios, ein Athe-
näer, nahm unter Pandion's Re-
gierung den nach Attika kommen-
den Dionysos gastfreundlich auf.

Dafür gab ihm derselbe die Rebe
und Schläuche mit Wein, mit de-
nen er im Lande herumfuhr und
die Gabe des Gottes vertheilte.
Hirten, die ihre davon berauschten
Genossen für vergiftet hielten,
tödteten ihn und stürzten
ihn in einen Brunnen oder be-
gruben ihn unter einem Baume.
— οὐδὲν τοῦτο φῄς, = τοῦτο, ὃ
φῄς, οὐδέν ἐστι, das ist nichts
gesagt. Ebenso Dial. deor. 6, 5.
Iup. trag. 32: ἀγροῖκον τοῦτο εἴρη-
κας. u. ö. Vgl. zu Gall. 26. — τὸ
ἄμετρον, s. zu I, 8. — ἐμφορεῖσθαι
τοῦ ἀκράτου. Prometh. 16: τῆς
ἀμβροσίας ἐνεφορούμεθα, u. das.
die Anm. — ἔμμετρα, Kr. Gr. §.
46, 5, 4. Philopseud. 38: παρθένος
ἔμμετρα φθεγγομένη. Toxar. 62:
ἄσκοπα τετοξεύκαμεν. u. s. —
οὐδὲν .. οὐδένα, Kr. Gr. §. 67,
12, 1. Vgl. 16, 2: μὴ λέγε τοιοῦτον
μηδέν. — ἥ γε, s. zu II, 25.

13 (19).

ΑΦΡΟΔΙΤΗΣ ΚΑΙ ΕΡΩΤΟΣ.

ΑΦΡ. Τί δήποτε, ὦ Ἔρως, τοὺς μὲν ἄλλους θεοὺς κατη- 1
γωνίσω ἅπαντας, τὸν Δία, τὸν Ποσειδῶ, τὸν Ἀπόλλω, τὴν
Ῥέαν, ἐμὲ τὴν μητέρα, μόνης δὲ ἀπέχῃ τῆς Ἀθηνᾶς, καὶ ἐπ'
ἐκείνης ἄπυρος μέν σοι ἡ δᾴς, κενὴ δὲ οἰστῶν ἡ φαρέτρα, σὺ
δὲ ἄτοξος εἶ καὶ ἄστοχος;

ΕΡ. Δέδια, ὦ μῆτερ, αὐτήν· φοβερὰ γάρ ἐστι καὶ χα-
ροπὴ καὶ δεινῶς ἀνδρική· ὁπόταν γοῦν ἐντεινάμενος τὸ τόξον
ἴω ἐπ' αὐτήν, ἐπισείουσα τὸν λόφον ἐκπλήττει με καὶ ὑπό-
τρομος γίνομαι καὶ ἀπορρεῖ μου τὰ τοξεύματα ἐκ τῶν χειρῶν.

ΑΦΡ. Ὁ Ἄρης γὰρ οὐ φοβερώτερος ἦν; καὶ ὅμως ἀφώ-
πλισας αὐτὸν καὶ νενίκηκας.

ΕΡ. Ἀλλὰ ἐκεῖνος ἑκὼν προσίεταί με καὶ προσκαλεῖται,
ἡ Ἀθηνᾶ δὲ ὑφορᾶται ἀεί, καί ποτε ἐγὼ μὲν ἄλλως παρέπτην
πλησίον ἔχων τὴν λαμπάδα, ἡ δέ, εἴ μοι πρόσει, φησί, νὴ
τὸν πατέρα, τῷ δορατίῳ σε διαπείρασα ἢ τοῦ ποδὸς λαβομένη
καὶ ἐς τὸν Τάρταρον ἐμβαλοῦσα ἢ αὐτὴ διασπασαμένη δια-
φθερῶ. πολλὰ τοιαῦτα ἠπείλησε· καὶ ὁρᾷ δὲ δριμὺ καὶ ἐπὶ
τοῦ στήθους ἔχει πρόσωπόν τι φοβερόν, ἐχίδναις κατάκομον,
ὅπερ ἐγὼ μάλιστα δέδια· μορμολύττεται γάρ με, καὶ φεύγω
ὅταν ἴδω αὐτό.

ΑΦΡ. Ἀλλὰ τὴν μὲν Ἀθηνᾶν δέδιας, ὡς φῄς, καὶ τὴν 2
Γοργόνα, καὶ ταῦτα μὴ φοβηθεὶς τὸν κεραυνὸν τοῦ Διός. αἱ
δὲ Μοῦσαι διὰ τί σοι ἄτρωτοι καὶ ἔξω βελῶν εἰσιν; ἢ κἀ-
κεῖναι λόφους ἐπισείουσι καὶ Γοργόνας προφαίνουσιν;

ΕΡ. Αἰδοῦμαι αὐτάς, ὦ μῆτερ· σεμναὶ γάρ εἰσι καὶ ἀεί

---

1. ἐπ' ἐκείνης, bei od. an ihr.
Catapl. 4: μὴ ἐπὶ πάντων χρῶ τῇ
κλεπτικῇ. — ἀφώπλισας αὐτ. καὶ
νενίκηκας. „Man bemerke diese
Zusammenstellung des Aorists
und des Perfekts, du entwaff-
netest ihn (momentan, bei einem
und dem andern Vorfalle), νενίκη-
κας, du hast ihn besiegt, bist
sein Besieger gewesen und
giltst seitdem fortwährend
dafür".Poppo. Vgl.oben 11,1.—
ἄλλως, von ungefähr, nur so,
temere.—καὶ ὁρᾷ δέ, s.zu Todten-
gespr. 4, 1.— δριμύ. Kr.Gr. §. 46,
5, 6. Conviv. 16: δριμὺ καὶ παρά-

φορον βλέπων u. s. — πρόσωπον,
das Medusen- oder Gorgonen-
haupt. Athene nämlich trug einen
Schild, auf dessen Mitte das Me-
dusenhaupt abgebildet war.

2. Μοῦσαι. Anthol. Pal. 9, 39:
Ἁ Κύπρις Μούσαισι· κοράσια, τὰν
Ἀφροδίταν
τιμᾶτ', ἢ τὸν Ἔρων ὔμμιν ἐφο-
πλίσομαι.
χαὶ Μοῦσαι ποτὶ Κύπριν· Ἄρει τὰ
στωμύλα ταῦτα·
ἡμῖν δ' οὐ πέταται τοῦτο τὸ παι-
δάριον.
— ἔξω βελῶν, ausserhalb der

τι φροντίζουσι καὶ περὶ ᾠδὴν ἔχουσι, καὶ ἐγὼ παρίσταμαι
πολλάκις αὐταῖς κηλούμενος ὑπὸ τοῦ μέλους.

ΑΦΡ. Ἔα καὶ ταύτας, ὅτι σεμναί· τὴν δὲ Ἄρτεμιν τίνος
ἕνεκα οὐ τιτρώσκεις;

ΕΡ. Τὸ μὲν ὅλον οὐδὲ καταλαβεῖν αὐτὴν οἷόν τε φεύ-
γουσαν ἀεὶ διὰ τῶν ὀρῶν· εἶτα καὶ ἰδιόν τινα ἔρωτα ἤδη ἐρᾷ.

ΑΦΡ. Τίνος, ὦ τέκνον;

ΕΡ. Θήρας καὶ ἐλάφων καὶ νεβρῶν, αἱρεῖν τε διώκουσα
καὶ κατατοξεύειν, καὶ ὅλως πρὸς τῷ τοιούτῳ ἐστίν· ἐπεὶ τόν
γε ἀδελφὸν αὐτῆς, καίτοι τοξότην καὶ αὐτὸν ὄντα καὶ ἐκη-
βόλον —

ΑΦΡ. Οἶδα, ὦ τέκνον, πολλὰ ἐκεῖνον ἐτόξευσας.

---

14 (20).

ΘΕΩΝ ΚΡΙΣΙΣ.

ΖΕΥΣ, ΕΡΜΗΣ, ΗΡΑ, ΑΘΗΝΑ, ΑΦΡΟΔΙΤΗ, ΠΑΡΙΣ
Η ΑΛΕΞΑΝΔΡΟΣ.

1   ΖΕΥΣ. Ἑρμῆ, λαβὼν τουτὶ τὸ μῆλον ἄπιθι ἐς τὴν Φρυ-
γίαν παρὰ τὸν Πριάμου παῖδα τὸν βουκόλον — νέμει δὲ τῆς
Ἴδης ἐν τῷ Γαργάρῳ — καὶ λέγε πρὸς αὐτόν, ὅτι σέ, ὦ Πάρι,
κελεύει ὁ Ζεύς, ἐπειδὴ καλός τε αὐτὸς εἶ καὶ σοφὸς τὰ ἐρω-
τικά, δικάσαι ταῖς θεαῖς, ἥτις αὐτῶν ἡ καλλίστη ἐστί· τοῦ
δὲ ἀγῶνος τὸ ἄθλον ἡ νικῶσα λαβέτω τὸ μῆλον. ὥρα δὲ ἤδη
καὶ ὑμῖν αὐταῖς ἀπιέναι παρὰ τὸν δικαστήν· ἐγὼ γὰρ ἀπω-

Schusslinie. Sonst bei Lucian.
in der Regel der Singular. ἔξω βέ-
λους. — περὶ ᾠδὴν ἔχουσι, sind
mit Gesang beschäftigt.
Phalar 1, 4: κἀγὼ περὶ ταῦτα εἶχον.
Saturn. 23: περὶ τἄλλα τῶν ὀψο-
ποιῶν ἐχόντων. Macrob. 2. 18 u. ö.
Ebenso ἀμφί τι ἔχειν. Kr. Gr. §.
68, 30, 3. — τὸ μὲν ὅλον, s. zu IV,
2. — τίνος. Wovon abhängig? —
αἱρεῖν τε διώκουσα καὶ κατατο-
ξεύειν. Kr. Gr. §. 55, 3, 20. Horat.
od. 1, 23, 9: non ego te frangere
persequor. — πρὸς τῷ τ. ἐστίν, s.
zu III, 5. De dom. 18: ὅλος δὲ πρὸς
τοῖς ὁρωμένοις ἐστίν. — ἀδελφόν,
den Apollon. — καίτοι .. ὄντα, s.
zu II, 34. — καὶ αὐτόν, et ipsum.
Uebrigens wird hier Eros von der
Aphrodite unterbrochen; er wollte
hinzufügen ἐτόξευσα.

1. τὸ μῆλον, der Eris. Zur Hoch-
zeit des Peleus und der Thetis
waren alle Götter eingeladen mit
Ausnahme der Eris. Dennoch er-
schien sie, ward aber nicht zuge-
lassen, und warf deswegen einen
goldenen Apfel, der die Aufschrift
hatte: „der Schönsten", unter die
Gäste. Nun geriethen darüber
Hera, Athene und Aphrodite in
Streit. Dennoch liess Zeus die Göt-
tinnen auf Gargaron (s. zu 4, 2) zum
Paris, der daselbst seine Heerden
weidete, führen, damit dieser den
Streit entscheide, und dieser denn
sprach jenen Apfel, den Preis der
Schönheit, der Aphrodite zu, weil
sie ihm das schönste Weib, die
Helene, zur Ehe verhiess. — ὅτι,
Kr. Gr. §. 65, 1, 2. — ὑμῖν. Hier-
mit redet Zeus die Göttinnen selbst

θοῦμαι τὴν δίαιταν, ἐπ' ἴσης τε ὑμᾶς ἀγαπῶν καὶ εἴ γε οἷόν
τε ἦν, ἡδέως ἂν ἁπάσας νενικηκυίας εἶδον. ἄλλως τε καὶ
ἀνάγκη, μιᾷ τὸ καλλιστεῖον ἀποδόντα πάντως ἀπεχθάνεσθαι
ταῖς πλείοσι. διὰ ταῦτα αὐτὸς μὲν οὐκ ἐπιτήδειος ὑμῖν δι-
καστής, ὁ δὲ νεανίας ὁ Φρύξ, ἐφ' ὃν ἄπιτε, βασιλικὸς μέν
ἐστι καὶ Γανυμήδους τούτου ξυγγενής, τἄλλα δὲ ἀφελὴς καὶ
ὄρειος· οὐκ ἄν τις αὐτὸν ἀπαξιώσειε τοιαύτης θέας.

ΑΦΡ. Ἐγὼ μέν, ὦ Ζεῦ, εἰ καὶ τὸν Μῶμον αὐτὸν ἐπι- 2
στήσειας ἡμῖν δικαστήν, θαρροῦσα βαδιοῦμαι πρὸς τὴν ἐπί-
δειξιν· τί γὰρ ἂν καὶ μωμήσαιτό μου; χρὴ δὲ καὶ ταύταις
ἀρέσκειν τὸν ἄνθρωπον.

ΗΡΑ. Οὐδ' ἡμεῖς, ὦ Ἀφροδίτη, δέδιμεν, οὐδ' ἂν ὁ
Ἄρης ὁ σὸς ἐπιτραπῇ τὴν δίαιταν· ἀλλὰ δεχόμεθα καὶ τοῦτον,
ὅστις ἂν ᾖ, τὸν Πάριν.

ΖΕΤΣ. Ἦ καὶ σοὶ ταῦτα, ὦ θύγατερ, συνδοκεῖ; τί φής;
ἀποστρέφῃ καὶ ἐρυθριᾷς; ἔστι μὲν ἴδιον τὸ αἰδεῖσθαι τά γε
τοιαῦτα ὑμῶν τῶν παρθένων· ἐπινεύεις δὲ ὅμως. ἄπιτε οὖν
καὶ ὅπως μὴ χαλεπήνητε τῷ δικαστῇ αἱ νενικημέναι μηδὲ
κακὸν ἐντρίψησθε τῷ νεανίσκῳ· οὐ γὰρ οἷόν τε ἐπ' ἴσης
πάσας εἶναι καλάς.

ΕΡΜ. Προΐωμεν εὐθὺ τῆς Φρυγίας, ἐγὼ μὲν ἡγούμενος, 3
ὑμεῖς δὲ μὴ βραδέως ἀκολουθεῖτέ μοι, καὶ θαρρεῖτε· οἶδα
ἐγὼ τὸν Πάριν, νεανίας ἐστὶ καλὸς καὶ τὰ ἄλλα ἐρωτικὸς καὶ
τὰ τοιαῦτα κρίνειν ἱκανώτατος· οὐκ ἂν ἐκεῖνος δικάσειε
κακῶς.

ΑΦΡ. Τοῦτο μὲν ἅπαν ἀγαθὸν καὶ πρὸς ἐμοῦ λέγεις, τὸ

---

an. — ἀγαπῶν καὶ .. εἶδον. Be-
achte die Aenderung der Con-
struction; sollte dieselbe beobach-
tet werden, dann musste Luc. im
Particip. fortfahren. Allein der-
artige Uebergänge vom Particip.
zum Verbum finitum sind nicht
selten, sondern sehr häufig; vgl.
Kr, Gr. §. 50, 2, 5. Auffälliger als
hier Thucyd. 2, 29: Τήρης δὲ οὔτε
τὸ αὐτὸ ὄνομα ἔχων βασιλεύς τε
πρῶτος ἐγένετο. — δικαστής, näml.
εἰμί.

2. τί .. μωμήσαιτό μου. Piscat.
42: καὶ ὅ τις ἂν μέμψαιτό σου μά-
λιστα. Kr. Gr. §. 47, 10, 2. — ὁ σός,
sarkastisch, dein Liebhaber. —
ἐπιτραπῇ τὴν δίαιταν. Nigr. 34:

οἱ τὰς πόλεις ἐπιτετραμμένοι. Kr.
Gr. §. 52, 4, 5. — ὅπως μὴ χαλεπή-
νητε .. μηδὲ ἐντρίψησθε. Man
sollte χαλεπανεῖτε und ἐντρίψεσθε
erwarten, s. zu II, 48. Kr. Gr. §.
54, 8, 7. Allein bei einem Schrift-
steller wie Lucian. darf man gegen
alle Handschriften zu keinen ge-
waltsamen Aenderungen schrei-
ten. Vgl. Cronosol. 10: ὑμεῖς δὲ
ὁρᾶτε ὅπως μὴ παρανομήσητε μηδὲ
παρακούσητε τῶνδε τῶν προσταγ-
μάτων. — ἐντρίψησθε, s. zu III, 10.

3. βραδέως. Hermes, der schnelle
Götterbote, fürchtet den Aufent-
halt unterwegs, da er mit Weibern
zu thun hat. — πρὸς ἐμοῦ, zu mei-
nem Vortheil. Sophocl. Oed.

δίκαιον ἡμῖν εἶναι τὸν δικαστήν. πότερα δὲ ἄγαμός τίς ἐστιν
οὗτος ἢ καὶ γυνή τις αὐτῷ σύνεστιν;

ΕΡΜ. Οὐ παντελῶς ἄγαμος, ὦ Ἀφροδίτη.

ΑΦΡ. Πῶς λέγεις;

ΕΡΜ. Δοκεῖ τις αὐτῷ συνοικεῖν Ἰδαία γυνή, ἱκανὴ μέν,
ἀγροῖκος δὲ καὶ δεινῶς ὄρειος, ἀλλ᾽ οὐ σφόδρα προσέχειν
αὐτῇ ἔοικε. τίνος δ᾽ οὖν ἕνεκα ταῦτα ἐρωτᾷς;

ΑΦΡ. Ἄλλως ἠρόμην.

4   ΑΘ. Παραπρεσβεύεις, ὦ οὗτος, ἰδίᾳ ταύτῃ κοινολογού-
μενος.

ΕΡΜ. Οὐδέν, ὦ Ἀθηνᾶ, δεινόν, οὐδὲ καθ᾽ ὑμῶν, ἀλλ᾽
ἤρετό με, εἰ ἄγαμος ὁ Πάρις ἐστίν.

ΑΘ. Ὡς δὴ τί τοῦτο πολυπραγμονοῦσα;

ΕΡΜ. Οὐκ οἶδα· φησὶ δ᾽ οὖν ὅτι ἄλλως ἐπελθόν, οὐκ
ἐξεπίτηδες ἤρετο.

ΑΘ. Τί οὖν; ἄγαμός ἐστιν;

ΕΡΜ. Οὐ δοκεῖ.

ΑΘ. Τί δαί; τῶν πολεμικῶν ἐστιν αὐτῷ ἐπιθυμία καὶ
φιλόδοξός τις ἢ τὸ πᾶν βουκόλος;

ΕΡΜ. Τὸ μὲν ἀληθὲς οὐκ ἔχω εἰπεῖν, εἰκάζειν δὲ χρὴ
νέον ὄντα καὶ τούτων ὀρέγεσθαι τυχεῖν, καὶ βούλεσθαι ἂν
πρῶτον αὐτὸν εἶναι κατὰ τὰς μάχας.

ΑΦΡ. Ὁρᾷς; οὐδὲν ἐγὼ μέμφομαι οὐδὲ ἐγκαλῶ σοι
πρὸς ταύτην ἰδίᾳ λαλεῖν· μεμψιμοίρων γὰρ καὶ οὐκ Ἀφρο-
δίτης τὰ τοιαῦτα.

ΕΡΜ. Καὶ αὕτη σχεδὸν ταὐτά με ἤρετο· διὸ μὴ χαλεπῶς
ἔχε μηδ᾽ οἵου μειονεκτεῖν, εἴ τι καὶ ταύτῃ κατὰ τὸ ἁπλοῦν

tyr. 1434: πρὸς σοῦ γὰρ, οὐδ᾽ ἐμοῦ,
φράσω. Aristophan. vesp. 647: τὴν
γὰρ ἐμὴν ὀργὴν πεπᾶναι χαλεπὸν
μὴ πρὸς ἐμοῦ λέγοντι. u. s. Kr. Gr.
§. 68, 37, 1. — πότερα, seltener als
πότερον. — Ἰδαία γυνή, Oenone,
die Tochter des Flussgottes Ke-
bren. — ἱκανή, quae sufficit, d. i.
schön genug. — οὐ σφόδρα προσέ-
χειν αὐτῇ, sich nicht viel aus
ihr machen. — ἄλλως, nur so,
temere, Piscat. 20: ἄλλως τοῦτο
ἠρόμην. u. s.
4. ὦ οὗτος, heus tu, mein Lie-
ber, oft bei Lucian., vgl. §. 9: ὦ
αὗται. — ὡς δὴ τί. Seltnere ellip-
tische Formel wie sonst ἵνα τί, s.

Kr. Gr. §. 51, 17, 8. Ebenso Ne-
cyom. 8. — τοῦτο. Welches Ver-
bum ist zu ergänzen? — ἄλλως
ἐπελθόν, indem es ihr nur so
beikam, Accusativ. absolut., Kr.
Gr. §. 56, 9,5. Ebenso κεκελευσμέ-
νον §. 8. — ἄγαμός ἐστιν; Athene
fragt deshalb so, weil sie fürchtete,
Paris könnte noch unverheirathet
sein und dann zu Gunsten der
Aphrodite entscheiden. — τὸ πᾶν,
ganz und gar. — βούλεσθαι ἄν.
Warum ἄν erst hier und nicht
schon bei ὀρέγεσθαι? Vgl. Kr.Gr.
§. 69, 7, 1. — κατὰ τὸ ἁπλοῦν,
schlicht, schlechthin. Ebenso
κατὰ τὸ ἀκούσιον Piscat. 12. u. s.

ἀπεκρινάμην. ἀλλὰ μεταξὺ λόγων ἤδη πολὺ προϊόντες ἀπε- 5
σπάσαμεν τῶν ἀστέρων καὶ σχεδόν γε κατὰ τὴν Φρυγίαν
ἐσμέν. ἐγὼ δὲ καὶ τὴν Ἴδην ὁρῶ καὶ τὸ Γάργαρον ὅλον
ἀκριβῶς, εἰ δὲ μὴ ἐξαπατῶμαι, καὶ αὐτὸν ὑμῶν τὸν δικαστὴν
τὸν Πάριν.

ΗΡΑ. Ποῦ δέ ἐστιν; οὐ γὰρ κἀμοὶ φαίνεται.

ΕΡΜ. Ταύτῃ, ὦ Ἥρα, πρὸς τὰ λαιὰ περισκόπει, μὴ πρὸς
ἄκρῳ τῷ ὄρει, παρὰ δὲ τὴν πλευράν, οὗ τὸ ἄντρον, ἔνθα τὴν
ἀγέλην ὁρᾷς.

ΗΡΑ. Ἀλλ' οὐχ ὁρῶ τὴν ἀγέλην.

ΕΡΜ. Πῶς φής; οὐχ ὁρᾷς βοΐδια κατὰ τὸν ἐμὸν οὑτωσὶ
δάκτυλον ἐκ μέσων τῶν πετρῶν προερχόμενα, καί τινα ἐκ
τοῦ σκοπέλου καταθέοντα καλαύροπα ἔχοντα καὶ ἀνείργοντα
μὴ πρόσω διασχίδνασθαι τὴν ἀγέλην;

ΗΡΑ. Ὁρῶ νῦν, εἴ γε ἐκεῖνός ἐστιν.

ΕΡΜ. Ἀλλ' ἐκεῖνος. ἐπειδὴ δὲ πλησίον ἤδη ἐσμέν, ἐπὶ
τῆς γῆς, εἰ δοκεῖ, καταστάντες βαδίζωμεν, ἵνα μὴ διαταράξω-
μεν αὐτὸν ἄνωθεν ἐξ ἀφανοῦς καθιπτάμενοι.

ΗΡΑ. Εὖ λέγεις, καὶ οὕτω ποιῶμεν. ἐπεὶ δὲ καταβεβή-
καμεν, ὥρα σοι, ὦ Ἀφροδίτη, προϊέναι καὶ ἡγεῖσθαι ἡμῖν
τῆς ὁδοῦ· σὺ γάρ, ὡς τὸ εἰκός, ἔμπειρος εἶ τοῦ χωρίου, πολ-
·κις, ὡς λόγος, κατελθοῦσα πρὸς Ἀγχίσην.

ΑΦΡ. Οὐ σφόδρα, ὦ Ἥρα, τούτοις ἄχθομαι τοῖς σκώμ-
μασιν.

ΕΡΜ. Ἀλλ' ἐγὼ ὑμῖν ἡγήσομαι· καὶ γὰρ αὐτὸς ἐνδιέ- 6
τριψα τῇ Ἴδῃ, ὁπότε δὴ ὁ Ζεὺς ἤρα τοῦ μειρακίου τοῦ Φρυ-
γός, καὶ πολλάκις δεῦρο ἦλθον ὑπ' ἐκείνου καταπεμφθεὶς ἐς
ἐπισκοπὴν τοῦ παιδός, καὶ ὁπότε γε ἤδη ἐν τῷ ἀετῷ ἦν,
συμπαριπτάμην αὐτῷ καὶ συνεκούφιζον τὸν καλόν, καὶ εἴ γε
μέμνημαι, ἀπὸ ταυτησὶ τῆς πέτρας αὐτὸν ἀνήρπασεν. ὁ μὲν

---

5. μεταξὺ λόγων, s. zu IV, 24. —
πολὺ gehört zu ἀπεσπάσαμεν.
Ueber ἀπεσπάσαμεν s. zu IV, 21.
— κατὰ τὸν ἐμὸν οὑτωσὶ δάκτυλον,
so nach Art meines Fingers,
d. i. so klein wie mein Finger. —
ἀνείργοντα μή, Kr. Gr. §. 67, 12,
3. Vgl. zu III, 6. — διασχίδνασθαι.
In Prosa erst seit Aristoteles vor-
kommende Form. — Ἀλλ' ἐκεῖνος,
freilich ist er's; s. zu II, 36.
Toxar. 50. — καθιπτάμενοι, un-
attische, aber bei Späteren häufige
Form für καταπετόμενοι. Vgl. §.
6. συμπαριπτάμην. Catapl. 2:
ἀνίπταται. Amor. 6: διιπτάμεθα.
— ὡς τὸ εἰκός, wie natürlich,
oft bei Lucian., minder häufig ὡς
εἰκός.

6. ὁπότε δή, als eben. Ebenso
ὅτε δή. — ἐν τῷ ἀετῷ ἦν, d. i. als
er die Gestalt des Adlers an-
genommen hatte. Vgl. Asin.56:
καλλίων αὐτῇ φανεῖσθαι λέγων νῦν

γὰρ ἔτυχε τότε συρίζων πρὸς τὸ ποίμνιον· καταπτάμενος δὲ
ὄπισθεν αὐτὸς ὁ Ζεύς, κούφως μάλα τοῖς ὄνυξι περιβαλὼν
καὶ τῷ στόματι τὴν ἐπὶ τῇ κεφαλῇ τιάραν ἔχων, ἀνέφερε τὸν
παῖδα τεταραγμένον καὶ τῷ τραχήλῳ ἀπεστραμμένῳ ἐς αὐτὸν
ἀποβλέποντα. τότε οὖν ἐγὼ τὴν σύριγγα λαβὼν — ἀποβεβλή-
κει γὰρ αὐτὴν ὑπὸ τοῦ δέους — — ἀλλὰ γὰρ ὁ διαιτητὴς
7 οὑτοσὶ πλησίον, ὥστε προσείπωμεν αὐτόν. Χαῖρε, ὦ βουκόλε.

ΠΑΡ. [Νὴ] καὶ σύ γε, ὦ νεανίσκε. τίς δὲ ὢν δεῦρο
ἀφῖξαι πρὸς ἡμᾶς; ἢ τίνας ταύτας ἄγεις τὰς γυναῖκας; οὐ
γὰρ ἐπιτήδειαι ὀρεοπολεῖν, οὕτω γε οὖσαι καλαί.

ΕΡΜ. Ἀλλ᾽ οὐ γυναῖκές εἰσιν, Ἥραν δέ, ὦ Πάρι, καὶ
Ἀθηνᾶν καὶ Ἀφροδίτην ὁρᾷς, κἀμὲ τὸν Ἑρμῆν ὁ Ζεὺς ἀπέ-
στειλεν. ἀλλὰ τί τρέμεις καὶ ὠχριᾷς; μὴ δέδιθι· χαλεπὸν
γὰρ οὐδέν· κελεύει δέ σε δικαστὴν γενέσθαι τοῦ κάλλους
αὐτῶν· Ἐπεὶ γάρ, φησί, καλός τε αὐτὸς εἶ καὶ σοφὸς τὰ ἐρω-
τικά, σοὶ τὴν γνῶσιν ἐπιτρέπω, τοῦ δὲ ἀγῶνος τὸ ἆθλον εἴσῃ
ἀναγνοὺς τὸ μῆλον.

ΠΑΡ. Φέρ᾽ ἴδω τί καὶ βούλεται. Ἡ ΚΑΛΗ, φησί,
ΛΑΒΕΤΩ. πῶς ἂν οὖν, ὦ δέσποτα Ἑρμῆ, δυνηθείην ἐγὼ
θνητὸς αὐτὸς καὶ ἀγροῖκος ὢν δικαστὴς γενέσθαι παραδόξου
θέας καὶ μείζονος ἢ κατὰ βουκόλον; τὰ γὰρ τοιαῦτα κρίνειν
τῶν ἁβρῶν μᾶλλον καὶ ἀστικῶν· τὸ δὲ ἐμόν, αἶγα μὲν αἰγὸς
ὁποτέρα καλλίων καὶ δάμαλιν ἄλλης δαμάλεως, τάχ᾽ ἂν δι-
8 κάσαιμι κατὰ τὴν τέχνην· αὗται δὲ πᾶσαί τε ὁμοίως καλαὶ
καὶ οὐκ οἶδ᾽ ὅπως ἄν τις ἀπὸ τῆς ἑτέρας ἐπὶ τὴν ἑτέραν μετ-
αγάγοι τὴν ὄψιν ἀποσπάσας· οὐ γὰρ ἐθέλει ἀφίστασθαι ῥᾳ-

ἐν ἀνθρώπῳ ἄν. — λαβών, Apo-
siopesis. — ἀποβεβλήκει. Das Aug-
mentum fehlt bei Lucian. mehrfach
beim Plusquamperf. — ὑπὸ τοῦ
δέους, s. zu II, 40. — ἀλλὰ γάρ, at
enim. Diese Partikeln sind auf el-
liptische Weise zusammengestellt,
wobei man den zu ἀλλά gehörigen
Gedanken (doch ich will davon ab-
brechen; denn u. s. w.) aus dem
Zusammenhange zu ergänzen hat.
De merc. cond. 1. Bis accus. 26.
Amor. 23. Kr. Gr. §. 69, 14, 4.

7. τίνας ταύτας ἄγεις τὰς γυναῖ-
κας = τίνες αὐταί εἰσιν αἱ γυναῖ-
κες, ἃς ἄγεις, s. zu IV, 11. — ὀρεο-
πολεῖν. Nur hier vorkommendes

Wort. — κελεύει, näml. Ζεύς. —
φέρ᾽ ἴδω. Kr. Gr. §. 54, 2, 1. —
τί καὶ βούλεται, quid tandem sibi
velit, näml. die Aufschrift. — πῶς
ἂν οὖν. Bei anderen Schriftstel-
lern, wie Xenophon, ist nach den
besseren Handschriften die ge-
wöhnlichere Wortstellung πῶς
οὖν ἄν. — ἢ κατά, als dass es
ein Kuhhirt beurtheilen
kann, Kr. Gr. §. 49, 4. — τὸ δὲ
ἐμόν, quod vero ad me attinet. Vgl.
Gall. 3. — αἶγα κτέ. Icaromenipp.
8: τὴν μὲν γὰρ ἐναντιότητα ὁπόση
τῶν λόγων ῥᾴδιον καταμαθεῖν.
Vitar. auct. 16: οὐχ ὁρᾷς τὸν Ἄνου-
βιν τὸν ἐν Αἰγύπτῳ ὅσος;

8. ἐθέλει, näml. ἡ ὄψις. — ἀπι-

δίως, ἀλλ' ἔνθα ἂν ἀπερείσῃ τὸ πρῶτον, τούτου ἔχεται καὶ
τὸ παρὸν ἐπαινεῖ· κἂν ἐπ' ἄλλο μεταβῇ, κἀκεῖνο καλὸν ὁρᾷ
καὶ παραμένει καὶ ὑπὸ τῶν πλησίον παραλαμβάνεται, καὶ
ὅλως περικέχυταί μοι τὸ κάλλος αὐτῶν καὶ ὅλον περιείληφέ
με καὶ ἄχθομαι, ὅτι μὴ καὶ αὐτός, ὥσπερ ὁ Ἄργος, ὅλῳ βλέ-
πειν δύναμαι τῷ σώματι. δοκῶ δ' ἂν μοι καλῶς δικάσαι,
πάσαις ἀποδοὺς τὸ μῆλον. καὶ γὰρ αὖ καὶ τόδε, ταύτην μὲν
εἶναι συμβέβηκε τοῦ Διὸς ἀδελφὴν καὶ γυναῖκα, ταύτας δὲ
θυγατέρας. πῶς οὖν οὐ χαλεπὴ καὶ οὕτως ἡ κρίσις;

ΕΡΜ. Οὐκ οἶδα· πλὴν οὐχ οἷόν τε ἀναδῦναι πρὸς τοῦ
Διὸς κεκελευσμένον.

ΠΑΡ. Ἓν τοῦτο, ὦ Ἑρμῆ, πεῖσον αὐτάς, μὴ χαλεπῶς 9
ἔχειν μοι τὰς δύο τὰς νενικημένας, ἀλλὰ μόνων τῶν ὀφθαλ-
μῶν ἡγεῖσθαι τὴν διαμαρτίαν.

ΕΡΜ. Οὕτω φασὶ ποιήσειν· ὥρα δέ σοι ἤδη περαίνειν
τὴν κρίσιν.

ΠΑΡ. Πειρασόμεθα· τί γὰρ ἂν καὶ πάθοι τις; ἐκεῖνο δὲ
πρότερον εἰδέναι βούλομαι, πότερα ἐξαρκέσει σκοπεῖν αὐτάς,
ὡς ἔχουσιν, ἢ καὶ ἀποδῦσαι δεήσει πρὸς τὸ ἀκριβὲς τῆς ἐξε-
τάσεως;

ΕΡΜ. Τοῦτο μὲν σὸν ἂν εἴη τοῦ δικαστοῦ, καὶ πρόσταττε,
ὅπη καὶ θέλεις.

ΠΑΡ. Ὅπη καὶ θέλω; γυμνὰς ἰδεῖν βούλομαι.

ΕΡΜ. Ἀπόδυτε, ὦ αὗται· σὺ δὲ ἐπισκόπει· ἐγὼ δὲ ἀπε-
στράφην.

ΗΡΑ. Καλῶς, ὦ Πάρι· καὶ πρώτη γε ἀποδύσομαι, 10
ὅπως μάθῃς, ὅτι μὴ μόνας ἔχω τὰς ὠλένας λευκὰς μηδὲ τῷ

ρείσῃ, näml. τὴν ὄψιν. Icarome-
nipp. 12: τὴν ὄψιν εἴσω ἀπηρεισά-
μην. — καλόν, als etwas Schö-
nes. — ὑπὸ τῶν πλησίον, von den
nächsten Gegenständen. —
ὁ Ἄργος, s. oben zu 3, 1. — καὶ γὰρ
αὖ καὶ τόδε, denn es kommt
auch wieder das in Betracht.
Die Verbindung καὶ γὰρ αὖ καί ist
sehr häufig bei Lucian., vgl. Piscat.
34. De sacrif. 6. De merc. cond.
27. 36. De morte Peregr. 21 u. s.
— συμβέβηκε, s. zu IV, 16. — καὶ
οὕτως, auch so, auch in dieser
Beziehung. — ἀναδῦναι, zu-
rücktreten, sich zurückzie-
hen; vgl. Pro imagin. 16. — κεκε-

λευσμένον, da es befohlen wor-
den ist; s. zu §. 4.

9. τί γὰρ ἂν καὶ πάθοι τις, s. zu
II, 39. — ὡς ἔχουσιν, wie sie da
sind. — πρὸς τὸ ἀκριβὲς τῆς ἐξε-
τάσεως, d. i. behufs genauer
Untersuchung. — σὸν ἂν εἴη
τοῦ δικαστοῦ. Iup. tragoed. 22:
ὑμέτερον ἂν εἴη ἰᾶσθαι ταῦτα τῶν
προαγαγόντων. Apol. pro merc.
cond. 4: τὸ δὲ σὸν οὐ παρὰ μικρὸν
ἀτοπώτερον ἀκριβοῦντος.. καὶ κατη-
γοροῦντος. u. s. Gall. 29. Ebenso
im Latein., nomen meum absentis
Cic. Planc. 10, 26 u. s. Kr. Gr. §.
47, 5, 1. — ἐγὼ δὲ ἀπεστράφην,

7*

βοῶπις εἶναι μέγα φρονῶ, ἐπ' ἴσης δέ εἰμι πᾶσα καὶ ὁμοίως καλή.

ΠΑΡ. Ἀπόδυθι καὶ σύ, ὦ Ἀφροδίτη.

ΑΘ. Μὴ πρότερον ἀποδύσῃς αὐτήν, ὦ Πάρι, πρὶν ἂν τὸν κεστὸν ἀπόθηται — φαρμακὶς γάρ ἐστι — μή σε καταγοητεύσῃ δι' αὐτοῦ. καίτοι γε ἐχρῆν μηδὲ οὕτω κεκαλλωπισμένην παρεῖναι μηδὲ τοσαῦτα ἐντετριμμένην χρώματα καθάπερ ὡς ἀληθῶς ἑταίραν τινά, ἀλλὰ γυμνὸν τὸ κάλλος ἐπιδεικνύειν.

ΠΑΡ. Εὖ λέγουσι τὸ περὶ τοῦ κεστοῦ, καὶ ἀπόθου.

ΑΦΡ. Τί οὖν οὐχὶ καὶ σύ, ὦ Ἀθηνᾶ, τὴν κόρυν ἀφελοῦσα ψιλὴν τὴν κεφαλὴν ἐπιδεικνύεις, ἀλλ' ἐπισείεις τὸν λόφον καὶ τὸν δικαστὴν φοβεῖς; ἢ δέδιας, μή σοι ἐλέγχηται τὸ γλαυκὸν τῶν ὀμμάτων ἄνευ τοῦ φοβεροῦ βλεπόμενον;

ΑΘ. Ἰδού σοι ἡ κόρυς αὕτη ἀφῄρηται.

ΑΦΡ. Ἰδοὺ καί σοι ὁ κεστός.

ΗΡΑ. Ἀλλὰ ἀποδυσώμεθα.

11 ΠΑΡ. Ὦ Ζεῦ τεράστιε τῆς θέας, τοῦ κάλλους, τῆς ἡδονῆς. οἷα μὲν ἡ παρθένος, ὡς δὲ βασιλικὸν αὕτη καὶ σεμνὸν ἀπολάμπει καὶ ἀληθῶς ἄξιον τοῦ Διός, ὡς δὲ ὁρᾷ ἥδε ἡδέως. καὶ γλαφυρόν τι καὶ προσαγωγὸν ἐμειδίασεν. ἀλλ' ἤδη μὲν ἅλις ἔχω τῆς εὐδαιμονίας· εἰ δοκεῖ δέ, καὶ ἰδίᾳ καθ' ἑκάστην ἐπιδεῖν βούλομαι, ὡς νῦν γε ἀμφίβολός εἰμι καὶ οὐκ οἶδα πρὸς ὅ τι ἀποβλέψω πάντῃ τὰς ὄψεις περισπώμενος.

ΑΦΡ. Οὕτω ποιῶμεν.

ΠΑΡ. Ἄπιτε οὖν αἱ δύο· σὺ δέ, ὦ Ἥρα, περίμενε.

ΗΡΑ. Περιμενῶ, κἀπειδάν με ἀκριβῶς ἴδῃς, ὥρα σοι

---

ich aber habe mich abgewandt.

10. ἐπ' ἴσης .. ὁμοίως. Ersteres bezieht sich auf die Quantität, letzteres auf die Qualität. — μὴ πρότερον ἀποδύσῃς αὐτήν, d. i. lass dieselbe sich nicht eher ausziehen. — τὸν κεστόν. Der Sitz der bezaubernden Gewalt, die Aphrodite über Götter und Menschen ausübt, ist ihr Gürtel; vgl. Il. 14, 214 ff. — φαρμακὶς γάρ ἐστι, s. zu IV, 10. — καίτοι γε. Steht γὲ gleich nach καίτοι, so afficirt es den ganzen Satz; sind aber

die Partikeln getrennt, so hebt γὲ das Wort, nach dem es steht, hervor. Ebenso wie hier Abdicat. 18. 19. Parasit. 10. u. s. Dasselbe gilt von μέντοι γε. — ὡς ἀληθῶς, s. zu I, 10. — Εὖ λέγουσι κτέ. Diese Worte spricht Paris zur Aphrodite gewandt. — τί οὖν οὐχὶ .. ἐπιδεικνύεις, s. zu II, 31.

11. ὦ Ζεῦ τεράστιε, s. oben zu Todtengespr. 20, 4. — τῆς θέας, Kr. Gr. §. 47, 3, 1. — οἷα μὲν ἡ παρθένος, Athene. — αὕτη, Hera. — ἥδε, Aphrodite. — καθ' ἑκάστην, singulas. Toxar. 30: ἀνεσκοπεῖτο καθ' ἕκαστον τῶν δεδεμένων. Iupit.

καὶ ἄλλα ἤδη σκοπεῖν, εἰ καλά σοι καὶ τὰ δῶρα τῆς ψήφου
τῆς ἐμῆς· ἢν γάρ με, ὦ Πάρι, δικάσῃς εἶναι καλήν, ἁπάσης
ἔσῃ τῆς Ἀσίας δεσπότης.

ΠΑΡ. Οὐκ ἐπὶ δώροις μὲν τὰ ἡμέτερα. ἀλλ' ἄπιθι·
πεπράξεται γὰρ ἅπερ ἂν δοκῇ. σὺ δὲ πρόσιθι ἡ Ἀθηνᾶ.   12

ΑΘ. Παρέστηκά σοι, κᾆτα ἤν με, ὦ Πάρι, δικάσῃς κα-
λήν, οὔποτε ἥττων ἄπει ἐκ μάχης, ἀλλ' ἀεὶ κρατῶν· πολε-
μιστὴν γάρ σε καὶ νικηφόρον ἀπεργάσομαι.

ΠΑΡ. Οὐδέν, ὦ Ἀθηνᾶ, δεῖ μοι πολέμου καὶ μάχης·
εἰρήνη γάρ, ὡς ὁρᾷς, τὰ νῦν ἐπέχει τὴν Φρυγίαν τε καὶ
Λυδίαν καὶ ἀπόλεμος ἡμῖν ἡ τοῦ πατρὸς ἀρχή. θάρρει δέ·
οὐ μειονεκτήσεις γάρ, κἂν μὴ ἐπὶ δώροις δικάζωμεν. ἀλλ' ἔν-
δυθι ἤδη καὶ ἐπίθου τὴν κόρυν· ἱκανῶς γὰρ εἶδον. τὴν
Ἀφροδίτην παρεῖναι καιρός.

ΑΦΡ. Αὕτη σοι ἐγὼ πλησίον, καὶ σκόπει καθ' ἓν ἀκρι-   13
βῶς μηδὲν παρατρέχων, ἀλλ' ἐνδιατρίβων ἑκάστῳ τῶν με-
ρῶν. εἰ δ' ἐθέλεις, ὦ καλέ, καὶ τάδε μου ἄκουσον· ἐγὼ γὰρ
πάλαι ὁρῶσά σε νέον ὄντα καὶ καλόν, ὁποῖον οὐκ οἶδ' εἴ τινα
ἕτερον ἡ Φρυγία τρέφει, μακαρίζω μὲν τοῦ κάλλους, αἰτιῶμαι
δὲ τὸ μὴ ἀπολιπόντα τοὺς σκοπέλους καὶ ταυτασὶ τὰς πέτρας
κατ' ἄστυ ζῆν, ἀλλὰ διαφθείρειν τὸ κάλλος ἐν ἐρημίᾳ. τί μὲν
γὰρ ἂν σὺ ἀπολαύσειας τῶν ὀρῶν; τί δ' ἂν ἀπόναιντο τοῦ
σοῦ κάλλους αἱ βόες; ἔπρεπε δὲ ἤδη σοι καὶ γεγαμηκέναι, μὴ
μέντοι ἀγροῖκόν τινα καὶ χωρῖτιν, οἷαι κατὰ τὴν Ἴδην αἱ
γυναῖκες, ἀλλά τινα ἐκ τῆς Ἑλλάδος, ἢ Ἀργόθεν ἢ ἐκ Κορίν-
θου ἢ Λάκαιναν, οἷάπερ ἡ Ἑλένη ἐστί, νέα τε καὶ καλὴ καὶ
κατ' οὐδὲν ἐλάττων ἐμοῦ, καὶ τὸ δὴ μέγιστον, ἐρωτική. ἐκεί-
νη γὰρ δὴ εἰ καὶ μόνον θεάσαιτό σε, οἶδα ἐγώ, πάντα ἀπολι-
ποῦσα καὶ παρασχοῦσα ἑαυτὴν ἔκδοτον ἕψεται καὶ συνοικήσει.
πάντως δὲ καὶ σὺ ἀκήκοάς τι περὶ αὐτῆς.

conf. 17 u. s. Ebenso im Folg. καθ'
ἕν. — τὰ δῶρα τῆς ψήφου τῆς ἐμῆς,
d. i. dona suffragii mihi dati, τῆς
ἐμῆς also objectiv., Kr. Gr. §. 47,
7, 8. Sophocl. Electr. 343: τἀμὰ
νουθετήματα. die Ermahnungen,
die du mir gibst. — οὐκ ἐπὶ δώ-
ροις τὰ ἡμέτερα, d. i. unsere
Sache bezweckt nicht Ge-
schenke. — πεπράξεται. Ueber
die Bedeutung dieses dritten Fu-
tur. s. Kr. Gr. §. 53, 9, 3.

12. τὰ νῦν, für jetzt, Kr. Gr.
§. 50, 5, 13.

13. αὕτη, deiktisch, hier. — ἐγὼ
γάρ, ich nämlich. — αἰτιῶμαι δὲ
τὸ μή, ich mache dir es aber
zum Vorwurf, dass du nicht
u. s. w. — ἀπόναιντο, mehr poeti-
sches Wort; auch Amor. 52. u. Pa-
ras. 1. — ἔπρεπε, decebat. — γὰρ
δή, nam profecto od. utique, sehr
häufig bei Lucian. — οἶδα ἐγώ,

ΠΑΡ. Οὐδέν, ὦ Ἀφροδίτη· νῦν δὲ ἡδέως ἂν ἀκούσαιμί σου τὰ πάντα διηγουμένης.

14 *ΑΦΡ.* Αὕτη θυγάτηρ μέν ἐστι Λήδας, ἐκείνης τῆς καλῆς, ἐφ' ἣν ὁ Ζεὺς κατέπτη κύκνος γενόμενος.

ΠΑΡ. Ποία δὲ τὴν ὄψιν ἐστί;

ΑΦΡ. Λευκὴ μέν, οἵαν εἰκὸς ἐκ κύκνου γεγεννημένην, ἁπαλὴ δέ, ὡς ἐν ᾠῷ τραφεῖσα, γυμνὰς τὰ πολλὰ καὶ παλαιστική, καὶ οὕτω δή τι περισπούδαστος, ὥστε καὶ πόλεμον ἀμφ' αὐτῇ γενέσθαι, τοῦ Θησέως ἄωρον ἔτι ἁρπάσαντος. οὐ μὴν ἀλλ' ἐπειδήπερ ἐς ἀκμὴν κατέστη, πάντες οἱ ἄριστοι τῶν Ἀχαιῶν ἐπὶ τὴν μνηστείαν ἀπήντησαν, προεκρίθη δὲ Μενέλεως τοῦ Πελοπιδῶν γένους· εἰ δὴ θέλοις, ἐγώ σοι καταπράξομαι τὸν γάμον.

ΠΑΡ. Πῶς φής; τὸν τῆς γεγαμημένης;

ΑΦΡ. Νέος εἶ σὺ καὶ ἀγροῖκος, ἐγὼ δὲ οἶδα ὡς χρὴ τὰ τοιαῦτα δρᾶν.

ΠΑΡ. Πῶς; ἐθέλω γὰρ καὶ αὐτὸς εἰδέναι.

15 *ΑΦΡ.* Σὺ μὲν ἀποδημήσεις ὡς ἐπὶ θέαν δὴ τῆς Ἑλλάδος, κἀπειδὰν ἀφίκῃ ἐς τὴν Λακεδαίμονα, ὄψεταί σε ἡ Ἑλένη, τοὐντεῦθεν δὲ ἐμὸν ἂν εἴη τὸ ἔργον, ὅπως ἐρασθήσεταί σου καὶ ἀκολουθήσει.

ΠΑΡ. Τοῦτο αὐτὸ καὶ ἄπιστον εἶναί μοι δοκεῖ, τὸ ἀπολιποῦσαν τὸν ἄνδρα ἐθελῆσαι βαρβάρῳ καὶ ξένῳ συνεκπλεῦσαι.

---

parenthetisch eingeschaltet, wie *εὖ οἶδ' ἐγώ, εὖ οἶδ' ὅτι* u. ähnl.

14. *οἵαν εἰκός*, näml. *εἶναι*. — *ὡς ἐν ᾠῷ τραφεῖσα*. Die Dioskuren (Kastor und Polydeukes) werden nach späterer Sage mit der Helena aus einem Ei geboren, welches die Leda zur Welt brachte. — *γυμνάς* = *γυμνή*, poetisches Wort. „Lucian. spielt hier auf die freilich erst später [von Lykurgos] eingeführte Sitte der Lakedämonier an, dass die Mädchen sich zugleich mit den Knaben nackt übten." Poppo. — *οὕτω δή τι*, unattische Formel, die sich häufig bei Herodot. findet, 1, 163.185.3, 12 u. s., vgl. Kr. Gr. §. 51, 16,5.— *ἀμφ' αὐτῇ*, um sie, wegen ihr. *ἀμφί* mit dem Dativ. ist der attischen Prosa fremd. Homer. Il. 3, 70: *ἀμφ' Ἑλένῃ καὶ κτήμασι πᾶσι μάχεσθαι*.—*ἄωρον ἔτι*. The-

seus hatte die Helena aus Sparta entführt und in Aphidna seiner Mutter Aethra übergeben, allein die Dioskuren befreiten sie. Diese Sage erwähnt Lucian. auch anderwärts; Gall. 17. — *οὐ μὴν ἀλλά*, indessen, verumtamen, verum enim vero, Kr. Gr. §. 67, 14, 2., nicht selten bei Luc., vgl. Piscat. 20. Icaromenipp. 4. 8. u. s. — *καταπράξομαι*. Man sollte hier das Activ. erwarten, allein Lucian. gebraucht nicht eben selten das Med. für das Act.

15. *ὡς ἐπὶ θέαν δὴ τῆς Ἑλλάδος*, d. i. unter dem Vorwande Hellas zu sehen. So steht *ὡς* .. *δή* nicht selten um das Vorgebliche zu bezeichnen (Kr. Gr. §. 69, 17, 2.). Thuc. 6, 54: *ὡς οὐ διὰ τοῦτο δή*. u. s. — *τὸ ἀπολιποῦσαν* κτέ. Vitar. auct. 15: *ἄπιστα λέγεις, τὸ*

ΑΦΡ. Θάρρει τούτου γε ἕνεκα. παῖδε γάρ μοι ἐστὸν δύο καλώ, Ἵμερος καὶ Ἔρως, τούτω σοι παραδώσω ἡγεμόνε τῆς ὁδοῦ γενησομένω· καὶ ὁ μὲν Ἔρως ὅλος παρελθὼν ἐς αὐτὴν ἀναγκάσει τὴν γυναῖκα ἐρᾶν, ὁ δὲ Ἵμερος αὐτῷ σοι περιχυθείς, τοῦθ' ὅπερ ἐστίν, ἱμερτόν σε θήσει καὶ ἐράσμιον, καὶ αὐτὴ δὲ συμπαροῦσα δεήσομαι καὶ τῶν Χαρίτων ἀκολουθεῖν, ἅπαντες αὐτὴν ἵνα πείσωμεν.

ΠΑΡ. Ὅπως μὲν ταῦτα χωρήσει, ἄδηλον, ὦ Ἀφροδίτη· πλὴν ἐρῶ γε ἤδη τῆς Ἑλένης, καὶ οὐκ οἶδ' ὅπως καὶ ὁρᾶν αὐτὴν οἴομαι καὶ πλέω εὐθὺ τῆς Ἑλλάδος καὶ τῇ Σπάρτῃ ἐπιδημῶ καὶ ἐπάνειμι ἔχων τὴν γυναῖκα καὶ ἄχθομαι, ὅτι μὴ ταῦτα ἤδη πάντα ποιῶ.

ΑΦΡ. Μὴ πρότερον ἐρασθῇς, ὦ Πάρι, πρὶν ἐμὲ τὴν 16 προμνήστριαν καὶ νυμφαγωγὸν ἀμείψασθαι τῇ κρίσει· πρέποι γὰρ ἂν κἀμὲ νικηφόρον ὑμῖν συμπαρεῖναι καὶ ἑορτάζειν ἅμα καὶ τοὺς γάμους καὶ τὰ ἐπινίκια· πάντα γὰρ ἔνεστί σοι, τὸν ἔρωτα, τὸ κάλλος, τὸν γάμον τουτουὶ τοῦ μήλου πρίασθαι.

ΠΑΡ. Δέδοικα, μή μου ἀμελήσῃς μετὰ τὴν κρίσιν.

ΑΦΡ. Βούλει οὖν ἐπομόσωμαι;

ΠΑΡ. Μηδαμῶς, ἀλλὰ ὑπόσχου πάλιν.

ΑΦΡ. Ὑπισχνοῦμαι δή σοι τὴν Ἑλένην παραδώσειν γυναῖκα καὶ ἀκολουθήσειν γε αὐτὴν καὶ ἀφίξεσθαι παρ' ὑμᾶς ἐς τὴν Ἴλιον, καὶ αὐτὴ παρέσομαι καὶ συμπράξω τὰ πάντα.

ΠΑΡ. Καὶ τὸν Ἔρωτα καὶ τὸν Ἵμερον καὶ τὰς Χάριτας ἄξεις;

ΑΦΡ. Θάρρει, καὶ τὸν Πόθον καὶ τὸν Ὑμέναιον ἔτι πρὸς τούτοις παραλήψομαι.

ΠΑΡ. Οὐκοῦν ἐπὶ τούτοις δίδωμι τὸ μῆλον, ἐπὶ τούτοις λάμβανε.

παιδεραστὴν ὄντα μὴ πέρα τῆς ψυχῆς τι πολυπραγμονεῖν. Jedoch bleibt auch der Artikel weg, s. Kr. Gr. §. 57, 10, 7. — Ἵμερος καὶ Ἔρως, Begleiter der Aphrodite, Hesiod. theog. 201. Beide mit dem Pothos standen, ein Werk des Skopas, in dem Tempel der Aphrodite in Megara. — χωρήσει. Selten ist vom Simplex bei Att. das Futur. in activer Form, öfter in Compositen.

16. ἔνεστί σοι, es steht bei dir. — βούλει ἐπομόσωμαι, s. zu II, 37. — ἄξεις, wirst du mitbringen. Piscat. 16: ἀλλὰ τί οὐχὶ καὶ ταύτας ἄγεις; u. ö. — ἐπὶ τούτοις wiederholt Paris mit ganz besonderem Nachdruck.

15 (21).

ΑΡΕΩΣ ΚΑΙ ΕΡΜΟΥ.

1   *AP.* Ἤκουσας, ὦ Ἑρμῆ, οἷα ἠπείλησεν ἡμῖν ὁ Ζεύς, ὡς ὑπεροπτικὰ καὶ ὡς ἀπίθανα; Ἢν ἐθελήσω, φησίν, ἐγὼ μὲν ἐκ τοῦ οὐρανοῦ σειρὰν καθήσω, ὑμεῖς δὲ ἀποκρεμασθέντες κατασπᾶν βιάσεσθέ με, ἀλλὰ μάτην πονήσετε· οὐ γὰρ δὴ καθελκύσετε· εἰ δὲ ἐγὼ θελήσαιμι ἀνελκύσαι, οὐ μόνον ὑμᾶς, ἀλλὰ καὶ τὴν γῆν ἅμα καὶ τὴν θάλατταν συναρτήσας μετεωριῶ· καὶ τἆλλα ὅσα καὶ σὺ ἀκήκοας. ἐγὼ δέ, ὅτι μὲν καθ' ἕνα πάντων ἀμείνων καὶ ἰσχυρότερός ἐστιν, οὐκ ἂν ἀρνηθείην, ὁμοῦ δὲ τῶν τοσούτων ὑπερφέρειν, ὡς μὴ καταπονήσειν αὐτόν, κἂν τὴν γῆν καὶ τὴν θάλατταν προσλάβωμεν, οὐκ ἂν πεισθείην.

2   *ΕΡΜ.* Εὐφήμει, ὦ Ἄρες· οὐ γὰρ ἀσφαλὲς λέγειν τὰ τοιαῦτα, μὴ καί τι κακὸν ἀπολαύσωμεν τῆς φλυαρίας.

   AP. Οἴει γάρ με πρὸς πάντας ἂν ταῦτα εἰπεῖν, οὐχὶ δὲ πρὸς μόνον σέ, ὃν ἐχεμυθεῖν ἠπιστάμην; ὃ δ' οὖν μάλιστα γελοῖον ἔδοξέ μοι ἀκούοντι μεταξὺ τῆς ἀπειλῆς, οὐκ ἂν δυναίμην σιωπῆσαι πρὸς σέ· μέμνημαι γὰρ οὐ πρὸ πολλοῦ, ὁπότε ὁ Ποσειδῶν καὶ ἡ Ἥρα καὶ ἡ Ἀθηνᾶ ἐπαναστάντες

---

1. σειρὰν καθήσω. Es bezieht sich dieses auf die bekannte Stelle in der Il. 8, 18 ff., wo Zeus sagt: εἰ δ' ἄγε πειρήσασθε u. s. w. Auch anderwärts wird dieser Worte des Zeus oftmals von Luc. Erwähnung gethan, vgl. Iup. conf. 4. Iup. trag. 45. De conscr. hist. 8. — κατασπᾶν βιάσεσθε. βιάζεσθαι, mit Gewalt versuchen, sich anstrengen, mit folgendem Infinitiv, findet sich bei Luc. nicht selten. Aus den Attikern ist mir nur eine Stelle dafür aus Thucyd. 7, 79. bekannt, wenn diese irgend richtig ist. — εἰ .. θελήσαιμι — μετεωριῶ, s. zu II, 15. — ἀνελκύσαι, näml. τὴν σειράν. — καθ' ἕνα πάντων, als alle, einzeln genommen. Amor. 22: καὶ καθ' ἕνα τοιαῦτα ζηλοῦν πάντων ἑλομένων οὐδὲ εἰς ἔσται. Ebenso πάντα καθ' ἕκαστον IV, 2. — ἀρνηθείην. Der mediale Aorist. ἠρνησάμην findet sich unter den attischen Prosaikern nur bei Aeschines. — τῶν τοσούτων, diese so vielen, als eben erwähnt wor-

den sind; Kr. Gr. §. 50, 4, 6. — ὑπερφέρειν, näml. αὐτόν. — καταπονήσειν, näml. ἡμᾶς. Dieses Verbum gehört erst den Späteren an.

2. μὴ καί, s. zn Todtengespr. 20, 6. — οὐχὶ δέ, wir: und nicht. Saturnal. 36: πρὸς γὰρ σὲ οἴει μόνον ὑπὸ τῶν πενήτων ταῦτα γεγράφθαι, ὦ Κρόνε, οὐχὶ δὲ καὶ ὁ Ζεὺς ἤδη ἐκκεκώφωται πρὸς αὐτῶν; Prometh. 6 u. s. — ἐχεμυθεῖν. Dieses Wort, das sonst nur noch bei Iamblichos vorkommt. findet sich bei Lucian. auch Gall. 2. — τῆς ἀπειλῆς. Wovon abhängig? — ὁ Ποσειδῶν κτέ. Homer. Il. 1, 390 ff.

ὁππότε μιν ξυνδῆσαι Ὀλύμπιοι ἤθελον ἄλλοι,
Ἥρη τ' ἠδὲ Ποσειδάων καὶ Παλλὰς Ἀθήνη.
ἀλλὰ σὺ τόν γ' ἐλθοῦσα, θεά, ὑπελύσαο δεσμῶν,
ὦχ' ἑκατόγχειρον καλέσασ' ἐς μακρὸν Ὄλυμπον,
ὃν Βριάρεων καλέουσι θεοί.

ἐπεβούλευον συνδῆσαι λαβόντες αὐτόν, ὡς παντοῖος ἦν δε-
διώς, καὶ ταῦτα τρεῖς ὄντας, καὶ εἴ γε μὴ ἡ Θέτις κατελεήσασα
ἐκάλεσεν αὐτῷ σύμμαχον Βριάρεων ἑκατόγχειρα ὄντα, κἂν
ἐδέδετο [ἂν] αὐτῷ κεραυνῷ καὶ βροντῇ. ταῦτα λογιζομένῳ
ἐπῄει μοι γελᾶν ἐπὶ τῇ καλλιρρημοσύνῃ αὐτοῦ.

ΕΡΜ. Σιώπα, φημί· οὐ γὰρ ἀσφαλὲς οὔτε σοὶ λέγειν
οὔτ᾽ ἐμοὶ ἀκούειν τὰ τοιαῦτα.

---

16 (24).

ΕΡΜΟΥ ΚΑΙ ΜΑΙΑΣ.

ΕΡΜ. Ἔστι γάρ τις, ὦ μῆτερ, ἐν οὐρανῷ θεὸς ἀθλιώ- 1
τερος ἐμοῦ;

ΜΑΙ. Μὴ λέγε, ὦ Ἑρμῆ, τοιοῦτον μηδέν.

ΕΡΜ. Μὴ λέγω, ὃς τοσαῦτα πράγματα ἔχω, μόνος κά-
μνων καὶ πρὸς τοσαύτας ὑπηρεσίας διασπώμενος; ἕωθεν μὲν
γὰρ ἐξαναστάντα σαίρειν τὸ συμπόσιον δεῖ, καὶ διαστρώσαντα
τὴν κλισίαν εὐθετίσαντά τε ἕκαστα παρεστάναι τῷ Διὶ καὶ
διαφέρειν τὰς ἀγγελίας [τὰς] παρ᾽ αὐτοῦ ἄνω καὶ κάτω ἡμε-
ροδρομοῦντα, καὶ ἐπανελθόντα ἔτι κεκονιμένον παρατιθέναι
τὴν ἀμβροσίαν· πρὶν δὲ τὸν νεώνητον τοῦτον οἰνοχόον ἥκειν,
καὶ τὸ νέκταρ ἐγὼ ἐνέχεον. τὸ δὲ πάντων δεινότατον, ὅτι
μηδὲ νυκτὸς καθεύδω μόνος τῶν ἄλλων, ἀλλὰ δεῖ με καὶ
τότε τῷ Πλούτωνι ψυχαγωγεῖν καὶ νεκροπομπὸν εἶναι καὶ
παρεστάναι τῷ δικαστηρίῳ· οὐ γὰρ ἱκανά μοι τὰ τῆς ἡμέρας

— ἐπεβούλευον, mit dem Infinitiv.
per insidias moliri, einen Plan
schmieden, worauf ausge-
ben. Von derselben Sache Iup.
trag. 40: ἐπεβούλευον ξυνδῆσαι αὐ-
τὸν ἡ θυγάτηρ καὶ ὁ ἀδελφὸς καὶ
ἡ γυνή. Herodot. 1: ἐπεβούλευε δὲ
ἀθρόους που λαβεῖν τοὺς Ἕλληνας
ἅπαντας. — ὡς παντοῖος ἦν δεδιώς,
wie er alles Mögliche ver-
suchte vor Furcht; s. zu
Todtengespr. 21, 1. — καὶ ταῦτα
τρεῖς ὄντας, wir: und zwar ob-
schon sie nur drei waren; s.
zu IV, 4. — αὐτῷ κεραυνῷ καὶ
βροντῇ, s. zu II. 22.

1. γάρ, s. zu II, 18. Vgl. oben zu
2 z. A. — μὴ λέγε — μηδέν, s. oben
zu 12, 2. — μὴ λέγω, ich soll es

nicht sagen? Ueber den Con-
iunctiv. s. zu Todtengespr. 13, 3.
— πρὸς τοσ. ὑπηρ. διασπ., s. zu
Gall. 22. — διαφέρειν, hier und
dorthin bringen, austragen.
— τὸν νεώνητον. Für den geraub-
ten Sohn (Ganymedes) gab Zeus
dem Tros ein Gespann göttlicher
Rosse; Hom. Il. 5, 266. Ueber die
Stellung des τοῦτον s. zu II, 6. —
τὸ δὲ πάντων δεινότατον, s. zu
Todtengespr. 5, 1. — ὅτι μηδέ, s.
zu Todtengespr. 15, 2. De saltat.
4: τὸ γοῦν δεινότατον τοῦτό ἐστιν,
ὅτι μηδὲ ἰάσεώς τινα ἡμῖν ὑποφαί-
νεις ἐλπίδα. — μόνος τῶν ἄλλων,
s. zu II, 55. — τῷ δικαστηρίῳ, das
über die Todten in der Unterwelt
gehalten wurde, die Hermes

ἔργα, ἐν παλαίστραις εἶναι κἂν ταῖς ἐκκλησίαις κηρύττειν
καὶ ῥήτορας ἐκδιδάσκειν, ἀλλ' ἔτι καὶ νεκρικὰ συνδιαπράτ-
2 τειν μεμερισμένον. καίτοι τὰ μὲν τῆς Λήδας τέκνα παρ' ἡμέ-
ραν ἑκάτερος ἐν οὐρανῷ ἢ ἐν Ἅιδου εἰσίν, ἐμοὶ δὲ καθ' ἑκά-
στην ἡμέραν κἀκεῖνα καὶ ταῦτα ποιεῖν ἀναγκαῖον, καὶ οἱ μὲν
Ἀλκμήνης καὶ Σεμέλης ἐκ γυναικῶν δυστήνων γενόμενοι
εὐωχοῦνται ἀφρόντιδες, ὁ δὲ Μαίας τῆς Ἀτλαντίδος δια-
κονοῦμαι αὐτοῖς. καὶ νῦν ἄρτι ἥκοντά με ἀπὸ Σιδῶνος παρὰ ·
τῆς Κάδμου θυγατρός, ἐφ' ἣν πέπομφέ με ὀψόμενον ὅ τι
πράττει ἡ παῖς, μηδὲ ἀναπνεύσαντα πέπομφεν αὖθις ἐς τὸ
Ἄργος ἐπισκεψόμενον τὴν Δανάην· εἶτ' ἐκεῖθεν ἐς Βοιωτίαν,
φησίν, ἐλθὼν ἐν παρόδῳ τὴν Ἀντιόπην ἰδέ. καὶ ὅλως ἀπηγ-
γόρευκα ἤδη. εἰ γοῦν δυνατὸν ἦν, ἡδέως ἂν ἠξίωσα πεπρᾶ-
σθαι, ὥσπερ οἱ ἐν γῇ κακῶς δουλεύοντες.

ΜΑΙ. Ἔα ταῦτα, ὦ τέκνον· χρὴ γὰρ πάντα ὑπηρετεῖν
τῷ πατρὶ νεανίαν ὄντα. καὶ νῦν ὥσπερ ἐπέμφθης, σόβει ἐς
Ἄργος, εἶτα ἐς τὴν Βοιωτίαν, μὴ καὶ πληγὰς βραδύνων λά-
βῃς· ὀξύχολοι γὰρ οἱ ἐρῶντες.

---

brachte. — ἐν παλαίστραις κτέ.
Vgl. Catapl. 1, wo es von Hermes
heisst: ὁ δὲ καλὸς ἡμῖν κἀγαθὸς
νεκροπομπὸς ἀναστρέψαι πρὸς
ἡμᾶς ἐπιλέλησται, καὶ ἤτοι παλαίει
μετὰ τῶν ἐφήβων ἢ κιθαρίζει ἢ
λόγους τινὰς διεξέρχεται. Hermes
ist bekannt als Schutzpatron der
Ringer, Herolde und Redner. —
συνδιαπράττειν, näml. δεῖ με.
2. τὰ τῆς Λήδας τέκνα, Kastor
und Polydeukes; vgl. das letzte Ge-
spräch. — παρ' ἡμέραν, alternis
diebus, Tag um Tag, einen
Tag um den andern, im Gegen-
satz zu καθ' ἑκάστην ἡμέραν; die-
selbe Ausdrucksweise bei Plu-
tarch. und Long.; bei Pindar. παρ'
ἆμαρ. — ἐν Ἅιδου, Kr. Gr. §. 43,
3, 6. — εἰσίν, Kr. Gr. §. 63, 2, 1.
— οἱ μὲν Ἀλκμήνης καὶ Σεμέλης,
d. i. Herakles und Dionysos. — ὁ
δέ, ich dagegen, der Sohn der
u. s. w. — Σιδῶνος, Stadt Phöni-
kiens, jetzt Saida oder Seïdeh. —

παρὰ τῆς Κάδμου θυγατρός. Irr-
thümlich. Diese Worte können sich
nur auf die Europe beziehen; diese
war aber des Kadmos Schwester
und Tochter des Agenor. — τὴν
Δανάην, s. zu II, 13. — τὴν Ἀντιό-
πην, die Tochter des böotischen
Königs Nykteus, und von Zeus
Mutter des Amphion und Zethos.
— καὶ ὅλως, s. zu I, 10. — πεπρᾶ-
σθαι, s. oben zu Todtengespr. 12,
1. „Gegen Grausamkeit des eige-
nen Herrn war ihr (der Sklaven)
einziger Schutz, in das Theseion
oder an irgend einen anderen Al-
tar sich zu flüchten, worauf der
Herr gezwungen werden konnte,
sie zu verkaufen." Becker's Cha-
rikles Th. 3 S. 34 f. — σόβει, in-
transitiv, eile. Long. Pastor. 3,
29: καὶ συντείνας σοβεῖ παρὰ τὸν
Δρύαντα. 4, 6. Luc. pro imag. 29:
καὶ ὡς ὁρᾷς, ἤδη ἀποσοβῶ παρ'
αὐτήν. Navig. 4. — μὴ καί, s. oben
zu Todtengespr. 20, 6.

17 (25).

ΔΙΟΣ ΚΑΙ ΗΛΙΟΥ.

ΖΕΥΣ. Οἷα πεποίηκας, ὦ Τιτάνων κάκιστε. ἀπολώλεκας 1
τὰ ἐν τῇ γῇ ἅπαντα, μειρακίῳ ἀνοήτῳ πιστεύσας τὸ ἅρμα,
ὃς τὰ μὲν κατέφλεξε πρόσγειος ἐνεχθείς, τὰ δὲ ὑπὸ κρύους
διαφθαρῆναι ἐποίησε, πολὺ αὐτῶν ἀποσπάσας τὸ πῦρ, καὶ
ὅλως οὐδὲν ὅ τι οὐ ξυνετάραξε καὶ ξυνέχεε· καὶ εἰ μὴ ἐγὼ
ξυνεὶς τὸ γιγνόμενον κατέβαλον αὐτὸν τῷ κεραυνῷ, οὐδὲ
λείψανον ἀνθρώπων ὑπέμεινεν ἄν· τοιοῦτον ἡμῖν ἡνίοχον
τὸν καλὸν ἐκεῖνον καὶ διφρηλάτην ἐκπέπομφας.

ΗΛ. Ἥμαρτον, ὦ Ζεῦ, ἀλλὰ μὴ χαλέπαινε, εἰ ἐπείσθην
υἱῷ πολλὰ ἱκετεύοντι· πόθεν γὰρ ἂν καὶ ἤλπισα τηλικοῦτο
γενήσεσθαι κακόν;

ΖΕΥΣ. Οὐκ ᾔδεις, ὅσης ἐδεῖτο ἀκριβείας τὸ πρᾶγμα,
καὶ ὡς, εἰ βραχύ τις ἐκβαίη τῆς ὁδοῦ, οἴχεται πάντα; ἠγνόεις
δὲ καὶ τῶν ἵππων τὸν θυμόν, καὶ ὡς δεῖ ξυνέχειν ἀνάγκη
τὸν χαλινόν; εἰ γὰρ ἐνδοίη τις, ἀφηνιάζουσιν εὐθύς, ὥσπερ
ἀμέλει καὶ τοῦτον ἐξήνεγκαν, ἄρτι μὲν ἐπὶ τὰ λαιά, μετ' ὀλί-
γον δὲ ἐπὶ τὰ δεξιά, καὶ ἐς τὸ ἐναντίον τοῦ δρόμου ἐνίοτε,
καὶ ἄνω καὶ κάτω, ὅλως ἔνθα ἐβούλοντο αὐτοί· ὁ δὲ οὐκ
εἶχεν ὅ τι χρήσαιτο αὐτοῖς.

ΗΛ. Πάντα μὲν ἠπιστάμην ταῦτα, καὶ διὰ τοῦτο ἀντεῖχον 2
ἐπὶ πολὺ καὶ οὐκ ἐπίστευον αὐτῷ τὴν ἔλασιν· ἐπεὶ δὲ κατε-
λιπάρησε δακρύων καὶ ἡ μήτηρ Κλυμένη μετ' αὐτοῦ, ἀνα-
βιβασάμενος ἐπὶ τὸ ἅρμα ὑπεθέμην, ὅπως μὲν χρὴ βεβηκέναι
αὐτόν, ἐφ' ὁπόσον δὲ ἐς τὸ ἄνω ἀφέντα ὑπερενεχθῆναι,

---

1. μειρακίῳ ἀνοήτῳ, dem Phaë-
thon. Ovid. Metam. 1, 750 ff. 2, 1—400.
Dieselbe Sage erzählt in einem dem
Hesiodos zugeschriebenen Gedicht
astronomischen Inhalts und dar-
gestellt von Aeschylos in den He-
liaden und von Euripides im Phaë-
thon. — τὰ μὲν .. τὰ δέ, die eine
Hälfte, die andere Hälfte
der Erde. — πρόσγειος, Kr. Gr. §.
57, 5, 4. — πόθεν γὰρ ἂν καὶ ἤλ-
πισα, denn woher hätte ich
auch nur erwarten können.
Was ist hierbei zu ergänzen? Ueber
die Bedeutung von ἐλπίζειν s. zu
IV, 8. — ᾔδεις, s. oben zu Todten-
gespr. 22, 2. — τῶν ἵππων τὸν θυ-
μόν, s. zu Todtengespr. 22, 3. —

εἰ γὰρ ἐνδοίη τις, denn im Fall
od. so oft dass man locker ge-
lassen hat. Toxar. 7: εἰ δέ τι
καὶ μικρόν τι ἀντιπνεύσειεν, οἴχον-
ται μόνους τοῖς κινδύνοις ἀπολι-
πόντες. — ὥσπερ ἀμέλει, wie ja,
wie in der That; Piscat. 25. u.
ö. — ἄρτι μέν mit entsprechendem
μετ' ὀλίγον δέ, wie Bis accus. 1.
De saltat. 10. oder μετὰ μικρὸν δέ
Abdicat. 9. — ἐς τὸ ἐναντίον τοῦ
δρόμου, d. i. nach der entge-
gengesetzten Richtung.

2. ἐπὶ πολύ, (auf) lange Zeit;
ebenso ἐπ' ὀλίγον. — κατελιπάρησε.
Nur hier und Catapl. 4. 14. vor-
kommendes Wort. — βεβηκέναι,
fest stehen. — ἀφέντα, näml.⸴

εἶτα ἐς τὸ κάταντες αὖθις ἐπινεύειν, καὶ ὡς ἐγκρατῆ εἶναι
τῶν ἡνιῶν καὶ μὴ ἐφιέναι τῷ θυμῷ τῶν ἵππων· εἶπον δὲ καὶ
ἡλίκος ὁ κίνδυνος, εἰ μὴ ὀρϑὴν ἐλαύνοι· ὁ δὲ — παῖς γὰρ
ἦν — ἐπιβὰς τοσούτου πυρὸς καὶ ἐπικύψας ἐς βάϑος ἀχανὲς
ἐξεπλάγη, ὡς τὸ εἰκός· οἱ δὲ ἵπποι ὡς ᾔσϑοντο οὐκ ὄντα ἐμὲ
τὸν ἐπιβεβηκότα, καταφρονήσαντες τοῦ μειρακίου ἐξετράποντό
τῆς ὁδοῦ καὶ τὰ δεινὰ ταῦτα ἐποίησαν· ὁ δὲ τὰς ἡνίας ἀφείς,
οἶμαι δεδιὼς μὴ ἐκπέσῃ αὐτός, εἴχετο τῆς ἄντυγος. ἀλλὰ
ἐκεῖνός τε ἤδη ἔχει τὴν δίκην, κἀμοί, ὦ Ζεῦ, ἱκανὸν τὸ
πένϑος.

3   ΖΕΥΣ. Ἱκανὸν λέγεις τοιαῦτα τολμήσας; νῦν μὲν οὖν
συγγνώμην ἀπονέμω σοι, ἐς δὲ τὸ λοιπόν, ἤν τι ὅμοιον παρα-
νομήσῃς ἤ τινα τοιοῦτον σεαυτοῦ διάδοχον ἐκπέμψῃς, αὐτίκα
εἴσῃ, ὁπόσον τοῦ σοῦ πυρὸς ὁ κεραυνὸς πυρωδέστερος. ὥστε
ἐκεῖνον μὲν αἱ ἀδελφαὶ ϑαπτέτωσαν ἐπὶ τῷ Ἠριδανῷ, ἵναπερ
ἔπεσεν ἐκδιφρευϑείς, ἤλεκτρον ἐπ' αὐτῷ δακρύουσαι, καὶ
αἴγειροι γενέσϑωσαν ἐπὶ τῷ πάϑει, σὺ δὲ ξυμπηξάμενος τὸ
ἅρμα — κατέαγε δὲ καὶ ὁ ῥυμὸς αὐτοῦ καὶ ἅτερος τῶν τρο-
χῶν συντέτριπται — ἔλαυνε ὑπαγαγὼν τοὺς ἵππους. ἀλλὰ
μέμνησο τούτων ἁπάντων.

---

18 (26).

ΑΠΟΛΛΩΝΟΣ ΚΑΙ ΕΡΜΟΥ.

1   ΑΠ. Ἔχεις μοι εἰπεῖν, ὦ Ἑρμῆ, πότερος ὁ Κάστωρ ἐστὶ
τούτων, ἢ πότερος ὁ Πολυδεύκης; ἐγὼ γὰρ οὐκ ἂν διακρί-
ναιμι αὐτούς.

ΕΡΜ. Ὁ μὲν χϑὲς ἡμῖν ξυγγενόμενος ἐκεῖνος Κάστωρ
ἦν, οὗτος δὲ Πολυδεύκης.

τοὺς ἵππους. — εἶτα, näml. ἐφ'
ὁκόσον. — ἐφιέναι, näml. τὰς ἡνίας.
— ὀρϑήν, näml. ὁδόν, gerade-
aus. — τοσούτου πυρός, die so
grosse Feuermasse, d. i. den
Sonnenwagen. — ἐξεπλάγη. Ovid.
Metamorph. 2, 178 ff.
Ut vero summo despexit ab aethere
terras
Infelix Phaëthon penitus penitus-
que iacentes,
Palluit et subito genua intremuere
timore,

Suntque oculis tenebrae per tantum
lumen obortae.

3. αἱ ἀδελφαί, die Heliaden;
vgl. Metamorph. 2, 323 ff. 340 ff.
Unter dem Eridanos dachte sich
Aeschylos in den Heliaden den
Rhodanus, den er aber mit dem
Padus vermischte; Euripides nahm
eine Vereinigung beider Flüsse
an. Dann ward dieser mythische
Name gewöhnlich auf den Padus
bezogen. Vgl. mit dieser Stelle
De electr. 2.

ΑΠ. Πῶς διαγινώσκεις; ὅμοιοι γάρ.

ΕΡΜ. Ὅτι οὗτος μέν, ὦ Ἄπολλον, ἔχει ἐπὶ τοῦ προσώπου τὰ ἴχνη τῶν τραυμάτων, ἃ ἔλαβε παρὰ τῶν ἀνταγωνιστῶν πυκτεύων, καὶ μάλιστα ὁπόσα ὑπὸ τοῦ Βέβρυκος Ἀμύκου ἐτρώθη τῷ Ἰάσονι συμπλέων, ἅτερος δὲ οὐδὲν τοιοῦτον ἐμφαίνει, ἀλλὰ καθαρός ἐστι καὶ ἀπαθὴς τὸ πρόσωπον.

ΑΠ. Ὤνησας διδάξας τὰ γνωρίσματα, ἐπεὶ τά γε ἄλλα πάντα ἴσα, τοῦ ᾠοῦ τὸ ἡμίτομον καὶ ἀστὴρ ὑπεράνω καὶ ἀκόντιον ἐν τῇ χειρὶ καὶ ἵππος ἑκατέρῳ λευκός, ὥστε πολλάκις ἐγὼ τὸν μὲν προσεῖπον Κάστορα Πολυδεύκην ὄντα, τὸν δὲ τῷ τοῦ Πολυδεύκους ὀνόματι. ἀτὰρ εἰπέ μοι καὶ τόδε, τί δήποτε οὐκ ἄμφω ξύνεισιν ἡμῖν, ἀλλ' ἐξ ἡμισείας ἄρτι μὲν νεκρός, ἄρτι δὲ θεός ἐστιν ἅτερος αὐτῶν;

ΕΡΜ. Ὑπὸ φιλαδελφίας τοῦτο ποιοῦσιν· ἐπεὶ γὰρ ἔδει 2 ἕνα μὲν τεθνάναι τῶν Λήδας υἱέων, ἕνα δὲ ἀθάνατον εἶναι, ἐνείμαντο οὕτως αὐτοὶ τὴν ἀθανασίαν.

ΑΠ. Οὐ ξυνετήν, ὦ Ἑρμῆ, τὴν νομήν, οἵ γε οὐδὲ ὄψονται οὕτως ἀλλήλους, ὅπερ ἐπόθουν, οἶμαι, μάλιστα· πῶς γὰρ ὁ μὲν παρὰ θεοῖς, ὁ δὲ παρὰ τοῖς φθιτοῖς ὤν; πλὴν ἀλλ', ὥσπερ ἐγὼ μαντεύομαι, ὁ δὲ Ἀσκληπιὸς ἰᾶται, σὺ δὲ παλαίειν διδάσκεις παιδοτρίβης ἄριστος ὤν, ἡ δὲ Ἄρτεμις μαιεύεται, καὶ τῶν ἄλλων ἕκαστος ἔχει τινὰ τέχνην ἢ θεοῖς ἢ ἀνθρώποις χρησίμην, οὗτοι δὲ τί ποιήσουσιν ἡμῖν; ἢ ἀργοὶ εὐωχήσονται τηλικοῦτοι ὄντες;

---

1. οὗτος μέν, Polydeukes. — ὁπόσα, näml. τραύματα. Toxar. 61: νοσῶν ἀπὸ τοῦ ταύματος, ὅ ἐτέτρωτο κατὰ τὴν ὁδὸν ὑπὸ λῃστῶν. — ὑπὸ τοῦ Βέβρ. κτέ. Als Verwandte des Iason nahmen die Dioskuren an dem Argonautenzuge Theil. Auf der Fahrt nach Kolchis landeten die Argonauten, um sich mit frischem Wasser zu versehen, an der Küste Bithyniens, welche die Bebryker bewohnten, deren König, der Riese Amykos, den Polydeukes zum Faustkampf herausforderte, aber von demselben besiegt ward. — ὤνησας διδάξας, du hast mir damit einen Gefallen gethan, dass du u. s. w. Kr. Gr. §. 56, 8, 1. — τοῦ ᾠοῦ τὸ ἡμίτομον. Dieses bezieht sich auf die Halbeiform ihrer Hüte.

— ἀστήρ. Ein beständiges Attribut der Dioskuren ist auch der Stern über ihren Hüten. — ἵππος ἑκατέρῳ λευκός. Beide wurden gedacht auf strahlend weissen Rossen (λευκόπωλοι, ἵπποις μαρμαίροντε). Ovid. Metam. 8, 373. — ἐξ ἡμισείας, zur Hälfte, d. i. hier abwechselnd; s. zu Todtengespr. 16, 1.
2. ἕνα, Kastor. Nach späterer Sage nämlich ist Polydeukes ein Sohn des Zeus und somit unsterblich, Kastor dagegen der Sohn des Tyndareos und in Folge dessen sterblich. — τὴν νομήν, näml. ἐνείμαντο, oder allgemeiner ἐποιήσαντο. — οἵ γε, s. zu II, 25. — πῶς γὰρ .. ὤν, näml. ὄψονται. — μαντεύομαι, ein Seher bin. — οὗτοι δέ, im Zusammenhange mit πλὴν

ΕΡΜ. Οὐδαμῶς, ἀλλὰ προστέτακται αὐτοῖν ὑπηρετεῖν τῷ Ποσειδῶνι καὶ καθιππεύειν δεῖ τὸ πέλαγος καὶ ἐάν που ναύτας χειμαζομένους ἴδωσιν, ἐπικαθίσαντας ἐπὶ τὸ πλοῖον σώζειν τοὺς ἐμπλέοντας.

ΑΠ. Ἀγαθήν, ὦ Ἑρμῆ, καὶ σωτήριον λέγεις τὴν τέχνην.

ἀλλά. Der Hauptsatz ist durch mehrere Zwischensätze mit verschiedenen Subjekten unterbrochen und wird durch οὗτοι wieder aufgenommen, diesem aber δέ beigefügt, um den Nebensubjekten das Hauptsubjekt stärker entgegenzusetzen. — ἐπικαθίσαντας κτέ. Schon im hymn. Homer. 33 wird berichtet, dass die Dioskuren, wen sie im Sturme von den Schif- fern angerufen und ihnen weisse Lämmer gelobt wurden, plötzlich auf gelblichen Schwingen zu Hilfe eilen und die tobende Meeresfluth beruhigen. Es bezieht sich das auf das S. Elms- oder S. Helenasfeuer, welches sich bei Stürmen an die Spitze des Mastes und der Segelstangen beftet. Vgl. Horat. od. 1, 12, 27 ff.

VII.

DER HAHN.

In dieser höchst launigen Schrift, deren Anfang die grösste Aehnlichkeit mit dem 10. Briefe des Alkiphron im 3. Buche hat, greift Lucian wieder in das gewöhnliche Leben der Menschen hinein und wählt sich aus diesem den Gegenstand für seine Satire. Er führt nämlich das Bild der Reichen, die bei der grossen Masse für glücklich gelten, vor Augen.

Ein in Dürftigkeit lebender Schuster, Namens Mikylos, wird durch das Krähen seines Haushahns aus seinem wonnevollen Traume, in dem er rings von Reichthum und Pracht umgeben ist, geweckt, und schimpft nun aus Aerger darüber, dass er ihn in seinem Glücke gestört, gehörig auf jenen los. Der Hahn entschuldigt sich damit, dass er es in der allerbesten Absicht gethan, um ihn nämlich noch vor Tagesanbruch zu seiner Arbeit zu wecken. Mikylos höchst erstaunt, dass sein Hahn sprechen könne, wird von diesem belehrt, dass schon in früheren Zeiten diese Erscheinung mehrfach vorgekommen sei. Was ihn selbst betreffe, so sei er früher ebenfalls Mensch gewesen, und zwar Pythagoras, ohne die anderen Leben weitläufig zu erwähnen, die er in Folge der Seelenwanderung durchgemacht. Indessen kann Mikylos seinen Traum immer noch nicht ganz vergessen, und wird in Folge dessen vom Hahn aufgefordert, denselben zum Besten zu geben. Dieser Aufforderung kommt er nach, erwähnt aber zuerst, dass er am gestrigen Tage an einem Gastmahle beim reichen Eukrates Theil genommen habe, und wie es ihm, dem Armen, dabei ergangen sei. Dann geht er zum Traume über; ihm habe nämlich geträumt, er sei der Erbe des Eukrates und aller seiner Schätze und Herrlichkeiten geworden, dann sei er aber mitten in einem von ihm veranstalteten Schmause durch das unzeitige Krähen aufgeschreckt und so wieder in die Wirklichkeit zurückversetzt worden. Auf den Tadel des Hahns, dass er so gierig nach Gold und Reichthum sei, entgegnet Mikylos, dass auch Andere, und unter diesen sogar Zeus, das Gold nicht verachtet hätten, und dass man durch dasselbe Alles vermöge,

wie man ja auch an seinem Nachbar Simon sehen könne. Der
Hahn lacht über die Einfalt des Mikylos und sagt, dass es in
der Wirklichkeit damit ganz anders stehe, da ja die Reichen,
wenn man die Sache genau betrachte, weit unglücklicher und
bedauernswerther als die Armen seien. Er selbst, der oftmals
reich und arm gewesen, müsse das am Besten beurtheilen kön-
nen. Hierbei veranlasst Mikylos den Hahn, ihm die Geschichte
seiner Wandlungen mitzutheilen. Als nun dieser die Erzählung
beginnt, unterbricht ihn jener mit der Frage, ob auch er selbst
wol derartige Wandlungen durchgemacht habe. Nachdem der
Hahn. dieses bestätigt, fährt er fort, alle seine Erlebnisse in den
verschiedenen Wandlungen bis auf die in einen Hahn aufzu-
zählen, um damit darzuthun, dass das Loos der Reichen und
Mächtigen den Armen gegenüber keineswegs beneidenswerth sei.
Allein dessen ungeachtet kann sich Mikylos seiner Begierde nach
Reichthum immer noch nicht entschlagen, und der Hahn, um
der besseren Einsicht bei ihm Eingang zu verschaffen, führt ihn
in die Häuser der Reichen selbst. Er lässt sich eine Feder aus
dem Schwanze ziehn, welche die Eigenschaft hat, unsichtbar zu
machen und jede Thüre zu öffnen, und geht nun mit ihm zu
Simon, den sie abgezehrt, schlaflos und von Furcht vor Dieben
beängstigt antreffen; dann zum Wucherer Gniphon, den sie in
ähnlichem Zustande finden; und endlich zu Eukrates, wo sie
sehen, wie sowohl er als seine Gattin das schändlichste Leben
führen.

Nachdem der Schuster dieses Alles gesehen, ist er mit
seinem Geschick ganz und gar zufrieden und von seiner früheren
Begierde nach Reichthum geheilt.

VII.

ΟΝΕΙΡΟΣ η ΑΛΕΚΤΡΥΩΝ.

ΜΙΚΥΛΟΣ. Ἀλλὰ σέ, κάκιστε ἀλεκτρυών, ὁ Ζεὺς αὐτὸς 1
ἐπιτρίψειε φθονερὸν οὕτω καὶ ὀξύφωνον ὄντα, ὅς με πλου-
τοῦντα καὶ ἡδίστῳ ὀνείρατι ξυνόντα καὶ θαυμαστὴν εὐδαι-
μονίαν εὐδαιμονοῦντα διάτορόν τι καὶ γεγωνὸς ἀναβοήσας
ἐπήγειρας, ὡς μηδὲ νύκτωρ γοῦν τὴν πολύ σου μιαρωτέραν
πενίαν διαφύγοιμι. καίτοι εἴ γε χρὴ τεκμαίρεσθαι τῇ τε
ἡσυχίᾳ πολλῇ ἔτι οὔσῃ καὶ τῷ κρύει μηδέπω με τὸ ὄρθριον
ὥσπερ εἴωθεν ἀποπηγνύντι — γνώμων γὰρ οὗτος ἀψευδέ-
στατός μοι προσελαυνούσης ἡμέρας —, οὐδέπω μέσαι νύκτες
εἰσίν. ὁ δὲ ἄϋπνος οὗτος, ὥσπερ τὸ χρυσοῦν ἐκεῖνο κώδιον
φυλάττων, ἀφ᾽ ἑσπέρας εὐθὺς ἤδη κέκραγεν. ἀλλ᾽ οὔτι χαί-
ρων γε· ἀμυνοῦμαι γὰρ ἀμέλει σε, ἢν μόνον ἡμέρα γένηται,
συντρίβων τῇ βακτηρίᾳ· νῦν γάρ μοι πράγματα παρέξεις
μεταπηδῶν ἐν τῷ σκότῳ.

ΑΛΕΚΤΡΥΩΝ. Μικύλε δέσποτα, ᾤμην τι χαριεῖσθαί
σοι προλαμβάνων τῆς νυκτὸς ὁπόσον ἂν δυναίμην, ὡς ἔχοις
ἐπορθρευόμενος ἀνύειν τὰ πολλὰ τῶν ἔργων· ἢν γοῦν πρὶν

---

1. Ἀλλά. Siehe zu Todtengespr.
3, 1. — θαυμαστὴν εὐδαιμονίαν
εὐδ., s. zu II, 48. — διάτορόν τι
καὶ γεγωνὸς ἀναβοήσας, ein ziem-
lich durchdringendes und
gellendes Geschrei erhe-
bend. Ebenso Aelian. de nat.
animal. 3, 37: εἰ δὲ αὐτοὺς (βατρά-
χους) κομίσαις ἀλλαχόθι, διάτορόν
τι καὶ τραχύτατον ἠχοῦσιν. 8, 10:
βοῶντες διάτορόν τι καὶ ὀξύ. Un-
ten c. 10: ὑπέβηττε μύχιόν τι. Vgl.
Vit. auct. 7: ἀπειλητικόν τι καὶ
χολῶδες ὑποβλέπει, das. die Anm.
Uebrigens ist die Ausdrucksweise
mehr dichterisch; s. Kr. Gr. II. §.
46, 6, 3. 4. — τὸ ὄρθριον, Accusa-
tiv. als Adverb., des Morgens,

am Morgen. — μέσαι νύκτες.
Der Plural. hier gebräuchlich,
weil die Nacht aus mehreren Thei-
len besteht; Kr. Gr. §. 44, 3, 6. —
τὸ χρυσοῦν ἐκ. κώδιον, das goldene
Vliess, welches, wie bekannt, be-
ständig von einem Drachen be-
wacht wurde. — ἀφ᾽ ἑσπέρας εὐθύς,
d. i. gleich mit Anbruch des
Abends. — οὔτι χαίρων γε, kei-
neswegs ungestraft, s. zu II,
34. — ἀμέλει, eigentl. sei ausser
Sorge, d. i. zuverlässig, si-
cherlich, häufig bei Luc. — προ-
λαμβάνων τῆς νυκτ. ὁπ. Amor. 15:
ἐκ τῆς ἑωθινῆς κοίτης πολὺ προ-
λαμβάνων τὸν ὄρθρον ἐπεφοίτα.
— τὰ πολλὰ τῶν ἔργων, den gröss-

8

ἥλιον ἀνίσχειν μίαν κρηπῖδα ἐργάσῃ, πρὸ ὁδοῦ ἔσῃ τοῦτ' ἐς
τὰ ἄλφιτα πεπονηκώς. εἰ δέ σοι καθεύδειν ἥδιον, ἐγὼ μὲν
ἡσυχάσομαί σοι καὶ πολὺ ἀφωνότερος ἔσομαι τῶν ἰχθύων.
σὺ δὲ ὅρα ὅπως μὴ ὄναρ πλουτῶν λιμώττης ἀνεγρόμενος.

2   ΜΙΚ. Ὦ Ζεῦ τεράστιε καὶ Ἡράκλεις ἀλεξίκακε, τί τὸ
κακὸν τοῦτ' ἐστίν; ἀνθρωπικῶς ἐλάλησεν ἀλεκτρυών.

ΑΛΕΚ. Εἶτά σοι τέρας εἶναι δοκεῖ τὸ τοιοῦτον, εἰ ὁμό-
φωνος ὑμῖν εἰμι;

ΜΙΚ. Πῶς γὰρ οὐ τέρας; ἀλλ' ἀποτρέποιτε, ὦ θεοί, τὸ
δεινὸν ἀφ' ἡμῶν.

ΑΛΕΚ. Σύ μοι δοκεῖς, ὦ Μικύλε, κομιδῇ ἀπαίδευτος
εἶναι μηδὲ ἀνεγνωκέναι τὰ Ὁμήρου ποιήματα, ἐν οἷς καὶ ὁ
τοῦ Ἀχιλλέως ἵππος ὁ Ξάνθος, μακρὰ χαίρειν φράσας τῷ
χρεμετίζειν, ἕστηκεν ἐν μέσῳ τῷ πολέμῳ διαλεγόμενος, ἐπι
ὅλα ῥαψῳδῶν, οὐχ ὥσπερ ἐγὼ νῦν ἄνευ τῶν μέτρων· ἀλλὰ
καὶ ἐμαντεύετο ἐκεῖνος καὶ τὰ μέλλοντα προεθέσπιζε, καὶ
οὐδέν τι παράδοξον ἐδόκει ποιεῖν, οὐδὲ ὁ ἀκούων ἐπεκαλεῖτο
ὥσπερ σὺ τὸν ἀλεξίκακον, ἀποτρόπαιον ἡγούμενος τὸ ἄκουσμα.
καίτοι τί ἂν ἐποίησας, εἴ σοι ἡ τῆς Ἀργοῦς τρόπις ἐλάλησεν
ἢ Δωδώνη αὐτόφωνος ἐμαντεύσατο, ἢ εἰ βύρσας εἶδες ἑρπού-

ten Theil deines Tagewerks.
— πρὸ ὁδοῦ, förderlich. Her-
motim. 1: ὁ πρὸ ὁδοῦ σοι γένοιτ'
ἂν ἐς τὰ ἄλφιτα. Unattische aber
schon bei Aristoteles vorkommende
Formel für προὔργον.
2. τεράστιε, s. zu II, 41. — εἶτα,
s. zu Todtengespr. 16, 1. — ὁ τοῦ
Ἀχιλλ. ἵππος. Vgl. Il. 19, 407: αὐ-
δήεντα δ' ἔθηκε θεὰ λευκώλενος
Ἥρη. — μακρὰ χαίρειν φράσας,
ein lautes Lebewohl sagend,
eine bei Luc. oft vorkommende
Formel, Pro merc. cond. 5. Bis
accus. 21. Fugit. 20. Navig. 2.
De morte Peregr. 32. u. s.; μακρὰ
χαίρειν λέγειν, Asin. 46.; auch
πολλὰ χ. φρ., Rhet. praec. 9. Ebenso
μακρὰ οἰμώζειν λέγειν unten c. 23.
— ἀλλὰ καί, ja auch. — ἡ τῆς
Ἀργοῦς τρόπις. Die Argo, auf wel-
cher Iason und seine Gefährten
jene berühmte Fahrt nach Kolchis
unternahmen, war aus Fichten
vom Berge Pelion erbaut. In der-
selben hatte Athene ein Stück von
der dodonäischen Eiche ange-

bracht, welches die Gabe zu spre-
chen und zu weissagen besass.
De saltat. 52: Θετταλία παρέχει
τὸν τῶν πεντήκοντα νέων στόλον,
τὴν Ἀργώ, τὴν λάλον αὐτῆς τρόπιν.
— Δωδώνη αὐτόφωνος, zu verste-
hen von jener heiligen Eiche zu
Dodona. Ebenso, d. i. mit dersel-
ben Kürze, heisst es bei Symmach.
ep. 4, 33: non vides oracula olim
locuta desiisse nec ullas in antro
Cumano literas legi nec Dodonam
loqui frontibus nec de spiracu-
lis Delphicis ullum carmen audiri?
Zu Dodona nämlich, jenem uralten
Orakelsitze des Zeus in Epeiros,
in der Gegend des Sees von Jan-
nina, stand eine heilige Eiche, aus
deren Rauschen man den Willen
des Zeus erkannte, oder die selbst
mit der Gabe weissagender Rede
versehen war. Vgl. Hom. Odyss.
14, 327. — εἰ βύρσας κτέ. Dieses
erzählt Hom. Od. 12, 395 f. von den
Sonnenrindern, welche von des
Odysseus Gefährten getödtet wor-
den waren:

σας καὶ βοῶν κρέα μυκώμονα ἡμίεφθα, περιπεπαρμένα τοῖς
ὀβελοῖς; ἐγὼ δὲ Ἑρμοῦ πάρεδρος ὤν, λαλιστάτου καὶ λογιω
τάτου θεῶν ἁπάντων, καὶ τἆλλα ὁμοδίαιτος ὑμῖν καὶ σύν
τροφος, οὐ χαλεπῶς ἔμελλον ἐκμαθήσεσθαι τὴν ἀνθρώπων
φωνήν. εἰ δὲ ἐχεμυθήσειν ὑπόσχοιό μοι, οὐκ ἂν ὀκνήσαιμί
σοι τὴν ἀληθεστέραν αἰτίαν εἰπεῖν τῆς πρὸς ὑμᾶς ὁμοφωνίας,
καὶ ὅθεν ὑπάρχει μοι οὕτω λαλεῖν.

ΜΙΚ. Ἀλλὰ μὴ ὄνειρος καὶ ταῦτά ἐστιν, ἀλεκτρυὼν οὕτω 3
πρός με διαλεγόμενος; εἰπὲ δ' οὖν πρὸς τοῦ Ἑρμοῦ, ὦ βέλ
τιστε, ὅ τι καὶ ἄλλο σοι τῆς φωνῆς αἴτιον. ὡς δὲ σιωπήσομαι
καὶ πρὸς οὐδένα ἐρῶ, τί σε χρὴ δεδιέναι; τίς γὰρ ἂν ' πι
στεύσειέ μοι, εἴ τι διηγοίμην ὡς ἀλεκτρυόνος αὐτὸ εἰπόντος
ἀκηκοώς;

ΑΛΕΚ. Ἄκουε τοίνυν. παραδοξότατόν σοι λόγον εὖ οἶδ'
ὅτι λέγω, ὦ Μικύλε· οὑτοσὶ γὰρ ὁ νῦν σοι ἀλεκτρυὼν φαινό
μενος οὐ πρὸ πολλοῦ ἄνθρωπος ἦν.

ΜΙΚ. Ἤκουσά τι καὶ πάλαι τοιοῦτον ἀμέλει περὶ ὑμῶν, ὡς
Ἀλεκτρυὼν τις νεανίσκος φίλος γένοιτο τῷ Ἄρει, καὶ ξυμπίνοι
τῷ θεῷ καὶ ξυγκωμάζοι καὶ κοινωνοίη τῶν ἐρωτικῶν· ὁπότε
γοῦν ἀπίοι παρὰ τὴν Ἀφροδίτην μοιχεύσων ὁ Ἄρης, ἐπάγε
σθαι καὶ τὸν Ἀλεκτρυόνα, καὶ ἐπειδήπερ τὸν Ἥλιον μάλιστα
ὑφεωρᾶτο, μὴ κατιδὼν ἐξείποι πρὸς τὸν Ἥφαιστον, ἔξω πρὸς
ταῖς θύραις ἀπολείπειν ἀεὶ τὸν νεανίσκον, μηνύσοντα ὁπότε
ἀνίσχοι ὁ Ἥλιος. εἶτά ποτε κατακοιμηθῆναι μὲν τὸν Ἀλεκ
τρυόνα καὶ προδοῦναι τὴν φρουρὰν ἄκοντα, τὸν δὲ Ἥλιον
λαθόντα ἐπιστῆναι τῇ Ἀφροδίτῃ καὶ τῷ Ἄρει ἀφρύντιδι ἀνα
παυομένῳ διὰ τὸ πιστεύειν τὸν Ἀλεκτρυόνα μηνῦσαι ἄν, εἴ
τις ἐπίοι· καὶ οὕτω τὸν Ἥφαιστον παρ' Ἡλίου μαθόντα συλ
λαβεῖν αὐτούς, περιβαλόντα καὶ σαγηνεύσαντα τοῖς δεσμοῖς,
ἃ πάλαι πεποίητο ἐπ' αὐτούς· ἀφεθέντα δέ, ὡς ἀφείθη, τὸν

εἷρπον μὲν δινοί, κρέα δ'ἀμφ' ὀβε
λοῖς ἐμεμύκει,
ὀπταλέα τε καὶ ὠμά, βοῶν δ'ὣς
γίγνετο φωνή.
— ἡμίεφθα. Wegen des homerischen ὀπταλέα könnte man ἡμίοπτα
erwarten. Durfte aber deswegen
Lucian. nicht ἡμίεφθα sagen, und
konnte er es nicht mit Absicht gesagt haben? — Ἑρμοῦ πάρεδρος.
Der Hahn war dem Hermes geheiligt; vgl. c. 28. — ἔμελλον ἐκμα

θήσεσθαι, ich musste wol erlernen; Kr. Gr. §. 53, 8, 3.

3. μή, s. zu I, 17. — πρός με, s.
zu II, 13. — καὶ πάλαι, s. zu II,36.
— ἀμέλει, allerdings. — ὁπότε,
so oft. — ἐπάγεσθαι. Dieser und
die folgenden Infinitive von einem
in Gedanken vorschwebenden λέ
γεται oder λέγουσι abhängig, wie
oft. — ἀφεθέντα δέ, ὡς ἀφείθη,
τὸν Ἄρη. Durch den Zwischensatz
ὡς ἀφείθη wird alle weitere Aus

Ἄρη ἀγανακτῆσαι κατὰ τοῦ Ἀλεκτρυόνος καὶ μεταβαλεῖν αὐ-
τὸν ἐς τουτὶ τὸ ὄρνεον αὐτοῖς ὅπλοις, ὡς ἔτι τῆς κόρυθος
τὸν λόφον ἔχειν ἐπὶ τῇ κεφαλῇ, καὶ διὰ τοῦτο ὑμᾶς ἀπολο-
γουμένους τῷ Ἄρει, ὅτ᾽ οὐδὲν ὄφελος, ἐπειδὰν αἴσθησθε
ἀνελευσόμενον τὸν Ἥλιον, πρὸ πολλοῦ βοᾶν ἐπισημαινομέ-
νους τὴν ἀνατολὴν αὐτοῦ.

4   ΑΛΕΚ. Φασὶ μὲν καὶ ταῦτα, ὦ Μικύλε, τὸ δ᾽ ἐμὸν
ἑτεροῖόν τι γέγονε, καὶ πάνυ ἔναγχος ἐς ἀλεκτρυόνα σοι
μεταβέβηκα.

ΜΙΚ. Πῶς; ἐθέλω γὰρ τοῦτο μάλιστα εἰδέναι.

ΑΛΕΚ. Ἀκούεις τινὰ Πυθαγόραν Μνησαρχίδην Σάμιον;

ΜΙΚ. Τὸν σοφιστὴν λέγεις, τὸν ἀλαζόνα, ὃς ἐνομοθέτει
μήτε κρεῶν γεύεσθαι μήτε κυάμους ἐσθίειν, ἥδιστον ἐμοὶ
γοῦν ὄψον ἐκτράπεζον ἀποφαίνων, ἔτι δὲ πείθων τοὺς ἀν-
θρώπους, ὡς πρὸ τοῦ Πυθαγόρου Εὔφορβος γένοιτο· γόητά
φασι καὶ τερατουργόν, ὦ ἀλεκτρυών.

ΑΛΕΚ. Ἐκεῖνος αὐτὸς ἐγώ σοί εἰμι ὁ Πυθαγόρας, ὥστε
παῦ᾽, ὦγαθέ, λοιδορούμενός μοι, καὶ ταῦτα οὐκ εἰδὼς οἷός
τις ἦν τὸν τρόπον.

ΜΙΚ. Τοῦτ᾽ αὖ μακρῷ ἐκείνου τερατωδέστερον, ἀλεκ-

einandersetzung über eine Allen bekannte Sache, hier über die Freilassung des Ares, vermieden. Vgl. Demosth. 3, 8: οὐδὲ τὸν φόβον μικρὸν ὁρῶ τὸν τῶν μετὰ ταῦτα, ἐχόντων μὲν ὡς ἔχουσι Θηβαίων ἡμῖν. 23, 182: τῆς Καρδιανῶν πόλεως ἐχούσης ὡς ἔχει. — αὐτοῖς ὅπλοις, s. zu II, 22. Todtengespr. 10, 3. 20, 4. Göttergespr. 21, 2. — ἀπολογουμένους τῷ Ἄρει, euch rechtfertigend vor dem Ares. Phalar. 1, 1: εἰ ὑμῖν ἀπολογησαίμην. De conscr. hist. 12: γελοῖον, εἰ σοι νῦν ἀπολογοίμην. — ὅτ᾽ οὐδὲν ὄφελος, hängt mit βοᾶν zusammen. Ebenso De merc. cond. 3. — ἀνελευσόμενον. Ueber diese bei Luc. nicht ungewöhnliche Futurform s. zu III, 18.

4. τὸ δ᾽ ἐμόν, s. oben zu Göttergespr. 14, 7. — μεταβέβηκα. Vitar. auct. 5: πάλαι ἐν ἄλλῳ σώματι καὶ ἐν ἄλλῳ οὐνόματι ἐφαντάζεο· χρόνῳ δὲ αὖτις ἐς ἄλλον μεταβήσεαι. — ἀκούεις, hast du gehört; s. zu IV, 4. — Πυθαγόραν. Pytha-

goras, dessen Geschichte schon früh von der Sage entstellt worden ist, war geboren auf Samos in den Jahren 580 bis 568. Sein Vater heisst fast allgemein Mnesarchos. Im 40. Lebensjahre soll er nach Grossgriechenland übergesiedelt sein und in Kroton eine Gesellschaft oder Schule gegründet haben, welche sich noch bei seinen Lebzeiten über die bedeutendsten grossgriechischen Städte verbreitete, und sowohl in philosophischer, als besonders in politischer Beziehung von grossem Einfluss war. — μήτε κρεῶν γεύεσθαι μήτε κυάμους ἐσθίειν. Vgl. Vitar. auct. 6, wo Pythagoras sagt: ψυχήιον μὲν οὐδὲ ἓν σιτέομαι, τὰ δ᾽ ἄλλα πλὴν κυάμων. Ausführlich trägt diese Lehre Pythagoras vor bei Ovid. Metam. 15, 76 ff. — ἐκτράπεζον ἀποφαίνων, vom Tische verbannend, ein nur hier vorkommendes Wort. — Εὔφορβος, s. oben zu Todtengespr. 20, 3. — παῦ᾽ .. λοιδορούμενος. So stets oder παῦσαι,

τρυῶν φιλόσοφος. εἰπὲ δὲ ὅμως, ὦ Μνησάρχου παῖ, ὅπως
ἡμῖν ἀντὶ μὲν ἀνθρώπου ὄρνις, ἀντὶ δὲ Σαμίου Ταναγρικὸς
ἀναπέφηνας· οὐ πιθανὰ γὰρ ταῦτα οὐδὲ πάνυ πιστεῦσαι
ῥᾴδια, ἐπεὶ καὶ δύ᾽ ἤδη μοι τετηρηκέναι δοκῶ πάνυ ἐν σοὶ
ἀλλότρια τοῦ Πυθαγόρου.

ΑΛΕΚ. Τὰ ποῖα;

ΜΙΚ. Ἓν μὲν ὅτι λάλος εἶ καὶ κρακτικός, ὁ δὲ σιωπᾶν
ἐς πέντε ὅλα ἔτη, οἶμαι, παρῄνει, ἕτερον δὲ καὶ παντελῶς
παράνομον· οὐ γὰρ ἔχων ὅ τι σοι παραβάλοιμι, κυάμους χθὲς
ἧκον, ὡς οἶσθα, ἔχων, καὶ σὺ οὐδὲν μελλήσας ἀνέλεξας αὐ-
τούς· ὥστε ἢ ἐψεῦσθαί σοι ἀνάγκη καὶ ἄλλῳ εἶναι, ἢ Πυθα-
γόρᾳ ὄντι παρανενομηκέναι καὶ τὸ ἴσον ἠσεβηκέναι κυάμους
φαγόντα, ὡς ἂν εἰ τὴν κεφαλὴν τοῦ πατρὸς βεβρώκεις.

ΑΛΕΚ. Οὐ γὰρ οἶσθα, ὦ Μικύλε, ἥτις αἰτία τούτων, 5
οὐδὲ τὰ πρόσφορα ἑκάστῳ βίῳ. ἐγὼ δὲ τότε μὲν οὐκ ἤσθιον
τῶν κυάμων, ἐφιλοσόφουν γάρ· νῦν δὲ φάγοιμ᾽ ἄν, ὀρνιθικὴ
γὰρ καὶ οὐκ ἀπόρρητος ἡμῖν ἡ τροφή. πλὴν ἀλλά, εἴ σοι
φίλον, ἄκουε ὅπως ἐκ Πυθαγόρου τοῦτο νῦν εἰμι καὶ ἐν οἵοις
βίοις πρότερον ἐβιότευσα καὶ ἅτινα τῆς μεταβολῆς ἑκάστης
ἀπολέλαυκα.

ΜΙΚ. Λέγοις ἄν· ὡς ἔμοιγε ὑπερήδιστον ἂν τὸ ἄκουσμα
γένοιτο, ὥστε εἴ τις αἵρεσιν προθείη, πότερα μᾶλλον ἐθέλω
σοῦ ἀκούειν τὰ τοιαῦτα διεξιόντος ἢ τὸν πανευδαίμονα ὄνει-
ρον ἐκεῖνον αὖθις ὁρᾶν τὸν μικρὸν ἔμπροσθεν, οὐκ οἶδα ὁπό-
τερον ἂν ἑλοίμην· οὕτως ἀδελφὰ ἡγοῦμαι τὰ σὰ τοῖς [ἡδί-
στοις] φανεῖσι, καὶ ἐν ἴσῃ ὑμᾶς τιμῇ ἄγω, σέ τε καὶ τὸ
πολυτίμητον ἐνύπνιον.

ΑΛΕΚ. Ἔτι γὰρ σὺ ἀναπεμπάζῃ τὸν ὄνειρον, τίς ποτε ὁ

nie παύον. Unten c. 6: παῦε, ὦ
Μίδα βέλτιστε, χρυσολογῶν. Toxar.
53: παῦε ἄλλον με ποιῶν σεαυτοῦ.
Iup. trag. 33. Dial. meretr, 12, 2.
Nigr. 8. Vgl. Kr. Gr. §. 52, 2, 5.
— Ταναγρικός. Die Hähne von
Tanagra in Böotien waren beson-
ders berühmt als μάχιμοι. — πάνυ
gehört zu ἀλλότρια. Navig. 26:
οἶσθα οὖν, ὡς πάνυ σοι ἀπὸ λεπτῆς
κρόκης ὁ πᾶς οὑτοσὶ πλοῦτος ἀπήρ-
τηται. u. s. — τὰ ποῖα, s. zu II,28.
— φαγόντα für φαγόντι, s. Kr. Gr.
§. 55, 2, 7. Ebenso unten c. 26:
ἐντεμόντα. — ὡς ἂν εἰ, elliptische

Formel. Was ist bei ὡς ἂν zu er-
gänzen? Sonst sagt Lucian. in der
Regel ὥσπερ ἂν εἰ, wie die Attiker,
auch καθάπερ ἂν εἰ. — βεβρώκεις.
Dieselbe Form (βέβρωκεν) Parasit.
22.; sogar βρωθείς Nigr. 33. Uebri-
gens vgl. Vitar. auct. 6. und jenen
bekannten Vers: ἶσόν τοι κυάμους
τρώγειν κεφαλάς τε τοκήων.

5. τῶν κυάμων, Kr. Gr. II. §. 47,
15, 5. — λέγοις ἄν, imperativisch,
wie c. 21.; Kr. Gr. §. 54, 3, 8. Her-
motim. 16: οὐκοῦν καὶ ἡμᾶς διδά-
σκοις ἂν τοῦτο. — μικρὸν ἔμπρο-
σθεν, s. zu IV, 11. — ἔτι γάρ.

φανείς σοι ἦν, καί τινα ἰνδάλματα μάταια διαφυλάττεις,
κενὴν καὶ ὡς ὁ ποιητικὸς λόγος ἀμενηνήν τινα εὐδαιμονίαν
τῇ μνήμῃ μεταδιώκων;

6 ΜΙΚ. Ἀλλ' οὐδὲ ἐπιλήσομαί ποτε, ὦ ἀλεκτρυών, εὖ
ἴσθι, τῆς ὄψεως ἐκείνης· οὕτω μοι πολὺ τὸ μέλι ἐν τοῖς
ὀφθαλμοῖς ὁ ὄνειρος καταλιπὼν ᾤχετο, ὡς μόγις ἀνοίγειν τὰ
βλέφαρα ὑπ' αὐτοῦ ἐς ὕπνον αὖθις κατασπώμενα. οἷον γοῦν
ἐν τοῖς ὠσὶ τὰ πτερὰ ἐργάζεται στρεφόμενα, τοιοῦτον γάρ-
γαλον παρεῖχέ μοι τὰ ὁρώμενα.

ΑΛΕΚ. Ἡράκλεις, δεινόν τινα τὸν ἔρωτα φῂς τοῦ ἐνυ-
πνίου, εἴ γε πτηνὸς ὤν, ὥς φασι, καὶ ὅρον ἔχων τῆς πτήσεως
τὸν ὕπνον, ὑπὲρ τὰ ἐσκαμμένα ἤδη πηδᾷ καὶ ἐνδιατρίβει
ἀνεῳγόσι τοῖς ὀφθαλμοῖς, μελιχρὸς οὕτω καὶ ἐναργὴς φαινό-
μενος· ἐθέλω οὖν ἀκοῦσαι, οἷός τίς ἐστιν, οὕτω σοι τριπό-
θητος ὤν.

ΜΙΚ. Ἕτοιμος λέγειν· ἡδὺ γοῦν μοι τὸ μεμνῆσθαι καὶ
διεξιέναι τι περὶ αὐτοῦ. σὺ δὲ πηνίκα, ὦ Πυθαγόρα, διηγήσῃ
τὰ περὶ τῶν μεταβολῶν;

ΑΛΕΚ. Ἐπειδὰν σύ, ὦ Μικύλε, παύσῃ ὀνειρώττων καὶ
ἀποψήσῃ ἀπὸ τῶν βλεφάρων τὸ μέλι. τὸ νῦν δὲ πρότερος
εἰπέ, ὡς μάθω, εἴτε διὰ τῶν ἐλεφαντίνων πυλῶν εἴτε διὰ τῶν
κερατίνων σοι ὁ ὄνειρος ἧκε πεμπόμενος.

ΜΙΚ. Οὐδὲ δι' ἑτέρας τούτων, ὦ Πυθαγόρα.

Ueber γάρ in der Frage s. zu II, 18. Ebenso c. 32: ἔτι γὰρ σὺ ὀνει-ρώττεις τὸν πλοῦτον; Dial. deor. 4, 2. Catapl. 9. — ὡς ὁ ποιητικὸς λόγος, näml. φησίν. Vgl. Halc. 7. Dial. deor. 20, 5. u. s. Homer. Odyss. 19, 562: δοιαὶ γάρ τε πύλαι ἀμενηνῶν εἰσιν ὀνείρων.
6. παρεῖχε, s. zu Tudtengespr. 27, 7. — δεινόν τινα τὸν ἔρωτα φῂς, d. i. ὁ ἔρως, ὃν φῂς, δεινός τίς ἐστι, s. zu I, 1. — πτηνὸς ὤν. Das Mas-culin. steht, obschon τοῦ ἐνυπνίου vorhergeht, weil vorzugsweise an ὁ ὄνειρος zu denken ist und man sich diesen ja personificirt vorzu-stellen hat. πτηνός ist ein nicht seltenes Beiwort von ὄνειρος. — ὑπὲρ τὰ ἐσκαμμένα, sprichwört-licher Ausdruck für: über die Grenze, hergenommen vom Sprung als Theil des Pentathlon. „Die Stelle, von wo aus man

sprang, hiess βατήρ, das Mass des Sprunges κανών, die Grenze, wo der Niedersprung Statt fand, τὸ σκάμμα, τὰ ἐσκαμμένα, weil näm-lich hier ein kleiner Graben oder Aufwurf gebildet wurde."Krause: die Gymn. u. Agon. I p. 393. — ἀνεῳγόσι, s. oben zu Todtengespr. 4, 1. — ἕτοιμος, näml. εἰμί. Catapl. 10: καὶ μὴν ἐγγυητὰς ὑμῖν ἕτοιμος παρασχέσθαι. c. 19: τἆλλα δὲ ἦν ἀντιλεῖν ἐθέλῃς, ἕτοιμος καὶ πρόσκω-πος εἶναι. Toxar. 40. 52. De sal-tat. 6 u. ö. Kr. Gr. §. 62, 1, 5. — αὐτοῦ, näml. τοῦ ὀνείρου.—πηνίκα, wann, s. v. a. πότε. Ebenso Tim. 4., und schon Demosth. 18, 313. Bei den Attikern in der Regel von einer bestimmten Tageszeit. — τὸ νῦν, für jetzt, ebenso wie τὸ μετὰ τοῦτο, τὸ παραυτίκα u. ä., s. Kr. Gr. §. 50, 5, 13. — οὐδὲ δι' ἑτέρας, Kr. Gr. §. 24, 2, 2. Amor. 4: ἐπεὶ

ΑΛΕΚ. Καὶ μὴν Ὅμηρος δύο μόνας ταύτας λέγει.

ΜΙΚ. Ἔα χαίρειν τὸν λῆρον ἐκεῖνον ποιητήν, οὐδὲν εἰδότα ὀνείρων πέρι. οἱ πένητες ἴσως ὄνειροι διὰ τῶν τοιούτων ἐξίασιν, οἵους ἐκεῖνος ἑώρα, οὐδὲ πάνυ σαφῶς τυφλὸς αὐτὸς ὤν· ἐμοὶ δὲ διὰ χρυσῶν τινων πυλῶν ὁ ἥδιστος ἀφίκετο, χρυσοῦς καὶ αὐτός, χρυσᾶ πάντα περιβεβλημένος καὶ πολὺ ἐπαγόμενος χρυσίον.

ΑΛΕΚ. Παῦε, ὦ Μίδα βέλτιστε, χρυσολογῶν· ἀτεχνῶς γὰρ ἐκ τῆς ἐκείνου σοι εὐχῆς τὸ ἐνύπνιον, καὶ μέταλλα ὅλα χρύσεια κεκοιμῆσθαί μοι δοκεῖς.

ΜΙΚ. Πολύ, ὦ Πυθαγόρα, χρυσίον εἶδον, πολύ, πῶς 7 οἴει καλόν, οἵαν τὴν αὐγὴν ἀπαστράπτον; τί ποτε ὁ Πίνδαρός φησι περὶ αὐτοῦ ἐπαινῶν; ἀνάμνησον γάρ με, εἰ οἶσθα, ὁπότε ὕδωρ ἄριστον εἰπὼν εἶτα τὸ χρυσίον θαυμάζει, εὖ ποιῶν, ἐν ἀρχῇ εὐθὺς τοῦ βιβλίου, κάλλιστόν τι ἀσμάτων ἁπάντων.

ΑΛΕΚ. Μῶν ἐκεῖνο ζητεῖς,
ἄριστον μὲν ὕδωρ, ὁ δὲ χρυσὸς αἰθόμενον πῦρ
ἅτε διαπρέπει νυκτὶ μεγάνορος ἔξοχα πλούτου;

ΜΙΚ. Νὴ Δία τοῦτ' αὐτό· ὥσπερ γὰρ τοὐμὸν ἐνύπνιον ἰδὼν ὁ Πίνδαρος οὕτως ἐπαινεῖ τὸ χρυσίον. ὡς δὲ ἤδη μάθῃς, οἷόν τι ἦν, ἄκουσον, ὦ σοφώτατε ἀλεκτρυών. ὅτι μὲν οὐκ οἰκόσιτος ἦν χθές, οἶσθα· Εὐκράτης γάρ με ὁ πλούσιος

<hr/>

μηδ' εἰς ἕτερόν σε τοῦ πάθους ῥέποντα ὁρῶ. — Ὅμηρος, Odyss. 19, 562 ff.:
δοιαὶ γάρ τε πύλαι ἀμενηνῶν εἰσιν ὀνείρων·
αἱ μὲν γὰρ κεράεσσι τετεύχαται, αἱ δ' ἐλέφαντι·
τῶν οἳ μέν κ' ἔλθωσι διὰ πριστοῦ ἐλέφαντος,
οἵ ῥ' ἐλεφαίρονται, ἐπ' ἀκράαντα φέροντες,
οἳ δὲ διὰ ξεστῶν κεράων ἔλθωσι θύραζε,
οἵ ῥ' ἔτυμα κραίνουσι, βροτῶν ὅτε κέν τις ἴδηται.

Vgl. Virgil. Aen. 6, 894. Uebrigens beachte den in den Worten καὶ μὴν bis λέγει enthaltenen Senar. — τὸν λῆρον, nugatorem, so oft bei Lucian., vgl. unten c. 11., Rhet. praec. 17. Dial. meretr. 10, 3. Cronos. 10. — τυφλός, s. zu Todteu-

gespr. 25, 1. — ὦ Μίδα. Dieser, wie bekannt, erbat sich vom Dionysos, dass sich Alles, was er berühre, in Gold verwandeln möge. — ἐκείνου, näml. τοῦ Μίδου. — κεκοιμῆσθαι, erschlafen zu haben, komisch. Icaromenipp. 1: καταχοιμηθεὶς παρασάγγας ὅλους.

7. εἰπὼν εἶτα, s. zu II, 16. Unten c. 14: οὐκοῦν ἐκεῖνος αὐτὸ κλέψας εἶτα ἐπωμόσατο θεοὺς τοσούτους. — εὖ ποιῶν, recht daran thuend, bei Luc. sehr häufige Formel; Toxar. 38. Saturn. 7. 27. Dips. 6. De conscr. hist. 4. 15. u. s. — ἐν ἀρχῇ. Olymp. 1. Uebrigens darf in der lebhaften Rede des Mik. die aphoristische Ausdrucksweise nicht auffallen. — ὁ δὲ χρυσὸς κτέ. Die Construction ist: ἅτε (gleichwie) πῦρ αἰθόμενον νυκτί, χρυσὸς

ἐντυχὼν ἐν ἀγορᾷ λουσάμενον ἥκειν ἐκέλευε τὴν ὥραν ἐπὶ
τὸ δεῖπνον.

8   *ΑΛΕΚ.* Οἶδα τοῦτο, πάνυ πεινήσας παρ' ὅλην τὴν ἡμέ-
ραν, ἄχρι μοι βαθείας ἤδη ἑσπέρας ἧκες ὑποβεβρεγμένος,
τοὺς πέντε κυάμους ἐκείνους κομίζων, οὐ πάνυ δαψιλὲς τὸ
δεῖπνον ἀλεκτρυόνι ἀθλητῇ ποτε γενομένῳ καὶ Ὀλύμπια οὐκ
ἀφανῶς ἀγωνισαμένῳ.

    ΜΙΚ. Ἐπεὶ δὲ δειπνήσας ἐπανῆλθον, ἐκάθευδον εὐθὺς
τοὺς κυάμους σοι παραβαλών, εἶτά μοι κατὰ τὸν Ὅμηρον
ἀμβροσίην διὰ νύκτα θεῖός τις ὡς ἀληθῶς ὄνειρος ἐπιστὰς ...

    ΑΛΕΚ. Τὰ παρὰ τῷ Εὐκράτει πρότερον, ὦ Μικύλε,
διήγησαι, καὶ τὸ δεῖπνον οἷον ἐγένετο, καὶ τὰ ἐν τῷ συμ-
ποσίῳ ἅπαντα· κωλύει γὰρ οὐδὲν αὖθίς σε δειπνεῖν, ὥσπερ
ὄνειρόν τινα τοῦ δείπνου ἐκείνου ἀναπλάττοντα καὶ ἀνα-
μαρυκώμενον τῇ μνήμῃ τὰ βεβρωμένα.

9   *ΜΙΚ.* Ὤιμην ἐνοχλήσειν καὶ ταῦτα διηγούμενος· ἐπεὶ
δὲ σὺ προθυμῇ, καὶ δὴ λέγω. οὐ πρότερον, ὦ Πυθαγόρα,
παρὰ πλουσίῳ τινὶ δειπνήσας ἐν ἅπαντι τῷ βίῳ τύχῃ τινὶ
ἀγαθῇ ἐντυγχάνω χθὲς τῷ Εὐκράτει, καὶ ἐγὼ μὲν προσειπὼν
αὐτόν, ὥσπερ εἰώθειν, δεσπότην ἀπηλλαττόμην, ὡς μὴ κατ-
αισχύνοιμι αὐτὸν σὺν τριβακῷ τῷ τρίβωνι συμπαρομαρτῶν,
ὁ δέ, Μικύλε, φησί, θυγατρὸς τήμερον ἑστιῶ γενέθλια, καὶ
παρεκάλεσα τῶν φίλων μάλα πολλούς· ἐπεὶ δέ τινά φασιν
αὐτῶν μαλακῶς ἔχοντα οὐχ οἷόν τε εἶναι ξυνδειπνεῖν μεθ'

ἔξοχα διαπρέπει πλούτου. — λου-
σάμενον. Sich vor Tische zu baden
gehörte zu einem Bestandtheile
des hellenischen Lebens; daher die
so gewöhnliche Redensart λουσά-
μενον oder λελουμένον ἐπὶ δεῖπνον
ἐλθεῖν. — ἐκέλευε, nicht ἐκέλευσε.
Kr. Gr. §. 53, 2, 1. Häufig bei Lu-
cian., vgl. Alexand. 25. 45. Con-
viv. 2. 13. 29. Toxar. 17. u. s. —
τὴν ὥραν, zur rechten Zeit.
Navig. 22: λουσάμενον ἥκειν κε-
λεύσω τὴν ὥραν ἐπὶ τὸ δεῖπνον.
8. παρ' ὅλην τὴν νύκτα, s. zu II,
50. — ὑποβεβρεγμένος, angetrun-
ken, oft bei Lucian. u. a. Späteren.
— Ὀλύμπια .. ἀγωνισαμένῳ, Kr.
Gr. §. 46, 6. Pythagoras siegte
nach der Angabe des Eratosthenes
und Phavorinos Ol. 48. im olym-
pischen Faustkampf. — κατὰ τὸν

Ὅμηρον. Il. 2, 56 f. θεῖός μοι ἐνύ-
πνιον ἦλθεν ὄνειρος ἀμβροσίην διὰ
νύκτα. — ὡς ἀληθῶς, s. zu I, 10.
9. καὶ δή, auch eben, so eben,
protenus, statim, fast = ἤδη; δή
ist hier temporal. Ebenso c. 29.
Bis accus. 4: ἐπεὶ δὲ σὺ περὶ τού-
των τοὺς λόγους ἐνέβαλες, καὶ δὴ
λέγω. Piscat. 22. Halc. 3 u. s. —
ἀπηλλαττόμην, Kr. Gr. §. 53, 2, 2.
— σύν, nicht ἐν, wie auch wir oft
„mit" in solchen Verbindungen
gebrauchen. Xenoph. anab. 4, 5,
33: κατελάμβανον διακονοῦντας
Ἀρμενίους παῖδας σὺν ταῖς βαρβα-
ρικαῖς στολαῖς. — ἑστιῶ γενέθλια,
feiere den Geburtstag mit
einem Gastmahl. Kr. Gr. §. 46,
6. Hermotim. 11: γενέθλια θυγα-
τρὸς ἑστιῶν. — μαλακῶς ἔχοντα =
d. folg. μαλακίζεσθαι, unpäss-

ἡμῶν, σὺ ἀντ' ἐκείνου ἧκε λουσάμενος, ἢν μὴ ὅ γε κληθεὶς
αὖθις εἴπῃ ἀφίξεσθαι· ὡς νῦν γε ἀμφίβολός ἐστι. τοῦτο
ἀκούσας ἐγὼ προσκυνήσας ἀπῄειν εὐχόμενος ἅπασι θεοῖς
ἠπίαλόν τινα ἢ πλευρῖτιν ἢ ποδάγραν ἐπιπέμψαι τῷ μαλακι-
ζομένῳ ἐκείνῳ, οὗ ἔφεδρος ἐγὼ καὶ ἀντίδειπνος καὶ διάδοχος
ἐκεκλήμην· καὶ τὸ ἄχρι τοῦ λουτροῦ αἰῶνα μέγιστον ἐτι-
θέμην, συνεχὲς ἐπισκοπῶν ὁποσάπουν τὸ στοιχεῖον εἴη καὶ
πηνίκα ἤδη λοῦσθαι δέοι. κἀπειδή ποτε ὁ καιρὸς ἀφίκετο,
πρὸς τάχος ἐμαυτὸν ἀπορρύψας ἄπειμι κοσμίως μάλα ἐσχη-
ματισμένος, ἀναστρέψας τὸ τριβώνιον, ὡς ἐπὶ τοῦ καθαρω-
τέρου γένοιτο ἡ ἀναβολή. καταλαμβάνω τε πρὸς ταῖς θύραις 10
ἄλλους τε πολλοὺς καὶ δὴ κἀκεῖνον, φοράδην ὑπὸ τεττάρων
κεκομισμένον, ᾧ με ὑποδειπνεῖν ἔδει, τὸν νοσεῖν λεγόμενον.
καὶ ἐδήλου δὲ πονήρως ἔχων· ὑπέστενε γοῦν καὶ ὑπέβηττε
μύχιόν τι καὶ ἐχρέμπτετο δυσπρόσοδον, ὠχρὸς ὅλος ὢν καὶ
διῳδηκώς, ἀμφὶ τὰ ἑξήκοντα ἔτη σχεδόν. ἐλέγετο δὲ φιλό-
σοφός τις εἶναι τῶν πρὸς τὰ μειράκια φλυαρούντων· ὁ γοῦν
πώγων μάλα τραγικὸς ἦν ἐς ὑπερβολὴν κουριῶν. καὶ αἰτιω-
μένου γε Ἀρχιβίου τοῦ ἰατροῦ, διότι οὕτως ἔχων ἀφίκετο,
"Τὰ καθήκοντα," ἔφη, "οὐ χρὴ προδιδόναι, καὶ ταῦτα φιλό-
σοφον ἄνδρα, κἂν μυρίαι νόσοι ἐμποδὼν ἱστῶνται· ἡγήσεται
γὰρ Εὐκράτης ὑπερεωρᾶσθαι πρὸς ἡμῶν." "Οὐ μὲν οὖν,"
εἶπον ἐγώ, "ἀλλ' ἐπαινέσεταί σε, ἢν οἴκοι παρὰ σαυτῷ μᾶλ-

lich sein. — *προσκυνήσας.* „In
späterer Zeit kam im Verhältnisse
des Geringeren zu dem Vorneh-
meren die erniedrigende Sitte auf,
diesem Hand, Brust und Knie zu
küssen. Nigrin. 21." Becker's Cha-
rikl. I p. 252. — *ἔφεδρος,* Stell-
vertreter, eigentlich von dem-
jenigen Athleten, der bei Verloo-
sung der Paare, wenn die Zahl
ungerade war, keinen Gegner er-
halten hatte und dann mit frischen
Kräften gegen den Sieger kämpfte.
— *τὸ ἄχρι τοῦ λουτροῦ,* die Zeit
bis zum Bade. — *ὁποσάπουν τὸ
στοιχεῖον,* d. i. wie viel Fuss
der Schatten des Stiftes
oder Stabes der Sonnenuhr,
des Sonnenzeigers warf. Cro-
nos. 17: *λοῦσθαι .. ὁπόταν τὸ στοι-
χεῖον ἑξάπουν ᾖ.* — *πρὸς τάχος,* wie
sonst bei Lucian. *κατὰ τάχος,* in
Eile, eilig. ‑*ἄπειμι,* in Praesens-

bedeutung, wie oben c. 6 *ἐξίασιν*
u. c. 23 *πρόσεισιν.* Kr. Gr. §. 38, 3, 3.
10. *καὶ δὴ κἀκεῖνον,* et vero etiam.
Xen. Cyr. 1, 6, 21: *γνοίης δ' ἄν, ὅτι
τοῦθ' οὕτως ἔχει ἐν ἄλλοις τε πολ-
λοῖς καὶ δὴ καὶ ἐν τοῖς κάμνουσιν.*
Adv. indoct. 8: *ἧκεν σὺν ἐς τοὺς Δελ-
φοὺς τοῖς τε ἄλλοις λαμπρὸς καὶ δὴ
καὶ ἐσθῆτα χρυσόπαστον ποιησάμε-
νος.* — *ὑπὸ τεττάρων.* Die Zahl der
Träger war, wie es scheint, ge-
wöhnlich vier; Epist. sat. 28: *ἐς γῆρας
ἀφικόμενον τοῖς αὐτοῦ ποσίν, ἀλλὰ
μὴ φοράδην ἐπὶ τεττάρων ὀχού-
μενον.* — *μύχιόν τι,* d. i. ziemlich
tief aus der Brust, s. oben z. c. l.
— *δυσπρόσοδον,* d. i. so, dass man
sich ihm zu nähern scheute,
unausstehlich. — *οὕτως ἔχων,*
in solchem Zustande. — *οἴκοι
παρὰ σαυτῷ.* Nicht selten vorkom-
mende pleonastische Ausdrucks-
weise. Philopseud. 17: *οἴκοι παρ'*

λον ἀποθανεῖν ἐθέλῃς ἥπερ ἐν τῷ συμποσίῳ συναναχρεμψά-
μενος τὴν ψυχὴν μετὰ τοῦ φλέγματος." ἐκεῖνος μὲν οὖν ὑπὸ
μεγαλοφροσύνης οὐ προσεποιεῖτο ἀκηκοέναι τοῦ σκώμματος·
ἐφίσταται δὲ μετὰ μικρὸν Εὐκράτης λελουμένος, καὶ ἰδὼν
τὸν Θεσμόπολιν — τοῦτο γὰρ ὁ φιλόσοφος ἐκαλεῖτο — "Δι-
δάσκαλε", φησίν, "εὖ μὲν ἐποίησας αὐτὸς ἥκων παρ' ἡμᾶς,
οὐ μεῖον δ' ἄν τί σοι ἐγένετο· καὶ ἀπόντι γὰρ ἅπαντα ἑξῆς
ἀπέσταλτο ἄν". καὶ ἅμα λέγων ἐσῄει χειραγωγῶν τὸν Θεσμό-
11 πολιν ἐπερειδόμενον καὶ τοῖς οἰκέταις. ἐγὼ μὲν οὖν ἀπιέναι
παρεσκευαζόμην· ὁ δὲ ἐπιστραφεὶς καὶ ἐπὶ πολὺ ἐνδοιάσας,
ἐπεί με πάνυ σκυθρωπὸν εἶδε, "Πάριθι", ἔφη, "καὶ σύ, ὦ
Μικύλε, καὶ συνδείπνει μεθ' ἡμῶν· τὸν υἱὸν γὰρ ἐγὼ κε-
λεύσω ἐν τῇ γυναικωνίτιδι μετὰ τῆς μητρὸς ἑστιᾶσθαι, ὡς
σὺ χώραν ἔχοις". ἐσῄειν οὖν μάτην λύκος χανὼν παρὰ μι-
κρόν, αἰσχυνόμενος ὅτι ἐδόκουν ἐξεληλακέναι τοῦ συμποσίου
τὸ παιδίον τοῦ Εὐκράτους. κἀπειδὴ κατακλίνεσθαι καιρὸς
ἦν, πρῶτον μὲν ἀράμενοι ἀνέθεσαν τὸν Θεσμόπολιν οὐκ
ἀπραγμόνως μὰ Δία πέντε, οἶμαι, νεανίσκοι εὐμεγέθεις
ὑπαυχένια περιβύσαντες αὐτῷ πάντοθεν, ὡς διαμένοι ἐν τῷ
σχήματι καὶ ἐπὶ πολὺ καρτερεῖν δύναιτο· εἶτα μηδενὸς ἀνεχο-
μένου πλησίον κατακεῖσθαι αὐτοῦ ἐμὲ ὑποκατακλίνουσι φέ-
ροντες, ὡς ὁμοτράπεζοι εἴημεν. τοὐντεῦθεν ἐδειπνοῦμεν, ὦ

αὐτῷ. Unten c. 33: οἴκαδε παρ'
ἡμᾶς. Iup. trag. 17: ἀπιόντων
οἴκαδε παρ' αὐτούς. Prometh. in
verb. 6: οἴκοι καθ' ἑαυτόν. Plu-
tarch. Pelopid. 8: οἴκαδε πρὸς
αὐτὸν τραπόμενος. T. Gracch. 4:
εἰσιὼν ὁ Ἄππιος οἴκαδε πρὸς αὐτόν.
— οὐ προσεποιεῖτο ἀκηκοέναι,
stellte sich als ob er nicht
gehört hätte; vgl. Kr. Gr. §. 67,
1, 5. — τοῦτο ὁ φιλόσ. ἐκαλεῖτο,
so hiess der Philosoph. Unten
c. 20: ἦ ὅ τι μάλιστα χαίρεις καλού-
μενος. Bacch. 2: τοῦτο καλεῖσθαι
αὐτῶν τὸν δεσπότην. Conviv. 19:
τοῦτο γὰρ ὁ γελωτοποιὸς ἐκαλεῖτο.
Ver. hist. 1, 30. De morte Peregr.
5 u. s. Kr. Gr. §. 46, 13. — εὖ
ἐποίησας ἥκων, s. zu II, 30. — ἅμα
λέγων, ἅμα mit dem Partic. wie
μεταξύ, s. zu Todtengespr. 14, 3.
11. γυναικωνίτιδι μετὰ τῆς μη-
τρός. Frauen, mit Ausnahme von
Hetären, nahmen nie an einem
Männermahle Theil. — ὡς .. ἔχοις,

s. zu I, 4. — μάτην λύκος χανών.
Eine bei den Komikern vorkom-
mende sprichwörtliche Redensart
von einem in seiner Hoffnung Ge-
täuschten. — ἀνέθεσαν, nämlich
auf die κλίνη. — ἐν τῷ σχήματι.
„Die Stellung, in der man sich
lagerte, das σχῆμα τῆς κατακλί-
σεως, war der Art, dass man mit dem
linken Arm sich auf das im Rücken
liegende Kissen (προσκεφάλαιον)
stützte, und den rechten frei be-
hielt." Becker's Charikl. II. p.
247. — εἶτα, sowie ἔπειτα, ohne δέ,
entspricht oft einem vorhergehen-
den πρῶτον μέν. Abdicat. 30: τὸ
μὲν πρῶτον διετάραξεν, εἶτα κατ'
ὀλίγον ἐς μανίαν περιέτρεψε. Her-
mot. 38. Iup. trag. 48 u. ö. — ὑπο-
κατακλίνουσι. Auf jeder κλίνη
nämlich nahmen nach hellenischer
Sitte in der Regel nur zwei Per-
sonen Platz, und diese hatten alle-
mal einen besonderen Tisch für
sich. — φέροντες, eiligst, s. zu

Πυθαγόρα, πολύοψόν τι καὶ ποικίλον δεῖπνον ἐπὶ χρυσοῦ
πολλοῦ καὶ ἀργύρου· καὶ ἐκπώματα ἦν χρυσᾶ καὶ διάκονοι
ὡραῖοι καὶ μουσουργοὶ καὶ γελωτοποιοὶ μεταξύ, καὶ ὅλως
ἡδίστη τις ἦν ἡ διατριβή. πλὴν ἀλλ' ἐμὲ ἐλύπει οὐ μετρίως
ὁ Θεσμόπολις ἐνοχλῶν καὶ ἀρετήν τινα πρός με διεξιὼν καὶ
διδάσκων, ὡς αἱ δύο ἀποφάσεις μίαν κατάφασιν ἀποτελοῦσι,
καὶ ὡς εἰ ἡμέρα ἐστί, νὺξ οὐκ ἔστιν· ἐνίοτε δὲ καὶ κέρατα
ἔφασκεν εἶναί μοι. τοιαῦτα πολλὰ οὐδὲν δεομένῳ προσφιλο-
σοφῶν συνείρει καὶ ὑπετέμνετο τὴν εὐφροσύνην οὐκ ἐῶν
ἀκούειν τῶν κιθαριζόντων ἢ ᾀδόντων. τοιοῦτο μέν σοι, ὦ
ἀλεκτρυών, τὸ δεῖπνον.

ΑΛΕΚ. Οὐχ ἥδιστον, ὦ Μικύλε, καὶ μάλιστα ἐπεὶ συνε-
κληρώθης τῷ λήρῳ ἐκείνῳ γέροντι.

ΜΙΚ. Ἄκουε δὲ ἤδη καὶ τὸ ἐνύπνιον· ᾤμην γὰρ τὸν 12
Εὐκράτην αὐτὸν ἄπαιδα ὄντα οὐκ οἶδ' ὅπως ἀποθνήσκειν,
εἶτα προσκαλέσαντά με καὶ διαθήκας θέμενον, ἐν αἷς ὁ κλη-
ρονόμος ἦν ἁπάντων ἐγώ, μικρὸν ἐπισχόντα ἀποθανεῖν, ἐμαυ-
τὸν δὲ παρελθόντα ἐς τὴν οὐσίαν τὸ μὲν χρυσίον καὶ τὸ
ἀργύριον ἐξαντλεῖν σκάφαις τισὶ μεγάλαις ἀέναόν τε καὶ
πολὺ ἐπιρρέον, τὰ δ' ἄλλα, τὴν ἐσθῆτα καὶ τραπέζας καὶ
ἐκπώματα καὶ διακόνους, πάντα ἐμὰ ὡς τὸ εἰκὸς εἶναι. εἶτα
ἐξήλαυνον ἐπὶ λευκοῦ ζεύγους, ἐξυπτιάζων, περίβλεπτος ἅπασι

II, 22. — ἐπὶ χρυσοῦ, wie wir „auf
Gold“. — μεταξύ, absolute, da-
zwischen. Als Erklärung diene
Conviv. 18: διαλιπόντων δὲ ὀλίγον,
ὥσπερ εἰώθασι, τῶν παρακομιζόν-
των τὰ ὄψα μηχανώμενος Ἀρισταί-
νετος μηδ' ἐκεῖνον ἀτερπῆ τὸν και-
ρὸν εἶναι μηδὲ κενὸν ἐκέλευσε τὸν
γελωτοποιὸν εἰσελθόντα εἰπεῖν τι
ἢ πρᾶξαι γελοῖον, ὡς ἔτι μᾶλλον οἱ
συμπόται διαχυθεῖεν. καὶ παρῆλ-
θεν ἄμορφός τις ἐξυρημένος τὴν
κεφαλήν, ὀλίγας ἐπὶ τῇ κορυφῇ
τρίχας ὀρθὰς ἔχων· οὗτος ὠρχη-
σατό τε κατακλῶν ἑαυτὸν καὶ δια-
στρέφων, ὡς γελοιότερος φανείη,
καὶ ἀνάπαιστα συγκροτῶν διεξῆλ-
θεν αἰγυπτιάζων τῇ φωνῇ, καὶ τέ-
λος ἐπέσκωπτεν ἐς τοὺς παρόντας.
— καὶ ὅλως, kurz, denique. —
ἀρετήν τινα, s. zu II, 9. — κέρατα,
s. oben zu Todtengespr. 1, 2. —
συνείρει καὶ ὑπετέμνετο. Das Prä-
sens drückt die Hauptsache aus,
das Präteritum das daraus Fol-

gende, knüpft eins an das An-
dere und schnitt in Folge
dessen ab. Toxar. 14: παραλαμ-
βάνουσι καὶ ὑπεκωμῴδουν. 15:
κύειν ἐξ αὐτοῦ σκήπτεται καὶ οὐκέτι
ἐφοίτα. Asin. 55: περιβάλλει με
καὶ πολλὰ ἐφίλει καί με καὶ οἴκαδε
ἦγεν ὡς ἑαυτόν. u. so sehr oft.
Vgl. Kr. Gr. §. 50, 2, 7.

12. γάρ, nämlich. — ἀποθνή-
σκειν, auf dem Sterbebett lie-
gen. — μικρὸν ἐπισχόντα, nach-
dem er ein wenig gewartet,
d. i. bald darauf. Ebenso Amor.
30. — ἐμαυτὸν δέ, ohne vorherge-
hendes μέν, wie oft. Calumn. non
tem. cred. 8: εἰ τῷ κατηγόρῳ μετ'
ἀδείας ἃ θέλει λέγειν ἐπιτρέποι-
μεν, ἀποφράξαντες δὲ τῷ κατηγο-
ρουμένῳ τὰ ὦτα καταψηφιζοίμεθα.
— παρελθόντα ἐς τὴν οὐσίαν,
nachdem ich die Erbschaft
angetreten. — ὡς τὸ εἰκός, s.
oben zu Göttergespr. 14, 5. — ἐπὶ

τοῖς ὁρῶσι καὶ ἐπίφθονος. καὶ προέθεον πολλοὶ καὶ προῖππευον,
καὶ εἴποντο πλείους. ἐγὼ δὲ τὴν ἐσθῆτα τὴν ἐκείνου ἔχων, καὶ
δακτυλίους βαρεῖς ὅσον ἑκκαίδεκα ἐξημμένος τῶν δακτύλων,
ἐκέλευον ἑστίασίν τινα λαμπρὰν εὐτρεπισθῆναι ἐς ὑποδοχὴν
τῶν φίλων· οἱ δέ, ὡς ἐν ὀνείρῳ εἰκός, ἤδη παρῆσαν, καὶ τὸ
δεῖπνον ἄρτι ἐσεκομίζετο καὶ ὁ πότος συνεκροτεῖτο. ἐν τούτῳ
ὄντα με καὶ φιλοτησίας προπίνοντα ἐν χρυσαῖς φιάλαις ἑκά-
στῳ τῶν παρόντων, ἤδη τοῦ πλακοῦντος ἐσκομιζομένου, ἀνα-
βοήσας ἀκαίρως συνετάραξας μὲν ἡμῖν τὸ συμπόσιον, ἀνέτρε-
ψας δὲ τὰς τραπέζας, τὸν δὲ πλοῦτον ἐκεῖνον ὑπηνέμιον
φέρεσθαι παρεσκεύασας [διασκεδάσας]. ἆρά σοι ἀλόγως ἀγα-
νακτῆσαι κατὰ σοῦ δοκῶ; τριέσπερον ἂν ἡδέως ἔτι εἶδον τὸν
ὄνειρόν μοι γενόμενον.

13   ΑΛΕΚ. Οὕτω φιλόχρυσος εἶ καὶ φιλόπλουτος, ὦ Μι-
κύλε, καὶ μόνον τοῦτο ἐξ ἅπαντος θαυμάζεις καὶ ἡγῇ εὔδαι-
μον εἶναι πολὺ κεκτῆσθαι χρυσίον;

MIK. Οὐκ ἐγὼ μόνος, ὦ Πυθαγόρα, τοῦτο, ἀλλὰ καὶ
σὺ αὐτός, ὁπότε Εὔφορβος ἦσθα, χρυσὸν καὶ ἄργυρον τῶν

λευκοῦ ζεύγους, s. zu II, 20. —
προέθεον πολλοὶ καὶ προῖππευον,
nach späterer römischer Sitte. Zur
Zeit der ersten Kaiser wurde die-
ses luxuriöse Gepränge mit Läu-
fern und Vorreitern schon üblich.
Vgl. das latein. cursor. — δακτυ-
λίους. Schon zur Zeit des pelopon-
nesischen Krieges war es Sitte
mehrere Ringe zum Schmucke zu
tragen. Von dem Luxus der spä-
teren Griechen und Römer in die-
ser Beziehung spricht Luc. auch
anderwärts, z. B. Nigrin. 13. Ica-
romenipp. 18. — ὅσον, ungefähr,
etwa. — ἐξημμένος τῶν δακτύλων.
Ebenso c. 13: χρυσὸν καὶ ἄργυρον
τῶν βοστρύχων ἐξημμένος. — συνε-
κροτεῖτο, wurde vorbereitet.
Bei Späteren oft vorkommende
Ausdrucksweise. Dial. meretr. 5,
2: πότον τινὰ συγκροτοῦσαι αὐτή
τε καὶ Δημώνασσα. Long. pastor.
4, 25: συμπόσιον συνεκρότουν u. s.
— ὄντα με καὶ προπίνοντα. Ana-
koluthie, veranlasst durch die da-
zwischen gesetzten Worte. — φι-
λοτησίας. Hier trinkt. was früher
nicht Sitte war, ein Einzelner je-

dem besonders zu. Ebenso bei He-
liodor. 3, 11: προέπινεν ὁ Θεαγέ-
νης καὶ ἄκων ἑκάστῳ φιλοτησίαν.
— ἐν χρυσαῖς φιάλαις. Spätere Aus-
drucksweise. De merc. cond. 26:
ἐν ἀργύρῳ ἢ χρυσῷ πίνειν. Dial.
deor. 6, 2. Vgl. dagegen unten c.
27: πίνειν ἀπὸ χρυσῆς φιάλης φι-
λοτησίαν. — τοῦ πλακοῦντος. Der
Kuchen machte einen Haupthe-
standtheil des Nachtisches aus. —
τριέσπερον, vgl. I, 17.

13. ἐξ ἅπαντος, vor Allem,
vorzugsweise. Calumn. non
tem. cred. 12: τοῦτο μόνον ἐξ ἅπαν-
τος σκοπεῖ. De merc. cond. 9. Pha-
lar. 1, 7. 11. Piscat. 41. — πολὺ
κεκτῆσθαι χρυσίον, Epexegese zum
vorhergehenden τοῦτο, in welcher
der Infinitiv. häufig ohne Artikel
steht. Vgl. Tim. 6: ἐνταῦθα τοῦτο
γοῦν μοι δοκῶ κερδανεῖν, μηκέτι
ὄψεσθαι κτέ. De merc. cond. 17:
τοῦτο ἡμῖν πρὸς τοῖς ἄλλοις δεινοῖς
ἐλείπετο, καὶ τῶν ἄρτι ἐσεληλυθό-
των ἐς τὴν οἰκίαν δευτέρους εἶναι
u. s. Vgl. Kr. Gr. §. 57, 10, 7. —
τοῦτο. Was ist hierbei zu ergän-

βοστρύχων ἐξημμένος οὕτως ἤεις πολεμήσων τοῖς Ἀχαιοῖς,
καὶ ἐν πολέμῳ, ἔνθα σιδηροφορεῖν μᾶλλον ἢ χρυσοφορεῖν
ἄμεινον ἦν, σὺ δὲ καὶ τότε ἠξίους χρυσῷ ἀναδεδεμένος τοὺς
πλοκάμους διαγωνίζεσθαι. καί μοι δοκεῖ ὁ Ὅμηρος διὰ τοῦτο
Χαρίτεσσιν ὁμοίας εἰπεῖν σου τὰς κόμας, ὅτι "χρυσῷ τε καὶ
ἀργύρῳ ἐσφήκωντο·" μακρῷ γὰρ ἀμείνους δηλαδὴ καὶ ἐρα-
σμιώτεραι ἐφαίνοντο συναναπεπλεγμέναι τῷ χρυσίῳ καὶ συνα-
πολάμπουσαι μετ᾽ αὐτοῦ. καίτοι τὰ μὲν σά, ὦ χρυσοκόμη,
μέτρια, εἰ Πάνθου υἱὸς ἂν ἐτίμας τὸ χρυσίον· ὁ δὲ πατὴρ
ἁπάντων ἀνδρῶν καὶ θεῶν, ὁ Κρόνου καὶ Ῥέας, ὁπότε ἠρά-
σθη τῆς Ἀργολικῆς ἐκείνης μείρακος, οὐκ ἔχων ἐς ὅ τι ἐρα-
σμιώτερον αὐτὸν μεταβάλοι, οὐδὲ ὅπως ἂν διαφθείρειε τοῦ
Ἀκρισίου τὴν φρουράν — ἀκούεις δήπου ὡς χρυσίον ἐγένετο
καὶ ῥυεὶς διὰ τοῦ τέγους συνῆν τῇ ἀγαπωμένῃ. ὥστε τί ἂν
σοι τὸ ἐπὶ τούτῳ ἔτι λέγοιμι, ὅσας μὲν χρείας παρέχεται ὁ
χρυσός, ὡς δὲ οἷς ἂν παρῇ, καλούς τε αὐτοὺς καὶ σοφοὺς
καὶ ἰσχυροὺς ἀπεργάζεται, τιμὴν καὶ δόξαν προσάπτων, καὶ
ἐξ ἀφανῶν καὶ ἀδόξων ἐνίοτε περιβλέπτους καὶ ἀοιδίμους
ἐν βραχεῖ τίθησι; τὸν γείτονα γοῦν μοι τὸν ὁμότεχνον οἶσθα, 14
τὸν Σίμωνα, οὐ πρὸ πολλοῦ δειπνήσαντα παρ᾽ ἐμοί, ὅτε τὸ
ἔτνος ἥψησα τοῖς Κρονίοις, δύο τεμάχη τοῦ ἀλλᾶντος ἐμ-
βαλών.

ΑΛΕΚ. Οἶδα τὸν σιμὸν τὸν βραχύν, ὃς τὸ κεραμεοῦν

zen? — οὕτως. Ueber dieses nach
einem Particip. s. Kr.Gr. §.56, 10,
3. Uebrigens vgl. Il. 17, 51 f.:

αἵματί οἱ δεύοντο κόμαι Χαρίτεσσιν
 ὁμοῖαι
πλοχμοί τ᾽, οἳ χρυσῷ τε καὶ ἀργύρῳ
 ἐσφήκωντο.

— μᾶλλον .. ἄμεινον. De Parasit.
43: οἱ περὶ ἀνδρείας ὁσημέραι δια-
λεγόμενοι πολλῷ μᾶλλον τῶν ῥητό-
ρων φανοῦνται δειλότεροι καὶ μα-
λακώτεροι. Pseudolog. 23: ἀσπίδα
μᾶλλον ἢ ἐχίδναν φιλήσαι ἄμεινον.
u. s. Kr. Gr. §. 49, 7, 5. In Bezug
auf das Latein. Zumpt §. 747. —
σὺ δέ, tu vero, zu verbinden mit
καὶ ἐν πολέμῳ. Kr.Gr. §. 69, 16,
4. — Πάνθου, des Panthoos, eines
Menschen. — ὁ δὲ πατὴρ ἁπ. ἀ. κ.
θεῶν. Vgl. das homerische πατήρ
ἀνδρῶν τε θεῶν τε. — τῆς Ἀργολ.

ἐκ. μείρακος, Danae. Vgl. Tim. 13
u. das. die Anm. — ὅπως ἄν, s.
oben zu Todtengespr. 11, 4. —
ἀκούεις, s. zu IV, 4. — δήπου, s.
zu III, 16. — τῇ ἀγαπωμένῃ, der
Geliebten. Erst bei späteren
Schriftstellern findet sich ἀγαπᾶν
wie ἐρᾶν gebraucht. Wie hier Dial.
mar. 3, 2. Hermot. 73. Iup. trag.
2. — τὸ ἐπὶ τούτῳ, s. zu IV, 7.

14. γοῦν, ebenso wir: wenigs-
tens, = zum Beispiel. Vgl.
c. 25. Nigr. 13. Necyom. 5. Pha-
lar. I, 3. Bis Acc. 2. De conscr.
hist. 24. u. ὅ. — τὸ ἔτνος. Warum
der Artikel? — τοῖς Κρονίοις. Das
Kronosfest wurde in Athen am 12.
des Hekatombäon gefeiert. „Bei
späteren Schriftstellern, wie Plu-
tarch und Lucian, ist es schwer
die Verwechselung mit den römi-

τρύβλιον ὑφελόμενος ᾤχετο ὑπὸ μάλης ἔχων μετὰ τὸ δεῖπνον,
ὃ μόνον ἡμῖν ὑπῆρχεν· εἶδον γὰρ αὐτός, ὦ Μικύλε.

ΜΙΚ. Οὐκοῦν ἐκεῖνος αὐτὸ κλέψας εἶτα ἐπωμόσατο θεοὺς
τοσούτους; ἀλλὰ τί οὐκ ἐβόας καὶ ἐμήνυες τότε, ὦ ἀλεκτρυών,
ληιζομένους ἡμᾶς ὁρῶν;

ΑΛΕΚ. Ἐκόκκυζον, μόνον ὃ τότε δυνατὸν ἦν. τί δ᾽ οὖν
ὁ Σίμων; ἐῴκεις γάρ τι περὶ αὐτοῦ ἐρεῖν.

ΜΙΚ. Ἀνεψιὸς ἦν αὐτῷ πλούσιος ἐς ὑπερβολήν, Δημύ-
λος τοὔνομα. οὗτος ζῶν μὲν οὐδὲ ὀβολὸν ἔδωκε τῷ Σίμωνι.
πῶς γάρ, ὃς οὐδὲ αὐτὸς ἥπτετο τῶν χρημάτων; ἐπεὶ δὲ ἀπέ-
θανε πρῴην, ἅπαντα ἐκεῖνα κατὰ τοὺς νόμους Σίμωνός ἐστι,
καὶ νῦν ἐκεῖνος ὁ τὰ ῥάκια τὰ πιναρά, ὁ τὸ τρύβλιον περι-
λείχων ἄσμενος, ἐξελαύνει ἀλουργῆ καὶ ὑσγινοβαφῆ ἀμπεχό-
μενος, οἰκέτας καὶ ζεύγη καὶ χρυσᾶ ἐκπώματα καὶ ἐλεφαντό-
ποδας τραπέζας ἔχων, ὑφ᾽ ἁπάντων προσκυνούμενος, οὐδὲ
προσβλέπων ἔτι ἡμᾶς· ἔναγχος γοῦν ἐγὼ μὲν ἰδὼν προσιόντα,
"Χαῖρε", ἔφην, "ὦ Σίμων", ὁ δὲ ἀγανακτήσας, "Εἴπατε",
ἔφη, "τῷ πτωχῷ τούτῳ μὴ κατασμικρύνειν μου τοὔνομα· οὐ
γὰρ Σίμων, ἀλλὰ Σιμωνίδης ὀνομάζομαι". τὸ δὲ μέγιστον,
ἤδη καὶ ἐρῶσιν αὐτοῦ αἱ γυναῖκες, ὁ δὲ θρύπτεται πρὸς αὐ-
τὰς καὶ ὑπερορᾷ, καὶ τὰς μὲν προσίεται καὶ ἵλεώς ἐστιν, αἱ
δὲ ἀπειλοῦσιν ἀναρτήσειν ἑαυτὰς ἀμελούμεναι. ὁρᾷς ὅσων
ἀγαθῶν ὁ χρυσὸς αἴτιος, εἴ γε καὶ μεταποιεῖ τοὺς ἀμόρφους
καὶ ἐρασμίους ἀπεργάζεται ὥσπερ ὁ ποιητικὸς ἐκεῖνος κεστός.
ἀκούεις δὲ καὶ τῶν ποιητῶν λεγόντων·

---

schen Saturnalien zu vermeiden;
doch muss es auch in Athens frü-
herer Zeit ein Fest der Lust ge-
wesen sein." Hermann's gottes-
dienstl. Alterth. §. 54, 8. Ueber
den Dativ. Kr. Gr. §. 48, 2, 1.
Ebenso *Κρονίοις* Cronos. 13. τοῖς
Παναθηναίοις Anachars. 9.: da-
gegen *ἐν τοῖς Διονυσίοις* Piscat.
14.—*ὑπὸ μάλης,* s. oben zu Todten-
gespr. 10, 9. — *εἶτα,* s. oben zu c.
7. — *ἐπωμόσατο θεοὺς τοσούτους,*
sich bei so vielen G. ver-
schwor. Bei Luc. findet sich die-
ses Medium häufig. — *ληιζομένους,*
in passiver Bedeutung. — *μόνον
ὃ,* des Nachdrucks wegen ist *μόνον*
vorangestellt. — *πῶς γάρ,* denn

wie hätte er das thun kön-
nen. — ὁ τὰ ῥάκια τὰ πιναρά, s.
zu II, 7. IV, 9. Ueber das dumm-
stolze Benehmen der *νεόπλουτοι*
vgl. De conscr. hist. 20. — *οὐ γὰρ
Σίμων, ἀλλὰ Σιμωνίδης.* Vgl. c.
29: *παρὰ τὸν Σίμωνα, ὃς ἀντὶ δι-
συλλάβου τετρασύλλαβος ἤδη πλου-
τήσας εἶναι ἀξιοῖ.* Aehnliche Bei-
spiele aus späterer Zeit finden sich
mehrere. Schon Aeschin. bei De-
mosth. 18, 130: *καὶ δύο συλλαβὰς
προσθεὶς τὸν μὲν πατέρα ἀντὶ Τρό-
μητος ἐποίησεν Ἀτρόμητον.* - τὸ δὲ
μέγιστον, s. oben zu Göttergespr.
4, 3. — *ὥσπερ ὁ ποιητ. ἐκ. κεστός.*
Zu verstehen von dem Gürtel der
Aphrodite; Il. 14, 214 ff. —

ὦ χρυσέ, δεξίωμα κάλλιστον

καὶ

χρυσὸς γάρ ἐστιν ὃς βροτῶν ἔχει κράτη.
ἀλλὰ τί μεταξὺ ἐγέλασας, ὦ ἀλεκτρυών;

ΑΛΕΚ. Ὅτι ὑπ᾽ ἀγνοίας, ὦ Μικύλε, καὶ σὺ τὰ ὅμοια 15
τοῖς πολλοῖς ἐξηπάτησαι περὶ τῶν πλουσίων. οἱ δέ, εὖ ἴσθι,
πολὺ ὑμῶν ἀθλιώτερον τὸν βίον βιοῦσι. λέγω δέ σοι καὶ
πένης καὶ πλούσιος πολλάκις γενόμενος καὶ παντὸς βίου
πεπειραμένος· μετὰ μικρὸν δὲ καὶ αὐτὸς εἴσῃ ἕκαστα.

ΜΙΚ. Νὴ Δία, καιρὸς γοῦν ἤδη καὶ σὲ εἰπεῖν, ὅπως
ἠλλάγης καὶ ἃ σύνοισθα τῷ βίῳ ἑκάστῳ.

ΑΛΕΚ. Ἄκουε, τοσοῦτόν γε προειδώς, μηδένα με σοῦ
εὐδαιμονέστερον βιοῦντα ἑωρακέναι.

ΜΙΚ. Ἐμοῦ, ὦ ἀλεκτρυών; οὕτω σοι γένοιτο· προάγῃ
γάρ με λοιδορεῖσθαί σοι. ἀλλὰ εἰπὲ ἀπὸ τοῦ Εὐφόρβου ἀρξά-
μενος, ὅπως ἐς Πυθαγόραν μετεβλήθης, εἶτα ἑξῆς ἄχρι τοῦ
ἀλεκτρυόνος· εἰκὸς γάρ σε ποικίλα καὶ ἰδεῖν καὶ παθεῖν ἐν
πολυειδέσι τοῖς βίοις.

ΑΛΕΚ. Ὡς μὲν ἐξ Ἀπόλλωνος τὸ πρῶτον ἡ ψυχή μοι 16
καταπταμένη ἐς τὴν γῆν ἐνέδυ εἰς ἀνθρώπου σῶμα ἥντινα
τὴν καταδίκην ἐκτελοῦσα, μακρὸν ἂν εἴη λέγειν, ἄλλως τε
οὐδὲ ὅσιον οὔτ᾽ ἐμοὶ εἰπεῖν οὔτε σοὶ ἀκούειν τὰ τοιαῦτα.
ἔπειτ᾽ Εὔφορβος ἐγενόμην . . . .

ΜΙΚ. Τοῦτό μοι πρότερον εἰπέ, εἰ κἀγώ ποτε ἠλλάγην
ὥσπερ σύ.

ΑΛΕΚ. Καὶ μάλα.

ΜΙΚ. Τίς οὖν ἦν; εἴ τι ἔχεις εἰπεῖν. ἐθέλω γὰρ τοῦτο
εἰδέναι.

ΑΛΕΚ. Σύ; μύρμηξ Ἰνδικὸς τῶν τὸ χρυσίον ἀνορυτ-
τόντων.

ὦ χρυσέ, δεξ. κάλλιστον. Vgl. Tim.
41 u. das. die Anm. — χρυσὸς γάρ
ἐστιν .. κράτη. Wahrscheinlich
auch ein Vers des Euripides; bei
Nauck fr. ad. 238.
15. τὰ ὅμοια, Kr. Gr. §. 46, 5, 4.
Tyrannic. 4: τῶν πώποτε τὰ ὅμοια
δυστυχησάντων. — ἀθλιώτερον τὸν
βίον, Kr. Gr. §. 50, 11, 1. Tim. 7:
οὐ γὰρ ἂν οὕτως ἀσεβεῖς τοὺς λό-
γους διεξῄει καθ᾽ ἡμῶν. — οὕτω
σοὶ γένοιτο, d. i. mag es dir so

ergehen, ich wünsche dir
gleiches Loos. — προάγῃ, Kr.
Gr. §. 52, 8, 4.
16. ἐξ Ἀπόλλωνος, s. oben zu
Todtengespr. 20, 3. — ἥντινα, ⹀
ἥντινοῦν. Aristid. I p. 309: τὰ ἐν
οἵστισι τοῖς καιροῖς. Kr. Gr. §. 51,
15, 1. [Lobeck z. Soph. Ai. p. 146.]
— μύρμηξ Ἰνδικός. Dasselbe er-
zählt Herodot. 3, 102 und andere
Schriftsteller. Siehe Krüger's Be-
merkung zu Herod. Vgl. Epistol.

· *ΜΙΚ.* Εἶτα ὤκνουν ὁ κακοδαίμων κἂν ὀλίγα τῶν ψηγμά-
των ἥκειν ἐς τόνδε τὸν βίον ἐξ ἐκείνου ἐπισιτισάμενος; ἀλλὰ
καὶ τί μετὰ τοῦτο ἔσομαι, εἰπέ· εἰκὸς δὲ εἰδέναι σε. εἰ γάρ τι
ἀγαθὸν εἴη, ἀπάγξομαι ἤδη ἀναστὰς ἀπὸ τοῦ παττάλου, ἐφ᾽
οὗ σὺ ἕστηκας.

17   *ΑΛΕΚ.* Οὐκ ἂν μάθοις τοῦτο οὐδεμιᾷ μηχανῇ. πλὴν
ἀλλὰ ἐπείπερ Εὔφορβος ἐγενόμην — ἐπάνειμι γὰρ ἐπ᾽ ἐκεῖνα
— ἐμαχόμην ἐπ᾽ Ἰλίῳ, καὶ ἀποθανὼν ὑπὸ Μενέλεω χρόνῳ
ὕστερον ἐς Πυθαγόραν ἧκον. τέως δὲ περιέμενον ἄοικος καὶ
ἀνέστιος, ἄχρι δὴ ὁ Μνήσαρχος ἐξειργάσατό μοι τὸν οἶκον.

ΜΙΚ. Ἄσιτος, ὦ τάν, καὶ ἄποτος;

ΑΛΕΚ. Καὶ μάλα· οὐδὲ γὰρ ἔδει τούτων ἢ μόνῳ τῷ
σώματι.

ΜΙΚ. Οὐκοῦν τὰ ἐν Ἰλίῳ μοι πρῶτον εἰπέ. τοιαῦτα ἦν
οἷά φησιν Ὅμηρος γενέσθαι αὐτά;

ΑΛΕΚ. Πόθεν ἐκεῖνος ἠπίστατο, ὦ Μικύλε, ὃς γινο-
μένων κάμηλος ἐν Βάκτροις ἦν; ἐγὼ δὲ τοσοῦτόν σοί φημι,
ὑπερφυὲς μηδὲν γενέσθαι τότε, μήτε τὸν Αἴαντα οὕτω μέγαν
μήτε τὴν Ἑλένην αὐτὴν οὕτω καλὴν ὡς οἴονται. εἶδον γὰρ
λευκὴν μέν τινα καὶ ἐπιμήκη τὸν τράχηλον, ὡς εἰκάζειν κύ-
κνου θυγατέρα εἶναι, τὰ δὲ ἄλλα πάνυ πρεσβῦτιν, ἡλικιῶτιν
σχεδὸν τῆς Ἑκάβης, ἥν γε Θησεὺς πρῶτον ἁρπάσας ἐν Ἀφίδ-
ναις εἶχε, κατὰ τὸν Ἡρακλέα γενόμενος· ὁ δ᾽ Ἡρακλῆς πρό-

Sat. 24. Hier ist nur ein scherz-
hafter Gebrauch von ihnen ge-
macht, um den Mik. wegen seiner
grossen Leidenschaft für das Gold
zum Besten zu haben. — εἶτα, s.
oben zu Todtengespr. 16, 1. —
κἂν ὀλίγα, s. zu Todtengespr.
23, 1. — ἐπισιτισάμενος, me-
taphorisch, mich verprovian-
tiren, versehen. — μετὰ τοῦτο,
d. i. im nächsten Leben.
17. ἐπ᾽ Ἰλίῳ, bei od. vor Il.
Häufiger in dieser Verbindung ist
ἐν. Conviv. 35: ἀφ᾽ οὗ τοσοῦτον
πόλεμον ἐπ᾽ Ἰλίῳ γεγενῆσθαι. Plu-
tarch. Themist. 8: ἢ ἐπ᾽ Ἀρτεμισίῳ
μάχη. — ἀποθανὼν ὑπὸ Μεν., Il.
17, 47 ff. Ueber ὑπό s. zu II, 32.
— χρόνῳ ὕστερον, aliquanto post,
eine geraume Zeit nachher.
Dagegen ὕστερον χρόνῳ, wenn
ὕστερον hervorgehoben werden
soll. — τὸν οἶκον, zu verstehen von

Pythagoras, dem Sohne des Mne-
sarchos. — τούτων. Worauf zu
beziehen? — γινομένων, näml.
αὐτῶν. Häufig ist diese Auslassung
des Subjects beim Genetiv.absol.,
Kr. Gr. §. 47, 4, 3. — κάμηλος ἐν
Βάκτροις, d. i. camelus Bactrianus,
mit zwei Höckern, im Gegensatz
zum einbuckeligen Kameel oder
Dromedar, camelus Dromedarius.
— Αἴαντα, Sohn des Telamon, der
sich vor Allen durch seine Körper-
grösse auszeichnete. — κύκνου θυ-
γατέρα, Tochter der Leda und eines
Schwans (Zeus), s. oben zu Göt-
tergespr. 14, 14. — Θησεὺς πρῶτον,
s. zu Göttergespr. a. a. O. — Ἀφίδ-
ναις, einer der zwölf kekropi-
schen Städte von Attika. — κατὰ
τὸν Ἡρακλέα γενόμενος, der ein
Zeitgenosse des H. war;
ebenso κατὰ τοὺς πατέρας ἡμῶν. —
ὁ δ᾽ Ἡρακλῆς. Als diesem Laome-

τερον εἷλε Τροίαν κατὰ τοὺς πατέρας ἡμῶν τοὺς τότε μά-
λιστα. διηγεῖτο γάρ μοι ὁ Πάνθους ταῦτα, κομιδῇ μειράκιον
ὢν ἑωρακέναι λέγων τὸν Ἡρακλέα.

ΜΙΚ. Τί δαί; ὁ Ἀχιλλεὺς τοιοῦτος ἦν, ἄριστος τὰ πάν-
τα, ἢ μῦθος ἄλλως καὶ ταῦτα;

ΑΛΕΚ. Ἐκείνῳ μὲν οὐδὲν συνηνέχθην, ὦ Μικύλε, οὐδ'
ἂν ἔχοιμί σοι ἀκριβῶς οὕτω τὰ παρὰ τοῖς Ἀχαιοῖς λέγειν.
πόθεν γάρ, πολέμιος ὤν; τὸν μέντοι ἑταῖρον αὐτοῦ τὸν Πά-
τροκλον οὐ χαλεπῶς ἀπέκτεινα, διελύσας τῷ δορατίῳ.

ΜΙΚ. Εἶτα σὲ ὁ Μενέλεως μακρῷ εὐχερέστερον. ἀλλὰ
ταῦτα μὲν ἱκανῶς, τὰ Πυθαγόρου δὲ ἤδη λέγε.

ΑΛΕΚ. Τὸ μὲν ὅλον, ὦ Μικύλε, σοφιστὴς ἄνθρωπος 18
ἦν· χρὴ γάρ, οἶμαι, τἀληθὲς λέγειν· ἄλλως δὲ οὐκ ἀπαίδευ-
τος οὐδὲ ἀμελέτητος τῶν καλλίστων μαθημάτων. ἀπεδήμησα
δὲ καὶ ἐς Αἴγυπτον, ὡς συγγενοίμην τοῖς προφήταις ἐπὶ
σοφίᾳ, καὶ ἐς τὰ ἄδυτα κατελθὼν ἐξέμαθον τὰς βίβλους τὰς
Ὥρου καὶ Ἴσιδος, καὶ αὖθις ἐς Ἰταλίαν ἐκπλεύσας οὕτω διέ-
θηκα τοὺς κατ' ἐκεῖνα Ἕλληνας, ὥστε θεὸν ἡγόν με.

ΜΙΚ. Ἤκουσα ταῦτα, καὶ ὡς δόξειας ἀναβεβιωκέναι
ἀποθανὼν καὶ ὡς χρυσοῦν τὸν μηρὸν ἐπιδείξαιό ποτε αὐτοῖς.
ἐκεῖνο δέ μοι εἰπέ, τί σοι ἐπῆλθε νόμον ποιήσασθαι μήτε
κρεῶν μήτε κυάμων ἐσθίειν;

ΑΛΕΚ. Μὴ ἀνάκρινε τὰ τοιαῦτα, ὦ Μικύλε.

ΜΙΚ. Διὰ τί, ὦ ἀλεκτρυών;

9

ΑΛΕΚ. Ὅτι αἰσχύνομαι λέγειν πρὸς σὲ τὴν ἀλήθειαν ὑπὲρ αὐτῶν.

ΜΙΚ. Καὶ μὴν οὐδὲν ἐχρῆν ὀκνεῖν λέγειν πρὸς ἄνδρα σύνοικον καὶ φίλον· δεσπότην γὰρ οὐκ ἂν ἔτ' εἴποιμι.

ΑΛΕΚ. Οὐδὲν ὑγιὲς οὐδὲ σοφὸν ἦν, ἀλλὰ ἑώρων, ὅτι εἰ μὲν τὰ συνήθη καὶ ταὐτὸν τοῖς πολλοῖς νομίζοιμι, ἥκιστα ἐπισπάσομαι τοὺς ἀνθρώπους ἐς τὸ θαῦμα, ὅσῳ δ' ἂν ξενίζοιμι, τοσούτῳ σεμνότερος ᾤμην αὐτοῖς ἔσεσθαι. διὰ τοῦτο καινοποιεῖν εἱλόμην, ἀπόρρητον ποιησάμενος τὴν αἰτίαν, ὡς εἰκάζοντες ἄλλος ἄλλως ἅπαντες ἐκπλήττωνται καθάπερ ἐπὶ τοῖς ἀσαφέσι τῶν χρησμῶν. ὁρᾷς; καταγελᾷς μου καὶ σὺ ἐν τῷ μέρει.

ΜΙΚ. Οὐ τοσοῦτον, ὅσον Κροτωνιατῶν καὶ Μεταποντίνων καὶ Ταραντίνων καὶ τῶν ἄλλων ἀφώνων σοι ἑπομένων 19 καὶ προσκυνούντων τὰ ἴχνη ἃ σὺ πατῶν ἀπολιμπάνοις. ἀποδυσάμενος δὲ τὸν Πυθαγόραν τίνας μετημφιάσω μετ' αὐτόν;

ΑΛΕΚ. Ἀσπασίαν τὴν ἐκ Μιλήτου ἑταίραν.

ΜΙΚ. Φεῦ τοῦ λόγου· καὶ γυνὴ γὰρ ἐν τοῖς ἄλλοις ὁ Πυθαγόρας ἐγένετο, καὶ ἦν ποτε χρόνος ὅτε καὶ σὺ ᾠοτόκεις, ὦ γενναιότατε ἀλεκτρυόνων, καὶ συνῆσθα Περικλεῖ Ἀσπασία οὖσα, καὶ ἐκύεις ἀπ' αὐτοῦ καὶ ἔρι' ἔξαινες καὶ κρόκην κατῆγες καὶ ἐγυναικίζου ἐς τὸ ἑταιρικόν;

.αἰσχύνομαι λέγειν, s. zu IV, 23. — πρὸς σέ, nicht πρὸς σε, Kr. Gr. §. 25, 1, 2. Vgl. unten c. 28 z. A. — ὑπὲρ αὐτῶν. Bei späteren Schriftstellern findet sich nicht selten ὑπέρ, wo man περί erwartet. Alexand. 33: πυνθανομένῳ αὐτῷ ὑπὲρ τοῦ παιδός. Pseudol. 27. u. s. — ταὐτὸν τοῖς πολλοῖς, Kr. Gr. §. 48, 13, 9. Ver. hist. 1, 3: πολλοὶ δὲ καὶ ἄλλοι τὰ αὐτὰ τούτοις προελόμενοι συνέγραψαν. u. ö. — ἐπισπάσομαι, hin-, fortreissen. — ὅσῳ δ' ἂν ξενίζοιμι, je fremdartiger od. ungewöhnlicher ich aber aufträte. Xenoph. Hier. 10, 2: ἀνθρώποις τισὶν ἐγγίγνεται, ὅσῳ ἂν ἔκπλεω τὰ δέοντα ἔχωσι, τοσούτῳ ὑβριστοτέροις εἶναι. Polyb. 1, 45, 9: ὅσῳ συνέβαινε τοὺς ἄνδρας ἐκτὸς τάξεως ποιεῖσθαι τὴν μάχην, τοσούτῳ λαμπρότερος ἦν ὁ κίνδυνος. Ebenso im Lateinischen, Tacit. annal. 1, 57: quanto quis audacia promptus, tanto magis fidus u. s.

An ein ausgelassenes oder zu ergänzendes μᾶλλον ist indessen noch nicht zu denken. Die hier Statt findende Bedeutung von ξενίζειν ist erst bei Späteren, und namentlich bei Luc., üblich. — ἄλλος, nicht ἄλλοι. Zeux. 11: καὶ προσιόντες ἄλλος ἄλλοθεν ἀνέδουν τὸν βασιλέα καλλίνικον ἀναβοῶντες. u. ö. — καὶ σύ, auch du, wie ich dich. — ἐν τῷ μέρει, deinerseits. s. zu II, 8. — Κροτωνιατῶν. In Kroton, einer Stadt in Bruttium, hatte Pythagoras seine Schule errichtet.

19. τίνας, d. i. welche Leiber. — μετημφιάσω, spätere, auch bei Andern sich vorfindende Form für μετημφιέσω. — Ἀσπασίαν. Diese, gebürtig aus Miletos, der Pflanzschule der Hetärenkünste, war die vertraute Freundin des Perikles, der zu Liebe er sich von seiner Gattin trennte. — ἐκύεις ἀπ' αὐτοῦ. Ebenso Fugit. 31. Dial. meretr. 14, 1. — ἐς τὸ ἑταιρικόν,

ΑΛΕΚ. Πάντα ταῦτα ἐποίουν οὐ μόνος, ἀλλὰ καὶ Τειρεσίας πρὸ ἐμοῦ καὶ ὁ Ἐλάτου παῖς ὁ Καινεύς, ὥστε ὁπόσα ἂν ἀποσκώψῃς ἐς ἐμέ, καὶ ἐς ἐκείνους ἀποσκώψας ἔσῃ.

ΜΙΚ. Τί οὖν; πότερος ὁ βίος ἡδίων σοῦ ἦν, ὅτε ἀνὴρ ἦσθα ἢ ὅτε σε Περικλῆς ὤπυεν;

ΑΛΕΚ. Ὁρᾷς οἷον τοῦτο ἠρώτησας, οὐδὲ τῷ Τειρεσίᾳ συνενεγκοῦσάν τὴν ἀπόκρισιν;

ΜΙΚ. Ἀλλὰ κἂν σὺ μὴ εἴπῃς, ἱκανῶς ὁ Εὐριπίδης διέκρινε τὸ τοιοῦτον, εἰπὼν ὡς τρὶς ἂν ἐθέλοι παρ' ἀσπίδα στῆναι ἢ ἅπαξ τεκεῖν.

ΑΛΕΚ. Καὶ μὴν ἀναμνήσω σε, Μικύλε, οὐκ ἐς μακρὰν ὠδινοῦσαν· ἔσῃ γὰρ γυνὴ καὶ σὺ ἐν πολλῇ τῇ περιόδῳ πολλάκις.

ΜΙΚ. Οὐκ ἀπάγξῃ, ὦ ἀλεκτρυών, ἅπαντας οἰόμενος Μιλησίους ἢ Σαμίους εἶναι; σὲ γοῦν φασι καὶ Πυθαγόραν ὄντα τὴν ὥραν λαμπρὸν πολλάκις Ἀσπασίαν γενέσθαι τῷ τυράννῳ. — Τίς δὲ δὴ μετὰ τὴν Ἀσπασίαν ἀνὴρ ἢ γυνὴ 20 αὖθις ἀνεφάνης;

ΑΛΕΚ. Ὁ κυνίσκος Κράτης.

ΜΙΚ. Ὦ Διοσκύρω τῆς ἀνομοιότητος, ἐξ ἑταίρας φιλόσοφος.

ΑΛΕΚ. Εἶτα βασιλεύς, εἶτα πένης, καὶ μετ' ὀλίγον σατράπης, εἶτα ἵππος καὶ κολοιὸς καὶ βάτραχος καὶ ἄλλα μυρία· μακρὸν δ' ἂν γένοιτο καταριθμήσασθαι ἕκαστα. τὰ τελευταῖα δὲ ἀλεκτρυὼν πολλάκις· ἥσθην γὰρ τῷ τοιούτῳ βίῳ· καὶ

---

meretricum more. Vgl. ἐς τὸ βαρβαρικόν Dial. mort. 27, 3. S. zu II, 4. — Τειρεσίας. Derselbe, des Eueres Sohn, aus Thebae, war sieben Jahre lang in ein Weib verwandelt. — Καινεύς, ein Lapithe, der ursprünglich eine Jungfrau (Καινίς) gewesen sein soll, die vom Poseidon auf ihre Bitten in einen Mann verwandelt wurde. —πότερος ὁ βίος, Kr. Gr. §. 50, 11, 24. — ὁρᾷς οἷον κτέ. Ironisch. Toxar. 38: ὁρᾷς τοῦτο ὡς ἐριστικὸν ποιεῖς καὶ δικανικόν; Imag. 3: ὁρᾷς ἡλίκον τοῦτο ἤτησας; u. s. — τῷ Τειρεσίᾳ. Dieser wurde von Zeus und Here aufgefordert, diese Frage zu entscheiden, und weil er dem Zeus recht gab, von der Here

geblendet. — ὁ Εὐριπίδης, Med. 250 f.:

ὡς τρὶς ἂν παρ' ἀσπίδα
στῆναι θέλοιμ' ἂν μᾶλλον ἢ τεκεῖν
ἅπαξ.

Ennius p. 39 Ribb.:

... nam ter sub armis malim vitam
cernere

quam semel modo parere.
—οὐκ ἐς μακράν, s. zu I, 1. — οὐκ ἀπάγξῃ, d. i. geh' zum Henker. Kr. Gr. §. 53, 7, 4. — ἅπαντας οἰόμ. Μιλ. ἢ Σαμ. εἶναι. „Weil Aspasia von Miletos und Pythagoras von Samos war." Wieland. — τῷ τυράννῳ. Zu verstehen vom Polykrates von Samos.

20. κυνίσκος. Diese Deminutivform von κυνικός findet sich auch

παρὰ πολλοῖς ἄλλοις δουλεύσας, βασιλεῦσι καὶ πένησι καὶ
πλουσίοις, τὰ τελευταῖα καὶ σοὶ νῦν σύνειμι, καταγελῶν
ὁσημέραι [σοῦ] ποτνιωμένου καὶ οἰμώζοντος ἐπὶ τῇ πενίᾳ καὶ
τοὺς πλουσίους θαυμάζοντος ὑπ' ἀγνοίας τῶν ἐκείνοις προσ-
όντων κακῶν. εἰ γοῦν ᾔδεις τὰς φροντίδας [αὐτῶν] ἃς ἔχου-
σιν, ἐγέλας ἂν ἐπὶ σαυτῷ πρῶτον οἰηθέντι ὑπερευδαίμονα
εἶναι τὸν πλοῦτον.

ΜΙΚ. Οὐκοῦν, ὦ Πυθαγόρα, ἢ ὅ τι μάλιστα χαίρεις
καλούμενος, ὡς μὴ ἐπιταράττοιμι τὸν λόγον ἄλλοτε ἄλλον
καλῶν . . . .

ΑΛΕΚ. Διοίσει μὲν οὐδέν, ἤντ' Εὔφορβον ἤντε Πυθα-
γόραν ἢ Ἀσπασίαν καλῇς ἢ Κράτητα· πάντα γὰρ ταῦτα ἐγώ
εἰμι· πλὴν τὸ νῦν ὁρώμενον τοῦτο ἀλεκτρυόνα ὀνομάζων
ἄμεινον ἂν ποιοῖς, ὡς μὴ ἀτιμάζοις εὐτελὲς εἶναι δοκοῦν τὸ
ὄρνεον, καὶ ταῦτα τοσαύτας ἐν αὑτῷ ψυχὰς ἔχον.

21   ΜΙΚ. Οὐκοῦν, ὦ ἀλεκτρυών, ἐπειδὴ πάντων σχεδὸν
τῶν βίων ἐπειράθης καὶ πάντα ἦσθα, λέγοις ἂν ἤδη σαφῶς
ἰδίᾳ μὲν τὰ τῶν πλουσίων, ὅπως βιοῦσιν, ἰδίᾳ δὲ τὰ πτωχικά,
ὡς μάθω εἰ ἀληθῆ ταῦτα φῄς, εὐδαιμονέστερον ἀποφαίνων
με τῶν πλουσίων.

ΑΛΕΚ. Ἰδοὺ δή, οὕτως ἐπίσκεψαι, ὦ Μικύλε· σοὶ μὲν
οὔτε πολέμου πολὺς λόγος, ἢν λέγηται ὡς οἱ πολέμιοι προσ-
ελαύνουσιν, οὐδὲ φροντίζεις μὴ τὸν ἀγρὸν τέμωσιν ἐμβα-
λόντες ἢ τὸν παράδεισον ξυμπατήσωσιν ἢ τὰς ἀμπέλους δῃώ-
σωσιν, ἀλλὰ τῆς σάλπιγγος ἀκούων μόνον, εἴπερ ἄρα, περι-
βλέπεις τὸ κατὰ σεαυτόν, οἷ τραπόμενον χρὴ σωθῆναι καὶ
τὸν κίνδυνον διαφυγεῖν· οἱ δ' εὐλαβοῦνται μὲν καὶ ἀμφ'
ἑαυτοῖς, ἀνιῶνται δὲ ὁρῶντες ἀπὸ τῶν τειχέων ἀγόμενα καὶ

Piscat. 45. — Κράτης, s. oben
zu Todtengespr. 11, 1. — ποτ-
νιωμένου. Erst bei späteren
vorkommendes Wort. — ᾔδεις,
s. oben zu Todtengespr. 22, 2.
ἢ ὅ τι μάλιστα χαίρεις καλούμενος,
oder wie du dich am liebsten·
nennen hörst. S. oben zu c. 10.
— ἐπιταράττοιμι, s. zu I, 4. — διοί-
σει οὐδέν, nihil intererit. — πλήν,
s. zu II, 9.

21. πάντα ἦσθα, in Bezug auf
die vorhergehenden Worte: πάντα
γὰρ ταῦτα ἐγώ εἰμι. — λέγοις ἄν,
s. oben zu c. 5. — οὔτε πολέμου.

Diesem entspricht c. 22: ἐν εἰρήνῃ
τε. — ἐμβαλόντες, Kr. Gr. §. 52,
2, 7. — εἴπερ ἄρα, elliptisch, wie
auch wir, näml. περιβλέπεις; Kr.
Gr. §. 65, 5, 11. Ebenso De conscr.
hist. 17. Bacch. 3. — καὶ ἀμφ'
ἑαυτοῖς, auch um sich, ebenso
wie die Armen. Uebrigens findet
sich εὐλαβεῖσθαι ἀμφί τινι nur
hier; überhaupt ist ἀμφί mit dem
Dativ. der attischen Prosa fremd.
— τειχέων, Kr. Gr. §. 18, 3, 5.
Diese Form scheint die allein
wahre in der att. Prosa zu sein.
— ἀγόμενα καὶ φερόμενα, s. zu

φερόμενα ὅσα εἶχον ἐν τοῖς ἀγροῖς. καὶ ἤν περ ἐσφέρειν δέῃ,
μόνοι καλοῦνται, ἤν τε ἐπεξιέναι, προκινδυνεύουσι στρατη-
γοῦντες ἢ ἱππαρχοῦντες· σὺ δὲ οἰσυΐνην ἀσπίδα ἔχων, εὐ-
σταλὴς καὶ κοῦφος ἐς σωτηρίαν, ἕτοιμος ἑστιᾶσθαι τὰ ἐπινί-
κια, ἐπειδὰν θύῃ ὁ στρατηγὸς νενικηκώς. ἐν εἰρήνῃ τε αὖ 22
σὺ μὲν τοῦ δήμου ὤν, ἀναβὰς ἐς ἐκκλησίαν, τυραννήσεις τῶν
πλουσίων, οἱ δὲ φρίττουσι καὶ ὑποπτήσσουσι καὶ διανομαῖς
ἱλάσκονταί σε. λουτρὰ μὲν γὰρ ὡς ἔχοις καὶ ἀγῶνας καὶ θεά-
ματα καὶ τἆλλα διαρκῆ ἅπαντα, ἐκεῖνοι πονοῦσι, σὺ δὲ ἐξετα-
στὴς καὶ δοκιμαστὴς πικρὸς ὥσπερ δεσπότης, οὐδὲ λόγου
μεταδιδοὺς ἐνίοτε. κἂν σοι δοκῇ, κατεχαλάζησας αὐτῶν ἀφθό-
νους τοὺς λίθους ἢ τὰς οὐσίας [αὐτῶν] ἐδήμευσας· οὔτε δὲ
συκοφάντην δέδιας αὐτὸς οὔτε λῃστήν, μὴ ὑφέληται τὸ χρυ-
σίον ὑπερβὰς τὸ θριγκίον ἢ διορύξας τὸν τοῖχον, οὔτε πράγ-
ματα ἔχεις λογιζόμενος ἢ ἀπαιτῶν ἢ τοῖς καταράτοις οἰκονό-
μοις διαπυκτεύων καὶ πρὸς τοσαύτας φροντίδας διαμεριζό-
μενος, ἀλλὰ κρηπῖδα συντελέσας, ἑπτὰ ὀβολοὺς ἔχων τὸν
μισθόν, ἀπαναστὰς περὶ δείλην ὀψίαν, λουσάμενος, ἢν δοκῇ,
σαπέρδην τινὰ ἢ μαινίδας ἢ κρομμύων κεφαλίδας ὀλίγας
πριάμενος εὐφραίνεις σεαυτόν, ᾄδων τὰ πολλὰ καὶ τῇ βελ-
τίστῃ πενίᾳ προσφιλοσοφῶν. ὥστε διὰ ταῦτα ὑγιαίνεις τε 23
καὶ ἔρρωσαι τὸ σῶμα καὶ διακαρτερεῖς πρὸς τὸ κρύος· οἱ πό-
νοι γάρ σε παραθήγοντες οὐκ εὐκαταφρόνητον ἀνταγωνιστὴν
ἀποφαίνουσι πρὸς τὰ δοκοῦντα τοῖς ἄλλοις ἄμαχα εἶναι. ἀμέ-
λει οὐδέν σοι τῶν χαλεπῶν τούτων νοσημάτων πρόσεισιν,

IV, 15. — ἐσφέρειν, von der Ver-
mögenssteuer (εἰσφορά), die aus-
serordentlich und lediglich für die
Kriegsbedürfnisse bestimmt war.
— ἐπεξιέναι, gegen die Feinde
ausrücken. — οἰσυΐνην, von
Weidengeflecht. — ἕτοιμος,
näml. εἶ, s. oben zu c. 6.
22. τοῦ δήμου ὤν, Kr. Gr. §. 47,
9, 2. Rhet. praec. 11: μάθοις ἂν
ὡς οὐχὶ τῶν καθ' ἡμᾶς ἐστιν u. s.
— τυραννήσεις, du wirst ty-
rannisiṛen, wenn du willst und
wie sich erwarten lässt. — οὐδὲ
λόγου μεταδιδούς, sie nicht ein-
mal zu Worte kommen las-
send, nicht einmal die Er-
laubniss sich zu vertheidi-

gen gebend. Ebenso Hermot.
30. Phalar. 1, 6. — κατεχαλάζησας
. . ἐδήμευσας. Ueber diese Aoriste
s. zu III, 10. Vgl. c. 23: ἀνεπήδη-
σας . . ἐποίησαν . διέπτησαν. —
αὐτός, selbst, für deine Per-
son. — πράγματα ἔχεις, s. zu III,
16. — ἀπαιτῶν, Schulden ein-
treibend. — πρὸς τοσ. φρ. διαμερ.
Bis accus. 2: ὅσα δὲ πράγματα
ἔχω πρὸς τοσαύτας φροντίδας διη-
ρημένος. Dial. deor. 24 (16), 1:
πρὸς τοσαύτας ὑπηρεσίας διασπώ-
μενος. Amor. 1: ὦτα πρὸς τὰς συν-
εχεῖς σπουδὰς κεκμηκότα. — περὶ
δείλην ὀψίαν, gegen Sonnen-
untergang.

23. πρόσεισιν, s. oben zu c. 9.

ἀλλ' ἤν ποτε κοῦφος πυρετὸς ἐπιλάβηται, πρὸς ὀλίγον ὑπη-
ρετήσας αὐτῷ ἀνεπήδησας εὐθύς, ἀποσεισάμενος τὴν ἄσην,
ὁ δὲ φεύγει αὐτίκα φοβηθείς, ψυχροῦ τε ὁρῶν ἐμφορούμενον
καὶ μακρὰ οἰμώζειν λέγοντα ταῖς ἰατρικαῖς περιόδοις. οἱ δὲ
ὑπ' ἀκρασίας ἄθλιοι τί τῶν κακῶν οὐκ ἔχουσι, ποδάγρας καὶ
φθόας καὶ περιπνευμονίας καὶ ὑδέρους; ταῦτα γὰρ τῶν πολυ-
τελῶν ἐκείνων δείπνων ἀπόγονα. τοιγαροῦν οἱ μὲν αὐτῶν
ὥσπερ ὁ Ἴκαρος ἐπὶ πολὺ ἄραντες αὐτοὺς καὶ πλησιάσαντες
τῷ ἡλίῳ, οὐκ εἰδότες ὅτι κηρῷ ἥρμοστο αὐτοῖς ἡ πτέρωσις,
μέγαν ἐνίοτε τὸν πάταγον ἐποίησαν ἐπὶ κεφαλὴν ἐς πέλαγος
ἐμπεσόντες· ὅσοι δὲ κατὰ τὸν Δαίδαλον μὴ πάνυ μετέωρα
μηδὲ ὑψηλὰ ἐφρόνησαν, ἀλλὰ πρόσγεια, ὡς νοτίζεσθαι ἐνίοτε
τῇ ἅλμῃ τὸν κηρόν, ὡς τὸ πολὺ οὗτοι ἀσφαλῶς διέπτησαν.

MIK. Ἐπιεικεῖς τινας καὶ συνετοὺς λέγεις.

ΑΛΕΚ. Τῶν μέντοι γε ἄλλων, ὦ Μικύλε, τὰ ναυάγια
πάνυ αἰσχρὰ ἴδοις ἄν, ὅταν ὁ Κροῖσος περιτετιλμένος τὰ
πτερὰ γέλωτα παρέχῃ Πέρσαις ἀναβαίνων ἐπὶ τὸ πῦρ ἢ Διο-

— ἐπιλάβηται, befällt. Das Me-
dium so erst bei Späteren; die
Att. gebrauchen das Activ. Eben-
so Alciphr. I, 1, 5: εἰ χειμὼν ἐπι-
λάβοιτο. — πρὸς ὀλίγον, s. zu IV,
4. — αὐτῷ, näml. τῷ πυρετῷ. —
ψυχροῦ, kaltes Wasser. Ueber
ἐμφορεῖσθαι s. zu III, 16. — ταῖς
ἰατρικαῖς περιόδοις, die ärzt-
lichen Besuche. Nigr. 22: οἱ
πλείονες αὐτῶν κατακλιθέντες ἰα-
τροῖς παρέχουσιν ἀφορμὰς περιό-
δων. Der Arzt erwartete die
Kranken in dem ἰατρεῖον, oder er
ging umher, um seine Kranken zu
besuchen. — ἀκρασίας, Unmäs-
sigkeit, = ἀκράτεια, ein von
den Atticisten verworfenes Wort,
das sich freilich auch bei Isokra-
tes und andern mustergültigen
Schriftstellern findet, wenn die
Stellen richtig sind. — τί τῶν κα-
κῶν, Kr.Gr. §.47, 28, 11. De conscr.
hist. 24: τίνι τῶν καλῶν ἔοικεν;
Nigrin. 25: τίνι τῶν καλῶν εἰκά-
σομεν; — ἐκείνων, s. zu II, 6. —
ὁ Ἴκαρος κτέ. Dädalos, ein berühm-
ter Künstler der Mythenzeit, Sohn
des Metion oder Palamaon, hatte
seinen Schwestersohn getödtet
und musste deswegen aus Athen

flüchten. Er begab sich nach
Kreta, wo er dem Minos das Laby-
rinth erbaute, in welches er bald
selbst begangener Treulosigkeiten
wegen nebst seinem Sohne Ikaros
eingeschlossen wurde. Daraus
entkamen sie dadurch, dass Däd.
für sich und seinen Sohn Flügel
aus Wachs verfertigte. Ikar. flog
zu hoch und kam der Sonne zu
zu nahe, in Folge dessen das Wachs
schmolz und er herab in's Meer
stürzte; Däd. dagegen hielt sich
im Fluge niedrig und rettete sich
nach Sicilien. — ἐπὶ πολύ, weit-
hin; ebenso c. 26. — ἐπὶ κεφαλήν,
s. zu II, 38. — ὡς τὸ πολύ, ziem-
lich meistentheils; ebenso
Hermotim. 28. Fugit. 12 u. s., bei
den Attikern ὡς ἐπὶ τὸ πολύ, u.
so auch Luc. ö. — μέντοι γε, s. zu
Göttergespr. 14, 10. — τὰ ναυά-
για, Schiffbrüche. Nicht sel-
ten steht ναυάγιον bei Luc. u.
anderen Spätern für ναυαγία.
Parasit. 8: παρασίτου δὲ ναυάγιον
οὐδείς ἔχει τοιοῦτον εἰπεῖν. —
περιτετιλμένος. De merc. cond.
33: γῦπά τινα περιτετιλμένος τοῦ
πώγονος τὰ πτερά. — Διονύσιος,
der jüngere, welcher 367 v. Chr.

νύσιος καταδύσης τῆς τυραννίδος ἐν Κορίνθῳ γραμματιστὴς
βλέπηται, μετὰ τηλικαύτην ἀρχὴν παιδία συλλαβίζειν δι-
δάσκων.

ΜΙΚ. Εἰπέ μοι, ὦ ἀλεκτρυών, σὺ δὲ ὁπότε βασιλεὺς 24
ἦσθα — φῂς γὰρ καὶ βασιλεῦσαί ποτε — ποίου τότ' ἐπει-
ράθης τοῦ βίου ἐκείνου; ἦ που πανευδαίμων ἦσθα, τὸ κεφά-
λαιον ὅ τι πέρ ἐστι τῶν ἀγαθῶν ἁπάντων ἔχων;

ΑΛΕΚ. Μηδὲ ἀναμνήσῃς με, ὦ Μικύλε· οὕτω τρισά-
θλιος ἦν τότε, τοῖς μὲν ἔξω πᾶσιν, ὅπερ ἔφησθα, πανευδαί-
μων εἶναι δοκῶν, ἔνδοθεν δὲ μυρίαις ἀνίαις ξυνών.

ΜΙΚ. Τίσι ταύταις; παράδοξα γὰρ καὶ οὐ πάνυ τι πι-
στὰ φῇς.

ΑΛΕΚ. Ἦρχον μὲν οὐκ ὀλίγης χώρας, ὦ Μικύλε, παμ-
φόρου τινὸς καὶ πλήθει ἀνθρώπων καὶ κάλλει τῶν πόλεων
ἐν ταῖς μάλιστα θαυμάζεσθαι ἀξίας, ποταμοῖς τε ναυσιπόροις
καταρρεομένης καὶ θαλάττῃ εὐόρμῳ χρωμένης· καὶ στρατιὰ
ἦν πολλὴ καὶ ἵππος συγκεκροτημένη καὶ δορυφορικὸν οὐκ
ὀλίγον καὶ τριήρεις καὶ χρημάτων πλῆθος ἀνήριθμον καὶ χρυ-
σὸς ὁ κοῖλος πάμπολυς καὶ ἡ ἄλλη τῆς ἀρχῆς τραγῳδία πᾶσα
ἐς ὑπερβολὴν ἐξωγκωμένη, ὥστε, ὁπότε προΐοιμι, οἱ μὲν πολ-
λοὶ προσεκύνουν καὶ θεόν τινα ὁρᾶν ᾤοντο καὶ ἄλλοι ἐπ'
ἄλλοις ξυνέθεον ὀψόμενοί με, οἱ δὲ καὶ ἐπὶ τὰ τέγη ἀνιόντες
ἐν μεγάλῳ ἐτίθεντο ἀκριβῶς ἑωρακέναι τὸ ζεῦγος, τὴν ἐφε-

seinem Vater in der Herrschaft
über Syrakus folgte, im J. 343
aber von Timoleon auf Bitten der
Syrakusaner vertrieben wurde,
worauf er sich nach Korinth begab
und hier Unterricht erteilte. —
καταδύσης τῆς τυραννίδος ist mit
Absicht von Luc. gesagt, nach-
dem seine Herrschaft Schiff-
bruch gelitten, um in der Me-
tapher zu bleiben. ,

24. *εἰπέ, σὺ δέ*, s. zu IV, 12. —
τίσι ταύταις, s. zu IV, 11. — *οὐ
πάνυ τι*, s. zu II, 2. — *ἐν ταῖς μάλ.
θαυμ. ἀξίας*, Kr. Gr. §. 49, 10, 6.
Pseudol. 14: *τοῦτο ἐν τοῖς μάλιστα
τοὔνομα διετέλεσεν οὕτως ἀεὶ καὶ
πρὸς ἁπάντων αὐτῶν λεγόμενον*. —

καταρρεομένης, durchströmt.
Eigenthümlicher, sonst sich nicht
wieder findender Gebrauch dieses
Verb. — *συγκεκροτημένη*, wohl-
geübt. — *ἀνήριθμον*, poetisches,
und dann erst in später Prosa
vorkommendes Wort. — *χρυσὸς
ὁ κοῖλος*, hohl gearbeitetes,
zu Gefässen verarbeitetes.
Ebenso Navig. 20. — *ἐπὶ τὰ τέγη
ἄν*. Die Dächer der Häuser bei
den Alten waren in der Regel
platt, so dass man darauf stehen
und umhergehen konnte. — *ἐν
μεγάλῳ ἐτίθεντο*, schlugen es
hoch an. Pro imag. 17: *τὴν πρὸς
τὸ θεῖον τιμὴν ἐν μεγάλῳ τιθε-
μένη*. u. s. Ebenso *ἐν οὐδενὶ τίθε-
σθαι*. — *τὴν ἐφεστρίδα*, s. zu IV,

στρίδα, το διάδημα, τοὺς προπομπεύοντας, τοὺς ἐπομένους. ἐγὼ δὲ εἰδὼς ὁπόσα με ἠνία καὶ ἔστρεφεν, ἐκείνοις μὲν τῆς ἀγνοίας συνεγίνωσκον, ἐμαυτὸν δὲ ἠλέουν ὅμοιον ὄντα τοῖς μεγάλοις τούτοις κολοσσοῖς, οἵους ἢ Φειδίας ἢ Μύρων ἢ Πραξιτέλης ἐποίησαν· κἀκείνων γὰρ ἕκαστος ἔκτοσθεν μὲν Ποσειδῶν τις ἢ Ζεύς ἐστι πάγκαλος, ἐκ χρυσίου καὶ ἐλέφαντος συνειργασμένος, κεραυνὸν ἢ ἀστραπὴν ἢ τρίαιναν ἔχων ἐν τῇ δεξιᾷ· ἢν δὲ ὑποκύψας ἴδῃς τά γ' ἔνδον, ὄψει μοχλούς τινας καὶ γόμφους καὶ ἥλους διαμπὰξ διαπεπερονημένους καὶ κορμοὺς καὶ σφῆνας καὶ πίτταν καὶ πηλὸν καὶ πολλήν τινα τοιαύτην ἀμορφίαν ὑποικουροῦσαν. ἐῶ λέγειν μυῶν πλῆθος ἢ μυγαλῶν ἐμπολιτευόμενον αὐτοῖς ἐνίοτε. τοιοῦτόν τι καὶ βασιλεία ἐστίν.

25   ΜΙΚ. Οὐδέπω ἔφησθα τὸν πηλὸν καὶ τοὺς μοχλοὺς καὶ γόμφους οἵτινες τῆς ἀρχῆς, οὐδὲ τὴν ἀμορφίαν ἐκείνην τὴν πολλὴν ἥτις ἐστίν· ὡς τό γε ἐξελαύνειν ἀποβλεπόμενον καὶ τοσούτων ἄρχοντα καὶ προσκυνούμενον δαιμονίως ἔοικεν ὄντως τῷ κολοσσιαίῳ παραδείγματι· θεσπέσιον γάρ τι καὶ τοῦτο. σὺ δὲ τὰ ἔνδον ἤδη τοῦ κολοσσοῦ λέγε.

ΑΛΕΚ. Τί πρῶτον εἴπω σοι, ὦ Μικύλε; τοὺς φόβους καὶ τὰ δείματα καὶ ὑποψίας καὶ μῖσος τὸ παρὰ τῶν συνόντων καὶ ἐπιβουλάς, καὶ διὰ ταῦτα ὕπνον τε ὀλίγον, ἐπιπόλαιον κἀκεῖνον, καὶ ταραχῆς μεστὰ ὀνείρατα καὶ ἐννοίας πολυπλόκους καὶ ἐλπίδας ἀεὶ πονηράς, ἢ τὴν ἀσχολίαν καὶ χρηματισμοὺς καὶ δίκας καὶ ἐκστρατείας καὶ προστάγματα καὶ συνθήματα καὶ λογισμούς; ὑφ' ὧν οὐδὲ ὄναρ ἀπολαῦσαί τινος ἡδέος ἐγγίνεται, ἀλλ' ἀνάγκη ὑπὲρ ἁπάντων μόνον διασκοπεῖσθαι καὶ μυρία ἔχειν πράγματα· οὐδὲ γὰρ Ἀτρείδην Ἀγαμέμνονα

ὕπνος ἔχε γλυκερὸς πολλὰ φρεσὶν ὁρμαίνοντα,
καὶ ταῦτα ῥεγκόντων Ἀχαιῶν ἁπάντων. λυπεῖ δὲ τὸν μὲν Λυδὸν ὁ υἱὸς κωφὸς ὤν, τὸν Πέρσην δὲ Κλέαρχος Κύρῳ

---

14. — τοὺς προπομπεύοντας, zu verstehen von den anteambulones. — Φειδίας κτέ., s. zu I, 8. — Ποσειδῶν τις, s. zu II, 54. — ἐκ χρυσίου, s. zu Todtengespr. 24, 1. — ἔχων ἐν τῇ δεξιᾷ. Ebenso Tim. 49: ψήφισμα ἔχων ἐν τῇ δεξιᾷ. — μυῶν κτέ. Aehnlich Iup. trag. 8:

μυῶν ἀγέλας ὅλας ἐμπολιτευομένας σκέποντες.
    25. τοὺς φόβους, s. zu IV, 18. — ὕπνος . . ὁρμαίνοντα, Il. 10, 4. — τὸν Λυδόν, den Krösos, von dessen beiden Söhnen der eine stumm war; Herodot. 1, 34. — τὸν Πέρσην, den Artaxerxes II. Mnemon. — Κλέαρ-

ξενολογῶν, ἄλλον δὲ Δίων πρὸς οὕς τισι τῶν Συρακουσίων
κοινολογούμενος, καὶ ἄλλον Παρμενίων ἐπαινούμενος καὶ
Περδίκκαν Πτολεμαῖος καὶ Πτολεμαῖον Σέλευκος· ἀλλὰ κἀ-
κεῖνα λυπεῖ, ὁ ἐρώμενος πρὸς ἀνάγκην ξυνὼν καὶ παλλακὶς
ἄλλῳ χαίρουσα καὶ ἀποστήσεσθαί τινες λεγόμενοι καὶ δύ' ἢ
τέτταρες τῶν δορυφόρων πρὸς ἀλλήλους διαψιθυρίζοντες. τὸ
δὲ μέγιστον, ὑφορᾶσθαι δεῖ μάλιστα τοὺς φιλτάτους κἀξ ἐκεί-
νων ἀεί τι δεινὸν ἐλπίζειν ἥξειν. ὁ μὲν γοῦν ὑπὸ τοῦ παιδὸς
ἀπέθανεν ἐκ φαρμάκων, ὁ δὲ καὶ αὐτὸς ὑπὸ τοῦ ἐρωμένου,
τὸν δὲ ἄλλον ἴσως ὅμοιος τρόπος θανάτου κατέλαβεν.

ΜΙΚ. Ἄπαγε, δεινὰ ταῦτα φῄς, ὦ ἀλεκτρυών. ἐμοὶ γοῦν 26
πολὺ ἀσφαλέστερον σκυτοτομεῖν ἐπικεκυφότα ἢ πίνειν ἀπὸ
χρυσῆς φιάλης κωνείῳ ἢ ἀκονίτῳ συνανακραθεῖσαν φιλοτη-
σίαν. ὁ γοῦν κίνδυνος ἐμοὶ μέν, εἰ παρολίσθοι τὸ σμιλίον
καὶ ἁμάρτοι τῆς τομῆς τῆς ἐπ' εὐθύ, ὀλίγον τι αἱμάξαι τοὺς
δακτύλους ἐντεμόντα· οἱ δέ, ὡς φῄς, θανάσιμα εὐωχοῦνται,
καὶ ταῦτα μυρίοις κακοῖς ξυνόντες. εἶτ' ἐπειδὰν πέσωσιν,
ὅμοιοι μάλιστα φαίνονται τοῖς τραγικοῖς ὑποκριταῖς, ὧν πολ-
λοὺς ἰδεῖν ἔστι τέως μὲν Κέκροπας δῆθεν ὄντας ἢ Σισύφους

χος, s. zu Todtengespr. 14, 2.
— ἄλλον δέ, Dionysios den jün-
geren. — Δίων, der Schwager
des älteren Dionysios, und Rath-
geber desselben. Als der jüngere
Dionysios die Herrschaft über-
nommen, wurde er von seinen
Gegnern nach einiger Zeit bei
dem Tyrannen unlauterer Absich-
ten beschuldigt, worauf er Sici-
lien verlassen musste und sein
Vermögen verlor. — πρὸς οὕς. An
zwei ganz ähnlichen Stellen, Ca-
lumn. 2. und Deor. conc. 1. steht
πρὸς τὸ οὔς. Vgl. Dial. meretr. 3,
2. 12. Iup. trag. 20. u. a. — ἄλλον,
den Alexandros. — Παρμενίων,
einer der bedeutendsten Feldherrn
des Alexandros, der ebenso wie sein
Sohn Philotas hingerichtet wurde.
— Περδίκκαν.. Σέλευκος, Feldherrn
und Nachfolger des Alex. — κἀ-
κεῖνα, zu beziehen auf das Fol-
gende. — πρὸς ἀνάγκην, aus
Zwang, gezwungen. — τὸ δὲ
μέγιστον, s. zu Göttergespr. 4, 3.
— ἐλπίζειν, s. zu IV, 8. — γοῦν,
s. oben zu c. 14.

26. δεινὰ ταῦτα φῄς, s. oben zu
Göttergespr. 12, 2. Iup. trag. 5:
δεινὰ ταῦτα, ὡς ἀληθῶς. Deor.
concil. 11: αἰσχρὰ ὡς ἀληθῶς ταῦ-
τα φῄς u. s. — ἀπὸ χρ. φιάλης für
das bei den Att. übliche ἐκ. Eben-
so Hom. Il. 16, 226: οὔτ' ἀνδρῶν
πίνεσκεν ἀπ' αὐτοῦ (δέπαος) αἴθο-
πα οἶνον. — τῆς τομῆς τῆς ἐπ'
εὐθύ, die gerade Schnitt-
linie. — ἐντεμόντα, s. oben zu
c. 4. — πέσωσιν, gestürzt sind.
— τέως μέν, eine Zeit lang,
eigentl. bis zu dem Zeitpunkte,
der durch den Gegensatz bestimmt
wird. — δῆθεν, scilicet, iro-
nisch, wie oft. In Bezug auf die
Sache vgl. Necyomant. 16: καὶ ὁ
αὐτὸς (ὑποκριτὴς) μικρὸν ἔμπρο-
σθεν μάλα σεμνῶς τὸ τοῦ Κέκρο-
πος ἢ Ἐρεχθέως σχῆμα μιμησά-
μενος μετ' ὀλίγον οἰκέτης προῆλ-
θεν. Sisуphos, der Sohn des
Aeolos und der Enarete, war der
Erbauer und König von Ephyra,
dem nachmal. Korinthos. Tele-
phos, der Sohn des Herakles und
der Auge, fragte, als er erwach-

ἢ Τηλέφους, διαδήματα ἔχοντας καὶ ξίφη ἐλεφαντόκωπα καὶ
ἐπίσειστον κόμην καὶ χλαμύδα χρυσόπαστον, ἢν δέ, οἷα πολλὰ
γίγνεται, κενεμβατήσας τις αὐτῶν ἐν μέσῃ τῇ σκηνῇ κατα-
πέσῃ, γέλωτα δηλαδὴ παρέχει τοῖς θεαταῖς, τοῦ προσωπείου
μὲν συντριβέντος αὐτῷ διαδήματι, ἡμαγμένης δὲ τῆς ἀλη-
θοῦς κεφαλῆς τοῦ ὑποκριτοῦ καὶ τῶν σκελῶν ἐπὶ πολὺ γυμ-
νουμένων, ὡς τῆς τε ἐσθῆτος τὰ ἔνδοθεν φαίνεσθαι ῥάκια
δύστηνα ὄντα καὶ τῶν κοθόρνων τὴν ὑπόδεσιν ἀμορφοτάτην
καὶ οὐ κατὰ λόγον τοῦ ποδός. ὁρᾷς, ὅπως με καὶ εἰκάζειν ἐδι-
δάξω ἤδη, ὦ βέλτιστε ἀλεκτρυών; ἀλλὰ τυραννὶς μὲν τοιοῦ-
τόν τι ὤφθη οὖσα. ἵππος δὲ ἢ κύων ἢ ἰχθὺς ἢ βάτραχος
ὁπότε γένοιο, πῶς ἔφερες ἐκείνην τὴν διατριβήν;

27   ΑΛΕΚ. Μακρὸν τοῦτον ἀνακινεῖς τὸν λόγον καὶ οὐ τοῦ
παρόντος καιροῦ· πλὴν τό γε κεφάλαιον, οὐδεὶς ὅστις οὐκ
ἀπραγμονέστερος τῶν βίων ἔδοξέ μοι τοῦ ἀνθρωπείου, μόναις
ταῖς φυσικαῖς ἐπιθυμίαις καὶ χρείαις ξυμμεμετρημένος· τελώ-
νην δὲ ἵππον ἢ συκοφάντην βάτραχον ἢ σοφιστὴν κολοιὸν ἢ
ὀψοποιὸν κώνωπα ἢ κίναιδον ἀλεκτρυόνα ἢ ὅσα ὑμεῖς ἐν-
νοεῖτε, οὐκ ἂν ἴδοις ἐν ἐκείνοις.

28   ΜΙΚ. Ἀληθῆ ἴσως ταῦτα, ὦ ἀλεκτρυών. ἐγὼ δὲ ὃ πέ-
πονθα, οὐκ αἰσχύνομαι πρὸς σὲ εἰπεῖν. οὐδέπω δύναμαι ἀπο-
μαθεῖν τὴν ἐπιθυμίαν, ἣν ἐκ παίδων εἶχον πλούσιος γενέ-
σθαι, ἀλλά μοι καὶ τὸ ἐνύπνιον ἔτι πρὸ τῶν ὀφθαλμῶν ἕστη-
κεν ἐπιδεικνύμενον τὸ χρυσίον, καὶ μάλιστα ἐπὶ τῷ καταράτῳ
Σίμωνι ἀποπνίγομαι τρυφῶντι ἐν ἀγαθοῖς τοσούτοις.

    ΑΛΕΚ. Ἐγώ σε ἰάσομαι, ὦ Μικύλε, καὶ ἐπείπερ ἔτι νὺξ

sen war, das delphische Orakel
nach seiner Mutter. Dieses befahl
ihm nach Mysien zum König Teu-
thras zu reisen. Dort fand er
seine Mutter, heirathete des Teu-
thras Tochter Argiope und ward
dessen Nachfolger. — ἐπίσειστον
κόμην, das an der Maske mähnen-
artig zu beiden Seiten herabwal-
lende Haar. — κενεμβατήσας, ei-
nen Fehltritt thuen, späteres
Wort. — αὐτῷ διαδήματι, s. zu
II, 22. — οὐ κατὰ λόγον, nicht
im Verhältniss, ⹄ ὑπὲρ τὸν
πόδα Pro imag. 10. — ἐδιδάξω, s.
zu I, 10.

27. τὸ κεφάλαιον, quod rei ca-
put est, Kr. Gr. §. 57, 10, 12. Vi-
tar. auct. 23: καὶ τὸ κεφάλαιον,
οὐ θέμις γενέσθαι σοφόν, ἢν μὴ
κτέ. u. ö. — ξυμμεμετρημένος,
„quia quaevis alia (vita) ad natu-
rales se appetitus et necessitates
accommodat hisque se circumscri-
bit.‟ Lehm. — ἐννοεῖτε, im Sin-
ne habt.

28. αἰσχύνομαι .. εἰπεῖν, s. zu
IV, 23. — ἐκ παίδων, von Ju-
gend auf. — ἐπὶ τῷ κατ. Σίμ.
ἀποπνίγομαι, ich ersticke vor
Aerger über. Ebenso Demosth.

ἐστιν, ἐξαναστὰς ἔπου μοι· ἀπάξω γάρ σε παρ' αὐτὸν ἐκεῖνον
τὸν Σίμωνα καὶ ἐς τὰς τῶν ἄλλων πλουσίων οἰκίας, ὡς ἴδῃς
οἷα τὰ παρ' αὐτοῖς ἐστι.

ΜΙΚ. Πῶς τοῦτο κεκλεισμένων τῶν θυρῶν; εἰ μὴ καὶ
τοιχωρυχεῖν γε σύ με ἀναγκάσεις.

ΑΛΕΚ. Οὐδαμῶς, ἀλλ' ὁ Ἑρμῆς, οὗπερ ἱερός εἰμι, τοῦτο
ἐξαίρετον ἔδωκέ μοι, ἤν τις τὸ οὐραῖον πτερὸν τὸ μήκιστον,
ὃ δι' ἀπαλότητα ἐπικαμπές ἐστί μοι . . . . .

ΜΙΚ. Δύο δ' ἔστι σοι τοιαῦτα.

ΑΛΕΚ. Τὸ δεξιὸν τοίνυν ὅτῳ ἂν ἐγὼ ἀποσπάσαι πα-
ράσχω καὶ ἔχῃ, ἐς ὅσον ἂν βούλωμαι ἀνοίγειν τε ὁ τοιοῦτος
πᾶσαν θύραν δύναται καὶ ὁρᾶν ἅπαντα οὐχ ὁρώμενος αὐτός.

ΜΙΚ. Ἐλελήθεις με, ὦ ἀλεκτρυών, καὶ σὺ γόης ὤν.
ἐμοὶ δ' οὖν ἢν τοῦτο ἅπαξ παράσχῃς, ὄψει τὰ Σίμωνος πάντα
ἐν βραχεῖ δεῦρο μετενηνεγμένα· μετοίσω γὰρ αὐτὰ παρεσελ-
θών· ὁ δὲ αὖθις περιτρώξεται ἀποτείνων τὰ καττύματα.

ΑΛΕΚ. Οὐ θέμις γενέσθαι τοῦτο· παρήγγειλε γὰρ ὁ
Ἑρμῆς, ἤν τινα τοιοῦτον ἐργάζηται ὁ ἔχων τὸ πτερόν, ἀνα-
βοήσαντά με καταφωρᾶσαι αὐτόν.

ΜΙΚ. Ἀπίθανον λέγεις, κλέπτην τὸν Ἑρμῆν αὐτὸν ὄντα
τοῖς ἄλλοις φθονεῖν τοῦ τοιούτου. ἀπίωμεν δ' ὅμως· ἀφέξο-
μαι γὰρ τοῦ χρυσίου, ἢν δύνωμαι.

ΑΛΕΚ. Ἀπότιλον, ὦ Μικύλε, πρότερον τὸ πτίλον . . . .
τί τοῦτο; ἄμφω ἀπέτιλας.

ΜΙΚ. Ἀσφαλέστερον οὕτως, ὦ ἀλεκτρυών, καὶ σοὶ ἧττον
ἂν ἄμορφον τὸ πρᾶγμα εἴη, ὡς μὴ χωλεύοις διὰ θάτερον τῆς
οὐρᾶς μέρος.

19, 199: ἐφ' οἷς ἔγωγε ἀποπνίγο-
μαι. — τῶν ἄλλων, der andern,
die wir kennen; daher der Artikel.
— τὸ οὐρ. πτερὸν τὸ μήκ. „Wie
absurd diese Wundergabe der
längsten Schwanzfeder unsers
Hahns auch sein mag, so war sie
es doch nicht mehr als tausend
Wunderdinge, womit sich damals
die Secten-Philosophen schon zu
tragen pflegten. Luc. mokirt sich
in mehrern seiner Stücke dadurch
über diese Teratologen, dass er
es ihnen in ihrer eigenen Manier
zuvorthut." Wiel. — ἐστί μοι.
Mikylos unterbricht hier die

Worte des Hahns, um sie zu be-
richtigen, wie das oft im lebhaf-
ten Gespräch der Fall ist. — καὶ
ἔχῃ, d. i. καὶ ὅστις ἂν ἔχῃ, s. oben
zu Todtengespr. 2, 1. — ἐς ὅσον,
auf wie lange, so lange als.
— καὶ σύ, auch du, wie so man-
cher Andere. — τοῦτο, näml. τὸ
πτερόν. — ἀποτείνων τὰ καττ.
Martial. 9, 74 von einem Schuster:
dentibus antiquas solitus produ-
cere pelles. (Gesn.) — ἤν τινα
τοιοῦτον ἐργ., s. zu Todten-
gespr. 7, 2. — κλέπτην τὸν Ἑρ-
μῆν, s. oben Göttergespr. 6. Pro-
meth. 5.

29   *ΑΛΕΚ.* Εἶεν. ἐπὶ τὸν Σίμωνα πρῶτον ἄπιμεν ἢ παρ'
ἄλλον τινὰ τῶν πλουσίων;

   ΜΙΚ. Οὐ μὲν οὖν, ἀλλὰ παρὰ τὸν Σίμωνα, ὃς ἀντὶ
δισυλλάβου τετρασύλλαβος ἤδη πλουτήσας εἶναι ἀξιοῖ. καὶ
δὴ πάρεσμεν ἐπὶ τὰς θύρας. τί οὖν ποιῶ τὸ μετὰ τοῦτο;

   ΑΛΕΚ. Ἐπίθες τὸ πτερὸν ἐπὶ τὸ κλεῖθρον.

   ΜΙΚ. Ἰδοὺ ἤδη. ὦ Ἡράκλεις, ἀναπέπταται ὥσπερ κλειδὶ
ἡ θύρα.

   ΑΛΕΚ. Ἡγοῦ ἐς τὸ πρόσθεν. ὁρᾷς αὐτὸν ἀγρυπνοῦντα
καὶ λογιζόμενον;

   ΜΙΚ. Ὁρῶ νὴ Δία πρὸς ἀμαυράν τε καὶ διψῶσαν τὴν
θρυαλλίδα, καὶ ὠχρὸς δ' ἐστὶν οὐκ οἶδ' ὅθεν, ὦ ἀλεκτρυών,
καὶ κατέσκληκεν ὅλος ἐκτετηκώς, ὑπὸ φροντίδων δηλαδή· οὐ
γὰρ νοσεῖν ἄλλως ἐλέγετο.

   ΑΛΕΚ. Ἄκουσον ἃ φησιν· εἴσῃ γὰρ ὅθεν οὕτως ἔχει.

   ΣΙΜΩΝ. Οὐκοῦν τάλαντα μὲν ἑβδομήκοντα ἐκεῖνα πάνυ
ἀσφαλῶς ὑπὸ τῇ κλίνῃ κατορώρυκται καὶ οὐδεὶς ὅλως εἶδε,
τὰ δὲ ἑκκαίδεκα εἶδεν, οἶμαι, Σώσυλος ὁ ἱπποκόμος ὑπὸ τῇ
φάτνῃ κατακρύπτοντά με· ὅλος γοῦν περὶ τὸν ἱππῶνά ἐστιν,
οὐ πάνυ ἐπιμελὴς ἄλλως οὐδὲ φιλόπονος ὤν. εἰκὸς δὲ διηρπά-
σθαι πολλῷ πλείω τούτων· ἢ πόθεν γὰρ ὁ Τίβιος ταρίχους
οὕτω μεγάλους ὠψωνηκέναι χθὲς ἐλέγετο ἢ τῇ γυναικὶ ἐλ-
λόβιον ἐωνῆσθαι πέντε δραχμῶν ὅλων; τἀμὰ οὗτοι σπαθῶσι
τοῦ κακοδαίμονος. ἀλλ' οὐδὲ τὰ ἐκπώματα ἐν ἀσφαλεῖ μοι
ἀπόκειται, τοσαῦτα ὄντα· δέδια γοῦν, μή τις ὑπορύξας τὸν

---

29. τετρασύλλαβος, s. cap. 14 u.
das. die Anm. — καὶ δή, s. oben
zu c. 9. — πάρεσμεν ἐπί, s. oben
zu Todtengespr. 16, 3. — τὸ μετὰ
τοῦτο, weiter, ferner, wie τὸ
ἐπὶ τούτῳ, s. zu IV, 7. — ὅλος ἐκτε-
τηκώς gehören zusammen; vgl.
c. 31 z. E. — οὐκοῦν, wir eben-
so: also. Es bezieht sich auf das
zu ergänzende vorhergehende
Selbstgespräch des Sim. Vgl. zu
Todtengespr. 3, 1. — ὅλος περὶ
τὸν ἱππῶνά ἐστιν, d. i. er hat
einzig und allein mit dem
Stalle zu thun, wie im Latein.
totus est in aliqua re. Dial. deor.
12, 2: ὅλη οὖσα ἐν τῷ Ἀττῇ. Hermo-
tim. 2: δοκεῖς ὅλος εἶναι ἐν τῷ
πράγματι. Dial. meretr. 10, 4:

ὅλος περὶ τὸ μειράκιόν ἐστιν. De
dom. 18: ὅλος πρὸς τοῖς ὁρωμένοις
ἐστίν. — ἢ πόθεν γάρ, elliptisch;
s. zu III, 9. — Τίβιος, bekannter
Sklavenname. — ταρίχους. Diese
Masculinform findet sich auch:
De conscr. hist. 20. Sonst τὸ τά-
ριχος. — ἐλλόβιον. Frauen und
Mädchen trugen Ohrringe, wie
man oft auf Vasen sieht. — πέντε
δραχμῶν ὅλων, für fünf ganze
od. baare Drachmen. — τἀμὰ
οὗτοι κτέ. Luc. lässt hier den Sim.
offenbar mit den Worten eines
Komikers antworten, die als Se-
nar lauteten: οὗτοι σπαθῶσι τἀμὰ
τοῦ κακοδαίμονος, die er aber
umgestellt hat. weil τἀμὰ betont
werden soll. Ueber den Genetiv.

τοῖχον ὑφέληται αὐτά· πολλοὶ φθονοῦσι καὶ ἐπιβουλεύουσί
μοι, καὶ μάλιστα ὁ γείτων Μικύλος.

ΜΙΚ. Νὴ Δία· σοὶ γὰρ ὅμοιος ἐγώ, καὶ τὰ τρύβλια ὑπὸ
μάλης ἄπειμι ἔχων.

ΑΛΕΚ. Σιώπα, ὦ Μικύλε, μὴ καταφωράσῃ παρόντας ἡμᾶς.

ΣΙΜ. Ἄριστον οὖν ἄγρυπνον αὐτὸν διαφυλάττειν ἅπαν-
τα· περιελεύσομαι διαναστὰς ἐν κύκλῳ τὴν οἰκίαν. τίς
οὗτος; ὁρῶ σε, τοιχωρύχε. μὰ Δί', ἐπεὶ κίων γε ὢν τυγχάνεις.
εὖ ἔχει. ἀριθμήσω αὖθις ἀνορύξας τὸ χρυσίον, μή τί με
πρῴην διέλαθεν. ἰδοὺ πάλιν ἐψόφηκέ τις, ἐπ' ἐμὲ δηλαδή.
πολιορκοῦμαι καὶ ἐπιβουλεύομαι πρὸς ἁπάντων. ποῦ μοι τὸ
ξιφίδιον; ἂν λάβω τινά . . . θάπτωμεν αὖθις τὸ χρυσίον.

ΑΛΕΚ. Τοιαῦτα μέν σοι, ὦ Μικύλε, τὰ Σίμωνος. ἀπίω- 30
μεν δὲ καὶ παρ' ἄλλον τινά, ἕως ἔτι ὀλίγον τῆς νυκτὸς λοι-
πόν ἐστιν.

ΜΙΚ. Ὦ κακόδαιμον, οἷον βιοῖ τὸν βίον. ἐχθροῖς οὕτω
πλουτεῖν γένοιτο. κατὰ κόρρης δ' οὖν πατάξας αὐτὸν ἀπελθεῖν
βούλομαι.

ΣΙΜ. Τίς ἐπάταξέ με; λῃστεύομαι ὁ δυστυχής.

ΜΙΚ. Οἴμωζε καὶ διαγρύπνει καὶ ὅμοιος γίγνου τὸ χρῶ-
μα τῷ χρυσῷ, προστετηκὼς αὐτῷ. ἡμεῖς δὲ παρὰ Γνίφωνα,
εἰ δοκεῖ, τὸν δανειστὴν ἴωμεν. οὐ μακρὰν δὲ καὶ οὗτος οἰκεῖ.
ἀνέῳγε καὶ αὕτη ἡμῖν ἡ θύρα.

ΑΛΕΚ. Ὁρᾷς ἐπαγρυπνοῦντα καὶ αὐτὸν ὑπὸ φροντίδων, 31
ἀναλογιζόμενον τοὺς τόκους τοῖς δακτύλοις καὶ ἤδη κατεσκλη-
κότα, ὃν δεήσει μετ' ὀλίγον πάντα ταῦτα καταλιπόντα σίλφην
ἢ ἐμπίδα ἢ κυνόμυιαν γενέσθαι;

ΜΙΚ. Ὁρῶ κακοδαίμονα καὶ ἀνόητον ἄνθρωπον, οὐδὲ
νῦν πολὺ τῆς σίλφης ἢ ἐμπίδος ἄμεινον βιοῦντα. ὡς δὲ καὶ
οὗτος ἐκτέτηκεν ὅλος ὑπὸ τῶν λογισμῶν. ἐπ' ἄλλον ἀπίωμεν.

τοῦ κακοδαίμονος s. oben zu Göt-
tergespr. 14, 9. — πολλοὶ φθο-
νοῦσι κτέ. Vielleicht ebenfalls ur-
sprünglich ein Senar: πολλοὶ φθο-
νοῦσι κἀπιβουλεύουσί μοι. — πε-
ριελεύσομαι, s. zu III, 18. — τίς
οὗτος; κτέ. Vgl. Molière's Geizig.
Act. 4 Sc. 7: qui estre? arrête.
rends moi mon argent, coquin. —
ahc'estmoi. — μὰ Δί', s. zu Todten-
gespr. 20, 6. — μή, ob nicht,
vgl. Kr. Gr. §. 54, 8, 20. — ἐπ'

ἐμὲ δηλαδή, offenbar gegen
mich. — ἂν λάβω τινά, s. oben zu
Todtengespr. 22, 3.
  30. οἷον βιοῖ τὸν βίον, s. zu
Todtengespr. 9, 4. — Γνίφωνα.
Bei Luc. oft vorkommender Name
zur Bezeichnung eines Geizhalses
oder Knausers. — καὶ οὗτος, wie
Simon, der sein Nachbar war; c.
14. — ἀνέῳγε, s. zu Todtengespr.
4, 1.
  31. καὶ αὐτόν, wie Simon.

32   *ΑΛΕΚ.* Παρὰ τὸν σὸν Εὐκράτην, εἰ δοκεῖ. καὶ ἰδοὺ γὰρ
ἀνέῳγε καὶ αὕτη ἡ θύρα· ὥστε ἐσίωμεν.

ΜΙΚ. Πάντα ταῦτα μικρὸν ἔμπροσθεν ἐμὰ ἦν.

ΑΛΕΚ. Ἔτι γὰρ σὺ ὀνειρώττεις τὸν πλοῦτον; ὁρᾷς δ'
οὖν τὸν Εὐκράτην αὐτὸν, μὲν ὑπὸ τοῦ οἰκέτου, πρεσβύτην
ἄνθρωπον;

ΜΙΚ. Ὁρῶ νὴ Δία καταπυγοσύνην καὶ πάσχητιασμόν
τινα καὶ ἀσέλγειαν οὐκ ἀνθρωπίνην· τὴν γυναῖκα δὲ ἑτέρωθι
ὑπὸ τοῦ μαγείρου μοιχευομένην καὶ αὐτήν.

33   *ΑΛΕΚ.* Τί οὖν; ἐθέλοις ἂν καὶ τούτων κληρονομεῖν, ὦ
Μικύλε, καὶ πάντα ἔχειν τὰ Εὐκράτους;

ΜΙΚ. Μηδαμῶς, ὦ ἀλεκτρυών· λιμῷ ἀπολοίμην πρό-
τερον. χαιρέτω τὸ χρυσίον καὶ τὰ δεῖπνα, δύο ὀβολοὶ ἐμοί
γε πλοῦτος ἔστω μᾶλλον ἢ τοιχωρυχεῖσθαι πρὸς τῶν οἰκετῶν.

ΑΛΕΚ. Ἀλλὰ νῦν μέν — ἡμέρα γὰρ ἤδη ἀμφὶ τὸ λυ-
καυγὲς αὐτό — ἀπίωμεν οἴκαδε παρ' ἡμᾶς· τὰ λοιπὰ δὲ
ἐσαῦθις ὄψει, ὦ Μικύλε.

32. καὶ ἰδοὺ γὰρ κτέ. Dieser
Satz enthält den Grund des ei-
gentlichen Hauptsatzes ὥστε (da-
her) ἐσίωμεν. Ebenso folgt Ana-
chars. 18. auf καὶ ἰδοὺ γὰρ ἤδη
ἐκφυγόντες τὸν ἥλιον ἐν τῷ συνη-
ρεφεῖ ἐσμεν der Hauptsatz mit
οὖν. — ἔτι γάρ. S. zu II, 18. u.
oben zu c. 5. — ὀνειρώττεις. Die-
ses Verbum kommt in Verbindung
mit dem Accus. erst bei Späteren
vor, wie Polyb. 5, 108, 5. Plu-
tarch. Mar. 46 u. s. Auch bei Luc.
steht sonst ὀνειροπολεῖν.

33. πρότερον, als was erdulden?
— ἡμέρα γάρ, s. zu IV, 10. —
οἴκαδε παρ' ἡμᾶς, s. oben zu c. 10.

ABWEICHUNGEN

VOM FRÜHEREN TEXTE.

Todtengespr. 2, 1 ὀλέθρους nach Koraes für ὀλεθρίους. —
3, 1 Ἀμφίλοχος μὲν αὐτὸς nach Fritzsche für Ἀμφίλ. μὲν οὗτος.
ebend. οὐ γὰρ ἂν ἠπίστεις nach Matthiae für οὐ γὰρ ἠπίστεις. 2 ποῖ
nach Cobet u. A. für ποῦ. — 5, 1 βούλονται nach Bekker für βου-
λεύονται. 2 ἀλλὰ κἀκεῖνος nach demselben u. A. für πολλὰ κἀκεῖνος.
ebend. ἐπελπίζει für ἐλπίζει. — 6, 2 ταύτην für ταύτης. ebend.
habe ich καὶ nach ὅστις eingeklammert. Cobet: ὅστις ἀεί. derselbe
ebend. ἀντιστρέφεσθαι für ἀναστρέφεσθαι. 4 μεγαλοδωρίᾳ für μεγα-
λοδωρεᾷ. 5 ζωῆς für ζωοῖς. — 7, 1 ἐπετείνετο nach Hemsterh. für
ἐπεγίνετο. 2 τὴν ἀφάρμακτον nach Bekker für τὸ ἀφάρμακτον. ebend.

οἷά με nach dems. für οἷά γε. — 8 ἀκούσιος für ἀκούσιον. — 9, 3
ἐπίστευέ τε καί für ἐπίστευέ τε ἂν καί. — 10, 1 ἠόνος für ἠιόνος.
12 τουτωί nach Cobet für τούτῳ. — 11, 2 will Hemsterh. γενήσεσθαι
für γενέσθαι lesen. 4 σαθρὰ τῶν βαλλαντίων für σαπρὰ τῶν βαλαν-
τίων. — 12, 2 ἂν mit Lehmann vor ἐνέγκαιτο eingeschoben. 4 Γρα-
νίκῳ für Γρανικῷ. 6 ὑπαγαγόμενος nach Bekker für ὑπαγόμενος. —
13, 1 καί eingeklammert. 4 οὐδὲ τοῦτό σε nach Fritzsche für οὐδὲ
ταῦτά σε. 5 τοῦτον nach Bekker für τοῦτο. — 14, 5 καθάλασθαι für
καθαλέσθαι. ebend. λιποψυχοῦντα nach Bekker für λειποψυχοῦντα.
— 19, 1 χήραν δέ nach Lehmann für χήραν τε. 2 σὲ αὐτόν für σεαυ-
τόν nach Cobet. — 20, 6 ἥδιον eingeklammert. — 21, 1 παντάπασιν
und καί eingeklammert. 2 θαυμάσονται für θαυμάσωνται. — 22, 1
σοι eingeklammert. — 23, 2 οὐδέν σε für οὐδὲ σέ. ebend. ὀδυρού-
μενον für ὀδυρόμενον. — 24, 2 ἂν vor ἐπιδείκνυσθαι nach Bekker
eingeschaltet. — 25, 2 διακρίνοιτ᾿ ἂν nach dems. für διακρίνοιτο.
ebend. ἐμοὶ μέν für ἐμοὶ μὲν οὖν. — 26, 1 ἐγὼ δ᾿ ἔζων ἀεὶ καὶ ἀπέ-
λαυον für ἐγὼ δὲ ζῶν ἀεὶ καὶ ἀπολαύων. ebend. habe ich οὖν für
γοῦν geschrieben. ebend. ἐν τῷ ἀεί für ἐν τῷ αὐτῷ ἀεί. 2 τό vor
διάφορον eingeklammert. ebend. περιστῇ für περιπέσῃ. — 27, 6 ἐγὼ
δέ für κἀγὼ δέ. ebend. προδραμών für προσδραμών. 7 παρέσχοντο
für παρέσχον τότε.

Göttergespr. 4, 1 ἐνόρχην nach Cobet für ἔνορχιν. 4 οὕτω
καλός tilgt Cobet; vielleicht mit Recht. 5 für καί τι φθεγγόμενος muss
es vielleicht καί τι καὶ φθεγγ. heissen. ebend. tilgt Cobet τό vor
ἥδιστον. — 5, 3 ἐκτεθηλυμμένῳ für ἐκτεθηλυμένῳ. 4 μέμνησο δ᾿
ουν für μέμνησο γοῦν. — 9, 1 für ἐπιθήσειν hat Hr. Dindorf nach
Cobet's Vorgange εἰς ἐπίθεσιν geschrieben und dabei ein „inepte" ge-
braucht. Ueber diesen Gebrauch des Infinit. Fut. mögen sich diese
Herren auf eine schon vor beinahe einem halben Jahrhundert von Schäfer
zu den Poet. gnom. p. 16 f. gemachte Bemerkung verweisen lassen, wo
unsere Stelle sogar selbst mit angeführt wird. Eben darüber hat auch
Schäfer später zu Demosthen. p. 31, 2 ausführlich gesprochen. Sollten
denn Männer wie Schäfer, Lobeck nicht wenigstens ebenso viel grie-
chisch verstanden haben als die genannten Herren? — 10, 2 τάφον für
τὸν τάφον μέν. — 11, 2 κυούσας nach Valcken. Aenderung für τεκού-
σας. Nach demselben Worte ist mit Schäfer ἂν eingeschaltet worden.
— 12, 1 τούς vor Θρᾷκας eingeklammert. — 14, 1 αὐτός μέν nach
Fritzsche für μὲν αὐτός. 7 ist für καλαί vielleicht ἁπαλαί zu schreiben.
15 συμπαροῦσα δεήσομαι für συμπαροῦσα, δεήσομαι δέ. — 15, 1 καὶ
τὴν θάλατταν für κἂν τὴν θάλ. 2 εἴ γε μή für εἰ μή γε. — 16 Μὴ
λέγω mit Bekker für Τί μὴ λέγω, da τί in den beiden besten Handschr.
fehlt. Indessen heisst es Dial. meretr. 12, 4 ebenso: μὴ λέγε, ὦ Ἰόεσσα,
πρὸς αὐτόν. Io. τί μὴ λέγω; — 17, 1 ὑπέμεινεν nach Cobet für ἐπέ-
μεινεν. ebend. habe ich καὶ ὡς δεῖ für ὡς δεῖ geschrieben.

Der Hahn. 1 Μίκυλος habe ich jetzt überall für Μίκυλλος ge-
schrieben. — 2 habe ich wie früher ἢ Δωδώνη αὐτόφωνος beibehalten.
Bekker: ἢ φηγὸς ἐν Δωδώνῃ αὐτόφ. Ich glaube, dass man an der

Lesart der besten Handschrr. nicht zu rütteln hat; man vergleiche nur die in der Anmerkung′ aus Symmachus angeführte Stelle. ebend. für ἡμίεφϑα haben die neueren Herausgeber gegen die besten Handschrr. ἡμίοπτα aufgenommen. Soll denn Luc. deswegen, weil bei Homer. ὀπταλέα steht, nicht ἡμίεφϑα haben sagen können? Ich glaube, dass er es gerade absichtlich gebraucht hat. Zudem steht das Wort ähnlich in den Todtengespr. 20, 4. — 4 ἔτι δὲ πείϑων τοὺς ἀνϑρώπους, ὡς πρὸ τοῦ Πυϑαγόρου Εὔφορβος γένοιτο· γόητά φασι καὶ τερατουργόν nach der Görl. Handschr. für: ἔτι δὲ πείϑων τοὺς ἀνϑρώπους, ἐς πέντε ἔτη μὴ διαλέγεσϑαι; Αλεκ. Ἴσϑι δῆτα κἀκεῖνο, ὡς πρὸ τοῦ Πυϑ. Εὔφ. γένοιτο. Μικ. Γόητά φασι καὶ τερατουργὸν τὸν ἄνϑρωπον. ebend. οὐδὲν μελλήσας für οὐδὲ μελλήσας. — 5 ἡδίστοις fehlt in der Görl. Handschr. — 6 μελιχρὸς οὕτω für μελιχρὸς οὗτος. ebend. ἐϑέλω οὖν nach Fritzsche. für ἐϑέλω γοῦν. — 8 οἶδα τοῦτο, πάνυ mit demselben für οἶδα πάνυ τοῦτο. — 9 λοῦσϑαι nach Cobet für λελοῦσϑαι. — 10 ὑπέβηττε μύχιόν τι καὶ ἐχρέμπτετο δυσπρόσοδον nach Fritzsche für ὑπέβηττέ καὶ ἐχρέμπτετο μύχιόν τι καὶ δυσπρόσοδον. ebend. ἄν τί σοι für ἄν τι. — 12 διασκεδάσας, das in einer Handschr. fehlt, ist zu tilgen. — 13 ἐξημμένος οὕτως ᾔεις πολεμήσων τοῖς Ἀχαιοῖς, καί nach Halm für ἐξημμένος ᾔεις πολεμήσων τοῖς Ἀχαιοῖς, οὕτω καί. ebend. tilgt ἄν nach ὅπως Cobet. — 14 habe ich die gewöhnliche Lesart ὑπὸ μάλης für ὑπὸ μάλην wieder aufgenommen; s. meine Bemerkung zu Piscat. 36 p. 216. ebend. Δημύλος nach Bekker für Δριμύλος. ebend. schlägt J. Gronov für προσιόντα nicht unwahrscheinlich προϊόντα vor. — 17 ἄοικος καὶ ἀνέστιος nach Fritzsche für ἀοίκητος oder ἄοικος ἑστώς. ebend. nach dems. ἐξειργάσατο für ἐξειργάζετο. ebend. mit Bekker γινομένων für γινομένων ἐκείνων. — 18 ἀπολιμπάνοις für ἀπολιμπάνεις. — 20 habe ich σοῦ und αὐτῶν auf handschriftliche Auctorität hin eingeklammert. ebend. ἤ ὅ τι μάλ. χαίρεις für καὶ εἴ τι μάλ. χαίροις. — 22 αὐτῶν nach οὐσίας hat Bekker getilgt. — 24 für τοῖς μὲν ἔξω πᾶσιν möchte ich lieber τὰ μὲν ἔξω πᾶσιν schreiben. ebend. οὐ πάνυ τι für οὐ πάντη. — 25 habe ich ἔοικεν ὄντως nach Guyet's Aenderung beibehalten; weder Bekker's ἔοικέ σοι noch Fritzsches ἔοικέ σου möchte ich billigen. — 28 nach ἐξαίρετον ἔδωκέ μοι ändert Hr. Fritzsche den Text also: ἥν τινι τῶν οὐραίων πτερῶν τὸ μήκιστον, ὅ δι᾿ ἁπαλότητα ἐπικαμπές ἐστι (δύο δ᾿ ἔστι μοι τοιαῦτα), τὸ δεξιὸν τοίνυν ὅτῳ ἄν ἐγὼ ἀποσπάσαι παράσχω καὶ ἔχειν. Eine in ihrer Art wahrhaft unübertreffliche Besserung! Derartige Abenteuerlichkeiten finden sich sonst noch viele vor. Jedoch darüber an einem andern Orte. — 29 ἀναπέπταται nach Lehmann für ἀναπεπέτασαι. ebend. ἄριστον οὖν nach Fritzsche für ἄριστον γοῦν. ebend. περιελεύσομαι für περίειμι. ebend. ὁρῶ σε, τοιχωρύχε mit Bekker für ὁρῶ σέ γε, ὦ τοιχωρύχε. — 31 ὑπὸ φροντίδων nach Solan. für ἐπὶ φροντίδων. ebend. τοὺς τόκους τοῖς δακτύλοις καὶ ἤδη κατεσκληκότα mit Fritzsche für τοὺς τόκους καὶ τοὺς δακτύλους ἤδη κατεσκληκότα. — 33 πλοῦτος ἔστω nach Solan. für πλοῦτός ἐστι.

AUSGEWÄHLTE
SCHRIFTEN DES LUCIAN.

FÜR DEN SCHULGEBRAUCH

ERKLÄRT

VON

Dr. KARL JAKOBITZ.

DRITTES BÄNDCHEN:

DEMONAX, DER FISCHER, ANACHARSIS.

LEIPZIG,

DRUCK UND VERLAG VON B. G. TEUBNER.

1865.

VIII.

DEMONAX.

Einen ganz besonderen Stoff zu seiner Satire bot, wie bekannt, dem Lucian das Leben und Treiben jener aufgeblasenen Afterphilosophen seiner Zeit, bei denen Alles lediglich nur auf das Aeussere abgesehen war und die keiner Sache ferner standen als einem ernsten Streben nach Ermittelung der Wahrheit. Daher kam es denn, dass er sich mit desto grösserer Liebe und Anerkennung der geringen Anzahl jener zuwendete, welche davon eine lobenswerthe Ausnahme machten und bei welchen sich wahre Wissenschaft und Leben gegenseitig stets berührten und für einander fruchtbringend wurden. Zu dieser geringen Anzahl gehörte, wie uns seine Schriften lehren, jener Nigrinus und unser Demonax, den er während seines Aufenthalts in Athen kennen und schätzen gelernt hatte. Bei der Seltenheit der Erscheinung lag ihm somit nichts näher, als einen solchen Mann nach Verdienst durch eine Schrift irgendwie zu verherrlichen und der Nachwelt gleichsam zu empfehlen, wobei er, wie seine eigenen Worte besagen, insbesondere noch die Absicht hatte, jungen Leuten, welchen es um eine wahre und das wirkliche Leben fördernde philosophische Bildung in der That zu thun ist, gleichsam ein Musterbild, dem sie nachstreben sollen, vorzuhalten. — Leider ist über das Leben des von Lucian so hoch geschätzten Mannes selbst nur äusserst weniges in der Schrift, und auch dieses nur in einigen kurzen Umrissen berichtet, was um so mehr zu bedauern, da auch bei andern Schriftstellern nicht die geringsten Notizen über ihn zu finden sind. Nur in aller Kürze ist erwähnt sein Vaterland, seine Abkunft, Erziehung und Bildung, sein Aufenthalt und sein Leben in Athen. Er erscheint als ein Mann, der keiner bestimmten Schule angehört, als Eklektiker von allen Richtungen das Beste auswählt, aus blosser Liebe zum Wahren und Guten sich der Beschäftigung mit der Philosophie hingibt, dem Unabhängigkeit von äusseren Gütern und Selbstgenügsamkeit Hauptzweck alles

1 *

Strebens ist. An diese ganz allgemeine Charakteristik schliessen
sich dann von Kap. 12 an Belege für diese Schilderung und
anekdotenartige Züge aus seinem Leben und Verkehr mit seinen
Mitmenschen. Am Schluss endlich gibt Lucian eine kurze Be-
schreibung der Achtung und Verehrung, die der Philosoph bei
den Athenäern genossen, insbesondere gegen das Ende seines
Lebens, seiner Seelenruhe, mit der er freiwillig aus dem Leben
schied, und der Ehrenbezeigungen, die ihm bei seiner öffent-
lichen Bestattung, selbst von Seiten der Philosophen, die jetzt
seinen wahren Werth erkennen mochten, zu Theil wurden.

Ob die Schrift wirklich den Lucian zum Verfasser habe,
ist eine Frage, die hier zu erörtern nicht gerade am Orte ist.
Soviel indessen lässt sich wol mit Sicherheit behaupten, dass
die Gründe gegen die Autorschaft des Lucian nicht eben von
grossem Belang sein werden; denn bis jetzt sind noch keine
vorgebracht worden. Jedenfalls ist sie des Lucian nicht unwür-
dig, wenn sie auch nicht eben zu seinen vorzüglichsten Geistes-
produkten gehört. Die Sprache endlich ist ja ganz die des Lucian.

Diejenigen Stellen, welche für junge Leute minder passend
erschienen, sind, wie aus den Kapitelzahlen hervorgeht, wegge-
lassen worden.

VIII.

ΔΗΜΩΝΑΚΤΟΣ ΒΙΟΣ.

Ἔμελλεν ἄρα μηδὲ ὁ καθ᾽ ἡμᾶς βίος τὸ παντάπασιν 1
ἄμοιρος ἔσεσθαι ἀνδρῶν λόγου καὶ μνήμης ἀξίων, ἀλλὰ καὶ
σώματος ἀρετὴν ὑπερφυᾶ καὶ γνώμην ἄκρως φιλόσοφον ἐκ-
φαίνειν· λέγω δὲ εἴς τε τὸν Βοιώτιον Σώστρατον ἀναφέρων,
ὃν Ἡρακλέα οἱ Ἕλληνες ἐκάλουν καὶ ᾤοντο εἶναι, καὶ μάλιστα
εἰς Δημώνακτα τὸν φιλόσοφον, οὓς καὶ εἶδον αὐτὸς καὶ
ἰδὼν ἐθαύμασα, θατέρῳ δέ, τῷ Δημώνακτι, καὶ ἐπὶ μήκι-
στον συνεγενόμην. περὶ μὲν οὖν Σωστράτου ἐν ἄλλῳ βιβλίῳ
γέγραπταί μοι καὶ δεδήλωται μέγεθός τε αὐτοῦ καὶ ἰσχύος
ὑπερβολὴ καὶ ἡ ὕπαιθρος ἐν τῷ Παρνασῷ δίαιτα καὶ ἡ ἐπὶ
πόας εὐνὴ καὶ τροφαὶ ὄρειοι καὶ ἔργα οὐκ ἀπῳδὰ τοῦ ὀνό-
ματος καὶ ὅσα ἢ λῃστὰς αἵρων ἔπραξεν ἢ ὁδοποιῶν τὰ ἄβατα
ἢ γεφυρῶν τὰ δύσπορα.

Περὶ δὲ Δημώνακτος ἤδη δίκαιον λέγειν ἀμφοῖν ἕνεκα, 2
ὡς ἐκεῖνός τε διὰ μνήμης εἴη τοῖς ἀρίστοις τό γε κατ᾽ ἐμὲ

---

1. Ἔμελλεν .. ἔσεσθαι .. ἐκφαί-
νειν, es sollte u. s. w.; Kr. Gr.
§. 53, 8, 3. — ἄρα, ebenso wir: al-
so, somit, in Bezug auf einen aus
dem Zusammenhange zu ergän-
zenden Satz. — ὁ καθ᾽ ἡμᾶς βίος,
nostra aetas. Unten c. 2 ὁ ἡμέ-
τερος βίος. — τὸ παντάπασιν, wie
τὸ παράπαν, τὸ ξύμπαν u. a., aber
selten. — Auf wen bezieht sich
σώματος ἀρετὴ ὑπερφυὴς und auf
wen γνώμη ἄκρως φιλόσοφος?
ἀναφέρων, respiciens. Alexand. 2:
ἕξομεν καὶ αὐτοὶ εἰς παράδειγμά
τι τοιοῦτον ἀνενεγκεῖν. — ἐπὶ μή-
κιστον, auf sehr lange Zeit,
sehr lange. Erst bei Späteren,
wie Alciphron, vorkommende For-
mel. Anachars. 26. — ἐν ἄλλῳ βι-
βλίῳ. Diese Schrift ist nicht mehr

vorhanden. — ὕπαιθρος, spätere
Form für ὑπαίθριος. — ἡ ἐπὶ πόας
εὐνή, d. i. humi dormitiones. Vgl.
Necyom. 7: εὐνὴ δὲ ὑπαίθριος ἐπὶ
τῆς πόας. — τοῦ ὀνόματος, näml.
Ἡρακλέους. — αἵρων. Gewöhn-
licher wäre καθαίρων [wie Din-
dorf stillschweigend nach Cobet
geschrieben]. — γεφυρῶν τὰ δύσ-
πορα, pontibus iungens loca tra-
iectu difficilia.

2. ἀμφοῖν ἕνεκα, aus zwei
Gründen. — διὰ μνήμης εἴη, in
memoria versari. Aehnlich διὰ
μνήμης ἔχειν Catapl. 9. Ebenso
διὰ στόματος ἦν ἅπασιν De morte
Peregr. 18. Pro laps. in sal. 6.
Kr. Gr. §. 68, 22, 2. Ueber den
Optativ s. zu I, 4. — τό γε κατ᾽
ἐμέ, soviel wenigstens auf

καὶ οἱ γενναιότατοι τῶν νέων καὶ πρὸς φιλοσοφίαν ὁρῶντες
ἔχοιεν μὴ πρὸς τὰ ἀρχαῖα μόνα τῶν παραδειγμάτων σφᾶς
αὐτοὺς ῥυθμίζειν, ἀλλὰ κἀκ τοῦ ἡμετέρου βίου κανόνα προ-
τίθεσθαι καὶ ζηλοῦν ἐκεῖνον, ἄριστον ὧν οἶδα ἐγὼ φιλοσό-
3 φων γενόμενον. ἦν δὲ τὸ μὲν γένος Κύπριος, οὐ τῶν ἀφα-
νῶν, ὅσα εἰς ἀξίωμα πολιτικὸν καὶ κτῆσιν. οὐ μὴν ἀλλὰ καὶ
πάντων τούτων ὑπεράνω γενόμενος καὶ ἀξιώσας ἑαυτὸν τῶν
καλλίστων πρὸς φιλοσοφίαν ὥρμησεν οὐκ Ἀγαθοβούλου μὰ
Δί᾽ οὐδὲ Δημητρίου πρὸ αὐτοῦ οὐδὲ Ἐπικτήτου ἐπεγειράν-
των, ἀλλὰ πᾶσι μὲν συνεγένετο τούτοις καὶ ἔτι Τιμοκράτει
τῷ Ἡρακλεώτῃ, σοφῷ ἀνδρί, φωνήν τε καὶ γνώμην μάλιστα
κεκοσμημένῳ· ἀλλ᾽ ὁ γὰρ Δημῶναξ οὐχ ὑπὸ τούτων τινός,
ὡς ἔφην, παρακληθείς, ἀλλ᾽ οἰκείας πρὸς τὰ καλὰ ὁρμῆς καὶ
ἐμφύτου πρὸς φιλοσοφίαν ἔρωτος ἐκ παίδων εὐθὺς κεκινη-
μένος ὑπερεῖδε μὲν τῶν ἀνθρωπείων ἀγαθῶν ἁπάντων, ὅλον
δὲ παραδοὺς ἑαυτὸν ἐλευθερίᾳ καὶ παρρησίᾳ διετέλεσεν
αὐτός τε ὀρθῷ καὶ ὑγιεῖ καὶ ἀνεπιλήπτῳ βίῳ χρώμενος καὶ
τοῖς ὁρῶσι καὶ ἀκούουσι παράδειγμα παρέχων τὴν ἑαυτοῦ

mich ankommt. Kr. Gr. §. 68,
25, 3. — πρὸς φιλοσ. ὁρῶντες, so
spectare ad, z. B. Cic. Vat. X: *ipse
ad imperatorias laudes a puero
spectaras.* Seyffert. De merc.
cond. 24: πρὸς ἐλευθερίαν ὁρᾶν. —
πρὸς τὰ .. σφ. αὐτ. ῥυθμίζειν, sese
conformare ad. Ebenso Piscat. 30.
Vgl. Anach. 22.

3. οὐ τῶν ἀφανῶν, Genetivus
partitivus. Adv. Indoct. 8: Ταραν-
τῖνος Εὐάγγελος τῶν οὐκ ἀφανῶν.
Toxar. 45: ἠπίστατο πένητα τὸν
Ἀρσακόμαν καὶ Σκυθῶν τῶν πολ-
λῶν. Kr. Gr. §. 47, 9, 2. — ὅσα
εἰς, was anbelangt. Gewöhn-
licher ὅσον ἐπί τινι. — οὐ μὴν
ἀλλά, indessen, verumtamen,
verum enim vero, wie oft. — πάν-
των τούτων, worauf zu beziehen?
— ὑπεράνω γενόμενος, behielt
die Oberhand, spätere Aus-
drucksweise. — Ἀγαθοβούλου κτέ.
Die hier Erwähnten sind nam-
hafte Philosophen der damaligen
Zeit. Unter Demetrius ist of-
fenbar der aus Sunium zu ver-
stehen, welchen Lucian auch an-
derwärts erwähnt. Dieser war ein

Kyniker, der in hoher Achtung
stand, und unter Nero, Vespasian,
Titus und Domitian lebte. Epi-
ctetus ist der bekannte Stoiker,
geboren zu Hierapolis in Phrygien,
der später in Rom lebte, bis er 94
n. Chr. unter Domitian mit den
andern Philosophen vertrieben
wurde. — Timocrates aus He-
raclea am Pontus war Epikureer.
— ἀλλὰ γάρ, at enim, sed enim,
s. zu VI, 14, 6. ἀλλά steht in ver-
stärkter Form im Gegensatz zum
vorhergehenden μέν. Uebrigens
beachte die Anakoluthie. — ἀλλ᾽
οἰκείας. Ergänze hierbei aus dem
Vorherg. ὑπό. Nach ἀλλά, ἤ, ὡς,
ὥσπερ u. anderen Partikeln wird
die Praeposition bisweilen ausge-
lassen. Demosth. 1, 5: νῦν οὐ περὶ
δόξης οὐδ᾽ ὑπὲρ μέρους χώρας πο-
λεμοῦσιν, ἀλλ᾽ ἀναστάσεως κτέ.
Kr. Gr. §. 68, 9. Indessen ist diese
Stelle von der angeführten u. a.
insofern verschieden, dass das
zweite Satzglied sein besonderes
Verbum (κεκινημένος) hat. — ἐκ
παίδων, von Jugend auf. —
διετέλεσεν .. χρώμενος .. παρέχων,
Kr. Gr. §. 56, 5, 3.

γνώμην καὶ τὴν ἐν τῷ φιλοσοφεῖν ἀλήθειαν. οὐ μὴν ἀνί- 4
πτοις γε ποσί, τὸ τοῦ λόγου, πρὸς ταῦτα ἦξεν, ἀλλὰ καὶ ποιη-
ταῖς σύντροφος ἐγένετο καὶ τῶν πλείστων ἐμέμνητο καὶ
λέγειν ἤσκητο καὶ τὰς ἐν φιλοσοφίᾳ προαιρέσεις οὐκ ἐπ' ὀλί-
γον, οὐδὲ κατὰ τὴν παροιμίαν ἄκρῳ τῷ δακτύλῳ ἀψάμενος
ἠπίστατο, καὶ τὸ σῶμα δὲ ἐγεγύμναστο καὶ πρὸς καρτερίαν
διεπεπόνητο, καὶ τὸ ὅλον ἐμεμελήκει αὐτῷ μηδενὸς ἄλλου
προσδεῖ εἶναι· ὥστε ἐπεὶ καὶ ἔμαθεν οὐκέτι ἑαυτῷ διαρκῶν,
ἑκὼν ἀπῆλθε τοῦ βίου, πολὺν ὑπὲρ αὐτοῦ λόγον τοῖς ἀρίστοις
τῶν Ἑλλήνων καταλιπών. φιλοσοφίας δὲ εἶδος οὐχ ἓν ἀπο- 5
τεμόμενος, ἀλλὰ πολλὰ ἐς ταὐτὸ καταμίξας οὐ πάνυ τι ἐξέ-
φαινε, τίνι αὐτῶν ἔχαιρεν. ἐῴκει δὲ τῷ Σωκράτει μᾶλλον
ᾠκειῶσθαι, εἰ καὶ τῷ σχήματι καὶ τῇ τοῦ βίου ῥᾳστώνῃ τὸν
Σινωπέα ζηλοῦν ἔδοξεν, οὐ παραχαράττων τὰ εἰς τὴν δίαι-
ταν, ὡς θαυμάζοιτο καὶ ἀποβλέποιτο ὑπὸ τῶν ἐντυγχανόν-
των, ἀλλ' ὁμοδίαιτος ἅπασιν ὢν καὶ πεζὸς καὶ οὐδ' ἐπ' ὀλί-
γον τύφῳ κάτοχος συνῆν καὶ ξυνεπολιτεύετο, τὴν μὲν τοῦ Σω- 6
κράτους εἰρωνείαν οὐ προσιέμενος, χάριτος δὲ Ἀττικῆς μεστὰς
ἀποφαίνων τὰς συνουσίας, ὡς τοὺς προσομιλήσαντας ἀπιέναι
μήτε καταφρονήσαντας ὡς ἀγεννοῦς μήτε τὸ σκυθρωπὸν τῶν
ἐπιτιμήσεων ἀποφυγόντας, παντοίους δὲ ὑπ' εὐφροσύνης
γενομένους καὶ κοσμιωτέρους παρὰ πολὺ καὶ φαιδροτέρους

4. οὐ μὴν .. γε, doch wenig-
stens nicht, häufig bei Lucian.
— ἀνίπτοις ποσί, wir: mit unge-
waschenen Händen, d. i. ohne ge-
hörige Vorbereitung. Rhet.
praec. 14. Pseudol. 4. — τὸ τοῦ
λόγου, s. zu III, 9. Unten c. 10:
τὸ κωμικὸν ἐκεῖνο. — ἐμέμνητο,
memoria tenebat, wusste aus-
wendig. — τὰς ἐν φιλοσ. προαι-
ρέσεις, die philosophischen
Systeme. — οὐκ ἐπ' ὀλίγον,
nicht auf ein Weniges hin,
non leviter. Ebenso Bacch. 2. —
ἄκρῳ τῷ δακτύλῳ, mit den Fin-
gerspitzen, d. i. oberflächlich.
Ueber die prädicative Stellung
des Adjectivs s. Kr. Gr. §. 50, 11,
5. — καὶ τὸ σ. δέ, s. zu II, 33. —
καὶ τὸ ὅλον, denique, kurz; s. zu
IV, 2. — μηδενὸς ἄλλου. Welches
Genus? — ἔμαθεν .. διαρκῶν, s.
zu V, 10, 5. 14, 6. Unten 58 (65):
συνῆκεν οὐκέθ' οἷός τε ὤν.
5. πολλὰ .. καταμίξας. Er war

also Eklektiker. — οὐ πάνυ τι, s.
zu II, 2. — ᾠκειῶσθαι, sich an-
geschlossen zu haben. — τὸν
Σινωπέα, Diogenes, der Kyniker,
der aber die Entäusserung alles
zum Leben Entbehrlichen zu weit
trieb und dadurch der gewöhn-
lichen Lebensweise gleichsam ein
verfälschtes Gepräge gab (παρα-
χαράττων, adulterare). Seyffert.
— ἀποβλέποιτο, s. zu I, 11. —
ἅπασιν gehört sowohl zu ὁμοδίαι-
τος, als auch zu συνῆν und ξυνε-
πολ.— πεζός, in tropischer Bedeu-
tung, Gegensatz von τύφῳ κάτο-
χος. — συνῆν καὶ ξυνεπολ. Er-
steres bezieht sich auf das Privat-
leben, letzteres auf den öffentli-
chen Verkehr.
6. τὰς συνουσίας, die Gesprä-
che, Unterhaltungen, sermo-
nes. — ἀγεννοῦς bezieht sich auf
die Kyniker. — παντοίους ὑπ'
εὐφρ. γεν., s. zu V, 21, 1. — παρὰ
πολύ, um vieles, bei weitem.

7 καὶ πρὸς τὸ μέλλον εὐέλπιδας. οὐδεπώποτε γοῦν ὤφθη κε-
κραγὼς ἢ ὑπερδιατεινόμενος ἢ ἀγανακτῶν, οὐδ᾽ εἰ ἐπιτιμᾶν
τῳ δέοι, ἀλλὰ τῶν μὲν ἁμαρτημάτων καθήπτετο, τοῖς δὲ
ἁμαρτάνουσι συνεγίγνωσκε, καὶ τὸ παράδειγμα παρὰ τῶν
ἰατρῶν ἠξίου λαμβάνειν, τὰ μὲν νοσήματα ἰωμένων, ὀργῇ δὲ
πρὸς τοὺς νοσοῦντας οὐ χρωμένων· ἡγεῖτο γὰρ ἀνθρώπου
μὲν εἶναι τὸ ἁμαρτάνειν, θεοῦ δὲ ἢ ἀνδρὸς ἰσοθέου τὰ πται-
8 σθέντα ἐπανορθοῦν. τοιούτῳ δὴ βίῳ χρώμενος εἰς ἑαυτὸν
μὲν οὐδενὸς ἐδεῖτο, φίλοις δὲ συνέπραττε τὰ εἰκότα, καὶ
τοὺς μὲν εὐτυχεῖν δοκοῦντας αὐτῶν ὑπεμίμνησκεν ὡς ἐπ᾽
ὀλιγοχρονίοις τοῖς δοκοῦσιν ἀγαθοῖς ἐπαιρομένους, τοὺς δὲ ἢ
πενίαν ὀδυρομένους ἢ φυγὴν δυσχεραίνοντας ἢ γῆρας ἢ νό-
σον αἰτιωμένους σὺν γέλωτι παρεμυθεῖτο, οὐχ ὁρῶντας ὅτι
μετὰ μικρὸν αὐτοῖς παύσεται μὲν τὰ ἀνιῶντα, λήθη δέ τις
ἀγαθῶν καὶ κακῶν καὶ ἐλευθερία μακρὰ πάντας ἐν ὀλίγῳ
9 καταλήψεται. ἔμελε δὲ αὐτῷ καὶ ἀδελφοὺς στασιάζοντας
διαλλάττειν καὶ γυναιξὶ πρὸς τοὺς γεγαμηκότας εἰρήνην πρυ-
τανεύειν· καί που καὶ δήμοις ταραττομένοις ἐμμελῶς διε-
λέχθη καὶ τοὺς πλείστους αὐτῶν ἔπεισεν ὑπουργεῖν τῇ πα-
τρίδι τὰ μέτρια. τοιοῦτός τις ἦν ὁ τρόπος τῆς φιλοσοφίας
10 αὐτοῦ, πρᾷος καὶ ἥμερος καὶ φαιδρός. μόνον αὐτὸν ἠνία
φίλου νόσος ἢ θάνατος, ὡς ἂν καὶ τὸ μέγιστον τῶν ἐν ἀν-
θρώποις ἀγαθῶν τὴν φιλίαν ἡγούμενον· καὶ διὰ τοῦτο φίλος
μὲν ἦν ἅπασι καὶ οὐκ ἔστιν ὅντινα οὐκ οἰκεῖον ἐνόμιζεν,
ἄνθρωπόν γε ὄντα. πλέον δὲ ἢ ἔλαττον ἔχαιρε συνὼν ἐνίοις
αὐτῶν, μόνοις ἐξιστάμενος, ὁπόσοι ἂν ἐδόκουν αὐτῷ ὑπὲρ

7. ὑπερδιατεινόμενος, seine
Stimme übermässig an-
strengen. So oft διατείνεσθαι
und ὑπερδ. bei Luc. — τὰ πται-
σθέντα, die Irrungen, Feh-
ler.

8. οὐδενός ist Neutrum, im Ge-
gensatz von συνέπρ. τὰ εἰκότα (das
Gebührende). — ὡς .. ἐπαιρο-
μένους = ὡς ὀλιγοχρόνιά ἐστι τὰ
δοκοῦντα ἀγαθά, ἐφ᾽ οἷς ἐπαί-
ρονται. Vgl. Kr. Gr. §. 56, 12, 2. —
φυγήν, Verbannung.

9. πρυτανεύειν, vermitteln;
s. unser Wörterbuch. — καί που
καί, ja wohl auch, oft bei Luc.
— ὑπουργεῖν τὰ μέτρια, d. i. ihre
Pflichten erfüllen. — τοιοῦτός

τις, talis fere; Kr. Gr. §. 51, 16, 3.
Vgl. Anach. 85.

10. ὡς ἄν .. ἡγούμενον, da er
hielt; s. zu IV, 1. ὡς ἄν mit folg.
Particip. ist bei Luc. sehr häufig.
Lapith. 23: ἐγὼ δὲ ὡς ἂν μόνον τὸ
καλὸν ἀγαθὸν ἡγούμενος εἶναι,
οἶσω ῥᾳδίως τὴν ἀτιμίαν. — τὸ μέ-
γιστον, Kr. Gr. §. 50, 4, 14. — οὐκ
ἔστιν ὅντινα οὐκ, neminem non;
Kr. Gr. §. 61, 5, 2. Vgl. unten
60 (67) u. s. — πλέον κτέ. d. i. allein
mit einigen von ihnen ging er mehr,
mit den andern weniger gern um.
— ἐξιστάμενος, aus dem Wege
gehend. Saturn. 7: ἐξέστην οὖν
εὖ ποιῶν τῷ Διί. Vollständig Rhet.
praec. 26: ἐκστήσομαι τῆς ὁδοῦ
ὑμῖν. — ὁπόσοι ἂν ἐδόκουν. ἄν

τὴν τῆς θεραπείας ἐλπίδα διαμαρτάνειν. καὶ πάντα ταῦτα
μετὰ Χαρίτων καὶ Ἀφροδίτης αὐτῆς ἔπραττέ τε καὶ ἔλεγεν,
ὡς ἀεί, τὸ κωμικὸν ἐκεῖνο, τὴν πειθὼ τοῖς χείλεσιν αὐτοῦ
ἐπικαθῆσθαι. τοιγαροῦν καὶ Ἀθηναίων ὅ τε σύμπας δῆμος 11
καὶ οἱ ἐν τέλει ὑπερφυῶς ἐθαύμαζον αὐτὸν καὶ διετέλουν
ὥς τινα τῶν κρειττόνων προσβλέποντες. καίτοι ἐν ἀρχῇ
προσέκρουε τοῖς πολλοῖς αὐτῶν καὶ μῖσος οὐ μεῖον τοῦ Σω-
κράτους παρὰ τοῖς πλήθεσιν ἐκτήσατο ἐπί τε τῇ παρρησίᾳ
καὶ ἐλευθερίᾳ, καί τινες ἐπ' αὐτὸν συνέστησαν Ἄνυτοι καὶ
Μέλητοι τὰ αὐτὰ κατηγοροῦντες ἅπερ κἀκείνου οἱ τότε, ὅτι
οὔτε θύων ὤφθη πώποτε οὔτε ἐμυήθη μόνος ἁπάντων ταῖς
Ἐλευσινίαις· πρὸς ἅπερ ἀνδρείως μάλα στεφανωσάμενος καὶ
καθαρὸν ἱμάτιον ἀναλαβὼν καὶ παρελθὼν εἰς τὴν ἐκκλησίαν
τὰ μὲν ἐμμελῶς, τὰ δὲ καὶ τραχύτερον ἢ κατὰ τὴν ἑαυτοῦ
προαίρεσιν ἀπελογήσατο· πρὸς μὲν γὰρ τὸ μὴ τεθυκέναι
πώποτε τῇ Ἀθηνᾷ, Μὴ θαυμάσητε, ἔφη, ὦ ἄνδρες Ἀθηναῖοι,
εἰ μὴ πρότερον αὐτῇ ἔθυσα, οὐδὲ γὰρ δεῖσθαι αὐτὴν τῶν
παρ' ἐμοῦ θυσιῶν ὑπελάμβανον. πρὸς δὲ θάτερον, τὸ τῶν

gehört zu ὁπόσοι, s. zu V, 9, 2. —
ὑπὲρ τὴν τῆς θεραπείας ἐλπίδα,
über die Hoffnung der Hei-
lung, d. i. mehr, wie dass man
eine Besserung bei ihnen erwar-
ten konnte. — πάντα ταῦτα. Beide
Wortstellungen πάντα ταῦτα und
ταῦτα π. sind bei Luc. gebräuch-
lich. — τὸ κωμικὸν ἐκεῖνο, nach
jenem Ausspruche des Ko-
mikers, wie oben c. 4: τὸ τοῦ
λόγου. Kr. Gr. §. 46, 8, 5. 57, 10,
11. 12. Unter dem Komiker ist
Eupolis zu verstehen, der von Pe-
rikles sagte: πειθώ τις ἐπεκάθιζεν
ἐπὶ τοῖς χείλεσιν.
11. οἱ ἐν τέλει, die Behörden,
Obrigkeiten. — ὥς τινα τῶν
κρειττόνων, d. i. wie ein höhe-
res Wesen. Alexand. 9: ὥσπερ
τινὰ τῶν ἐπουρανίων προσβλέπον-
τας. — προσέκρουε, stiess er an
oder verfeindete sich. — τοῖς
πλήθεσιν, den Volkshaufen.
Nicht seltener Plur. bei Luc. —
Ἄνυτοι καὶ Μέλητοι. Anytos und
Meletos waren, wie bekannt, die
zwei Hauptankläger des Sokrates;
der dritte hiess Lykon. Ihre An-
klage lautete: „Sokrates frevelt,
dass er die Jugend verdirbt und

an die Götter des Staats nicht
glaubt, sondern an anderes neues
Dämonisches." Der Plural.bedeu-
tet: Männer wie An. und Mel.
Kr. Gr. §. 44, 3, 7. Ebenso im
Latein. — ταῖς Ἐλευσινίαις, näml.
θεαῖς, d. i. Demeter und Perse-
phone. Vollständig sagt Alciphr.
2, 3, 1: μὰ τὰς Ἐλευσινίας θεάς.
Ausserdem ist hier μυεῖσθαι in
gleicher Weise mit dem Dativ ver-
bunden, wie man auch sagt τελεῖ-
σθαι θεῷ. Herodot 4, 79: ἐπεθύ-
μησε Διονύσῳ Βαχχείῳ τελεσθῆ-
ναι. — πρὸς ἅπερ ist auf das vo-
rige τὰ αὐτὰ κατηγ. zu beziehen.
— ἀνδρείως μάλα. Demonax be-
wies seinen Muth dadurch, dass
er vor Gericht festlich geschmückt
und nicht in Trauerkleidern, wie
es sonst Sitte war, auftrat. —
ἀναλαβών. Dieses Verbum in der
Bedeutung von: anlegen, indu-
ere, ist häufig bei Plutarch. — τὰ
μέν .. τὰ δέ, theils .. theils;
Kr. Gr. §. 50, 1, 15. — ἢ κατὰ τὴν
ἑ. προαίρ., quam pro suo instituto;
Kr. Gr. §. 49, 4. — οὐδὲ γάρ für
καὶ γὰρ οὐ, wie oft bei Luc.; s. zu
III, 15. — πρὸς δὲ θάτερον, was
aber den zweiten Punkt an-

μυστηρίων, ταύτην ἔφη ἔχειν αἰτίαν τοῦ μὴ κοινωνῆσαι σφίσι
τῆς τελετῆς, ὅτι, ἄν τε φαῦλα ᾖ τὰ μυστήρια, οὐ σιωπήσεται
πρὸς τοὺς μηδέπω μεμυημένους, ἀλλ' ἀποτρέψει αὐτοὺς τῶν
ὀργίων, ἄν τε καλά, πᾶσιν αὐτὰ ἐξαγορεύσειν ὑπὸ φιλαν-
θρωπίας· ὥστε τοὺς Ἀθηναίους ἤδη λίθους ἐπ' αὐτὸν ἐν
ταῖν χεροῖν ἔχοντας, πράους αὐτῷ καὶ ἵλεως γενέσθαι αὐ-
τίκα καὶ τὸ ἀπ' ἐκείνου ἀρξαμένους τιμᾶν καὶ αἰδεῖσθαι καὶ
τὰ τελευταῖα θαυμάζειν· καίτοι εὐθὺς ἐν ἀρχῇ τῶν πρὸς
αὐτοὺς λόγων τραχυτέρῳ ἐχρήσατο τῷ προοιμίῳ· Ἄνδρες
γὰρ ἔφη Ἀθηναῖοι, ἐμὲ μὲν ὁρῶντες ἐστεφανωμένον ὑμεῖς
ἤδη κἀμὲ καταθύσατε· τὸ γὰρ πρότερον οὐκ ἐκαλλιερήσατε.

12   Βούλομαι δὲ ἔνια παραθέσθαι τῶν εὐστόχως τε ἅμα καὶ
ἀστείως ὑπ' αὐτοῦ λελεγμένων· ἄρξασθαι δὲ ἀπὸ Φαβωρίνου
καλὸν καὶ ὧν πρὸς ἐκεῖνον εἶπεν. ἐπεὶ γὰρ ὁ Φαβωρῖνος
ἀκούσας τινός, ὡς ἐν γέλωτι ποιοῖτο τὰς ὁμιλίας αὐτοῦ καὶ
μάλιστα τῶν ἐν αὐταῖς μελῶν τὸ ἐπικεκλασμένον σφόδρα ὡς
ἀγεννὲς καὶ γυναικεῖον καὶ φιλοσοφίᾳ ἥκιστα πρέπον, προσ-
ελθὼν ἠρώτα τὸν Δημώνακτα, τίς ὢν χλευάζοι τὰ αὐτοῦ·
13 Ἄνθρωπος, ἔφη, οὐκ εὐαπάτητα ἔχων τὰ ὦτα. ἄλλοτε δέ
ποτε ὁ αὐτὸς προσελθὼν ἠρώτα τὸν Δημώνακτα, τίνα αἵρε-
σιν ἀσπάζεται μᾶλλον ἐν φιλοσοφίᾳ· ὁ δέ, Τίς γάρ σοι εἶπεν
ὅτι φιλοσοφῶ; καὶ ἀπιὼν ἤδη παρ' αὐτοῦ μάλα ἡδὺ ἐγέλασε·
τοῦ δὲ ἐρωτήσαντος, ἐφ' ὅτῳ γελᾷ, ἐκεῖνος ἔφη, Γελοῖόν μοι
εἶναι ἔδοξεν, εἰ σὺ ἀπὸ τοῦ πώγωνος ἀξιοῖς κρίνεσθαι τοὺς

---

langt. — ἄν τε .. ἄν τε, sive ..
sive, wie unten 52. — ἐξαγορεύ-
σειν, Uebergang zur orat. obliqua,
der nicht selten ist. Demosth. de
cor. 185: εἰδώς, ὅτι αὐτοῖς μὲν
πρὸς ἀλλήλους διαμφισβητεῖν ..
καλόν (näml. ἐστι), ὑπὸ δὲ ἀλλο-
φύλου ἀνθρώπου ἄρχεσθαι.. ἀνά-
ξιον εἶναι. Diod. Sic. 15, 51:
ἀποκριναμένων δὲ τῶν Θηβαίων
ὡς οὔτ' αὐτοὶ πολυπραγμο-
νοῦσι .. οὔτ' ἐκείνους ἅπτεσθαι
προσήκειν τῆς Βοιωτίας. Vgl.
Kr. Gr. §. 55, 4, 10. Folgt doch
bei Luc. nicht selten gleich nach
ὡς, ὅτι der Infinitiv. — ταῖν χε-
ροῖν, s. zu I, 6. — τὸ ἀπ' ἐκείνου,
von jener Zeit an; s. zu IV, 7.
— ἐμὲ μέν. Demonax setzt sich
mit μέν dem Sokrates entgegen,
auf den sich der folgende Satz τὸ

γὰρ πρότερον κτλ. bezieht. Seyf-
fert. — οὐκ ἐκαλλ., weil Sokrates
als Opfer hätte bekränzt sein
müssen.

12. Φαβωρίνου. Dieser, ein
Freund des Plutarch, war ein be-
deutender Sophist und Philosoph
jener Zeit. — ἐν γέλωτι ποιοῖτο,
in's Lächerliche ziehen.
Ebenso De conscr. hist. 32. Navig.
15. Vgl. ἐν παιδιᾷ ποιεῖσθαι Toxar.
22. ἐν γέλωτι καὶ παιδιᾷ τίθεσθαι
Alexand. 25. — τῶν ἐν αὐτ. μελῶν.
Phavorinus staffirte seine Vor-
träge mit Versen aus, die weich
und rührend waren (ἐπικεκλα-
σμένον).

13. αὐτὸς πώγ. οὐκ ἔχων, Zei-
chen der Weichlichkeit des Phavo-
rinus.

φιλοσοφοῦντας, αὐτὸς πώγωνα οὐκ ἔχων. τοῦ δὲ Σιδωνίου 14
ποτὲ σοφιστοῦ Ἀθήνησιν εὐδοκιμοῦντος καὶ λέγοντος ὑπὲρ
αὐτοῦ ἔπαινόν τινα τοιοῦτον, ὅτι πάσης φιλοσοφίας πεπείρα-
ται — οὐ χεῖρον δὲ αὐτὰ εἰπεῖν ἃ ἔλεγεν· Ἐὰν Ἀριστοτέ-
λης με καλῇ, ἐπὶ τὸ Λύκειον ἔψομαι· ἂν Πλάτων, ἐπὶ τὴν
Ἀκαδήμειαν ἀφίξομαι· ἂν Ζήνων, ἐν τῇ Ποικίλῃ διατρίψω·
ἂν Πυθαγόρας καλῇ, σιωπήσομαι· ἀναστὰς οὖν ἐκ μέσων
τῶν ἀκροωμένων, Οὗτος, ἔφη προσειπὼν τὸ ὄνομα, καλεῖ σε
Πυθαγόρας. ἐπεὶ δέ τις ἀθλητὴς καταγελασθεὶς ὑπ᾽ αὐτοῦ, 15
ὅτι ἐσθῆτα ὤφθη ἀνθινὴν ἀμπεχόμενος Ὀλυμπιονίκης ὤν,   (16)
ἐπάταξεν αὐτὸν εἰς τὴν κεφαλὴν λίθῳ καὶ αἷμα ἐρρύη, οἱ
μὲν παρόντες ἠγανάκτουν ὡς αὐτὸς ἕκαστος τετυπτημένος
καὶ ἐβόων ἐπὶ τὸν ἀνθύπατον ἰέναι, ὁ δὲ Δημῶναξ, Μηδα-
μῶς, ἔφη, ὦ ἄνδρες, πρὸς τὸν ἀνθύπατον, ἀλλ᾽ ἐπὶ τὸν
ἰατρόν. τῶν δὲ ἀπὸ τῆς Ῥωμαίων βουλῆς τις Ἀθήνησιν υἱὸν 16
αὐτῷ δείξας πάνυ ὡραῖον, θηλυδρίαν δὲ καὶ διακεκλασμέ-   (18)
νον, Προσαγορεύει σε, ἔφη, ὁ ἐμὸς υἱὸς υἱοσί, καὶ ὁ Δημῶ-
ναξ, Καλός, ἔφη, καὶ σοῦ ἄξιος καὶ τῇ μητρὶ ὅμοιος. τὸν δὲ 17
Κυνικὸν ἐν ἄρκτου δέρματι φιλοσοφοῦντα οὐχ Ὀνωρᾶτον,   (19)

14. οὐ χεῖρον δέ, doch ist es besser, non abs re fuerit, oft bei Luc. vorkommende Formel. Kr. Gr. §. 49, 6, 2. Mit diesen Worten wird die Construction unterbrochen, wie unten c. 44. — τὸ Λύκειον, s. zu V, 1. — Ἀκαδήμειαν, ein öffentlicher, anfangs dem Heros Akademos geweihter Platz am Kephissos, sechs bis sieben Stadien west-nordwestlich von Athen, mit einem Gymnasium, wo Platon lehrte. — τῇ Ποικίλῃ, näml. στοᾷ, jene berühmte Halle in Athen mit den Wandgemälden des Polygnotos, in welcher Zenon, der Stifter der stoischen Schule, lehrte. — σιωπήσομαι. Den Schülern des Pythagoras war ein Stillschweigen von fünf Jahren auferlegt; vgl. Vit. auct. 3: ἀφωνίη καὶ πέντε ὅλων ἐτέων λαλέειν μηδέν. Hermotim. 48. Uebrigens will der Sophist mit diesen und den vorhergehenden Worten zu erkennen geben, dass er alle philosophischen Schulen kenne. — οὖν. Mit dieser Partikel wird die durch die Parenthese unterbrochene Rede wieder aufgenommen; s. zu III, 12. — οὗτος, heus tu! mein Lieber. Pathetischer ist ὦ οὗτος, s. Kr. Gr. §. 51, 7, 8.

15. ἐσθῆτα ἀνθινήν. Bunte, mit Blumen durchwebte Kleider trugen die Sieger in den öffentlichen Spielen als Zeichen der Siegesfreude; sonst waren sie bei Männern ungeziemend. Seyffert. — τετυπτημένος, spätere Form für die att. πεπληγμένος. — ἐπὶ τὸν ἀνθύπατον. Für ἐπί sollte man πρός erwarten. Im Folgenden steht richtig ἐπὶ τὸν ἰατρόν, d. i. nach dem Arzte, um ihn zu holen. Kr. Gr. §. 68, 42, 2. Indessen findet sich bisweilen auch ἐπί für πρός gebraucht. — ἰέναι, man solle gehen.

16. τῶν ἀπὸ τῆς Ῥ. βουλῆς τις, d. i. ein römischer Senator, wie οἱ ἀπὸ τῆς στοᾶς, τοῦ περιπάτου u. A. Kr. Gr. §. 68, 16, 5. — θηλυδρίαν, weibisch, kommt bei Attikern nicht vor. — διακεκλασμένον, verweichlicht, nur an dieser Stelle.

18 ὥσπερ ὠνομάζετο, ἀλλ' Ἀρκεσίλαον καλεῖν ἠξίου. ἐρωτή-
(20) σαντος δέ τινος, τίς αὐτῷ ὅρος εὐδαιμονίας εἶναι δοκεῖ,
Μόνον εὐδαίμονα ἔφη τὸν ἐλεύθερον· ἐκείνου δὲ φήσαντος
πολλοὺς ἐλευθέρους εἶναι, Ἀλλ' ἐκεῖνον νομίζω τὸν μήτε
ἐλπίζοντά τι μήτε δεδιότα· ὁ δέ, Καὶ πῶς ἄν, ἔφη, τοῦτό τις
δύναιτο; ἅπαντες γὰρ ὡς τὸ πολὺ τούτοις δεδουλώμεθα.
Καὶ μήν, ἔφη, εἰ κατανοήσεις τὰ τῶν ἀνθρώπων πράγματα,
εὕροις ἂν αὐτὰ οὔτ' ἐλπίδος οὔτε φόβου ἄξια, παυσομένων
19 πάντως καὶ τῶν ἀνιαρῶν καὶ τῶν ἡδέων. Περεγρίνου δὲ τοῦ
(21) Πρωτέως ἐπιτιμῶντος αὐτῷ, ὅτι ἐγέλα τὰ πολλὰ καὶ τοῖς ἀν-
θρώποις προσέπαιζε, καὶ λέγοντος, Δημῶναξ, οὐ κυνᾷς,
20 ἀπεκρίνατο, Περεγρῖνε, οὐκ ἀνθρωπίζεις. καὶ μὴν καὶ φυσι-
(22) κόν τινα περὶ τῶν ἀντιπόδων διαλεγόμενον ἀναστήσας καὶ
ἐπὶ φρέαρ ἀγαγὼν καὶ δείξας αὐτῷ τὴν ἐν τῷ ὕδατι σκιὰν
21 ἤρετο, Τοιούτους ἄρα τοὺς ἀντίποδας εἶναι λέγεις; ἀλλὰ
(23) καὶ μάγου τινὸς εἶναι λέγοντος καὶ ἐπῳδὰς ἔχειν ἰσχυράς,
ὡς ὑπ' αὐτῶν ἅπαντας ἀναπείθειν καὶ παρέχειν αὐτῷ ὁπόσα
βούλεται, Μὴ θαύμαζε, ἔφη· καὶ γὰρ αὐτὸς ὁμότεχνός εἰμί
σοι, καὶ εἰ βούλει, ἕπου πρὸς τὴν ἀρτόπωλιν, καὶ ὄψει με
διὰ μιᾶς ἐπῳδῆς καὶ μικροῦ του φαρμάκου πείθοντα αὐτὴν
δοῦναί μοι τῶν ἄρτων, αἰνιττόμενος τὸ νόμισμα ὡς τὰ ἴσα
22 τῇ ἐπῳδῇ δυνάμενον. ἐπεὶ δὲ Ἡρώδης ὁ πάνυ ἐπένθει τὸν
(24)

17. Ἀρκεσίλαον. Mit diesem Na-
men, der einem berühmten Philo-
sophen der Akademie angehört,
wird frostiger Weise in seinem
ersten Theile auf ἄρκτος ange-
spielt.
18. τὸν μ. ἐλπ. τι μ. δεδ. Alexand.
8: κατενόησαν τὸν τῶν ἀνθρώπων
βίον ὑπὸ δυεῖν τοῖν μεγίστοιν τυ-
ραννούμενον, ἐλπίδος καὶ φόβου.
— καὶ πῶς, wir gewöhnlich: aber
wie u. s. w. So steht oft καί zu
Anfang einer Frage, die eine Ent-
gegnung enthält, durch καί aber
an das Vorhergehende angefügt
wird. Anach. 34: καὶ ποῦ κτέ. Xe-
noph. Memor. 3, 9, 12: καὶ πῶς ἄν
.. ἐξείη μὴ πείθεσθαι; — ὡς τὸ
πολύ, s. zu VII, 23. — τούτοις,
näml. τῷ τε ἐλπίζειν καὶ δεδιέναι.
19. Περεγρίνου. Peregrinus, mit
dem Beinamen Proteus, geboren
zu Parium am Hellespont, ein
überspannter kynischer Philosoph,

der sich bei den olympischen Spie-
len in den brennenden Scheiter-
haufen stürzte. — οὐ κυνᾷς, dop-
pelsinnig: non agis Cynicum und
non agis canem.
21. μάγου Prädicat, τινός Sub-
iect. Ueber den Genetiv. μάγου
s. Kr. Gr. §. 55, 2, 5. — ὑπ' αὐ-
τῶν, durch dieselben; s. zu
IV, 7. — παρέχειν, näml. αὐτούς.
Wechsel des Subiects. — τῶν ἄρ-
των, von den Broden, Genetiv.
partitiv. Unten 56 (63): λαμβά-
νειν τῶν ἄρτων u. so oft.
22. Ἡρώδης. Herodes, mit dem
Beinamen Atticus, geboren zu
Marathon im Anfang des zweiten
Jahrhunderts n. Chr., war einer
der berühmtesten Rhetoren seiner
Zeit und unterrichtete in der Rhe-
torik den M. Aurelius nebst L. Ve-
rus. Derselbe trieb die Trauer
um seinen verstorbenen Liebling
Polydeukes bis in's Lächerliche u.

Πολυδεύκην πρὸ ὥρας ἀποθανόντα καὶ ἠξίου ὄχημα ζεύγνυσθαι αὐτῷ καὶ ἵππους παρίστασθαι ὡς ἀναβησομένῳ καὶ δεῖπνον παρασκευάζεσθαι, προσελθών, Παρὰ Πολυδεύκους, ἔφη, κομίζω σοί τινα ἐπιστολήν. ἡσθέντος δὲ ἐκείνου καὶ οἰηθέντος, ὅτι κατὰ τὸ κοινὸν καὶ αὐτὸς συντρέχει τοῖς ἄλλοις τῷ πάθει αὐτοῦ, καὶ εἰπόντος, Τί οὖν, ὦ Δημῶναξ,. Πολυδεύκης ἀξιοῖ; Αἰτιᾶταί σε, ἔφη, ὅτι μὴ ἤδη πρὸς αὐτὸν ἄπει. ὁ δ' αὐτὸς υἱὸν πενθοῦντι καὶ ἐν σκότῳ ἑαυτὸν καθείρ- 23
ξαντι προσελθὼν ἔλεγε μάγος τε εἶναι καὶ δύνασθαι ἀναγ- (25)
γεῖν τοῦ παιδὸς τὸ εἴδωλον, εἰ μόνον αὐτῷ τρεῖς τινας ἀνθρώπους ὀνομάσειε μηδένα πώποτε πεπενθηκότας· ἐπὶ πολὺ δὲ ἐκείνου ἐνδοιάσαντος καὶ ἀποροῦντος — οὐ γὰρ εἶχέ τινα, οἶμαι, εἰπεῖν τοιοῦτον — Εἶτ', ἔφη, ὦ γελοῖε, μόνος ἀφόρητα πάσχειν νομίζεις μηδένα ὁρῶν πένθους ἄμοιρον; καὶ μὴν κἀκείνων καταγελᾶν ἠξίου τῶν ἐν ταῖς ὁμιλίαις 24
πάνυ ἀρχαίοις καὶ ξένοις ὀνόμασι χρωμένων· ἑνὶ γοῦν ἐρω- (26)
τηθέντι ὑπ' αὐτοῦ λόγον τινὰ καὶ ὑπεραττικῶς ἀποκριθέντι, Ἐγὼ μέν σε, ἔφη, ὦ ἑταῖρε, νῦν ἠρώτησα, σὺ δέ μοι ὡς ἐπ' Ἀγαμέμνονος ἀποκρίνῃ. εἰπόντος δέ τινος τῶν ἑταίρων, 25
Ἀπίωμεν, Δημῶναξ, εἰς τὸ Ἀσκληπιεῖον καὶ προσευξώμεθα (27)
ὑπὲρ τοῦ υἱοῦ, Πάνυ, ἔφη, κωφὸν ἡγῇ τὸν Ἀσκληπιόν, εἰ μὴ δύναται κἀντεῦθεν ἡμῶν εὐχομένων ἀκούειν. ἰδὼν δέ 26
ποτε δύο τινὰς φιλοσόφους κομιδῇ ἀπαιδεύτως ἐν ζητήσει (28)
ἐρίζοντας, καὶ τὸν μὲν ἄτοπα ἐρωτῶντα, τὸν δὲ οὐδὲν πρὸς λόγον ἀποκρινόμενον, Οὐ δοκεῖ ὑμῖν, ἔφη, ὦ φίλοι, ὁ μὲν ἕτερος τούτων τράγον ἀμέλγειν, ὁ δὲ αὐτῷ κόσκινον ὑποτι-

wird deshalb vom Demon. persiflirt. — ὁ πάνυ, jener allberühmte, nicht selten bei Luc. — τοῖς ἄλλοις hängt von κατὰ τὸ κοινόν ab. Zeux. 2: κατὰ τὸ κοινὸν βαδίζει τοῖς ἄλλοις. Ebenso κατὰ τὸ ἁπλοῦν, κατὰ τὸ ἀκούσιον, s. zu VI, 14, 4. — συντρέχει, d. i. subservire. Dial. meretr. 10, 4: ὥστε καὶ ἐκ τούτου συνδραμεῖν τῇ παρὰ τοῦ Δρόμωνος διαβολῇ. Erst späterer Gebrauch.

23. τρεῖς τινας, irgend drei. Ebenso unten 26 (28): δύο τινάς. Alexand. 40: γενομένης ποτὲ ζητήσεως δύο τισὶ τῶν μωροσόφων. Hermot. 37: θᾶμεν γάρ τινας δύο ἐσεληλυθέναι. Thucyd. 7, 34: ἑπτὰ δέ τινες ἄπλοι ἐγένοντο u. A. Kr.

Gr. §. 51, 16, 4. — εἶτ', s. zu V, 16, 1.

24. γοῦν, wenigstens, = zum Beispiel, s. zu VII, 14. — λόγον τινά, um eine Rede, um einen Gegenstand. Ueber den Accusat. s. Kr. Gr. §. 52, 4, 6. Macrob. 23: ἐρωτηθεὶς τὴν αἰτίαν τοῦ μακροῦ γήρως. — ἀποκριθέντι, unattisch für ἀποκριναμένῳ. Bei Luc. nur an dieser Stelle. — ἐπ' Ἀγαμέμνονος, zur Zeit des Agamemn., Gegensatz zum vorhergehenden νῦν.

25. τὸ Ἀσκληπιεῖον, der Tempel des Asklepios stand südwestlich von der Akropolis.

26. οὐδὲν πρὸς λόγον, nichts Vernünftiges.

27 θέναι; Ἀγαθοκλέους δὲ τοῦ Περιπατητικοῦ μέγα φρονοῦν-
(29) τος, ὅτι μόνος αὐτός ἐστι καὶ πρῶτος τῶν διαλεκτικῶν, ἔφη,
Καὶ μήν, ὦ Ἀγαθόκλεις, εἰ μὲν πρῶτος, οὐ μόνος, εἰ δὲ
28 μόνος, οὐ πρῶτος. Κεθήγου δὲ τοῦ ὑπατικοῦ, ὁπότε διὰ τῆς
(30) Ἑλλάδος εἰς τὴν Ἀσίαν ἀπῄει πρεσβεύσων τῷ πατρί, πολλὰ
καταγέλαστα καὶ λέγοντος καὶ ποιοῦντος, ἐπειδὴ τῶν ἑταίρων
τις ὁρῶν ταῦτα ἔλεγεν αὐτὸν μέγα κάθαρμα εἶναι, Μὰ τὸν
29 Δί᾽, ἔφη ὁ Δημῶναξ, οὐδὲ μέγα. καὶ Ἀπολλώνιον δέ ποτε
(31) τὸν φιλόσοφον ἰδὼν μετὰ πολλῶν τῶν μαθητῶν ἐξελαύνοντα
— ἤδη δὲ ἀπῄει μετάπεμπτος ὡς ἐπὶ παιδείᾳ τῷ βασιλεῖ
συνεσόμενος — Προσέρχεται, ἔφη, ὁ Ἀπολλώνιος καὶ οἱ
30 Ἀργοναῦται αὐτοῦ. ἐτόλμησε δέ ποτε καὶ Ἀθηναίους ἐρωτῆ-
(34) σαι δημοσίᾳ, τῆς προρρήσεως ἀκούσας, διὰ τίνα αἰτίαν ἀπο-
κλείουσι τοὺς βαρβάρους, καὶ ταῦτα τοῦ τὴν τελετὴν αὐτοῖς
καταστησαμένου Εὐμόλπου βαρβάρου καὶ Θρακὸς ὄντος.
31 ἐπεὶ δέ ποτε πλεῖν μέλλοντι αὐτῷ διὰ χειμῶνος ἔφη τις τῶν
(35) φίλων, Οὐ δέδοικας μὴ ἀνατραπέντος τοῦ σκάφους ὑπὸ

---

27. μόνος .. καὶ πρῶτος, μόνος
ist hier in übertragener Bedeutung
aufzufassen: Demonax dagegen
nimmt das Wort in seiner eigent-
lichen, und weist so die arrogante
und einfältige Behauptung des
Agathokles zurück. Uebrigens ist
die Formel πρῶτος καὶ μόνος oder
μόνος καὶ πρῶτος nicht unge-
bräuchlich.

28. πρεσβεύσων, um als Legat
unter seinem Vater zu die-
nen. — πολλὰ καταγέλαστα, s. zu
I, 9. — τῶν ἑταίρων, des Demonax.
— οὐδὲ μέγα. Demonax lehnte al-
so den starken Ausdruck μέγα κά-
θαρμα (magnum piaculum) für ei-
nen blos lächerlichen Menschen
ab, um diesen als unbedeutend zu
bezeichnen, der keinen Zorn ver-
diene. Seyffert.

29. ἐπὶ παιδείᾳ, Kr. Gr. §. 68,
41, 7. De merc. cond. 4: τῶν ἐπὶ
παιδείᾳ συνεῖναι ἀξιουμένων. u. s.
— τῷ βασιλεῖ, vom römischen Kai-
ser, wie oft bei den Spätern (vgl.
unten 36 (40), 44 (51), hier von An-
toninus Pius. — Ἀργοναῦται. Der
alexandrinische Dichter Apollo-
nios Rhodios hatte ein episches Ge-
dicht, die Argonautika, geschrie-
ben. Zweck der Argonautenfahrt

war, das goldene Vliess zu holen.
Bei Apollonios und seinen Schü-
lern gilt es, sagt Demonax, dem
goldenen Vliesse beim Kaiser, d. i.
dem kaiserlichen Solde.

30. τῆς προρρήσεως. Unter πρόρ-
ρησις ist das feierliche Verbot des
Herolds zu verstehen, durch wel-
ches die Profanen von der Theil-
nahme an der Mysterienfeier fern
gehalten werden. Ein Beispiel ei-
ner solchen Interdictsformel fin-
det sich Alexand. 38: εἴ τις ἄθεος
ἢ Χριστιανὸς ἢ Ἐπικούρειος ἥκει
κατάσκοπος τῶν ὀργίων, φευγέτω.
Isocr. Paneg. 157: Εὐμολπίδαι δὲ
καὶ Κήρυκες ἐν τῇ τελετῇ τῶν μυ-
στηρίων τοῖς βαρβάροις εἴργεσθαι
τῶν μυστηρίων ὥσπερ τοῖς ἀνδρο-
φόνοις προαγορεύουσιν. — καὶ ταῦ-
τα, und zwar, zumal. — Εὐμόλ-
που. Einem mythischen König der
Thraker, welche Pelasger sind,
Namens Eumolpos, wird vorzugs-
weise die Einführung der eleusi-
nischen Mysterien in Attika zuge-
schrieben. Die Ueberlieferung
von ihm ist eine sehr verworrene.

31. διὰ χειμῶνος. Die Alten
pflegten im Winter der in jenen
Meeren herrschenden Stürme we-
gen die See nicht zu befahren. —

ἰχθύων καταβρωθῇς; Κᾆτ᾽ ἀγνώμων ἂν εἴην, ἔφη, ὀκνῶν
ὑπὸ ἰχθύων καταδασθῆναι τοσούτους αὐτὸς ἰχθῦς καταφα-
γών. ῥήτορι δέ τινι κάκιστα μελετήσαντι συνεβούλευεν 32
ἀσκεῖν καὶ γυμνάζεσθαι· τοῦ δὲ εἰπόντος, Ἀεὶ ἐπ᾽ ἐμαυτοῦ [36]
λέγω, Εἰκότως τοίνυν, ἔφη, τοιαῦτα λέγεις μωρῷ ἀκροατῇ
χρώμενος. καὶ μάντιν δέ ποτε ἰδὼν δημοσίᾳ ἐπὶ μισθῷ μαν- 33
τευόμενον, Οὐχ ὁρῶ, ἔφη, ἐφ᾽ ὅτῳ τὸν μισθὸν ἀπαιτεῖς· εἰ [37]
μὲν γὰρ ὡς ἀλλάξαι τι δυνάμενος τῶν ἐπικεκλωσμένων, ὀλί-
γον αἰτεῖς ὁπόσον ἂν αἰτῇς, εἰ δὲ ὡς δέδοκται τῷ θεῷ πάντα
ἔσται, τί σου δύναται ἡ μαντική; πρεσβύτου δέ τινος Ῥω- 34
μαίου εὐσωματοῦντος καὶ τὴν ἐνόπλιον αὐτῷ μάχην πρὸς [38]
πάτταλον ἐπιδειξαμένου καὶ ἐρομένου, Πῶς σοι, Δημῶναξ,
μεμαχῆσθαι ἔδοξα; Καλῶς, ἔφη, ἂν ξύλινον τὸν ἀνταγωνι-
στὴν ἔχῃς. καὶ μὴν καὶ πρὸς τὰς ἀπόρους τῶν ἐρωτήσεων 35
πάνυ εὐστόχως παρεσκεύαστο· ἐρομένου γάρ τινος ἐπὶ [39]
χλευασμῷ, Εἰ χιλίας μνᾶς ξύλων καύσαιμι, ὦ Δημῶναξ,
πόσαι μναῖ ἂν καπνοῦ γένοιτο; Στῆσον, ἔφη, τὴν σποδόν,
καὶ τὸ λοιπὸν πᾶν καπνός ἐστι. Πολυβίου δέ τινος, κομιδῇ 36
ἀπαιδεύτου ἀνθρώπου καὶ σολοίκου, εἰπόντος, Ὁ βασιλεύς [40]
με τῇ Ῥωμαίων πολιτείᾳ τετίμηκεν· Εἴθε σε, ἔφη, Ἕλληνα
μᾶλλον ἢ Ῥωμαῖον πεποιήκει. ἰδὼν δέ τινα τῶν εὐπαρύφων 37
ἐπὶ τῷ πλάτει τῆς πορφύρας μέγα φρονοῦντα, κύψας αὐτοῦ [41]
πρὸς τὸ οὖς καὶ τῆς ἐσθῆτος λαβόμενος καὶ δείξας, Τοῦτο
μέντοι, ἔφη, πρὸ σοῦ πρόβατον ἐφόρει, καὶ ἦν πρόβατον.
ἐπεὶ μέντοι λουόμενος ὤκνησεν ἐς τὸ ὕδωρ ζέον ἐμβῆναι, 38 [42]

ἀγνώμων, undankbar, uner-
kenntlich. — καταδασθῆναι =
καταβρωθῆναι.

32. μελετήσαντι, Vorträge hal-
ten, deklamireu. — ἀσκεῖν καὶ
γυμνάζεσθαι sind von Demonax in
Bezug auf den Körper gesagt, und
es gibt derselbe dem Rhetor den
Rath, die geistige Uebung sein zu
lassen und die körperliche zu be-
treiben. Allein der Rhetor ver-
steht das Wortspiel nicht, und be-
zieht die Worte auf die geistige
Uebung. — ἐπ᾽ ἐμαυτοῦ, vor mir
selbst, apud me. —ἀκροατῇ Prae-
dikat zu μωρῷ.

33. εἰ μὲν γάρ. Was ist aus dem
Vorhergehenden zu ergänzen? —
ὀλίγον, wir: zu wenig.

35. καὶ μὴν καί, ja auch, wie

oben 20 (22) und sonst sehr häufig
bei Luc. — ἀπόρους, verfäng-
lich. — ἐπὶ χλευασμῷ, um zu ver-
höhnen. Ebenso ἐπὶ χλευασίᾳ. —
στῆσον, wäge.

36. τῇ Ῥωμαίων πολ., mit dem
röm. Bürgerrecht. —Ἕλληνα,
d. i. zu einen feineren und
gebildeteren Manne, wie die
Hellenen es sind.

37. ἦν πρόβατον, näml. wie du
ebenfalls eins bist. Die Dumm-
heit des Schafes war sprichwört-
lich und wird oft auf einfältige
Menschen angewendet. Vgl. Ale-
xand. 15: ἀνθρώπων οὐδὲν ἐοικό-
των σιτοφάγοις ἀνδράσιν, ἀλλὰ
μόνῃ τῇ μορφῇ μὴ οὐχὶ πρόβατα
εἶναι διαφερόντων.

38. λουόμενος. Die attische Form

καὶ ἠτιάσατό τις ὡς ἀποδειλιάσαντα, Εἰπέ μοι, ἔφη, ὑπὲρ
39 πατρίδος αὐτὸ πείσεσθαι ἔμελλον; ἐρομένου δέ τινος, ὁποῖα
(43) νομίζει τὰ ἐν Ἅιδου, Περίμεινον, ἔφη, κἀκεῖθέν σοι ἐπιστελῶ.
40 Ἀδμήτῳ δέ τινι, ποιητῇ φαύλῳ, λέγοντι γεγραφέναι μονόστι-
(44) χον ἐπίγραμμα, ὅπερ ἐν ταῖς διαθήκαις κεκέλευκεν ἐπιγρα-
φῆναι αὐτοῦ τῇ στήλῃ — οὐ χεῖρον δὲ καὶ αὐτὸ εἰπεῖν,

     Γαῖα λάβ' Ἀδμήτου ἔλυτρον, βῆ δ' εἰς θεὸν αὐτός —
γελάσας εἶπεν, Οὕτω καλόν ἐστιν, ὦ Ἄδμητε, τὸ ἐπίγραμμα,
41 ὥστε ἐβουλόμην αὐτὸ ἤδη ἐπιγεγράφθαι. καὶ μέντοι καὶ
(46) Λακεδαιμόνιόν τινα ἰδὼν τὸν αὑτοῦ οἰκέτην μαστιγοῦντα,
42 Παῦσαι, ἔφη, ὁμότιμον σαυτοῦ τὸν δοῦλον ἀποφαίνων. μά-
(48) λιστα δὲ ἐπολέμει τοῖς οὐ πρὸς ἀλήθειαν, ἀλλὰ πρὸς ἐπίδει-
ξιν φιλοσοφοῦσιν· ἕνα γοῦν ἰδὼν Κυνικὸν τρίβωνα μὲν καὶ
πήραν ἔχοντα, ἀντὶ δὲ τῆς βακτηρίας ὕπερον, καὶ κεκραγότα
καὶ λέγοντα ὅτι Ἀντισθένους καὶ Κράτητος καὶ Διογένους
ἐστὶ ζηλωτής, Μὴ ψεύδου, ἔφη, σὺ γὰρ Ὑπερίδου μαθητὴς
43 ὧν τυγχάνεις. ἐπεὶ μέντοι πολλοὺς τῶν ἀθλητῶν ἑώρα κακο-
(49) μαχοῦντας καὶ παρὰ τὸν νόμον τὸν ἐναγώνιον ἀντὶ τοῦ παγ-
κρατιάζειν δάκνοντας, Οὐκ ἀπεικότως, ἔφη, τοὺς νῦν ἀθλη-
44 τὰς οἱ παρομαρτοῦντες λέοντας καλοῦσιν. ἄλλῳ δέ τινι στρα-
(51) τοπέδων ἅμα καὶ ἔθνους τοῦ μεγίστου τὴν ἀρχὴν ἐμπιστευ-
θέντι ἐκ βασιλέως ἐρομένῳ, πῶς ἄριστα ἄρξει, Ἀόργητος,
45 ἔφη, καὶ ὀλίγα μὲν λαλῶν, πολλὰ δὲ ἀκούων. ἐρομένῳ δέ
(52) τινι, εἰ καὶ αὐτὸς πλακοῦντας ἐσθίοι, Οἴει οὖν, ἔφη, τοῖς
46 μωροῖς τὰς μελίττας τιθέναι τὰ κηρία; πρὸς δὲ τῇ Ποικίλῃ
(53) ἀνδριάντα ἰδὼν τὴν χεῖρα ἀποκεκομμένον, ὀψὲ ἔφη Ἀθη-

---

ist λούμενος, welche sich auch bei
Luc. an einigen Stellen vorfindet.

40. οὐ χεῖρον δέ, s. oben zu 14.
— ἐβουλόμην, s. zu V, 20, 4.

41. καὶ μέντοι = καὶ μήν. —
παῦσαι .. ἀποφαίνων, s. zu VII, 4.
— ὁμότιμον σαυτοῦ. Anspielung
auf die διαμαστίγωσις der Spar-
taner, nach welcher die Knaben
am Feste der Artemis Orthia ge-
geisselt wurden, um sie gegen kör-
perliche Schmerzen abzuhärten.

42. πρὸς ἐπίδειξιν, ostentationis
caussa. — Ὑπερίδου, in Bezug auf
ὕπερον.

43. κακομαχοῦντας. Nur noch
bei Plutarch vorkommendes Wort.

— οἱ παρομαρτοῦντες, ihre Be-
gleiter, welche das Lob der Ath-
leten auszuposaunen und ihnen
lobhudelnde Beiwörter zu geben
pflegten.

44. στρατοπέδων, Legionen. —
ἔθνους, Provinz. — τὴν ἀρχὴν
ἐμπιστευθέντι, bei Luc. sehr häu-
fige Construction. Nigr. 34: οἱ
τὰς πόλεις ἐπιτετραμμένοι. Toxar.
33: ὁ τὴν Αἴγυπτον ἐπιτετραμμέ-
νος. De luct. 4: Αἰακὸς τὴν φρου-
ρὰν ἐπιτετραμμένος. u. s. Kr. Gr.
§. 52, 4, 2. Vgl. 46: ἀνδριάντα τὴν
χεῖρα ἀποκεκομμένον. — ἐκ= ὑπό,
s. zu II, 38.

46. τῇ Ποικίλῃ, s. oben zu 14.

ναίους εἰκόνι χαλκῇ τετιμηκέναι τὸν Κυναίγειρον. καὶ μὴν 47
καὶ Ῥουφῖνον τὸν Κύπριον — λέγω δὲ τὸν χωλὸν τὸν ἐκ (54)
τοῦ περιπάτου — ἰδὼν ἐπὶ πολ᾽ τοῖς περιπάτοις ἐνδιατρί-
βοντα, Οὐδέν ἐστιν, ἔφη, ἀναισχυντότερον χωλοῦ Περιπατη-
τικοῦ. ἐπεὶ δέ ποτε ὁ Ἐπίκτητος ἐπιτιμῶν ἅμα συνεβούλευεν 48
αὐτῷ ἀγαγέσθαι γυναῖκα καὶ παιδοποιήσασθαι, πρέπειν γὰρ (55)
καὶ τοῦτο φιλοσόφῳ ἀνδρί, ἕτερον ἀνθ᾽ αὐτοῦ καταλιπεῖν τῇ
φύσει, ἐλεγκτικώτατα πρὸς αὐτὸν ἀπεκρίνατο, Οὐκοῦν, ὦ
Ἐπίκτητε, δός μοι μίαν τῶν σαυτοῦ θυγατέρων. καὶ μὴν 49
καὶ τὸ πρὸς Ἑρμῖνον τὸν Ἀριστοτελικὸν ἄξιον ἀπομνημονεῦ- (56)
σαι· εἰδὼς γὰρ αὐτὸν παγκάκιστον μὲν ὄντα καὶ μυρία κακὰ
ἐργαζόμενον, τὸν Ἀριστοτέλην δὲ διὰ στόματος καὶ αὐτοῦ τὰς
δέκα κατηγορίας ἔχοντα, Ἑρμῖνε, ἔφη, ἀληθῶς ἄξιος εἶ δέκα
κατηγοριῶν. Ἀθηναίων δὲ σκεπτομένων κατὰ ζῆλον τὸν πρὸς 50
Κορινθίους καταστήσασθαι θέαν μονομάχων, προελθὼν εἰς (57)
αὐτούς, Μὴ πρότερον, ἔφη, ταῦτα, ὦ Ἀθηναῖοι, ψηφίσησθε,
ἂν μὴ τοῦ Ἐλέου τὸν βωμὸν καθέλητε. ἐπεὶ δὲ εἰς Ὀλυμπίαν 51
ποτὲ ἐλθόντι αὐτῷ Ἠλεῖοι εἰκόνα χαλκῆν ἐψηφίσαντο, Μη- (58)
δαμῶς τοῦτο, ἔφη, ὦ ἄνδρες Ἠλεῖοι, μὴ δόξητε ὀνειδίζειν
τοῖς προγόνοις ὑμῶν, ὅτι μήτε Σωκράτους μήτε Διογένους
εἰκόνα ἀνατεθείκασιν. ἤκουσα δὲ αὐτοῦ ποτε καὶ πρὸς τὸν 52
(59)

— τὸν Κυναίγειρον. Diesem, dem
Sohne des Euphorion und Bruder
des Aeschylos, war beim Verfol-
gen der auf ihre Schiffe fliehenden
Perser die Hand, mit der er das
Hintertheil eines Schiffes ergrif-
fen, abgehauen worden. Und diese
Heldenthat war mit auf dem Ge-
mälde der Schlacht bei Marathon,
welches sich in der Poekile be-
fand, verherrlicht worden. Vgl.
Herodot. 6, 114. Die richtigere
Form ist übrigens wol Κυνέγειρος.
47. τὸν ἐκ τοῦ περιπάτου, den
Peripatetiker; s. oben zu 16.
— ἐπὶ πολύ, zeitlich; ebenso oft
räumlich.— τοῖς περιπάτοις, Spa-
ziergänge. — Περιπατητικοῦ,
doppelsinnig.
48. τοῦτο, zu beziehen auf die
folgenden Worte: ἕτερον ἀνθ᾽ u.
s. w. — τῇ φύσει, d.h. procreatione,
im Gegensatz, wie es scheint, zu
der μάθησις, durch die sich der
Philosoph in seinen Schülern fort-
pflanzt. Seyffert. — μίαν τῶν

s. θυγατέρων. Epictetos hatte sei-
ne eigene Vorschrift nicht befolgt;
denn er war selbst unverheirathet.
49. διὰ στόματος . . ἔχοντα, s.
unser Wörterb. unter στόμα 1) c).
— κατηγορίας, in philosophischer
Bedeutung, die Prädikate,
welche nach Aristoteles einem Be-
griffe zukommen, dann im gericht-
lichen Sinne.
50. σκεπτομένων. Das Praes. und
Imperf. dieses Zeitworts ist bei
den Att. sehr selten, die dafür
σκοπεῖν u. σκοπεῖσθαι gebrauchen.
— θέαν μονομάχων, Gladiato-
renspiele. — τοῦ Ἐλέου τὸν βω-
μόν, s. zu II, 42., und über die Wort-
stellung zu V, 22, 3.
51. μηδαμῶς τοῦτο, näml. ποι-
ήσητε. Ebenso Piscat. 24: τοῦτο
μὲν μηδαμῶς. Vgl. Kr. Gr. §. 67,
14, 5.
52. τὸν τῶν ν. ἔμπειρον, der Ar-
tikel in generischer Bedeutung, s.
Kr. Gr. §. 50, 4.

τῶν νόμων ἔμπειρον ταῦτα λέγοντος, ὅτι κινδυνεύουσιν ἄχρη-
στοι εἶναι οἱ νόμοι, ἄν τε πονηροῖς ἄν τε ἀγαθοῖς γράφων-
ται· οἱ μὲν γὰρ οὐ δέονται νόμων, οἱ δὲ ὑπὸ νόμων οὐδὲν
53 βελτίους γίνονται. τῶν δὲ Ὁμήρου στίχων ἕνα ἥδε μάλιστα,
(60)
κάτθαν' ὁμῶς ὅ τ' ἀεργὸς ἀνὴρ ὅ τε πολλὰ ἐοργώς.
54 ἐπήνει δὲ καὶ τὸν Θερσίτην ὡς Κυνικόν τινα δημηγόρον.
(61)
55 ἐρωτηθεὶς δέ ποτε, τίς αὐτῷ ἀρέσκοι τῶν φιλοσόφων, ἔφη,
(62) Πάντες μὲν θαυμαστοί, ἐγὼ δὲ Σωκράτην μὲν σέβω, θαυ-
μάζω δὲ Διογένην καὶ φιλῶ Ἀρίστιππον.

56 Ἐβίω δὲ ἔτη ὀλίγου δέοντα τῶν ἑκατὸν ἄνοσος, ἄλυπος,
(63) οὐδένα ἐνοχλήσας τι ἢ αἰτήσας, φίλοις χρήσιμος, ἐχθρὸν
οὐδένα οὐδεπώποτε ἐσχηκώς. καὶ τοσοῦτον ἔρωτα ἔσχον
πρὸς αὐτὸν Ἀθηναῖοί τε αὐτοὶ καὶ ἅπασα ἡ Ἑλλάς, ὥστε
παριόντι ὑπεξανίστασθαι μὲν τοὺς ἄρχοντας, σιωπὴν δὲ γί-
νεσθαι παρὰ πάντων. τὸ τελευταῖον δέ, ἤδη ὑπέργηρως ὤν,
ἄκλητος εἰς ἣν τύχοι παριὼν οἰκίαν ἐδείπνει καὶ ἐκάθευδε,
τῶν ἐνοικούντων θεοῦ τινα ἐπιφάνειαν ἡγουμένων τὸ πρᾶγμα
καί τινα ἀγαθὸν δαίμονα εἰσεληλυθέναι αὐτοῖς εἰς τὴν
οἰκίαν. παριόντα δὲ αἱ ἀρτοπώλιδες ἀνθεῖλκον πρὸς αὐτάς,
ἑκάστη ἀξιοῦσα παρ' αὐτῆς λαμβάνειν τῶν ἄρτων, καὶ τοῦτο
εὐτυχίαν ἑαυτῆς ἡ δεδωκυῖα ᾤετο. καὶ μὴν καὶ οἱ παῖδες
57 ὀπώρας προσέφερον αὐτῷ πατέρα ὀνομάζοντες. στάσεως δέ
(64) ποτε Ἀθήνησι γενομένης εἰσῆλθεν εἰς τὴν ἐκκλησίαν καὶ φα-
νεὶς μόνον σιωπᾶν ἐποίησεν αὐτούς· ὁ δὲ ἰδὼν ἤδη μετε-
58 γνωκότας οὐδὲν εἰπὼν καὶ αὐτὸς ἀπηλλάγη. ὅτε δὲ συνῆκεν
(65)

---

53. κάτθαν' κτέ. Il. 9, 320. Gno-
mischer Aorist, s. Kr. Gr. II. §. 53,
10, 2. Vgl. mit dieser Stelle IV, 22.
54. Thersites schonte, wie be-
kannt, weder Edle noch Könige,
und ebenso hatten auch die Ky-
niker vor keinem hervorragenden
Manne grosse Achtung.
55. Ἀρίστιππον, s. zu V, 20, 5.
56. ἔτη ὀλ. δέοντα τῶν ἑκατόν,
d. i. beinahe hundert Jahre;
vgl. Kr. Gr. §. 24, 2, 9. Ueber den
Artikel τῶν s. zu V, 27, 9. Dial.
mort. 9, 1: ἔτη οὐ πολὺ ἀποδέοντα
τῶν ἑκατὸν βεβιωκώς. — ὑπεξανί-
στασθαι, späteres Wort für das
attische ὑπανίστασθαι. Conviv. 7:
ἐπεὶ παρῆλθεν, ὑπεξανίσταντο πάν-
τες αὐτῷ. — εἰς ἣν τύχοι παρ. οἰκ.,
in welches Haus er zufällig

od. gerade trat. — θεοῦ τινα
ἐπιφάνειαν, d. i. nescio quem dei
adventum. — ὀπώρας, Obst, in
dieser Bedeutung gewöhnlich im
Singular.

57. φανεὶς μόνον, d. i. durch
sein blosses Erscheinen.
Piscat. 13: δηλώσει ἥτις ἐστὶ φθεγ-
ξαμένη μόνον.

58. συνῆκεν .. ὤν, s. oben zu 4:
ἔμαθεν διαρκῶν. — τὸν ἐναγών.
τῶν κηρ. πόδα, den bei den
Kampfspielen gewöhnli-
chen (aus Anapästen bestehen-
den) Versfuss (Ausruf) der
Herolde. Mit derselben Formel
ward auch der Anfang der Kampf-
spiele verkündigt, nur hiess es
dann ἄρχει statt λήγει.

οὐκέθ' οἷός τε ὢν αὑτῷ ἐπικουρεῖν, εἰπὼν πρὸς τοὺς παρόν-
τας τὸν ἐναγώνιον τῶν κηρύκων πόδα

     Λήγει μὲν ἀγὼν τῶν καλλίστων
     ἄθλων ταμίας, καιρὸς δὲ καλεῖ
     μηκέτι μέλλειν

καὶ πάντων ἀποσχόμενος ἀπῆλθε τοῦ βίου φαιδρὸς καὶ οἷος
ἀεὶ τοῖς ἐντυγχάνουσιν ἐφαίνετο. ὀλίγον δὲ πρὸ τῆς τελευ- 59
τῆς ἐρομένου τινός, Περὶ ταφῆς τί κελεύεις; Μὴ πολυπραγ- (66)
μονεῖτε, ἔφη· ἡ γὰρ ὀδμή με θάψει. φαμένου δὲ ἐκείνου,
Τί οὖν; οὐκ αἰσχρὸν ὀρνέοις καὶ κυσὶ βορὰν προτεθῆναι τη-
λικούτου ἀνδρὸς σῶμα; Καὶ μὴν οὐδὲν ἄτοπον, ἔφη, τοῦτο,
εἰ μέλλω καὶ ἀποθανὼν ζῴοις τισὶ χρήσιμος ἔσεσθαι. οἱ μέν- 60
τοι Ἀθηναῖοι καὶ ἔθαψαν αὐτὸν δημοσίᾳ μεγαλοπρεπῶς καὶ (67)
ἐπὶ πολὺ ἐπένθησαν καὶ τὸν θᾶκον τὸν λίθινον, ἐφ' οὗ
εἰώθει ὁπότε κάμνοι ἀναπαύεσθαι, προσεκύνουν καὶ ἐστε-
φάνουν ἐς τιμὴν τοῦ ἀνδρός, ἡγούμενοι ἱερὸν εἶναι καὶ τὸν
λίθον, ἐφ' οὗ ἐκαθέζετο. ἐπὶ μὲν γὰρ τὴν ἐκφορὰν οὐκ ἔστιν
ὅστις οὐκ ἀπήντησε, καὶ μάλιστα τῶν φιλοσόφων· οὗτοι
μέντοι ὑποδύντες ἐκόμιζον αὐτὸν ἄχρι πρὸς τὸν τάφον.

    Ταῦτα ὀλίγα πάνυ ἐκ πολλῶν ἀπεμνημόνευσα, καὶ ἔστιν
ἀπὸ τούτων τοῖς ἀναγινώσκουσι λογίζεσθαι ὁποῖος ἐκεῖνος
ἀνὴρ ἐγένετο.

59. φαμένου, bei den Attikern
selten vorkommende Form, s. Kr.
Gr. §. 38, 4, 1.

60. ὁπότε κάμνοι, s. zu I, 2. —
καὶ τὸν λίθον, vel lapidem. — ἐπὶ

τὴν ἐκφ… ἀπήντησε, fand sich
ein; häufig bei Luc. ἀπαντᾶν ἐπί
τι. — ὑποδύντες, näml. τὸ φέρε-
τρον, s. zu IV, 10.

IX.

DER FISCHER.

In der Philosophenversteigerung, *Βίων πρᾶσις*, einer
Schrift, welche durch ihre Polemik gegen die damalige Philo-
sophie, oder wie sich Wieland ausdrückt, gegen die philoso-
phische Handwerkgesinnung zu Athen jedenfalls ungemeines Auf-
sehn und bei Vielen, namentlich den Afterphilosophen und der
grossen Anzahl ihrer Anhänger, einen nicht gewöhnlichen Aerger
erregt hatte, waren die Koryphäen der berühmtesten Philoso-
phenschulen wie gewöhnliche Sklaven zum Verkauf ausgeboten
und mit ihren parodirten Lehren im Munde dem allgemeinen
Gelächter preisgegeben worden. Dass indessen Lucian nicht
jene Meister selbst, sondern einzig und allein ihre Nachäffer, die
Philosophen seiner Zeit, deren Lehren und Predigten zu ihrem
Lebenswandel den grellsten Kontrast bildeten, gegeisselt und
verhöhnt habe, steht ausser allem Zweifel und geht zur Genüge
aus vorliegender Schrift selbst hervor, in welcher sich der Ver-
fasser mit gewohnter Meisterschaft rechtfertigt.

Die in der Philosophenversteigerung dem Gelächter ausge-
setzten Repräsentanten der alten Philosophenschulen, ein Pytha-
goras, Sokrates, Empedokles, Platon, Chrysippos, Aristoteles u. s. w.
haben sich beim Hades auf einen Tag Urlaub ausgebeten, um
auf die Oberwelt zurückzukehren und hier an dem Spötter
Rache zu nehmen. Sokrates, dem es am schlimmsten ergangen,
und Platon treten in ihrer Erbitterung zuerst gegen ihn auf.
Allein Lucian oder Parresiades, wie er sich nennt, weiss es auf
geschickte Weise dahin zu bringen, dass auf der Akropolis zu
Athen ein ordentlicher Gerichtshof unter dem Vorsitz der Philo-
sophie, die ihn dabei unterstützt, niedergesetzt wird, welcher in
der Sache entscheiden soll. Diogenes wird zum Ankläger er-
wählt, mit dem besonderen Auftrage, hiebei ja das Interesse
Aller zu vertreten, und dieser sucht demselben nach Kräften zu ent-
sprechen. Allein Lucian thut darauf in äusserst gewandter und
überzeugender Rede dar, dass es ihm nie in den Sinn ge-
kommen sei, jene grossen Meister der Vorzeit, denen er die

grösste Bewunderung zolle, zu lästern und zu verunglimpfen, sondern dass sein Spott und Hohn lediglich den Afterphilosophen seiner Zeit gelte. Seine Rechtfertigung, die sich in jeder Beziehung auf Wahrheit gründet, findet gerechten Beifall, so dass die wieder auferstandenen Philosophen, Ἀναβιοῦντες, ihn alle freisprechen, ja sogar für ihren Freund und Wohlthäter erklären. Nach diesem für Lucian so günstigen Resultate wird ebendaselbst eine zweite Gerichtssitzung gehalten, um die Philosophen der damaligen Zeit vorzuladen. Da indessen auf diese Vorladung nur sehr wenige erscheinen, erhält endlich Lucian selbst den Auftrag dieselben vorzufordern, und auf seine Aufforderung, die ganz auf die niedrige und gemeine Denkweise jener Leute berechnet ist, strömen dieselben von allen Seiten in Unmasse herbei. Allein als sie nun von der Philosophie erfahren, weswegen die Aufforderung an sie ergangen, nämlich die wahren Verehrer der Philosophie nach Verdienst zu belohnen, hingegen die falschen, welche unter dem Deckmantel der Philosophie nur ihren gemeinen Leidenschaften fröhnen, nach Gebühr zu bestrafen, machen sie sich in der grössten Eile auf und davon, und dokumentiren noch durch das, was sie auf der Flucht zurücklassen, von welchem Schlage sie sind.

Den Titel Fischer führt der Dialog, weil Lucian hierauf von der Zinne der Akropolis herab mit einer von der Priesterin der Athene geliehenen Angel, an die er Gold und Feigen als Köder befestigt, einen Afterphilosophen nach dem andern fängt, die aber sämmtlich als unächt befunden wieder hinabgestürzt werden. Zuletzt macht die Philosophie dieser Fischerei dadurch ein Ende, dass sie jene Koryphäen in die Unterwelt zurücksendet, um den erhaltenen Urlaub nicht zu überschreiten, dem Lucian aber und dem Elenchos den Auftrag ertheilt, ihre wahren Jünger zu bekränzen, die unächten dagegen zu brandmarken.

Wieland's Urtheil über diesen Dialog, das in jeder Hinsicht begründet ist, lautet also: „Es ist meinem Urtheil nach die sinnreichste, beredteste, eleganteste, mit dem meisten Verstand erfundene und mit dem meisten Fleiss ausgearbeitete, kurz die gefeilteste und musterhafteste, so wie die reichste und gelehrteste von allen lucianischen Compositionen. Sie gibt an Witz und Laune, und selbst an aristophanischer Schalkheit keiner etwas nach, und übertrifft alle andere an Weisheit des Plans, an Schönheit der Ausführung, an Feinheit der Kritik und Ironie, und an dramatischer Kunst in Disposition der Scenen, Lebhaftigkeit der Darstellung, geschickter Charakterisirung und Contrastirung der Personen, immer zunehmendem Interesse und unerwarteter Entwickelung".

IX.

ΑΔΙΕΥΣ Η ΑΝΑΒΙΟΥΝΤΕΣ.

1 ΣΩΚΡΑΤΗΣ. Βάλλε βάλλε τὸν κατάρατον ἀφθόνοις
τοῖς λίθοις, ἐπίβαλλε τῶν βώλων, προσεπίβαλλε καὶ τῶν
ὀστράκων, παῖε τοῖς ξύλοις τὸν ἀλιτήριον, ὅρα μὴ διαφύγῃ·
καὶ σὺ βάλλε, ὦ Πλάτων· καὶ σύ, ὦ Χρύσιππε, καὶ σὺ δέ.
πάντες ἅμα ξυνασπίσωμεν ἐπ' αὐτόν,
   ὡς πήρη πήρηφιν ἀρήγῃ, βάκτρα δὲ βάκτροις.
κοινὸς γὰρ πολέμιος, καὶ οὐκ ἔστιν ὅντινα ὑμῶν οὐχ ὕβρικε.
σὺ δέ, ὦ Διόγενες, εἴ ποτε καὶ ἄλλοτε, χρῶ τῷ ξύλῳ, μηδὲ
ἀνῆτε· διδότω τὴν ἀξίαν βλάσφημος ὤν. τί τοῦτο; κεκμή-
κατε, ὦ Ἐπίκουρε καὶ Ἀρίστιππε; καὶ μὴν οὐκ ἐχρῆν.
   ἀνέρες ἔστε, σοφοί, μνήσασθε δὲ θούριδος ὀργῆς.

2 Ἀριστότελες, ἐπισπούδασον ἔτι θᾶττον. εὖ ἔχει· ἑάλωκε τὸ
θηρίον· εἰλήφαμέν σε, ὦ μιαρέ. εἴσῃ γοῦν αὐτίκα, οὖστινας
ὄντας ἡμᾶς ἐκακηγόρεις. τῷ τρόπῳ δέ τις αὐτὸν καὶ μετ-
έλθῃ; ποικίλον γάρ τινα ἐπινοῶμεν θάνατον κατ' αὐτοῦ

---

1. ἀφθόνοις τοῖς λίθοις. Ueber
diese praedikative Stellung des
Adjectivs s. zu V, 10, 12. — καὶ
σύ, ὦ Χρύσ., καὶ σὺ δέ, auch du,
Chr., auch du noch. Chrysip-
pos gebürtig aus Soli in Cilicien
(279—207 v. Chr.) wurde als der
vorzüglichste Begründer der stoi-
schen Philosophie und als die
Hauptstütze derselben angesehn.
— ὡς πήρη κτέ. Parodie des ho-
merischen Verses Il. 2, 363: ὡς
φρήτρη φρήτρηφιν ἀρήγῃ, φῦλα δὲ
φύλοις. — ὦ Ἐπίκ. κ. Ἀρίστιππε.
Epikuros, geboren zu Samos 342
v. Chr., gest. zu Athen 270, war
der Gründer einer eigenen nach
ihm benannten Schule, der man,
wie bekannt, den Vorwurf des
Strebens nach sinnlicher und nie-
driger Lust machte. Aristippos
aus Kyrene, Schüler des Sokrates,
war der Stifter der kyrenaischen
Schule, welche die Lust als höch-
ste Glückseligkeit und letztes Ziel
menschlichen Lebens anffasste.
Daraus κεκμήκατε zu erklären. —
ἀνέρες κτέ. Parodie jenes bekann-
ten homerischen Verses: ἀνέρες
ἔστε, φίλοι, μνήσασθε δὲ θούριδος
ἀλκῆς.
2. ἐπισπούδασον, herbeieilen,
so nur hier. — τῷ τρ. δέ τις αὐτὸν
κ. μετέλθῃ, auf welche Weise
aber soll man ihn auch be-
strafen? Kr. Gr. §. 54, 2, 4. —

πᾶσιν ἡμῖν ἐξαρκέσαι δυνάμενον· καθ' ἕκαστον γοῦν δίκαιός
ἐστιν ἡμῖν ἀπολωλέναι.

ΦΙΛΟΣΟΦΟΣ Α. Ἐμοὶ μὲν ἀνεσκολοπίσθαι δοκεῖ
αὐτόν.

ΦΙΛ. Β. Νὴ Δία, μαστιγωθέντα γε πρότερον.

ΦΙΛ. Γ. Τοὺς ὀφθαλμοὺς ἐκκεκόφθω.

ΦΙΛ. Δ. Τὴν γλῶτταν αὐτὴν ἔτι πολὺ πρότερον ἀπο-
τετμήσθω.

ΣΩΚ. Σοὶ δὲ τί, Ἐμπεδόκλεις, δοκεῖ;

ΕΜΠ. Ἐς τοὺς κρατῆρας ἐμπεσεῖν αὐτόν, ὡς μάθη μὴ
λοιδορεῖσθαι τοῖς κρείττοσι.

ΠΛΑΤΩΝ. Καὶ μὴν ἄριστον ἦν καθάπερ τινὰ Πενθέα
ἢ Ὀρφέα
λακιστὸν ἐν πέτραισιν εὑρέσθαι μόρον,
ἵν' ἂν καὶ τὸ μέρος αὐτοῦ ἕκαστος ἔχων ἀπηλλάττετο καὶ —

ΛΟΥΚΙΑΝΟΣ. Μηδαμῶς· ἀλλὰ πρὸς ἱκεσίου φείσα- 3
σθέ μου.

ΣΩΚ. Ἄραρεν· οὐκ ἂν ἀφεθείης ἔτι. ὁρᾷς δὲ δὴ καὶ
τὸν Ὅμηρον ἅ φησιν,
ὡς οὐκ ἔστι λέουσι καὶ ἀνδράσιν ὅρκια πιστά;

ΛΟΥΚ. Καὶ μὴν καθ' Ὅμηρον ὑμᾶς καὶ αὐτὸς ἱκε-
τεύω· αἰδέσεσθε γὰρ ἴσως τὰ ἔπη καὶ οὐ παρόψεσθε ῥαψω-
δήσαντά με·
ζωγρεῖτ' οὐ κακὸν ἄνδρα, καὶ ἄξια δέχθε ἄποινα,

καθ' ἕκαστον, *singulis*, wie oft.
Ueber die Infin. des Perf. s. zu V,
12, 1. — Ἐμπεδόκλεις. Empedokles,
um 443 v. Chr., war ein berühmter
pythagor. Philosoph aus Agrigent.
— ἐς τοὺς κρατ. ἐμπ. αὐτόν. In
Bezug auf die Anekdote, dass sich
Empedokles in den Aetna gestürzt
habe; s. zu V, 20, 4. — ἄριστον
ἦν, s. zu II, 37. — καθάπερ τινὰ,
wir ebenso: wie ein, s. zu II, 54.
Icaromen. 12: πᾶς νῦν καθάπερ
Λυγκεύς τις ἄφνω γενόμενος ἅπαν-
τα διαγινώσκεις. — Πενθέα ἢ Ὀρ-
φέα. Pentheus, König von The-
ben, Sohn des Echion und der
Agaue, wurde von seiner eigenen
Mutter und den übrigen Bakchen
auf dem Kithäron, weil er ihre
Feier störte, zerrissen. Diese Fa-
bel ist der Inhalt der Bakchen des
Euripides. Orpheus hatte das-

selbe Geschick; auch er wurde zer-
rissen, und zwar von den Mäna-
den, weil sie die Feier der Orgien
nicht dulden wollte. — λακιστόν ..
μόρον, Fragment eines Tragikers
(adesp. 235 Nauck.), vielleicht
des Euripides [s. Elmsl. zu Eur.
Bacch. 1328]. — ἵν' ἂν .. ἀπηλλάτ-
τετο, s. zu V, 6, 2. — τὸ μέρος, sei-
nen Theil. Epist. Saturn. 31:
ἠξίουν με κοινὰ πᾶσι ποιεῖν τἀγαθὰ
καὶ τὸ μέρος ἕκαστον αὐτῶν ἔχειν.
u. s. Kr. Gr. §. 50, 2, 4. — ἀπηλλ.
καὶ — Platon, der noch weiter
sprechen will, wird von Luc. un-
terbrochen,
3. πρὸς ἱκεσίου, näml. Διός. —
ἄραρεν, es ist unwiderruflich
beschlossen, steht fest. Ca-
tapl. 8: ἄραρεν· οὐκ ἂν τύχοις. —
ὡς οὐκ ἔστι κτέ. Il. 22, 262. — ζω-
γρεῖτ' οὐ κτέ. Ein cento aus Hom.

χαλκόν τε χρυσόν τε, τὰ δὴ φιλέουσι σοφοί περ.

ΠΛΑΤ. Ἀλλ' οὐδὲ ἡμεῖς ἀπορήσομεν πρὸς σὲ Ὁμηρικῆς
ἀντιλογίας. ἄκουε γοῦν·

μὴ δή μοι φύξιν γε, κακηγόρε, βάλλεο θυμῷ
χρυσόν περ λέξας, ἐπεὶ ἵκεο χεῖρας ἐς ἁμάς.

ΛΟΥΚ. Οἴμοι τῶν κακῶν. ὁ μὲν Ὅμηρος ἡμῖν ἄπρακτος,
ἡ μεγίστη ἐλπίς. ἐπὶ τὸν Εὐριπίδην δή μοι καταφευκτέον·
τάχα γὰρ ἂν ἐκεῖνος σώσειέ με.

μὴ κτεῖνε· τὸν ἱκέτην γὰρ οὐ θέμις κτανεῖν.

ΠΛΑΤ. Τί δέ; οὐχὶ κἀκεῖνα Εὐριπίδου ἐστίν,
οὐ δεινὰ πάσχειν δεινὰ τοὺς εἰργασμένους;

ΛΟΥΚ. Νῦν οὖν ἕκατι ῥημάτων κτενεῖτέ με;

ΠΛΑΤ. Νὴ Δία· φησὶ γοῦν ἐκεῖνος αὐτός,
ἀχαλίνων στομάτων
ἀνόμου τ' ἀφροσύνας
τὸ τέλος δυστυχία.

4 ΛΟΥΚ. Οὐκοῦν ἐπεὶ δέδοκται πάντως ἀποκτιννύναι καὶ
οὐδεμία μηχανὴ τὸ διαφυγεῖν με, φέρε, τοῦτο γοῦν εἴπατέ
μοι, οἵτινες ὄντες ἢ τί πεπονθότες ἀνήκεστον πρὸς ἡμῶν
ἀμείλικτα ὀργίζεσθε καὶ ἐπὶ θανάτῳ με ξυνειλήφατε;

ΠΛΑΤ. Ἅτινα μὲν εἴργασαι ἡμᾶς τὰ δεινά, σεαυτὸν
ἐρώτα, ὦ κάκιστε, καὶ τοὺς καλοὺς ἐκείνους σου λόγους, ἐν
οἷς φιλοσοφίαν τε αὐτὴν κακῶς ἠγόρευες καὶ ἐς ἡμᾶς ὕβρι-
ξες ὥσπερ ἐξ ἀγορᾶς ἀποκηρύττων σοφοὺς ἄνδρας, καὶ τὸ

Il. 10, 378. 1, 23. 11, 131. — μὴ δή
μοι κτέ. Mit einiger Veränderung
aus Il. 10, 447 f. — λέξας. Oft
stehen die Verba dicendi in der
Bedeutung des Versprechens.
Herodot. 6, 23: μισθὸς δέ οἱ ἦν
εἰρημένος ὅδε. [Seidler zu Eur.
Electr. 33.] — ἡ μεγίστη ἐλπίς.
Ebenso Thukyd. 3, 57 zu E.: ὑμεῖς,
ὦ Λακεδαιμόνιοι, ἡ μόνη ἐλπίς.
Liv. 21, 11, 12: cum tam procul Ro-
mani, unica spes, .. essent. — μὴ
κτεῖνε κτέ. Vers aus einer verlo-
ren gegangenen Tragödie des Eu-
ripides; fr. 931 Nauck. — οὐ
δεινὰ κτέ., aus Eurip. Orest. 413.
Marcell. bei Liv. 26, 31, 3: quis
passos esse hostilia, cum fecerint,
indignatur? — νῦν οὖν κτέ. Eben-
falls aus einer verloren gegange-
nen Tragödie desselben Dichters;

fr. 932 Nauck. — ἕκατι = ἕνεκα.
— ἀχαλίνων κτέ. Eurip. Bacch. 386.
4. οὐδεμία μηχανή = ἀμήχανον
od. ἀδύνατόν ἐστι, daher τὸ δια-
φυγεῖν. Necyom. 2: ἀ μὰ τὸν Κέρ-
βερον οὐδεμία μηχανὴ τὸ διαφυ-
γεῖν αὐτούς. Herodot. I, 209, 3:
οὐκ ὢν ἔστι μηχανὴ ἀπὸ τῆς ὄψιος
ταύτης οὐδεμία τὸ μὴ κεῖνον ἐπι-
βουλεύειν ἐμοί. — φέρε. . εἴπατε.
Vitar. auct. 26: ἄγε δὴ, ὠνήσασθε.
Bis acc. 18: ἄγε δὴ, μὴ μέλλετε.
Catapl. 21: ἄγε δὴ, ἀπόδοτε. —
ἀμείλικτα, s. zu VI, 12, 2. — ἐπὶ
θανάτῳ, um mich zu tödten.
Dial. mort. 12, 3: τοὺς φίλους συν-
ελάμβανεν ἐπὶ θανάτῳ. — ἄτινα..
τὰ δεινά = ἅτινά ἐστι τὰ δεινά, ἅ.
Iup. Conf. 17: ἡλίκας μετὰ τὸν βίον
οἱ πονηροὶ τὰς κολάσεις ὑπομένου-
σιν. S. zu V, 9, 4. — ἐξ ἀγορᾶς,

μέγιστον, ἐλευθέρους· ἐφ' οἷς ἀγανακτήσαντες ἀνεληλύ-
θαμεν ἐπὶ σέ, παραιτησάμενοι πρὸς ὀλίγον τὸν Αἰδωνέα,
Χρύσιππος οὑτοσὶ καὶ Ἐπίκουρος καὶ ὁ Πλάτων ἐγὼ καὶ
Ἀριστοτέλης ἐκεινοσὶ καὶ ὁ σιωπῶν οὗτος Πυθαγόρας καὶ ὁ
Διογένης καὶ ἅπαντες, ὅσους διέσυρες ἐν τοῖς λόγοις.

ΛΟΥΚ. Ἀνέπνευσα· οὐ γὰρ ἀποκτενεῖτέ με, ἢν μάθητε, 5
ὁποῖος ἐγὼ περὶ ὑμᾶς ἐγενόμην· ὥστε ἀπορρίψατε τοὺς
λίθους, μᾶλλον δὲ φυλάττετε. χρήσεσθε γὰρ αὐτοῖς κατὰ
τῶν ἀξίων.

ΠΛΑΤ. Ληρεῖς. σὲ δὲ τήμερον χρὴ ἀπολωλέναι, καὶ
ἤδη γε
    λάϊνον ἕσσο χιτῶνα κακῶν ἔνεχ', ὅσσα ἔοργας.

ΛΟΥΚ. Καὶ μήν, ὦ ἄριστοι, ὃν ἐχρῆν μόνον ἐξ ἁπάν-
των ἐπαινεῖν οἰκεῖόν τε ὑμῖν ὄντα καὶ εὔνουν καὶ ὁμογνώ-
μονα καί, εἰ μὴ φορτικὸν εἰπεῖν, κηδεμόνα τῶν ἐπιτηδευμά-
των, εὖ ἴστε ἀποκτενοῦντες, ἢν ἐμὲ ἀποκτείνητε τοσαῦτα
περὶ ὑμῶν πεπονηκότα. ὁρᾶτε οὖν μὴ τὸ τῶν νῦν φιλοσό-
φων αὐτοὶ ποιεῖτε, ἀχάριστοι καὶ ὀργίλοι καὶ ἀγνώμονες
φαινόμενοι πρὸς ἄνδρα εὐεργέτην.

ΠΛΑΤ. Ὦ τῆς ἀναισχυντίας. καὶ χάριν σοι τῆς κακη-
γορίας προσοφείλομεν; οὕτως ὡς ἀνδραπόδοις ἀληθῶς οἴει
διαλέγεσθαι καὶ εὐεργεσίαν καταλογιῇ πρὸς ἡμᾶς ἐπὶ τῇ το-
σαύτῃ ὕβρει καὶ παροινίᾳ τῶν λόγων;

ΛΟΥΚ. Ποῦ γὰρ ἐγὼ ὑμᾶς ἢ πότε ὕβρικα, ὃς ἀεὶ φιλο- 6
σοφίαν τε θαυμάζων διατετέλεκα καὶ ὑμᾶς αὐτοὺς ὑπερε-
παινῶν καὶ τοῖς λόγοις οὓς καταλελοίπατε ὁμιλῶν; αὐτὰ
γοῦν ἃ φημι ταῦτα, πόθεν ἄλλοθεν ἢ παρ' ὑμῶν λαβὼν καὶ

---

vom Markte, d. i. zum Ver-
kauf. Nigrin. 25: τὴν ἀρετὴν
ὤνιον ὥσπερ ἐξ ἀγορᾶς προτιθέν-
των. Adv. indoct. 4: εἰ ὥσπερ ἐξ
ἀγορᾶς ἣν πρίασθαι. Geschehen
war dieses von Luc. in der Βίων
πρᾶσις betitelten Schrift. — τὸ μέ-
γιστον, id quod maximum est. Kr.
Gr. §. 57, 10, 12. — παραιτησ. πρὸς
ὀλ. τὸν Αἰδ., d. i. commeatu brevi
a Plutone impetrato.

5. ἀνέπνευσα. Philopseud. 29:
κἀγὼ μέν, ὡς εἶδον αὐτόν, ἀνέ-
πνευσα. Vgl. Kr. Gr. §. 53, 6, 3.
— περὶ ὑμᾶς, in Bezug auf euch.
Ebenso Phalar. 1, 10: ἐρωτήσατε
ὁποῖος ἐγὼ περὶ αὐτούς εἰμι. —

μᾶλλον δέ, s. zu II, 6. — λάϊνον
κτέ. Homerischer Vers, Il. 3, 57.
— εἰ μὴ φορτικὸν εἰπεῖν, d. i. wenn
es nicht gar zu plump klingt.
Vgl. Alex. 20. — ἴστε ἀποκτενοῦν-
τες, s. zu III, 5. Unten 44: ἐπ'
ἄλλα γὰρ ἴστε κεκλημένοι. — περὶ
ὑμῶν, s. zu V, 19, 2. — μὴ .. ποι-
εῖτε, s. zu V, 16, 2. — οὕτως,
adeone, zur Bezeichnung des Un-
willens. Toxar. 38: οὕτως ἄρα
ἠγνόησας, ὅτι ἀνθρώποις μεῖζον
οὐδέν ἐστι ζωῆς τε καὶ θανάτου;
u. s. — παροινία τῶν λόγων, ebria
verborum petulantia.

6. ἀεὶ .. θαυμάζων διατετέλεκα.
Phalar. 1, 2: ἀεὶ διετέλουν δημο-

κατὰ τὴν μέλιτταν ἀπανθισάμενος ἐπιδείκνυμαι τοῖς ἀνθρώ-
ποις; οἱ δὲ ἐπαινοῦσι καὶ γνωρίζουσιν ἕκαστος τὸ ἄνθος
ὅθεν καὶ παρ' ὅτου καὶ ὅπως ἀνελεξάμην, καὶ λόγῳ μὲν ἐμὲ
ζηλοῦσι τῆς ἀνθολογίας, τὸ δ' ἀληθὲς ὑμᾶς καὶ τὸν λειμῶνα
τὸν ὑμέτερον, οἳ τοιαῦτα ἐξηνθήκατε ποικίλα καὶ πολυειδῆ
τὰς βαφάς, εἴ τις ἀναλέξασθαί τε αὐτὰ ἐπίσταιτο καὶ ἀνα-
πλέξαι καὶ ἁρμόσαι, ὡς μὴ ἀπᾴδειν θάτερον θατέρου. ἔσθ'
ὅστις οὖν ταῦτα εὖ πεπονθὼς παρ' ὑμῶν κακῶς ἂν εἰπεῖν
ἐπιχειρήσειεν εὐεργέτας ἄνδρας, ἀφ' ὧν ἤδη τις εἶναι ἔδο-
ξεν; ἐκτὸς εἰ μὴ κατὰ τὸν Θάμυριν ἢ τὸν Εὔρυτον εἴη τὴν
φύσιν, ὡς ταῖς Μούσαις ἀντᾴδειν, παρ' ὧν εἰλήφει τὴν
ᾠδήν, ἢ τῷ Ἀπόλλωνι ἐριδαίνειν ἐναντία τοξεύων, καὶ ταῦτα
δοτῆρι ὄντι τῆς τοξικῆς.

7   ΠΛΑΤ. Τοῦτο μέν, ὦ γενναῖε, κατὰ τοὺς ῥήτορας εἴρη-
ταί σοι· ἐναντιώτατον γοῦν ἐστί σοι τῷ πράγματι καὶ χαλε-
πωτέραν σου ἐπιδείκνυσι τὴν τόλμαν, εἴ γε τῇ ἀδικίᾳ καὶ
ἀχαριστίᾳ πρόσεστιν, ὃς παρ' ἡμῶν τὰ τοξεύματα, ὡς φῄς,
λαβὼν καθ' ἡμῶν ἐτόξευες, ἕνα τοῦτον ὑποθέμενος τὸν σκο-
πόν, ἅπαντας ἡμᾶς ἀγορεύειν κακῶς· τοιαῦτα παρὰ σοῦ
ἀπειλήφαμεν ἀνθ' ὧν σοι τὸν λειμῶνα ἐκεῖνον ἀναπε-
τάσαντες οὐκ ἐκωλύσαμεν δρέπεσθαι καὶ τὸ προκόλπιον

τικὸν ἐμαυτὸν παρέχων. Epist.
Saturn. 36: ἀεὶ διετελοῦμεν οὕτως
ποιοῦντες. — οἱ δὲ .. ἕκαστος, Kr.
Gr. §.57, 8 A. Il. 7, 175: οἱ δὲ κλῆ-
ρον ἐσημήναντο ἕκαστος. ebend. 185
u. s. Oft ἕκαστος so appositiv. —
λόγῳ .. τὸ δ' ἀληθές. Ebenso Harmonid. 3. τὸ ἀληθές für τῇ ἀλη-
θείᾳ, in Wahrheit, u. so schon
bei Thukyd. 6, 33, 2. — ἐξηνθή-
κατε, s. zu V, 20, 4. — κακῶς εἰ-
πεῖν. Dieses die attische Aorist-
form zu κακῶς ἀγορεύω. Unten 15
unattisch: ἠγόρευσε κακῶς. — ἀφ'
ὧν, d. i. von welchen er das
hat, dass, durch welche. — τὶς,
prägnant. Adv. Indoct. 1: οἴει μὲν
γὰρ ἐν παιδείᾳ καὶ αὐτὸς εἶναί τις
δόξειν. Conviv. 35: οἰόμενοί τινες
εἶναι ἀπὸ τῶν σχημάτων. Hipp. 3
u. s. Kr. Gr. §. 51, 16, 12. Eben-
so im Latein. aliquis, Iuven. 1, 73:
aude aliquid brevibus Gyaris et car-
cere dignum, si vis esse aliquis. —
ἐκτὸς εἰ μή, nisi forte, häufig bei
Luc. vorkommende Formel. Eben-

so bei Plutarch. χωρὶς εἰ μή, und
πλὴν εἰ μή bei den Attikern. —
Θάμυριν. Thamyris, ein thraki-
scher Barde, Sohn des Philammon
und der Argiope, liess sich mit den
Musen in einen Wettstreit ein,
ward aber besiegt und seiner Au-
gen wie seiner Kunst beraubt. Il.
2, 595 ff. Eurytos, Sohn des Me-
laneus und der Stratonike, König
von Oechalia in Thessalien oder in
Messenien (nach Späteren auf Eu-
boea), ward von Apollon getödtet,
weil er ihn zum Wettkampf im
Bogenschiessen, worin er nach Spä-
teren erst von Apollon unterrich-
tet worden war, herausgefordert
hatte. — ἐριδαίνειν, episches Wort.
Vielleicht Nachahmung des Apoll.
Rhod. 1, 88:
Εὐρύτου, ᾧ πόρε τόξον Ἑκηβό-
λος· οὐδ' ἀπόνητο
δωτίνης· αὐτῷ γὰρ ἑκὼν ἐρίδηνε
δοτῆρι.
7. τοῦτο κτέ. Der Sinn ist: was
du da vorgebracht hast, sind nichts

ἐμπλησάμενον ἀπελθεῖν· ὥστε διά γε τοῦτο δίκαιος εἰ ἀπο-
θανεῖν.

ΛΟΥΚ. Ὁρᾶτε; πρὸς ὀργὴν ἀκούετε καὶ οὐδὲν τῶν 8
δικαίων προσίεσθε. καίτοι οὐκ ἂν ᾠήθην ποτέ, ὡς ὀργὴ
Πλάτωνος ἢ Χρυσίππου ἢ Ἀριστοτέλους ἢ τῶν ἄλλων ὑμῶν
καθίκοιτο ἄν, ἀλλά μοι ἐδοκεῖτε μόνοι δὴ πόρρω εἶναι τοῦ
τοιούτου. πλὴν ἀλλὰ μὴ ἄκριτόν γε, ὦ θαυμάσιοι, μηδὲ πρὸ
δίκης ἀποκτείνητέ με· ὑμέτερον γοῦν καὶ τοῦτο ἦν, μὴ βίᾳ
μηδὲ κατὰ τὸ ἰσχυρότερον πολιτεύεσθαι, δίκῃ δὲ τὰ διάφορα
διαλύεσθαι διδόντας λόγον καὶ δεχομένους ἐν τῷ μέρει.
ὥστε δικαστὴν ἑλόμενοι κατηγορήσατε μὲν ὑμεῖς ἢ ἅμα πάν-
τες ἢ ὅντινα ἂν χειροτονήσητε ὑπὲρ ἁπάντων, ἐγὼ δὲ ἀπο-
λογήσομαι πρὸς τὰ ἐγκλήματα· καὶ ἢν μὲν ἀδικῶν φαίνωμαι
καὶ τοῦτο περὶ ἐμοῦ γνῷ τὸ δικαστήριον, ὑφέξω δηλαδὴ τὴν
ἀξίαν, ὑμεῖς δὲ βίαιον οὐδὲν τολμήσετε· ἢν δὲ τὰς εὐθύνας
ὑποσχὼν καθαρὸς ὑμῖν καὶ ἀνεπίληπτος εὑρίσκωμαι, ἀφή-
σουσί με οἱ δικασταί, ὑμεῖς δὲ ἐς τοὺς ἐξαπατήσαντας ὑμᾶς
καὶ παροξύναντας καθ᾽ ἡμῶν τὴν ὀργὴν τρέψατε.

ΠΛΑΤ. Τοῦτ᾽ ἐκεῖνο, ἐς πεδίον τὸν ἵππον, ὡς παρα- 9
κρουσάμενος τοὺς δικαστὰς ἀπέλθῃς· φασὶ γοῦν ῥήτορά σε
καὶ δικανικόν τινα εἶναι καὶ πανοῦργον ἐν τοῖς λόγοις. τίνα δὲ
καὶ δικαστὴν ἐθέλεις γενέσθαι, ὅντινα μὴ σὺ δωροδοκήσας,
οἷα πολλὰ ποιεῖτε, ἄδικα πείσεις ὑπὲρ σοῦ ψηφίσασθαι;

ΛΟΥΚ. Θαρρεῖτε τούτου γε ἕνεκα· οὐδένα τοιοῦτον
διαιτητὴν ὕποπτον ἢ ἀμφίβολον ἀξιώσαιμ᾽ ἂν γενέσθαι καὶ
ὅστις ἀποδώσεταί μοι τὴν ψῆφον. ὁρᾶτε γοῦν, τὴν Φιλοσο-
φίαν αὐτὴν μεθ᾽ ὑμῶν δικάστριαν ποιοῦμαι ἔγωγε.

als leere Worte, denen die That
widerspricht. — ἀνθ᾽ ὧν, s. zu V,
22, 1. — διά γε τοῦτο, eben des-
wegen. Ebenso Prometh. 16: οὐ-
κοῦν διά γε τοῦτο καὶ ὁ νομεὺς ἀχ-
θέσθω. u. s. Vgl. Kr. Gr. §. 69, 15, 2.

8. πρὸς ὀργήν, d. i. ad irae ra-
tionem. Iup. conf. 5: μὴ τραχέως
μηδὲ πρὸς ὀργὴν ἀκούσῃς μου. To-
xar. 9: μὴ πρὸς ἀχθηδόνα μου
ἀκούσῃς u. ö. — μόνοι δή, δή ur-
girt den Begriff von μόνος. — κα-
τὰ τὸ ἰσχυρότερον, d. i. prout quis
robustior est. — ἐν τῷ μέρει, an
euerer Reihe, euererseits;
ebenso unten 28. — ἀδικῶν, nicht
ἠδικηκώς, s. Kr. Gr. 53, 1, 3. So

häufig bei Luc. — τὰς εὐθύνας
ὑποσχών, nach überstandener
Rechenschaftsablegung, s.
unser Wörterb. u. εὔθυνα 2).

9. τοῦτ᾽ ἐκεῖνο, s. zu V, 8, 1. —
ἐς πεδίον τὸν ἵππον. Plat. Theaet.
p. 183 D: ἱππέας ἐς πεδίον προκα-
λεῖ Σωκράτη ἐς λόγους προκαλού-
μενος. Vgl. Luc. Soloec. 8. Sprich-
wörtliche Redensart 'das Pferd in
die Ebene herausfordern', d. i. da-
hin, wo es seine Schnelligkeit am
besten zeigen kann. Der Sinn ist:
damit wäre dir gerade gedient,
dann wärest du im Fahrwasser. —
ἀποδώσεται, Kr. Gr. §. 52, 8, 6. —
δικάστριαν, nur hier vorkommen-

ΠΛΑΤ. Καὶ τίς ἂν κατηγορήσειεν, εἴ γε ἡμεῖς δικάσομεν;

ΛΟΥΚ. Οἱ αὐτοὶ κατηγορεῖτε καὶ δικάζετε· οὐδὲν οὐδὲ τοῦτο δέδια. τοσοῦτον ὑπερφέρω τοῖς δικαίοις καὶ ἐκ περιουσίας ἀπολογήσασθαι ὑπολαμβάνω.

10   *ΠΛΑΤ.* Τί ποιῶμεν, ὦ Πυθαγόρα καὶ Σώκρατες; ἔοικε γὰρ οὐκ ἄλογα ὁ ἀνὴρ προκαλεῖσθαι ἀξιῶν.

ΣΩΚ. Τί δ᾽ ἄλλο ἢ βαδίζωμεν ἐπὶ τὸ δικαστήριον καὶ τὴν Φιλοσοφίαν παραλαβόντες ἀκούσωμεν ὅ τι καὶ ἀπολογήσεται· τὸ πρὸ δίκης γὰρ οὐχ ἡμέτερον, ἀλλὰ δεινῶς ἰδιωτικόν, ὀργίλων τινῶν ἀνθρώπων καὶ τὸ δίκαιον ἐν τῇ χειρὶ τιθεμένων. παρέξομεν οὖν ἀφορμὰς τοῖς κακηγορεῖν ἐθέλουσι καταλεύσαντες ἄνδρα μηδὲ ἀπολογησάμενον ὑπὲρ ἑαυτοῦ, καὶ ταῦτα δικαιοσύνῃ χαίρειν αὐτοὶ λέγοντες. ἢ τί ἂν εἴποιμεν Ἀνύτου πέρι καὶ Μελήτου, τῶν ἐμοῦ κατηγορησάντων, ἢ τῶν τότε δικαστῶν, εἰ οὗτος τεθνήξεται μηδὲ τὸ παράπαν ὕδατος μεταλαβών;

ΠΛΑΤ. Ἄριστα παραινεῖς, ὦ Σώκρατες· ὥστε ἀξίωμεν ἐπὶ τὴν Φιλοσοφίαν. ἡ δὲ δικασάτω, καὶ ἡμεῖς ἀγαπήσομεν οἷς ἂν ἐκείνη διαγνῷ.

11   *ΛΟΥΚ.* Εὖ γε, ὦ σοφώτατοι· ἀμείνω ταῦτα καὶ νομιμώτερα. τοὺς μέντοι λίθους φυλάττετε, ὡς ἔφην· δεήσει γὰρ αὐτῶν μικρὸν ὕστερον ἐν τῷ δικαστηρίῳ. ποῦ δὲ τὴν Φιλοσοφίαν εὕροι τις ἄν; οὐ γὰρ οἶδα ἔνθα οἰκεῖ· καίτοι πολὺν ἐπλανήθην χρόνον ἀναζητῶν τὴν οἰκίαν, ὡς ξυγγενοί-

des Wort. — ὑπερφέρω τοῖς δικαίοις, übertreffe ich, bin ich überlegen durch das Gerechte. — ἐκ περιουσίας, ex abundanti, zum Ueberfluss. Ebenso ἐκ τοῦ περιόντος Amor. 33, wie schon Thukyd. 8, 46, 5.

10. ἔοικε .. ἀξιῶν. So findet sich öfter ἔοικα mit dem Nominat. des Partic. verbunden. Vitar. auct. 13: ὁ δέ τινα ἔοικε πενθῶν. Catapl. 3: τεταραγμένος γὰρ ἡμῖν ἔοικας. Iup. Trag. 14: ἡ γλῶττά μου πεπεδημένη ἔοικεν. Kr. Gr. §. 56, 4, 9. — τί δ᾽ ἄλλο ἤ, häufig bei Luc. vorkommende elliptische Formel,

vgl. Kr. Gr. §. 62, 3, 7. — ὅ τι καί, quid tandem. Unten 16: οὐχ ὁρῶ ἥντινα καὶ λέγεις u. s., s. zu IV, 9. — τὸ πρὸ δίκης, d. i. indicta causa damnare. — τὸ δίκ. ἐν τῇ χειρὶ τιθ., ius in manibus ponere, Faustrecht. Spätere Redensart. — Ἀνύτου π. κ. Μελήτου, s. zu Demon. 11. — τεθνήξεται, s. zu IV, 17. — ὕδατος μεταλαβών, d. i. dicendi potestatem habere. Unter ὕδωρ ist das in der Wasseruhr (κλεψύδρα) befindliche Wasser zu verstehen, womit den vor Gericht Sprechenden die Zeit zugemessen wurde. Vgl. unten 24. 28.

11. μικρὸν ὕστερον, s. zu IV, 11.

μὴν αὐτῇ. εἶτα ἐντυγχάνων ἄν τισι τριβώνια περιβεβλημέ-
νοις καὶ πώγωνας βαθεῖς καθειμένοις παρ' αὐτῆς ἐκείνης
ἥκειν φάσκουσιν, οἰόμενος εἰδέναι αὐτοὺς ἀνηρώτων· οἱ δὲ
πολὺ μᾶλλον ἐμοῦ ἀγνοοῦντες ἢ οὐδ' ὅλως ἀπεκρίνοντό μοι,
ὡς μὴ ἐλέγχοιντο οὐκ εἰδότες, ἢ ἄλλην θύραν ἀντ' ἄλλης
ἀπεδείκνυον. οὐδέπω γοῦν καὶ τήμερον ἐξευρεῖν δεδύνημαι
τὴν οἰκίαν. πολλάκις δὲ αὐτὸς εἰκάσας ἢ ξεναγήσαντός τινος 12
ἧκον ἂν ἐπί τινας θύρας βεβαίως ἐλπίσας τότε γοῦν εὑρηκέ-
ναι, τεκμαιρόμενος τῷ πλήθει τῶν ἐσιόντων τε καὶ ἐξιόντων,
ἁπάντων σκυθρωπῶν καὶ τὰ σχήματα εὐσταλῶν καὶ φροντι-
στικῶν τὴν πρόσοψιν· μετὰ τούτων οὖν ξυμπαραβυσθεὶς καὶ
αὐτὸς ἐσῆλθον. εἶτα ἑώρων γύναιόν τι οὐχ ἁπλοϊκόν, εἰ καὶ
ὅτι μάλιστα ἐς τὸ ἀφελὲς καὶ ἀκόσμητον ἑαυτὴν ἐρρύθμιζεν,
ἀλλὰ κατεφάνη μοι αὐτίκα οὐδὲ τὸ ἄνετον δοκοῦν τῆς κόμης
ἀκαλλώπιστον ἐῶσα οὐδὲ τοῦ ἱματίου τὴν ἀναβολὴν ἀνεπιτη-
δεύτως περιστέλλουσα· πρόδηλος δὲ ἦν κοσμουμένη αὐτοῖς
καὶ πρὸς εὐπρέπειαν τῷ ἀθεραπεύτῳ δοκοῦντι προσχρωμένη.
ὑπεφαίνετο δέ τι καὶ ψιμύθιον καὶ φῦκος καὶ τὰ ῥήματα
πάντα ἑταιρικά· καὶ ἐπαινουμένη ὑπὸ τῶν ἐραστῶν ἐς κάλ-
λος ἔχαιρε, καὶ εἰ δοίη τις, προχείρως ἐδέχετο, καὶ τοὺς
πλουσιωτέρους ἂν παρακαθισαμένη πλησίον τοὺς πένητας
τῶν ἐραστῶν οὐδὲ προσέβλεπε. πολλάκις δὲ καὶ γυμνωθείσης
αὐτῆς κατὰ τὸ ἀκούσιον ἑώρων περιδέραια χρύσεα τῶν κλοιῶν
παχύτερα. ἐπὶ πόδας οὖν εὐθὺς ἀνέστρεφον οἰκτείρας δη-
λαδὴ τοὺς κακοδαίμονας ἐκείνους οὐ τῆς ῥινός, ἀλλὰ τοῦ

— ἐντυγχάνων ἄν .. ἀνηρώτων, s.
zu I, 2. Ebenso 12: ἧκον ἄν. und
τοὺς πλουσιωτέρους ἄν .. προσέ-
βλεπε. — πώγωνας βαθεῖς καθει-
μένοις, mit tief herabhängen-
den Bärten, s. zu V, 10, 8. —
ἐλέγχοιντο οὐκ εἰδότες. Nigrin. 28:
ἵνα μὴ τὰ παρὰ δύναμιν ἐπιτάτ-
των ἐλέγχηται. Apol. 6: ἠλέγχθης
πίθηκος ὢν καὶ ἀπ' ἄκρου χείλους
φιλοσοφῶν. u. s., s. zu V, 29, 1. —
καὶ τήμερον, d. i. bis auf den
heutigen Tag. Die Formel οὐ-
δέπω καὶ τήμερον findet sich oft
bei Demosthenes.
12. ξυμπαραβυσθείς, nur bei Luc.
vorkommendes Wort. — κατεφάνη
.. ἐῶσα, s. zu IV, 12. — τοῦ ἱμα-
τίου τὴν ἀναβολήν. Ueber diese
bei Luc. häufige Wortstellung s.

zu V, 22, 3. — αὐτοῖς zu beziehen
auf das Vorhergehende. — ψιμύ-
θιον, cerussa, Bleiweiss, und φῦ-
κος, fucus, eine rothe Schminke,
gebrauchten die Hetären gewöhn-
lich. — παρακαθισαμένη, neben
sich niedersitzen lassen. —
κατὰ τὸ ἀκούσιον, s. zu VI, 14, 4.
— χρύσεα. Diese ionischen For-
men finden sich zuweilen bei Luc.,
Navig. 39: χρύσεα ἐκπώματα. Ver.
hist. 2, 34: χρύσεοι. Ver. hist. 1, 40:
χάλκεον. — κλοιῶν. Die attische
Form ist κλωός. — ἐπὶ πόδας, ei-
gentl. nach den Füssen zu,
das Gesicht dem Feinde zu-
gekehrt. Die gewöhnliche For-
mel, die auch bei Luc. sonst steht,
ist ἐπὶ πόδα. — οὐ τῆς ῥινός, ἀλλὰ
τοῦ πώγωνος εἵλκομ., s. über die-

πώγωνος ἑλκομένους πρὸς αὐτῆς καὶ κατὰ τὸν Ἰξίονα εἰδώλῳ
ἀντὶ τῆς Ἥρας ξυνόντας.

13 ΠΛΑΤ. Τοῦτο μὲν ὀρθῶς ἔλεξας· οὐδὲ γὰρ πρόδηλος
οὐδὲ πᾶσι γνώριμος ἡ θύρα. πλὴν ἀλλὰ οὐδὲν δεήσει βαδί-
ζειν ἐπὶ τὴν οἰκίαν· ἐνταῦθα γὰρ ἐν Κεραμεικῷ ὑπομενοῦ-
μεν αὐτήν. ἡ δὲ ἤδη που ἀφίξεται ἐπανιοῦσα ἐξ Ἀκαδημείας,
ὡς περιπατήσειε καὶ ἐν τῇ Ποικίλῃ· τοῦτο ὁσημέραι ποιεῖν
ἔθος αὐτῇ· μᾶλλον δὲ ἤδη προσέρχεται. ὁρᾷς τὴν κόσμιον,
τὴν ἀπὸ τοῦ σχήματος, τὴν προσηνῆ τὸ βλέμμα, τὴν ἐπὶ συν-
νοίᾳ ἠρέμα βαδίζουσαν;

ΛΟΥΚ. Πολλὰς ὁμοίας ὁρῶ τό τε σχῆμα καὶ τὸ βάδισμα
καὶ τὴν ἀναβολήν. καίτοι μία πάντως ἥ γε ἀληθὴς Φιλοσο-
φία ἐστὶν ἐν αὐταῖς.

ΠΛΑΤ. Εὖ λέγεις. ἀλλὰ δηλώσει ἥτις ἐστὶ φθεγξαμένη
μόνον.

14 ΦΙΛ. Παπαῖ· τί Πλάτων καὶ Χρύσιππος ἄνω καὶ Ἀρι-
στοτέλης καὶ οἱ ἄλλοι πάντες, αὐτὰ δὴ τὰ κεφάλαιά μου τῶν
μαθημάτων; τί αὖθις ἐς τὸν βίον; ἆρά τι ὑμᾶς ἐλύπει τῶν
κάτω; ὀργιζομένοις γοῦν ἐοίκατε. καὶ τίνα τοῦτον ξυλλα-
βόντες ἄγετε; ἦ που τυμβωρύχος τις ἢ ἀνδροφόνος ἢ ἱερό-
συλός ἐστι;

ΠΛΑΤ. Νὴ Δί᾽, ὦ Φιλοσοφία, πάντων γε ἱεροσύλων
ἀσεβέστατος, ὃς τὴν ἱερωτάτην σὲ κακῶς ἀγορεύειν ἐπεχεί-
ρησε καὶ ἡμᾶς ἅπαντας, ὁπόσοι τι παρὰ σοῦ μαθόντες τοῖς
μεθ᾽ ἡμᾶς καταλελοίπαμεν.

ΦΙΛ. Εἶτα ἠγανακτήσατε λοιδορησαμένου τινός, καὶ

sen Genet. zu V, 21, 1. Vgl. Kr.
Gr. II. §. 47, 12, 4. Dial. deor. 6,
2: καὶ ἄγει σε καὶ φέρει τῆς ῥινός,
φασίν, ἕλκων. — κατὰ τὸν Ἰξίονα.
Ixion, König der Lapithen, stellte
der Hera nach, und Zeus bildete
ein Nebelbild, das jener gleich
war.
13. ἐν Κεραμεικῷ. In Athen wa-
ren zwei Plätze dieses Namens,
in und ausserhalb der Stadt; der
erstere, der hier zu verstehen,
bildete den Aufweg zur Akropolis.
— Ἀκαδημείας, s. oben zu Demon.
14. — ὡς περιπατήσειε, s. zu I, 4.
— Ποικίλη, s. zu Demon. 14. —
μᾶλλον δέ, s. zu II, 5. — τὴν ἀπὸ
τοῦ σχήματος, d. i. excellenti ha-
bitu, die durch ihr Aeusseres
sich bemerkbar macht. Eben-
so Bis accus. 28: τὸν γενειήτην
ἐκεῖνον, τὸν ἀπὸ τοῦ σχήματος, τὸν
Διάλογον. Spätere Ausdrucksweise-
se. Aehnlich ὁ ἀπὸ λόγων u. dgl.
— ἐπὶ συννοίᾳ, zum Zweck des
Nachdenkens, in Gedanken,
Eurip. Orest. 632: ποῖ σὸν πόδ᾽
ἐπὶ συννοίᾳ κυκλεῖς; Auch ἐπὶ συν-
νοίας, Saturn. 11: ἰδὼν γάρ με
σκυθρωπόν, ἐπὶ συννοίας βαδί-
ζοντα.
14. αὐτὰ δὴ τὰ κεφάλαιά μου
τῶν μαθημάτων, ipsa disciplinae
meae capita; s. zu V, 20, 2. — τυμ-
βωρύχος, Erzspitzbube. — εἶτα,
s. zu V, 16, 1. Vgl. unten 15. 18.

ταῦτα εἰδότες ἐμέ, οἷα πρὸς τῆς Κωμῳδίας ἀκούουσα ἐν τοῖς
Διονυσίοις ὅμως φίλην τε αὐτὴν ἥγημαι καὶ οὔτε ἐδικασά-
μην οὔτε ᾐτιασάμην προσελθοῦσα, ἐφίημι δὲ παίζειν τὰ
εἰκότα καὶ τὰ ξυνήθη τῇ ἑορτῇ; οἶδα γάρ, ὡς οὐκ ἄν τι ὑπὸ
σκώμματος χεῖρον γένοιτο, ἀλλὰ τοὐναντίον ὅπερ ἂν ᾖ καλόν,
ὥσπερ τὸ χρυσίον ἀποσμώμενον τοῖς κόμμασι λαμπρότερον
ἀποστίλβει καὶ φανερώτερον γίνεται. ὑμεῖς δ' οὐκ οἶδ'
ὅπως ὀργίλοι καὶ ἀγανακτικοὶ γεγόνατε. τί δ' οὖν αὐτὸν
ἄγχετε;

ΠΛΑΤ. Μίαν ἡμέραν ταύτην παραιτησάμενοι ἥκομεν
ἐπ' αὐτόν, ὡς ὑπόσχῃ τὴν ἀξίαν ὧν δέδρακε· φῆμαι γὰρ
ἡμῖν διήγγελλον οἷα ἔλεγεν ἐπιὼν ἐς τὰ πλήθη καθ' ἡμῶν.

ΦΙΛ. Εἶτα πρὸ δίκης οὐδὲ ἀπολογησάμενον ἀποκτε- 15
νεῖτε; δῆλος γοῦν ἐστιν εἰπεῖν τι θέλων.

ΠΛΑΤ. Οὔκ, ἀλλ' ἐπὶ σὲ τὸ πᾶν ἀνεβαλόμεθα. καὶ σοὶ
ἂν δοκῇ τοῦτο, ποιήσῃ τέλος τῆς δίκης.

ΦΙΛ. Τί φὴς σύ;

ΛΟΥΚ. Τοῦτο αὐτό, ὦ δέσποινα Φιλοσοφία, ἥπερ καὶ
μόνη τἀληθὲς ἂν εὑρεῖν δύναιο· μόγις γοῦν εὑρόμην πολλὰ
ἱκετεύσας τὸ σοὶ φυλαχθῆναι τὴν δίκην.

ΠΛΑΤ. Νῦν, ὦ κατάρατε, δέσποιναν αὐτὴν καλεῖς;
πρώην δὲ τὸ ἀτιμότατον Φιλοσοφίαν ἀπέφαινες ἐν τοσούτῳ
θεάτρῳ ἀποκηρύττων κατὰ μέρη δύ' ὀβολῶν ἕκαστον εἶδος
αὐτῆς τῶν λόγων.

ΦΙΛ. Ὁρᾶτε, μὴ οὐ Φιλοσοφίαν οὗτός γε, ἀλλὰ γόητας

— εἰδότες ἐμέ, οἷα κτέ., s. zu V,
9, 3. — οἷα πρὸς τῆς Κωμ. ἀκού-
ουσα, Kr. Gr. §. 46, 12, 1. Vgl.
unten 23. — ἐν τοῖς Διονυσίοις.
An den Dionysien, den grossen
oder städtischen, die im Monat Ela-
phebolion gefeiert wurden, führ-
ten die Tragödien- und Komödien-
dichter ihre Stücke auf. — ὅμως.
Ueber ὅμ. nach vorhergehendem
Partic. s. zu III, 17. — ἥγημαι.
Ueber dieses Perf., das sich sonst
bei Luc. nicht findet, s. Kr. Gr.
II. §. 39 unter dem W. — ἀποσμώ-
μενον, gereinigt. So noch Ana-
chars. 29: ἄλλως τε καὶ τὸν ῥύπον
ἀποσμᾷ καὶ στιλπνότερον ποιεῖ τὸν
ἄνδρα. — τοῖς κόμμασι, Hammer-
schläge, wodurch das Gold von

Schlacken gereinigt wird. Wahr-
scheinlich ein Wortspiel mit σκώμ-
ματος. — οὐκ οἶδ' ὅπως, s. zu V,
15, 4. — ἀγανακτικοί, nur hier vor-
kommende Wortform. Vielleicht
ist ἀγανακτητικοί zu schreiben. —
ἐπιών. Das gewöhnliche Verbum
vom Auftreten zum Reden ist παρ-
ιέναι. Harmonid. 2: ἐς τὰ πλήθη
παριών. Prometh. in v. 2 u. s. In-
dessen so schon bei Thukydides.

15. ἀνεβαλόμεθα, zur Ent-
scheidung übertragen; nur
hier so. — εὑρόμην, impetravi. —
πρώην, in der βίων πρᾶσις. —
θεάτρῳ = ἐκκλησία. — κατὰ μέρη,
per partes. — τῶν λόγων, Syste-
me. — μὴ .. ἠγόρευσε, s. zu V, 16,

ἄνδρας ἐπὶ τῷ ἡμετέρῳ ὀνόματι πολλὰ καὶ μιαρὰ πράττοντας ἠγόρευσε κακῶς.

ΠΛΑΤ. Εἴσῃ αὐτίκα, ἢν ἐθέλῃς ἀκούειν ἀπολογουμένου μόνον.

ΦΙΛ. Ἀπίωμεν ἐπ' Ἄρειον πάγον, μᾶλλον δὲ ἐς τὴν ἀκρόπολιν αὐτήν, ὡς ἂν ἐκ περιωπῆς ἅμα καταφανῆ πάντα 16 εἴη τὰ ἐν τῇ πόλει. ὑμεῖς δέ, ὦ φίλαι, ἐν τῇ Ποικίλῃ τέως περιπατήσατε· ἥξω γὰρ ὑμῖν ἐκδικάσασα τὴν δίκην.

ΛΟΥΚ. Τίνες δέ εἰσιν, ὦ Φιλοσοφία; πάνυ γάρ μοι κόσμιαι καὶ αὐταὶ δοκοῦσιν.

ΦΙΛ. Ἀρετὴ μὲν ἡ ἀνδρώδης αὕτη, Σωφροσύνη δὲ ἐκείνη καὶ Δικαιοσύνη ἡ παρ' αὐτήν. ἡ δὲ προηγουμένη Παιδεία, ἡ ἀμυδρὰ δὲ [αὕτη] καὶ ἀσαφὴς τὸ χρῶμα ἡ Ἀλήθειά ἐστιν.

ΛΟΥΚ. Οὐχ ὁρῶ ἥντινα καὶ λέγεις.

ΦΙΛ. Τὴν ἀκαλλώπιστον ἐκείνην οὐχ ὁρᾷς, τὴν γυμνήν, τὴν ὑποφεύγουσαν ἀεὶ καὶ διολισθάνουσαν;

ΛΟΥΚ. Ὁρῶ νῦν μόγις. ἀλλὰ τί οὐχὶ καὶ ταύτας ἄγεις, ὡς πλῆρες γένοιτο καὶ ἐντελὲς τὸ ξυνέδριον; τὴν Ἀλήθειαν δέ γε καὶ ξυνήγορον ἀναβιβάσασθαι πρὸς τὴν δίκην βούλομαι.

ΦΙΛ. Νὴ Δία, ἀκολουθήσατε καὶ ὑμεῖς· οὐ χαλεπὸν δικάσαι δίκην, καὶ ταῦτα περὶ τῶν ἡμετέρων ἐσομένην.

17 ΑΛΗΘ. Ἄπιτε ὑμεῖς· ἐγὼ γὰρ οὐδὲν δέομαι ἀκούειν ἃ πάλαι οἶδα ὁποῖά ἐστιν.

ΦΙΛ. Ἀλλὰ ἡμῖν, ὦ Ἀλήθεια, ἐν δέοντι ξυνδικάζοις ἄν, ὡς καὶ καταμηνύοις ἕκαστα.

ΑΛΗΘ. Οὐκοῦν ἐπάγωμαι καὶ τὼ θεραπαινιδίω τούτω συνοικοτάτω μοι ὄντε;

ΦΙΛ. Καὶ μάλα ὁπόσας ἂν ἐθέλῃς.

ΑΛΗΘ. Ἕπεσθον, ὦ Ἐλευθερία καὶ Παρρησία, μεθ' ἡμῶν, ὡς τὸν δείλαιον τουτονὶ ἀνθρωπίσκον, ἐραστὴν ἡμέ-

2. Ueber den Aorist. **s**, oben zu 6. — γόητας ἄνδρας. Für ἄνδρας sollte man ἀνθρώπους erwarten, wie auch Luc. anderwärts sagt; s. Kr. Gr. §. 57, 1, 1. — Ἄρειον πάγον, der Areshügel lag nordwestlich der Akropolis gegenüber. — ὡς ἂν . . εἴη, s. zu V, 4, 2.

16. ἥξω γὰρ ὑμῖν, s. zu IV, 24. — ἀμυδρὰ δὲ καὶ ἀσαφής. War-

um hat die Wahrheit diese und die folgenden Eigenschaften? — τί οὐχὶ . . ἄγεις, s. zu II, 31. — δέ γε, aber wenigstens, s. zu III, 19. — οὐ χαλεπόν, non molestum.

17. ἐν δέοντι, opportune. Alexand. 57: οὐκ ἐν δέοντι θρασυνάμενος. Kr. Gr. §. 43, 4, 5. — ἔπεσθον . . μεθ' ἡμῶν. Diese Verbindung findet sich auch sonst bei

τερον ὄντα κινδυνεύοντα ἐπ' οὐδεμιᾷ προφάσει δικαίᾳ σῶσαι δυνηθῶμεν· σὺ δέ, ὦ Ἔλεγχε, αὐτοῦ περίμενε.

ΛΟΥΚ. Μηδαμῶς, ὦ δέσποινα, ἡκέτω δὲ καὶ οὗτος, εἰ καί τις ἄλλος· οὐ γὰρ τοῖς τυχοῦσι θηρίοις προσπολεμῆσαι δεήσει με, ἀλλ' ἀλαζόσιν ἀνθρώποις καὶ δυσελέγκτοις, ἀεί τινας ἀποφυγὰς εὑρισκομένοις, ὥστε ἀναγκαῖος ὁ Ἔλεγχος.

ΦΙΛ. Ἀναγκαιότατος μὲν οὖν· ἄμεινον δέ, εἰ καὶ τὴν Ἀπόδειξιν παραλάβοις.

ΑΛΗΘ. Ἔπεσθε πάντες, ἐπείπερ ἀναγκαιότατοι δοκεῖτε πρὸς τὴν δίκην.

ΑΡΙΣΤΟΤΕΛΗΣ. Ὁρᾷς; προσεταιρίζεται καθ' ἡμῶν, 18 ὦ Φιλοσοφία, τὴν Ἀλήθειαν.

ΦΙΛ. Εἶτα δέδιτε, ὦ Πλάτων καὶ Χρύσιππε καὶ Ἀριστότελες, μή τι ψεύσηται ὑπὲρ αὐτοῦ Ἀλήθεια οὖσα;

ΠΛΑΤ. Οὐ τοῦτο, ἀλλὰ δεινῶς πανοῦργός ἐστι καὶ κολακικός· ὥστε παραπείσει αὐτήν.

ΦΙΛ. Θαρρεῖτε· οὐδὲν μὴ γένηται ἄδικον, Δικαιοσύνης ταύτῃ ξυμπαρούσης. ἀνίωμεν οὖν. ἀλλὰ εἰπέ μοι σύ, τί σοι 19 τοὔνομα;

ΛΟΥΚ. Ἐμοὶ Παρρησιάδης Ἀληθίωνος τοῦ Ἐλεγξικλέους.

ΦΙΛ. Πατρὶς δέ;

ΛΟΥΚ. Σύρος, ὦ Φιλοσοφία, τῶν Ἐπευφρατιδίων. ἀλλὰ τί τοῦτο; καὶ γὰρ τούτων τινὰς οἶδα τῶν ἀντιδίκων οὐχ ἧττον ἐμοῦ βαρβάρους τὸ γένος· ὁ τρόπος δὲ καὶ ἡ παιδεία οὐ κατὰ Σολέας ἢ Κυπρίους ἢ Βαβυλωνίους ἢ Σταγειρίτας. καίτοι πρός γε σὲ οὐδὲν ἂν ἐλάττων γένοιτο οὐδ' εἰ

Luc., vgl. Navig. 1. ἀκολούθει μεθ' ἡμῶν ebend. 30. u. s. Kr. Gr. §. 48, 7, 12. — εἰ καί τις ἄλλος, wenn sonst noch irgend einer, d. i. dieser, der Ἔλεγχος, zumeist. So εἰ καί τις ἄλλος Dial. meretr. 5, 1. Bis accus. 21. Phal. 1, 1. De saltat. 63 u. s. — τοῖς τυχοῦσι, den ersten besten, gewöhnlichen, vgl. zu V, 27, 7.

18. οὐδὲν μὴ γένηται ἄδικον, d. i. nihil prorsus iniustum fiet. Philopseud. 40: ἡμᾶς οὐδὲν μὴ ταράξῃ τῶν κενῶν καὶ ματαίων τούτων ψευσμάτων. Dial. mar. 6, 3: θάρρει· οὐδὲν δεινὸν μὴ πάθῃς. Kr. Gr. §. 53, 7, 6.

19. Παρρησιάδης Ἀληθ. τοῦ Ἔλεγξ. Beachte die Bedeutung dieser erdichteten Namen. die Luc. sich, seinem Vater und Grossvater gibt. — Σύρος. Lucian war gebürtig aus Samosata, der Hauptstadt der syr. Provinz Kommagene. — ἀλλὰ τί τοῦτο; at quid hoc ad rem? Kr. Gr. §. 62, 3, 11. — καὶ γάρ, denn auch; s. zu II, 51. — ὁ τρόπος δὲ καὶ ἡ παιδεία, näml. τῶν ἀντιδίκων. — κατὰ Σολέας. Soloi in Kilikien war Vaterstadt des Chrysippos. Aus Kition auf Kypros stammte Zenon. Βαβυλωνίους bezieht sich auf den Stoiker Diogenes, der zu Seleukeia am

τὴν φωνὴν βάρβαρος εἴη τις, εἴπερ ἡ γνώμη ὀρθὴ καὶ δικαία
φαίνοιτο οὖσα.

20   *ΦΙΛ.* Εὖ λέγεις· ἄλλως γοῦν τοῦτο ἠρόμην. ἡ τέχνη δέ
σοι τίς; ἄξιον γὰρ ἐπίστασθαι τοῦτό γε.

   ΛΟΥΚ. Μισαλαζών εἰμι καὶ μισογόης καὶ μισοψευδὴς
καὶ μισότυφος καὶ μισῶ πᾶν τὸ τοιουτῶδες εἶδος τῶν μιαρῶν
ἀνθρώπων· πάνυ δὲ πολλοί εἰσιν, ὡς οἶσθα.

   ΦΙΛ. Ἡράκλεις, πολυμισῆ τινα μέτει τὴν τέχνην.

   ΛΟΥΚ. Εὖ λέγεις· ὁρᾷς γοῦν, ὁπόσοις ἀπεχθάνομαι καὶ
ὡς κινδυνεύω δι᾽ αὐτήν. οὐ μὴν ἀλλὰ καὶ τὴν ἐναντίαν
αὐτῇ πάνυ ἀκριβῶς οἶδα, λέγω δὲ τὴν ἀπὸ τοῦ φιλο τὴν
ἀρχὴν ἔχουσαν· φιλαλήθης τε γὰρ καὶ φιλόκαλος καὶ φιλα-
πλοϊκὸς καὶ ὅσα τῷ φιλεῖσθαι ξυγγενῆ· πλὴν ἀλλ᾽ ὀλίγοι
πάνυ ταύτης ἄξιοι τῆς τέχνης. οἱ δὲ ὑπὸ τῇ ἐναντίᾳ ταττό-
μενοι καὶ τῷ μίσει οἰκειότεροι πεντακισμύριοι. κινδυνεύω
τοιγαροῦν τὴν μὲν ὑπ᾽ ἀργίας ἀπομαθεῖν ἤδη, τὴν δὲ πάνυ
ἠκριβωκέναι.

   ΦΙΛ. Καὶ μὴν οὐκ ἐχρῆν· τοῦ γὰρ αὐτοῦ καὶ τάδε,
φασί, καὶ τάδε· ὥστε μὴ διαίρει τὼ τέχνα· μία γὰρ ἐστὸν
δύ᾽ εἶναι δοκοῦσαι.

   ΛΟΥΚ. Ἄμεινον σὺ ταῦτα οἶσθα, ὦ Φιλοσοφία. τὸ μέν-
τοι ἐμὸν τοιοῦτόν ἐστιν, οἷον τοὺς μὲν πονηροὺς μισεῖν,
ἐπαινεῖν δὲ τοὺς χρηστοὺς καὶ φιλεῖν.

21   *ΦΙΛ.* Ἄγε δή, πάρεσμεν γὰρ ἔνθα ἐχρῆν· ἐνταῦθά που

Tigris geboren war und den Bei-
namen 'der Babylonier' hatte. Sta-
geira in Makedonien endlich war
der Geburtsort des Aristoteles.

20. ἄλλως, **nur so,** *temere,* wie
Göttergespr. 14 (20), 3. — τοῦτό γε.
Oftmals steht οὑτός γε so am Ende
des Satzes mit Nachdruck. Tim. 6:
ἀνιαρότερον γὰρ τοῦτό γε. Dial.
mort. 6, 2: ἄνω γὰρ ποταμῶν τοῦτό
γε. Alexand. 43: οὐ θέμις ἀκοῦσαί
σε τοῦτό γε. u. s. — μισαλαζών .. μι-
σότυφος. Von Luc. gebildete Zu-
sammensetzungen. — τοιουτῶδες,
spätes Wort. — πολυμισῆ τινα
μέτει τὴν τέχνην, d. i. ἡ τέχνη, ἣν
μέτει, πολυμισής τίς ἐστι. S. zu I,
1. Das Adict. πολυμ. nur hier.
— οὐ μὴν ἀλλά, s. zu VI, 14, 14.
— ἀπὸ τοῦ φιλο. Aristoph. vesp.
77: οὐκ, ἀλλὰ φιλο μέν ἐστιν ἀρχὴ

τοῦ κακοῦ. — φιλαπλοϊκός, nur
hier. — ὀλίγοι πάνυ, s. zu VI, 7. —
ὑπὸ τῇ ἐναντίᾳ ταττόμενοι, s. zu II,
31. — τοιγαροῦν, an zweiter Stelle,
wie hier, Dial. deor. 1, 2. Dial.
mort. 10, 3 u. s. — τοῦ γὰρ αὐτοῦ
κτέ. Eine sprichwörtliche Redens-
art, etwa dem Deutschen: das Eine
thun und das Andere nicht lassen,
entsprechend. Geist. — δοκοῦσαι,
man sollte δοκούσα, oder vielleicht,
wie Cobet will, δοκοῦντε erwar-
ten. — τὸ ἐμόν, Kr. Gr. §. 43, 4,
26. — οἷον .. μισεῖν, ἐπαινεῖν. Her-
motim. 76: εἴ τινι ἐντετύχηκας
Στωικῷ τοιούτῳ, οἵῳ μήτε λυπεῖ-
σθαι κτέ. Charidem. 8: ἑτέρου τι-
νὸς ὑποκρίνεται σχῆμα, καὶ τούτου
καλλίστου, καὶ οἷου τὸν ὁρῶντα
προσαγαγέσθαι. Anach. 32. u. ö.
Kr. Gr. §. 55, 3, 5.

ἐν τῷ προνάῳ τῆς Πολιάδος δικάσωμεν. ἡ ἱέρεια, διάθες
ἡμῖν τὰ βάθρα, ἡμεῖς δὲ ἐν τοσούτῳ προσκυνήσωμεν
τῇ θεῷ.

ΛΟΥΚ. Ὦ Πολιάς, ἐλθέ μοι κατὰ τῶν ἀλαζόνων σύμ-
μαχος ἀναμνησθεῖσα ὁπόσα ἐπιορκούντων ὁσημέραι ἀκούεις
αὐτῶν· καὶ ἃ πράττουσι δέ, μόνη ὁρᾷς ἅτε δὴ ἐπίσκοπος
οὖσα. νῦν καιρὸς ἀμύνασθαι αὐτούς. ἐμὲ δὲ ἦν που κρατού-
μενον ἴδῃς κἂν πλείους ὦσιν αἱ μέλαιναι, σὺ προσθεῖσα τὴν
σαυτῆς σῶζέ με.

ΦΙΛ. Εἶεν· ἡμεῖς μὲν ὑμῖν καὶ δὴ καθήμεθα ἕτοιμοι 22
ἀκούειν τῶν λόγων, ὑμεῖς δὲ προελόμενοί τινα ἐξ ἁπάντων,
ὅστις ἄριστα κατηγορήσειν δοκεῖ, ξυνείρετε τὴν κατηγορίαν
καὶ διελέγχετε· πάντας γὰρ ἅμα λέγειν ἀμήχανον. σὺ δέ, ὦ
Παρρησιάδη, ἀπολογήσῃ τὸ μετὰ τοῦτο.

ΧΡΥΣΙΠΠΟΣ. Τίς οὖν ἂν ἐπιτηδειότατος ἐξ ἡμῶν
γένοιτο πρὸς τὴν δίκην σου, ὦ Πλάτων· ἥ τε γὰρ μεγαλόνοια
θαυμαστὴ καὶ ἡ καλλιφωνία δεινῶς Ἀττικὴ καὶ τὸ κεχα-
ρισμένον καὶ πειθοῦς μεστὸν ἥ τε ξύνεσις καὶ τὸ ἀκριβὲς καὶ
τὸ ἐπαγωγὸν ἐν καιρῷ τῶν ἀποδείξεων, πάντα ταῦτά σοι
ἀθρόα πρόσεστιν· ὥστε τὴν προηγορίαν δέχου καὶ ὑπὲρ
ἁπάντων εἰπὲ τὰ εἰκότα. νῦν ἀναμνήσθητι πάντων ἐκείνων
καὶ ξυμφόρει ἐς τὸ αὐτό, εἴ τί σοι πρὸς Γοργίαν ἢ Πῶλον ἢ

---

21. τῆς Πολιάδος, Beiname der
Athene als Schutzgöttin der Stadt.
— ἡ ἱέρεια, s. zu V, 10, 4. — προσ-
κυνήσωμεν τῇ θεῷ. Gewöhnlich
wird προσκυνεῖν, wie auch sonst
bei Luc., nur mit dem Accusat.
verbunden; mit dem Dativ. erst
bei einigen Späteren. — καὶ ἃ πρ.
δέ, s. zu II, 33. — ἅτε δή, s. zu II,
21. De merc. cond. 23: ἅτε δὴ μὴ
ἐκ παίδων τῇ δουλείᾳ ξυντραφείς.
— αἱ μέλαιναι, näml. ψῆφοι. Die
weissen (λευκαί) oder ganzen (πλή-
ρεις) Stimmsteine sprachen frei,
die schwarzen oder durchlöcher-
ten (τετρυπημέναι) verurtheilten.
Gleichheit der Stimmen sprach frei.
— πλείους, d. i. um einen mehr.
Ebenso würde Orestes dadurch,
dass Athene ihren Stimmstein zu-
legte und so gleiche Stimmenzahl
entstand, frei gesprochen. Dieses
ist der *calculus Minervae*. Har-
monid. 3: ὥστε ἦν που καὶ νῦν

ἐμοὶ ἐς τὸ χεῖρον ῥέπωσιν αἱ ψῆφοι
ἐν τῷ λόγῳ καὶ ἐλάττους ὦσιν αἱ
ἀμείνους, σὺ τῇς τῆς Ἀθηνᾶς προσ-
τιθεὶς ἀναπλήρου τὸ ἐνδέον παρὰ
σεαυτοῦ. [Vgl. G. Hermanns Re-
cens. von K. O. Müllers Eumen.
des Aeschyl. S. 189 fg.]
22. καὶ δή, s. zu VII, 9. — τὸ
μετὰ τοῦτο, s. zu VII, 29. — ἐπι-
τηδειότατος, scheinbar für den
Comparativ; vgl. Od. 11, 482: σεῖο,
Ἀχιλλεῦ, οὔ τις ἀνὴρ προπάροιθε
μακάρτατος οὔτ' ἄρ' ὀπίσσω [Bek-
ker hat hier, wie an unserer Stelle,
den Compar. gesetzt.] Kr. Gr. II.
§. 49, 10, 5. — τὸ κεχαρισμένον =
ἡ χάρις, s. zu I, 8. — προηγορίαν,
das Sprechen für Andere.
Nur hier vorkommendes Wort. —
ἐς τὸ αὐτό, in unum, wie oft bei
Livius. Iup. conf. 14: ἄρνεια κρέα
καὶ χελώνην ἐς τὸ αὐτὸ ἕψων. Al-
ciphr. 3, 67, 2: εἰς ταὐτὸν συνελ-
θόντες. Häufiger findet sich ἐν τῷ

3*

Ἱππίαν ἢ Πρόδικον εἴρηται· δεινότερος οὗτος. ἐπίπαττε οὖν
καὶ τῆς εἰρωνείας καὶ τὰ κομψὰ ἐκεῖνα καὶ συνεχῆ ἐρώτα,
κἄν σοι δοκῇ, κἀκεῖνό που παράβυσον, ὡς ὁ μέγας ἐν οὐ-
ρανῷ Ζεὺς πτηνὸν ἅρμα ἐλαύνων ἀγανακτήσειεν ἄν, εἰ μὴ
οὗτος ὑπόσχοι τὴν δίκην.

23 ΠΛΑΤ. Μηδαμῶς, ἀλλά τινα τῶν σφοδροτέρων προχει-
ρισώμεθα, Διογένην τοῦτον ἢ Ἀντισθένην ἢ Κράτητα ἢ καὶ
σέ, ὦ Χρύσιππε· οὐ γὰρ δὴ κάλλους ἐν τῷ παρόντι καὶ δει-
νότητος συγγραφικῆς ὁ καιρός, ἀλλά τινος ἐλεγκτικῆς καὶ δι-
κανικῆς παρασκευῆς· ῥήτωρ δὲ ὁ Παρρησιάδης ἐστίν.

ΔΙΟΓ. Ἀλλ' ἐγὼ αὐτοῦ κατηγορήσω· καὶ γὰρ οὐδὲ
πάνυ μακρῶν οἶμαι τῶν λόγων δεῖσθαι. καὶ ἄλλως δὲ ὑπὲρ
ἅπαντας ὕβρισμαι δύ' ὀβολῶν πρῴην ἀποκεκηρυγμένος.

ΠΛΑΤ. Ὁ Διογένης, ὦ Φιλοσοφία, ἐρεῖ τὸν λόγον ὑπὲρ
ἁπάντων. μέμνησο δέ, ὦ γενναῖε, μὴ τὰ σεαυτοῦ μόνον
πρεσβεύειν ἐν τῇ κατηγορίᾳ, τὰ κοινὰ δὲ ὁρᾶν· εἰ γάρ τι
καὶ πρὸς ἀλλήλους διαφερόμεθα ἐν τοῖς λόγοις, σὺ δὲ τοῦτο
μὲν μὴ ἐξέταζε, μηδ' ὅστις ἐστὶν ὁ ἀληθέστερος νῦν λέγε,
ὅλως δὲ ὑπὲρ φιλοσοφίας αὐτῆς ἀγανάκτει περιυβρισμένης
καὶ κακῶς ἀκουούσης ἐν τοῖς Παρρησιάδου λόγοις, καὶ τὰς
προαιρέσεις ἀφείς, ἐν αἷς διαλλάττομεν, ὃ κοινὸν ἅπαντες
ἔχομεν, τοῦτο ὑπερμάχει. ὁρᾷς δέ, μόνον σὲ προεστησάμεθα

αὐτῷ. Kr. Gr. §. 43, 4, 2. — Γορ-
γίαν. Gorgias aus Leontini auf
Sicilien, geboren um das Jahr 483
v. Chr., gest. wahrsch. 375, in der
Philosophie Schüler des Empedo-
kles, Lehrer des Isokrates, einer
der berühmtesten Redner und So-
phisten, gegen den der gleichna-
mige Dialog des Platon gerichtet
ist. — Πῶλον. Polos aus Akra-
gas, der Lieblingsschüler des Gor-
gias, wegen seiner Jagd nach rhe-
torischen Schnörkeleien oft von
Platon getadelt. — Ἱππίαν. Hip-
pias, ein dünkelhafter Sophist aus
Elis, den Platon in den bekannten
Dialogen persiflirt. — Πρόδικον.
Prodikos berühmter Sophist von
der Insel Keos, der sich viel mit
Synonymik beschäftigte. — δεινό-
τερος οὗτος, näml. Λουκιανός. —
ἐπίπαττε τῆς εἰρωνείας. Apol. pro
merc. cond. 2: ἐπιπάττειν τῶν φαρ-
μάκων. Rhet. praec. 16: ἐπίπαττε

αὐτῶν. Iup. trag. 35: ἐπίχει τῶν
βλασφημιῶν. Diss. c. Hes. 7: ἐπι-
φορεῖν τῆς γῆς αὐτοῖς. Kr. Gr.
§. 47, 15, 3. — ὡς ὁ μέγας κτέ. An-
spielung auf Plat. Phaedr. p. 246 E:
ὁ μὲν δὴ μέγας ἡγεμὼν ἐν οὐρανῷ
Ζεὺς ἐλαύνων πτηνὸν ἅρμα. Vgl.
Bis acc. 33. Rhet. praec. 26.

23. Ἀντισθένην, Stifter der ky-
nischen Sekte, Schüler des Sokra-
tes. Krates aus Thebae, Schüler
des Diogenes. — ἀλλ' ἐγώ, s. zu Π.
36. — ὑπὲρ ἅπαντας, d. i. mehr
als alle. Hermot. 53: αὐτὸς εἰδέ-
ναι τἀληθὲς ὑπὲρ τοὺς ἄλλους δια-
τεινόμενος. u. ö. — τὰ σεαυτοῦ πρε-
σβεύειν, d. i. tuas res agere. Ueber
den Infinit. s. zu IV, 7. — ὁρᾶν,
respicere. Hermotim. 22: οὐ γὰρ
οὔτε χρυσίον ἔτι οὔτε ἡδονὰς οὔτε
δόξας ὁρῶσιν. — σὺ δέ, s. zu II, 57.
— τὰς προαιρέσεις, die Lehr-
sätze. — τοῦτο ὑπερμάχει. Auf-

καὶ ἐν σοὶ τὰ πάντων ἡμῶν νῦν κινδυνεύεται, ἢ σεμνότατα δόξαι ἢ τοιαῦτα πιστευθῆναι οἷα οὗτος ἀπέφηνε.

ΔΙΟΓ. Θαρρεῖτε, οὐδὲν ἐλλείψομεν, ὑπὲρ ἁπάντων ἐρῶ. 24 κἂν ἡ Φιλοσοφία δὲ πρὸς τοὺς λόγους ἐπικλασθεῖσα — φύσει γὰρ ἥμερος καὶ πρᾶός ἐστιν — ἀφεῖναι διαβουλεύηται αὐτόν, ἀλλ' οὐ τἀμὰ ἐνδεήσει· δείξω γὰρ αὐτῷ, ὅτι μὴ μάτην ξυλοφοροῦμεν.

ΦΙΛ. Τοῦτο μὲν μηδαμῶς, ἀλλὰ τῷ λόγῳ μᾶλλον — ἄριστον γάρ — ἤπερ τῷ ξύλῳ. μὴ μέλλε δ' οὖν. ἤδη γὰρ ἐκκέχυται τὸ ὕδωρ καὶ πρὸς σὲ τὸ δικαστήριον ἀποβλέπει.

ΛΟΥΚ. Οἱ λοιποὶ καθιζέσθωσαν, ὦ Φιλοσοφία, καὶ ψηφοφορείτωσαν μεθ' ὑμῶν, Διογένης δὲ κατηγορείτω μόνος.

ΦΙΛ. Οὐ δέδιας οὖν, μή σου καταψηφίσωνται;

ΛΟΥΚ. Οὐδαμῶς· πλείοσι γοῦν κρατῆσαι βούλομαι.

ΦΙΛ. Γενναῖά σου ταῦτα· καθίσατε δ' οὖν. σὺ δ', ὦ Διόγενες, λέγε.↲

ΔΙΟΓ. Οἷοι μὲν ἡμεῖς ἄνδρες ἐγενόμεθα παρὰ τὸν 25 βίον, ὦ Φιλοσοφία, πάνυ ἀκριβῶς οἶσθα καὶ οὐδὲν δεῖ λόγων· ἵνα γὰρ τὸ κατ' ἐμὲ σιωπήσω, ἀλλὰ Πυθαγόραν τοῦ-

---

fällig ist der Accusat.; wahrscheinlich muss es τούτου heissen. — ἐν σοὶ .. κινδυνεύεται. Iup. trag. 4: ἐν στενῷ παντάπασι τὰ ἡμέτερα, ἐν ἑνὶ ἀνδρὶ κινδυνευόμενα. So schon Thukyd. 2, 35: ἐν ἑνὶ ἀνδρὶ πολλῶν ἀρετὰς κινδυνεύεσθαι. u. A. Vgl. Cic. Catil. 1, 5, 11: non est saepius in uno homine summa salus periclitanda reipublicae, Ueber κινδυνεύεται s. Kr. Gr. §. 52, 3, 4.

24. πρὸς τοὺς λόγους ἐπικλ., s. zu I, 16. Toxar. 26: ἡ βουλὴ ἐπικλασθεῖσα πρὸς τὸ βρέφος. Navig. 20: πρὸς τὴν οἰμωγὴν αὐτῶν ἐπικλασθέντας τοὺς θεούς. — ἀφεῖναι διαβουλεύηται αὐτόν, d. i. de dimittendo eo consilia agitet. διαβουλεύεσθαι in der Bedeutung von διανοεῖσθαι mit dem Infinit., wofür sich sonst kein Beispiel findet. — ἀλλά, wenigstens. Toxar. 3: εἰ γὰρ μὴ ἀντὶ τούτων Ὀρέστην καὶ Πυλάδην τιμᾶτε, ἀλλ' εἰπέ, τί ἄλλο ἀγαθὸν ὑμᾶς εἰργάσαντο. So bereits Homer., Il. 8, 153: εἴπερ γάρ σ' Ἕκτωρ γε κακὸν καὶ ἀνάλκιδα φήσει, ἀλλ' οὐ πείσονται

Τρῶες καὶ Δαρδανίωνες. u. ö. Kr. Gr. §. 69, 4, 5. — ξυλοφοροῦμεν. Nur hier vorkommendes Wort. — τοῦτο μὲν μηδαμῶς, s. zu Demon. 51. — ἐκκέχυται τὸ ὕδωρ, aqua effusa est, näml. in clepsydram. S. oben zu c. 10. Wegen ἐκκέχυται s. zu IV, 22. Ebenso Pro imag.15: οὔτε ὕδατος ἡμῖν ἐκχυθέντος οὔτε ἀπολογίας ἀποδοθείσης. 29: μακρὰ εἴρηταί σοι ταῦτα καὶ ὑπὲρ τὸ ὕδωρ τὸ ἐκκεχυμένον. Dagegen ὕδωρ ἐγχεῖται Abdicat. 8. τὸ ὕδωρ ἔγχει Bis accus. 15. Vgl. unten 28. — καθιζέσθωσαν, ψηφοφορείτωσαν, Kr. Gr. §. 30, 4, 2. Vgl. θαπτέτωσαν Dial. deor. 25, 3. καταδιαιτησάτωσαν Deor. conc. 18. u. s. — πλείοσι, näml. ψήφοις. Ebenso unten 39: ταῖς πάσαις κρατεῖς. Bis acc. 18: πάσαις ἡ Ἀκαδήμεια κρατεῖ πλὴν μιᾶς. Wie ist der Comparat. zu erklären? — γενναῖά σου ταῦτα, s. zu II, 53.

25. παρὰ τὸν βίον, s. zu II. 50. — τὸ κατ' ἐμέ, Kr. Gr. §. 43, 4, 21. — ἀλλά. So steht ἀλλά häufig, wann nach Uebergehung einer min-

τον καὶ Πλάτωνα καὶ Ἀριστοτέλην καὶ Χρύσιππον καὶ τοὺς
ἄλλους τίς οὐκ οἶδεν ὅσα ἐς τὸν βίον καλὰ ἐσεκομίσαντο; ἃ
δὲ τοιούτους ὄντας ἡμᾶς ὁ τρισκατάρατος οὗτος Παρρησιά-
δης ὕβρικεν, ἤδη ἐρῶ· ῥήτωρ γάρ τις, ὥς φησιν, ὤν, ἀπολι-
πὼν τὰ δικαστήρια καὶ τὰς ἐν ἐκείνοις εὐδοκιμήσεις, ὑπόσον
ἢ δεινότητος ἢ ἀκμῆς ἐπεπόριστο ἐν τοῖς λόγοις, τοῦτο πᾶν
ἐφ' ἡμᾶς συσκευασάμενος οὐ παύεται μὲν ἀγορεύων κακῶς,
γόητας καὶ ἀπατεῶνας ἀποκαλῶν, τὰ πλήθη δὲ ἀναπείθων
καταγελᾶν ἡμῶν καὶ καταφρονεῖν ὡς τὸ μηδὲν ὄντων· μᾶλ-
λον δὲ καὶ μισεῖσθαι πρὸς τῶν πολλῶν ἤδη πεποίηκεν αὐ-
τούς τε ἡμᾶς καὶ σὲ τὴν Φιλοσοφίαν, φληνάφους καὶ λήρους
ἀποκαλῶν τὰ σὰ καὶ τὰ σπουδαιότατα ὧν ἡμᾶς ἐπαίδευσας,
ἐπὶ χλευασμῷ διεξιών, ὥστε αὐτὸν μὲν κροτεῖσθαι καὶ ἐπαι-
νεῖσθαι πρὸς τῶν θεατῶν, ἡμᾶς δὲ ὑβρίζεσθαι· φύσει γὰρ
τοιοῦτόν ἐστιν ὁ πολὺς λεώς, χαίρουσιν ἀποσκώπτουσι καὶ
λοιδορουμένοις, καὶ μάλισθ' ὅταν τὰ σεμνότατα εἶναι δο-
κοῦντα διασύρηται, ὥσπερ ἀμέλει καὶ πάλαι ἔχαιρον Ἀριστο-
φάνει καὶ Εὐπόλιδι Σωκράτην τουτονὶ ἐπὶ χλευασίᾳ παρά-
γουσιν ἐπὶ τὴν σκηνὴν καὶ κωμῳδοῦσιν ἀλλοκότους τινὰς
περὶ αὐτοῦ κωμῳδίας. καίτοι ἐκεῖνοι μὲν καθ' ἑνὸς ἀνδρὸς
ἐτόλμων τοιαῦτα καὶ ἐν Διονύσου, ἐφειμένον αὐτὸ δρᾶν, καὶ

---

der wichtigen Sache die Aufmerk-
samkeit auf eine bedeutendere und
mehr in's Auge zu fassende hinge-
lenkt wird. — ἐσεκομίσαντο. Was
bedeutet das Medium? — ῥήτωρ
κτέ. Mit seinem vierzigsten Le-
bensjahre hatte Luc. die Rhetorik
aufgegeben, sich dann der Philo-
sophie gewidmet, und als er sich
auch von dieser abgewendet, seine
Muse auf die Ausarbeitung seiner
satirischen Dialoge gerichtet. —
ἀποκαλῶν, s. zu V, 2, 1. — τὰ
πλήθη. Bis accus. 34: τὸν Διάλο-
γον .. τοῖς πλήθεσι κεχαρισμένον.
— τὸ μηδέν, s. zu V, 12, 2. — πρὸς
τῶν πολλῶν, s. zu II, 25. — ἐπὶ
χλευασμῷ, s. zu Demon. 35. — κρο-
τεῖσθαι. κροτεῖν τινα, Jemanden
beklatschen, gehört den Späte-
ren an. — ὁ πολὺς λεώς, χαίρου-
σιν. Vgl. Rhet. praec. 17: οὕτω
γάρ σε ὁ λεὼς ὁ πολὺς ἀποβλέψον-
ται. Hermotim. 72: ὁ πολὺς λεὼς
πιστεύουσιν. Anachars. 17 z. E.:
οὐκ αἰσχυνεῖται ἡ Ἀθηναίων πό-
λις .. ἐκμανθάνοντες. Bis accus.
11. Kr. Gr. §. 63, 1, 1. — ἀποσκώ-
πτουσι καὶ λοιδορουμένοις, nicht
τοῖς ἀποσκ. καὶ λοιδ. Hermotim.
7: ἀλλὰ τίνα φησὶ τἀγαθά, εἰ μὴ
ταῦτα, ἕξειν πρὸς τὸ τέλος τῆς
ἀσκήσεως ἐλθόντας; Catapl. 26:
τοῦ πρὸς ἐντυγχάνοντας φρυ-
άγματος. u. so oft. Kr. Gr. §. 43,
2, 3. — ὥσπερ ἀμέλει, wie ja,
wie in der That. — Ἀριστοφά-
νει, in den Wolken. — Εὐπόλιδι.
Dieser und Aristophanes gehör-
ten zu den berühmtesten Dichtern
der comoedia antiqua, welche le-
bende Männer jeder Art, selbst
die im Staate angesehensten, ver-
höhnte und sogar in Person auf
die Bühne brachte. [Vgl. Eupol.
fr. 310. 311 Mein.]. Uebrigens
vgl. mit dieser Stelle Bis acc. 33.
— παράγουσιν. Das gewöhnliche
Zeitwort in dieser Sache. — ἀλ-
λοκότους, unnatürlich, ver-
dreht, ein bei Luc. sehr häufiges
Wort. — ἐν Διονύσου, näml. ἱερῷ

τὸ σκῶμμα μέρος ἐδόκει τῆς ἑορτῆς, καὶ ὁ θεὸς ἴσως χαίρει
φιλόγελώς τις ὤν. ὁ δὲ τοὺς ἀρίστους συγκαλῶν, ἐκ πολ- 26
λοῦ φροντίσας καὶ παρασκευασάμενος καὶ βλασφημίας τινὰς
ἐς παχὺ βιβλίον ἐγγράψας μεγάλῃ τῇ φωνῇ διαγορεύει κακῶς
Πλάτωνα, Πυθαγόραν, Ἀριστοτέλην, Χρύσιππον ἐκεῖνον,
ἐμὲ καὶ ὅλως ἅπαντας οὔτε ἑορτῆς ἐπιούσης οὔτε ἰδίᾳ τι
πρὸς ἡμῶν παθών· εἶχε γὰρ ἄν τινα συγγνώμην αὐτῷ τὸ
πρᾶγμα, εἰ ἀμυνόμενος, ἀλλὰ μὴ ἄρχων αὐτὸς ἔδρασε. καὶ
τὸ πάντων δεινότατον, ὅτι ταῦτα ποιῶν καὶ ὑπὸ τὸ σὸν ὄνο-
μα, ὦ Φιλοσοφία, ὑποδύεται καὶ ὑπελθὼν τὸν Διάλογον
ἡμέτερον οἰκεῖον ὄντα, τούτῳ ξυναγωνιστῇ καὶ ὑποκριτῇ
χρῆται καθ᾽ ἡμῶν, ἔτι καὶ Μένιππον ἀναπείσας ἑταῖρον
ἡμῶν ἄνδρα ξυγκωμῳδεῖν αὐτῷ τὰ πολλά, ὃς μόνος οὐ πάρ-
εστιν οὐδὲ κατηγορεῖ μεθ᾽ ἡμῶν, προδοὺς τὸ κοινόν. ἀνθ᾽ 27
ὧν ἁπάντων ἄξιόν ἐστιν ὑποσχεῖν αὐτὸν τὴν δίκην. ἢ τί
γὰρ ἂν εἰπεῖν ἔχοι τὰ σεμνότατα διασύρας ἐπὶ τοσούτων μαρ-
τύρων; χρήσιμον γοῦν καὶ πρὸς ἐκείνους τὸ τοιοῦτον, εἰ
θεάσαιντο αὐτὸν κολασθέντα, ὡς μηδὲ ἄλλος τις ἔτι κατα-
φρονοίη φιλοσοφίας· ἐπεὶ τό γε τὴν ἡσυχίαν ἄγειν καὶ
ὑβριζόμενον ἀνέχεσθαι οὐ μετριότητος, ἀλλ᾽ ἀνανδρίας καὶ
εὐηθείας εἰκότως ἂν νομίζοιτο. τὰ γὰρ τελευταῖα τίνι φο-
ρητά; ὃς καθάπερ τὰ ἀνδράποδα παραγαγὼν ἡμᾶς ἐπὶ τὸ
πωλητήριον καὶ κήρυκα ἐπιστήσας ἀπημπόλησεν, ὥς φασι,

⇐ *ἐν τῷ θεάτρῳ.* Demosth. 5, 7:
ἐν Διονύσου τραγῳδοὺς ἐθεᾶσθε.
Plutarch. Aristid. 1: *τρίποδας ἐν
Διονύσου κατέλιπεν.* Kr. Gr. §.43,
3, 6. — *ἐφειμένον,* Accusat. ab-
sol., s. zu III, 6. — *φιλόγελώς τις,*
einer von denen, welche,
einer der. Aristoph. Plut. 726:
*ὡς φιλόπολίς τις ἔσθ᾽ ὁ δαίμων
καὶ σοφός.* Thesmoph. 752: *φιλό-
τεχνός τις εἶ φύσει.* Vielleicht
sind die Worte aus einem Komi-
ker entlehnt.
26. *διαγορεύει κακῶς.* Nur hier
sich findende Redensart; sonst
stets nur *ἀγορεύειν.* — καὶ τὸ
πάντων δεινότατον, ὅτι, s. zu V,
5, 1. — *ὑποδύεται.* S. unser Wör-
terb. unter *ὑποδύω* II, c. — *ὑπελ-
θών,* beschleichen, berük-
ken, wie auch sonst bei Luc.
— *τὸν Διάλ. ἡμέτ. οἰκεῖον ὄντα.*
Dass Diogenes den personificirten

Dialog so nennt, bezieht sich auf
den häufigen Gebrauch desselben
bei den Philosophen der sokrati-
schen Schule. Geist. — *Μένιπ-
πον,* s. zu V, 1, 1. — *ξυγκωμῳδεῖν,*
nur hier vorkommendes Wort.

27. *ἄξιόν ἐστιν ὑπ. αὐτόν.* Wel-
ches ist die gewöhnliche Construc-
tion? S. zu V, 19, 1. Ebenso Xe-
noph. Cyrop. 7, 5, 56: *ἤδη καὶ οἰ-
κίας σε τυχεῖν ἄξιον.* — *τὴν δί-
κην,* die verdiente, gebüh-
rende Strafe, s. zu II, 52. — *ἢ
τί γὰρ ἂν εἰπ. ἔχοι,* s. zu III, 9. —
ἐπί, coram. Unten c. 40: *ἐπὶ τῆς
Ἀρετῆς κτέ.* Alexand. 44: *ἐπὶ πολ-
λῶν τῶν παρόντων.* Catapl. 27:
ἃ ἐπ᾽ ἐμοῦ διεπράττετο. Epist.
Sat. 31: *ἐπὶ τοῦ Διός.* Anach. 11.
u. ö. — *τὴν ἡσυχίαν,* s. zu IV, 3.
— *ὑβριζόμενον ἀνέχεσθαι.* s. zu
II, 26. — *καθάπερ τὰ ἀνδράποδα,*

τοὺς μὲν ἐπὶ πολλῷ, ἐνίους δὲ μνᾶς Ἀττικῆς, ἐμὲ δὲ ὁ παμ-
πονηρότατος οὗτος δύ' ὀβολῶν· οἱ παρόντες δὲ ἐγέλων.
ἀνθ' ὧν γε αὐτοί τε ἀνεληλύθαμεν ἀγανακτήσαντες καὶ σὲ
ἀξιοῦμεν τιμωρήσειν ἡμῖν τὰ αἴσχιστα ὑβρισμένοις.

28　　　ΑΝΑΒΙΟΤΝΤΕΣ. Εὖ γε, ὦ Διόγενες, ὑπὲρ ἁπάντων
καλῶς ὁπόσα ἐχρῆν ἅπαντα εἴρηκας.

ΦΙΛ. Παύσασθε ἐπαινοῦντες· ἔγχει τῷ ἀπολογουμένῳ.
σὺ δέ, ὦ Παρρησιάδη, λέγε ἤδη ἐν τῷ μέρει· σοὶ γὰρ τὸ
νῦν ῥεῖ. μὴ μέλλε οὖν.

29　　　ΠΑΡΡ. Οὐ πάντα μου, ὦ Φιλοσοφία, κατηγόρησε Διογέ-
νης, ἀλλὰ τὰ πλείω καὶ ὅσα ἦν χαλεπώτερα οὐκ οἶδ' ὅ τι
παθὼν παρέλιπεν. ἐγὼ δὲ τοσούτου δέω ἔξαρνος γενέσθαι
ὡς οὐκ εἶπον αὐτά, ἢ ἀπολογίαν τινὰ μεμελετηκὼς ἀφῖχθαι,
ὥστε καὶ εἴ τινα ἢ [αὐτὸς] οὗτος ἀπεσιώπησεν ἢ ἐγὼ μὴ
πρότερον ἔφθασα εἰρηκώς, νῦν προσθήσειν μοι δοκῶ· οὕτω
γὰρ ἂν μάθοις, οὕστινας ἀπεκήρυττον καὶ κακῶς ἠγόρευον
ἀλαζόνας καὶ γόητας ἀποκαλῶν· καί μοι μόνον τοῦτο παρα-
φυλάττετε, εἰ ἀληθῆ περὶ αὐτῶν ἐρῶ. εἰ δέ τι βλάσφημον
ἢ τραχὺ φαίνοιτο ἔχων ὁ λόγος, οὐ τὸν διελέγχοντα ἐμέ, ἀλλ'
ἐκείνους ἄν, οἶμαι, δικαιότερον αἰτιάσαισθε τοιαῦτα ποιοῦν-
τας. ἐγὼ γὰρ ἐπειδὴ τάχιστα ξυνεῖδον ὁπόσα τοῖς ῥητο-
ρεύουσι τὰ δυσχερῆ ἀναγκαῖον προσεῖναι, ἀπάτην καὶ ψεῦδος
καὶ θρασύτητα καὶ βοὴν καὶ ὠθισμοὺς καὶ μυρία ἄλλα,
ταῦτα μέν, ὥσπερ εἰκὸς ἦν, ἀπέφυγον, ἐπὶ δὲ τὰ σά, ὦ Φι-
λοσοφία, [καλὰ] ὁρμήσας ἠξίουν ὁπόσον ἔτι μοι λοιπὸν τοῦ
βίου καθάπερ ἐκ ζάλης καὶ κλύδωνος ἐς εὔδιόν τινα λιμένα
30 σπεύσας ὑπὸ σοὶ σκεπόμενος καταβιῶναι. κἀπειδὴ μόνον
παρέκυψα ἐς τὰ ὑμέτερα, σὲ μέν, ὥσπερ ἀναγκαῖον ἦν, καὶ
τούσδε ἅπαντας ἐθαύμαζον ἀρίστου βίου νομοθέτας ὄντας

---

nāml. παράγουσι. — ἀνεληλύθα-
μεν, nāml. ἐξ Ἀιδου. — ἀξιοῦμεν
τιμωρήσειν, Kr. Gr. §. 53, 7, 11.
Vgl. c. 47: ἀλιεύσειν διέγνωκας.
　28. ἐν τῷ μέρει, s. oben zu 8. —
τὸ νῦν, s. zu VII, 6.
　29. ὅ τι παθών, s. zu V, 5, 1. —
τοσούτου δέω, tantum abest, ut ..
ut (ὥστε). Nigr. 26: τοσούτου δέ-
ων ὀρέγεσθαι τῶν οὐδὲν προση-
κόντων, ὥστε κτέ. u. s. Kr. Gr.
§. 47, 16, 2. Für τοσούτου auch
τοσοῦτον, Icaromen. 5. — ὡς οὐκ,
Kr. Gr. 67, 12, 2. Demosth. 9, 54:

ἀνθρώπους μισθωτούς, ὧν οὐδ'
ἂν ἀρνηθεῖεν ἔνιοι ὡς οὐκ εἰσὶ τοι-
οῦτοι. 13, 2: τοῦτο μὲν .. οὔτ'
ἀντείποιμι ὡς οὐ δεῖ λαμβάνειν.
— πρότερον ἔφθασα. Bisweilen
stebt πρότερον pleonastisch bei
φθάνειν, wie πρῶτον bei ἄρχειν;
vgl. Herodot. 6, 91. Demosth. 6,
18. — προσθήσειν μοι δοκῶ, ge-
denke ich, will ich, s. zu II,
34. — ἐγὼ γάρ, ich nämlich. —
ὠθισμούς, conflictationes. — σκε-
πόμενος, spāteres, bei Luc. sehr
häufiges Wort.

καὶ τοῖς ἐπ' αὐτὸν ἐπειγομένοις χεῖρα ὀρέγοντας, τὰ κάλλιστα
καὶ ξυμφορώτατα παραινοῦντας, εἴ τις μὴ παραβαίνοι αὐτὰ
μηδὲ διολισθάνοι, ἀλλ' ἀτενὲς ἀποβλέπων ἐς τοὺς κανόνας,
οὓς προτεθείκατε, πρὸς τούτους ῥυθμίζοι καὶ ἀπευθύνοι τὸν
ἑαυτοῦ βίον, ὅπερ νὴ Δία καὶ τῶν καθ' ἡμᾶς αὐτοὺς ὀλίγοι
ποιοῦσιν. ὁρῶν δὲ πολλοὺς οὐκ ἔρωτι φιλοσοφίας ἐχομένους, 31
ἀλλὰ δόξης μόνον τῆς ἀπὸ τοῦ πράγματος, τὰ μὲν πρό-
χειρα ταῦτα καὶ δημόσια καὶ ὁπόσα παντὶ μιμεῖσθαι
ῥᾴδιον εὖ μάλα ἐοικότας ἀγαθοῖς ἀνδράσι, τὸ γένειον λέγω
καὶ τὸ βάδισμα καὶ τὴν ἀναβολήν, ἐπὶ δὲ τοῦ βίου καὶ τῶν
πραγμάτων ἀντιφθεγγομένους τῷ σχήματι καὶ τἀναντία ὑμῖν
ἐπιτηδεύοντας καὶ διαφθείροντας τὸ ἀξίωμα τῆς ὑποσχέσεως,
ἠγανάκτουν, καὶ τὸ πρᾶγμα ὅμοιον ἐδόκει μοι καθάπερ ἂν
εἴ τις ὑποκριτὴς τραγῳδίας μαλθακὸς αὐτὸς ὢν καὶ γυναι-
κεῖος Ἀχιλλέα ἢ Θησέα ἢ καὶ τὸν Ἡρακλέα ὑποκρίνοιτο αὐ-
τὸν μήτε βαδίζων μήτε βοῶν ἡρωϊκόν, ἀλλὰ θρυπτόμενος
ὑπὸ τηλικούτῳ προσωπείῳ, ὃν οὐδ' ἂν ἡ Ἑλένη ποτὲ ἢ Πολυ-
ξένη ἀνάσχοιντο πέρα τοῦ μετρίου αὐταῖς προσεοικότα, οὐχ
ὅπως ὁ Ἡρακλῆς ὁ καλλίνικος, ἀλλά μοι δοκεῖ τάχιστ' ἂν
ἐπιτρίψαι τῷ ῥοπάλῳ παίων τὸν τοιοῦτον, αὐτόν τε καὶ τὸ
προσωπεῖον, οὕτως ἀτίμως κατατεθηλυμμένος πρὸς αὐτοῦ.
τοιαῦτα καὶ ὑμᾶς πάσχοντας ὑπ' ἐκείνων ὁρῶν οὐκ ἤνεγκα 32
τὴν αἰσχύνην τῆς ὑποκρίσεως, εἰ πίθηκοι ὄντες ἐτόλμησαν
ἡρώων προσωπεῖα περιθέσθαι ἢ τὸν ἐν Κύμῃ ὄνον μιμήσα-

---

30. καὶ τῶν καθ' ἡμᾶς αὐτούς,
auch von unseren Zeitge-
nossen. Toxar. 10: ὀλίγους δέ
τινας προχειρισάμενοι τῶν καθ'
ἡμᾶς αὐτούς u. s.
31. τῆς ὑποσχέσεως, professio,
Geschäft, Beruf. — καθάπερ
ἂν εἰ, ebenso wie das gewöhnli-
chere ὥσπερ ἂν εἰ und ὡς ἂν εἰ, s.
zu VII, 4. — ἢ καί, oder auch,
oder sogar. Nigr. 11: οἱ πολ-
λάκις ἢ Ἀγαμέμνονος ἢ Κρέοντος
ἢ καὶ Ἡρακλέους αὐτοῦ πρόσωπον
ἀνειληφότες κτέ. Vit. auct. 7. Ica-
romen. 27. Alex. 44. Iup. conf.
10 u. ö. — θρυπτόμενος, sich
weibisch geberden. — Πολυ-
ξένη, Tochter des Priamos, wel-
che an der thrakischen Küste Ne-
optolemos auf dem Grabe seines
Vaters zur Sühne geopfert haben

soll. — ἀνάσχοιντο, nicht ἀνάσχοι-
το, s. Kr. Gr. §. 63, 3, 2. Ebenso
im Latein., Cic. de orat. 2, 4, 16:
ne Sulpicius aut Cotta plus quam
ego apud te valere videantur.
Minder genau Zumpt §. 374. —
πέρα τοῦ μετρίου, s. zu VI. 11, 1.
— οὐχ ὅπως, geschweige; s. zu
III, 8. — ὁ καλλίνικος, häufiges
Beiwort des Herakles, der aus sei-
nen zahllosen Kämpfen siegreich
hervorgegangen war. — αὐτόν τε
καὶ τὸ προσωπεῖον, sowohl ihn
selbst als seine Maske. Dial.
mar. 12: καλλίστην κόρην εἶδον
ἐς κιβωτὸν ὑπὸ τοῦ πατρὸς ἐμβλη-
θεῖσαν, αὐτήν τε καὶ βρέφος αὐ-
τῆς ἀρτιγέννητον. u. so ö. — κα-
τατεθηλυμμένος, bei keinem Atti-
ker vorkommendes Wort.
32. τὸν ἐν Κύμῃ ὄνον. Aesopi-

σθαι, ὃς λεοντῆν περιβαλόμενος ἠξίου λέων αὐτὸς εἶναι, πρὸς
ἀγνοοῦντας τοὺς Κυμαίους ὀγκώμενος μάλα τραχὺ καὶ κατα-
πληκτικόν, ἄχρι δή τις αὐτὸν ξένος καὶ λέοντα ἰδὼν καὶ
ὄνον πολλάκις ἤλεγξε παίων τοῖς ξύλοις. ὃ δὲ μάλιστά μοι
δεινόν, ὦ Φιλοσοφία, κατεφαίνετο, τοῦτο ἦν· οἱ γὰρ ἄνθρω-
ποι εἰ τινα τούτων ἑώρων πονηρὸν ἢ ἄσχημον ἢ ἀσελγές τι
ἐπιτηδεύοντα, οὐκ ἔστιν ὅστις οὐ φιλοσοφίαν αὐτὴν ἠτιᾶτο
καὶ τὸν Χρύσιππον εὐθὺς ἢ Πλάτωνα ἢ Πυθαγόραν ἢ ὅτου
αὐτὸν ἐπώνυμον ὁ διαμαρτάνων ἐκεῖνος ἐποιεῖτο καὶ οὗ τοὺς
λόγους ἐμιμεῖτο, καὶ ἀπὸ τοῦ κακῶς βιοῦντος πονηρὰ περὶ
ὑμῶν εἴκαζον τῶν πρὸ πολλοῦ τεθνηκότων, οὐ γὰρ παρὰ
ζῶντας ὑμᾶς ἡ ἐξέτασις αὐτοῦ ἐγίγνετο, ἀλλ' ὑμεῖς μὲν ἐκ-
ποδών, ἐκεῖνον δὲ ἑώρων σαφῶς ἅπαντες δεινὰ καὶ ἄσεμνα
ἐπιτηδεύοντα, ὥστε ἐρήμην ἡλίσκεσθε μετ' αὐτοῦ καὶ ἐπὶ
33 τὴν ὁμοίαν διαβολὴν συγκατεσπᾶσθε. | ταῦτα οὐκ ἤνεγκα
ὁρῶν ἔγωγε, ἀλλὰ ἤλεγχον αὐτοὺς καὶ διέκρινον ἀφ' ὑμῶν·
ὑμεῖς δέ, τιμᾶν ἐπὶ τούτοις δέον, ἐς δικαστήριον ἄγετε.
οὐκοῦν ἤν τινα καὶ τῶν μεμυημένων ἰδὼν ἐξαγορεύοντα τοῖν
θεοῖν τἀπόρρητα καὶ ἐξορχούμενον ἀγανακτήσω καὶ διελέγξω,
ἐμὲ τὸν ἀδικοῦντα ἡγήσεσθε εἶναι; ἀλλ' οὐ δίκαιον· ἐπεὶ
καὶ οἱ ἀθλοθέται μαστιγοῦν εἰώθασιν, ἤν τις ὑποκριτὴς
Ἀθηνᾶν ἢ Ποσειδῶνα ἢ τὸν Δία ὑποδεδυκὼς μὴ καλῶς ὑπο-
κρίνοιτο μηδὲ κατ' ἀξίαν τῶν θεῶν, καὶ οὐ δή που ὀργίζον-

---

sche Fabel (833 b Halm), die Luc.
auch anderwärts erwähnt; vgl.
Fugit. 13. Philopseud. 5. Pseudol.
3. Kyme, Cumae, Stadt Campa-
niens. — τοῖς ξύλοις, s. über den
Artikel zu II, 34. — τοῦτο ἦν. Sel-
ten wird in dieser Verbindung
τοῦτο ἦν oder τοῦτ' ἐστί hinzuge-
setzt, s. zu V, 5, 1. Für das ge-
wöhnlichere ὅτι steht hier γάρ. —
παρά, in comparativer Bedeutung.
Toxar. 36: παιδιὰ τὰ ὑμέτερά ἐστι
παρὰ τὰ Σκυθικὰ ἐξετάζεσθαι. —
ἐρήμην ἡλίσκεσθε, in contuma-
ciam verurtheilt werden.
Auch ἐξ ἐρήμης ἁλίσκεσθαι Abdi-
cat. 8.

33. δέον, s. zu III, 6. — τοῖν
θεοῖν, Ceres und Proserpina; Kr.
Gr. §. 21, Anm. Andocid. 1, 31:
μέμνησθε καὶ ἑωράκατε τοῖν θεοῖν
τὰ ἱερά. ebend. 32. 33. 113. — ἐξορ-

χούμενον, eigentl. austanzen,
d. h. durch pantomimische Nach-
ahmung der heiligen Gebräuche
diese an die Uneingeweihten ver-
rathen und sie sogar lächerlich
machen. De saltat. 15: ἐκεῖνο δὴ
πάντες ἀκούουσιν, ὅτι τοὺς ἐξαγο-
ρεύοντας τὰ μυστήρια ἐξορχεῖσθαι
λέγουσιν οἱ πολλοί. Amor. 24: τὴν
ἐν Ἐλευσῖνι τελετὴν αἱ παρὰ πό-
τον ἐξορχοῦνται φωναί. Dieser Ge-
brauch des Wortes findet sich aber
nur bei den späteren Schriftstel-
lern, wie überhaupt das Wort
grösstentheils nur den Späteren
angehört. — οἱ ἀθλοθέται, die
Kampfrichter für die musika-
lischen, dramatischen (u. gymna-
stischen) Wettstreite, deren es
zehn gab. Dasselbe erwähnt Luc.
Apol. pro merc. cond. 5. Adv. In-
doct. 9. — ἤν τις .. ὑποκρίνοιτο.

ται αὐτοῖς ἐκεῖνοι, ὅτι τὸν περικείμενον αὐτῶν τὰ προσωπεῖα
καὶ τὸ σχῆμα ἐνδεδυκότα ἐπέτρεψαν παίειν τοῖς μαστιγο-
φόροις, ἀλλὰ καὶ ἥδοιντ' ἄν, οἶμαι, μαστιγουμένων·
οἰκέτην μὲν γὰρ ἢ ἄγγελόν τινα μὴ δεξιῶς ὑποκρίνασθαι
μικρὸν τὸ πταῖσμα, τὸν Δία δὲ ἢ τὸν Ἡρακλέα μὴ κατ' ἀξίαν
ἐπιδείξασθαι τοῖς θεαταῖς ἀποτρόπαιον ὡς καὶ αἰσχρόν. καὶ 34
γὰρ αὖ καὶ τόδε πάντων ἀτοπώτατόν ἐστιν, ὅτι τοὺς μὲν λό-
γους ὑμῶν πάνυ ἀκριβοῦσιν οἱ πολλοὶ αὐτῶν, καθάπερ δὲ
ἐπὶ τούτῳ μόνον ἀναγινώσκοντες αὐτοὺς καὶ μελετῶντες, ὡς
τἀναντία ἐπιτηδεύοιεν, οὕτως βιοῦσιν· πάντα μὲν γὰρ ὅσα
φασίν, οἷον χρημάτων καταφρονεῖν καὶ δόξης καὶ μόνον τὸ
καλὸν οἴεσθαι ἀγαθὸν καὶ ἀόργητον εἶναι καὶ τῶν λαμπρῶν
τούτων ὑπερορᾶν καὶ ἐξ ἰσοτιμίας αὐτοῖς διαλέγεσθαι, καλά,
ὦ θεοί, καὶ σοφὰ καὶ θαυμάσια λίαν ὡς ἀληθῶς. οἱ δὲ καὶ
αὐτὰ ταῦτα ἐπὶ μισθῷ διδάσκουσι καὶ τοὺς πλουσίους τεθή-
πασι καὶ πρὸς τὸ ἀργύριον κεχήνασιν, ὀργιλώτεροι μὲν τῶν
κυνιδίων ὄντες, δειλότεροι δὲ τῶν λαγωῶν, κολακευτικώ-
τεροι δὲ τῶν πιθήκων, ἀσελγέστεροι δὲ τῶν ὄνων, ἁρπακτι-
κώτεροι δὲ τῶν γαλῶν, φιλονεικότεροι δὲ τῶν ἀλεκτρυόνων.
τοιγαροῦν γέλωτα ὀφλισκάνουσιν ὠθιζόμενοι ἐπὶ ταῦτα καὶ
περὶ τὰς τῶν πλουσίων θύρας ἀλλήλους παρωθούμενοι, δεῖ-
πνα πολυάνθρωπα δειπνοῦντες καὶ ἐν αὐτοῖς τούτοις ἐπαι-

Der Optativ nach ἐάν, ἥν lässt
sich bei Luc. u. anderen Spätern
durchaus nicht gänzlich beseiti-
gen. De conscr. hist. 5: ἥν τις ἐς
ἀεὶ κτῆμα συντιθείη. De saltat.
79: ἄν ἐρῶν τις εἰς τὸ θέατρον παρ-
έλθοι. Diss. c. Hes. 7: ἥν μὴ κα-
λύψαις . . καὶ θεράπων . . ἐπιφο-
ροίη. — δή που, opinor. — ἐκεῖ-
νοι, näml. οἱ θεοί. — τὸν περικεί-
μενον αὐτ. τὰ προσωπεῖα. Ebenso
c. 36. Nigrin. 11: μεῖζον τῆς ἐμαυ-
τοῦ κεφαλῆς προσωπεῖον περικεί-
μενος. De conscr. hist. 33. Vgl.
zu VI, 1, 1. Die Maske bedeckte
nicht allein das Gesicht, sondern
auch den übrigen Kopf. — ἀλλὰ
καί, ja sogar, immo potius, wie
oft. — μαστιγουμένων = ὅτε μα-
στιγοῦνται, Genetiv. absolut. —
ἀποτρόπαιον ὡς καὶ αἰσχρόν, ab-
ominandum quam turpe. Chrono-
sol. 18: ἀποτρόπαιον οἷα πείσον-
ται. Aehnlich Phalar. 1, 1: ἀπο-

τρόπαιά μοι καὶ ἀκοῦσαι ἥν. G.
Hermann.
34. καὶ γὰρ αὖ καί, s. zu VI, 14,
8. — ἐπὶ τούτῳ, dazu, zu dem
Zweck. — ὡς . . ἐπιτηδεύοιεν, s.
zu I, 4. — μόνον τὸ καλὸν οἴεσθαι
ἀγαθόν lehren die Stoiker. — ἐξ
ἰσοτιμίας αὐτοῖς διαλέγεσθαι, d. i.
cum iis (τοῖς λαμπροῖς) aeque at-
que cum aliis agere, vgl. IV, 18.—
θαυμάσια λίαν. Selten wird λίαν
so nachgestellt. Dionys. Halic.
antiqu. 2, 30: ἀλκίμων λίαν. Plut.
Crass. 17: πρωὶ λίαν. Heliod. 6, 3:
ὡς μικρὰ λίαν. — ὡς ἀληθῶς, s.
zu I, 10. — τεθήπασι, poetisches,
bei Herodot nur ein Mal (2, 156),
aber bei Spät. häufig vorkommen-
des Wort. Bei Luc. mit dem Ac-
cusat., wie hier, öfter. — λαγωῶν,
unattische, auch Saturn. 28 u. Con-
viv. 22 vorkommende Form für λα-
γῶν. — ὠθιζόμενοι, sich hinzu-
drängen. Das Verbum findet sich

νοῦντες φορτικῶς καὶ πέρα τοῦ καλῶς ἔχοντος ἐμφορούμενοι
καὶ μεμψίμοιροι φαινόμενοι καὶ ἐπὶ τῆς κύλικος ἀτερπῆ καὶ
ἀπῳδὰ φιλοσοφοῦντες· οἱ ἰδιῶται δὲ ὁπόσοι ξυμπίνουσι,
γελῶσι δηλαδὴ καὶ καταπτύουσι φιλοσοφίας, εἰ τοιαῦτα κα-
35 θάρματα ἐκτρέφει. τὸ δὲ πάντων αἴσχιστον, ὅτι μηδενὸς
δεῖσθαι λέγων ἕκαστος αὐτῶν, ἀλλὰ μόνον πλούσιον εἶναι
τὸν σοφὸν κεκραγὼς μικρὸν ὕστερον αἰτεῖ προσελθὼν καὶ
ἀγανακτεῖ μὴ λαβών, ὅμοιον ὡς εἴ τις ἐν βασιλικῷ σχήματι
ὀρθὴν τιάραν ἔχων καὶ διάδημα καὶ τὰ ἄλλα ὅσα βασιλείας
γνωρίσματα, προσαιτοίη τῶν ὑποδεεστέρων δεόμενος. ὅταν
μὲν οὖν αὐτούς τι δέῃ λαμβάνειν, πολὺς ὁ περὶ τοῦ κοινωνι-
κὸν εἶναι δεῖν λόγος καὶ ὡς ἀδιάφορον ὁ πλοῦτος καί, τί γὰρ
τὸ χρυσίον ἢ ἀργύριον, οὐδὲν τῶν ἐν τοῖς αἰγιαλοῖς ψηφίδων
διαφέρον; ὅταν δέ τις ἐπικουρίας δεόμενος ἑταῖρος ἐκ πα-
λαιοῦ καὶ φίλος ἀπὸ πολλῶν ὀλίγα αἰτῇ προσελθών, σιωπὴ
καὶ ἀπορία καὶ ἀμαθία καὶ παλινῳδία τῶν λόγων πρὸς τὸ
ἐναντίον· οἱ δὲ πολλοὶ περὶ φιλίας ἐκεῖνοι λόγοι καὶ ἡ ἀρετὴ
καὶ τὸ καλὸν οὐκ οἶδ' ὅποι ποτὲ οἴχεται πάντα ταῦτα ἀποπτά-
μενα, πτερόεντα ὡς ἀληθῶς ἔπη, μάτην ὁσημέραι πρὸς αὐ-
36 τῶν ἐν ταῖς διατριβαῖς σκιαμαχούμενα. μέχρι γὰρ τούτου
φίλος ἕκαστος αὐτῶν, ἐς ὅσον ἂν μὴ ἀργύριον ἢ χρυσίον ᾖ
προκείμενον ἐν τῷ μέσῳ· ἢν δέ τις ὀβολὸν ἐπιδείξῃ μόνον,
λέλυται μὲν ἡ εἰρήνη, ἄσπονδα δὲ καὶ ἀκήρυκτα πάντα, καὶ
τὰ βιβλία ἐξαλήλιπται καὶ ἡ ἀρετὴ πέφευγεν, οἷόν τι καὶ οἱ
κύνες πάσχουσιν· ἐπειδάν τις ὀστοῦν ἐς μέσους αὐτοὺς ἐμ-
βάλῃ, ἀναπηδήσαντες δάκνουσιν ἀλλήλους καὶ τὸν προαρπά-
σαντα τὸ ὀστοῦν ὑλακτοῦσι. λέγεται δὲ καὶ βασιλεύς τις

frūher bloss bei Herodot. — μεμ-
ψίμοιροι, vgl. Timon. 55, und über-
haupt c. 54 u. 55. — ἐπὶ τῆς κύλι-
κος, hāufiger ἐπὶ τῇ κύλικι, wie II,
55. — οἱ ἰδιῶται, die Nichtphi-
losophen.

35. ὀρθὴν τιάραν ἔχων, s. zu V,
14, 4. — τί γὰρ τὸ χρυσίον κτέ. Die
Worte der Philosophen werden in
directer Rede angeführt. Uebri-
gens vgl. II, 56: τὸ χρυσίον γὰρ
οὐδὲν τιμιώτερον τῶν ἐν τοῖς αἰ-
γιαλοῖς ψηφίδων μοι δοκεῖ. — ἀπὸ
πολλῶν ὀλίγα. Pro imagg. 21: ἀπὸ
πολλῶν ὀλίγα δείγματα. Demon.

z. E.: ταῦτα ὀλίγα πάνυ ἐκ πολ-
λῶν ἀπεμνημόνευσα. — πτερόεντα
. . ἔπη, aus Homer. entlehnt. —
σκιαμαχούμενα, Worte, mit de-
nen man Schattenstreiche
führt.

36. ἄσπονδα καὶ ἀκήρυκτα πάν-
τα, d. i. neque ullus foederi et prae-
coni locus. Alexand. 25: ἄσπονδος
καὶ ἀκήρυκτος αὐτῷ ὁ πόλεμος.
Demosth. 18, 262. Aeschin. 2. 80
u. A. — τὰ βιβλία, worin ihre Leh-
ren standen. — βασιλεύς τις Ἀγύ-
πτιος κτέ. Dieselbe Anekdote, nur
mit einigen Abweichungen, findet

Αἰγύπτιος πιϑήκους ποτὲ πυρριχίζειν διδάξαι καὶ τὰ θηρία
— μιμηλότατα δέ ἐστι τῶν ἀνθρωπίνων — ἐκμαθεῖν τά-
χιστα καὶ ὀρχεῖσθαι ἁλουργίδας ἀμπεχόμενα καὶ προσωπεῖα
περικείμενα, καὶ μέχρι γε πολλοῦ εὐδοκιμεῖν τὴν θέαν, ἄχρι
δή τις θεατὴς ἀστεῖος κάρυα ὑπὸ κόλπου ἔχων ἀφῆκεν ἐς τὸ
μέσον· οἱ δὲ πίθηκοι ἰδόντες καὶ ἐκλαθόμενοι τῆς ὀρχήσεως,
τοῦϑ᾽ ὅπερ ἦσαν, πίθηκοι ἐγένοντο ἀντὶ πυρριχιστῶν καὶ
ξυνέτριβον τὰ προσωπεῖα καὶ τὴν ἐσθῆτα κατερρήγνυον καὶ
ἐμάχοντο περὶ τῆς ὀπώρας πρὸς ἀλλήλους, τὸ δὲ σύνταγμα
τῆς πυρρίχης διελέλυτο καὶ κατεγελᾶτο ὑπὸ τοῦ θεάτρου.
τοιαῦτα καὶ οὗτοι ποιοῦσι, καὶ ἔγωγε τοὺς τοιούτους κακῶς 37
ἠγόρευον καὶ οὔποτε παύσομαι διελέγχων καὶ κωμῳδῶν, περὶ
ὑμῶν δὲ ἢ τῶν ὑμῖν παραπλησίων — εἰσὶ γάρ, εἰσί τινες
ὡς ἀληθῶς φιλοσοφίαν ζηλοῦντες καὶ τοῖς ὑμετέροις νόμοις
ἐμμένοντες — μὴ οὕτω μανείην ἐγὼ ὡς βλάσφημον εἰπεῖν
τι ἢ σκαιόν. ἢ τί γὰρ ἂν εἰπεῖν ἔχοιμι; τί γὰρ ὑμῖν τοιοῦτο
βεβίωται; τοὺς δὲ ἀλαζόνας ἐκείνους καὶ θεοῖς ἐχθροὺς ἄξιον
οἶμαι μισεῖν. ἢ σὺ γάρ, ὦ Πυθαγόρα καὶ Πλάτων καὶ Χρύ-
σιππε καὶ Ἀριστότελες, τί φατε προσήκειν ὑμῖν τοὺς τοιού-
τους ἢ οἰκεῖον τί καὶ ξυγγενὲς ἐπιδείκνυσθαι τῷ βίῳ; νὴ
Δία Ἡρακλῆς, φασί, καὶ πίθηκος. ἢ διότι πώγωνας ἔχουσι
καὶ φιλοσοφεῖν φάσκουσι καὶ σκυθρωποί εἰσι, διὰ τοῦτο χρὴ
ὑμῖν εἰκάζειν αὐτούς; ἀλλὰ ἤνεγκα ἄν, εἰ πιθανοὶ γοῦν ἦσαν
[καὶ] ἐπὶ τῆς ὑποκρίσεως αὐτῆς· νῦν δὲ θᾶττον ἂν γὺψ ἀη-
δόνα μιμήσαιτο ἢ οὗτοι φιλοσόφους. εἴρηκα ὑπὲρ ἐμαυτοῦ

sich Apol. pro merc. cond. 5. Vgl.
Becker's Charikl. 1 S. 309. 324.
2. Aufl. — μιμηλότατα, spāteres
Wort. — προσωπεῖα περικείμενα,
s. vorher zu 33. — καὶ μέχρι γε
πολλοῦ, und eine lange Zeit.
Vgl. Parasit. 11: καὶ μέχρι γε νῦν.
— ὑπὸ κόλπου, nicht ὑπὸ κόλπον.
Vgl. De merc. cond. 27. Hermo-
tim. 37. 81. Alexand. 26. 39. Dis-
sert. c. Hes. 2. Adv. indoct. 12.
S. die Anm. zu V, 10, 9. — τοῦ
θεάτρου = τῶν θεατῶν, wie oft.

37. εἰσὶ γάρ, εἰσί τινες. Derar-
tige nachdrucksvolle Wiederho-
lungen finden sich bei Luc. sehr
oft. Tyrannic. 18: οὐ γὰρ ἠγνό-
ουν, οὐκ ἠγνόουν. Toxar. 1: θύο-
μεν, ὦ Μένιππε, θύομεν. Iup. tra-

goed. 36: ἀκούουσι γάρ, ὦ Δᾶμι,
ἀκούουσι u. ö. Demosth. 4, 18: εἰσὶ
γάρ, εἰσὶν οἳ πάντ᾽ ἐξαγγέλλοντες
αὐτῷ. — μὴ οὕτω μανείην ἐγὼ ὡς.
Ebenso Toxar. 25: μὴ οὕτω μα-
νείην, ὡς κτέ. Dial. deor. 5, 3:. ἐγὼ
δὲ μὴ οὕτω μανείην, ὡς τὰ χείλη
προσενεγκεῖν u. s. — ἢ τί γάρ, s.
zu III, 9. Die Partik. γάρ ist wie-
derholt, wie oft, weil ein doppel-
ter Grund angeführt wird. Kr.
Gr. §. 69, 14, 2. — βεβίωται, s. zu
VI, 9, 1. — Ἡρακλῆς, φασί, καὶ πί-
θηκος, sprichwörtliche Redensart
zur Bezeichnung dessen, was nicht
die geringste Gemeinschaft oder
Aehnlichkeit mit einander hat. —
ἢ, διότι, s. zu VI, 2, 1. — φάσκου-
σι. Der Indicat. des Praesens von
diesem Verbum ist äusserst selten.

ὁπόσα εἶχον. σὺ δέ, ὦ Ἀλήθεια, μαρτύρει πρὸς αὐτοὺς εἰ
ἀληθῆ ἐστι.

38   *ΦΙΛ.* Μετάστηθι, ὦ Παρρησιάδη, ἔτι πορρωτέρω. τί
ποιῶμεν ἡμεῖς; πῶς ὑμῖν εἰρηκέναι ἀνὴρ ἔδοξεν;

    ΑΛΗΘΕΙΑ. Ἐγὼ μέν, ὦ Φιλοσοφία, μεταξὺ λέγοντος
αὐτοῦ κατὰ τῆς γῆς δῦναι εὐχόμην· οὕτως ἀληθῆ πάντα
εἶπεν. ἐγνώριζον γοῦν ἀκούουσα ἕκαστον τῶν ποιούντων
αὐτὰ κἀφήρμοζον μεταξὺ τοῖς λεγομένοις τοῦτο μὲν ἐς τόνδε,
τοῦτο δὲ ὁ δεῖνα ποιεῖ· καὶ ὅλως ἔδειξε τοὺς ἄνδρας ἐναρ-
γῶς καθάπερ ἐπί τινος γραφῆς τὰ πάντα ἐοικότας, οὐ τὰ
σώματα μόνον, ἀλλὰ καὶ τὰς ψυχὰς αὐτὰς ἐς τὸ ἀκριβέστα-
τον ἀπεικάσας.

    ΣΩΦΡΟΣΥΝΗ. Κἀγὼ πάνυ ἠρυθρίασα, ὦ Ἀλήθεια.

    ΦΙΛ. Ὑμεῖς δὲ τί φατέ;

    ΑΝΑΒ. Τί δὲ ἄλλο ἢ ἀφεῖσθαι αὐτὸν τοῦ ἐγκλήματος
καὶ φίλον ἡμῖν καὶ εὐεργέτην ἀναγεγράφθαι; τὸ γοῦν τῶν
Ἰλιέων ἀτεχνῶς πεπόνθαμεν, τραγῳδόν τινα τοῦτον ἐφ᾽ ἡμᾶς
κεκινήκαμεν ᾀσόμενον τὰς Φρυγῶν ξυμφοράς. ᾀδέτω δ᾽ οὖν
καὶ τοὺς θεοῖς ἐχθροὺς ἐκτραγῳδείτω.

    ΔΙΟΓ. Καὶ αὐτός, ὦ Φιλοσοφία, πάνυ ἐπαινῶ τὸν ἄνδρα
καὶ ἀνατίθεμαι τὰ κατηγορούμενα καὶ φίλον ποιοῦμαι αὐτὸν
γενναῖον ὄντα.

---

38. ἐγὼ μέν, s. zu III, 5. — ἐς
τόνδε, in Bezug auf den da. —
ὁ δεῖνα, s. zu I, 11. — τὰ πάντα,
in allen Stücken. — ἀφεῖσθαι
.. ἀναγεγράφθαι, s. zu V, 12, 1.
Ueber εὐεργέτην ἀναγεγρ. zu IV,
24. — τὸ γοῦν τῶν Ἰλιέων κτέ.
Sprichwörtliche Ausdrucksweise,
wie Pseudolog. 10 lehrt: ἐπεὶ γὰρ
κατὰ τὴν παροιμίαν Ἰλιεῖς ὢν τρα-
γῳδοὺς ἐμισθώσω, καιρὸς ἤδη σοι
ἀκούειν τὰ σαυτοῦ κακά. Die Be-
gebenheit selbst, die zum Sprich-
wort Veranlassung gegeben, ist
nicht bekannt. Jedenfalls ist es
so zu verstehen, dass Leute, die
ein Ungemach verschuldet haben,
die Folgen davon auch tragen müs-
sen. Die alten Philosophen sind
selbst an ihrem Unglück schuld,
sie haben den Lucian zu seinem
Auftreten selbst veranlasst, und
nun, sagen sie, müssen wir es auch
wie die Trojaner ertragen, wenn
er unser Geschick, das die After-
philosophen über uns gebracht,
an's Licht stellt. — τινά, s. zu V,
16, 4. — ἐκτραγῳδείτω, tragoedia
infamare. Vgl. De merc. cond. 41.
— ἀνατίθεμαι, retractare, zu-
rücknehmen. — τὰ κατηγορού-
μενα, das wessen er beschul-
digt wurde, die Beschuldi-
gungen. Ebenso Andocid. 1, 8:
οὐ πάντες ἴσως ἐπὶ πᾶσι τοῖς κα-
τηγορουμένοις ὁμοίως ὀργίζεσθε.
Vgl. unten z. E.: τελῶμεν τὰ παρ-
αγγελλόμενα, wie bei Arrian. 4,
5 1 τὰ ἐπαγγελλόμενα. Und so fin-
det sich an unzähligen Stellen das
Particip. des Präsens, wo man das
des Perf. erwarten könnte.

ΦΙΛ. Εὖ γε, ὦ Παρρησιάδη· ἀφίεμέν σε τῆς αἰτίας, καὶ 39
ταῖς πάσαις κρατεῖς καὶ τὸ λοιπὸν ἴσθι ἡμέτερος ὤν.

ΠΑΡΡ. Προσεκύνησα τήν γε πρώτην· μᾶλλον δὲ τραγι-
κώτερον αὐτὸ ποιήσειν μοι δοκῶ· σεμνότερον γάρ·

ὦ μέγα σεμνὴ Νίκη, τὸν ἐμὸν
βίοτον κατέχοις
καὶ μὴ λήγοις στεφανοῦσα.

ΑΡΕΤΗ. Οὐκοῦν δευτέρου κρατῆρος ἤδη καταρχώμεθα,
προσκαλῶμεν κἀκείνους, ὡς δίκην ὑπόσχωσιν ἀνθ᾽ ὧν ἐς
ὑμᾶς ὑβρίζουσι· κατηγορήσει δὲ Παρρησιάδης ἑκάστου.·

ΠΑΡΡ. Ὀρθῶς, ὦ Ἀρετή, ἔλεξας· ὥστε σύ, παῖ Συλλο-
γισμέ, κατακύψας ἐς τὸ ἄστυ προσκήρυττε τοὺς φιλοσόφους.

ΣΥΛ.Λ Ἄκουε, σίγα· τοὺς φιλοσόφους ἥκειν ἐς ἀκρό- 40
πολιν ἀπολογησομένους ἐπὶ τῆς Ἀρετῆς καὶ Φιλοσοφίας καὶ
Δίκης.

ΠΑΡΡ. Ὁρᾷς; ὀλίγοι συνέρχονται γνωρίσαντες τὸ κή-
ρυγμα· ἄλλως γὰρ δεδίασι τὴν Δίκην. οἱ πολλοὶ δὲ αὐτῶν
οὐδὲ σχολὴν ἄγουσιν ἀμφὶ τοὺς πλουσίους ἔχοντες. εἰ δὲ
βούλει πάντας ἥκειν, κατὰ τάδε, ὦ Συλλογισμέ, κήρυττε.

---

39. ταῖς πάσαις, näml. ψήφοις.
S. oben zu 24. — τὸ λοιπόν, s. zu
VI, 3. — προσεκύνησα, näml. die
Athene Polias, vgl. c. 21.— τήν γε
πρώτην, gleich beim Anfang.
Demosth. enc. 30: οὐ γὰρ ἐκέλευες
τήν γε πρώτην μὴ βιάζεσθαι; die-
selbe Formel schon bei Herodot. u.
A., und insbesondere häufig bei
Heliodor. Vielleicht schwebte ur-
sprünglich ein Substantiv. wie
ὁρμή vor. — μᾶλλον δέ, s. zu II, 5.
— ποιήσειν μοι δοκῶ, s. oben zu
29. — ὦ μέγα σεμνὴ κτέ., Schluss
des Orestes, der Iphigenia in Tau-
ris und der Phönissen. Der erste
Vers ist ein anapaesticus dimeter,
der zweite ein anap. monometer,
der dritte ein anap. dimeter cata-
lectus. — δευτέρου κρατῆρος ἤδη
καταρχώμεθα, d. i. wir wollen
zum zweiten Theile unserer
Verhandlung übergehen. Die
sprichwörtliche Redensart ist von
den Symposien entlehnt. Schol.
zu Plat. Phileb. p. 65 D.: ἐκιρ-
νῶντο ἐν ταῖς συνουσίαις κρατῆ-
ρες τρεῖς, καὶ τὸν μὲν πρῶτον Διὸς
Ὀλυμπίου καὶ θεῶν Ὀλυμπίων ἔλε-

γον, τὸν δὲ δεύτερον ἡρώων. τὸν
δὲ τρίτον σωτῆρος. — Συλλογι-
σμέ, als Vertrauter und Diener der
Philosophen. — προσκήρυττε, nur
hier vorkommendes Wort.

40. ἄκουε, σίγα; wahrscheinlich
gewöhnliche Formel, mit der öf-
fentliche Ausrufer ihre Bekannt-
machungen begannen. Geist.
Ebenso Iup. trag. 18. Deor. con-
cil. 1. — τοὺς φιλοσόφους ἥκειν,
gewöhnliche Form der Aufforde-
rung bei öffentlichen Bekanntma-
chungen. Ebenso c. 41 ἥκειν und
κομίζειν δ᾽ ἕκαστον. Aristoph.
Av. 448: ἀκούετε λεῴ· τοὺς ὁπλί-
τας νυνμενὶ ἀνελομένους θὥπλ᾽
ἀπιέναι πάλιν οἴκαδε. Alexis fr.
77 Mein.: εἶτ᾽ ἐπάν τις ἐκδυθῇ,
τηρεῖν ἕωθεν εὐθὺς ἐν τοῖς ἰχθύ-
σιν κτέ. Vgl. Kr. Gr. §. 55, 1, 5.
— ἐπί, s. oben zu 27.— ἄλλως γάρ,
denn ohnehin. Ebenso Ne-
cyom. 1. Toxar. 11. — ἀμφὶ τοὺς
πλουσίους ἔχοντες, mit den Rei-
chen beschäftigt. Dial. deor.
15, 3: ἄλλως τε περὶ τὸν Ἄρη ἔχει
τὰ πολλά. S. zu VI, 13, 2. — κατὰ
τάδε, folgendermassen.

ΦΙΛ. Μηδαμῶς, ἀλλὰ σύ, ὦ Παρρησιάδη, προσκάλει καθ᾽ ὅ·τι σοι δοκεῖ.

41 *ΠΑΡΡ.* Οὐδὲν τόδε χαλεπόν. Ἄκουε, σίγα. ὅσοι φιλόσοφοι εἶναι λέγουσι καὶ ὅσοι προσήκειν αὐτοῖς οἴονται τοῦ ὀνόματος, ἥκειν ἐς ἀκρόπολιν ἐπὶ τὴν διανομήν. δύο μναῖ ἑκάστῳ δοθήσονται καὶ σησαμαῖος πλακοῦς· ὃς δ᾽ ἂν πώγωνα βαθὺν ἐπιδείξηται, καὶ παλάθην ἰσχάδων οὗτός γε προσεπιλήψεται. κομίζειν δ᾽ ἕκαστον σωφροσύνην μὲν ἢ δικαιοσύνην ἢ ἐγκράτειαν μηδαμῶς — οὐκ ἀναγκαῖα γὰρ ταῦτά γε, ἢν μὴ παρῇ — πέντε δὲ συλλογισμοὺς ἐξ ἅπαντος· οὐ γὰρ θέμις ἄνευ τούτων εἶναι σοφόν.

κεῖται δ᾽ ἐν μέσσοισι δύο χρυσοῖο τάλαντα,
τῷ δόμεν, ὃς μετὰ πᾶσιν ἐριζέμεν ἔξοχος

42 Βαβαῖ, ὡς πλήρης μὲν ἡ ἄνοδος ὠθιζομένων, ἐπ⸱⸱⸱α⸱ δύο μνᾶς ἤκουσαν μόνον. παρὰ δὲ τὸ Πελασγικὸν ἄλλοι καὶ κατὰ τὸ Ἀσκληπιεῖον ἕτεροι καὶ παρὰ τὸν Ἄρειον πάγον ἔτι πλείους, ἔνιοι δὲ καὶ κατὰ τὸν Τάλω τάφον, οἱ δὲ καὶ πρὸς τὸ Ἀνάκειον προσθέμενοι κλίμακας ἀνέρπουσι βομβηδὸν νὴ Δία καὶ βοτρυδόν, ἑσμοῦ δίκην, ἵνα καὶ καθ᾽ Ὅμηρον εἴπω, ἀλλὰ κἀκεῖθεν εὖ μάλα πολλοὶ κἀντεῦθεν

μυρίοι, ὅσσα τε φύλλα καὶ ἄνθεα γίνεται ὥρῃ.

μεστὴ δὲ ἡ ἀκρόπολις ἐν βραχεῖ κλαγγηδὸν προκαθιζόντων, καὶ πανταχοῦ πήρα πώγων κολακεία ἀναισχυντία βακτηρία λιχνεία συλλογισμὸς φιλαργυρία· οἱ ὀλίγοι δέ, ὁπόσοι πρὸς τὸ πρῶτον κήρυγμα ἐκεῖνο ἀνῄεσαν, ἀφανεῖς καὶ ἄσημοι, ἀναμιχθέντες τῷ πλήθει τῶν ἄλλων, καὶ λελήθασιν ἐν τῇ ὁμοιότητι τῶν ἄλλων σχημάτων. τοῦτο γοῦν τὸ δεινότατόν ἐστιν, ὦ Φιλοσοφία, καὶ ὅ τις ἂν μέμψαιτό σου μάλιστα, τὸ

---

41. σησαμαῖος πλακοῦς, sonst gewöhnlich σησαμοῦς. — ἐξ ἅπαντος, s. zu VII, 13. — κεῖται δ᾽ ἐν κτέ. Parodie von Hom. Il. 18, 507 f.
κεῖτο δ᾽ ἄρ᾽ ἐν μέσσοισι δύο
χρυσοῖο τάλαντα,
τῷ δόμεν, ὃς μετὰ τοῖσι δίκην
ἰθύντατα εἴπῃ.
42. τὸ Πελασγικόν, ein freier Platz an der nordwestlichen Seite der Burg, von der pelasgischen Mauer derselben begrenzt und davon benannt. — τὸ Ἀσκληπιεῖον, s. oben zu Demon. 25. — τὸν Ἄρειον πάγον, s. oben zu 15. — τὸν

Τάλω τάφον, Talos, Schwestersohn des Dädalos, wurde von diesem, der sein Lehrer war, aus Eifersucht von der Akropolis herabgestürzt. Sein Grabmal befand sich südlich von der Akropolis. — Ἀνάκειον, der Tempel der Dioskuren (Ἄνακες), nördlich von der Akropolis. — καθ᾽ Ὅμηρον, Il. 2, 89. — μυρίοι .. ὥρῃ, Il. 2, 468. — ἐν βραχεῖ, näml. ἔσται. — κλαγγηδὸν προκαθιζόντων, Il. 2, 463. — ὅ τις ἂν μέμψαιτό σου μάλ. Dial. deor. 20, 2: τί γὰρ ἂν καὶ μωμήσαιτό μου; Kr. Gr. §. 47, 10, 2.

ιηδὲ ἐπιβαλεῖν γνώρισμα καὶ σημεῖον αὐτοῖς· πιθανώτεροι
νὰρ οἱ γόητες οὗτοι πολλάκις τῶν ἀληθῶς φιλοσοφούντων.

ΦΙΛ. Ἔσται τοῦτο μετ' ὀλίγον. ἀλλὰ δεχώμεθα ἤδη
αὐτούς.

ΠΛΑΤΩΝΙΚΟΣ. Ἡμᾶς πρώτους χρὴ τοὺς Πλατωνικοὺς 43
λαβεῖν.

ΠΥΘΑΓΟΡΙΚΟΣ. Οὐκ, ἀλλὰ τοὺς Πυθαγορικοὺς ἡμᾶς·
πρότερος γὰρ ὁ Πυθαγόρας ἦν.

ΣΤΩΙΚΟΣ. Ληρεῖτε· ἀμείνους ἡμεῖς οἱ ἀπὸ τῆς στοᾶς.

ΠΕΡΙΠΑΤΗΤΙΚΟΣ. Οὐ μὲν οὖν, ἀλλὰ ἔν γε τοῖς
χρήμασι πρῶτοι ἂν ἡμεῖς εἴημεν οἱ ἐκ τοῦ περιπάτου.

ΕΠΙΚΟΥΡΕΙΟΣ. Ἡμῖν τοῖς Ἐπικουρείοις τοὺς πλα-
κοῦντας ..Λ., καὶ τὰς παλάθας· περὶ δὲ τῶν μνῶν περιμε-
νοῦμ ἀπ᾿ῶν ὑστάτους δέῃ λαμβάνειν.

ΑΚΑΔΗΜΑΙΚΟΣ. Ποῦ τὰ δύο τάλαντα; δείξομεν γὰρ
οἱ Ἀκαδημαϊκοί, ὅσον τῶν ἄλλων ἐσμὲν ἐριστικώτεροι.

ΣΤΩΙΚΟΣ. Οὐχ ἡμῶν γε τῶν Στωϊκῶν παρόντων.

ΦΙΛ. Παύσασθε φιλονεικοῦντες· ὑμεῖς δὲ οἱ Κυνικοὶ 44
μήτε ὠθεῖτε ἀλλήλους μήτε τοῖς ξύλοις παίετε· ἐπ' ἄλλα γὰρ
ἴστε κεκλημένοι. καὶ νῦν ἔγωγε ἡ Φιλοσοφία καὶ Ἀρετὴ
αὕτη καὶ Ἀλήθεια δικάσομεν, τίνες οἱ ὀρθῶς φιλοσοφοῦντές
εἰσιν, εἶτα ὅσοι μὲν ἂν εὑρεθῶσι κατὰ τὰ ἡμῖν δοκοῦντα
βιοῦντες, εὐδαιμονήσουσιν ἄριστοι κεκριμένοι· τοὺς γόητας
δὲ καὶ οὐδὲν ἡμῖν προσήκοντας κακοὺς κακῶς ἐπιτρίψομεν,
ὡς μὴ ἀντιποιοῖντο τῶν ὑπὲρ αὐτοὺς ἀλαζόνες ὄντες. τί
τοῦτο; φεύγετε; νὴ Δία, κατὰ τῶν γε κρημνῶν οἱ πολλοὶ
ἀλλόμενοι. κενὴ δ' οὖν ἡ ἀκρόπολις, πλὴν ὀλίγων τούτων,
ὁπόσοι μεμενήκασιν οὐ φοβηθέντες τὴν κρίσιν. οἱ ὑπηρέται 45
ἀνέλεσθε τὴν πήραν, ἣν ὁ Κυνίσκος ἀπέρριψεν ἐν τῇ τροπῇ.
φέρ' ἴδω, τί καὶ ἔχει; ἦ που θέρμους ἢ βιβλίον ἢ ἄρτους
τῶν αὐτοπυριτῶν.

---

43. οὐ μὲν οὖν, non profecto, ne-
quaquam. — ἔν γε τοῖς χρήμασι
πρῶτοι, insofern die Peripatetiker
die χρήματα unter die Güter rech-
neten. Geist. — οἱ Ἀκαδημ., hier
die Philosophen der neueren Aka-
demie. deren Stifter Arkesilas
war; der berühmteste unter ihnen
ist Karneades. Derselbe.
44. τοῖς ξύλοις, s. zu II, 34. —

ἴστε κεκλημένοι, s. oben zu 5. —
κακοὺς κακῶς, Paronomasie oder
Parechesis; s. zu V, 2. — μεμενή-
κασιν. Dieses Perf. gehört den
Späteren an, bei Luc. noch Abdi-
cat. 18. Lexiphan. 21.
45. ὁ Κυνίσκος, s. zu VII, 20. —
ἄρτους τῶν αὐτοπυριτῶν, Weizen-
brot, in dem die Kleien mit sind.
Stob. serm. 17, 16: ὁ Διογένης κα-

ΠΑΡΡ. Οὐκ, ἀλλὰ χρυσίον τουτὶ καὶ μύρον [καὶ μαχαι-
ρίδιον θυτικὸν] καὶ κάτοπτρον καὶ κύβους.

ΦΙΛ. Εὖ γε, ὦ γενναῖε. τοιαῦτά σοι ἦν τὰ ἐφόδια τῆς
ἀσκήσεως καὶ μετὰ τούτων ἠξίους λοιδορεῖσθαι ἅπασι καὶ
τοὺς ἄλλους παιδαγωγεῖν;

ΠΑΡΡ. Τοιοῦτοι μὲν οὖν ὑμῖν οὗτοι. χρὴ δὲ ὑμᾶς σκο-
πεῖν, ὅντινα τρόπον ἀγνοούμενα ταῦτα πεπαύσεται καὶ δια-
γνώσονται οἱ ἐντυγχάνοντες, οἵτινες οἱ ἀγαθοὶ αὐτῶν καὶ
οἵτινες αὖ πάλιν οἱ τοῦ ἑτέρου βίου.

ΦΙΛ. Σύ, ὦ Ἀλήθεια, ἐξεύρισκε, — ὑπὲρ σοῦ γὰρ τοῦτο
γένοιτο ἄν — ὡς μὴ ἐπικρατήσῃ τὸ Ψεῦδος μηδὲ ὑπὸ τῇ
Ἀγνοίᾳ λανθάνωσιν οἱ φαῦλοι τῶν ἀνδρῶν σε τοὺς χρηστοὺς
μεμιμημένοι.

46   ΑΛΗΘ. Ἐπ' αὐτῷ, εἰ δοκεῖ, Παρρησιάδῃ ποιησώμεθα
τὸ τοιοῦτον, ἐπεὶ χρηστὸς ὦπται καὶ εὔνους ἡμῖν καὶ σέ, ὦ
Φιλοσοφία, [μάλιστα] θαυμάζων, παραλαβόντα [μεθ' αὑτοῦ]
τὸν Ἔλεγχον ἅπασι τοῖς φάσκουσι φιλοσοφεῖν ἐντυγχάνειν,
εἶθ' ὃν μὲν ἂν εὕρῃ γνήσιον ὡς ἀληθῶς φιλοσοφίας, στεφα-
νωσάτω θαλλοῦ στεφάνῳ καὶ ἐς τὸ Πρυτανεῖον καλεσάτω, ἢν
δέ τινι — οἷοι πολλοί εἰσι — καταράτῳ ἀνδρὶ [ὑποκριτῇ
φιλοσοφίας] ἐντύχῃ, τὸ τριβώνιον περισπάσας ἀποκειράτω
τὸν πώγωνα ἐν χρῷ πάνυ τραγοκουρικῇ μαχαίρᾳ καὶ ἐπὶ τοῦ
μετώπου στίγματα ἐπιβαλέτω ἢ ἐγκαυσάτω κατὰ τὸ μεσό-
φρυον· ὁ δὲ τύπος τοῦ καυτῆρος ἔστω ἀλώπηξ ἢ πίθηκος.

ΦΙΛ. Εὖ γε, ὦ Ἀλήθεια· ὁ δὲ ἔλεγχος, ὦ Παρρησιάδη,
τοιόσδε ἔστω, οἷος ὁ τῶν ἀετῶν πρὸς τὸν ἥλιον εἶναι λέγεται,

θαρὸν λαβὼν ἄρτον ἐξέβαλε τῆς
πήρας τὸν αὐτόπυρον εἰπών,
    ὦ ξένε, τυράννοις ἐκποδὼν
        μεθίστασο.
Ueber den Genetiv. s. zu V, 10, 9.
  46. ἐπ' αὐτῷ Παρρ. ποιησώμεθα
τὸ τοιοῦτον, übertragen, auf-
tragen. Plutarch. Thes. 17: ἐπὶ
νόθῳ καὶ ξένῳ παιδὶ τὴν ἀρχὴν
πεποιημένου u. so öfter bei Spät.
— Παρρησιάδῃ .. παραλαβόντα ..
ἐντυγχάνειν. Alexand. 56: ἦν δὲ
αὐτοῖς ἐπεσταλμένον ὑπὸ τοῦ Ἀλε-
ξάνδρου, ἀραμένους ῥῖψαι ἡμᾶς
ἐς τὴν θάλατταν u. so oft. Kr. Gr.
§. 55, 2, 7.— Auffällig ist die Ver-
bindung παραλαβόντα μεθ' αὑτοῦ.
— γνήσιον .. φιλοσοφίας, ächter

Sohn der Phil. So nur noch De-
mosth. 9, 30: ὑπὸ γνησίων ὄντων
τῆς Ἑλλάδος ἠδικοῦντο. — στε-
φαν. θαλλοῦ στεφάνῳ, Aeschin. 2,
46: τέλος δὲ πάντων ἔγραψεν ἡμᾶς
στεφανῶσαι θαλλοῦ [στεφάνῳ] ἕκα-
στον. Vgl. 3, 187. Ueber den Ge-
netiv. θαλλοῦ s. Kr. Gr. §. 47, 8.
Adv. Indoct. 8: στέφανος δάφνης
χρυσῆς. — ἐς τὸ Πρυτανεῖον κα-
λεσάτω, näml. um daselbst zu spei-
sen, s. zu III, 4. — τραγοκουρικῇ,
nur hier vorkommendes Wort. —
οἷος ὁ τῶν ἀετῶν κτέ. Aelian. de
nat. animal. 2, 26: βάσανος δὲ τῷ
ἀετῷ τῶν νεοττῶν τῶν γνησίων
ἐκείνη ἐστίν· ἀντίους τῇ αὐγῇ τοῦ
ἡλίου ἵστησιν αὐτούς, ἀργοὺς ἔτι

οὐ μὰ Δί᾽ ὥστε κἀκείνους ἀντιβλέπειν τῷ φωτὶ καὶ πρὸς
ἐκεῖνο δοκιμάζεσθαι, ἀλλὰ προθεὶς χρυσίον καὶ δόξαν καὶ
ἡδονὴν ὃν μὲν ἂν αὐτῶν ἴδῃς ὑπερορῶντα καὶ μηδαμῶς ἑλ-
κόμενον πρὸς τὴν ὄψιν, οὗτος ἔστω ὁ τῷ θαλλῷ στεφόμενος,
ὃν δ᾽ ἂν ἀτενὲς ἀποβλέποντα καὶ τὴν χεῖρα ὀρέγοντα ἐπὶ τὸ
χρυσίον, ἀπάγειν ἐπὶ τὸ καυτήριον τοῦτον, ἀποκείραντα πρό-
τερον τὸν πώγωνα.

ΠΑΡΡ. Ὡς ἔδοξεν ἔσται ταῦτα, ὦ Φιλοσοφία, καὶ ὄψει 47
αὐτίκα μάλα τοὺς πολλοὺς αὐτῶν ἀλωπεκίας ἢ πιθηκοφό-
ρους, ὀλίγους δὲ καὶ ἐστεφανωμένους· εἰ βούλεσθε μέντοι,
κἀνταῦθα ἀνάξω τινὰς ὑμῖν νὴ Δί᾽ αὐτῶν.

ΦΙΛ. Πῶς λέγεις; ἀνάξεις τοὺς φυγόντας;

ΠΑΡΡ. Καὶ μάλα, ἤνπερ ἡ ἱέρειά μοι ἐθελήσῃ πρὸς ὀλί-
γον χρῆσαι τὴν ὁρμιὰν ἐκείνην καὶ τὸ ἄγκιστρον, ὅπερ ὁ
ἁλιεὺς ἀνέθηκεν ὁ ἐκ Πειραιῶς.

ΙΕΡ. Ἰδοὺ δὴ λαβέ, καὶ τὸν κάλαμόν γε ἅμα, ὡς πάντα
ἔχοις.

ΠΑΡΡ. Οὐκοῦν, ὦ ἱέρεια, καὶ ἰσχάδας μοί τινας δὸς
ἀνύσασα καὶ ὀλίγον τοῦ χρυσίου.

ΙΕΡ. Λάμβανε.

ΦΙΛ. Τί πράττειν ἁνὴρ διανοεῖται;

ΙΕΡ. Δελεάσας τὸ ἄγκιστρον ἰσχάδι καὶ τῷ χρυσίῳ καθ-
εξόμενος ἐπὶ τὸ ἄκρον τοῦ τειχίου καθῆκεν ἐς τὴν πόλιν.

ΦΙΛ. Τί ταῦτα, ὦ Παρρησιάδη, ποιεῖς; ἢ που τοὺς λί-
θους ἁλιεύσειν διέγνωκας ἐκ τοῦ Πελασγικοῦ;

ΠΑΡΡ. Σιώπησον, ὦ Φιλοσοφία, καὶ τὴν ἄγραν περί-
μενε· σὺ δέ, Πόσειδον ἀγρεῦ καὶ Ἀμφιτρίτη φίλη, πολλοὺς

καὶ ἀπτῆνας, καὶ ἐὰν μὲν σκαρδα-
μύξῃ τις τὴν ἀκμὴν τῆς ἀκτῖνος
δυσωπούμενος, ἐξεώσθη τῆς κα-
λιᾶς καὶ ἀπεκρίθη τῆσδε τῆς ἑστί-
ας· ἐὰν δὲ ἀντιβλέψῃ καὶ μάλα
ἀτρέπτως, ἀμείνων ἐστὶν ὑπονοίας
καὶ τοῖς γνησίοις ἐγγέγραπται,
ἐπεὶ αὐτῷ πῦρ τὸ οὐράνιον ἢ τοῦ
γένους ἀδέκαστός τε καὶ ἄγραπτος
ἀληθῶς ἐστιν ἐγγραφή. Vgl. Icaro-
men. 14. — ἀπάγειν. Wie ist die-
ser Infinit. zu erklären?
47. ἀλωπεκίας ἢ πιθηκοφόρους.
Anspielung auf die aristophani-
schen Ausdrücke κοππατίας und
σαμφόρας, welche von Pferden

gebraucht sind, denen zur Be-
zeichnung der Race ein Koppa
oder San eingebrannt ist. — δὸς
ἀνύσασα, gieb flugs, von den
Komikern entlehnte (Aristoph.
nub. 181: ἄνοιγ᾽, ἄνοιγ᾽ ἀνύσας
τὸ φροντιστήριον u. ö.), bei Luc.
nur hier vorkommende Ausdrucks-
weise. Kr. Gr. §. 56, 8, 5. — δε-
λεάσας, esca instruere. So nur
hier. — τοῦ τειχίου. Nach atti-
scher Ausdrucksweise müsste es
τοῦ τείχους heissen; s. unser Wör-
terb. — τί ταῦτα ποιεῖς; Kr. Gr.
§. 61, 8, 2. — ἁλιεύσειν διέγνωκας,
s. oben zu 27.

48 ἡμῖν ἀνάπεμπε τῶν ἰχθύων. ἀλλ᾽ ὁρῶ τινα λάβρακα εὐμεγέθη, μᾶλλον δὲ χρύσοφρυν.

ΕΛΕΓΧΟΣ. Οὐκ, ἀλλὰ γαλεός ἐστι· προσέρχεται δὴ τῷ ἀγκίστρῳ κεχηνώς. ὀσφρᾶται τοῦ χρυσίου, πλησίον ἤδη ἐστίν· ἔψαυσεν, εἴληπται, ἀνασπάσωμεν.

ΠΑΡΡ. Καὶ σύ, ὦ Ἔλεγχε, [νῦν] ξυνεπιλαβοῦ τῆς ὁρμιᾶς· ἄνω ἐστί. φέρ᾽ ἴδω, τίς εἶ, ὦ βέλτιστε ἰχθύων; κύων οὗτός γε. Ἡράκλεις τῶν ὀδόντων. τί τοῦτο, ὦ γενναιότατε; εἴληψαι λιχνεύων περὶ τὰς πέτρας, ἔνθα λήσειν ἤλπισας ὑποδεδυκώς; ἀλλὰ νῦν ἔσῃ φανερὸς ἅπασιν ἐκ τῶν βραγχίων ἀπηρτημένος. ἐξέλωμεν τὸ δέλεαρ καὶ τὸ ἄγκιστρον τουτί. κενόν σοι τὸ ἄγκιστρον· ἡ δ᾽ ἰσχὰς ἤδη προσέσχηται καὶ τὸ χρυσίον ἐν τῇ κοιλίᾳ.

ΔΙΟΓ. Μὰ Δί᾽ ἐξεμεσάτω, ὡς δὴ καὶ ἐπ᾽ ἄλλους δελεάσωμεν.

ΠΑΡΡ. Εὖ ἔχει. τί φῄς, ὦ Διόγενες; οἶσθα τοῦτον ὅστις ἐστίν, ἢ προσήκει σοί τι ἀνήρ;

ΔΙΟΓ. Οὐδαμῶς.

ΠΑΡΡ. Τί οὖν; πόσου ἄξιον αὐτὸν χρὴ φάναι; ἐγὼ μὲν γὰρ δύ᾽ ὀβολῶν πρῴην αὐτὸν ἐτιμησάμην.

ΔΙΟΓ. Πολλοῦ λέγεις· ἄβρωτός τε γάρ ἐστι καὶ εἰδεχθὴς καὶ σκληρὸς καὶ ἄτιμος. ἄφες αὐτὸν ἐπὶ κεφαλὴν ἀπὸ τῆς πέτρας· σὺ δὲ ἄλλον ἀνάσπασον καθεὶς τὸ ἄγκιστρον. ἐκεῖνο μέντοι ὅρα, ὦ Παρρησιάδη, μὴ καμπτόμενός σοι ὁ κάλαμος ἀποκλασθῇ.

ΠΑΡΡ. Θάρρει, ὦ Διόγενες· κοῦφοί εἰσι καὶ τῶν ἀφύων ἐλαφρότεροι.

---

48. *ὀσφρᾶται*, späte Form, die sich mit Sicherheit nur noch bei Pausan. 9, 21, 3 findet. Aus der Lesart ὡς φέροιτο lässt sich vielleicht auf *ὤσφρετο* schliessen. Uebrigens vgl. Tim. 45: οὐκ οἶδα ὅθεν ὀσφραινόμενοι τοῦ χρυσίου. — *ἔψαυσεν*, wir: er hat gebissen. — *κύων*, Name eines Seefisches, zugleich mit Anspielung auf die Kyniker. — *λιχνεύων*, nur bei Späteren vorkommendes Wort. — *ἐκ τῶν βραγχ. ἀπηρτημένος*. Icaromenipp. 3: ἐκ τῶν ὤτων ἀπηρτημένος. Ver. hist. 2, 31: Κινύραν . . ἐκ τῶν αἰδοίων ἀπηρτημένον u. s. Kr. Gr. §. 68, 16, 3. 17, 5. —

προσέσχηται, sitzt, klebt fest. So, wie es scheint, nur hier. — *μὰ Δί᾽* in affirmativen Sätzen, wie hier (wenn die Stelle richtig ist), findet sich nur bei Späteren, wie Alciphron, Aristaenet. u. A. — *δελεάσωμεν*, als Köder gebrauchen. — *πολλοῦ*, s. zu V, 4, 1. — *ἀπὸ τῆς πέτρας*, nicht κατὰ τῆς πέτρας, wie c. 50 z. E. κατὰ τῶν πετρῶν. Ebenso 49: ἀπὸ τῆς αὐτῆς πέτρας καὶ οὗτος. Conviv. 44: ὁ δὲ Ἕρμων τὸν Δίφιλον .. ἀφῆκεν ἐπὶ κεφαλὴν ἀπὸ τοῦ κλιντῆρος. Phalar. 1, 6: ἱερόσυλον ἰδὼν ἀπὸ τῆς πέτρας ῥιπτόμενον. Menand. fr. 300 Mein.: οὐ δὴ λέγεται πρώτη

ΔΙΟΓ. Νὴ Δί', ἀφυέστατοί γε· ἀνάσπα δὲ ὅμως.

ΠΑΡΡ. Ἰδού· τίς ἄλλος οὗτος ὁ πλατύς; ὥσπερ ἡμίτο- 49
μος ἰχθὺς προσέρχεται, ψῆττά τις, κεχηνὼς ἐς τὸ ἄγκιστρον·
κατέπιεν, ἔχεται, ἀνεσπάσθω.

ΔΙΟΓ. Τίς ἐστιν;

ΕΛΕΓ. Ὁ Πλατωνικὸς εἶναι λέγων.

ΠΛΑΤ. Καὶ σύ, ὦ κατάρατε, ἥκεις ἐπὶ τὸ χρυσίον;

ΠΑΡΡ. Τί φῄς, ὦ Πλάτων; τί ποιῶμεν αὐτόν;

ΠΛΑΤ. Ἀπὸ τῆς αὐτῆς πέτρας καὶ οὗτος.

ΔΙΟΓ. Ἐπ' ἄλλον καθείσθω.   50

ΠΑΡΡ. Καὶ μὴν ὁρῶ τινα πάγκαλον προσιόντα, ὡς ἂν
ἐν βυθῷ δόξειεν, ποικίλον τὴν χρόαν, ταινίας τινὰς ἐπὶ τοῦ
νώτου ἐπιχρύσους ἔχοντα. ὁρᾷς, ὦ Ἔλεγχε; ὁ τὸν Ἀριστο-
τέλην προσποιούμενος οὗτός ἐστιν. ἦλθεν, εἶτα πάλιν ἀπε-
νήξατο. περισκοπεῖ ἀκριβῶς, αὖθις ἐπανῆλθεν, ἔχανεν,
εἴληπται, ἀνιμήσθω.

ΑΡΙΣΤ. Μὴ ἔρῃ με, ὦ Παρρησιάδη, περὶ αὐτοῦ· ἀγνοῶ
γὰρ ὅστις ἐστίν.

ΠΑΡΡ. Οὐκοῦν καὶ οὗτος, ὦ Ἀριστότελες, κατὰ τῶν
πετρῶν. ἀλλ' ἦν ἰδού, πολλούς που τοὺς ἰχθῦς ὁρῶ κατὰ 51
ταὐτὸν ὁμόχροας, ἀκανθώδεις καὶ τὴν ἐπιφάνειαν ἐκτετρα-
χυσμένους, ἐχίνων δυσληπτοτέρους. ἦ που σαγήνης ἐπ' αὐ-
τοὺς δεήσει; ἀλλ' οὐ πάρεστιν. ἱκανὸν εἰ κἂν ἕνα τινὰ ἐκ
τῆς ἀγέλης ἀνασπάσαιμεν. ἥξει δὲ ἐπὶ τὸ ἄγκιστρον δηλαδὴ
ὃς ἂν αὐτῶν θρασύτατος ᾖ.

ΕΛΕΓ. Κάθες, εἰ δοκεῖ, σιδηρώσας γε πρότερον ἐπὶ
πολὺ τῆς ὁρμιᾶς, [ὡς] μὴ ἀποπρίσῃ τοῖς ὀδοῦσι καταπιὼν τὸ
χρυσίον.

ΠΑΡΡ. Καθῆκα. σὺ δέ, ὦ Πόσειδον, ταχεῖαν ἐπιτέλει
τὴν ἄγραν. βαβαί, μάχονται περὶ τοῦ δελέατος, καὶ συνάμα

Σαπφώ .. ῥῖψαι πέτρας ἀπὸ τηλε-
φανοῦς. — ἀφύων .. ἀφυέστατοι,
Wortspiel zwischen ἀφύη Sar-
delle und ἀφνής, ohne Natur-
anlage, dumm. Ueber den Ac-
cent s. Kr. Gr. §. 15, 5, 2.
49. ὁ πλατύς, Wortspiel mit
Πλατωνικός. — ψῆττα, Butte,
Scholle, und bei den Komikern
auch Dummkopf.
50. ὡς ἂν ἐν βυθῷ δόξειεν, pro-
ut in profundo videatur, d. i. so-

viel man in der Tiefe sehen
kann. Conviv. 35: ὡς ἂν ἄριστά
τις εἰκάσειεν. u. s. — προσποιού-
μενος, repräsentiren.
51. κατὰ ταὐτόν, eodem loco, an
derselben Stelle. — πολλούς
.. ἀκανθώδεις κτέ. Diese Worte
beziehen sich auf die Stoiker.
κἂν ἕνα, wenigstens Einen,
auch nur Einen; s. zu V, 23, 1.
— ἐπὶ πολύ, weithin, räumlich.
Mit dem Genetiv., wie hier, Ar-

πολλοὶ περιτρώγουσι τὴν ἰσχάδα, οἱ δὲ προσφύντες ἔχονται
τοῦ χρυσίου. εὖ ἔχει· περιεπάρη τις μάλα καρτερός. φέρ'
ἴδω, τίνος ἐπώνυμον σεαυτὸν εἶναι λέγεις; καίτοι γελοῖός γέ
εἰμι ἀναγκάζων ἰχθὺν λαλεῖν· [ἄφωνοι γὰρ αὐτοί.] ἀλλὰ σύ,
ὦ Ἔλεγχε, εἰπέ, ὅντινα ἔχει διδάσκαλον.

ΕΛΕΓ. Χρύσιππον τουτονί.

ΠΑΡΡ. Μανθάνω· διότι χρυσίον, οἶμαι, προσῆν τῷ ὀνό-
ματι. σὺ δ' οὖν, Χρύσιππε, πρὸς τῆς Ἀθηνᾶς εἰπέ, οἶσθα
τοὺς ἄνδρας ἢ τοιαῦτα παρήνεις αὐτοῖς ποιεῖν;

ΧΡΥΣ. Νὴ Δί', ὑβριστικὰ ἐρωτᾷς, ὦ Παρρησιάδη, προσ-
ήκειν τι ἡμῖν ὑπολαμβάνων τοιούτους ὄντας.

ΠΑΡΡ. Εὖ γε, ὦ Χρύσιππε, γενναῖος εἶ. οὕτως γοῦν
καὶ αὐτὸς ἐπὶ κεφαλὴν μετὰ τῶν ἄλλων, ἐπεὶ καὶ ἀκανθώδης
ἐστί, καὶ δέος μὴ διαπαρῇ τις τὸν λαιμὸν ἐσθίων.

52 ΦΙΛ. Ἅλις, ὦ Παρρησιάδη, τῆς ἄγρας, μὴ καὶ τίς σοι,
οἷοι πολλοί εἰσιν, οἴχηται ἀποσπάσας τὸ χρυσίον καὶ τὸ ἄγ-
κιστρον, εἶτά σε ἀποτῖσαι τῇ ἱερείᾳ δεήσῃ. ὥστε ἡμεῖς μὲν
ἀπίωμεν περιπατήσουσαι· καιρὸς δὲ καὶ ὑμᾶς ἀπιέναι ὅθεν
ἥκετε, μὴ καὶ ὑπερήμεροι γένησθε τῆς προθεσμίας. σὺ δὲ
καὶ ὁ Ἔλεγχος, ὦ Παρρησιάδη, κύκλῳ ἐπὶ πάντας αὐτοὺς
ἰόντες ἢ στεφανοῦτε ἢ ἐγκάετε, ὡς ἔφην.

ΠΑΡΡ. Ἔσται ταῦτα, ὦ Φιλοσοφία. χαίρετε, ὦ βέλτι-
στοι ἀνδρῶν. ἡμεῖς δὲ κατίωμεν, ὦ Ἔλεγχε, καὶ τελῶμεν τὰ
παραγγελλόμενα. ποῖ δὲ καὶ πρῶτον ἀπιέναι δεήσει; μῶν ἐς
τὴν Ἀκαδήμειαν ἢ ἐς τὴν Στοάν;

ΕΛΕΓ. Ἀπὸ τοῦ Λυκείου ποιησόμεθα τὴν ἀρχήν.

ΠΑΡΡ. Οὐδὲν διοίσει τοῦτο. πλὴν οἶδά γε ἐγώ, ὡς ὅποι
ποτ' ἂν ἀπέλθωμεν, ὀλίγων μὲν τῶν στεφάνων, πολλῶν δὲ
τῶν καυτηρίων δεησόμεθα.

rian. 2, 27, 4: αἱ μηχαναὶ κατέ-
σεισαν τοῦ τείχους ἐπὶ πολύ, u. so
auch schon ältere, s. unser Wör-
terb. unter πολύς 5) γ). — προσ-
φύντες ἔχονται τοῦ χρυσίου, d. i.
mordicus tenent aurum. — γελοῖός
εἰμι ἀναγκάζων, s. zu IV, 22. —
μανθάνω, rem percipio, oft so ab-
solut. Iup. trag. 7: μανθάνω· ὅτι
πλουτίνδην κελεύεις, ἀλλὰ μὴ ἀρι-
στίνδην καθίζειν καὶ ἀπὸ τιμημά-
των. — οὕτως, unter diesen
Umständen, bei dieser Sach-
lage. — καὶ αὐτός, auch ér.

52. μὴ καί, damit nicht noch,
s. zu V, 20, 6. — μὴ καὶ ὑπερήμ.
γέν. τῆς προθ., d. i. damit ihr
euern Urlaub nicht über-
schreitet. Vgl. oben c. 14: μίαν
ἡμέραν ταύτην παραιτησάμενοι
κτέ. — τοῦ Λυκείου, s. zu V, 1, 1.
Hier pflegte namentlich Sokrates
sich viel aufzuhalten, um mit den
Sophisten, die dort oft ihre Vor-
träge hielten, zu verkehren und
sie vorkommenden Falls zu wi-
derlegen.

X.

ANACHARSIS.

Zur Zeit des Lucian waren die Gymnasien zum grössten Theil weiter nichts als Anstalten zur Ausbildung von Athleten: von der wahren Gymnastik, wie man sie einst in Athen und anderwärts betrieb, konnte, da alles höhere politische Leben in Griechenland schon längst gänzlich erstorben war, nicht mehr die Rede sein. Die Betrachtung dieses Zustandes, überhaupt der Vergleich mit der früheren grossen hellenischen Vergangenheit, mit der sich Lucian so gern beschäftigte und in die er sich mit Vorliebe zurückversetzte, veranlasste ihn daher ohne Zweifel zur Abfassung vorliegender Schrift, um dadurch der durchaus in Verfall gerathenen Gymnastik, dem charakteristischen Merkmal der Hellenen den Barbaren gegenüber, in soweit dieses irgend noch möglich war, wieder emporzuhelfen und auf diese Weise jener einseitigen rhetorischen und philosophischen Erziehungsweise, wie sie damals, besonders auch zu Athen im Gange war, entgegenzuwirken. Um dieses aber gehörig durchzuführen, musste er vorzugsweise die Gymnastik und die Erziehung überhaupt schildern, wie sie in Athen zu dessen Blüthezeit betrieben wurde. Damals nämlich standen beide Theile der öffentlichen Erziehung, die Gymnastik, welche die Bildung und Vervollkommnung des Körpers bezweckte, und die Musik, oder der ethische Theil der Erziehung, in der schönsten Wechselbeziehung; hier war das Ziel der ganzen Erziehung, Körper und Geist zu harmonischem Zusammenwirken im Interesse des Staates fähig zu machen. Um aber diese seine Schilderung mehr zu heben und für den Leser interessanter zu machen, ja auch ihr eine gewisse historische Grundlage zu geben, lässt er mit wahrhaft dramatischer Kunst und Feinheit gerade den Solon und Anacharsis, zwei Männer, die in Bildung und Gesinnung durchaus von einander verschieden waren, auftreten. Bekannt ist ja nämlich die Erzählung, dass Anacharsis, ein wiss- und lernbegieriger Skythe aus fürstlichem Geschlecht, zum Zweck seiner Ausbildung Reisen in fremde Länder unter-

nahm und insbesondere Griechenland aufsuchte, wo er in Athen
vornämlich mit Solon verkehrt haben und von diesem sogar in
sein Haus aufgenommen worden sein soll. Seine Aufmerksam-
keit musste nun hier vor allem Andern auf eine Einrichtung —
die Gymnastik — hingelenkt werden, welche ihm, dem Barbaren,
völlig fremd, aber dabei doch vom höchsten Interesse war, da
dieselbe, wie er sah, allgemein mit dem grössten Eifer gepflegt
wurde. Es lag ihm daher nichts näher, als sich darüber Be-
lehrung zu verschaffen, und zwar bei dem, der ihm die beste
zu geben im Stande war, aber trotzdem kann er, obschon der
gebildetste seines Volkes, doch die Bedeutung des Instituts bei
seinem beschränkten Standpunkte nicht begreifen. Ihm gegen-
über erscheint als das vollendetste Muster hellenischer und ins-
besondere attischer Bildung Solon, der alle Einwendungen, welche
ein Barbar von grossem natürlichen Verstande nur irgend vor-
bringen kann, mit für den Leser durchaus überzeugender Macht
der Rede widerlegt und den von seinen barbarischen Ansichten
nicht abgehenden und aller besseren Einsicht unzugänglichen
Gegner zu belehren, die Geduld auch nicht im mindesten
verliert.

Der Verlauf des Gesprächs ist in der Kürze folgender:
Anacharsis kann sich nach dem Eintritt in das Lykeion nicht
genug wundern über das, was er hier Knaben und Jünglinge
vornehmen sieht. Ihr Balgen, Schlagen, Stossen, Niederwerfen,
Würgen u. s. w. erscheint ihm wie Wahnsinn, ja trotz der ein-
leuchtenden Belehrung des Solon erklärt er, dass er als Skythe
so etwas, wie es hier vorkomme, ohne blutige Rache nicht hin-
nehmen würde. Vermehrt wird sein Erstaunen, als ihm Solon
nach Angabe des Namens der Oertlichkeit und der einzelnen
Kampfarten die Preise und Belohnungen der Sieger nennt, um
derenwillen sie sich derartigen Anstrengungen und sogar Ge-
fahren unterziehen, zu welchen die ihm lächerlich erscheinen-
den Belohnungen in durchaus keinem Verhältniss zu stehen
scheinen. Noch unbegreiflicher kommt ihm, der sich fort und
fort an die kahlen Erscheinungen hält, die Erklärung des Solon
vor, dass sich an diese Siegespreise höchst Bedeutungsvolles
anschliesse, dass in denselben die ganze menschliche Glück-
seligkeit enthalten sei, Freiheit jedes Einzelnen und des ge-
sammten Vaterlandes, Reichthum, Ruhm, Sicherheit des Besitz-
thums, kurz alles Schöne und Herrliche, was der Mensch nur
irgend von den Göttern erflehen könne. Als nun Anacharsis
erstaunt über die hohen Siegespreise den Solon fragt, wie er
ihm so geringfügige Belohnungen habe nennen können, ent-
gegnet dieser, dass er auch letztere mit ganz andern Augen
ansehen werde, wenn er erst zu einer genaueren Einsicht der
ganzen Sache gekommen und den allgemeinen Wettkampf ken-
nen gelernt habe, um dessentwillen alle diese Einrichtungen ge-

troffen seien. Diese Einsicht ihm zu verschaffen, trit.
sogleich Anstalt, und damit ist auch Anacharsis ganz *Solon*
standen, verlangt aber, dass sie zu dem Zwecke einen schr-
gen Platz aufsuchen, da er die Sonnenhitze nicht vertrag.
könne, obschon dieselbe den bejahrten Solon nicht belästige,
eine Bemerkung, die Lucian den Skythen mit Absicht thun
lässt, um hier gleich einen praktischen Nutzen der Gymnastik
anzuführen. Als sie einen solchen Platz gefunden und sich dort
niedergelassen haben, fordert Solon zuerst den Anacharsis mit
einem feinen Zuge von Ironie auf, ja nicht Alles, was er vor-
bringe, ohne weiteres wie Gesetze aufzunehmen, sondern ihn
vielmehr wo er wisse und könne, eines Besseren zu belehren,
wofür er auf seinen und des ganzen Staates Dank rechnen
dürfe. Hier gesteht der Skythe dem grossen Hellenen gegen-
über sein Unvermögen ein, indessen wolle er ihn auch in die-
sem Punkte als Gesetzgeber ansehen. Schliesslich fügt er noch
die Bitte bei, Solon möge ihm, dem Barbaren, gegenüber sich so
kurz und leichtverständlich als möglich ausdrücken. Nachdem
Solon die Art und Weise des Sprechens vor dem Areios pagos
nebenbei kurz angegeben, beginnt er damit, auseinanderzusetzen,
was nach ihren Begriffen unter Stadt und Bürger zu verstehen
und wie ihr ganzes Streben einzig und allein darauf ge-
richtet sei, an Geist und Körper tüchtige Bürger zu haben, in-
wiefern davon das ganze Wohl und Wehe des Staates abhänge.
Der musische oder ethische Theil der Erziehung wird zuerst,
aber nur in der Kürze als minder zur Sache gehörig berührt,
womit indessen Anacharsis weniger zufrieden ist; genauer geht
dagegen Solon auf den gymnastischen Theil ein, eben weil die
Wichtigkeit desselben dem Barbaren nicht einleuchtet. In aus-
führlicher, aber dabei einfacher und klarer Weise wird dessen
Zweck und Nutzen für die Bildung des Leibes und der Seele
und für die ganze Bestimmung des Menschen und Bürgers aus-
einandergesetzt. Allein diese schöne Auseinandersetzung ver-
fehlt bei dem jeder höheren Auffassung gänzlich unfähigen Bar-
baren durchaus ihren Zweck, ja er verwechselt sogar die gym-
nastischen Uebungen mit unmittelbarer kriegerischer Bildung
und macht sich über dieselben in barbarischer Ruhmredigkeit
lustig. Nachdem ihn Solon mit geschichtlichen Beispielen wider-
legt, macht er ihn nun auf den Unterschied zwischen den gym-
nastischen und den eigentlich kriegerischen Uebungen aufmerk-
sam und sucht ihm begreiflich zu machen, wie die Verschieden-
heit der hellenischen und skythischen Einrichtungen in dieser
Beziehung auf dem verschiedenen Standpunkt der Bildung über-
haupt beruhe. Allein der Skythe bleibt Skythe und ist des
Solon höchst einfache und verständliche Auseinandersetzung
über die gymnastischen Uebungen und das damit auf das engste
verbundene Auftreten in den grossen Wettspielen, sowie über

Einfluss davon auf Kriegführung zu verstehen nicht im
den Eir er beurtheilt Alles nach seiner aller höheren Bildung
Stand Anschauungsweise und kommt immer wieder auf das zu
bang Vorgebrachte zurück. Selbst die Hinweisung auf die
negerische spartanische Gymnastik und deren Einwirkung auf
standhaftigkeit und Tapferkeit im Kriege vermag nicht ihn
eines Besseren zu belehren, so dass Solon endlich das Ge-
spräch abbricht mit der Aufforderung, Anacharsis solle ihm nun
als Gegenstück ein Bild von der skythischen Jugenderziehung
entwerfen, wozu dieser sich auch, aber erst für den folgenden
Tag bereit erklärt, um sich Alles, was Solon gesagt, noch ein-
mal überlegen und sich selbst dazu gehörig vorbereiten zu
können.

Der Schauplatz der Unterredung ist, wie schon vorher be-
merkt, das Lykeion; s. die Anm. zu c. 7.

Geschrieben hat Lucian die Schrift, wie ausser allem Zwei-
fel, während seines Aufenthalts in Athen.

X.

ΑΝΑΧΑΡΣΙΣ ἢ ΠΕΡΙ ΓΥΜΝΑΣΙΩΝ.

ΑΝΑΧΑΡΣΙΣ. Ταῦτα δὲ ὑμῖν, ὦ Σόλων, τίνος ἕνεκα 1
οἱ νέοι ποιοῦσιν; οἱ μὲν αὐτῶν περιπλεκόμενοι ἀλλήλους
ὑποσκελίζουσιν, οἱ δὲ ἄγχουσι καὶ λυγίζουσι καὶ ἐν τῷ πηλῷ
συναναφύρονται κυλινδούμενοι ὥσπερ σύες. καίτοι κατ᾽
ἀρχὰς εὐθὺς ἀποδυσάμενοι — ἑώρων γάρ — λίπα τε ἠλεί-
ψαντο καὶ κατέψησε μάλα εἰρηνικῶς ἅτερος τὸν ἕτερον ἐν τῷ
μέρει, μετὰ δὲ οὐκ οἶδ᾽ ὅ τι παθόντες ὠθοῦσί τε ἀλλήλους
συννενευκότες καὶ τὰ μέτωπα συναράττουσιν ὥσπερ οἱ κριοί.
καὶ ἢν ἰδοὺ ἀράμενος ἐκεινοσὶ τὸν ἕτερον ἐκ τοῖν σκελοῖν
ἀφῆκεν εἰς τὸ ἔδαφος, εἶτ᾽ ἐπικαταπεσὼν ἀνακύπτειν οὐκ
ἐᾷ, συνωθῶν κάτω ἐς τὸν πηλόν, τέλος δὲ ἤδη περιπλέξας
αὐτῷ τὰ σκέλη κατὰ τὴν γαστέρα τὸν πῆχυν ὑποβαλὼν τῷ
λαιμῷ ἄγχει τὸν ἄθλιον, ὁ δὲ παρακροτεῖ ἐς τὸν ὦμον, ἱκε-
τεύων, οἶμαι, ὡς μὴ τέλεον ἀποπνιγείη. καὶ οὐδὲ τοῦ ἐλαίου
ἕνεκα φείδονται μὴ μολύνεσθαι, ἀλλ᾽ ἀφανίσαντες τὸ χρῖσμα

---

1. ταῦτα δέ. Der Leser wird
hier, wie oft, gleichsam gleich mit-
ten in das Gespräch hinein ver-
setzt. — ὑμῖν, Dativus ethicus;
Kr. Gr. §. 48, 6. Was habt ihr für
ein Interesse, dass u. s. w. — ὑπο-
σκελίζουσιν. Das Beinstellen oder
-unterschlagen fand statt bei dem
stehenden Ringen oder der ὀρθὴ
πάλη. — οἱ δὲ κτέ. Dieses bezieht
sich auf das liegende oder wäl-
zende Ringen, ἀλίνδησις, κύλισις,
wobei die mannichfaltigsten Wen-
dungen, Kunstgriffe und wunder-
barsten Verschlingungen vorka-
men. λυγίζειν vom Drehen und
Beugen der Glieder. — καίτοι,

quamquam, s. zu V, 14, 6. Ebenso
unten c. 37. — εὐθὺς ἀποδυσ. so-
gleich nachdem sie usw., Kr.
Gr. §. 56, 10, 3. — λίπα, s. unser
Wörterb. u. d. W. — ἐν τῷ μέρει, s.
zu II, 8. — ὅ τι παθόντες, s. zu V, 5,
1. — ἀράμενος . . ἐκ τοῖν σκελοῖν.
ἐκ entsprechend unserem: an,
bei. Asin. 23: λαμβάνεταί με ἐκ
τῆς οὐρᾶς καὶ εἶχετο. Und so schon
Herodot. 5, 12: ἐπέλκουσα ἐκ τοῦ
βραχίονος τὸν ἵππον. — περιπλέ-
ξας κτέ. Vgl. unten 31. — ὡς . .
ἀποπνιγείη, s. zu I, 4. Vgl. c. 2:
ὡς ἀφυκτότεροι εἶεν u. s. — φεί-
δονται μή, büten sie sich, neh-
men sie sich in Acht, s. zu IV,

καὶ τοῦ βορβόρου ἀναπλησθέντες, ἐν ἱδρῶτι ἅμα πολλῷ, γέ-
λωτα ἐμοὶ γοῦν παρέχουσιν ὥσπερ αἱ ἐγχέλυες ἐκ τῶν χει-
2 ρῶν διολισθαίνοντες. ἕτεροι δὲ ἐν τῷ αἰθρίῳ τῆς αὐλῆς τὸ
αὐτὸ τοῦτο δρῶσιν, οὐκ ἐν πηλῷ οὗτοί γε, ἀλλὰ ψάμμον ταύ-
την βαθεῖαν ὑποβαλόμενοι ἐν τῷ ὀρύγματι πάττουσί τε ἀλ-
λήλους καὶ αὐτοὶ ἑκόντες ἐπαμῶνται τὴν κόνιν ἀλεκτρυόνων
δίκην, ὡς ἀφυκτότεροι εἶεν ἐν ταῖς συμπλοκαῖς, οἶμαι, τῆς
ψάμμου τὸν ὄλισθον ἀφαιρούσης καὶ βεβαιοτέραν ἐν ξηρῷ
3 παρεχούσης τὴν ἀντίληψιν. οἱ δὲ ὀρθοστάδην, κεκονιμένοι
καὶ αὐτοί, παίουσιν ἀλλήλους προσπεσόντες καὶ λακτίζουσιν·
οὑτοσὶ γοῦν καὶ τοὺς ὀδόντας ἔοικεν ἀποπτύσειν ὁ κακοδαί-
μων· οὕτως αἵματος αὐτῷ καὶ ψάμμου ἀναπέπλησται τὸ
στόμα, πύξ, ὡς ὁρᾷς, παταχθέντος ἐς τὴν γνάθον. ἀλλ' οὐδὲ
ὁ ἄρχων οὑτοσὶ διίστησιν αὐτοὺς καὶ λύει τὴν μάχην — τεκ-
μαίρομαι γὰρ τῇ πορφυρίδι τῶν ἀρχόντων τινὰ τοῦτον εἶναι
4 — ὁ δὲ καὶ ἐποτρύνει καὶ τὸν πατάξαντα ἐπαινεῖ. ἄλλοι δὲ

5. Kr. Gr. §. 67, 12, 3. — *ἐν ἱδρῶτι
ἅμα πολλῷ*, d. i. *sudore simul mul-
to diffluentes.* — *ἐγχέλυες.* Sonst
bei Luc. *ἐγχέλεις.* — *διολισθαί-
νοντες.* Beide Formen, ὀλισθαίνω
und die attische ὀλισθάνω, finden
sich bei Luc.

2. *ἐν τῷ αἰθρίῳ τῆς αὐλῆς*, zu
verstehen von dem grossen freien
Platze, zu dem man von dem *ἐφη-
βεῖον*, dem bedeckten Uebungs-
raume der Epheben, kam, und der
hauptsächlich den gymnastischen
Uebungen diente. — *ψάμμον ταύ-
την βαθεῖαν.* Ebenso οὗτος in hin-
zeigender Bedeutung eingescho-
ben unten 16: *φλογμὸν τοῦτον οὐ
φορητόν.* 18: *πόλιν ταύτην ἀρχαι-
οτάτην.* Alexand. 4: *καὶ ὄργανα
ταῦτα γενναῖα ὑποβεβλημένα ἔχων
κτέ.* — *ἐν τῷ ὀρύγματι.* *ὄρυγμα*
bezeichnet den vertieften Raum
im Freien, welcher mit Sand ge-
füllt ist, dasselbe also was das
spätere σκάμμα. — *πάττουσι ἀλ-
λήλους,* conspergunt se invicem. —
ἐπαμῶνται τὴν κόνιν, pulvere se
accumulant. — *τὸν ὄλισθον,* spä-
teres Wort.

3. *καὶ αὐτοί,* wie die Ringer.
Gemeint sind Faustkämpfer, oder
richtiger Kämpfer im Pankration;
vgl. c. 8. Letzteres umfasste den
Faustkampf und das Ringen;

das Ausschlagen mit den Füssen
kann nur auf das Pankration be-
zogen werden. — *παταχθέντος,*
obschon αὐτῷ vorhergeht. So fin-
det sich der absolute Genetiv. für
einen Dativ. od. Accusativ. schon
bei Homer., Il. 14, 25: *λάκε δέ σφι
περὶ χροῒ χαλκὸς ἀτειρὴς νυσσομέ-
νων.* Od. 6, 155 fg.: *μάλα πού σφι-
σι θυμὸς ἰαίνεται . . λευσσόντων.*
(Vgl. Kr. Gr. II. §. 47, 4, 1.) De-
mosth. encom. 9: *οὐκ ἦν ἂν ἀμ-
φίλεκτος ἀνθρώποις ἔρις κατερί-
δα μὲν αὐτῷ διδόντων.* Plat. ci-
vit. 8 p. 497 A: *τάχα δ' ἂν ἡμῖν
τις παραστὰς ἀνὴρ σφοδρὸς καὶ
νέος λοιδορήσειεν ἂν ὡς ἀνόητα καὶ
ἀδύνατα τιθέντων.* Kr. Gr. §. 47,
4, 2. Die Form *παταχθείς* (unten
c. 40 *παταχθῆναι*) ist nicht attisch;
die attische Form dafür ist *πλη-
γείς.* — *ὁ ἄρχων.* Vielleicht der
Gymnasiarch oder einer der So-
phronisten, deren es zehn gab.

4. *ὁ δέ,* der ἄρχων. Bei Attikern
ist die Beziehung des ὁ δέ auf das
vorhergehende Subject sehr sel-
ten, bei Herodot. häufig (Kr. Gr.
II. §. 50, 1, 10). Thukyd. 1, 87:
*ἐπεψήφιζεν αὐτὸς ἔφορος ὤν· ὁ
δὲ οὐκ ἔφη διαγιγνώσκειν τὴν βο-
ήν.* Oft indessen kommt dieser
Gebrauch bei Spätern vor, z. B.
bei Arrian. — *ἄλλοι δὲ κτέ.* Ueban-

ἀλλαχόθι πάντες ἐγκονοῦσι καὶ ἀναπηδῶσιν ὥσπερ θέοντες,
ἐπὶ τοῦ αὐτοῦ μένοντες, καὶ ἐς τὸ ἄνω συναλλόμενοι λακτί-
ζουσι τὸν ἀέρα. ταῦτα οὖν ἐθέλω εἰδέναι τίνος ἀγαθοῦ ἂν 5
εἴη ποιεῖν· ὡς ἐμοιγε μανίᾳ μᾶλλον ἐοικέναι δοκεῖ τὸ πρᾶγμα,
καὶ οὐκ ἔστιν ὅστις ἂν ῥᾳδίως μεταπείσειέ με, ὡς οὐ παρα-
παίουσιν οἱ ταῦτα δρῶντες.

ΣΟΛΩΝ. Καὶ εἰκότως, ὦ Ἀνάχαρσι, τοιαῦτά σοι τὰ 6
γιγνόμενα φαίνεται ξένα γε ὄντα καὶ πάμπολυ τῶν Σκυθι-
κῶν ἐθῶν ἀπᾴδοντα, καθάπερ καὶ ὑμῖν πολλὰ εἰκὸς εἶναι
μαθήματα καὶ ἐπιτηδεύματα τοῖς Ἕλλησιν ἡμῖν ἀλλόκοτα
εἶναι δόξαντα ἄν, εἴ τις ἡμῶν ὥσπερ σὺ νῦν ἐπισταίη αὐτοῖς.
πλὴν ἀλλὰ θάρρει, ὦγαθέ· οὐ γὰρ μανίᾳ τὰ γιγνόμενά ἐστιν,
οὐδ᾽ ἐφ᾽ ὕβρει οὗτοι παίουσιν ἀλλήλους καὶ κυλίουσιν ἐν
τῷ πηλῷ ἢ ἐπιπάττουσι τὴν κόνιν, ἀλλ᾽ ἔχει τινὰ χρείαν οὐκ
ἀτερπῆ τὸ πρᾶγμα καὶ ἀκμὴν οὐ μικρὰν ἐπάγει τοῖς σώμα-
σιν. ἢν γοῦν ἐνδιατρίψῃς, ὥσπερ οἶμαί σε ποιήσειν, τῇ Ἑλ-
λάδι, οὐκ εἰς μακρὰν εἷς καὶ αὐτὸς ἔσῃ τῶν πεπηλωμένων ἢ
κεκονιμένων· οὕτω σοι τὸ πρᾶγμα ἡδύ τε ἅμα καὶ λυσιτελὲς
εἶναι δόξει.

ΑΝΑΧ. Ἄπαγε, ὦ Σόλων· ὑμῖν ταῦτα γένοιτο τὰ ὠφέ-
λιμα καὶ τερπνά, ἐμὲ δὲ εἴ τις ὑμῶν τοιοῦτό τι διαθείη,
εἴσεται ὡς οὐ μάτην παρεζώσμεθα τὸν ἀκινάκην. ἀτὰρ εἰπέ 7
μοι, τί ὄνομα ἔθεσθε τοῖς γιγνομένοις, ἢ τί φῶμεν ποιεῖν
αὐτούς;

ΣΟΛ. Ὁ μὲν χῶρος αὐτός, ὦ Ἀνάχαρσι, γυμνάσιον ὑφ᾽

---

gen im Springen. — ἀλλαχόθι, un-
attische, aber bei Luc. auch sonst
vorkommende Form für ἄλλοθι.
— ἐγκονοῦσι, *celeriter se movent*,
sonst in Prosa nicht anzutreffen-
des Wort. — ἐπὶ τοῦ αὐτοῦ, auf
derselben Stelle. Ein reines
Emporschwingen auf freiem ebe-
nen Raume, ohne den Leib im
Sprunge fortzubewegen oder auf
eine Erhöhung zu bringen. (Krau-
se: Die Gymnastik u. Agon. 1. S.
386.)
5. τίνος ἀγαθοῦ, *cui bono*. Vgl.
Philopseud. 1: τούτους οὖν ἐθέλω
εἰδέναι τίνος ἀγαθοῦ τοῦτο ποι-
οῦσιν.
6. καὶ εἰκότως, ganz natür-
lich. — εἰκός, näml. ἐστί. — δό-
ξαντα ἄν, d. i. ἃ δόξειεν ἄν. Kr.

Gr. §. 54, 6, 6. 69, 7 A. 1, 4. Vgl.
uuten c. 25: ἄν .. ἐμποιήσαντας.
De merc. cond. 20: εἰδὼς δὲ πολ-
λοὺς ἐθελήσαντας ἄν κτέ. u. s. —
ἀκμή, *vigor, robur.* Alciphr. 3, 49:
σῶμα νεότητι καὶ ἀκμῇ νευρούμε-
νον. [Bekker ἀλκήν.] — οὐκ εἰς μα-
κράν, s. zu I, 1. — ἐμὲ εἴ τις ὑμ.
τοιοῦτό τι διαθείη, in einen
derartigen Zustand ver-
setzte. Hermotim. 10: τούς γε
ἄλλους .. οὐδὲν τοιοῦτό πω διατί-
θειχεν. Iupit. trag. 36: οἵ γε οὐ-
δὲν δεινὸν διατεθείκασι με. He-
liodor. 1, 15: καὶ δήλη παντοίας
ἐγένετο κακόν τι διαθήσουσα τὴν
Θίσβην. Also διατιθέναι fast gleich
mit ποιεῖν. Bei den Attikern steht
διατιθέναι τινά mit einem Adverb.
verbunden.

ἡμῶν ὀνομάζεται καὶ ἔστιν ἱερὸν Ἀπόλλωνος τοῦ Λυκείου·
καὶ τὸ ἄγαλμα δὲ αὐτοῦ ὁρᾷς, τὸν ἐπὶ τῇ στήλῃ κεκλιμένον,
τῇ ἀριστερᾷ μὲν τὸ τόξον ἔχοντα, ἡ δεξιὰ δὲ ὑπὲρ τῆς κεφα-
λῆς ἀνακεκλασμένη ὥσπερ ἐκ καμάτου μακροῦ ἀναπαυόμενον
8 δείκνυσι τὸν θεόν. τῶν γυμνασμάτων δὲ τούτων τὸ μὲν ἐν
τῷ πηλῷ ἐκεῖνο πάλη καλεῖται, οἱ δ' ἐν τῇ κόνει παλαίουσι
καὶ αὐτοί, τὸ δὲ παίειν ἀλλήλους ὀρθοστάδην παγκρατιάζειν
λέγομεν. καὶ ἄλλα δὲ ἡμῖν ἐστι γυμνάσια τοιαῦτα πυγμῆς
καὶ δίσκου καὶ τοῦ ὑπεράλλεσθαι, ὧν ἁπάντων ἀγῶνας προ-
τίθεμεν, καὶ ὁ κρατήσας ἄριστος εἶναι δοκεῖ τῶν καθ' αὑτὸν
καὶ ἀναιρεῖται τὰ ἆθλα.

9 ΑΝΑΧ. Τὰ δὲ ἆθλα τίνα ὑμῖν ταῦτά ἐστιν;

ΣΟΛ. Ὀλυμπίασι μὲν στέφανος ἐκ κοτίνου, Ἰσθμοῖ δὲ
ἐκ πίτυος, ἐν Νεμέᾳ δὲ σελίνων πεπλεγμένος, Πυθοῖ δὲ
μῆλα τῶν ἱερῶν τοῦ θεοῦ, παρ' ἡμῖν δὲ τοῖς Παναθηναίοις
τὸ ἔλαιον τὸ ἐκ τῆς μορίας. τί ἐγέλασας, ὦ Ἀνάχαρσι; ἢ
διότι μικρά σοι εἶναι ταῦτα δοκεῖ;

ΑΝΑΧ. Οὔκ, ἀλλὰ πάνσεμνα, ὦ Σόλων, κατέλεξας τα
ἆθλα καὶ ἄξια τοῖς τε διαθεῖσιν αὐτὰ φιλοτιμεῖσθαι ἐπὶ τῇ
μεγαλοδωρίᾳ καὶ τοῖς ἀγωνισταῖς αὐτοῖς ὑπερεσπουδακέναι

---

7. ἱερὸν Ἀπόλλωνος τοῦ Λυκείου.
Der Schauplatz des Gesprächs ist
also das Lykeion, das dem Apol-
lon Lykeios geweiht war, daher
dessen Bildsäule daselbst stand.
Die beiden anderen Gymnasien
waren die Akademie und das Ky-
nosarges, die an Grösse das Ly-
keion übertraf. — καὶ . . δέ, s. zu
II, 33. — ἐπί, an. [Vgl. K. O. Mül-
ler's Handb. der Archäol. §. 361,
2.] — ἡ δεξιὰ κτέ. Uebergang zum
Verbum finitum, wie oft.
8. τὸ δὲ παίειν κτέ. Nicht ge-
nau bezeichnet παγκρ. hier nur
das Schlagen in aufrechter Stel-
lung wie im Faustkampfe. — δί-
σκου, s. unten c. 27. — τῶν καθ'
αὑτόν, aequalium suorum. Vgl. 36
u. ö.
9. κοτίνου, wilder Oelbaum,
oleaster, den Herakles von den
Hyperboreern mitgebracht haben
soll. — Ἰσθμοῖ, s. Kr. Gr. §. 46, 1,
4. — σελίνων πεπλ., s. zu V, 24, 1.
— Πυθοῖ κτέ. Der Kampfpreis
war hier ein Kranz aus Lorbeer-
zweigen. Indessen wurden zu ir-

gend einer Zeit auch Aepfel als
Kampfpreise dargereicht, wie
viele Stellen späterer Schriftstel-
ler bezeugen. — τοῖς Παναθηναί-
οις, s. zu VII, 14. Die Panathe-
näen waren das grösste Fest der
Athenäer zu Ehren der Athene
Polias, das in jedem dritten Olym-
piadenjahr vom 25 bis 28 Heka-
tombäon gefeiert wurde. — μο-
ρίας. μορία hiess der heilige Oel-
baum der Athene auf der Akropo-
lis, den die Göttin selbst gepflanzt
haben soll; und ebenso hiessen die
von diesem abstammenden und
der Athene heiligen öffentlichen
Oelbäume μορίαι. Der Kampfpreis
in den gymnischen Wettkämpfen
bestand in einem Kranze von den
Zweigen des heiligen Oelbaums
und in einem irdenen Gefäss mit
Oel von den μορίαι. — τί ἐγέλα-
σας; warum brachst du in La-
chen aus? warum musst du
lachen? Kr. Gr. §. 53, 6, 3. — ἤ,
an; wir: etwa, s. zu VI, 2, 1. Vgl.
unten c. 37. — ὑπερεσπουδακέναι.
Ueber dieses Perfect. s. Kr. Gr.

περὶ τὴν ἀναίρεσιν τῶν τηλικούτων, ὥστε μήλων ἕνεκα καὶ
σελίνων τοσαῦτα προπονεῖν καὶ κινδυνεύειν ἀγχομένους
πρὸς ἀλλήλων καὶ κατακλωμένους, ὡς οὐκ ἐνὸν ἀπραγμόνως
εὐπορῆσαι μήλων ὅτῳ ἐπιθυμία, ἢ σελίνῳ ἐστεφανῶσθαι ἢ
πίτυΐ μήτε πηλῷ καταχριόμενον τὸ πρόσωπον μήτε λακτιζό-
μενον ἐς τὴν γαστέρα ὑπὸ τῶν ἀνταγωνιστῶν.

ΣΟΛ. Ἀλλ᾽, ὦ ἄριστε, οὐκ ἐς ψιλὰ τὰ διδόμενα ἡμεῖς 10
ἀποβλέπομεν. ταῦτα μὲν γάρ ἐστι σημεῖα τῆς νίκης καὶ γνω-
ρίσματα οἵτινες οἱ κρατήσαντες, ἡ δὲ παρακολουθοῦσα τού-
τοις δόξα τοῦ παντὸς ἀξία τοῖς νενικηκόσιν, ὑπὲρ ἧς καὶ
λακτίζεσθαι καλῶς ἔχει τοῖς θηρωμένοις τὴν εὔκλειαν ἐκ τῶν
πόνων· οὐ γὰρ ἀπονητὶ προσγένοιτο ἂν αὕτη, ἀλλὰ χρὴ τὸν
ὀρεγόμενον αὐτῆς πολλὰ τὰ δυσχερῆ ἀνασχόμενον ἐν τῇ
ἀρχῇ τότ᾽ ἤδη τὸ λυσιτελὲς καὶ ἡδὺ τέλος ἐκ τῶν καμάτων
περιμένειν.

ΑΝΑΧ. Τοῦτο φῄς, ὦ Σόλων, τὸ τέλος ἡδὺ καὶ λυσιτε-
λές, ὅτι πάντες αὐτοὺς ὄψονται ἐστεφανωμένους καὶ ἐπὶ τῇ
νίκῃ ἐπαινέσονται πολὺ πρότερον οἰκτείραντες ἐπὶ ταῖς πλη-
γαῖς, οἱ δὲ εὐδαιμονήσουσιν ἀντὶ τῶν πόνων μῆλα καὶ σέ-
λινα ἔχοντες.

ΣΟΛ. Ἄπειρος εἶ, φημί, τῶν ἡμετέρων ἔτι· μετὰ μικρὸν
δὲ ἄλλα σοι δόξει περὶ αὐτῶν, ἐπειδὰν ἐς τὰς πανηγύρεις
ἀπιὼν ὁρᾷς τοσοῦτον πλῆθος ἀνθρώπων συλλεγόμενον ἐπὶ
τὴν θέαν τῶν τοιούτων καὶ θέατρα μυρίανδρα συμπληρού-
μενα καὶ τοὺς ἀγωνιστὰς ἐπαινουμένους, τὸν δὲ καὶ νική-
σαντα αὐτῶν ἰσόθεον νομιζόμενον.

ΑΝΑΧ. Αὐτὸ τοῦτο, ὦ Σόλων, καὶ τὸ οἴκτιστόν ἐστιν, 11

---

§. 53, 3, 3. Unten c. 12: οὐ μάτην
ἐσπουδάκαμεν ἐπὶ τούτοις. — πρός,
s. zu II, 25. — ὡς οὐκ ἐνόν, quasi
non liceat, s. zu II, 14. Uebrigens
beachte die Ironie in den Worten
des Anacharsis.

10. οὐκ ἐς ψιλὰ τὰ διδ. ἡμ. ἀπο-
βλ., non ad nuda ista munera re-
spicimus. — τοῦ παντὸς ἀξία, ist
von ausserordentlichem
Werthe. Plat. Sophist. p. 216
C.: οἱ φιλόσοφοι τοῖς μὲν δοκοῦ-
σιν εἶναι τοῦ μηδενὸς τίμιοι, τοῖς
δὲ ἄξιοι τοῦ παντός. Herodot. 6,

137, 1: κακήν τε καὶ τοῦ μηδενὸς
ἀξίην. — ἀπονητὶ = ἀπόνως, fin-
det sich auch Rhet. praec. 8. Frü-
her nur bei Herodot. 3, 146. 6, 25.
— τότ᾽ ἤδη, tum demum, nach dem
Particip. zur Hervorhebung der
Folge, s. Kr. Gr. §. 56, 10, 3. Eben-
so im Latein. tum demum od. de-
nique. — πολύ, wozu gehörig? —
τὸν δὲ καί. Womit ist καί zu ver-
binden?

11. αὐτὸ τοῦτο, eben das. —
καὶ τὸ οἴκτιστον, vel miserrimum.
Die Form οἴκτιστος ist den Atti-

εἰ μὴ ἐπ' ὀλίγων ταῦτα πάσχουσιν, ἀλλὰ ἐν τοσούτοις θεα-
ταῖς καὶ μάρτυσι τῆς ὕβρεως, οἳ δηλαδὴ εὐδαιμονίζουσιν αὐ-
τοὺς αἵματι ῥαινομένους ὁρῶντες ἢ ἀγχομένους ὑπὸ τῶν ἀν-
τιπάλων· ταῦτα γὰρ τὰ εὐδαιμονέστατα πρόσεστι τῇ νίκῃ
αὐτῶν. παρ' ἡμῖν δὲ τοῖς Σκύθαις ἤν τις, ὦ Σόλων, ἢ πα-
τάξῃ τινὰ τῶν πολιτῶν ἢ ἀνατρέψῃ προσπεσὼν ἢ θαἰμάτια
περιῤῥήξῃ, μεγάλας οἱ πρεσβῦται τὰς ζημίας ἐπάγουσι, κἂν
ἐπ' ὀλίγων τῶν μαρτύρων τοῦτο πάθῃ τις, οὔτι γε ἐν τηλι-
κούτοις θεάτροις, οἷα σὺ διηγῇ τὸ Ἰσθμοῖ καὶ τὸ ἐν Ὀλυμπία.
οὐ μὴν ἀλλὰ τοὺς μὲν ἀγωνιστὰς οἰκτείρειν μοι ἔπεισιν ὧν
πάσχουσι, τῶν δὲ θεατῶν οὓς φῂς ἀπανταχόθεν τοὺς ἀρίστους
παραγίγνεσθαι ἐς τὰς πανηγύρεις, καὶ πάνυ θαυμάζω, εἰ
τἀναγκαῖα παρέντες σχολάζουσιν ἐπὶ τοῖς τοιούτοις· οὐδὲ γὰρ
ἐκεῖνό πω δύναμαι κατανοῆσαι, ὅτι τοῦτο τερπνὸν αὐτοῖς,
ὁρᾶν παιομένους τε καὶ διαπληκτιζομένους ἀνθρώπους καὶ
πρὸς τὴν γῆν ἀραττομένους καὶ συντριβομένους ὑπ' ἀλ-
λήλων.

12   ΣΟΛ. Εἰ καιρὸς ἦν, ὦ Ἀνάχαρσι, Ὀλυμπίων ἢ Ἰσθμίων
ἢ Παναθηναίων, αὐτὸ ἄν σε τὸ γιγνόμενον ἐδίδαξεν, ὡς οὐ
μάτην ἐσπουδάκαμεν ἐπὶ τούτοις· οὐ γὰρ οὕτω λέγων ἄν τις
προσβιβάσειέ σε τῇ ἡδονῇ τῶν ἐκεῖ δρωμένων, ὡς εἰ καθεζό-
μενος αὐτὸς ἐν μέσοις τοῖς θεαταῖς βλέποις ἀρετὰς ἀνδρῶν

kern fremd. — ἐπ' ὀλίγων, coram
paucis; s. zu Piscat. 27. Diesem
ἐπί ist das gleich folgende ἐν synony-
nym. Toxar. 49: ἡ ὕβρις ἐν το-
σούτοις ἀνθρώποις οὐ μετρίως μου
καθίκετο. Vitar. Auct. 27: ἐν ὀλί-
γοις ἡ πρᾶσις ἔσται. De dom. 14:
ἐν δικασταῖς ὑμῖν εἰπάτω. — ῥαι-
νομένους. Sonst steht bei Luc. in
dieser Verbindung δεομένους, z. B.
V, 14, 5 u. s. Das Verbum ῥαίνω
findet sich bei Luc. noch Scyth. 2:
ἦν τοὺς στενωποὺς οἴνῳ πολλῷ ῥαί-
νωσι. — ἀνατρέψῃ, zu Boden
werfen. — μεγάλας τὰς ζημίας,
Kr. Gr. §. 50, 11, 1. — ἐπάγουσι.
Ebenso Demosth. 18, 150: οὐδε-
μίαν δίκην τῶν Λοκρῶν ἐπαγόν-
των ἡμῖν. — οὔτι γε, geschwei-
ge denn, gewöhnlich nach einem
negativen Satze, der auch hier
dem Sinne nach vorhanden ist: sie
lassen nicht unbestraft. De conscr.
hist. 29: οὐδὲ τὸν ἕτερον πόδα ἐκ
Κορίνθου πώποτε προβεβηκὼς οὐδ'

ἄχρι Κεγχρεῶν ἀποδημήσας, οὔτι
γε Συρίαν ἢ Ἀρμενίαν ἰδών. De
merc. cond. 17. Demosth. enc. 21.
[Sicher falsch ist es, wenn dafür
nach Hermann μήτοι und οὔτοι γε
geschrieben wird.] — οὐ μὴν ἀλ-
λά, indessen, verumtamen, s. zu
VI, 14, 4. — τῶν δὲ θεατῶν . . θαυ-
μάζω, εἰ κτέ. Der Satz mit εἰ ist
Object (Kr. Gr. §. 47, 10, 9). Vgl.
unten c. 16: ὥστε καὶ σοῦ θαυμά-
ζω, ὅπως κτέ. Cynic. 16: θαυμάζω
δέ σου, πῶς κτέ. Philopseud. 15:
θαυμάζω τοῦ μάγου, εἰ κτέ. Ueber
εἰ s. Kr. Gr. §. 65, 5, 7. — καὶ πά-
νυ, gar sehr. — τἀναγκαῖα, ihre
Geschäfte. — σχολάζουσιν ἐπί.
Ebenso De saltat. 2. Gewöhnlich
mit dem blossen Dativ. — οὐδὲ
γάρ, s. oben zu VIII, 11.

12. αὐτὸ τὸ γιγνόμενον, res ipsa.
Vgl. II, 24 z. A. — ἐσπουδάκαμεν,
s. vorher zu 9. — λέγων, dicendo.
— προσβιβάσειε τῇ ἡδονῇ, quasi

καὶ κάλλη σωμάτων καὶ εὐεξίας θαυμαστὰς καὶ ἐμπειρίας
δεινὰς καὶ ἰσχὺν ἄμαχον καὶ τόλμαν καὶ φιλοτιμίαν καὶ γνώ-
μας ἀηττήτους καὶ σπουδὴν ἄληκτον ὑπὲρ τῆς νίκης· εὖ γὰρ
δὴ οἶδα, ὡς οὐκ ἂν ἐπαύσω ἐπαινῶν καὶ ἐπιβοῶν καὶ ἐπι-
κροτῶν.

ΑΝΑΧ. Νὴ Δί', ὦ Σόλων, καὶ ἐπιγελῶν γε προσέτι καὶ 13
ἐπιχλευάζων· ἅπαντα γὰρ ὁπόσα κατηριθμήσω ἐκεῖνα, τὰς
ἀρετὰς καὶ τὰς εὐεξίας καὶ τὰ κάλλη καὶ τόλμαν, ὁρῶ οὐδε-
νὸς μεγάλου ἔνεκα παραπολλυμένας ὑμῖν, οὔτε πατρίδος κιν-
δυνευούσης οὔτε χώρας πορθουμένης οὔτε φίλων ἢ οἰκείων
πρὸς ὕβριν ἀπαγομένων. ὥστε τοσούτῳ γελοιότεροι ἂν εἶεν,
ἄριστοι μέν, ὡς φῄς, ὄντες, μάτην δὲ τοσαῦτα πάσχοντες καὶ
ταλαιπωρούμενοι καὶ αἰσχύνοντες τὰ κάλλη καὶ τὰ μεγέθη
τῇ ψάμμῳ καὶ τοῖς ὑπωπίοις, ὡς μήλου ἢ κοτίνου ἐγκρατεῖς
γένοιντο νικήσαντες· ἡδὺ γάρ μοι ἀεὶ μεμνῆσθαι τῶν ἄθλων
τοιούτων ὄντων. ἀτὰρ εἰπέ μοι, πάντες αὐτὰ λαμβάνουσιν οἱ
ἀγωνισταί;

ΣΟΛ. Οὐδαμῶς, ἀλλὰ εἷς ἐξ ἁπάντων ὁ κρατήσας
αὐτῶν.

ΑΝΑΧ. Εἶτ', ὦ Σόλων, ἐπὶ τῷ ἀδήλῳ καὶ ἀμφιβόλῳ
τῆς νίκης τοσοῦτοι πονοῦσι, καὶ ταῦτ' εἰδότες, ὅτι ὁ μὲν νι-
κῶν εἷς ἔσται πάντως, οἱ δὲ ἡττώμενοι πάμπολλοι, μάτην
ἄθλιοι πληγάς, οἱ δὲ καὶ τραύματα λαβόντες;

ΣΟΛ. Ἔοικας, ὦ Ἀνάχαρσι, μηδέπω ἐννενοηκέναι πολι- 14
τείας ὀρθῆς πέρι μηδέν· οὐ γὰρ ἂν τὰ κάλλιστα τῶν ἐθῶν
ἐν ψόγῳ ἐτίθεσο. ἢν δέ σοι μελήσῃ ποτὲ εἰδέναι, ὅπως ἂν
τὰ κάλλιστα οἰκηθείη πόλις καὶ ὅπως ἂν ἄριστοι γένοιντο οἱ

---

admovere voluptati. — γνώμας ἀητ-
τήτους, unbeugsame Gesin-
nung. — ἄληκτον. Episches Wort,
auch sonst bei Lcc. — γὰρ δή, s.
zu VI, 14, 13.

13. ἄριστοι μὲν .. ὄντες .. πά-
σχοντες καὶ ταλαιπ. καὶ αἰσχύν.
Diese Participia enthalten die nä-
here Erklärung oder Begründung
des Hauptsatzes. Uebrigens ist
das Verhältniss der beiden durch
die Partikeln μέν und δέ coordi-
nirten Glieder zu beachten, von
denen wir das erstere mit μέν
durch während ausdrücken (Kr.
Gr. S. 69, 16, 3.), qui quum .. sint,

tamen patiantur. — εἶτ', s. zu V,
16, 1. Vgl. nachher c. 16. 35. — ἐπὶ
τῷ ἀδήλῳ καὶ ἀμφ., s. zu I, 8. —
καὶ ταῦτα, idque. — οἱ δὲ καί, par-
tim etiam. So oft οἱ δέ ohne vor-
hergehendes οἱ μέν.

14. ἐν ψόγῳ ἐτίθεσο, in vitu-
perationem vertere. Alexand. 25:
πάντα ταῦτα ἐν γέλωτι καὶ παιδιᾷ
τιθέμενος. Ebenso ἐν γέλωτι oder
παιδιᾷ ποιεῖσθαι. — τὰ κάλλιστα.
Ebenso unten c. 30: ἔς τε εἰρήνην
καὶ ἐς πόλεμον τὰ ἄριστα παρε-
σκευασμένη. De merc. cond. 11:
ἢν δέ ποτε καὶ τὰ ἄριστα πράξῃς.
Thukyd. 5, 9: ἢν τὰ ἄριστα πρα-

πολῖται αὐτῆς, ἐπαινέσῃ τότε καὶ τὰς ἀσκήσεις ταύτας καὶ
τὴν φιλοτιμίαν ἣν φιλοτιμούμεθα περὶ αὐτάς, καὶ εἴσῃ ὅτι
πολὺ τὸ χρήσιμον ἔχουσιν ἐγκαταμεμιγμένον τοῖς πόνοις, εἰ
καὶ νῦν μάτην σπουδάζεσθαι δοκοῦσι.

ΑΝΑΧ. Καὶ μήν, ὦ Σόλων, κατ' οὐδὲν ἄλλο ἀπὸ τῆς
Σκυθίας ἥκω παρ' ὑμᾶς τοσαύτην μὲν γῆν διοδεύσας, μέγαν
δὲ τὸν Εὔξεινον καὶ δυσχείμερον περαιωθείς, ἢ ὅπως νό-
μους τε τοὺς Ἑλλήνων ἐκμάθοιμι καὶ ἔθη τὰ παρ' ὑμῖν κα-
τανοήσαιμι καὶ πολιτείαν τὴν ἀρίστην ἐκμελετήσαιμι. διὸ καὶ
σὲ μάλιστα φίλον ἐξ ἁπάντων Ἀθηναίων καὶ ξένον προειλό-
μην κατὰ κλέος, ἐπείπερ ἤκουον νόμων τέ τινων ξυγγραφέα
εἶναί σε καὶ ἐθῶν τῶν ἀρίστων εὑρετὴν καὶ ἐπιτηδευμάτων
ὠφελίμων εἰσηγητήν, καὶ ὅλως πολιτείας τινὸς συναρμοστήν.
ὥστε οὐκ ἂν φθάνοις διδάσκων με καὶ μαθητὴν ποιούμενος·
ὡς ἔγωγε ἡδέως ἂν ἄσιτός σοι καὶ ἄποτος παρακαθεζόμενος,
ἐς ὅσον ἂν αὐτὸς διαρκοίης λέγων, κεχηνὼς ἐπακούοιμι περὶ
πολιτείας τε καὶ νόμων διεξιόντος.

15   ΣΟΛ. Τὰ μὲν πάντα οὐ ῥᾴδιον, ὦ ἑταῖρε, διελθεῖν ἐν
βραχεῖ, ἀλλὰ κατὰ μέρη ἐπιὼν εἴσῃ ἕκαστα, οἷα μὲν περὶ
θεῶν, οἷα δὲ περὶ γονέων ἢ περὶ γάμων ἢ τῶν ἄλλων δοκεῖ
ἡμῖν. ἃ δὲ περὶ τῶν νέων γιγνώσκομεν καὶ ὅπως αὐτοῖς
χρώμεθα, ἐπειδὰν πρῶτον ἄρξωνται συνιέναι τε τοῦ βελτίο-
νος καὶ τῷ σώματι ἀνδρίζεσθαι καὶ ὑφίστασθαι τοὺς πόνους,
ταῦτα ἤδη σοι διέξειμι, ὡς μάθοις οὕτινος χάριν τὰς ἀσκή-
σεις ταύτας προτεθείκαμεν αὐτοῖς καὶ διαπονεῖν τὸ σῶμα
καταναγκάζομεν, οὐ μόνον ἕνεκα τῶν ἀγώνων, ὅπως τὰ ἆθλα
δύναιντο ἀναιρεῖσθαι — ἐπ' ἐκεῖνα μὲν γὰρ ὀλίγοι πάνυ ἐξ
ἁπάντων χωροῦσιν — ἀλλὰ μεῖζόν τι ἁπάσῃ τῇ πόλει ἀγαθὸν

ξητε. [An allen derartigen Stel-
len mit Cobet den Artikel zu til-
gen, dürfte wol nicht gerechtfer-
tigt sein.]— κατ' οὐδὲν ἄλλο, nulla
alia causa. — νόμων τινῶν, legum
quarundam, von irgend wel-
chen Gesetzen. Vgl. das gleich
folgende πολιτείας τινός. — οὐκ
ἂν φθάνοις διδάσκων, d. i. quam
primum od. quantocius doceas, Kr.
Gr. §. 56, 5. 6. Vgl. c. 17. Conviv.
2: ὥστε οὐκ ἂν φθάνοις ἑστιῶν
ἡμᾶς. Bei Luc. steht statt des
Partic. Praes. auch das des Aor.,

was unattisch ist, vgl. Vit. auct.
26: ὥστε οὐκ ἂν φθάνοις ὠνησά-
μενος. Toxar. 2: ὥστε οὐκ ἂν
φθάνοιτε ἐξεργασάμενοι. S. unser
Wörterb. unter φθάνω. — ἐς ὅσον,
auf wie lange, so lange als,
oft bei Luc. — διαρκοίης λέγων.
διαρκεῖν mit dem Partic. wie δια-
τελεῖν u. a., Kr. Gr. §. 56, 5, 3.
15. κατὰ μέρη ἐπιών, per partes
persequi od. perlustrare. — οἷα
μέν .. οἷα δέ, Kr. Gr. §. 59, 1, 4.
— ἄρξωνται συνιέναι. Kr.Gr.§.56,
5, 1. Unten c. 26: ὀψὲ ἂν ἰδίειν

ἐκ τούτου καὶ αὐτοῖς ἐκείνοις προσκτώμενοι· κοινὸς γάρ τις
ἀγὼν ἄλλος ἅπασι τοῖς ἀγαθοῖς πολίταις πρόκειται καὶ στέ-
φανος οὐ πίτυος οὐδὲ κοτίνου ἢ σελίνων, ἀλλ' ὃς ἐν αὐτῷ
συλλαβὼν ἔχει τὴν ἀνθρώπων εὐδαιμονίαν, οἷον ἐλευθερίαν
λέγω αὐτοῦ τε ἑκάστου ἰδίᾳ καὶ κοινῇ τῆς πατρίδος καὶ
πλοῦτον καὶ δόξαν καὶ ἑορτῶν πατρίων ἀπόλαυσιν καὶ
οἰκείων σωτηρίαν, καὶ συνόλως τὰ κάλλιστα ὧν ἄν τις εὔ-
ξαιτο γενέσθαι οἱ παρὰ τῶν θεῶν· ταῦτα πάντα τῷ στε-
φάνῳ, ὃν φημι, συναναπέπλεκται καὶ ἐκ τοῦ ἀγῶνος ἐκεί-
νου περιγίγνεται, ἐφ' ὃν αἱ ἀσκήσεις αὗται καὶ οἱ πόνοι
ἄγουσιν.

ΑΝΑΧ. Εἶτα, ὦ θαυμάσιε Σόλων, τοιαῦτά μοι καὶ τη- 16
λικαῦτα ἔχων ἆθλα διεξιέναι μῆλα καὶ σέλινα διηγοῦ καὶ
θαλλὸν ἐλαίας ἀγρίας καὶ πίτυν;

ΣΟΛ. Καὶ μήν, ὦ Ἀνάχαρσι, οὐδ' ἐκεῖνά σοι ἔτι δόξει
μικρὰ εἶναι, ὁπόταν ἃ λέγω καταμάθῃς· ἀπὸ γάρ τοι τῆς
αὐτῆς γνώμης γίγνεται καὶ μέρη πάντα ταῦτά ἐστι μικρὰ
τοῦ μείζονος ἐκείνου ἀγῶνος καὶ τοῦ στεφάνου ὃν κατέλεξα
τοῦ πανευδαίμονος. ὁ δὲ λόγος οὐκ οἶδ' ὅπως ὑπερβὰς τὴν
τάξιν, ἐκείνων πρότερον ἐπεμνήσθη τῶν Ἰσθμοῖ γιγνομένων
καὶ Ὀλυμπίασι καὶ ἐν Νεμέᾳ. πλὴν ἀλλὰ νὼ — σχολὴν
γὰρ ἄγομεν καὶ σύ, ὡς φῄς, προθυμῇ ἀκούειν — ἀναδρα-
μούμεθα ῥᾳδίως πρὸς τὴν ἀρχὴν καὶ τὸν κοινὸν ἀγῶνα, δι'
ὃν φημι πάντα ταῦτα ἐπιτηδεύεσθαι.

ΑΝΑΧ. Ἄμεινον, ὦ Σόλων, οὕτως· καθ' ὁδὸν γὰρ ἂν
ἡμῖν ὁ λόγος μᾶλλον προχωροίη καὶ τάχ' ἂν ἴσως ἀπὸ τού-
των πεισθείην μηδ' ἐκείνων ἔτι καταγελᾶν, εἴ τινα ἴδοιμι
σεμνυνόμενον κοτίνῳ ἢ σελίνῳ ἐστεφανωμένον. ἀλλ' εἰ
δοκεῖ, ἐς τὸ σύσκιον ἐκεῖσε ἀπελθόντες καθίσωμεν ἐπὶ τῶν

ὁ τοιοῦτος ἄρξαιτο. — τοῦ βελτίο-
νος, s. zu I, 12. — ὀλίγοι πάνυ, s.
zu VI, 7. — χωροῦσιν, gelangen.
— προσκτώμενοι, schliesst sich an
προτεθείκαμεν und καταναγκάζο-
μεν an. — συλλαβὼν ἔχει. De sal-
tat. 34: ὅσα ἐν αὐτῇ τερπνὰ καὶ
χρήσιμα περιλαβοῦσα ἔχει (ἡ ὄρ-
χησις). Alexand. 61: ὃν ἐγὼ πάν-
των μάλιστα θαυμάσας ἔχω. De-
mosth. enc. 32 u. s. Kr. Gr. §. 56,
3, 6. — οἷον, ex quo genere. — οἰ-
κείων σωτηρίαν, rei familiaris con-
servationem. — συνόλως. Als Ad-

verb. wird gewöhnlich τὸ σύνολον
gebraucht.
16. ὦ θαυμάσιε, ironisch, wie
häufig. — ἐλαίας. Die attische
Form ist ἐλάας. — ἀπὸ τῆς αὐτῆς
γνώμης γίγνεται, gehen aus der-
selben Gesinnung oder Ab-
sicht hervor. Vgl. Nigr. 32: ἀπὸ
τῆς αὐτῆς γνώμης κἀκεῖνο ἔλεγεν.
— γάρ τοι, nam omnino, bei Luc.
sehr häufige Partikelverbindung.
— καθ' ὁδόν, auf rechtem We-
ge, ordine, via et ratione. — ἀπὸ
τούτων, s. zu IV, 4. Kr. Gr. §. 68,

θάκων, ὡς μὴ ἐνοχλοῖεν ἡμῖν οἱ ἐπικεκραγότες τοῖς παλαίου-
σιν· ἄλλως τε — εἰρήσεται γάρ — οὐδὲ τὸν ἥλιον ἔτι ῥα-
δίως ἀνέχομαι ὀξὺν καὶ φλογώδη ἐμπίπτοντα γυμνῇ τῇ κε-
φαλῇ· τὸν γὰρ πῖλόν μοι ἀφελεῖν οἴκοθεν ἔδοξεν, ὡς μὴ μό-
νος ἐν ὑμῖν ξενίζοιμι τῷ σχήματι. ἡ δὲ ὥρα τοῦ ἔτους ὅ τι
περ τὸ πυρωδέστατόν ἐστι, τοῦ ἀστέρος, ὃν ὑμεῖς κύνα φατέ,
πάντα καταφλέγοντος καὶ τὸν ἀέρα ξηρὸν καὶ διακαῆ τιθέν-
τος, ὅ τε ἥλιος κατὰ μεσημβρίαν ἤδη ὑπὲρ κεφαλῆς ἐπικεί-
μενος φλογμὸν τοῦτον οὐ φορητὸν ἐπάγει τοῖς σώμασιν.
ὥστε καὶ σοῦ θαυμάζω, ὅπως γηραιὸς ἤδη ἄνθρωπος οὔτε
ἱδίεις πρὸς τὸ θάλπος ὥσπερ ἐγὼ οὔτε ὅλως ἐνοχλουμένῳ
ἔοικας οὐδὲ περιβλέπεις σύσκιόν τι ἔνθα ὑποδύσῃ, ἀλλὰ δέχῃ
τὸν ἥλιον εὐμαρῶς.

        ΣΟΛ. Οἱ μάταιοι γὰρ οὗτοι πόνοι, ὦ Ἀνάχαρσι, καὶ αἱ
συνεχεῖς ἐν τῷ πηλῷ κυβιστήσεις καὶ αἱ ὑπαίθριοι ἐν τῇ
ψάμμῳ ταλαιπωρίαι τοῦτο ἡμῖν τὸ ἀμυντήριον παρέχουσι
πρὸς τὰς τοῦ ἡλίου βολάς, καὶ οὐκέτι πίλου δεόμεθα, ὃς τὴν
ἀκτῖνα κωλύσει καθικνεῖσθαι τῆς κεφαλῆς. ἀπίωμεν δ᾽ οὖν.
17 καὶ ὅπως μὴ καθάπερ νόμοις προσέξεις οἷς ἂν λέγω πρὸς σέ,
ὡς ἐξ ἅπαντος πιστεύειν αὐτοῖς, ἀλλ᾽ ἔνθα ἄν σοι μὴ ὀρθῶς
τι λέγεσθαι δοκῇ, ἀντιλέγειν εὐθὺς καὶ διευθύνειν τὸν λό-
γον· δυοῖν γὰρ θατέρου πάντως οὐκ ἂν ἁμάρτοιμεν, ἢ σὲ

16, 7. — εἰρήσεται γάρ, s. zu II, 26.
— οἴκοθεν, von Hause aus. „pi-
leum enim deponere, simulac domo
exieram, visum est." Schäfer. —
ὡς μὴ μόν. ξενίζ. Der Hellene be-
diente sich der Kopfbedeckung nur
auf Reisen; im gewöhnlichen Le-
ben nur der Kranke. — ἡ δὲ ὥρα
τοῦ ἔτ. ὅ τι περ τὸ πυρ. ἐστι, d. i.
anni autem tempus ad summum
fervorem processit. Ebenso Na-
vig. 22: ὁρῶντες ἵππους καὶ παῖ-
δας ὡραίους ὅσον δισχιλίους, ἐξ
ἁπάσης ἡλικίας ὅ τι περ τὸ ἀνθη-
ρότατον. Gegen den Gebrauch der
Attiker verstösst an diesen und
ähnlichen Stellen die Hinzufü-
gung des Artikels τό. — τιθέντος
= ποιοῦντος. Dial. mar. 14, 2: ὑπό-
πτερον αὐτὸν ἡ Ἀθηνᾶ ἔθηκεν.
Gall. 13: ἐξ ἀφανῶν καὶ ἀδόξων
ἐνίοτε περιβλέπτους καὶ ἀοιδίμους
τίθησι. Dieser Gebrauch von τι-
θέναι ist mehr dichterisch, ob-

schon sich Beispiele davon bei
Platon u. a. finden. — τοῦτον, s.
oben zu c. 2. — σοῦ θαυμάζω.
ὅπως, s. zu 11. — οὐδέ. Was be-
deutet dieses nach οὔτε .. οὔτε?
Musc. enc. 2: ἡ δὲ πτῆσις οὔτε
κατὰ νυκτερίδας εἰρεσίᾳ συνεχεῖ
τῶν πτερῶν οὔτε κατὰ τὰς ἀκρί-
δας μετὰ πηδήματος οὐδὲ ὡς οἱ
σφῆκες μετὰ ῥοιζήματος. — γάρ,
wie zu erklären? — οὗτοι, s. zu
II, 6.
    17. ὅπως μὴ προσέξεις, s. zu II,
48. — ὡς = ὥστε, wie nicht selten
bei Luc., s. zu IV, 9. — ἐξ ἅπαντος,
vor Allem, durchaus, s. zu
VII, 13. Vgl. unten c. 20. — ἀν-
τιλέγειν καὶ διευθύνειν, imperati-
visch, wie nicht selten. Rhet.
praec. 10: σὺ δὲ μήτε πείθεσθαι
μήτε προσέχειν αὐτῷ. Adv. Ind.
7: τὰ μὲν ἄλλα μὴ ἐξετάζειν. Amor.
5: σὺ δ᾽ ἡμῖν τὰ πάλαι κλέα με-
λῳδίᾳ περαίνειν. Phalar. 1, 11.

βεβαίως πεισθῆναι ἐκχέαντα ὁπόσα οἴει ἀντιλεκτέα εἶναι ἢ
ἐμὲ ἀναδιδαχθῆναι ὡς οὐκ ὀρθῶς γιγνώσκω περὶ αὐτῶν.
καὶ ἐν τούτῳ πᾶσα ἄν σοι ἡ πόλις ἡ Ἀθηναίων οὐκ ἂν
φθάνοι χάριν ὁμολογοῦσα· ὅσα γὰρ ἂν ἐμὲ παιδεύσῃς καὶ
μεταπείσῃς πρὸς τὸ βέλτιον, ἐκείνην τὰ μέγιστα ἔσῃ ὠφεληκώς.
 οὐδὲν γὰρ ἂν ἀποκρυψαίμην αὐτήν, ἀλλ᾽ εὐθὺς εἰς τὸ
μέσον καταθήσω φέρων καὶ καταστὰς ἐν τῇ πυκνὶ ἐρῶ πρὸς
ἅπαντας, "Ἄνδρες Ἀθηναῖοι, ἐγὼ μὲν ὑμῖν ἔγραψα τοὺς νόμους
οἵους [ἂν] ᾤμην ὠφελιμωτάτους ἔσεσθαι τῇ πόλει, ὁ δὲ
ξένος οὑτοσὶ" — δείξας σέ, ὦ Ἀνάχαρσι — "Σκύθης μὲν
ἔστι, σοφὸς δὲ ὢν μετεπαίδευσέ με καὶ ἄλλα βελτίω μαθήματα
καὶ ἐπιτηδεύματα ἐδιδάξατο· ὥστε εὐεργέτης ὑμῶν ὁ
ἀνὴρ ἀναγεγράφθω καὶ χαλκοῦν αὐτὸν ἀναστήσατε παρὰ
τοὺς ἐπωνύμους ἢ ἐν πόλει παρὰ τὴν Ἀθηνᾶν". καὶ εὖ ἴσθι,
ὡς οὐκ αἰσχύνεται ἡ Ἀθηναίων πόλις παρὰ βαρβάρου καὶ
ξένου τὰ συμφέροντα ἐκμανθάνοντες.

ΑΝΑΧ. Τοῦτο ἐκεῖνο ἦν ἄρα, ὃ ἐγὼ περὶ ὑμῶν ἤκουον 18
τῶν Ἀθηναίων, ὡς εἴητε εἴρωνες ἐν τοῖς λόγοις. ἐπεὶ πόθεν
ἂν ἐγώ, νομὰς καὶ πλάνης ἄνθρωπος, ἐφ᾽ ἁμάξης βεβιωκώς,
ἄλλοτε ἄλλην γῆν ἀμείβων, πόλιν δὲ οὔτε οἰκήσας πώποτε
οὔτε ἄλλοτε ἢ νῦν ἑωρακώς, περὶ πολιτείας διεξίοιμι

Kr. Gr. §. 55, ⁀1, 5. — *ἐκχέαντα,*
wie das latein. *effundere*, vor-
bringen. Aristoph. Thesmoph.
554: ὅσα γὰρ ᾔδεις ἐξέχεας ἅπαν-
τα. — *ἐν τούτῳ, hac in re.* — *οὐκ*
ἂν φθάνοι, s. vorher zu c. 14. —
χάριν ὁμολογοῦσα. Spätere Re-
densart, bei Luc. noch Pro laps.
15. 18. Abdic. 14. — *ὅσα*, ohne
entsprechendes Demonstrativ.,
dessen Stelle, nur verstärkt, τὰ
μέγιστα vertritt. — *τὰ μέγιστα,*
Kr. Gr. §. 46, 11, 2. — *εἰς τὸ μέ-*
σον καταθήσω φέρων, in medium
allatum proponam. Prometh. 14:
εἰς τὸ κοινὸν φέρων κατέθηκα
ὑμῖν αὐτούς. u. s. — *ἂν* gehört
zum Infinitiv. *ἔσεσθαι*, eine von
Vielen angezweifelte Verbindung.
Unten c. 24: τὸ δ᾽ ἔτι ζωῆς μετέ-
χον σῶμα μὴ ἂν κτέ. Vgl. Kr. Gr.
§. 64, 3, 3. — *μετεπαίδευσε*, nur
bei Luc. vorkommendes Wort. —
ἐδιδάξατο, s. zn I, 10. Vgl. unten
c. 19. — *εὐεργέτης ἀναγεγο.*, s. zu
IV, 24. — *χαλκοῦν αὐτὸν ἀναστή-*

σατε, d. i. setzet ihm eine eher-
ne Bildsäule, s. zu II, 51. —
τοὺς ἐπωνύμους, d. i. die Statuen
der zehn Heroen im Kerameikos
(s. zu Piscat. 13), von denen die
Phylen der Athenäer ihre Na-
men erhielten. — *ἐν πόλει*, d. i.
auf der Akropolis, von der vor-
zugsweise *πόλις* gebraucht wird.
Thukyd. 2, 15: καλεῖται διὰ τὴν
παλαιὰν ταύτην κατοίκησιν καὶ ἡ
ἀκρόπολις μέχρι τοῦδε ἔτι ὑπὸ τῶν
Ἀθηναίων πόλις. — *ἐκμανθάνον-*
τες, Synesis: s. Kr. Gr. §. 58, 4,
1, oben zu IX, 25. Vgl. c. 19 δι-
κάσοντες. c. 30 ἡ νεότης . . σπου-
δάζοντες. Ueber das Particip. zu
IV, 23.

18. *ἐφ᾽ ἁμάξης.* Den nomadisch
herumziehenden Skythen dienten,
wie bekannt, Wagen als Wohnun-
gen. Vgl. ἁμαξόβιος, ἁμάξοικος.
— *ἄλλοτε ἄλλην γῆν, nunc hanc,*
nunc aliam terram. IV, 24: τὸ πε-
δίον τοῦτο ἄλλοτε ἄλλοι γεωργή-

καὶ διδάσκοιμι αὐτόχθονας ἄνδρας, πόλιν ταύτην ἀρχαιοτά-
την τοσούτοις ἤδη χρόνοις ἐν εὐνομίᾳ κατῳκηκότας, καὶ μά-
λιστα σέ, ὦ Σόλων, ᾧ τοῦτο, ὡς φασίν, ἐξ ἀρχῆς τὸ μάθημα
ἐγένετο, ἐπίστασθαι ὅπως ἂν ἄριστα πόλις οἰκοῖτο καὶ οἶστισι
νόμοις χρωμένη εὐδαιμονήσειε; πλὴν ἀλλὰ καὶ τοῦτο ὡς νο-
μοθέτῃ πειστέον σοι, καὶ ἀντερῶ, ἤν τί μοι δοκῇ μὴ ὀρθῶς
λέγεσθαι, ὡς βεβαιότερον μάθοιμι. καὶ ἰδοὺ γὰρ ἤδη ἐκφυ-
γόντες τὸν ἥλιον ἐν τῷ συνηρεφεῖ ἐσμεν, καὶ καθέδρα μάλα
ἡδεῖα καὶ εὔκαιρος ἐπὶ ψυχροῦ τοῦ λίθου. λέγε οὖν τὸν λό-
γον ἐξ ἀρχῆς, καθ᾽ ὅ τι τοὺς νέους παραλαβόντες ἐκ παίδων
εὐθὺς διαπονεῖτε καὶ ὅπως ὑμῖν ἄριστοι ἄνδρες ἀποβαίνου-
σιν ἐκ τοῦ πηλοῦ καὶ τῶν ἀσκημάτων τούτων καὶ τί ἡ κόνις
καὶ τὰ κυβιστήματα συντελεῖ πρὸς ἀρετὴν αὐτοῖς. τοῦτο γὰρ
δὴ μάλιστα ἐξ ἀρχῆς εὐθὺς ἐπόθουν ἀκοῦσαι· τὰ δ᾽ ἄλλα
εἰς ὕστερον διδάξῃ με κατὰ καιρὸν ἕκαστον ἐν τῷ μέρει.
ἐκείνου μέντοι, ὦ Σόλων, μέμνησό μοι παρὰ τὴν ῥῆσιν, ὅτι
πρὸς ἄνδρα βάρβαρον ἐρεῖς, λέγω δέ, ὡς μὴ περιπλέκῃς
μηδὲ ἀπομηχανῇς τοὺς λόγους· δέδια γὰρ μὴ ἐπιλανθάνω-
μαι τῶν πρώτων, εἰ τὰ μετὰ ταῦτα πολλὰ ἐπιρρέῃ.

19   ΣΟΛ. Σὺ τοῦτο, ὦ Ἀνάχαρσι, ταμιεύσῃ ἄμεινον, ἔνθα
ἄν σοι δοκῇ μὴ πάνυ σαφὴς ὁ λόγος εἶναι ἢ πόρρω ποι ἀπο-
πλανᾶσθαι εἰκῇ ῥέων· ἐρήσῃ γὰρ μεταξὺ ὅ τι ἂν ἐθέλῃς καὶ
διακόψεις αὐτοῦ τὸ μῆκος. ἢν μέντοι μὴ ἐξαγώνια μηδὲ
πόρρω τοῦ σκοποῦ τὰ λεγόμενα ᾖ, κωλύσει οὐδέν, οἶμαι, εἰ

σουσι. u. s. — αὐτόχθονας ἄνδρας.
Die Athenäer, insbesondere die
Eupatriden, bildeten sich auf ihre
vermeintliche Autochthonie viel
ein; Kekrops und Erechtheus, die
Repräsentanten von Athens Ur-
zeit, waren ja Kinder der Erde.
Isokrat. Panathen. 124: ὄντας δὲ
μήτε μιγάδας μήτ᾽ ἐπήλυδας, ἀλλὰ
μόνους αὐτόχθονας τῶν Ἑλλή-
νων, καὶ ταύτην ἔχοντας τὴν χώ-
ραν τροφόν, ἐξ ἧσπερ ἔφυσαν
κτέ. Uebrigens sind die Worte
des Anach. nicht ohne Ironie. —
ταύτην, s. oben zu 2. — τοσούτοις
ἤδη χρόνοις, d. i. per tot iam sae-
cula. Dial. meretr. 8, 2: ταῦτα λέ-
γω πρὸς σὲ εἴκοσιν ὅλοις ἔτεσιν
ἑταιρήσασα. Asin. 56 extr.: ὀλί-
γαις ἡμέραις ἔρχομαι εἰς τὴν ἐμὴν
πατρίδα. Diog. Laert. 6, 64: τοῦ-

το παντὶ τῷ βίῳ ἐπιτηδεύω ποιεῖν.
Vgl. μακρῷ χρόνῳ De merc. cond.
23. Amor. 23. Der Gebrauch die-
ses Dativus ist poetisch; s. Kr. Gr.
II. §. 48, 2, 9. — καὶ τοῦτο, auch
hierin. IV, 3: σιωπῇ καθεδούμαι
πάντα πειθόμενος κελευόντι σοι.
Kr. Gr. §. 52, 4, 8. — καὶ ἰδοὺ γὰρ
κτέ. Dieser Satz enthält den Grund
des folgenden eigentlichen Haupt-
satzes λέγε οὖν κτέ.; s. zu VII, 33.
— ἀποβαίνουσιν, evadere. — συν-
τελεῖ, conferre, beitragen, oft
bei Luc. — διδάξῃ, s. zu I, 10. —
ἕκαστον ἐν τῷ μέρει, suo quidque
loco od. ordine, s. zu II, 8. — ἐπιρ-
ρέῃ. Ueber den Coniunctiv. nach
εἰ bei Luc. s. zu V, 3, 2.

19. ἐξαγώνια, nicht zur Sa-
che gehörig, vom Rechtsstreit
hergenommen; vgl. 21 ἔξω τοῦ ἀγῶ-

καὶ μακρὰ λέγοιτο· ἐπεὶ καὶ τῇ βουλῇ τῇ ἐξ Ἀρείου πάγου,
ἥπερ τὰς φονικὰς ἡμῖν δίκας δικάζει, πάτριον οὕτω ποιεῖν.
ὁπόταν γὰρ ἀνελθοῦσα εἰς τὸν πάγον συγκαθέζηται φόνου ἢ
τραύματος ἐκ προνοίας ἢ πυρκαΐας δικάσοντες, ἀποδίδοται
λόγος ἑκατέρῳ τῶν κρινομένων καὶ λέγουσιν ἐν τῷ μέρει ὁ
μὲν διώκων ὁ δὲ φεύγων ἢ αὐτοί, ἢ ῥήτορας ἀναβιβάζονται
τοὺς ἐροῦντας ὑπὲρ αὐτῶν. οἱ δὲ ἔστ᾽ ἂν μὲν περὶ τοῦ πράγ-
ματος λέγωσιν, ἀνέχεται ἡ βουλὴ καθ᾽ ἡσυχίαν ἀκούουσα·
ἢν δέ τις ἢ φροίμιον εἴπῃ πρὸ τοῦ λόγου, ὡς εὐνουστέρους
ἀπεργάσαιτο αὐτούς, ἢ οἶκτον ἢ δείνωσιν ἔξωθεν ἐπάγῃ τῷ
πράγματι, — οἷα πολλὰ ῥητόρων παῖδες ἐπὶ τοὺς δικαστὰς
μηχανῶνται — παρελθὼν ὁ κῆρυξ κατεσιώπησεν εὐθὺς οὐκ
ἐῶν ληρεῖν πρὸς τὴν βουλὴν καὶ περιπέττειν τὸ πρᾶγμα ἐν
τοῖς λόγοις, ὡς γυμνὰ τὰ γεγενημένα οἱ Ἀρεοπαγῖται βλέ-
ποιεν. ὥστε καὶ σέ, ὦ Ἀνάχαρσι, Ἀρεοπαγίτην ἐν τῷ παρ-
όντι ποιοῦμαι ἔγωγε, καὶ κατὰ τὸν τῆς βουλῆς μου νόμον
ἄκουε καὶ σιωπᾶν κέλευε, ἢν αἴσθῃ καταρρητορευόμενος·
ἄχρι δ᾽ ἂν οἰκεῖα τῷ πράγματι λέγηται, ἐξέστω ἀπομηκύνειν.
οὐδὲ γὰρ ὑφ᾽ ἡλίῳ ἔτι ποιησόμεθα τὴν συνουσίαν, ὡς ἄχθε-
σθαι εἰ ἀποτείνοιτο ἡ ῥῆσις, ἀλλὰ ἥ τε σκιὰ πυκνὴ καὶ ἡμεῖς
σχολὴν ἄγομεν.

ΑΝΑΧ. Εὐγνώμονά σου ταῦτα, ὦ Σόλων, καὶ ἔγωγε
ἤδη χάριν οὐ μικρὰν οἶδά σοι καὶ ἐπὶ τούτοις, ὅτι πάρεργον

νος. Ebenso Abdicat. 26. Pro
imag. 18. — φόνου κτέ. Ueber
diese Genetive Kr. Gr. §. 47, 22.
Xenoph. Cyrop. 1, 2, 7: δικάζουσι
δὲ καὶ ἐγκλήματος. Ueber die Sa-
che zu II, 46. — δικάσοντες, Syne-
sis, wie vorher 17 ἐκμανθάνοντες.
— ἀποδίδοται λόγος, venia dicendi
datur. — τῶν κρινομένων, litigan-
tium. — ὁ διώκων, der Anklä-
ger, ὁ φεύγων, der Verklagte. —
ῥήτορας ἀναβιβάζονται. Die
Sitte, seine Sache von Rednern
führen zu lassen, so wie die Er-
wähnung der ῥήτορες überhaupt,
passt nicht in die Zeit des Solon
(Anachronismus). Seyffert. Vgl.
c. 37. — τοὺς ἐροῦντας, d. i. las-
sen als diejenigen, welche
für sie sprechen sollen, Red-
ner auftreten. — ἀνέχεται . .
ἀκούουσα, s. zu II, 26. — φροίμιον
κτέ. Der Areopag hielt streng

darauf, dass der Redner von sei-
nem Gegenstande nicht abschweif-
te und sich auf den nackten That-
bestand beschränkte. Sonst wen-
deten die Parteien und ihre An-
wälte alle möglichen Mittel an,
um das Erbarmen der Richter zu
erflehen. Uebrigens kommt bei
Luc. die Form φροίμιον nur an
einigen Stellen vor; die gewöhn-
liche ist προοίμιον. — ῥητόρων
παῖδες, die Redner von Hand-
werk; s. zu V, 11, 1. — κατεσιώ-
πησεν, s. zu III. 10. — περιπέτ-
τειν, eigentl. um-, überbacken,
d. i. hier verdecken. Zu bemer-
ken ist die Verbindung des Ver-
bums mit ἐν, während dieses sonst
nicht dabei steht, wie bei Ari-
stoph. Plut. 159: ὀνόματι περιπέτ-
τουσι τὴν μοχθηρίαν. — μου, ab-
hängig wovon? — οἰκεῖα τῷ
πράγματι, domestica causae. — εὐ-

τοῦ λόγου καὶ τὰ ἐν Ἀρείῳ πάγῳ γιγνόμενα ἐδιδάξω με,
θαυμάσια ὡς ἀληθῶς καὶ ἀγαθῶν βουλευτῶν ἔργα, πρὸς
ἀλήθειαν οἰσόντων τὴν ψῆφον. ἐπὶ τούτοις οὖν ἤδη λέγε.
καὶ ὁ Ἀρεοπαγίτης ἐγὼ — τοῦτο γὰρ ἔθου με — κατὰ
σχῆμα τῆς βουλῆς ἀκούσομαί σου. ↲

20 ΣΟΛ. Οὐκοῦν διὰ βραχέων προακοῦσαι χρή σε ἃ περὶ
πόλεως καὶ πολιτῶν ἡμῖν δοκεῖ· πόλιν γὰρ ἡμεῖς οὐ τὰ οἰκο-
δομήματα ἡγούμεθα εἶναι, οἷον τείχη καὶ ἱερὰ καὶ νεωσοί-
κους, ἀλλὰ ταῦτα μὲν ὥσπερ σῶμά τι ἑδραῖον καὶ ἀκίνητον
ὑπάρχειν ἐς ὑποδοχὴν καὶ ἀσφάλειαν τῶν πολιτευομένων, τὸ
δὲ πᾶν κῦρος ἐν τοῖς πολίταις τιθέμεθα· τούτους γὰρ εἶναι
τοὺς ἀναπληροῦντας καὶ διατάττοντας καὶ ἐπιτελοῦντας
ἕκαστα καὶ φυλάττοντας, οἷόν τι ἐν ἡμῶν ἑκάστῳ ἐστὶν ἡ
ψυχή. τοῦτο δὴ τοίνυν κατανοήσαντες ἐπιμελούμεθα μέν,
ὡς ὁρᾷς, καὶ τοῦ σώματος τῆς πόλεως, κατακοσμοῦντες αὐτὸ
ὡς κάλλιστον ἡμῖν εἴη, ἔνδοθέν τε οἰκοδομήμασι κατεσκευα-
σμένον καὶ ταῖς ἐκτοσθεν ταύταις περιβολαῖς ἐς τὸ ἀσφα-
λέστατον πεφραγμένον· μάλιστα δὲ καὶ ἐξ ἅπαντος τοῦτο
προνοοῦμεν, ὅπως οἱ πολῖται ἀγαθοὶ μὲν τὰς ψυχάς, ἰσχυροὶ
δὲ τὰ σώματα γίγνοιντο· τοὺς γὰρ τοιούτους σφίσι τε αὐ-
τοῖς καλῶς χρήσεσθαι ἐν εἰρήνη συμπολιτευομένους καὶ ἐκ
πολέμου σώσειν τὴν πόλιν καὶ ἐλευθέραν καὶ εὐδαίμονα δια-
φυλάξειν. τὴν μὲν δὴ πρώτην ἀνατροφὴν αὐτῶν μητράσι
καὶ τίτθαις καὶ παιδαγωγοῖς ἐπιτρέπομεν ὑπὸ παιδείαις ἐλευ-
θερίοις ἄγειν τε καὶ τρέφειν αὐτούς, ἐπειδὰν δὲ συνετοὶ
ἤδη γίγνωνται τῶν καλῶς ἐχόντων καὶ αἰδὼς καὶ ἐρύθημα
καὶ φόβος καὶ ἐπιθυμία τῶν ἀρίστων ἀναφύηται αὐτοῖς καὶ
αὐτὰ ἤδη τὰ σώματα ἀξιόχρεα δοκῇ πρὸς τοὺς πόνους, παγιώ-

γνώμονά σου ταῦτα, s. zu II, 53.
— ὡς ἀληθῶς, s. zu I, 10. — ἐπὶ
τούτοις, hac condicione. — τοῦτο
γὰρ ἔθου με, denn dazu (Ἀρεο-
παγίτην) hast du mich für
dich gemacht.
20. γὰρ, nämlich. — τιθέμε-
θα. Was ist hier Abweichendes
von der regelmässigen Construc-
tion? — τοὺς ἀναπληροῦντας, d. i.
welche die leeren Häuserkörper
gleichsam beseelen. — καὶ ταῖς
ἐκτ. ταύταις περιβολαῖς. Hiermit
weist Solon auf die Ringmauern
der Stadt hin (ταύταις). — τοὺς

γὰρ τοιούτους κτέ. Wovon hängt
der Accusat. c. Infinit. ab? Vgl.
Kr. Gr. §. 65, 11, 7. — ὑπὸ παι-
δείαις ἐλευθερίοις, liberali disci-
plina. Ueber den Plural. Kr. Gr.
§. 44, 3. Der Gebrauch von ὑπὸ
mit dem Dativ. in dieser Weise
gehört den Spätern an und findet
sich auch da nur vereinzelt; vgl.
c. 22 ὑπὸ κωμῳδίαις καὶ τραγῳ-
δίαις. c. 37 ὑπὸ νόμῳ. — τῶν κα-
λῶς ἐχόντων. Selten ist die Ver-
bindung von συνετός mit dem Ge-
netiv., Eur. Orest. 1404: ξυνετὸς
:ολέμου. Vgl. Kr. Gr. II. §. 47,

τερα γιγνόμενα καὶ πρὸς τὸ ἰσχυρότερον συνιστάμενα, τηνι-
καῦτα ἤδη παραλαβόντες αὐτοὺς διδάσκομεν ἄλλα μὲν τῆς
ψυχῆς μαθήματα καὶ γυμνάσια προτιθέντες, ἄλλως δὲ πρὸς
τοὺς πόνους καὶ τὰ σώματα ἐθίζοντες· οὐ γὰρ ἱκανὸν ἡμῖν
ἔδοξεν αὐτὸ μόνον φῦναι ὡς ἔφυ ἕκαστος ἤτοι κατὰ τὸ σῶμα
ἢ κατὰ τὴν ψυχήν, ἀλλὰ καὶ παιδεύσεως καὶ μαθημάτων ἐπ'
αὐτοὺς δεόμεθα, ὑφ' ὧν τά τε εὐφυῶς διακείμενα βελτίω
παρὰ πολὺ γίγνοιτο ἂν καὶ τὰ φαύλως ἔχοντα μετακοσμοῖτο
πρὸς τὸ βέλτιον. καὶ τὸ παράδειγμα ἡμῖν παρὰ τῶν γεωρ-
γῶν, οἳ τὰ φυτά, μέχρι μὲν πρόσγεια καὶ νήπιά ἐστι, σκέ-
πουσι καὶ περιφράττουσιν, ὡς μὴ βλάπτοιτο ὑπὸ τῶν πνευ-
μάτων, ἐπειδὰν δὲ ἤδη παχύνηται τὸ ἔρνος, τηνικαῦτα περι-
τέμνουσί τε τὰ περιττὰ καὶ παραδιδόντες αὐτὰ τοῖς ἀνέμοις
δονεῖν καὶ διασαλεύειν καρπιμώτερα ἐξεργάζονται. τὴν μὲν 21
τοίνυν ψυχὴν μουσικῇ τὸ πρῶτον καὶ ἀριθμητικῇ ἀναρριπί-
ζομεν καὶ γράμματα γράψασθαι καὶ τορῶς αὐτὰ ἐπιλέξασθαι
διδάσκομεν· προϊοῦσι δὲ ἤδη σοφῶν ἀνδρῶν γνώμας καὶ
ἔργα παλαιὰ καὶ λόγους ὠφελίμους ἐν μέτροις κατακοσμή-
σαντες, ὡς μᾶλλον μνημονεύοιεν, ῥαψῳδοῦμεν αὐτοῖς. οἱ δὲ
καὶ ἀκούοντες ἀριστείας τινὰς καὶ πράξεις ἀοιδίμους ὀρέγον-
ται κατὰ μικρὸν καὶ πρὸς μίμησιν ἐπεγείρονται, ὡς καὶ αὐτοὶ
ᾄδοιντο καὶ θαυμάζοιντο ὑπὸ τῶν ὕστερον, οἷα πολλὰ Ἡσίο-
δός τε ἡμῖν καὶ Ὅμηρος ἐποίησαν. ἐπειδὰν δὲ πλησιάζωσι
πρὸς τὴν πολιτείαν καὶ δέῃ αὐτοὺς ἤδη μεταχειρίζεσθαι τὰ

26, 7. — πρὸς τὸ ἰσχυρ. συνιστά-
μενα, durch Consistenz zu
grösserer Kraft gelangen.
Seyffert. — αὐτὸ μόνον, eben
nur, s. zu I, 9. — σκέπουσι, s. zu
IX, 29. — ἔρνος, dichterisches und
in späterer Prosa vorkommendes
Wort. — αὐτά, worauf zu bezie-
hen?

21. Der ethische Theil der ei-
gentlichen Erziehung oder παι-
δεία. μουσικῇ hier im engeren Sin-
ne. Die ἐγκύκλιος παιδεία bestand
in der früheren Zeit in der γραμ-
ματική, μουσική und γυμναστική.
Später schloss sich die Zeichen-
kunst und der Unterricht in der
Mathematik an. [Hermann's Pri-
vatalterth. §. 35.] — ἀναρριπίζο-
μεν. Ebenso übertragen bei Plut-

arch. Mor. p. 785: τὸ ποιητικὸν
καὶ μουσικὸν ἐξώρμησε καὶ ἀνερ-
ρίπισεν. Unten c. 26: ἰσχὺς ἀναρ-
ριπιζομένη.—γράψασθαι. Das Me-
dium, wie oft bei Luc. und ande-
ren Späten, wo man das Activ.
erwartete. — τορῶς ἐπιλέξασθαι,
clara voce legere. Häufig steht in
dieser Bedeutung ἐπιλέγεσθαι bei
Herodot. für das attische ἀναγι-
γνώσκειν. Ebenso Dial. mar. 5, 2.
Ver. hist. 2, 36. Philopseud. 25. —
μέτροις, Verse. — αὐτοῖς, epa-
naleptisch, wie häufig; Kr. Gr. §.
51, 5, 1. — Die Worte οἷα bis ἐποί-
ησαν sollte man vorher nach ἀοι-
δίμους erwarten. — πλησ. πρὸς
τὴν πολιτ., accedere ad rempubli-
cam. — καίτοι. Solon unterbricht
sich hiermit selbst. Correctio, re-

κοινά — καίτοι ἔξω τοῦ ἀγῶνος ἴσως ταῦτα· οὐ γὰρ ὅπως
τὰς ψυχὰς αὐτῶν ἀσκοῦμεν, ἐξ ἀρχῆς προὔκειτο εἰπεῖν, ἀλλὰ
δι' ὅ τι τοῖς τοιούτοις πόνοις καταγυμνάζειν αὐτοὺς ἀξιοῦ-
μεν. ὥστε αὐτὸς ἐμαυτῷ σιωπᾶν προστάττω, οὐ περιμείνας
τὸν κήρυκα οὐδὲ τὸν Ἀρεοπαγίτην σέ, ὃς ὑπ' αἰδοῦς, οἶμαι,
ἀνέχῃ ληροῦντα ἤδη τοσαῦτα ἔξω τοῦ πράγματος.

ΑΝΑΧ. Εἰπέ μοι, ὦ Σόλων, πρὸς δὲ δὴ τοὺς τὰ ἀναγ-
καιότατα μὴ λέγοντας ἐν Ἀρείῳ πάγῳ, ἀλλὰ ἀποσιωπῶντας,
οὐδὲν τῇ βουλῇ πρόστιμον ἐπινενόηται;

ΣΟΛ. Τί τοῦτο ἤρου με; οὐδέπω γὰρ δῆλον.

ΑΝΑΧ. Ὅτι τὰ κάλλιστα καὶ ἐμοὶ ἀκοῦσαι ἥδιστα παρείς,
τὰ περὶ τῆς ψυχῆς, τὰ ἧττον ἀναγκαῖα λέγειν διανοῇ, γυμνά-
σια καὶ διαπονήσεις τῶν σωμάτων.

ΣΟΛ. Μέμνημαι γάρ, ὦ γενναῖε, τῶν ἀπ' ἀρχῆς προρ-
ρήσεων καὶ ἀποπλανᾶν οὐ βούλομαι τὸν λόγον, μή σου ἐπι-
ταράξῃ τὴν μνήμην ἐπιρρέων. πλὴν ἀλλὰ καὶ ταῦτα ἐρῶ
διὰ βραχέων, ὡς οἷόν τε· τὸ γὰρ ἀκριβὲς τῆς περὶ αὐτῶν
διασκέψεως ἑτέρου ἂν εἴη λόγου. ῥυθμίζομεν οὖν τὰς γνώ-
μας αὐτῶν νόμους τε τοὺς κοινοὺς ἐκδιδάσκοντες, οἳ δημο-
σίᾳ πᾶσι πρόκεινται ἀναγινώσκειν μεγάλοις γράμμασιν ἀνα-
γεγραμμένοι, κελεύοντες ἅ τε χρὴ ποιεῖν καὶ ὧν ἀπέχεσθαι,
καὶ ἀγαθῶν ἀνδρῶν συνουσίαις, παρ' ὧν λέγειν τὰ δέοντα
ἐκμανθάνουσι καὶ πράττειν τὰ δίκαια καὶ ἐκ τοῦ ἴσου ἀλλή-
λοις συμπολιτεύεσθαι καὶ μὴ ἐφίεσθαι τῶν αἰσχρῶν καὶ ὀρέ-
γεσθαι τῶν καλῶν, βίαιον δὲ μηδὲν ποιεῖν. οἱ δὲ ἄνδρες
οὗτοι σοφισταὶ καὶ φιλόσοφοι πρὸς ἡμῶν ὀνομάζονται. καὶ
μέντοι καὶ ἐς τὸ θέατρον συνάγοντες αὐτοὺς δημοσίᾳ παι-

prehensio. — ἔξω τοῦ ἀγῶνος, da-
für bald darauf ἔξω τοῦ πράγμα-
τος; s. vorher zu c. 19. — οὐ περι-
μείνας τὸν κήρυκα. Solon bezieht
sich auf das c. 19 Gesagte. — εἰπέ
μοι, πρὸς δέ, s. zu IV, 12. — τῇ
βουλῇ, s. zu III, 6. — πρόστιμον,
späteres Wort. — τῶν . . προρρή-
σεων bezieht sich auf das c. 18 z.
E. von Anacharsis Gesagte. — τὸ
ἀκριβές, s. zu I, 8.
22. ῥυθμίζομεν, in das rechte
Ebenmass bringen; s. zu VIII,
2. — οἳ δημοσίᾳ πρόκ. κτέ. Zu ver-
stehen von den ἄξονες und κύρ-
βεις des Solon; s. unser Wörter-
buch unter beiden WW. — καὶ

ἀγαθ. ἀνδρῶν συνουσίαις, ent-
sprechend dem vorhergehenden
νόμους τε τοὺς κ. ἐκδιδάσκοντες.
Wechsel der Construction, wie oft.
— ἐκ τοῦ ἴσου, ex aequo, vom Zu-
stande der Gleichheit aus,
so dass sich Keiner über den An-
dern überhebt. Oft so bei Thu-
kyd., desgl. ἀπὸ τοῦ ἴσου. — σο-
φισταί, Weise, zur Zeit des So-
lon und nachher noch ohne ver-
ächtlichen Nebenbegriff, = φιλό-
σοφοι. Letzteres ist hier gleich-
sam zur Erklärung hinzugefügt.
— πρὸς ἡμῶν, s. zu II, 25. — καὶ
μέντοι καί, und jedoch auch,
aber auch, zum Ausdruck der

δεύομεν ὑπὸ κωμῳδίαις καὶ τραγῳδίαις, ἀρετάς τε ἀνδρῶν
παλαιῶν καὶ κακίας θεωμένους, ὡς τῶν μὲν ἀποτρέποιντο,
ἐπ᾿ ἐκεῖνα δὲ σπεύδοιεν. τοῖς δέ γε κωμῳδοῖς καὶ ἀποσκώ-
πτειν καὶ λοιδορεῖσθαι ἐφίεμεν ἐς τοὺς πολίτας, οὓς ἂν αἰσχρὰ
καὶ ἀνάξια τῆς πόλεως ἐπιτηδεύοντας αἴσθωνται, αὐτῶν τε
ἐκείνων χάριν, ἀμείνους γὰρ οὕτω γίγνονται ὀνειδιζόμενοι,
καὶ τῶν πολλῶν, ὡς φεύγοιεν τὸν ἐπὶ τοῖς ὁμοίοις ἔλεγχον.

ΑΝΑΧ. Εἶδον, ὦ Σόλων, οὓς φῂς τοὺς τραγῳδοὺς καὶ 23
κωμῳδούς, εἴ γε ἐκεῖνοί εἰσιν, ὑποδήματα μὲν βαρέα καὶ
ὑψηλὰ ὑποδεδεμένοι, χρυσαῖς δὲ ταινίαις τὴν ἐσθῆτα πεποι-
κιλμένοι, κράνη δὲ ἐπικείμενοι παγγέλοια, κεχηνότα παμ-
μέγεθες· αὐτοὶ δὲ ἔνδοθεν μεγάλα τε ἐκεκράγεσαν καὶ διέ-
βαινον οὐκ οἶδ᾿ ὅπως ἀσφαλῶς ἐν τοῖς ὑποδήμασι. Διονύσῳ
δέ, οἶμαι, τότε ἡ πόλις ἑώρταζεν. οἱ δὲ κωμῳδοὶ βραχύτεροι
μὲν ἐκείνων καὶ πεζοὶ καὶ ἀνθρωπινώτεροι καὶ ἧττον ἐβόων,
κράνη δὲ πολὺ γελοιότερα, καὶ τὸ θέατρον γοῦν ἅπαν ἐγέλα
ἐπ᾿ αὐτοῖς. ἐκείνων δὲ τῶν ὑψηλῶν σκυθρωποὶ ἅπαντες
ἤκουον, οἰκτείροντες, οἶμαι, αὐτοὺς πέδας τηλικαύτας ἐπισυ-
ρομένους.

Verbindung und des Gegensatzes. Ebenso Conviv. 14. — ὑπό, s. vorher zu c. 20. — ἀρετάς bis θεωμ. bezieht sich nur auf die Tragoedie. — δέ γε, s. zu III, 19.

23. οὓς φῂς τοὺς τραγῳδούς, ohne Interpunction nach φῂς. Vitar. auct. 18: οὐκ ὁρῶ ταῦτα, ἅπερ λέγεις τὰ παραδείγματα. Kr. Gr. §. 51, 12, 2, u. zu IV, 17 z. E. In Bezug auf das Lateinische s. Zumpt §. 814. — ὑποδήμ. μὲν βαρ. κτέ. zu beziehen auf die Tragoeden, welche zur Erhöhung ihrer Gestalt eine Art Schnürstiefeln mit starken Sohlen und hohen Absätzen (κόθορνος) trugen. Dieselben nennt hernach Anacharsis irouisch πέδας. — χρυσαῖς ταιν. τὴν ἐσθ. πεποικ. Ihr Gewand war mit goldenen Streifen oder Stickerei verziert. — κράνη. Die Masken (πρόσωπα, προσωπεῖα), welche nicht allein das Gesicht, sondern auch den übrigen Kopf bedeckten, und einen bauschigen Haaraufsatz (ὄγκος), auf der Stirn hatten, erscheinen dem Anacharsis als Helme. — ἐπικείμενοι. Nach dem Sprachgebrauch der Attiker sollte es, wie bekannt, περικείμενοι heissen, wie auch Luc. selbst anderwärts sagt, s. zu IX, 33, und unten c. 32: ἐκεῖνα τὰ κράνη περιθήσεσθε τὰ κεχηνότα. Allein vgl. De saltat. 27: πρόσωπον ὑπὲρ κεφαλῆς ἀνατεινόμενον ἐπικείμενος. Pro imag. 3: ὥσπερ ἂν εἴ τινι ἀμόρφῳ προσωπεῖον εὔμορφον ἐπιθείη τις. — κεχηνότα παμμ., von der weiten Oeffnung des Mundes an den Masken. — μεγάλα ἐκεκρ., s. zu IV, 20. Pro Imag. 17: μεγάλα καὶ πέρα τοῦ μέτρου ἐπαινέσας. Der Singul. II, 11: μέγα κεκραγέναι. — διέβαινον οὐκ οἶδ᾿ ὅπως ἀσφαλῶς, d. i. sie schritten auf unbegreifliche Weise sicher einher, nicht ironisch: nescio quam firmiter. — πεζοί. Die Komöden trugen eine leichte und niedrige Fussbekleidung, soccus, und gingen daher gleichsam zu Fuss. — καὶ τὸ θέατρον γοῦν. Hier sollte man kein καί erwarten. Ebenso stand früher Dial. deor. 15, 2: καὶ δύο γοῦν, wo aber die beiden besten Hdschrr. καί weg-

ΣΟΛ. Οὐκ ἐκείνους, ὦγαθέ, ᾤκτειρον, ἀλλὰ ποιητὴς ἴσως ἀρχαίαν τινὰ συμφορὰν ἐπεδείκνυτο τοῖς θεαταῖς καὶ ῥήσεις οἰκτρὰς ἐτραγῴδει πρὸς τὸ θέατρον, ὑφ᾽ ὧν ἐς δάκρυα κατεσπῶντο οἱ ἀκούοντες. εἰκὸς δέ σε καὶ αὐλοῦντας ἑωρακέναι τινὰς τότε, καὶ ἄλλους συνᾴδοντας, ἐν κύκλῳ συνεστῶτας, οὐδ᾽ αὐτά, ὦ Ἀνάχαρσι, ἀχρεῖα ᾄσματα καὶ αὐλήματα. τούτοις δ᾽ οὖν ἅπασι καὶ τοῖς τοιούτοις παραθηγόμενοι τὰς ψυχὰς ἀμείνους ἡμῖν γίγνονται.

24 Τὰ δὲ δὴ σώματα, ὅπερ μάλιστα ἐπόθεις ἀκοῦσαι, ὧδε καταγυμνάζομεν· ἀποδύσαντες αὐτά, ὡς ἔφην, οὐκέτι ἀπαλὰ καὶ τέλεον ἀσυμπαγῆ ὄντα πρῶτον μὲν ἐθίζειν ἀξιοῦμεν πρὸς τὸν ἀέρα, συνοικειοῦντες αὐτὰ ταῖς ὥραις ἑκάσταις, ὡς μήτε θάλπος δυσχεραίνειν μήτε πρὸς κρύος ἀπαγορεύειν, ἔπειτα δὲ χρίομεν ἐλαίῳ καὶ καταμαλάττομεν, ὡς εὐτονώτερα γίγνοιτο· ἄτοπον γάρ, εἰ τὰ μὲν σκύτη νομίζομεν ὑπὸ τῷ ἐλαίῳ μαλαττόμενα δυσραγέστερα καὶ πολλῷ διαρκέστερα γίγνεσθαι, νεκρά γε ἤδη ὄντα, τὸ δ᾽ ἔτι ζωῆς μετέχον σῶμα μὴ ἂν ἄμεινον ἡγοίμεθα ὑπὸ τοῦ ἐλαίου διατεθήσεσθαι. τοὐντεῦθεν ποικίλα τὰ γυμνάσια ἐπινοήσαντες καὶ διδασκάλους ἑκάστων ἐπιστήσαντες τὸν μέν τινα πυκτεύειν, τὸν δὲ παγκρατιάζειν διδάσκομεν, ὡς τούς τε πόνους καρτερεῖν ἐθίζοιντο καὶ ὁμόσε χωρεῖν ταῖς πληγαῖς μηδ᾽ ἀποτρέποιντο δέει τῶν τραυμάτων. τοῦτο δὲ ἡμῖν δύο τὰ ὠφελιμώτατα ἐξεργάζεται ἐν αὐτοῖς, θυμοειδεῖς τε παρασκευάζον ἐς τοὺς κινδύνους καὶ τῶν σωμάτων ἀφειδεῖν, καὶ προσέτι ἐρρῶσθαι

---

lassen. Vgl. indessen Aelian. de nat. animal. 1, 42: καὶ ὀξυτάτους γοῦν ἰδεῖν ἕξει τοὺς ὀφθαλμούς. — ἀρχαίαν τινὰ συμφοράν, ein tragisches Ereigniss aus der Heroenzeit, wie das Geschick des Oedipus u. a. — ἐτραγῴδει, tragico more proferre. — οὐδ᾽ αὐτά — αὐλήματα, Apposition zum Vorhergehenden.

24. δὲ δή, iam vero, s. zu III, 18. — ὡς ἔφην, worauf zu beziehen? — τέλεον. Erst Spätere gebrauchen dieses Neutrum für das Adverbium; ebenso De merc. cond. 5. Iup. trag. 25. — ἀσυμπαγῆ, der festeren Muskeln ermangelnd, nicht kompakt; vgl. oben c. 20:

παγιώτερα γιγνόμενα καὶ πρὸς τὸ ἰσχυρότερον συνιστάμενα. Nur hier vorkommendes Wort. — εὐτονώτερα, d. i. elastisch. — ὑπὸ τῷ ἐλαίῳ, unter Einwirkung od. Einfluss. Iup. conf. 1: πάντα, ὁπόσα γίγνεται, ὑπὸ τῷ τούτων ἀτράκτῳ στρεφόμενα. ebend. 7: ἀΐδιος ἡ δουλεία γίγνεται ὑπὸ μακρῷ τῷ λίνῳ στρεφομένη. — ἄν, s. oben zu c. 17. — τόν μέν τινα, Kr. Gr. §. 50, 1, 9. — ὁμόσε χωρεῖν ταῖς πληγαῖς, d. i. obviam ire adversarii ictibus. — τοῦτο, zu beziehen auf πυκτεύειν und παγκρατιάζειν. — παρασκευάζον in doppelter Construction, erst mit Accusat. des Praedicats, dann mit

καὶ καρτεροὺς εἶναι. ὅσοι δὲ αὐτῶν κάτω συννενευκότες
παλαίουσι, καταπίπτειν τε ἀσφαλῶς μανθάνουσι καὶ ἀνί-
στασθαι εὐμαρῶς καὶ ὠθισμοὺς καὶ περιπλοκὰς καὶ λυγι-
σμοὺς καὶ ἄγξαι δύνασθαι καὶ ἐς ὕψος ἀναβαστάσαι τὸν
ἀντίπαλον, οὐκ ἀχρεῖα οὐδὲ οὗτοι ἐκμελετῶντες, ἀλλὰ ἓν
μὲν τὸ πρῶτον καὶ μέγιστον ἀναμφιβόλως κτώμενοι· δυσ-
παθέστερα γὰρ καὶ καρτερώτερα τὰ σώματα γίγνονται αὐτοῖς
διαπονούμενα· ἕτερον δὲ οὐδὲ αὐτὸ μικρόν· ἔμπειροι γὰρ
δὴ ἐκ τούτου καθίστανται, εἴ ποτε ἀφίκοιντο εἰς χρείαν τῶν
μαθημάτων τούτων ἐν ὅπλοις· δῆλον γὰρ ὅτι καὶ πολεμίῳ
ἀνδρὶ ὁ τοιοῦτος συμπλακεὶς καταρρίψει τε θᾶττον ὑπο-
σκελίσας καὶ καταπεσὼν εἴσεται ὡς ῥᾷστα ἐξανίστασθαι.
πάντα γὰρ ταῦτα, ὦ Ἀνάχαρσι, ἐπ' ἐκεῖνον τὸν ἀγῶνα πορι-
ζόμεθα τὸν ἐν τοῖς ὅπλοις, καὶ ἡγούμεθα πολὺ ἀμείνοσι
χρήσασθαι τοῖς οὕτως ἀσκηθεῖσιν, ἐπειδὰν πρότερον αὐτῶν
γυμνὰ τὰ σώματα καταμαλάξαντες καὶ διαπονήσαντες ἐρρω-
μενέστερα καὶ ἀλκιμώτερα ἐξεργασώμεθα καὶ κοῦφα καὶ
εὔτονα καὶ τὰ αὐτὰ βαρέα τοῖς ἀνταγωνισταῖς. ἐννοεῖς γάρ, 25
οἶμαι, τὸ μετὰ τοῦτο, οἵους εἰκὸς σὺν ὅπλοις ἔσεσθαι τοὺς
καὶ γυμνοὺς ἂν φόβον τοῖς δυσμενέσιν ἐμποιήσαντας, οὐ
πολυσαρκίαν ἀργὸν καὶ λευκὴν ἢ ἀσαρκίαν μετὰ ὠχρότητος
ἐπιδεικνυμένους, οἷα γυναικῶν σώματα ὑπὸ σκιᾷ μεμαρα-
σμένα, τρέμοντα ἱδρῶτί τε πολλῷ εὐθὺς ῥεόμενα καὶ ἀσθμαί-
νοντα ὑπὸ τῷ κράνει, καὶ μάλιστα ἢν καὶ ὁ ἥλιος, ὥσπερ
νῦν, τὸ μεσημβρινὸν ἐπιφλέγῃ. οἷς τί ἄν τις χρήσαιτο

Infinitiv. — κάτω συννενευκότες,
κ. oben c. 1 z. A. — εὐμαρῶς, bei
Luc. oft, in der attischen Prosa
selten vorkommendes Wort. —
ὠθισμούς. Das Stossen wird dem
Ringkampfe von den Alten mehr-
mals beigelegt. — δυσπαθέστερα,
abgehärtet. — γίγνονται, s. zu
IV, 22. — ἕτερον δὲ οὐδὲ αὐτὸ μι-
κρόν, näml. ἐστίν. — γὰρ δή, s. zu
VI, 14, 13. — χρήσασθαι. Man
solite χρήσεσθαι erwarten; jedoch
s. Kr. Gr. §. 53, 1, 10 u. 6, 9. Bei
Luc. finden sich mehrere derar-
tige Stellen, die man wol nicht
ohne weiteres zu ändern berech-
tigt ist. Vgl. c. 30 z. A. γενέσθαι.
Dial. mort. 11, 2: οὐδὲ πώποτε προ-
μαντευομένους οὕτω γενέσθαι

ταῦτα. — καὶ τὰ αὐτά, eademque,
s. Zumpt's Gr. §. 697.

25. τὸ μετὰ τοῦτο, s. zu VII, 29.
Vgl. unten c. 34. — γυμνούς, d. i.
ohne Waffen. — ἄν . . ἐμποιήσαν-
τας, s. oben zu c. 6. — τοῖς δυσ-
μενέσιν = τοῖς πολεμίοις. Eben-
so unten 30. 32. — οὐ πολυσ. . .
ἐπιδεικνυμένους, begründender
Zusatz zu dem Vorhergehenden.
— ἱδρῶτι ῥεόμενα, von Schweiss
triefend, oft bei Luc. — τὸ με-
σημβρινὸν ἐπιφλέγῃ, d. i. des
Mittags ihre Gluth entsen-
det. — τί, wozu; was möchte
man mit diesen anfangen.
Vitar. auct. 7: τί δ' ἄν τις αὐτῷ
ῥυπῶντι χρήσαιτο; u. s. Kr. Gr.

διψῶσι καὶ τὸν κονιορτὸν οὐκ ἀνεχομένοις, καὶ εἰ αἷμα
ἴδοιεν, εὐθὺς ταραττομένοις καὶ προαποθνήσκουσι πρὶν
ἐντὸς βέλους γενέσθαι καὶ εἰς χεῖρας ἐλθεῖν τοῖς πολεμίοις;
οὗτοι δὲ ἡμῖν ὑπέρυθροι ἐς τὸ μελάντερον ὑπὸ τοῦ ἡλίου
κεχρωσμένοι καὶ ἀρρενωποί, πολὺ τὸ ἔμψυχον καὶ θερμὸν
καὶ ἀνδρῶδες ἐπιφαίνοντες, τοσαύτης εὐεξίας ἀπολαύοντες,
οὔτε ῥικνοὶ καὶ κατεσκληκότες οὔτε περιπληθεῖς ἐς βάρος,
ἀλλὰ ἐς τὸ σύμμετρον περιγεγραμμένοι, τὸ μὲν ἀχρεῖον τῶν
σαρκῶν καὶ περιττὸν τοῖς ἱδρῶσιν ἐξαναλωκότες, ὃ δὲ ἰσχὺν
καὶ τόνον παρεῖχεν, ἀμιγὲς τοῦ φαύλου περιλελειμμένον
ἐρρωμένως φυλάττοντες· ὅπερ γὰρ δὴ οἱ λικμῶντες τὸν
πυρόν, τοῦτο ἡμῖν καὶ τὰ γυμνάσια ἐργάζεται ἐν τοῖς σώμασι,
τὴν μὲν ἄχνην καὶ τοὺς ἀθέρας ἀποφυσῶντα, καθαρὸν δὲ
26 τὸν καρπὸν διευκρινοῦντα καὶ προσσωρεύοντα. καὶ διὰ
τοῦτο ὑγιαίνειν τε ἀνάγκη καὶ ἐπὶ μήκιστον διαρκεῖν ἐν τοῖς
καμάτοις· ὀψέ τε ἂν ἰδίειν ὁ τοιοῦτος ἄρξαιτο καὶ ὀλιγάκις
ἂν ἀσθενῶν φανείη· ὥσπερ ἄν, εἰ πῦρ τις φέρων ἅμα ἐμβά-
λοι ἐς τὸν πυρὸν αὐτὸν καὶ ἐς τὴν καλάμην αὐτοῦ καὶ ἐς
τὴν ἄχνην — αὖθις γὰρ ἐπὶ τὸν λικμῶντα ἐπάνειμι — θᾶτ-
τον ἄν, οἶμαι, παρὰ πολὺ ἡ καλάμη ἀναφλεγείη, ὁ δὲ πυρὸς
κατ' ὀλίγον οὔτε φλογὸς μεγάλης ἀνισταμένης οὔτε ὑπὸ μιᾷ

τῇ ὁρμῇ, ἀλλὰ κατὰ μικρὸν ὑποτυφόμενος χρόνῳ ὕστερον
καὶ αὐτὸς ἂν κατακαυθείη. οὐ τοίνυν οὐδὲ νόσος οὐδὲ κά-
ματος ἐς τοιοῦτο σῶμα ἐμπεσόντα ῥᾳδίως ἐλέγξειεν ἂν οὐδ'
ἐπικρατήσειεν εὐμαρῶς· τὰ ἔνδοθεν γὰρ εὖ παρεσκεύασται
αὐτῷ καὶ τὰ ἔξω μάλα καρτερῶς πέφρακται πρὸς αὐτά, ὡς
μὴ παριέναι ἐς τὸ εἴσω μηδὲ παραδέχεσθαι μήτε ἥλιον μήτε
κρύος ἐπὶ λύμῃ τοῦ σώματος. πρός τε τὸ ἐνδιδὸν
ἐν τοῖς πόνοις πολὺ τὸ θερμὸν τὸ ἔνδοθεν ἐπιρρέον,
ἅτε ἐκ πολλοῦ προπαρεσκευασμένον καὶ ἐς τὴν ἀναγ-
καίαν χρείαν ἀποκείμενον, ἀναπληροῖ εὐθὺς ἐπάρδον τῇ
ἀκμῇ καὶ ἀκαμάτους ἐπὶ πλεῖστον παρέχεται· τὸ γὰρ προ-
πονῆσαι πολλὰ καὶ προκαμεῖν οὐκ ἀνάλωσιν τῆς ἰσχύος, ἀλλ'
ἐπίδοσιν ἐργάζεται, καὶ ἀναρριπιζομένη πλείων γίγνεται.
καὶ μὴν καὶ δρομικοὺς εἶναι ἀσκοῦμεν αὐτούς, ἐς μῆκός τε 27
διαρκεῖν ἐθίζοντες καὶ ἐς τὸ ἐν βραχεῖ ὠκύτατον ἐπικου-
φίζοντες· καὶ ὁ δρόμος οὐ πρὸς τὸ στερρὸν καὶ ἀντίτυπον,
ἀλλὰ ἐν ψάμμῳ βαθείᾳ, ἔνθα οὔτε βεβαίως ἀπερεῖσαι τὴν
βάσιν οὔτε ἐπιστηρίξαι ῥᾴδιον, ὑποσυρομένου πρὸς τὸ ὑπεῖ-
κον τοῦ ποδός. ἀλλὰ καὶ ὑπεράλλεσθαι τάφρον εἰ δέοι, ἢ
εἴ τι ἄλλο ἐμπόδιον, καὶ πρὸς τοῦτο ἀσκοῦνται ἡμῖν, ἔτι καὶ
μολυβδίδας χειροπληθεῖς ἐν ταῖν χεροῖν ἔχοντες. εἶτα περὶ
ἀκοντίου βολῆς ἐς μῆκος ἁμιλλῶνται. εἶδες δὲ καὶ ἄλλο τι
ἐν τῷ γυμνασίῳ χαλκοῦν περιφερές, ἀσπίδι μικρᾷ ἐοικός,
ὄχανον οὐκ ἐχούσῃ οὐδὲ τελαμῶνας, καὶ ἐπειράθης γε αὐτοῦ
κειμένου ἐν τῷ μέσῳ καὶ ἐδόκει σοι βαρὺ καὶ δύσληπτον

γραφέας τοσούτους ἀνέφυσεν ὑπὸ
μιᾷ τῇ ὁρμῇ. Sonst μιᾷ ὁρμῇ und
ἀπὸ μιᾶς ὁρμῆς. — χρόνῳ ὕστερον,
eine geraume Zeit nachher.
Ebenso Gall. 17. Ver. hist. 1, 22.
— οὐδὲ .. οὐδέ, nicht einmal ..
noch auch. — ἐλέγξειεν, convin-
cere, zu Schanden machen. —
τὰ ἔνδοθεν. Vgl. oben c. 12. —
πρὸς αὐτά, näml. νόσον καὶ κά-/
ματον. — πρὸς τὸ ἐνδιδόν,
gegen den nachlassenden,
erschlaffenden Theil. — τὸ
θερμόν, d. i. die belebende Wärme.
— ἐκ πολλοῦ προπαρ., durch die
gymnastischen Uebungen.—ἐπάρ-
δον τῇ ἀκμῇ, d. i. mit frischer
Kraft benetzen od. tränken.
Amor. 45: τοιαύταις ἀρεταῖς ἀπα-
λὴν ἔτι τὴν ψυχὴν ἐπάρδων. —

ἀκαμάτους, der attischen Prosa
fremdes Wort.
27. καὶ μὴν καί, s. oben zu VIII,
35.— ἐς μῆκος διαρκεῖν, in longi-
tudinem sufficere. — ἐν βραχεῖ,
räumlich. — ἐπικουφίζοντες, ex-
pedire. — πρὸς τὸ στερρόν, wir:
auf hartem Boden; πρός, weil
der Fuss auf oder gegen den Bo-
den tritt. — πρὸς τὸ ὑπεῖκον.
πρός, gegen .. hin, in der
Richtung nach. — μολυβδίδας
χειροπληθεῖς, händefüllende
(kugelförmige) Bleimassen,
Sprungkolben, gewöhnlich ἀλ-
τῆρες genannt. — ταῖν χεροῖν,
s. zu I, 6. — περὶ ἀκοντ. βολ. ἐς
μῆκος, de proiiciendis in longum
iaculis. — ἄλλο τι κτέ., den Dis-
kos, welcher flachrunde linsen-

ὑπὸ λειότητος. ἐκεῖνο τοίνυν ἄνω τε ἀναρριπτοῦσιν εἰς τὸν
ἀέρα καὶ ἐς τὸ πόρρω φιλοτιμούμενοι ὅστις ἐπὶ μήκιστον
ἐξέλθοι καὶ τοὺς ἄλλους ὑπερβάλοιτο· καὶ ὁ πόνος οὗτος
ὤμους τε αὐτῶν κρατύνει καὶ τόνον τοῖς ἄκροις ἐντίθησιν.
28 ὁ πηλὸς δὲ καὶ ἡ κόνις, ἅπερ σοι γελοιότερα ἐξ ἀρχῆς ἔδοξεν,
ἄκουσον, ὦ θαυμάσιε, ὅτου ἕνεκα ὑποβέβληται. πρῶτον μέν,
ὡς μὴ ἐπὶ τὸ κραταιὸν ἡ πτῶσις αὐτοῖς γίγνοιτο, ἀλλ' ἐπὶ
τὸ μαλακὸν ἀσφαλῶς πίπτοιεν· ἔπειτα καὶ τὸν ὄλισθον
ἀνάγκη πλείω γίγνεσθαι, ἱδρούντων ἐν τῷ πηλῷ, ὃ σὺ ταῖς
ἐγχέλεσιν εἴκαζες, οὐκ ἀχρεῖον οὐδὲ γελοῖον ὄν, ἀλλὰ καὶ
τοῦτο ἐς ἰσχὺν καὶ τόνον οὐκ ὀλίγα συντελεῖ, ὁπόταν οὕτως
ἐχόντων ἀλλήλων ἀναγκάζωνται ἐγκρατῶς ἀντιλαμβάνεσθαι
καὶ συνέχειν διολισθάνοντας· αἴρεσθαί τε ἐν πηλῷ ἱδρω-
κότα μετ' ἐλαίου, ἐκπεσεῖν καὶ διαρρυῆναι τῶν χειρῶν σπου-
δάζοντα, μὴ μικρὸν εἶναι νόμιζε. καὶ ταῦτα πάντα, ὥσπερ
ἔφην ἔμπροσθεν, καὶ ἐς τοὺς πολέμους χρήσιμα, εἰ δέοι
φίλον τρωθέντα ῥᾳδίως ἀράμενον ὑπεξενεγκεῖν ἢ καὶ πολέ-
μιον συναρπάσαντα ἥκειν μετέωρον κομίζοντα. καὶ διὰ τοῦτο
ἐς ὑπερβολὴν ἀσκοῦμεν τὰ χαλεπώτερα προτιθέντες, ὡς τὰ
29 μικρότερα μακρῷ εὐκολώτερον φέροιεν. τὴν μέντοι κόνιν ἐπὶ
τὸ ἐναντίον χρησίμην οἰόμεθα εἶναι, ὡς μὴ διολισθάνοιεν
συμπλεκόμενοι· ἐπειδὰν γὰρ ἐν τῷ πηλῷ ἀσκηθῶσι συνέχειν
τὸ διαδιδρᾶσκον ὑπὸ γλισχρότητος, ἐθίζονται καὶ ἐκφεύγειν
αὐτοὶ ληφθέντες ἐκ τῶν χειρῶν, καὶ ταῦτα ἐν ἀφύκτῳ ἐχό-

<hr/>

förmige Gestalt hatte. — ἀναρρι-
πτοῦσιν. Diese Form findet sich
bei Lucian mehrmals, ἀναρ-
ριπτεῖν Hermotim. 28. ἀνερρίπτουν
De saltat. 83. συναναρριπτοῦντες
Zeux. 10. ἀπορριπτοῦντες Tim. 12.
ἀπερρίπτουν Ver. hist. 1, 41. ῥί-
πτεῖν De merc. cond. 5. Apol. 10.
Conviv. 44. ῥίπτεῖ Asin. 44. ῥι-
πτουμένους Conviv. 45 u. s. Auch
bei den Attikern findet sich die-
selbe, wie bei Thukyd. 4, 95. 5,
103. u. a. — ἐς τὸ πόρρω, in longin-
quum. — τοῖς ἄκροις, den Fuss-
spitzen, Zehen.

28. γελοιότερα, Kr. Gr. §. 49, 6.
— κραταιόν, hart, Gegensatz von
μαλακός, poetisches, und dann in
später Prosa vorkommendes Wort.
— ἔπειτα, s. zu VII, 11. — ἱδροῦν-
των ἐν τῷ πηλῷ, indem sie (die

Kämpfenden) im Schlamme, in
dem sie sich wälzen, schwitzen.
— ὅ allgemein, in Bezug auf das
Vorhergehende τὸν ὄλισθον κτέ.
Vgl. oben c. 1: ὥσπερ αἱ ἐγχέλυες
ἐκ τῶν χειρῶν διολισθαίνοντες. —
ἐν πηλῷ ἱδρωκότα μετ' ἐλαίου,
d. i. eum, qui praeter oleum in luto
sudore permaduit. Das Perfect.
ἵδρωκα findet sich auch De merc.
cond. 26. ἵδρωται Hermotim. 2. —
διαρρυῆναι τῶν χειρῶν, den Hän-
den entschlüpfen. — πολέμιον
συναρπ. ἥκ. μετ. κομ., d. i. hostem
comprehensum sublimem rapere.
— ἐς ὑπερβολήν, ausserordent-
lich.

29. τὸ διαδιδρᾶσκον, das, was
entwischt, = τὸν διαδιδρά-
σκοντα, nur allgemeiner. — ἐν
ἀφύκτῳ ἔχεσθαι, captum teneri

μενοι. καὶ μὴν καὶ τὸν ἱδρῶτα συνέχειν δοκεῖ ἡ κόνις ἀθρόον
ἐκχεόμενον ἐπιπαττομένη καὶ ἐπὶ πολὺ διαρκεῖν ποιεῖ τὴν
δύναμιν καὶ κώλυμα γίγνεται μὴ βλάπτεσθαι ὑπὸ τῶν ἀνέ-
μων ἀραιοῖς τότε καὶ ἀνεῳγόσι τοῖς σώμασιν ἐμπιπτόντων.
ἄλλως τε καὶ τὸν ῥύπον ἀποσμᾷ καὶ στιλπνότερον ποιεῖ τὸν
ἄνδρα. καὶ ἔγωγε ἡδέως ἂν παραστησάμενος πλησίον τῶν τε
λευκῶν τινα ἐκείνων καὶ ὑπὸ σκιᾷ δεδιητημένων καὶ ὃν ἂν
ἕλῃ τῶν ἐν τῷ Λυκείῳ γυμναζομένων, ἀποπλύνας τὴν κόνιν
καὶ τὸν πηλόν, ἐροίμην ἄν σε, ποτέρῳ ἂν ὅμοιος εὔξαιο γε-
νέσθαι· οἶδα γὰρ ὡς αὐτίκα ἕλοιο ἂν ἐκ πρώτης προσόψεως,
εἰ καὶ μὴ ἐπὶ τῶν ἔργων πειραθείης ἑκατέρου, συνεστηκὼς
καὶ συγκεκροτημένος εἶναι μᾶλλον ἢ θρύπτεσθαι καὶ διαρ-
ρεῖν καὶ λευκὸς εἶναι ἀπορίᾳ καὶ φυγῇ εἰς τὰ εἴσω τοῦ
αἵματος.

Ταῦτ' ἔστιν, ὦ 'Ανάχαρσι, ἃ τοὺς νέους ἡμεῖς ἀσκοῦμεν, 30
οἰόμενοι φύλακας ἡμῖν τῆς πόλεως ἀγαθοὺς γενέσθαι καὶ ἐν
ἐλευθερίᾳ βιώσεσθαι δι' αὐτούς, κρατοῦντες μὲν τῶν δυσμε-
νῶν, εἰ ἐπίοιεν, φοβεροὶ δὲ τοῖς περιοίκοις ὄντες, ὡς ὑπο-
πτήσσειν τε καὶ ὑποτελεῖν ἡμῖν τοὺς πλείστους αὐτῶν. ἐν
εἰρήνῃ τε αὖ πολὺ ἀμείνοσιν αὐτοῖς χρώμεθα περὶ μηδὲν
τῶν αἰσχρῶν φιλοτιμουμένοις μηδ' ὑπ' ἀργίας ἐς ὕβριν τρε-
πομένοις, ἀλλὰ περὶ τὰ τοιαῦτα διατρίβουσι καὶ ἀσχόλοις
οὖσιν ἐν αὑτοῖς. καὶ ὅπερ ἔφην τὸ κοινὸν ἀγαθὸν καὶ τὴν
ἄκραν πόλεως εὐδαιμονίαν, τοῦτ' ἔστιν, ὁπότε ἔς τε εἰρήνην
καὶ ἐς πόλεμον τὰ ἄριστα παρεσκευασμένη φαίνοιτο ἡ νεό-
της, περὶ τὰ κάλλιστα ἡμῖν σπουδάζοντες.

ita, ut evadere nequeas oder *aegre
possis.* Dieselbe Redensart Dial.
deor. 17, 1. Ebenso ἐν ἀπόρῳ
ἔχεσθαι Thukyd. 1, 25. Luc. Ver.
hist. 2, 42. ἐν στενῷ ἔχεσθαι Iup.
trag. 30. ἐν ἀπορίῃ ἔχεσθαι Hero-
dot. 9, 98. — ἀθρόον ἐκχεόμενον,
wenn er stark hervorbricht.
— ἐπὶ πολύ, s. zu VIII, 47. —
ἀραιοῖς, deren Haut locker und
erweicht ist. — ἀνεῳγόσι, deren
Poren sich geöffnet haben. Ueber
ἀνέῳγα s. zu V, 4, 1., und über die
Wortstellung Kr. Gr. §. 50, 11, 1.
— τότε, worauf zu beziehen? —
ἄλλως τε καί, und zudem oder
ausserdem auch, s. zu V, 14, 5.
— ἀποσμᾷ, s. zu IX, 14. — ἡδέως
ἄν .. ἐροίμην ἄν σε. ἄν ist der

Entfernung wegen wiederholt wie
oft. Kr. Gr. §. 69, 7, 3. Vgl. unten
33. — τῶν τε λευκῶν. Welches καί
entspricht diesem τέ? — συνεστη-
κώς, dicht, fest geworden. —
συγκεκροτημένος, zusammenge-
hämmert, mit Bezug auf die
πληγαί. — διαρρεῖν, wie das la-
tein. *diffluere.*

30. γενέσθαι. Man sollte γενή-
σεσθαι erwarten; s. oben zu c. 24.
— βιώσεσθαι, Wechsel des Sub-
iects. — ὑποτελεῖν, Tribut zah-
len, sonst bei Luc. mit dem Accus.
δασμόν, φόρον. So absolut schon
bei Thukyd. 3, 46. — ἀμείνοσιν,
näml. als wenn sie nicht so geübt
wären. — τὰ ἄριστα, s. oben zu c.
14. — σπουδάζοντες, s. oben zu 17.

31 *ΑΝΑΧ.* Οὐκοῦν, ὦ Σόλων, ἤν ποτε ὑμῖν ἐπίωσιν οἱ
πολέμιοι, χρισάμενοι τῷ ἐλαίῳ καὶ κονισάμενοι πρόϊτε καὶ
αὐτοί, πὺξ τὰς χεῖρας ἐπ᾽ αὐτοὺς προβεβλημένοι, κἀκεῖνοι
δηλαδὴ ὑποπτήσσουσιν ὑμᾶς καὶ φεύγουσι, δεδιότες μὴ
σφίσι κεχηνόσι πάσητε τὴν ψάμμον ἐς τὸ στόμα, ἢ περιπη
δήσαντες, ὡς κατὰ νώτου γένησθε, περιπλέξητε αὐτοῖς τὰ
σκέλη περὶ τὴν γαστέρα, καὶ διάγχητε ὑπὸ τὸ κράνος ὑπο
βαλόντες τὸν πῆχυν. καὶ νὴ Δί᾽ οἱ μὲν τοξεύσουσι δῆλον
ὅτι καὶ ἀκοντιοῦσιν, ὑμῶν δὲ ὥσπερ ἀνδριάντων οὐ καθί
ξεται τὰ βέλη, κεχρωσμένων πρὸς τὸν ἥλιον καὶ πολὺ τὸ
αἷμα πεπορισμένων. οὐ γὰρ καλάμη καὶ ἀθέρες ὑμεῖς ἐστε,
ὡς τάχιστα ἐνδιδόναι πρὸς τὰς πληγάς, ἀλλὰ ὀψέ ποτε ἂν
καὶ μόλις, κατατεμνόμενοι βαθέσι τοῖς τραύμασιν, αἷμα ὀλί
γον ὑποδείξαιτε. τοιαῦτα γὰρ φῄς, εἰ μὴ πάνυ παρήκουσα
32 τοῦ παραδείγματος. ἢ τὰς πανοπλίας ἐκείνας τότε ἀναλή
ψεσθε τὰς τῶν κωμῳδῶν τε καὶ τραγῳδῶν, καὶ ἢν προτεθῇ
ὑμῖν ἔξοδος, ἐκεῖνα τὰ κράνη περιθήσεσθε τὰ κεχηνότα, ὡς
φοβερώτεροι εἴητε τοῖς ἐναντίοις μορμολυττόμενοι αὐτούς,
καὶ ὑποδήσεσθε τὰ ὑψηλὰ ἐκεῖνα δηλαδή· φεύγουσί τε γάρ,
ἢν δέῃ, κοῦφα, καὶ ἢν διώκητε, ἄφυκτα τοῖς πολεμίοις ἔσται,
ὑμῶν οὕτω μεγάλα διαβαινόντων ἐπ᾽ αὐτούς. ἀλλ᾽ ὅρα μὴ
ταῦτα μὲν ὑμῖν τὰ κομψὰ λῆρος ᾖ καὶ παιδιὰ ἄλλως καὶ δια
τριβαὶ ἀργοῦσι καὶ ῥᾳθυμεῖν ἐθέλουσι τοῖς νεανίσκοις. εἰ δὲ
βούλεσθε πάντως ἐλεύθεροι καὶ εὐδαίμονες εἶναι, ἄλλων
ὑμῖν γυμνασίων δεήσει καὶ ἀσκήσεως ἀληθινῆς τῆς ἐν τοῖς
ὅπλοις, καὶ ἡ ἅμιλλα οὐ πρὸς ἀλλήλους μετὰ παιδιᾶς, ἀλλὰ

---

31. *τῷ ἐλαίῳ.* Warum ist der
Artikel hinzugefügt? — *καὶ αὐτοί,*
wie jene sich übenden Jünglinge.
— *τὰς χεῖρ. προβεβλημένοι,* mit
Anspielung auf *προβεβλῆσθαι τὰ
ὅπλα* u. s. w. Ueber das Medium
Kr. Gr. §. 52, 10, 1. — *δηλαδή,*
ironisch, wie oft. — *περιπηδήσαν
τες,* nur hier vorkommendes Wort,
ebenso *διάγχητε,* wenn nicht für
letzteres mit Cobet *ἄγχητε* zu
schreiben ist. — *πρὸς τὸν ἥλιον,*
an der Sonne. Vgl. oben 25: *ἐς
τὸ μελάντερον ὑπὸ τοῦ ἡλίου κε
χρωσμένοι.* — *πεπορισμένων,* euch
verschafft oder erworben
habet (durch die Uebungen). —

ἐνδιδόναι πρὸς τὰς πληγάς, plagis cedere. Toxar. 11. Calumn.
non tem. cred. 20. — *εἰ μὴ πάνυ
παρ. τοῦ παραδ.,* d. i. *nisi plane
aberravi a sensu similitudinis.*
32. *τὰς πανοπλίας,* zu beziehen
auf das oben c. 23 beschriebene
Kostüm der Schauspieler. Auch
das Schauspiel war nach Solon ein
Bildungsmittel der Jugend. —
φεύγουσι, näml. *ὑμῖν,* entsprechend dem folgenden *ἢν διώκητε.*
— *ἢν δέῃ,* Kr. Gr. §. 55, 4, 11. ⌐
κοῦφα, näml. *τὰ ὑψηλὰ ἐκεῖνα.* ⌐|
οὕτω μεγάλα διαβαινόντων, so
weit ausschreiten; s. zu V,
28, 1. — *παιδιὰ ἄλλως,* nihil nisi

πρὸς τοὺς δυσμενεῖς ἔσται, μετὰ κινδύνων μελετῶσι τὴν
ἀρετήν. ὥστε ἀφέντες τὴν κόνιν καὶ τὸ ἔλαιον διδάσκετε
αὐτοὺς τοξεύειν καὶ ἀκοντίζειν, μὴ κοῦφα διδόντες τὰ ἀκόν-
τια καὶ οἷα διαφέρεσθαι πρὸς τὸν ἄνεμον, ἀλλ' ἔστω λόγχη
βαρεῖα μετὰ συρισμοῦ ἐλιττομένη καὶ λίθος χειροπληθὴς καὶ
σάγαρις καὶ γέρρον ἐν τῇ ἀριστερᾷ καὶ θώραξ καὶ κράνος.
ὡς δὲ νῦν ἔχετε, θεῶν τινος εὐμενείᾳ σῴζεσθαί μοι δοκεῖτε, 33
οἳ μηδέπω ἀπολώλατε ὑπό τινων ὀλίγων ψιλῶν ἐπιπεσόντων.
ἰδού γέ τοι, ἢν σπασάμενος τὸ μικρὸν τοῦτο ξιφίδιον τὸ
παρὰ τὴν ζώνην μόνος ἐπεισπέσω τοῖς νέοις ὑμῶν ἅπασιν,
αὐτοβοεὶ ἂν ἕλοιμι τὸ γυμνάσιον φυγόντων ἐκείνων καὶ οὐ-
δενὸς ἀντιβλέπειν τῷ σιδήρῳ τολμῶντος, ἀλλὰ περὶ τοὺς ἀν-
δριάντας ἂν περιστάμενοι καὶ περὶ τοὺς κίονας κατακρυπτό-
μενοι γέλωτα ἄν μοι παράσχοιεν δακρύοντες οἱ πολλοὶ καὶ
τρέμοντες. καὶ τότ' ἂν ἴδοις οὐκέτι ἐρυθριῶντας αὐτοὺς τὰ
σώματα, οἷοι νῦν εἰσιν, ἀλλὰ ὠχροὶ ἅπαντες αὐτίκα γένοιντ'
ἂν ὑπὸ τοῦ δέους μεταβαφέντες. οὕτως ὑμᾶς ἡ εἰρήνη δια-
τέθεικε βαθεῖα οὖσα, ὡς μὴ ἂν ῥᾳδίως ἀνασχέσθαι λόφον
ἕνα κράνους πολεμίου ἰδόντας.

ΣΟΛ. Οὐ ταῦτα ἔφασαν, ὦ Ἀνάχαρσι, Θρᾳκῶν τε ὅσοι 34
μετ' Εὐμόλπου ἐφ' ἡμᾶς ἐστράτευσαν καὶ αἱ γυναῖκες ὑμῶν
αἱ μετὰ Ἱππολύτης ἐλάσασαι ἐπὶ τὴν πόλιν οὐδὲ ἄλλοι ὅσοι
ἡμῶν ἐν ὅπλοις ἐπειράθησαν. ἡμεῖς γάρ, ὦ μακάριε, οὐκ
ἐπείπερ οὕτω γυμνὰ τὰ σώματα ἐκπονοῦμεν τῶν νέων, διὰ

---

ludus; s. zu III, 6. — μελετῶσι.
Worauf ist dieser Dativ zu bezie-
hen? — οἷα διαφέρεσθαι, talia
quae; s. oben zu IX, 20. — διαφέ-
ρεσθαι πρὸς τὸν ἄνεμον, d. i. vom
Winde hier und dorthin ge-
führt werden. — συρισμοῦ. Die
gebräuchliche Form ist συριγμός.
33. ὑπό τινων ὀλίγων, Kr. Gr.
§. 51, 16, 4. — ψιλῶν, leichtbe-
waffnet. — ἰδού γέ τοι, siehe
wenigstens; s. zu II, 11. — τὸ
μικρὸν τοῦτο ξιφ., s. zu II, 6. —
αὐτοβοεί, beim ersten Kriegs-
geschrei, beim ersten An-
griff. Bei den Attikern, ausser
Thukydides, findet sich das Wort
nicht. — γέλωτα ἄν μοι, s. vorher
zu c. 29. — ὑπὸ τοῦ δέους, s. zu
II, 40.

34. μετ' Εὐμόλπου. Eumolpos,
König der Thraker, soll von den
Eleusiniern gegen den König der
Athenäer, Erechtheus, zu Hilfe
gerufen, aber von diesem besiegt
und sogar mit seinen beiden Söh-
nen getödtet worden sein. — αἱ
γυναῖκες κτέ. Das Weibervolk der
Amazonen fiel unter Anführung
ihrer Königin Hippolyte in Attika
ein, um den Theseus, der an dem
Zuge des Herakles gegen sie Theil
genommen und die Schwester der
Hippolyte, die Antiope, entführt
hatte, zu züchtigen. Allein die
Amazonen sollen bis auf wenige
vernichtet worden und Theseus
im Besitze seiner Beute geblieben
sein. — ὦ μακάριε, mein Guter,
Trefflicher, ironisch. — καθ'

τοῦτο καὶ ἄνοπλα ἐξάγομεν ἐπὶ τοὺς κινδύνους, ἀλλ' ἐπει-
δὰν καθ' αὑτοὺς ἄριστοι γένωνται, ἀσκοῦνται τὸ μετὰ τοῦτο
ξὺν τοῖς ὅπλοις, καὶ πολὺ ἄμεινον χρήσαιντ' ἂν αὐτοῖς οὕτω
διακείμενοι.

ΑΝΑΧ. Καὶ ποῦ τοῦτο ὑμῖν ἐστι τὸ γυμνάσιον τὸ ἐν
τοῖς ὅπλοις; οὐ γὰρ εἶδον ἔγωγε ἐν τῇ πόλει τοιοῦτον οὐδὲν
ἅπασαν αὐτὴν ἐν κύκλῳ περιελθών.

ΣΟΛ. Ἀλλὰ ἴδοις ἄν, ὦ Ἀνάχαρσι, ἐπὶ πλέον ἡμῖν συν-
διατρίψας, καὶ ὅπλα ἑκάστῳ μάλα πολλά, οἷς χρώμεθα ὁπό-
ταν ἀναγκαῖον ᾖ, καὶ λόφους καὶ φάλαρα καὶ ἵππους, καὶ
ἱππέας σχεδὸν τὸ τέταρτον τῶν πολιτῶν. τὸ μέντοι ὁπλοφο-
ρεῖν ἀεὶ καὶ ἀκινάκην παρεζῶσθαι περιττὸν ἐν εἰρήνῃ οἰό-
μεθα εἶναι, καὶ πρόστιμόν γ' ἔστιν, ὅστις ἐν ἄστει σιδηρο-
φοροίη μηδὲν δέον ἢ ὅπλα ἐξενέγκοι εἰς τὸ δημόσιον. ὑμεῖς
δὲ συγγνωστοὶ ἐν ὅπλοις ἀεὶ βιοῦντες· τό τε γὰρ ἐν
ἀφράκτῳ οἰκεῖν ῥάδιον ἐς ἐπιβουλήν, καὶ οἱ πολέμιοι μάλα
πολλοί, καὶ ἄδηλον ὁπότε τις ἐπιστὰς κοιμώμενον κατασπά-
σας ἀπὸ τῆς ἁμάξης φονεύσει· ἥ τε πρὸς ἀλλήλους ἀπιστία,
αὐθαιρέτως καὶ μὴ ἐν νόμῳ ξυμπολιτευομένων, ἀναγκαῖον
ἀεὶ τὸν σίδηρον ποιεῖ, ὡς πλησίον εἶναι ἀμυνοῦντα, εἴ τις
βιάζοιτο.

35   *ΑΝΑΧ.* Εἶτα, ὦ Σόλων, σιδηροφορεῖν μὲν οὐδενὸς

αὑτούς, an und für sich. Tox.
48 u. s. — καὶ ποῦ, s. oben zu
VIII, 18. — ἴδοις ἄν, Kr. Gr. §.54,
3, 7. — τὸ τέταρτον, das Viertel,
der vierte Theil. Allein die
Ritter machten nicht eigentlich
den vierten Theil der gesammten
Bürgerschaft aus, wie es hier
heisst, sondern eine von den vier
Schatzungsclassen (τέλη, τιμή-
ματα, Pentakosiomedimnen, Rit-
ter, Zeugiten, Theten). — ὅστις,
= εἴ τις, Kr. Gr. §. 51, 13, 11. —
ἐν ἄστει σιδηρ. In den gebildeten
hellenischen Staaten vertraute der
Bürger dem Schutze der Gesetze
und führte im friedlichen, heimi-
schen Verkehr keine Waffen bei
sich. — μηδὲν δέον, s. zu V, 27, 1.
Warum steht μηδέν und nicht οὐ-
δέν? — εἰς τὸ δημόσιον, in publi-
cum. — συγγνωστοὶ βιοῦντες. Ue-
ber diese nur bei Späteren vor-

kommende Construction s. zu V,
12, 5. — ἐν ἀφράκτῳ οἰκεῖν. Zu
beziehen auf die nomadische Le-
bensweise der Skythen; vgl. oben
c. 18 z. A. — ῥάδιον ἐς ἐπιβουλήν,
wie im Latein. facile ad insidias
oder insidiandum. Eine ähnliche
Stelle ist nicht zur Hand. — ἄδη-
λον ὁπότε, d. i. ungewiss ob
nicht einmal. Thukyd. 1, 2, 1:
ἄδηλον ὂν ὁπότε τις ἐπελθὼν
καὶ ἀτειχίστων ἅμα ὄντων ἄλλος
ἀφαιρήσεται. 8, 96, 2: ἄδηλον ὂν
ὁπότε σφίσιν αὐτοῖς ξυρράξουσιν.
— ἐπιστὰς .. κατασπάσας, Kr. Gr.
§. 56, 15, 2. — ἐν νόμῳ, secundum
legem, unter Einfluss oder
Anwendung. Plat.Criti.p.121B:
ἐν νόμοις βασιλεύων. u. s. — ξυμ-
πολιτευομένων, ohne ὑμῶν, weil
das Particip. allgemeiner zu ver-
stehen ist. — ἀμυνοῦντα, um ab-
zuwehren.

ἀναγκαίου ἕνεκα περιττὸν ὑμῖν δοκεῖ καὶ τῶν ὅπλων φεί-
δεσθε, ὡς μὴ διὰ χειρὸς ὄντα φθείροιτο, ἀλλὰ φυλάττετε
ἀποκείμενα ὡς χρησόμενοι τότε, τῆς χρείας ἐπιστάσης· τὰ δὲ
σώματα τῶν νέων οὐδενὸς δεινοῦ ἐπείγοντος καταπονεῖτε
παίοντες καὶ ὑπὸ τῶν ἱδρώτων καταναλίσκοντες, οὐ ταμιευό-
μενοι πρὸς τὸ ἀναγκαῖον τὰς ἀλκὰς αὐτῶν, ἀλλ' εἰκῆ ἐν τῷ
πηλῷ καὶ τῇ κόνει ἐκχέοντες;

ΣΟΛ. Ἔοικας, ὦ Ἀνάχαρσι, τοιόνδε τι δυνάμεως πέρι
ἐννοεῖν, ὡς οἴνῳ ἢ ὕδατι ἢ ἄλλῳ τῶν ὑγρῶν ὁμοίαν αὐτὴν
οὖσαν· δέδιας γοῦν, μὴ ὥσπερ ἐξ ἀγγείου κεραμεοῦ λάθῃ
διαρρυεῖσα ἐν τοῖς πόνοις, κᾆτα ἡμῖν κενὸν καὶ ξηρὸν οἴχη-
ται τὸ σῶμα καταλιποῦσα ὑπὸ μηδενὸς ἔνδοθεν ἀναπληρού-
μενον. τὸ δὲ οὐχ οὕτως ἔχει σοι, ἀλλ' ὅσῳ τις ἂν αὐτὴν
ἐξαντλῇ τοῖς πόνοις, τοσῷδε μᾶλλον ἐπιρρεῖ κατὰ τὸν περὶ
τῆς Ὕδρας μῦθον, εἴ τινα ἤκουσας, ὡς ἀντὶ μιᾶς κεφαλῆς
τμηθείσης δύ' ἀεὶ ἄλλαι ἀνεφύοντο. ἢν δὲ ἀγύμναστος ἐξ
ἀρχῆς καὶ ἄτονος ᾖ μηδὲ διαρκῆ τὴν ὕλην ἔχῃ ὑποβεβλη-
μένην, τότε ὑπὸ τῶν καμάτων βλάπτοιτο ἂν καὶ καταμαραί-
νοιτο, οἷόν τι ἐπὶ πυρὸς καὶ λύχνου γίγνεται· ὑπὸ γὰρ τῷ
αὐτῷ φυσήματι τὸ μὲν πῦρ ἀνακαύσειας ἂν καὶ μεῖζον ἐν
βραχεῖ ποιήσειας παραθήγων τῷ πνεύματι, καὶ τὸ τοῦ λύ-
χνου φῶς ἀποσβέσειας οὐκ ἔχον ἀποχρῶσαν τῆς ὕλης τὴν
χορηγίαν, ὡς διαρκῆ εἶναι πρὸς τὸ ἀντιπνέον· οὐ γὰρ ἀπ'
ἰσχυρᾶς, οἶμαι, τῆς ῥίζης ἀνεφύετο.

ΑΝΑΧ. Ταυτὶ μέν, ὦ Σόλων, οὐ πάνυ συνίημι· λεπτό- 36
τερα γὰρ ἢ κατ' ἐμὲ εἴρηκας, ἀκριβοῦς τινος φροντίδος καὶ

---

35. εἶτα, s. zu V, 16, 1. — διὰ
χειρὸς ὄντα, dum in manibus sint,
wol nur hier vorkommende Re-
densart, gebildet nach διὰ χειρὸς
ἔχειν. — ἀλλά, auf welche Ne-
gation zu beziehen? — τῆς χρείας
ἐπιστάσης, Erklärung von τότε. —
ὑπὸ τῶν ἱδρώτων, s. zu IV, 7. Dial.
deor. 15, 2: τὸν Ὑάκινθον ὑπὸ τοῦ
δίσκου ἀπώλεσα. — τοιόνδε τι, s.
zu VIII, 9. — ὡς . . ὁμοίαν αὐτὴν
(τὴν δύναμιν) οὖσαν, Accusativ.
absolut., der bei ὡς und ὥσπερ
neben dem Genetiv. gebräuchlich
ist, Kr. Gr. §. 56, 9, 10. Iup. trag.
30. Hermotim. 28. 60. — τὸ δέ,
dieses aber; s. zu V, 6, 1. —
ὅσῳ, wir: je mehr. Phalar. 1, 8:
ὅσῳ γὰρ ἂν ἐκκόπτωμεν, τοσῷδε

πλείους ἡμῖν ἀναφύονται τοῦ κο-
λάζειν ἀφορμαί. Dipsad. 4: ὅσῳ-
περ ἂν πίνωσι, τοσούτῳ μᾶλλον
ὀρέγονται τοῦ ποτοῦ. S. zu VII, 18.
— εἴ τινα, ebenso im Latein. si
quam, d. i. wenn du irgend
etwas davon gehört hast. —
τὴν ὕλην, die Uebungen sind der
Stoff, an dem die Kraft sich stärkt.
Seyffert. — ὑπὸ γάρ, ope, wie
oft. — οὐκ ἔχον . . χορηγίαν, d. i.
wenn es nicht hinlänglichen
Stoff zu verwenden hat. —
ῥίζης, d. i. der Docht. Uebrigens
vgl. Nigrin. 36: οὐ γὰρ ἀπ' ἰσχυ-
ρᾶς ἐντολῆς ἀπεστέλλετο.

36. λεπτότερα, subtiliora. — ἢ
κατ' ἐμέ, d. i. quam pro meo captu,
Kr. Gr. §. 49, 4. Häufig bei Luc.

διανοίας ὀξὺ δεδορκυίας δεόμενα. ἐκεῖνο δέ μοι πάντως
εἰπέ, τίνος ἕνεκα οὐχὶ καὶ ἐν τοῖς ἀγῶσι τοῖς Ὀλυμπίασι καὶ
Ἰσθμοῖ καὶ Πυθοῖ καὶ τοῖς ἄλλοις, ὁπότε πολλοί, ὡς φής,
συνίασιν ὀψόμενοι τοὺς νέους ἀγωνιζομένους, οὐδέποτε ἐν
ὅπλοις ποιεῖσθε τὴν ἅμιλλαν, ἀλλὰ γυμνοὺς ἐς τὸ μέσον παρ-
αγαγόντες λακτιζομένους καὶ παιομένους ἐπιδείκνυτε καὶ
νικήσασι μῆλα καὶ κότινον δίδοτε; ἄξιον γὰρ εἰδέναι τοῦτό
γε, οὗτινος ἕνεκα οὕτω ποιεῖτε.

ΣΟΛ. Ἡγούμεθα γάρ, ὦ Ἀνάχαρσι, τὴν ἐς τὰ γυμνάσια
προθυμίαν οὕτως ἂν πλείω ἐγγενέσθαι αὐτοῖς, εἰ τοὺς ἀρι-
στεύοντας ἐν τούτοις ἴδοιεν τιμωμένους καὶ ἀνακηρυττομέ-
νους ἐν μέσοις τοῖς Ἕλλησι. καὶ διὰ τοῦτο ὡς ἐς τοσούτους
ἀποδυσόμενοι εὐεξίας τε ἐπιμελοῦνται, ὡς μὴ αἰσχύνοιντο
γυμνωθέντες, καὶ ἀξιονικότατον ἕκαστος αὑτὸν ἀπεργάζεται.
καὶ τὰ ἆθλα, ὥσπερ ἔμπροσθεν εἶπον, οὐ μικρά, ὁ ἔπαινος
ὁ παρὰ τῶν θεατῶν καὶ τὸ ἐπισημότατον γενέσθαι καὶ
δείκνυσθαι τῷ δακτύλῳ ἄριστον εἶναι τῶν καθ᾽ αὑτὸν δο-
κούντα. τοιγάρτοι πολλοὶ τῶν θεατῶν, οἷς καθ᾽ ἡλικίαν ἔτι
ἡ ἄσκησις, ἀπίασιν οὐ μετρίως ἐκ τῶν τοιούτων ἀρετῆς καὶ
πόνων ἐρασθέντες· ὡς εἴ γέ τις, ὦ Ἀνάχαρσι, τὸν τῆς εὐ-
κλείας ἔρωτα ἐκβάλοι ἐκ τοῦ βίου, τί ἂν ἔτι ἀγαθὸν ἡμῖν
γένοιτο, ἢ τίς ἄν τι λαμπρὸν ἐργάσασθαι ἐπιθυμήσειε; νῦν
δὲ καὶ ἀπὸ τούτων εἰκάζειν παρέχοιεν ἄν σοι, ὁποῖοι ἐν πο-
λέμοις ὑπὲρ πατρίδος καὶ παίδων καὶ γυναικῶν καὶ ἱερῶν
γένοιντ᾽ ἂν ὅπλα ἔχοντες οἱ κοτίνου πέρι καὶ μήλων γυμνοὶ
37 τοσαύτην προθυμίαν ἐς τὸ νικᾶν εἰσφερόμενοι. καίτοι τί ἂν

— ὀξὺ δεδορκυίας, s. zu IV, 21. —
ἄξιον γάρ, operae enim pretium
est. — ἡγούμεθα γάρ. Wie ist γάρ
zu erklären? — διὰ τοῦτο weist
auf das Vorhergehende, beson-
ders auf ἐν μέσοις τοῖς Ἕλλησι zu-
rück, und erhält noch den erklä-
renden Zusatz ὡς ἐς τοσ. ἀποδυσό-
μενοι. — ἐς τοσούτους, d. i. vor
so viele hintretend, vor den Au-
gen so vieler. Thukyd. 1, 6, 3:
ἐγυμνώθησάν τε πρῶτοι καὶ ἐς τὸ
φανερὸν ἀποδύντες λίπα μετὰ
τοῦ γυμνάζεσθαι ἠλείψαντο. Vgl.
Kr. Gr. §. 68, 21, 6. — ἔμπροσθεν,
s. oben c. 10. — δείκνυσθαι τῷ
δακτύλῳ, s. zu I, 11. — τῶν καθ᾽

αὑτόν, aequalium suorum. — τοι-
γάρτοι, darum denn. — καθ᾽
ἡλικίαν, tempestiva. — ἀπίασιν, s.
zu VII, 9 z. E. — ἐκ τῶν τοιούτων,
in Folge dieser Belohnun-
gen. — νῦν δέ, nun aber, nunc
autem, nunc vero. — παρέχοιεν ἄν
σοι, Gelegenheit geben, ge-
statten. Dial. mar. 14, 2: ἡ
Ἀθηνᾶ παρέσχεν αὐτῷ ἰδεῖν τὴν
εἰκόνα τῆς Μεδούσης u. s. Wel-
ches Wort ist das Subject?
προθυμίαν ἐς τὸ νικᾶν. Vgl. vor-
her τὴν ἐς τὰ γυμνάσια προθυ-
μίαν. — εἰσφερόμενοι, s. v. a. an
den Tag legen. Ebenso wird
im Latein. afferre gebraucht. Vgl.

πάθοις, εἰ θεάσαιο καὶ ὀρτύγων καὶ ἀλεκτρυόνων ἀγῶνας παρ'
ἡμῖν καὶ σπουδὴν ἐπὶ τούτοις οὐ μικράν; ἢ γελάσῃ δῆλον ὅτι,
καὶ μάλιστα ἢν μάθῃς, ὡς ὑπὸ νόμῳ αὐτὸ δρῶμεν καὶ προστέ-
τακται πᾶσι τοῖς ἐν ἡλικίᾳ παρεῖναι καὶ ὁρᾶν τὰ ὄρνεα δια-
πυκτεύοντα μέχρι τῆς ἐσχάτης ἀπαγορεύσεως; ἀλλ' οὐδὲ τοῦτο
γελοῖον· ὑποδύεται γάρ τις ἠρέμα ταῖς ψυχαῖς ὁρμὴ ἐς τοὺς
κινδύνους, ὡς μὴ ἀγεννέστεροι καὶ ἀτολμότεροι φαίνοιντο
τῶν ἀλεκτρυόνων μηδὲ προαπαγορεύοιεν ὑπὸ τραυμάτων ἢ
καμάτων ἢ του ἄλλου δυσχεροῦς. τὸ δὲ δὴ ἐν ὅπλοις πειρᾶ-
σθαι αὐτῶν καὶ ὁρᾶν τιτρωσκομένους ἄπαγε· θηριῶδες γὰρ
καὶ δεινῶς σκαιὸν καὶ προσέτι γε ἀλυσιτελὲς ἀποσφάττειν
τοὺς ἀρίστους καὶ οἷς ἄν τις ἄμεινον χρήσαιτο κατὰ τῶν
δυσμενῶν. ἐπεὶ δὲ φῄς, ὦ Ἀνάχαρσι, καὶ τὴν ἄλλην Ἑλλάδα 38
ἐπελεύσεσθαι, μέμνησο, ἢν ποτε καὶ ἐς Λακεδαίμονα ἔλθῃς,
μὴ καταγελάσαι μηδὲ ἐκείνων μηδὲ οἴεσθαι μάτην πονεῖν
αὐτούς, ὁπόταν ἢ σφαίρας πέρι ἐν τῷ θεάτρῳ συμπεσόντες
παίωσιν ἀλλήλους ἢ ἐς χωρίον ἐσελθόντες ὕδατι περιγεγραμ-

Apol. pro merc. cond. 13: προ-
νοίας. ἢν εἰσφέρονται προσκο-
ποῦντες κτέ. Iup. conf.15. Ebenso
πᾶσαν εἰσεφέροντο σπουδὴν bei
Diod. Sic. 1, 83. 84. 14, 108 u. s. u. A.

37. καίτοι, *quamquam*, s. zu V,
14, 6. — τί ἂν πάθοις, *quomodo
affectus fueris.* — ὀρτύγων καὶ ἀ-
λεκτρυόνων ἀγῶνας. Die Kämpfe
der Hähne und Wachteln waren
nicht nur in Athen, sondern über-
haupt in Griechenland ein Ver-
gnügen, das man leidenschaftlich
liebte. In ersterer Stadt waren
sie selbst ein politisches Institut
und wurden nach dem Gesetze
seit den Perserkriegen jährlich
gehalten. (Becker's Charikles I.
S. 149.) Also hier wiederum ein
Anachronismus, wie oben c. 19. —
ἤ, s. oben zu c. 9. — ὑπὸ νόμῳ,
s. oben zu c. 20. — ὑποδύεται,
subit, seltener so wie hier mit
dem Dativ. — ἀγεννέστεροι κτέ.
Was ist das Subject dazu? — προ-
απαγορεύοιεν. Die Erklärung des
προ ist in den vorhergehenden
Worten μέχρι τῆς ἐσχάτης ἀπα-
γορεύσεως enthalten. — δὲ δή, s.
zu III, 18.

38. ἐπελεύσεσθαι, bereisen,

durchwandern. So nicht sel-
ten bei Späteren, aber auch schon
bei Herodot. — ἐκείνων, τῶν Λα-
κεδαιμονίων. — σφαίρας πέρι. Das
Ballspiel stand in Sparta in sehr
grossem Ansehn. Welche Art des-
selben hier zu verstehen sei, ist
nicht bestimmt zu sagen. Vielleicht
bezieht sich Luc., wie Krause
(Gymnast. 1 S. 305 f.) anzunehmen
geneigt ist, auf das Spiel ἐπίσκυρος,
welches von einer grösseren Zahl
Spielgenossen, die in zwei Reihen
einander gegenüber standen, vor-
genommen wurde. Man zog dabei,
sagt Pollux, in ihrer Mitte eine
Linie, σκῦρος genannt. Auf diese
Linie ward der Ball gelegt, und
zwei andere Linien wurden hin-
ter beiden Reihen der Spielenden
gezogen. Wer des Balles zuerst
sich bemächtigte, warf ihn über
die gegenüberstehende Reihe hin-
weg, welcher es nun oblag, ihn
zu fangen und wieder den Geg-
nern zuzuwerfen. Dieses wurde
so oft wiederholt, bis die eine
Partei die andere bis zu der hin-
ter ihr beschriebenen Linie zu-
rückgetrieben hatte. — ἐς χωρίον
ἐσελθ. κτέ. Dieses bezieht sich
auf das Kriegsspiel der Epheben

μένον, ἐς φάλαγγας διαστάντες, τὰ πολεμίων ἀλλήλους ἐργά-
ζωνται γυμνοὶ καὶ αὐτοί, ἄχρι ἂν ἐκβάλωσι τοῦ περιγράμ-
ματος τὸ ἕτερον σύνταγμα οἱ ἕτεροι, τοὺς κατὰ Λυκοῦργον
οἱ καθ᾽ Ἡρακλέα ἢ ἔμπαλιν, συνωθοῦντες ἐς τὸ ὕδωρ· τὸ
γὰρ ἀπὸ τούτου εἰρήνη λοιπόν, καὶ οὐδεὶς ἂν ἔτι παίσειε·
μάλιστα δὲ ἢν ὁρᾷς μαστιγουμένους αὐτοὺς ἐπὶ τῷ βωμῷ
καὶ αἵματι ῥεομένους, πατέρας δὲ καὶ μητέρας παρεστώσας
οὐχ ὅπως ἀνιωμένας ἐπὶ τοῖς γιγνομένοις, ἀλλὰ καὶ ἀπει-
λούσας, εἰ μὴ ἀντέχοιεν πρὸς τὰς πληγάς, καὶ ἱκετευούσας
ἐπὶ μήκιστον διαρκέσαι πρὸς τὸν πόνον καὶ ἐγκαρτερῆσαι
τοῖς δεινοῖς. πολλοὶ γοῦν καὶ ἐναπέθανον τῷ ἀγῶνι, μὴ
ἀξιώσαντες ἀπαγορεῦσαι ζῶντες ἔτι ἐν ὀφθαλμοῖς τῶν οἰκείων
μηδὲ εἶξαι τοῖς σώμασιν, ὧν καὶ τοὺς ἀνδριάντας ὄψει τιμω-
μένους δημοσίᾳ ὑπὸ τῆς Σπάρτης ἀνασταθέντας. ὅταν τοί-
νυν ὁρᾷς κἀκεῖνα, μήτε μαίνεσθαι ὑπολάβῃς αὐτοὺς μήτε
εἴπῃς, ὡς οὐδεμιᾶς ἕνεκα αἰτίας ἀναγκαίας ταλαιπωροῦσι,
μήτε τυράννου βιαζομένου μήτε πολεμίων διατιθέντων·
εἴποι γὰρ ἄν σοι καὶ ὑπὲρ ἐκείνων Λυκοῦργος ὁ νομοθέτης
αὐτῶν πολλὰ τὰ εὔλογα καὶ ἃ συνιδὼν κολάζει αὐτούς, οὐκ
ἐχθρὸς ὢν οὐδὲ ὑπὸ μίσους αὐτὸ δρῶν οὐδὲ τὴν νεολαίαν
τῆς πόλεως εἰκῇ παραναλίσκων, ἀλλὰ καρτερικωτάτους καὶ
παντὸς δεινοῦ κρείττονας ἀξιῶν εἶναι τοὺς σώζειν μέλλοντας
τὴν πατρίδα. καίτοι κἂν μὴ ὁ Λυκοῦργος εἴπῃ, ἐννοεῖς,
οἶμαι, καὶ αὐτός, ὡς οὐκ ἄν ποτε ληφθεὶς ὁ τοιοῦτος ἐν πο-
λέμῳ ἀπόρρητόν τι ἐξείποι τῆς Σπάρτης αἰκιζομένων τῶν

---

in dem Garten πλατανιστάς, der
von einem Wassergraben umgeben
ist. (Krause: Gymnast. 2 S. 670.)
— τὰ πολεμίων, Kr. Gr. §. 47, 5, 10.
Ueber die Construction von ἐργά-
ζεσθαι §. 46, 12. — τοὺς κατὰ Λυ-
κοῦργον κτέ. Nach dem Lykurgos
und Herakles nannten sich die
beiden gegenüber stehenden Par-
teien; Pausan. 3, 14, 8 f. — τὸ ἀπὸ
τούτου .. λοιπόν, hierauf ..
fortan, post deinde. — ἐπὶ τῷ
βωμῷ, der Arthemis Orthia, an
deren Altar die Knaben bei den
Spartanern zur Gewöhnung an
Schmerz gegeisselt wurden. —
παρεστώσας, im Anschluss an μη-
τέρας. Wie sollte es eigentlich
heissen? Vgl. Kr. Gr. §. 58, 3, 1.
·· οὐχ ὅπως .. ἀλλὰ καί, non modo

non .. sed etiam. Toxar. 26: καὶ
οὐχ ὅπως αἰσχύνεται τῷ γάμῳ,
ἀλλὰ καὶ σεμνυνομένῳ ἔοικεν. De
Saltat. 79. Epist. Saturn. 20. Eu-
nuch. 6. De dom. 15 u. s. Kr. Gr.
§. 67, 14, 3. 69, 46, 1. — ἀντέχοιεν
πρός, s. zu IV, 16. — μὴ ἀξιώσαν-
τες, da sie es nicht für wür-
dig, geziemend erachteten.
— ἀπαγορεῦσαι, animum desponde-
re, defatigari.— εἶξαι τοῖς σώμασιν,
cedere corporibus. — διατιθέντων,
d. i. in eine solche Lage oder
Nothwendigkeit versetzen.
Ebenso absolut steht das Verbum
bei Plutarch. mor. p. 1025 F. —
Λυκοῦργος. Dieser lebte, wie be-
kannt, lange vor Solon. — ἃ συν-
ιδών, quid spectans, quo consilio.
— νεολαίαν, dichterisches Wort,

ἐχθρῶν, ἀλλὰ καταγελῶν αὐτῶν μαστιγοῖτο ἄν, ἁμιλλώμενος
πρὸς τὸν παίοντα, ὡς πρότερος ἀπαγορεύσειεν.

ΑΝΑΧ. Ὁ Λυκοῦργος δὲ καὶ αὐτός, ὦ Σόλων, ἐμαστι- 39
γοῦτο ἐφ᾽ ἡλικίας, ἢ ἐκπρόθεσμος ὢν ἤδη τοῦ ἀγῶνος ἀσφα-
λῶς τὰ τοιαῦτα ἐνεανιεύσατο;

ΣΟΛ. Πρεσβύτης ἤδη ὢν ἔγραψε τοὺς νόμους αὐτοῖς
Κρήτηθεν ἀφικόμενος· ἀποδεδημήκει δὲ παρὰ τοὺς Κρῆτας,
ὅτι ἤκουεν εὐνομωτάτους εἶναι, Μίνωος τοῦ Διὸς νομοθετή-
σαντος ἐν αὐτοῖς.

ΑΝΑΧ. Τί οὖν, ὦ Σόλων, οὐχὶ καὶ σὺ ἐμιμήσω Λυ-
κοῦργον καὶ μαστιγοῖς τοὺς νέους; καλὰ γὰρ καὶ ταῦτα καὶ
ἄξια ὑμῶν ἐστιν.

ΣΟΛ. Ὅτι ἡμῖν ἱκανά, ὦ Ἀνάχαρσι, ταῦτα τὰ γυμνάσια,
οἰκεῖα ὄντα· ζηλοῦν δὲ τὰ ξενικὰ οὐ πάνυ ἀξιοῦμεν.

ΑΝΑΧ. Οὔκ, ἀλλὰ συνίης, οἶμαι, οἷόν τί ἐστι μαστι-
γοῦσθαι γυμνόν, ἄνω τὰς χεῖρας ἐπαίροντα, μηδενὸς ἕνεκα
ὠφελίμου ἢ αὑτῷ ἑκάστῳ ἢ κοινῇ τῇ πόλει. ὡς ἔγωγε ἢν
ποτε ἐπιδημήσω τῇ Σπάρτῃ, καθ᾽ ὃν καιρὸν ταῦτα δρῶσι,
δοκῶ μοι τάχιστα καταλευσθήσεσθαι δημοσίᾳ πρὸς αὐτῶν,
ἐπιγελῶν ἑκάστοις, ὁπόταν ὁρῶ τυπτομένους καθάπερ κλέ-
πτας ἢ λωποδύτας ἤ τι ἄλλο τοιοῦτον ἐργασαμένους. ἀτεχνῶς
γὰρ ἐλλεβόρου δεῖσθαί μοι δοκεῖ ἡ πόλις αὐτῶν οὕτω κατα-
γέλαστα ὑφ᾽ αὑτῆς πάσχουσα.

ΣΟΛ. Μὴ ἐρήμην, ὦ γενναῖε, μηδὲ τῶν ἀνδρῶν ἀπόν- 40
των μόνος αὐτὸς λέγων οἴου κρατεῖν· ἔσται γάρ τις ὁ καὶ
ὑπὲρ ἐκείνων σοι τὰ εἰκότα ἐν Σπάρτῃ ἀντερῶν. πλὴν ἀλλ᾽
ἐπείπερ ἐγὼ τὰ ἡμέτερά σοι διεξελήλυθα, σὺ δὲ οὐ πάνυ

---

das dann Spätere bisweilen ge-
braucht haben. — πρότερος, näml.
ὁ παίων.

39. ἐφ᾽ ἡλικίας, d. i. *quum iuve-
nis esset.* Ebenso Alciphr. 1,37,4.
— ἐκπρόθεσμος τοῦ ἀγῶνος, d. i.
über das zum Kampfe taug-
liche Alter hinaus. ἐκπρόθε-
σμος ist späteres, besonders von
Luc. oft gebrauchtes Wort, wofür
bei den Att. ὑπερήμερος steht,
das in ähnlicher Uebertragung
angewendet wird. — ἐνεανιεύ-
σατο, *iuvenili quadam animi fero-
cia constituit.* — ἤκουε, gehört

hatte, wusste. Toxar. 27:
ἤκουε ταύτας ὑψηλὰς οὔσας μὴ
παρέχεσθαι σκιάν. Calumn. non
tem. cred. 2. Vgl. Kr. Gr. §. 53,
1,2. — τί οὖν οὐχὶ καὶ σὺ ἐμιμήσω,
s. zu II, 31. Zu beachten ist hier
die Verbindung mit dem Präsens
(μαστιγοῖς). — οὔκ, *non ita.* —
πρὸς αὐτῶν, s. zu II, 25. — ἀτεχνῶς,
ganz und gar, durchaus.

40. ἐρήμην, näml. δίκην. Iup.
trag. 25: ἐξ ἐρήμης οὕτω κρατεῖν
δόξομεν. S. unser Wörterb. unter
ἔρημος 2). — τῶν ἀνδρῶν, d. i. der
Spartaner. — μόνος αὐτός, s. zu

ἀρεσκομένῳ αὐτοῖς ἔοικας, οὐκ ἄδικα αἰτήσειν ἔοικα παρὰ
σοῦ, ὡς καὶ αὐτὸς ἐν τῷ μέρει διεξέλθῃς πρός με, ὃν τρό-
πον ὑμεῖς οἱ Σκύθαι διασκεῖτε τοὺς νέους τοὺς παρ' ὑμῖν
καὶ οἷστισι γυμνασίοις ἀνατρέφετε καὶ ὅπως ὑμῖν ἄνδρες
ἀγαθοὶ γίγνονται.

ΑΝΑΧ. Δικαιότατα μὲν οὖν, ὦ Σόλων, καὶ ἔγωγε διη-
γήσομαι τὰ Σκυθῶν νόμιμα, οὐ σεμνὰ ἴσως οὐδὲ καθ' ὑμᾶς,
οἵ γε οὐδὲ κατὰ κόρρης παταχθῆναι τολμήσαιμεν ἂν μίαν
πληγήν· δειλοὶ γάρ ἐσμεν· ἀλλὰ εἰρήσεταί γε ὁποῖα ἂν ᾖ.
ἐς αὔριον μέντοι, εἰ δοκεῖ, ὑπερβαλώμεθα τὴν συνουσίαν,
ὡς ἅ τε αὐτὸς ἔφης ἔτι μᾶλλον ἐννοήσαιμι καθ' ἡσυχίαν ἅ
τε χρὴ εἰπεῖν συναγάγοιμι τῇ μνήμῃ ἐπελθών. τὸ δὲ νῦν
ἔχον ἀπίωμεν ἐπὶ τούτοις· ἑσπέρα γὰρ ἤδη.

II, 35. — ἀρεσκομένῳ ἔοικας, Kr.
Gr. §. 56, 4, 9. — αἰτήσειν ἔοικα,
s. zu II, 34. — ἐν τῷ μέρει, an
deinem Theile, deinerseits,
s. zu II, 8. — πρός με, s. zu II, 13.
— διασκεῖτε. Der späteren Zeit
angehöriges Wort. — μὲν οὖν,
immo, häufig in Antworten. —
καθ' ὑμᾶς, euch angemessen,
für euch passend. — κατὰ
κόρρης, unattisch für ἐπὶ κόρρης,
indessen häufig bei Luc. zu fin-
den (Prom. 10. Dial. mort. 20, 2.
Necyom. 17. Catapl. 12. Gall. 30.
Conviv. 33.), wiewohl er auch ἐπὶ
κόρρης hat (Iud. voc. 9. Asin. 10).
Ebenso wenig attisch ist die Form
παταχθῆναι für πληγῆναι, s. oben
zu c. 3. Uebrigens beachte die
Ironie in diesen Worten. Ueber den
Accusat. μίαν πληγήν Kr. Gr. §. 46,
5. Aeschyl. Agamemn. 1343: πέπληγ-
μαι καιρίαν πληγήν.   Aristoph.
ran. 636: οὐ καὶ σὺ τύπτει τὰς ἴσας
πληγὰς ἐμοί; — ὑπερβαλώμεθα,
verchieben, wie auch sonst bei
Luc. — ἔφης, unattisch, aber bei
Luc. nicht selten; s. zu V, 7, 1. —
τῇ μνήμῃ ἐπελθών, memoria perse-
quutus. Hermotim. 1: ἃ εἶπε πρὸς
ἡμᾶς, ἀνεπεμπαζόμην ἐπιὼν τῇ
μνήμῃ ἕκαστα. — τὸ δὲ νῦν ἔχον,
ut nunc se res habet, für jetzt,
spätere Formel; vgl. Catapl. 13.
Iup. conf. 17. Aelian. nat. animal.
12, 32. Plutarch. mor. p. 749 A. —
ἐπὶ τούτοις, d. ist τοῖς εἰρημένοις.

ABWEICHUNGEN

VOM FRÜHEREN TEXTE.

Demonax 1 ist es nach Cobet gewiss, dass für ἐκφαίνειν ge-
schrieben werden müsse ἐκφανεῖν.   ebend. habe ich die Besserung
Gesner's ἐπὶ πόας für ἐπίπονος beibehalten.   Die Vermuthung Cobet's
ἐπ' ἠόνος, welche Dindorf aufgenommen, will mir nicht behagen trotz
der Bemerkung: ἡ ἐπὶ πόας εὐνή mollior est quam ut in tam duro cor-

pore aliquid habeat admirationis. — 3. Für ἀλλ᾽ ὁ γάρ schreibt Solau ἀλλ᾽ ὅ γε. Vgl. unten c. 50. — 6 habe ich ἀποφυγόντας für ἀποφεύγοντας geschrieben. — 11 μεῖον Σωκράτους für das handschriftliche μεῖον τοῦ, wie schon Gesner vorgeschlagen, obschon ich überzeugt bin, dass damit noch keineswegs das Wahre hergestellt ist. ebend. ist ταῖς Ἐλευσινίαις erklärt worden nach dem Vorgange Schäfer's zu Lamb. Bos p. 464. Gewöhnlich ergänzte man dabei τελεταῖς; allein dann würde, wie Schäfer richtig bemerkt, Luc. τὰ Ἐλευσίνια geschrieben haben. Herr Cobet sieht in ταῖς Ἐλ. wiederum ein Glossem und ihm ist Herr Dindorf in so weit gefolgt, dass er die Worte eingeklammert hat. — 14 Ἀκαδήμειαν nach Bekker für Ἀκαδημίαν. — ἐν τῇ Ποικίλῃ nach Cobet, dem auch Dindorf gefolgt ist, für ἐπὶ τῇ Ποικίλῃ. Vgl. Alciphr. 1, 3, 2: ἤκουσα ἑνὸς τῶν ἐν τῇ Ποικίλῃ διατριβόντων. — 24 ἀποκριθέντι hat Herr Cobet zu corrigiren vergessen. — 31. Die Form καταδασθῆναι mit Cobet in κατεδεσθῆναι umzuändern, habe ich nicht gewagt. Vgl. Lobeck zu Buttm. Gr. p. 140. Wie sollten auch die Abschreiber auf diese Form gekommen sein? Cobet freilich weiss, dass sie nicht einmal griechisch sei. — 36. πεποιήκει nach Bekker für πεποίηκεν. — 30. νομίζει nach Cobet für νομίζεις. Fritzsche (Quaestion. p. 140 f.) sucht die handschriftliche Lesart zu vertheidigen.

Der Fischer. 4 schlägt Herr Cobet διέσυρας für διέσυρες vor. Es ist das wol kaum ernstlich gemeint. — 5 habe ich φιλοσόφων αὐτοί, von mir zuerst vorgeschlagen (s. meine Ausgabe v. J. 1834), für φιλοσόφων αὐτό geschrieben. — 7 hat Bekker vermuthet: οὐ κατὰ τοὺς ῥήτορας, und dieses hat Dindorf stillschweigend, wie unendlich Vieles, aufgenommen. Luc. würde für die Aenderung schönstens danken. ebend. schreibt Cobet δι᾽ αὐτὸ τοῦτο für διά γε τοῦτο, und hat auch wirklich seinen Nachfolger gefunden. — 13 Ἀκαδημείας nach Bekker für Ἀκαδημίας. — 15 hat Bekker für ΠΛΑΤ. Εἴσῃ κτέ., wie ich zuerst geschrieben, die Vulg. ΛΟΥ. Εἴσῃ κτέ. wiederhergestellt. Die Gründe, welche mich zur Aenderung bestimmt, habe ich in der Ausgabe von 1834 angegeben. χαλεπὸν δικάσαι für χαλεπὸν γὰρ μίαν δικάσαι. — 18 ταύτῃ für ταύτης. — 20 φιλο nach Halm's gewiss sicherer Besserung für φίλου. — 22 κατηγορήσειν δοκεῖ, was ich schon ehemals gebilligt und jetzt auch Cobet verlangt, für κατηγορῆσαι ἂν δοκῇ. ebend. δεινότερος οὗτος für δεινότερος οὗτός ἐστιν. — 24 μᾶλλον ἢ für μᾶλλον-ἄριστον γάρ-ἤπερ. — 25. Für ὑβρίζεσθαι schlägt Hemsterh. συρίττεσθαι vor. 27. Zu τὰ αἴσχιστα ὑβρισμένοις macht Herr Cobet die Bemerkung: „recte cogitantibus αἴσχιστα displicebit, non αἰσχρὰ ὕβρις dicitur, non αἰσχρῶς ὑβρίζειν, quia non est cui opponatur καλὴ ὕβρις, neque ὑβρίζειν καλῶς. restitue τὰ ἔσχατα (wie in einer Hdschr. steht)." Das kann wol kaum im Ernst gesagt sein. — 29 αἰτιάσασθε mit Bekker für αἰτιάσεσθαι. — 31 ἀλλά μοι δοκεῖ τάχιστ᾽ ἂν ἐπιτρίψαι mit demselben für ἀλλά, μοι δοκεῖ, τάχιστ᾽ ἂν ἐπιτρίψαι. — 32 ist wahrscheinlich καί vor ἀπὸ τοῦ κακῶς βιοῦντος zu tilgen und εἴκαζον in εἰκάζων

umzuändern, wie die besten Handschrr. geben. — 34. φιλοσοφοῦντες · οἱ
ἰδιῶται für φιλοσοφοῦντες καὶ τὸν ἄκρατον οὐ φέροντες· οἱ ἰδιῶται.
— 37 habe ich καί nach ἦσαν eingeklammert. — 38 αὐτὰ für αὐτὸ —
42 τὸν Τάλω τάφον für τὸν τοῦ Τάλω τάφον — 45 βίου . ΦΙΛ. Σύ,
ὦ 'Αλ. mit Bekker für: βίου. σὺ δέ, ὦ Αλ. — 46 μεθ' αὑτοῦ für μετ'
αὐτοῦ. Wahrscheinlich sind die Worte ganz zu tilgen. — 47 ἀπο-
κείραντα πρότερον. Wahrscheinlich zu schreiben: ἀποκείραντά γε
πρότερον. Vgl. oben 2: μαστιγωθέντα γε πρότερον. 51 : σιδη-
ρώσας γε πρότερον u. ö. — 48 πολλοῦ λέγεις für πολὺ λέγεις, wor-
über ich schon vor vielen Jahren zu Vitar. anct. 26 gesprochen habe.
Herrn Cobet's Aenderung, die Dindorf ebenfalls stillschweigend aufge-
nommen hat, ist daher nichts Neues. ebend. muss es statt ἀπὸ τῆς
πέτρας nach demselben κατὰ τῆς πέτρας heissen. Durch derartige
Kritik, die jetzt oft angestaunt wird, werden die Texte der alten Schrift-
steller verschlechtert, aber gewiss nicht verbessert. Findet denn kein
Unterschied statt, ob man κατὰ oder ἀπὸ setzt? — 51 ἄφωνοι γὰρ αὐ-
τοί tilgt Cobet.

    Anacharsis 2 ὑποβαλόμενοι nach Cobet für ὑποβαλλόμενοι.
Von den übrigen zahlreichen Aenderungen desselben Gelehrten im 1.
Cap. haben wir keine billigen können, obschon einige derselben den
Beifall eines andern Gelehrten gefunden haben. Ebenso wenig können
wir die Aenderung gutheissen, die derselbe c. 3 vornimmt: οὕτως αἵμα-
τος καὶ ψάμμου ἀναπέπλησται τὸ στόμα, πύξ, ὡς ὁρᾷς, παταχθεὶς
τὴν γνάθον. Sind derartige Aenderungen in einem alten Schriftsteller
erlaubt, so ist des Corrigirens kein Ende mehr. Was übrigens von πα-
τάσσω und den ähnlichen Verbis von Cobet gelehrt wird, ist zum
grossen Theil schon von Valcken., Buttmann u. a. gesagt worden. —
9 μεγαλοδωρία nach Bekker für μεγαλοδωρεᾷ. — 13 habe ich μήλου ἢ
κοτίνου geschrieben für μήλου καὶ κοτίνου. — 17 πυκνί für πυκί
nach Bekker. — 18 habe ich τὸ μάθημα für καὶ μάθημα geschrieben.
ebend. ἐπιρρέῃ für ἐπιρρέοι. — ἐν ἡμῶν ἑκάστῳ nach Solan. für ἐν
ἡμῖν ἑκάστῳ. ebend. βλάπτοιτο mit Bekker für βλάπτοιντο. — 21
für τὸν Ἀρεοπαγίτην steht in der Dindorf'schen Ausgabe τὸ Ἀρεοπα-
γίτην. — 24 ἄγξαι δύνασθαι nach Halm's Aenderung für ἄγχεσθαι
δύνασθαι. — 25 ἐμποιήσαντας habe ich, und nicht, wie es scheinen
könnte, Herr Cobet oder sonst ein Anderer, zuerst geschrieben, wie die
Anmerkung in der grösseren und dann in der Teubner'schen Ausgabe
lehrt. — 26 ist von mir ἐς τὸν πυρὸν αὐτόν geschrieben worden für ἐς
πυρὸν αὐτόν. ebend. nach der Handschrift und der Florent. Ausg. mit
Bekker μήτε ἥλιον für μήτε τὸν ἥλιον αὐτόν. — 27. Nach Cobet'scher Manier
würden hier die Worte εἰς τὸν ἀέρα zu tilgen sein. — 28 καὶ ἐς τοὺς
πολέμους mit Lehmann für: ἐς τοὺς πολέμους καί. — 31 πάσῃτε nach
Bekker's Verbesserung für πάσσητε. — 34 φονεύσει nach Cobet für
φονεύσειεν, was auch Dind., ohne den Urheber der Verbesserung zu
nennen, aufgenommen hat. — 38 ἐς φάλαγγας nach Bekker für ἐς φά-
λαγγα.